高等院校公共基础课系列教材

大学生职业规划与发展（第二版）

陈光德　主　编
张学堂　马　蕊　副主编

清华大学出版社
北京

内 容 简 介

本书是一本针对高等学校学生进行职业规划和职业发展教育的教材，不仅包含职业规划和就业指导相关内容，还包含创新创业教育相关内容。本书共八章，从大学生走进大学、认识大学开始，按照大学生学习和发展顺序，依次对大学生学业与职业规划、大学生创新创业与思维训练、大学生就业指导与职业发展等内容进行了清晰合理、逻辑结构严密的论述。

本书既有职业规划教育、创新创业教育内容，又有就业指导内容，集理论与实务为一体，并配有案例分析，是一本创新创业教育和就业指导综合类教材。

本书配套的电子课件和附录文件可以到 http://www.tupwk.com.cn/downpage 网站下载，也可以扫描前言中的二维码获取。

本书封面贴有清华大学出版社防伪标签，无标签者不得销售。
版权所有，侵权必究。举报：010-62782989，beiqinquan@tup.tsinghua.edu.cn。

图书在版编目(CIP)数据

大学生职业规划与发展：第2版 / 陈光德主编. —北京：清华大学出版社，2023.6（2024.7重印）
高等院校公共基础课系列教材
ISBN 978-7-302-63823-0

Ⅰ. ①大… Ⅱ. ①陈… Ⅲ. ①大学生—职业选择—高等学校—教材 Ⅳ. ①G647.38

中国国家版本馆CIP数据核字(2023)第094709号

责任编辑：胡辰浩
封面设计：周晓亮
版式设计：孔祥峰
责任校对：成凤进
责任印制：丛怀宇

出版发行：清华大学出版社
网　　址：https://www.tup.com.cn，https://www.wqxuetang.com
地　　址：北京清华大学学研大厦A座　　邮　编：100084
社 总 机：010-83470000　　邮　购：010-62786544
投稿与读者服务：010-62776969，c-service@tup.tsinghua.edu.cn
质 量 反 馈：010-62772015，zhiliang@tup.tsinghua.edu.cn
印 装 者：三河市铭诚印务有限公司
经　　销：全国新华书店
开　　本：185mm×260mm　　印　张：22.75　　字　数：612千字
版　　次：2023年6月第1版　　印　次：2024年7月第3次印刷
定　　价：78.00元

产品编号：100307-01

编委会

主　编：陈光德

副主编：张学堂　马　蕊

编　委：辛红伟　姚　敏　茹　静　廉宇婷

　　　　王丽丽　刘　洋　乔瑜薇

前言

随着我国高等教育进入大众化阶段，普通高等学校毕业生人数逐年增加，大学生能否顺利就业越来越受到党和国家、全社会、学生家庭及大学生本人的高度重视。面对严峻的就业形势、激烈的市场竞争和不断推进的"大众创业、万众创新"的国家战略，大学生是否具备应有的综合素质和就业竞争力成为其将来走向社会能否取得成功的关键。

大学生的职业发展要求大学生具有健全的人格、独立生存的能力及全面发展的素质，具有成熟的职业意识、职业心理、职业行为，提高自身的就业竞争力，从而找到适合自己身心特点并能最大限度发挥自己潜能的职业，实现人与职业相匹配。要更好地实现大学生的职业发展，必须努力做好大学生职业生涯规划，帮助大学生逐步实现自己的职业理想。

为符合大学生职业发展与职业生涯规划的要求，实现其大学期间各阶段的发展和规划任务，按照国务院、教育部相关规定，我们根据大学生各阶段学习、生活的特点和任务编写了这本《大学生职业规划与发展》(第二版)。本书旨在通过明确大学生对大学及自身群体的认识，更好地引导他们进行职业生涯规划，提升职业素养，掌握求职的基本技能和方法，直面就业挑战，完成由大学生到职业人的转变，实现自己的职业理想。本书以职业发展为核心，以职业生涯规划为主线，以创新创业能力培养为拓展，目的是通过贯穿大学阶段的课堂教学和实践环节，提高大学生的成才能力、求职能力、职业适应能力和自我提升能力等职业发展能力。

本书注重理论与实践相结合、普遍性与特殊性相结合、理论指导与技术指导相结合的原则，体现了系统性、全面性和实用性的特点。在正文之外，编者通过增添"重点关注""知识拓展""案例分析"等内容，增强本书的可读性、趣味性和延展性。我们希望通过本书给大学生带来一股力量，教他们一种方法，为他们指引一个方向，帮助他们通过自身实践，实现其人生目标。

本书第二版既忠实于第一版的基本内容，又不拘泥于原书，更加注重借鉴和吸收当今社会新的研究成果和前沿知识，更换了部分案例、数据等。

本书由陈光德任主编，张学堂、马蕊任副主编，本书的编委有辛红伟、姚敏、茹静、廉宇婷、王丽丽、刘洋、乔瑜薇，他们分别参与了该书相关章节的编写。参与本书编写的编委大多来自大学生教育与管理的第一线，时刻探索和实践着大学生职业规划与发展的工作，为本书的编写积累了大量素材。

由于作者水平有限，书中难免有错误与不足之处，恳请专家和广大读者批评指正。在编写本书的过程中，我们参考了相关文献，在此向这些文献的作者深表感谢。我们的电话是010-62796045，邮箱是992116@qq.com。

本书配套的电子课件和附录文件可以到http://www.tupwk.com.cn/downpage网站下载，也可以扫描右侧的二维码获取。

配套资源

编者
2022年12月

目 录

第一章　识读大学 …………………… 1
- 第一节　大学与大学文化 …………… 2
  - 一、大学及其功能 …………………… 2
  - 二、大学文化与大学精神 …………… 4
  - 三、大学学习及生活环境 …………… 7
- 第二节　大学与大学生发展 ………… 9
  - 一、大学是人生发展的重要时期 …… 9
  - 二、大学阶段对大学生成长的意义 … 12
  - 三、大学精神对大学生思想的提升 … 12
  - 四、大学生对大学文化的融入与传承 … 13
- 第三节　大学生与大学生活 ………… 13
  - 一、大学生的历史使命 ……………… 13
  - 二、适应新的生活环境 ……………… 14
  - 三、适应新的学习环境 ……………… 17
  - 四、建立良好的人际关系 …………… 20

第二章　学业规划与实施 …………… 29
- 第一节　学业规划概述 ……………… 29
  - 一、学业规划的含义 ………………… 29
  - 二、学业规划的意义 ………………… 31
- 第二节　学业规划的制定 …………… 32
  - 一、制定学业规划的方法 …………… 32
  - 二、制定学业规划的步骤 …………… 34
  - 三、学业规划的体系构建 …………… 37
- 第三节　学业规划的实施与评价 …… 38
  - 一、学业规划的实施 ………………… 38
  - 二、学业规划的评价 ………………… 41

第三章　职业规划与行动 …………… 49
- 第一节　职业规划概述 ……………… 50
  - 一、职业生涯规划的基本概念 ……… 50
  - 二、职业生涯规划的基本理论 ……… 53
  - 三、系统的职业生涯规划方法 ……… 60
- 第二节　职业规划认知 ……………… 63
  - 一、认识自我 ………………………… 63
  - 二、认识工作世界 …………………… 84
- 第三节　职业规划决策 ……………… 94
  - 一、职业决策概述 …………………… 94
  - 二、决策模式 ………………………… 96
  - 三、职业规划决策方法 ……………… 97
  - 四、常见的职业决策非理性信念 …… 102
- 第四节　职业规划行动 ……………… 104
  - 一、生涯目标的确立 ………………… 104
  - 二、撰写职业生涯规划书 …………… 108
- 第五节　职业规划的实施与评估 …… 114
  - 一、管理职业生涯规划 ……………… 114
  - 二、职业能力提升 …………………… 117

第四章　大学生创新创业导论 ……… 142
- 第一节　创新创业的基本内涵 ……… 142
  - 一、创新的内涵与本质 ……………… 143
  - 二、创新的特征 ……………………… 143
  - 三、创新的能力 ……………………… 143
  - 四、创新的要素 ……………………… 144
  - 五、创业的内涵与本质 ……………… 145
  - 六、创业的特征 ……………………… 145
  - 七、创业精神 ………………………… 146
  - 八、创新与创业的关系 ……………… 147
- 第二节　大学生创新创业能力的培养 … 148
  - 一、大学生创新创业能力的内涵 …… 148
  - 二、大学生创新创业能力培育的必要性 … 149
  - 三、大学生培育创新创业能力的途径 … 151

第三节　创业知识基础 …………… 152
　　一、创业概述 ………………… 152
　　二、创业的基本要素 ………… 152
　　三、创业的一般过程 ………… 153
　　四、创业者的定义 …………… 157
　　五、创业者的基本特征 ……… 158
　　六、创业者的分类 …………… 162
　　七、大学生创业的现实意义 … 165
　　八、大学生自主创业的条件 … 166
　　九、国内大学生创业现状 …… 167
　　十、大学生创业的优势与劣势 … 168
第四节　大学生创业的一般程序 … 169
　　一、大学生创业者自身的准备 … 169
　　二、创业外部资源准备 ……… 172
　　三、制订创业计划书 ………… 177
　　四、大学生创业的一般流程 … 180
　　五、大学生创业的注意事项 … 182
　　六、大学生创业风险管理 …… 184

第五章　创新思维训练方法及运用 ‥ 193
第一节　认识创新思维训练 ……… 193
　　一、发散思维和收敛思维 …… 193
　　二、横向思维和纵向思维 …… 198
第二节　常见创新思维的方式 …… 199
　　一、非逻辑思维 ……………… 199
　　二、逻辑创新思维 …………… 203
第三节　坚持创新思维训练 ……… 205
　　一、创新思维的开发 ………… 205
　　二、常用创新思维的训练方法 … 207
第四节　创新思维的积极应用 …… 210
　　一、形象思维在创新中的作用 … 210
　　二、创造思维在创新中的作用 … 210
　　三、逻辑思维在创新中的作用 … 210
　　四、辩证思维在创新中的作用 … 211
　　五、发散思维与聚合思维在创新中的
　　　　作用 ……………………… 211

第六章　大学生就业的基本要求 …… 213
第一节　就业形势与政策 ………… 213
　　一、大学生就业基本形势 …… 214
　　二、大学生就业基本政策 …… 218

第二节　就业观念与就业心理 …… 224
　　一、就业观念 ………………… 224
　　二、就业心理调适 …………… 227
第三节　就业的基本原则与能力 … 233
　　一、求职择业的基本原则 …… 233
　　二、就业的知识与能力准备 … 237
　　三、根据目标职业提升个人能力 … 251

第七章　大学生就业方法和程序 …… 252
第一节　制订求职计划 …………… 252
　　一、求职必备条件 …………… 252
　　二、个人资源分析 …………… 254
　　三、确定求职目标 …………… 257
　　四、制订求职计划的步骤与方法 … 259
第二节　求职准备与技巧 ………… 260
　　一、求职信息的搜集与处理 … 260
　　二、求职材料的准备 ………… 266
　　三、就业能力准备 …………… 275
　　四、就业过程引导 …………… 278
　　五、面试礼仪 ………………… 290
第三节　就业一般程序 …………… 293
　　一、大学生就业的一般程序 … 293
　　二、就业协议书 ……………… 299
　　三、大学生就业基本权益保护 … 303

第八章　职业适应与职业发展 ……… 309
第一节　适应职业环境 …………… 309
　　一、大学生职业角色转换 …… 310
　　二、认识职场 ………………… 316
　　三、职业发展 ………………… 321
　　四、职场中的自我成长 ……… 330
第二节　实现职业发展 …………… 334
　　一、提升职业道德 …………… 335
　　二、树立职业意识 …………… 340
　　三、保持职业心态 …………… 342
　　四、提升职业能力 …………… 346

参考文献 ………………………………… 356

第一章

识读大学

学习目标

1. 了解大学精神的内容和大学文化的内涵。
2. 理解大学阶段对大学生成长的意义。
3. 掌握大学期间正确的学习方法。
4. 了解大学生人际交往的常见问题。
5. 熟悉大学生人际交往的原则。

案例导读

一名教授去演讲，听者云集。演讲完毕，一名学生举手提问："我就读的大学是一所三流大学，大家都不努力学习，也没有什么对未来的计划，像我这种起点不高又很迷茫的状况应该怎么办呢？"教授的回答很犀利："在这所三流大学里你出类拔萃吗？如果没有，那恐怕就不是环境的问题。"

人们常说，人生最美好的岁月是二十到三十岁的这段时光，可是这段时光也最容易烦恼。如果点数这期间各种各样的烦恼，恐怕有一半以上都和上述问题相关。似乎在各个领域，我们恰巧都处在了一个不高的起点上，被迫开始各种人生竞赛。更糟糕的是，发令枪响起时，我们常常还处于懵懂之中，想努力却又没有清晰的目标，想使劲却又往往不知道怎么使劲。

如果向已经成功的人寻找答案，答案大多会是相似的，他们会告诉你：你应该先设立一个清晰的目标，然后开始朝着这个目标狂奔。

比如李静同学，她为了能考上大学，当初报考了自己并不热爱的小语种专业，由于不知道未来的出路在哪里，因此大一的时候非常苦闷。四处找人聊天后，她给自己设定了一个目标：毕业以后要进大使馆工作。她其实并不知道大使馆的要求是什么，也不知道自己是否适合大使馆，但有了一个自己愿意为之奋斗的目标，于是她开始为这个目标努力，即使别人认为她是在做荒唐的梦。

没事的时候，她就上大使馆的官网刷一刷对方的招聘空缺和职位要求。她发现英语很重要，可以使她在竞争中比别人更有优势，如果自己到大使馆应聘，最有可能的就是和翻译相关的职位。口语一直是她的软肋，于是她不断地去攻破口语上一个又一个的障碍，并同时关注使馆的微博、新闻，每天都坚持去看对方发布的新闻、政策，积极报名参加对方组织的各项活动。为了让自己更有竞争实力，她还在大三的时候参与了一个学期的海外交流活动，更贴近地了解了对方国家的文化风俗和思维习惯，还认识了我国派驻外国大使馆的人员，并在其介绍下，到当地的一个公益组织进行了为期一个月的实习。

等到大三找工作的时候，她投递了很多份简历，可当她最终拿到大使馆和一家知名电商的录用通知时，她选择了拒绝大使馆，去电商工作。

在过去的几年里，她已经做了很多功课，并且通过努力和交流，认识到其实她的性格并不适合去大使馆做翻译类的工作。她在工作中属于进攻型选手，而大使馆的职业天花板相对较低，很快便会无法提供她所期望的空间；电商属于风头正劲的大船，可以给她足够的空间，让她结识各种背景的牛人，还能给她提供乘风破浪的机遇。

回顾她大一时设立的目标，那个目标到现在已经过时作废了，但是她数年来为最初的目标所做的努力完全没有浪费。每一点微小的努力和进步，都为她最终做出的选择增加了微小却关键的筹码。

在现在的社会中，起点不高又很迷茫是常态，因为我们都是普普通通的正常人，但有太多人仅仅因为起点不够高、目标不够明确，就一直迷茫下去了。在太多人眼中，似乎只有一个醍醐灌顶的正确目标，才值得全力以赴地去奋斗，所以大家总在各种媒体网络中搜寻突围的捷径，似乎真的有什么一招制胜的好办法，可以像直升机那样迅速地带领我们脱离低谷、跃上山巅。

可是，当你起点不高的时候，困住你的并不是迷茫，而是患得患失。你希望的并不仅仅是一个目标，而是一个能够确保你成功的目标；你所期待的也不仅仅是一条道路，而是一条万无一失、通向成功的康庄大道。世界上没有这样的目标，也没有这样的道路。当你觉得迷茫的时候，迅速行动起来才是克服无力感的唯一方法，而只有行动，才有可能突破和超越。

永远不要用此时自己的心态和眼界，去揣度自己未来的心态和眼界。一旦开始行走，不需要很快，就会轻易地超过其他人。不要惧怕你的目标还不够完美和准确，因为最终能带领你抵达成功的，不是存在于你想法中的目标，而是不断积累的脚步。

第一节　大学与大学文化

大学是国家高等教育的学府，是综合性地提供教学和研究条件，以及授权颁发学位的高等教育机关。大学又被称为象牙塔，寓意没有烦恼的理想之地。

经过十几年的寒窗苦读，大家终于成了"天之骄子"，美丽的大学校园、宽松的教学制度与高中时大不相同。相信每个走过"独木桥"的青年人都会觉得有些飘飘然，但在飘飘然的同时可能还会有些许不适，尤其是过了一段时间的大学生活之后，迷茫和困惑便萦绕心头。如果不能摆正自己的态度，四年大学生活很可能会虚度过去。作为一名大学生，面对与中小学教育迥异的大学教育，大家该如何顺利度过呢？

一、大学及其功能

大学是以探索、追求、捍卫、传播真理和知识为目的，继而负有引导社会价值观、规范社会行为之使命，对人类素质改善和提高、社会文明发展和进步具有不可替代之重大公共影响力、推动力的教育机构和学术组织。大学是一个充满理想主义的所在，在这里，师生享有充分追求真理、激发思想、探索知识、发展能力的自由和空间；在这里，大学以其天然的庄重、理性、自律、智慧和负责，教人以庄重、理性、自律、智慧和负责；在这里，大学以理想主义的崇真、向善、求美、务实，教人并引导社会崇真、向善、求美、务实。正因如此，大学才能成为人们心之所往、情之所系、梦之所想的"心灵中的圣殿"。

一般来讲，大学具有人才培养、科学研究、服务社会、文化传承与创新四大功能。

（一）人才培养是大学的核心功能

现代意义上的大学诞生于文艺复兴时期的欧洲，其最初的意思是教师社团或学生社团。现代大学制度延绵800多年，其间受到皇室、教会等各种力量的影响，经历了深刻的变化。但大学作为教师和学生学习共同体的本质没有变，培养人才始终是大学的首要功能。

长期以来，我国大学教育遵循马克思主义关于人的全面发展的理论，确立了大学工作的核心是通过教育促进学生全面发展。2010年党中央、国务院颁布的《国家中长期教育改革和发展规划纲要(2010—2020年)》再次强调，人才培养是大学工作的中心。近年来，我国高等教育在如何培养人才上进行了不懈探索，借鉴发达国家的有益经验，逐渐摆脱了传统、单一的精英教育模式，实现了精英教育和大众教育并重，人才培养的内涵更加丰富。当前，随着知识经济、信息经济的快速发展，以及各国综合国力竞争的日益激烈，高等教育培养各类人才的任务更加艰巨。这就要求大学充分履行职能，积极为公民提供公平接受高等教育的机会，为其中的佼佼者提供专业的学习和训练场所。因此，培养专业人才是大学最早和最基本的社会职能。

（二）科学研究是培养人才的重要途径

技术发明和科学研究是大学的重要功能，但这一功能不能脱离人才培养而独立存在。明确赋予大学科学研究功能始于德国。19世纪初，一批受新人文主义影响的德国思想家、教育家如洪堡、费希特等，力图使国家从普法战争失败的阴影中重新崛起，着手建立柏林大学等一批以科学研究为主要功能的新大学，强调通过科学研究和科学发现获得知识是大学的重要功能。但洪堡等人并不认为科学研究是大学的最终目标，他们继承德国著名哲学家康德"人是目的"的思想，认为科学研究只是培养人才的重要方法和基本手段，大学要通过科学研究为国家培养全面发展的人才。英国的牛津、剑桥等世界知名大学也践行了同样的理念：科学研究之所以是大学的重要活动，是因为它能够对教学进行及时补充和更新。美国虽然继承了德国大学的模式，形成了若干研究型大学，但依然保留了以科学研究促进人才培养的传统，重视人才培养与科学研究的关系。

（三）大学通过人才培养和科学研究服务社会

同发展科学一样，高等学校直接为社会服务的职能，不仅是社会的客观需要，也符合高等学校自身发展的逻辑。高等学校作为社会文化科学的中心，在社会文化、科学技术、卫生保健中居于领先地位，能够也应该对社会，特别是当地的各方面工作起指导或咨询的作用。

我国的大学从19世纪末诞生之初起，就肩负着挽救民族危亡的重要使命。100多年来，服务国家、造福社会一直是我国大学的重要功能。特别是改革开放40多年来，我国大学引领科技创新，为社会培养了大量人才，为社会主义现代化事业做出了突出贡献。但也要看到，大学不同于企业，它服务社会的方式是间接的而不是直接的，服务社会的功能主要通过人才培养和科学研究来实现。同时还要看到，服务社会不等于一味满足社会需求，大学还肩负着社会批评的功能。对于大学而言，社会服务和社会批评是同一功能的不同方面。在实践中，应将二者结合起来，以更好地发挥大学服务社会、引领社会的功能。

(四) 文化传承与创新是大学的内涵

文化的基础是道德。道德是教育的生命，没有道德的教育便是一种罪恶。一个民族道德水准的高低，不是通过违法犯罪者的多少和其比例的大小来观察，而是通过教育来体现。大学之所以受人尊重，原因之一是大学之中有大德、有大道、有大爱、有大师、有大精神。这"五大"使大学成为道德的高地，社会良心的堡垒。当社会需要新道德的时候，大家会不约而同地到大学里寻找，大学便成为社会道德的仓库。大学里的师生，便构成了道德共同体。"大学之道，在明明德，在亲民，在止于至善"，大学只有明其德，求至善，才能造就一代又一代的"亲民"。大学正是通过"明德""正道""求善"才得以引领和示范一个民族文化基础的形成。

文化的纽带是知识。大学是知识共同体，大学的全部活动以知识为联结。大学的教学是传播知识，大学的科研是创新知识，大学的为社会服务是运用知识，大学的图书情报是收藏和处理知识，大学的国际交流是交换知识。知识就是大学的内涵。

对于大学来说，人才培养是核心，科学研究是做好人才培养工作的前提条件，人才培养是服务社会、传承和创新文化的直接表现。

科学研究、服务社会、文化传承与创新应该围绕人才培养开展，不能脱离人才培养，人才培养要通过科学研究、服务社会、文化传承与创新来实现。

人才培养、科学研究、服务社会、文化传承与创新四者是一个有机整体，应该齐头并进，在学校内部只能有限程度地相对独立，不能人为制造割裂和对立。任何有意无意单独强调一个方面的做法都是狭隘和有害的。

二、大学文化与大学精神

科学精神与人文精神的并重、独立精神与自由精神的统一、包容精神与批判精神的整合、创新精神与时代精神的协调是大学精神的本质特征，构成了大学精神的基本内涵，同时内在地规定了大学文化建设的根本方向。

(一) 大学文化

大学文化是以大学为载体，通过历届师生的传承和创造，为大学所积累的物质成果和精神成果的总和。大学文化是社会文化的重要组成部分。它受社会文化的影响和制约，又对社会文化起反作用。大学文化是科学精神与人文精神的统一，是理想主义与现实主义的统一，是民族文化与世界文化的统一，是历史积淀与时代发展的统一，是书卷气息与大众习俗的统一。大学文化的核心是大学精神，大学文化的表征是学生的文化素质、教师的文化修养、学校的文化品位，大学文化的形成和发展同大学自身条件紧密相连，也同大学所处的外部环境密切相关。大学所处的社会经济、政治、文化等大环境，会给大学文化打下统一的时代印记；不同的院校、学科类别和教育理念会给大学文化带来相应的个性差异，因此，大学文化是时代共性与自身个性的统一。

与其他文化相比较，大学文化具有以下特点。

一是先导性。大学文化是整个社会文化之树上最先感受季节变换、最先发芽开花结果的那一根枝条，大学所创造的思想、理论，以及科技成果和其他文化成果对整个社会文化的发展具有先导作用。

二是创新性。创新是大学的灵魂和生命力之所在。传承已知、探求未知是大学的使命。从一定意义上说，大学就是为了人类通过知识的传递和创新实现可持续发展而存在的，大学的存在就意味着创新。

三是综合性。众多学科汇聚于大学，可谓"囊括大典，网罗众家"。众多学科彼此联系、交叉、渗透、综合，源源不断地创造新知识。

四是批判性。大学承担着对社会的评价和批判任务，包括对知识、观念层面的批判，对社会制度层面的批判和对社会现实层面的批判，通过社会批判对公众进行思想启蒙和文化启蒙，促进社会进步和发展。

五是包容性。大学应当拒绝宗派与狭隘偏见，具有海纳百川的精神，体现出对不同意见的接纳、包容、理解和尊重，让持有不同见解的人都能在大学找到自己的位置，并在各自的位置上体现自己的价值。

六是超越性。大学应该追求卓越，拒绝平庸；应该具有一种高贵感，鄙弃世俗权贵，既不能官场化，也不能市场化。因此，大学文化应该具有超越世俗文化的特点。

七是开放性。大学不应该是象牙之塔，大学文化应在继承传统的同时紧跟时代的潮流，在反观历史的过程中融于现实生活，在吸收外来文化的同时不断充实自身。大学文化不能只在自身的"场"里传递能量，而要将自身积聚和创造的新思想、新理论、新知识和新技术向外界传播与扩散。

八是公共性。大学文化致力于全人类共同福祉，不为个人和小集团谋利益，大学人应该具有强烈的公共精神，自觉站在公共立场进行思考和言说。

大学文化由一代又一代掌握最新科学文化知识的师生创造和积累，大学不断推出的新思想、新观念、新事物、新成果，为社会前进提供新的文化范例。在社会文化乃至社会经济、政治、科技等方面发生重要转折和产生迫切需要时，往往由大学文化提供钥匙和出路。

大学文化的功能有很多。例如，对大学人群体的塑造、凝聚、感召功能，对社区和社会的文化引领、示范和辐射功能，对区域、民族、国家文化的凝练、提升功能，对其他民族国家文化的引进鉴别吸收融合功能，将本民族文化向其他国家民族展示、推介、宣传的功能等。对于社会发展来说，大学文化的主要功能包括：育人与教化功能，支撑和保证功能，示范和引导功能等。

(二) 大学精神

大学作为人才培养的摇篮，作为人类社会中具有巨大潜能的人力资源产地，是科技传播的圣地，是发展先进文化的源泉和精神文明建设的阵地。世界一流大学都有较长的历史，它们在漫长的岁月中，为了生存和科学，与中世纪的黑暗做过持久而艰苦的斗争，曾与强大的宗教做过激烈的较量，以理性之光照亮了人类精神文明之路。从中世纪大学到今天，大学在层次、类型、组织形式、结构、专业等方面都有很大变化。但是，在这些变化的背后，还是有一条主线贯穿其中，这就是大学精神。

所谓大学精神，是指大学在长期的发展过程中所形成的约束大学行为的价值和规范体系，以及体现这种价值和规范体系的独特气质。它是一种非实体性的精神文化，是一所大学在长期的教育管理与教育教学活动中逐渐积累下来的、被全体师生员工所认同的一种群体意识(由群体无意识演变而成)和学校气氛。它是大学优良传统中最宝贵的部分，是大学历久常新的动力和源泉，对于凸显和稳定一所大学的形象、特色、风格和水准举足轻重。比如我们常听到的"北大之创新，清华之严谨，南开之笃实，浙大之坚韧"，便是人们对这些国内著名学府所特有精神的概括。大学精神具有驱动、凝聚、熏陶、评价和规范之功能。

优良而健康的大学精神一经形成，便会在教育活动中起到激情励志、调整心态和规范行为的作用。大学师生、员工处在这种环境中，无时无刻不受其影响。

几乎每所大学都能非常明确地告诉你，它具有什么样的办学理念、特色和成绩。但并不是每所大学都有自己独特的"精神"。这种大学精神难以言说，但又具体可触。它能将具有不同思想、文化、专业背景的知识分子凝聚在一个目标下，在大学遭遇艰难曲折时升华为一种顽强的亲和力和奋斗力。大学精神不是人为设定的，也不是哪位校长或大师头脑中的理念产物，它的形成是多重因素长期相互撞击和融汇的结果。一般来说，一所大学的"精神"同这所大学独特的历史、地理、文化环境有密切关联，是国家意向同社会流行趋势相互冲突与融合的结果。大学精神需要一个较长的办学历史才能养成，它是大学传统中最宝贵的部分，是大学抗打击和求发展的生命力的底蕴所在，对于稳定大学的风格和水准具有至关重要的作用。

人要有人格，校要有"校格"，这"校格"就是大学精神。大学精神既深藏于大学之中，又游离于大学之外。它给大学注入了生命活力，使大学不仅仅是教学楼、图书馆、林荫道等冷冰冰的建筑群落，也不仅仅是人才的集散地，而是人、思想、价值观念、理性思考、创新、智慧与博大胸怀的代表。大学精神具有潜移默化的影响力，在不知不觉中使深居大学的教师和学生将其内化为个人品质，表现出与大学精神的内涵相一致的行为。大学精神本身蕴含着丰富的内涵，从普遍意义上而言，主要表现在以下几个方面。

第一，自由精神。自由精神是大学精神灵魂之所在，也是其他大学精神产生和发展之根基。追求自由是人的本能，也是人应该具有的最基本的权利。人类一直在为争取更多的自由而抗争。大学成为社会追求民主、自由的烽火台，这一精神为科学发展、社会进步起到了积极作用。

第二，独立精神。独立精神是与自由精神联系密切而内涵不同的一个范畴。世界大学教育发展的经验一再证明，大学只有具有自己的独立品格，才能造就民主社会的建设者，才能成为知识创新的阵地。大学的这种特质既是大学精神的体现，又是大学精神的内在成分之一。因此，大学精神是维护大学纯洁与独立、平等和民主的金色盾牌。

第三，时代精神。大学作为时代的智者，能够预见并感应社会潮流的前奏，从而成为推动社会潮流的先行者，使社会潮流之声最终成为时代的最强音。大学正是紧紧扣住了时代的脉搏，才赢得了自身的持续发展和地位的逐渐提高。

可以说，大学是当时社会政治、经济和文化发展的产物。在悠久的历史进程中，大学一方面执着于历史承袭下来的传统性格，另一方面使自身不断革新以适应现实环境的变化，并在各种不同的时代和社会中扮演着独特的角色。大学的发展及人们对大学的认识，随着时代的发展而不断升华。

第四，学术精神。学术是大学的安身立命之本。大学处于整个学校教育体系的最上层，历来被称为传承、批判和探索高深学问的殿堂。大学的逻辑起点首先应该是学术，高水平的大学更不能例外。

第五，创新精神。在真理的长河中，如果把实践比作源头，那么创新就是奔腾不息的"源头活水"。一部人类文明史，从一定意义上说就是人类不断创造、勇于创新的历史。正是人类永不停息的创造活动推动着历史不断进步。没有第一件生产工具的创造，人类就不能同猿相区别；没有冶铁技术的创新，人类就不能进入农业文明时代；没有第一台蒸汽机的发明，人类就不能进入工业文明时代。大学高层次智能资源的聚集、优良的学术氛围、综合性的学科结构有利于新的学科、学术思想与理论的产生，因此，组织和开展开拓性、超前性、综合性的知识创新是大学的基本使命。

上述大学精神是具有普遍意义的大学精神，具体到每所大学，由于其特定的历史传统、社会环境、学校目标和任务等方面的差异，则又会有其独特的大学精神。对这些精神的守卫是所有大学人的终身职责。

　　大学是一个充满理性和批判精神的场所。真正的大学精神，不但是科学技术的进展和应用，也是人类精神文化的家园。大学在传播与探索知识的过程中形成的追求真、善、美，实事求是，坚持正确的学术价值趋向，寻求知识本身的美学意味，为知识和真理的发现而显示出的坚韧不拔、锲而不舍等精神，无疑是人类最为宝贵的财富之一。随着社会变化节奏的加快，现实社会中非理智、盲目、自私与冲动等弊端比比皆是。在这样一个良莠并存、错综复杂的社会中，改造社会，增进人类道德和智慧的任务责无旁贷地落在大学身上。

　　一所大学的精神不是突如其来的，更不是凭空想象的。大学精神的生成有赖于优良的环境，包括天时(历史机缘、时代需求等)、地利(优雅、静穆的校园等)、人和(学术风气、人际关系等)等因素。一代代大学人不断根据社会经济发展和大学理念来改造大学、发展大学，使大学成为时代精神的体现者。

　　大学精神和大学文化二位一体，从不同层面揭示了大学所应有的基本品格和特性。大学精神作为对大学品格、个性、精神、理想、信念、价值观等精神文化建设内容的高度凝练和整合，是大学文化建设的核心、灵魂和动力。大学精神、大学文化关注最高文化价值和对大学理想的追求，展现大学自身的气质、品位、神韵与追求。大学精神、大学文化紧密相连、相互影响、相互作用、相辅相成，内在地规定了大学的基本价值取向和基本发展道路，对大学的教育实践起到了根本性的引导和定向作用。

三、大学学习及生活环境

　　大学教育的根本是基础知识的灌输和人文精神的培养，大学的学习已完全不同于中学。迈入大学校园，面临的是一个全新的学习和生活环境，而寝室、图书馆和社团则是大学生成长环境的缩影。

(一) 大学里的寝室环境

　　现在，大学生的宿舍已经不仅仅是一个休息的场所，还是学生生活、学习、娱乐的重要场所。据有关调查显示，大学生目前每天在寝室的时间超过10个小时，有的甚至更多。可见，寝室环境对于学生的身心发展有着至关重要的作用。优良的寝室环境既有利于培养同宿舍室友之间的感情，也有利于同学们集体精神的培养。

　　创造良好的寝室环境首先要保持寝室卫生。一个干净整洁的宿舍令人赏心悦目、心情舒畅，而良好的环境卫生需要大家的共同努力和维护。一般由宿舍长排出值班表，大家轮流打扫卫生，同时还需要每个同学都整理好自己的床铺和桌面。

　　其次要创造良好的学习氛围。一个好的寝室应该有着良好的学习氛围，大家始终把学习放在重要位置，不仅认真学习专业知识，还主动补充课外知识，大家互帮互助、好学上进、积极向上、共同成长。一个学习型的寝室将是大学生不断进步的沃土。

　　在大学里，对人改变最大、影响最深的人莫过于朝夕相处的室友。寝室成员间因为不同的个性特征和生活习惯可能会产生摩擦，但不要因此破坏宿舍的和谐气氛，应该坦诚面对，有什么问题及时沟通，不要把芥蒂搁在心底，要互相体谅。

(二) 大学里的图书馆

　　大学教育是开放式的教育，除了老师传授知识，更重要的是学生自己主动去探索、学习。而图书馆有着丰富的学习资料，是大学生自主学习的最佳场所。在图书馆学习，可以培养大学生独立学习和研究的能力。

学会运用图书馆资源是大学学习最重要的一课，而在图书馆自主学习也将是大学生学习生活的重要组成部分。正如有些人所指出的那样，熟练和充分地使用图书馆资源是大学生，特别是有志于科学研究的大学生的必备技能之一。

真正地用好图书馆，你将不必依赖学校、老师的安排，自己就能够为自己开设课程、设置学习任务、检验学习成果，这样才是真正的自主学习。你可以在图书馆学习到老师所教内容以外的知识，接触到更多的研究成果，同时发展自己的其他爱好，拓宽知识面和能力。可以说，图书馆是大学生增长知识的宝库。

(三) 大学里的社团

一入大学，你就会被新奇有趣的大学生活深深吸引。在大学里，除了学习，你还应该多尝试、多体验新鲜事物，尤其是要多交朋友。社团就是一个拓展见识、获得友谊的好地方，社团生活是大学生活的重要组成部分。

何为社团？官方说法是"某些具有共同特征的人相聚而成的互益组织"。一所大学里多则几百个、少则几十个社团，几乎囊括了大学生的各种兴趣爱好。有体育类社团，如足球俱乐部、轮滑协会等；有公益类社团，如青年志愿者协会、心理辅导协会等；有文艺类社团，如舞蹈协会、吉他协会等；有社科类社团，如公关协会、创业实践协会等；有文化类社团，如演讲辩论协会、口才协会等。数目繁多的社团中，你总会找到一个适合自己的。

那么，参加大学社团有什么好处呢？

首先，可以培养兴趣、发展兴趣。如果你非常喜欢篮球，却因为刚刚进入大学，没有认识的人可以打比赛，那么参加篮球协会是个很好的选择。这不但可以切磋技艺，让你的篮球水平得到提高，还可以找到志同道合的朋友，拓宽自己的人脉。

而找到志同道合的伙伴，就是参加社团的第二个意义了。相同的兴趣将社团成员联系在一起，共同的话题会增进彼此的感情，在一起参加社团活动的过程中，大家互相了解，从而获得真挚的友情。

参加社团的第三个好处是可以充分展示自己的才华。众所周知，社团经常会举办一些全校范围，甚至是校与校之间的活动，还有可能承接或参与全国性的比赛。而这些活动，无疑是一个很好的展示平台，让每个有能力、有梦想的人可以一展风采。

同时，社团还是培养组织能力、表达能力、创新意识与合作意识的地方。你可以只是成员，也可以竞选成为社团的干事，无论身处何位，你都可以在策划、组织、筹办和参加社团活动的过程中提高自己的能力。在社会中，能力比学历更为重要，因此在大学里，我们要抓住每个机会来培养自己各方面的能力，而社团就是一个培养多方面能力的小型学校。

社团会让你学会在竞争中合作。学校有如此多的社团，如何才能使自己的社团脱颖而出？这是每个社团人都要思考的一个问题。竞争意识是必备的，可是如何增强竞争力？这就需要我们协调和利用各方面的力量，为社团的发展创造良好的内外环境。在社团中，我们要学会在竞争中合作，在社会中也是如此。

参加社团活动可以培养吃苦的精神与良好的心理素质。办好一个社团是一项磨炼意志的工程，也许需要你在寒冷的冬天早起挂喷绘，或者需要你一遍遍地搬海报板和桌椅。虽然这些工作既辛苦又枯燥，但是细节决定成败，从小事上可以看出一个人忍受苦难的能力和是否具有放下身段的良好心态。无论是举办活动还是参加活动，都需要良好的心理素质。多参加社团活动可以开阔眼界、拓宽胸怀，培养处事冷静、虚心对待成败的气质。

社团的门槛一般比学生会低。每批新生来校报到时，社团工作部就会组织社团统一招收会员。你只需要填写个人信息，缴纳照片就能够加入社团。但是，参加社团时也要考虑该社团是否正规。如果你觉得学校没有能够满足你兴趣的社团，也可以自己筹建新社团。关于社团筹建的规章制度，每个学校都不一样，你可向学长或辅导员请教。

"海阔凭鱼跃，天高任鸟飞"。大学社团就是这样一方天地，供有梦想、爱生活的人尽情翱翔。

第二节　大学与大学生发展

大学成就人生，大学是人才聚集、知识密集、精神营养丰富的地方，是人生获取能量、积累资源最重要的时期。大学期间真正的成长，是实现心灵的成长和精神的丰满。在人生的大学阶段，要主动汲取大学精神，自觉融入大学文化，不断领悟生命内涵，用丰富的大学生活开启自己幸福的人生。

一、大学是人生发展的重要时期

在人的发展过程中，大学生的人生理想将在大学形成，人生的道路将在大学起步。大学在很大程度上是人一生中系统学习的最后阶段，是青年学生走向社会的一个重要环节。大学生活开创了大学生人生发展的黄金时代，大学时期是大学生人生发展中最重要的阶段，它主要表现在以下方面。

(一) 大学阶段是大学生身心发生剧变的时期

在大学期间，大学生身心将会发生一系列明显的变化，这一系列变化对大学生的人生会有一定的影响，其表现为如下内容。

1. 大学是大学生成长的重要时期

(1) 从生理发展角度出发，每个人的一生从出生到成熟，一般会经历两次成长高峰阶段，第一高峰阶段为婴儿期，第二高峰阶段为青年期。青年时期人的变化主要是生理变化显著，如身体形态的变化、神经系统的发达、内分泌的发展等，而此时，大学生的性意识出现和发展。现在大学生的年龄一般处于16~23岁，正是青年期发展的重要时期。大脑发育的成熟使学生能够在意识控制与调节下进行长时间的脑力劳动，并能较为客观地分析和综合外界的刺激，做出理智的判断，为大学生发展观察力、记忆力、想象力与逻辑思维能力及操作能力奠定一定的物质基础。

(2) 从心理发展角度出发，大学生的思维水平从经验性思维逐渐转向了逻辑性理论思维，进入了形式思维阶段。大学生喜欢思考一系列抽象深奥的理论问题，对人生的看法不再满足于现象的罗列、现成的结论，而是要求探索人生的真谛，揭示事物的内在联系和规律性。大学生的思维具有强烈的自我意识，表现出一种以自我为中心的思维方式。另外，大学生对事物抽象的看法和思考方法，容易使其偏离现实从而形成凭空设想的意识。因此，在大学期间，大学生的思维相对片面，大部分学生的思考模式运用的是一种极不成熟的推理方式，用这样的推理方法来认识事物不能触摸到事物的本质，反而会误导自己与他人。

(3) 从情绪发展角度出发，大学生的情绪极不稳定。大学生在遇到问题时情绪容易激动，相比中学生，大学生虽然有一定的调节和控制自己情绪的能力，但同成人相比还是显得动荡多变。大学生有着丰富、复杂而又强烈的情感世界，情绪波动有极强的外显性，心境变化比较复杂，对外界的刺激反应迅速、敏感，喜怒哀乐表现得尤为充分和具体，情境性很强，有着很大的感染性，很容易受到群体活动的影响和感染。

(4) 从自我意识发展角度出发，大学生对自我有一种扑朔迷离的感觉。大学生由"我"与"非我"分化，再由"主体的我"与"客观的我"分化之后，进入"理想的我"与"现实的我"的分化阶段。大学生把"当前的我"同未来"理想的我"区分开来，于是把观察的注意力转向自我，从而使自己成了观察探索的对象。从这一点上来看，大学生有着明显的不能认识自我的倾向和缺乏自我控制的能力，因而大学生的自我意识还处于不断完善之中。

因此，总体而言，大学生的心理处于积极的发展变化过程中，有敏锐的认知能力，但认知还不成熟；有丰富的情绪情感，但自控能力和自控意识较差；有强烈的自我意识，但往往不能处理好自我同他人和社会之间的关系；意志水平较少年稳定，可是意志的稳定性与多变性交织在一起；气质、性格日趋稳定，可是人生观还表现出动荡多变的特点，而且具有明显的矛盾性、可塑性和不稳定性。所以，大学时期是人的一生心理发展的重要时期。

2. 大学是大学生成长的"危险期"

大学期间，大学生心理发展的主要特点是：既发现了自我，又没有完全发现自我。因此，"我"的问题常常困扰着正在成长的大学生们。在他们刚上大学时感觉自己挺不错，激动放松，盲目乐观，无忧无虑，总是处于一种自我感觉良好的状态，时间很快就过去了，接近毕业时，面对就业和研究生考试的压力，我现在该如何是好？自己的今后是什么样子？无数个问题不断缠绕着自己，使自己无法平静。当现实生活与自我期待不一致时，大学生容易产生心理的失落和反差而出现心理困难。

从青年期身心发展的特点看，青年期是一生发展的特殊时期，各种心理品质变化幅度大、速度快，处于人生的一个动荡时期。大学生比一般社会青年晚踏入社会，社会化准备时期增加，社会化过程延长，出现了社会化的晚熟现象。这样，一方面大学生自我认识的深度加深，也加剧了探索的矛盾；另一方面，社会化时间的延长促使青年期的矛盾、困惑和危机时间延长，表现也更为充分。所以，大学生在这个时期内很容易导致各种心理问题。

在大学生的人生发展中，有三个很典型的特点。一是单一的人生经历。大学生长期生活在学校，国情民情体验不足，社会阅历浅薄，生活经验匮乏，人际交往和遇到问题时的应变能力不够。现实与大学生书本上的知识和理想中的宏伟蓝图尚有一定的距离，这使得他们有必要加强社会实践和自我锻炼。二是个性化的生活道路。学习活动是大学生的主体活动，学习活动具有个体性的特点，任何一次学习活动都要经过学习者个体的自我教育来完成。如果把每一次学习活动都看成对自我的一次证明，这样对学习成绩的过分关注可能会忽视社会的作用，从而走向以个人主义为主的小圈子，对今后的社会适应产生不利影响。三是集中的人生任务。大学虽然只有四年的时间，大学生除了完成繁重的专业知识的学习任务，面临的任务还有许多。例如，身体发育的成熟、心理的复杂化、自我意识和社会意识的发展、同学之间的相处、师生关系，世界观、人生观、道德观、价值观及爱情观的形成与变化，等等。

(二) 大学阶段是人才成长的黄金时期

(1) 大学生由于身体各种机能的健全和成熟，总觉得浑身有使不完的劲，并从中体验到自己青春的活力，深信自己的能力，感到没有任何力量可以阻止自己前进。大学生血气方刚，精力旺盛，对未来充满了信心。大学生勇往直前，敢于克服一切困难和不利条件，没有过多的顾虑和思想包袱，拥有的只是更多的未来和较少的过去，所以敢闯敢拼。大学无疑是大学生人生发展的高峰期。

(2) 大学阶段是学习知识和技能的最佳时期。大学生正处于智力发展的鼎盛时期，他们的记忆能力、认识能力、思维能力和创造能力这四大智能发展到了人生的黄金时期。盛时不再来，人生能有几回搏，大学时代正是学习的黄金时代。

(3) 大学阶段还是人生个性心理品质逐步成熟的时期，也是大学生社会情感得到充分发展的时期。大学的几年，为大学生的成长、发展创造了良好的条件，大学生在大学学习期间又处于人生成长过程的黄金时期，大学期间的学习生活是相当宝贵的。"缘分""相互理解""互相信任""同甘共苦""理想""鲜花""阳光""掌声""最宝贵和最值得珍惜的情感"，这些都是珍贵的回忆，大学生应十分珍惜自己成长的这段宝贵时期。

(三) 大学阶段是大学生人生社会化的准备时期

社会化过程就是人适应社会、改造社会的过程。从某种意义上来说，人的一生也就是一个社会化的过程。大学阶段是人生的准备期，是人一生的各种观念、各种心理品质急剧变化、逐步走向成熟的时期。因此，大学期间形成的观念对人的一生特别重要，有些观念甚至影响人的一生，其具体表现在以下方面。

(1) 职业基本趋向初步确立。大学不同于初、中等学校，高等教育主要是职业教育，大学阶段是分专业进行教育的。大学生一进入大学校园基本上就有了一个职业的定向问题。大学生围绕一定的职业定向学习专业基础课、专业课和工具课，从而逐步形成与专业有关的知识结构和思维方式，形成较为稳定的专业思想。专业知识一方面成为大学生寻求职业的主要依托，另一方面是大学生思考问题的立足点。大学阶段的专业课基本决定了个体人生发展的基本领域和空间，但随着社会竞争的加剧，大学生就业也存在职业与专业不匹配的现象。

(2) 恋爱观的初步形成。随着大学生生理机能的日益成熟，大学生逐渐产生了对恋爱的渴求。大学生对恋爱和爱情的看法不再有高中阶段的局限性，男女同学之间在学习生活、社交活动、文体活动和其他活动中的交往是很自然和自由的，因此有机会和条件对一般的异性或者特殊的对象获得较为深刻的了解，从而容易产生比友情更深一层的感情。这样，在大学期间，大学生容易形成自己独立的恋爱观、爱情观。

(3) 思想观念的初步形成。大学期间通过广泛而系统的知识学习，大学生逐步形成了一定的知识结构和较为独立的思维方式。大学生为自然、社会、人生等一系列问题的思考创造了条件，也逐步建立了自己对自然、社会、人生的一些初步的基本看法，形成了较为稳定和成熟的政治观、人生观、世界观及道德观。这些观点尽管还有待于进一步完善，但是会对今后的人生道路起到极其重要的指导作用。

综上所述，大学时期是大学生人生发展的一个非常重要的阶段，大学生在大学期间的任务，除了顺利完成自己的学业，还有更为广泛的人生任务。大学生们应该抓紧在校的宝贵时间，和同学们真诚相处，不仅要认真学习书本上的知识，而且要学习课本之外的更为重要的知识，促使自己各种正确观念的形成和人格的成熟，从而正确树立自力更生、独立自主的进取意识，正确树立马克思主义的世界观、政治观、人生观、价值观、道德观，真正提高适应当今社会快速发展的能力。

"业精于勤荒于嬉"，在大学期间，大学生要真正把握好在校短短几年的黄金季节，发奋图强，刻苦钻研，学好本领，努力把自己打造成一个生活的强者、社会的精英、国家的栋梁。

二、大学阶段对大学生成长的意义

(一) 大学是人生的起跑线

在大学阶段，很多同学面临诸多第一次：第一次放下高考的重担，开始独立追逐自己的理想和兴趣；第一次离开家乡和父母，开始独立尝试融入集体和社会；第一次贴上专业的标签，为走向社会而接受系统的专业教育和技能训练；第一次获取独立的时间和生活，开始尝试选择的自由与责任的担当……这些第一次说明大学是人生的关键，将从多个角度奠定人生的基础，是人生的起点。

(二) 大学是人生的加油站

《韩非子·喻老》有言："三年不翅，将以长羽翼；不飞不鸣，将以观民则。虽无飞，飞必冲天；虽无鸣，鸣必惊人。"这段话非常形象地说明了大学是人生的加油站，在大学阶段，大学生将接受系统的知识学习，实现知识的积累；将进行多元化的学习，实现兼收并蓄，进而建立起合理的知识结构；将学会学习的方式方法，培养缜密的逻辑思维方式，不断增强学习的能力；将砥砺品行，在丰富的实践活动中提升自己的道德修养；将关注民族和社会的前行规律，丰富自己的思想内涵，建立起坚定的人生理想信念。

(三) 大学是人生的试验田

大学阶段对人生的宝贵意义还在于其包容性和不可逆性。在大学阶段，很多同学还面临人生中的诸多最后一次：可能是人生中最后一次系统地接受教育，这一阶段，可以全身心地进行知识学习和知识结构完善；可能是人生中最后一次"免费"修正自己的人生历程，面对未来的人生，还有选择的机会和准备的空间，甚至可以试错和调整，而这一试错和调整过程的成本是特别低的；也可能是人生中最后一次能够在相对宽容的人际环境中学习为人处世，培育个性品质。大学之于人生的这诸多最后一次，应引起每位大学生足够的珍惜和投入。

三、大学精神对大学生思想的提升

大学精神不仅标示着大学存在的理由，更是大学生成长与成才的沃土和人生的宝贵资源。

(一) 大学精神应是大学生校园生活的主导精神

做过大学梦的人，也许都曾对大学生活进行过这样或那样的美妙设计。然而，如何成功地度过几年的大学生活，并不是仅凭理想化的设计方案就能解决的问题。大学是大家、大师的会聚之处，学子可以从中撷取思想的火花，沐浴智慧的光辉；大学有汗牛充栋的图书资料和先进的教学设备，可供学子汲取知识的营养，习得各种操作技能；大学有丰富多彩的课余生活，学子可以在其中发展社交能力，陶冶个人情操。如此纷繁复杂的生活事项，需要学子们用一以贯之的态度和方法去应对，这样才能合理设计、充分利用大学生活的时光，使自己得到全面发展。这种态度和方法非大学精神莫属。有大学精神的支持与指引，大学生活才可能是成功的。

(二) 大学精神指引着大学生的成才路径

人的成才之路是漫长的，但对有机会接受大学教育的人来说，大学时期无疑具有决定性的意义。先进的大学精神作为校园文化价值系统的精华，是一种巨大的激励因素和动力之源。当这种价值观念和行为规范被内化为大学生的精神气质之后，就会激励他们产生探求知识、追求真理的强烈欲望与渴求。通往真理的道路从来就不是一帆风顺的，在面临重大转折或挑战的时刻，心灵深处被一种精神熏陶浸润过的人即使是在生活的重压下，也能够保持进取的毅力和信心，不为世俗的狭隘偏见所限制，不为短期近利所诱惑，始终把目光聚焦在自己的奋斗目标上，孜孜以求，无所畏惧。

(三) 大学精神是人生的宝贵财富

大学生既要学会做人，又要学会做学问，大学精神则是做人、做学问两方面标准的核心内容和综合体现。作为一种精神养料，大学精神并不仅仅存在于人的大学时期，即使离开了大学这一具体环境，其渗透力和影响力也会保留在大学生的职业生活、家庭生活与一般社会活动、社会交往之中。学生在大学中学到的知识可能会随时代的进步而老化或淡忘，但被大学精神滋养和浸润过的头脑和心灵会跟随学生的一生。

四、大学生对大学文化的融入与传承

(一) 读懂大学文化，领悟大学精神的本质内涵

大学精神与大学文化是大学办学的精髓所在，是引领大学生成长的顶层设计和精神导向。对于刚进入大学校园的大学生而言，读懂大学文化至关重要。大学生要通过校史馆和校史资料了解自己大学的历史，要进行好与教师及优秀学长的对话，也就是学会主动获取主流渠道的积极信息，这样才能主动融入大学精神和校园生活。融入大学文化要主动了解本专业的培养方案和就业方向，尽可能地加深对学科专业的了解和认识，以学校人、学科人、专业人员的姿态开始大学生活；要用历史的和辩证的视角领悟大学精神，按照其本质内涵的要求确立自己的学业和人生目标。

(二) 融入大学文化，践行大学文化的本质要求

读懂大学文化的目的是融入和传承大学文化，所以大学生从一年级开始，就要以优秀的学长和出色的校友为榜样，尽快树立大学期间的学业生涯目标和人生的职业生涯目标。大学精神和大学文化是最实用的人生观和方法论，要按照大学精神和大学文化的要求为人为学，用自己的实际行动践行大学文化的本质，增加内生的本质力量。

第三节 大学生与大学生活

一、大学生的历史使命

当今，我国大学生的历史使命可以概述为以下三个方面。

(一) 继往开来，建设中国特色社会主义

传承历史，开创未来。当代大学生要担当起建设中国特色社会主义的重任，实现百年来中国人民梦寐以求的国家富强、人民幸福的爱国理想。

中共十一届三中全会以后，党和国家把工作重点全面转向以经济建设为中心的现代化建设，把改善人民群众的物质文化生活水平作为首要任务。因为"科学技术是第一生产力"，所以我们

国家及时地制定了"科教兴国"的宏伟战略，以此应对世界新技术革命的挑战。也只有这样，国家的富强和人民的富裕才不是空谈。而作为科教兴国的第一受益者，大学生理应承担起用科技文化推动经济发展，依靠经济发展提高人民生活水平的重任，也只有这样，建设中国特色社会主义，实现百多年来中国人民梦寐以求的国家富强、人民幸福的理想才不会只是纸上谈兵。

(二) 勇于创新，实现中华民族伟大复兴

大学生一贯被誉为"天之骄子"，也常以"精英"自居。的确，大学生文化素质相对较高，我们常常以我们有着五千年积淀下来的文化而自豪，但我们也应该毫不避讳地承认，我们有着五千年积淀下来的种种陋习。社会上还存在一些迷信、愚昧、颓废、庸俗等落后文化，甚至还存在一些腐蚀人们精神世界、危害社会主义事业的腐朽文化。大学不是净土，大学生也或多或少地受这些腐朽思想的影响。根除这些现象，绝非一朝一夕之功，大学生从自身做起也就显得特别重要。中国是世界四大文明古国之一，却成了近代历史上的落伍者，在现代世界文明交流融合与冲突的洪流中，在一个充满创新、依靠创新的社会，中华民族的创新发展到了一个极为关键的时刻。

(三) 积极努力，为世界和平发展、人类社会进步事业做贡献

人类社会的发展依靠一代代人的奋斗努力，靠的是各国和各族人民的共同奉献，中华民族是热爱和平的民族，中国始终是维护世界和平的坚定力量。

大学生作为国家的未来，应当为了国家的发展而努力，为了国家存在的环境稳定而努力，为了世界的和平和安定而努力。大学生要将自身责任与当前国家需要密切结合起来，只有这样，大学生才会不辱"国家的未来"这一称号。当代大学生理当有为人类和平进步事业做贡献的历史使命，在未来的人生奋斗中自觉担起为世界和平发展及人类社会进步事业做贡献的责任。

中学到大学阶段，是一个承前启后、非常关键的阶段。"物竞天择，适者生存"，适应生活才是这个阶段的重中之重。同学们应该努力适应环境，每次适应就是一次新的成长。

精彩的大学生活应从快速转变角色开始。从高中的"小天地"进入大学的"大家庭"，同学们要学会"归零思维"，找到自己的起点，严格要求自己，运用辩证观点，由感性向理性转变，凡事三思而后行，加强道德和法制观念，完成自我心态的转变；培养自主学习意识，强化自学能力，完成学习方式的转变；学会独立自主和集体合作，做到换位思考，学会包容和理解，保持乐观开朗与阳光自信的心态，实现生活方式和人际关系转变；养成良好的学习生活习惯，强化自我管理，做好目标管理、时间管理和情绪管理，充分展示自己的才华，让攀登成为一种人生姿态，做到自尊、自爱、自立、自强，向自己心中的梦想不断迈进。

二、适应新的生活环境

(一) 大学生活的特点

大学是人生的一个重要阶段，对于刚刚步入大学的大学生而言，大学生活和中学生活存在诸多的变化和差异，主要表现在以下几个方面。

1. 独立性增强

初入大学，没有了家长和班主任的照顾和看管，生活的选择权回归学生自己，一切都要自己做主，这对大学生的独立生活能力是一个挑战。

2. 展示和选择机会增多

大学为大学生提供了很多展示自己的平台，他们可以参加不同的社团、比赛和竞赛，由于升学压力骤减，大学生有更多的课余时间自由支配，同时还面临更多的选择。新生入学后，要抓住机会，不断开发自己的潜力，展示自己、了解自己、提升自己。

3. 课余生活丰富

大学生活比中学生活丰富很多，评价标准也从中学的"分数决定一切"到大学的"注重个人综合素质的提升"，课余时间从学习功课到参加不同形式的活动。成绩优秀和各具特长的学生都可以选择适合自己的生活方式和成长方式。

大学生的审美标准趋向多元化，大学生的价值观也呈现多元化。大学为大学生发展兴趣、爱好和特长提供了更多的机会。兴趣和爱好不仅可以陶冶性情、提高自身的修养，还能拓展人脉、提高交际能力。因此，大学生需要冷静地分析、寻找自己的优势，投入时间和精力到自己喜欢的事情上，不断积累，不断提高。遇到强于自己的学生，切不可过分"比较"，要多看自己的优点，理性看待自己的缺点。

4. 学习方式灵活

大学学习无论内容还是形式都多种多样。从学习的内容来说，除了课堂和书本上的知识，还可以从活动和实践中学习；除了学习知识，还可以学习多种技能；除了学习本专业内容，还可以学习相关专业及边缘学科的内容。从学习的形式来说，不仅包括课堂教学，还包括自学、互联网、竞赛、讲座、社团、社会实践等。

5. 专业性凸显

大学生的专业、职业方向在进入大学时已基本确定，大学里各专业的课程也都是针对未来职业岗位(群)对人才素质和能力的要求来设置的，学习的专业性十分明显。大学的教育也是一种通识教育，大学生不仅要学好专业知识，还要注意提升自己的综合素养，因为社会对人才的需求通常是专业能力和综合素质并重。

6. 评价标准多样化

大学生要重视德、智、体、美、劳的全面发展，评价学生的标准也更加全面与科学。在大学，"分数高"不再是评价好学生的"唯一标准"。好学生不仅指获得奖学金的学生，还包括在比赛和竞赛中脱颖而出的学生和动手能力强、有创新能力的学生。社团纳新面试有演讲和才艺展示，比赛、竞赛也有演讲和现场问答，企业招聘、考公务员、考研也都包括笔试和面试。这些不仅要求大学生有良好的书面表达能力，还对大学生的口才、气质、形象和心理素质提出了更高的要求。

7. 注重发展创新能力

与中学学习强调标准不同，大学学习鼓励创新。创新是现代社会发展的动力，创新意味着打破传统的思维，意味着打破常规，意味着尊重自己的想象力和发挥自己的创造力。大学阶段，学习的探索和研究属性更加明显。大学生的专业学习，既要注重专业知识的积累，又要注重自身创新能力的培养。在现有社会需求的影响下，很多大学生的动手能力、实践能力、创造能力、创新能力逐步得到重视和尊重。创新既是大学生成功的基础，也是国家和社会发展的动力来源。

(二) 适应大学生活

从"黑色六月"到"金色九月"，从中学到大学，环境的改变是一个不争的事实，但这并不意味着每名大学新生的认识和心态也能迅速、自然地跟上并适应这种改变。大学毕竟与中学有很大区别，大学生活既是集体生活，又是独立生活。学习、生活环境的新变化，既是对同学们的严峻考验，也为同学们学习知识、培养能力、塑造人格等提供了有利条件。因此，及早了解客观环境、尽己所能调整好个体与环境的关系，才能在人生的新起点上迈出坚实的第一步。

1. 克服心理断乳期，思想上要独立

大部分同学上中学的地方离家近，平时或者周末、月末可以回家，有爸妈照顾，庇护在父母的羽翼之下，衣食住行这些事情从不需要同学们自己操心。

上了大学，不同于中学时光，远离了自己的家，生活领域不断拓宽，住在集体宿舍，舍友们来自五湖四海，兴趣爱好、生活习惯等许多方面可能存在较大的差异。或许大学所在城市的饮食口味、气候、方言、风俗、风土人情等也会令一些同学不习惯。

这时，同学们要清楚、明白地告诉自己，要学会独立，自己的事自己做，培养自己的自理、自立能力，学会料理自己的一切，养成良好的生活习惯，帮助自己更好地适应环境，减轻恋家的情绪负担，度过"理想间歇期"或"动力真空带"，确定新的目标，用新的目标指引方向，提供前进的动力，提高人生境界。

2. 科学安排时间，让生活有规律

良好的生活行为习惯需要严格的作息时间来维持，所以要有规律地生活。大学生可以根据学校作息时间制定自己的作息时间表，让自己的生活有规律、有安排、有管理，特别是对于课余和节假日时间的安排，要进行规划管理。要严格执行作息时间表，养成早睡早起、折叠被子、衣物摆放有序、参加晨读晨练、衣冠整齐、当天的事情尽量当天完成的好习惯，这是适应大学生活的良好开端。

3. 保证休息睡眠，让生活有质量

休息睡眠是生活的重要内容，每个人都要确保有充足的睡眠时间，每天睡眠不得少于7~8个小时，每天要按时早睡(晚上11点前睡比较合理)，睡觉前不做剧烈运动，不过于兴奋，保持良好的心态，这样有利于提高睡眠质量。大学生应每天保证半小时午休时间，做到体力不透支，不疲劳做事；不要每天"饭来张口，衣来伸手，外卖到门口"；不要"上床玩手机，下床打游戏，上课就犯困"。

4. 学会科学理财，让生活有保障

上大学后，自己有单独的银行账户，身上随时都会备有现金，以满足生活需要。同学们要树立金钱管理意识，制定预算，建立账目明细表，计划开支，控制不必要的支出，要让每分钱发挥作用，正所谓"好钢用在刀刃上"。基本做法是，建立生活账本，记录自己每天的开支，统计月支出。在保证解决温饱的基础上，尽量删减其他不必要的开支，不大吃大喝，不铺张浪费，不追求奢侈品，不讲排场，不虚荣，不要形成上旬执行"市场经济"、中旬执行"计划经济"、下旬解决"温饱问题"的生活状态。

同学们要尽可能地把金钱用于获取知识、提高技能上，理解"投资"与"消费"的区别。若经济条件允许，可以做一些公益，资助困难同学，捐给希望工程，也可了解股票、期货、基金的有关知识，在征得父母同意的情况下，学一些投资理财知识，积累一些经验。

5. 培养多种兴趣，让生活丰富多彩

注重自己的个性发展，培养自己的兴趣爱好，课余时间参加一些感兴趣的、有益身心健康的社团活动、公益活动，以及合法的社会兼职活动和课外兴趣小组活动，让自己的生活丰富多彩，不赌博，不沉迷网络，不沉迷游戏，不参加任何非法组织，拒绝传销，不参与直销。正确对待网络，让网络成为自己的良师益友，每天坚持写博客或写日记，记录自己大学的成长轨迹，留下珍贵美好的大学回忆。

三、适应新的学习环境

(一) 大学主要的学习内容

大学的学习内容十分广泛，具体可以概括为两种文化、两种学识、两种高校教育模式和三个层次。

1. 两种文化

据《两种文化》(C. P. 斯诺)所言，人类文明积淀至今，可分为自然科学文化与人文科学文化、科技专家文化与人文学者文化，前者重于物质及自然规律的探索(如万物统一定律)，后者重于社会存在的探析，以及个体精神、意识、心理、情绪等的探索(如生命体意识、情感、价值、意义等的多元化定律)。

在两种文化下大体可分为两大类学科，即自然学科和人文学科。自然学科包括物理学、化学、计算机科学、生物科学、地理学等；人文学科包括哲学、文学、社会学、法学等。

2. 两种学识

两种学识指的是知识与智慧。大学里不仅要学习知识，还要积攒智慧。

知识关于事物，智慧关于人生；知识是关于世界规律、真相的求索，智慧是关于人生价值、意义的把握；学习知识的能力称为智商，情绪控制的能力称为情商，提升智慧的能力称为灵商；智商决定生存的层次，情商决定生活的质量，灵商决定生命的高度。

3. 两种高校教育模式

迄今为止，主要有两种有代表性的教育模式：一是美国的通识教育，二是苏联的专业化教育。我国现在仍主要是专业化教育，但不少高校已提出通识教育的教学理念。

专业化教育的弊端是：专业划分太细，学生知识面太窄，难以适应急剧变化的市场需要，也难以培养出杰出人才。

4. 三个层次

综上所述，大学生活中的学习不仅仅是课程专业知识的学习，还包括生活中种种知识的学习；同学们不仅应掌握科学研究的方法，还应掌握思考生活的方法；不仅应增长知识水平，还应锤炼性情、增长智慧。简言之，大学学习内容分为以下三个层次。

(1) 系统化掌握专业知识(立身之本)。

(2) 掌握相关知识，完善自身知识结构(精进之道)。

(3) 全面提高个人素质，培养个人职业核心竞争力(更高层次的完善)。

(二) 大学的学习方式

大学的学习方式主要有三种：课程学习、课余学习和实践锻炼。

1. 课程学习

教学安排：一、二年级为基础课程，三年级为专业课程，四年级为实习及论文。

(1) 大一各门课程是后续课程的基础，课程学习极为关键，学习效果层层放大。

(2) 大一、大二课程共同构建知识体系基础，基础扎实才能"学而不惑"。

(3) 大三主要学习专业发展方向的基础课程。

(4) 大四除写作毕业论文外，只有极少的必修课程。

2. 课余学习

(1) 完善或深化知识体系。

(2) 补"通识教育"之课。

(3) 为下一步职业发展提前做准备。

3. 实践锻炼

(1) 学生社团工作实践。学生社团工作实践提供团队合作、组织管理、能力拓展、服务他人的实践锻炼机会，旨在"学生自我教育"。

(2) 科研实践。通过实践训练实现学以致用，学会把知识转化为实践技能(信息科技发展训练、实验教学等)。

(3) 社会生产实践。如社会工作、职业实践体验。

(三) 大学的学习特点

每个人都知道学习的重要性，只有不断学习，才能适应这个变化的社会，才能取得可持续性的成功。大学教育是一种专业教育，学习信息量大、速度快，更加强调学习过程中的自主性、创造性、实践性，大学生活不仅是大学生成长历程的关键，而且是未来事业的基础，可以为同学们走向社会做好充分的知识和能力储备。

1. 大学阶段学习的特点

大学阶段的学习与中学阶段的学习相比，在课程设置、教学模式、考试方式、学习目的、学习方式、学习方法、学习内容等方面都发生了较大变化，对于刚进入大学的新生而言，如何适应这些变化、尽快了解和掌握大学学习的基本规律是摆在每名新生面前的首要问题。

1) 学习内容具有专业性和选择性

大学的学习内容专业性特点十分明显，是一种以掌握专业知识和技能为特征的社会活动，是为将来走上工作岗位、适应社会需要而进行的学习。学习内容是围绕专业方向和社会需要展开的，同学们所选择的专业和未来的职业生涯紧密联系在一起。专业思想是否牢固和专业兴趣的多少将直接影响大学生在校学习情况的好坏和未来职业生涯发展是否顺利。

2) 学习方式具有独立性和自主性

大学期间的学习虽然也有一定的强制性，但较中小学要少得多。首先，大学生所学专业大多数是自愿选择的，是大家感兴趣的。其次，除了学习基础知识，还要掌握各种专门知识，成为某学科的专门人才。最后，大学学习是以教师为主导、学生为主体进行的，这就要求大学生必须善于自觉、主动地学习，从"填鸭式"学习状态迅速转到"自主式"学习状态。

另外，大学生可以根据自己的兴趣和爱好，选择某些选修课，独立阅读各种书籍，制订学习计划，采用适合自己的有效学习方法，这也体现出较大的自主性。自觉、积极、主动学习是大学学习活动的核心特点，培养和提高主动学习的能力是大学期间必须锻炼并提高的一项重要技能。

3) 学习途径具有广泛性和多元性

大学生的学习形式多种多样。虽然课堂教学还是主要形式，但大学生可以依靠各种不同的途径和渠道来获取知识，同时大学的实践性教学活动占有很大比重。通过自学、学术报告、知识讲座、专题讨论、社会调查、第二课堂、文献查阅等活动方式来获取知识，加强实验、实习、社会实践和科技创新等实践性的环节，这些都是大学生增长知识和才干的重要途径。从近些年的就业情况看，用人单位越来越注重学生的实践能力，如何把知识的掌握和技能的提高相结合，成为一个重要的课题。

4) 学习方法具有一定的创新性和探索性

爱因斯坦曾经说过，高等教育必须重视培养学生具备会思考、探索问题的本领。大学的学习具有明显的探索和研究性质，即对书本以外的新观点、新理论、新技术、新工艺等进行深入的探索与钻研。

目前，高校普遍加强大学生创新能力的培养，在课程设置、课程安排、教学模式、毕业设计等环节突出学生的主体地位，使同学们在研究中学习，在解决问题中学习，注重提高大学生的创新能力。

2. 形成正确的学习方法

大学学习除了把握好课前预习、课堂学习、课后复习等主要环节，还要有目的地研究学习规律，选择适合自己特点的学习方法，提高获取知识的能力。具体来说，主要方法如下。

1) 要制订科学的学习规划和计划

大学学习单凭勤奋和刻苦精神是远远不够的，只有掌握了学习规律，相应地制定出学习规划，才能有计划地逐步完成预定的学习目标。马克思曾说过，没有规划的学习简直是荒唐的。可见严密的学习规划是完成学习任务的保证。

那么，应该如何制定学习规划呢？

大学生要根据学校的教学大纲，从个人的实际出发，根据总目标的要求，从战略角度制定出基本规划。例如，设想自己在大学要达到的目标，如达到什么样的知识结构，学完哪些科目，培养哪几种能力等。

大学新生制订整体计划是困难的，最好请教本专业的老师或求教高年级同学。可以先制订好一年级的整体计划，经过一年的实践，待熟悉了大学的特点之后，再完善整体规划。然后制订阶段性具体计划，如一个学期、一个月或一周的安排，这种计划主要是根据入学后自己的学习情况、适应程度等具体情况做出安排，主要是学习的重点、学习时间的分配、学习方法如何调整、选择和使用什么教科书和参考书等。这种计划要遵循符合实际、切实可行、不断总结、适当调整的原则。

2) 要讲究读书的方法和艺术

大学学习不仅是完成课堂教学的任务，更重要的是如何发挥自学的能力，在有限的时间里充实自己。而选择与自己的学业及兴趣有关的书籍来读是最好的充实自我的办法之一。莎士比亚曾说，书籍是全世界的营养品。培根也说过，书籍是在时代的波涛中航行的思想之船，它小心翼翼地把珍贵的货物送给一代又一代。

想在浩如烟海的书籍中选择自己的必读之书，就需要有读书的艺术。首先，应确定读什么书。其次，应对确定要读的书进行分类。一般来讲，书籍可分为三类：第一类是浏览性质，第二类是通读性质，第三类是精读性质。

正如"知识就是力量"的提出者培根所说，有些书可供一赏，有些书可以吞下，不多的几部书应当咀嚼消化。浏览可粗，通读要快，精读要精。这样就能在较短的时间里读很多书，既能广泛地了解最新科学文化信息，又能深入研究重要理论知识，这是一种较好的读书方法。

此外，读书时还要注意两点：一是读思结合，读书要深入思考，不能囫囵吞枣、不求甚解；二是读书不唯书，不读死书，这样才能学到真知。

3) 充分利用时间，做时间的主人

大学期间，除了上课、睡觉和集体活动，其余时间的机动性很大，科学地安排好时间对成就学业十分重要。吴晗在《学习集》中说："掌握所有空闲的时间加以妥善利用，一天即使学习一小时，一年就积累365小时，积零为整，时间就被征服了。"想成就事业，必须珍惜时间。

首先，要安排好每日的作息时间表。安排哪段时间做什么时，要根据自己的身体和用脑习惯，如在脑子最好用时干什么，脑子疲惫时安排干什么，做到既调整脑子休息，又能参与一些其他活动。一旦安排好时间表，就要严格执行，养成今日事今日做的习惯，千万不要等明日。其次，要珍惜零星时间。大学生活越丰富多彩，时间切割得越细，零星时间就越多。华罗庚曾说，时间是由分秒积成的，善于利用零星时间的人，才会做出更大的成绩来。英国数学家科尔，1903年因攻克一道200年无人攻破的数学难题而轰动世界，而他是用了近三年的星期天来攻克这道难题的。

4) 完善知识结构，注重能力培养

所谓合理的知识结构，就是既有精深的专业知识，又有广博的知识面，具有事业发展实际需要的最合理、最优化的知识体系。李政道博士说："我是学物理的，不过我不专看物理书，还喜欢看杂七杂八的书。我认为，在年轻的时候，杂七杂八的书多看一些，头脑就能比较灵活。"大学生建立知识结构，一定要防止知识面过窄的问题。

当然，建立合理的知识结构是一个复杂、长期的过程，必须注意如下原则。

(1) 整体性原则，即专博相济，一专多通，广采百家为我所用。

(2) 层次性原则，即合理知识结构的建立，必须从低到高，在纵向联系中，划分基础层次、中间层次和最高层次。没有基础层次，较高层次就会成为空中楼阁；没有高层次，则显示不出水平，因此任何层次都不能忽视。

(3) 比例性原则，即各种知识在顾全大局时，数量和质量之间合理配比。比例的原则应根据培养目标来定，成才方向不同，知识结构的组成就不一样。

(4) 动态性原则，即所追求的知识结构绝不应当处于僵化状态，而必须是能够不断进行自我调节的动态结构。这是为适应科技发展与知识更新、研究探索新的课题和领域、职业和工作变动等因素的需要，不然跟不上飞速前进的时代步伐。

大学生要培养的能力范围很广，主要包括自学能力、操作能力、研究能力、表达能力、组织能力、社交能力、查阅资料能力、选择参考书的能力、创造能力，等等。总之，这些能力都是为将来在事业上奋飞做准备的。正如爱因斯坦所说，高等教育必须重视培养学生具备会思考、探索问题的本领。人们解决世上的所有问题是用大脑的思维能力和智慧，而不是搬书本。总之，凡是将来从事的工作所需要的能力和素质，我们都必须高度重视，并在学习的过程中自觉认真地进行培养。

四、建立良好的人际关系

大学是同学们由学校走向社会的最后一站。在这种环境里，培养自己良好的人际交往能力，与他人建立良好的人际关系，形成一种团结友爱、朝气蓬勃的氛围就显得尤为重要。这不仅是同学们正常学习、生活的保障，可以使同学们形成和发展健康的个性品质，更是同学们自我发展的深层需要，可以为未来的人生做一个长期的人际关系准备。

(一) 什么是大学生人际关系

人际关系是人们为了满足某种需要，在相互交往的过程中，彼此间相互影响而形成的一种心理上和社会上的联系。人际关系的好坏反映人们心理距离的远近。人际关系是社会关系的一个侧面，它是以情感为纽带，以人们的需要为基础，以交往为手段，以自我展现为标志的一种心理关系。

大学生人际关系是高校中人际关系的重要组成部分，它是大学生在学习、生活过程中结成的一种人际关系。其主要由认知、情感和行为三种心理成分构成。

首先，认知成分反映了大学生个体对人际关系状况的认识，是人际关系知觉的结果，是人际关系形成、发展和改变的基础。

其次，情感成分是交往双方在情感上的满意程度和亲疏关系，是与人的交往需要相联系的一种体验，反映出对交往现状的满意程度。

最后，行为成分是指大学生交往双方外显的行为表现，如语言、手势、举止、风度、表情等表现个性和传达信息的行为因素，它是建立和发展人际关系的交往手段与形式。

(二) 大学人际关系的变化

进入大学前，大部分同学没有独立生活过，是以考试为导向的应试学习，离不开老师和家长的精心呵护。跨入大学校门后，同学们便由一个思想单纯的中学生转变为一个志存高远、思想相对成熟的大学生，开始一个崭新的人生起航。

由于同学们来自全国各地、五湖四海，学生的"异质化"程度很高，地区的差异使同学们在思想观念、价值标准、奋斗目标、成长经历、风俗习惯、语言、性格、爱好等方面存在很多差异，每个人的差异明显大于中学阶段。同时，以家庭成员为主的生活方式演变为以宿舍集体生活为主的生活方式。学生会干部竞选、专业选课学习、社团活动、奖(助)学金评比等，一切都要靠自己打理，加之每个人都有较强的自尊心和自我意识，在日常接触和交往中，不免容易因为琐碎的事情产生一些矛盾。

大学的班级也已经不是中小学的班级概念。没有固定的教室和同桌，班内同学来自全国各地。不一定会有班主任，有班主任的也不像中学那样跟前跟后，见面的次数不会太多，辅导员也不是每天可以见到。有些大学有教学班和行政班之分，教学班是针对学习方面而言的，行政班是针对除学习外的日常管理而言的，大学的班级是一个相对松散的集体。

另外，大学生宿舍也是同学们集体生活的地方，室友是最有可能成为挚友的人，而自我中心主义是宿舍集体生活的大忌，宿舍集体生活不可能像一个人生活那么自由。此外，大学期间大学生参加社会实践、专业实习、社会兼职，与外界接触的机会也越来越多。

总而言之，在大学阶段，同学们人际交往的范围不断扩大，人际交往的内容不断丰富，人际交往的要求不断提高，人际交往的难度也不断增大。

美国著名成人教育学家卡耐基曾说过，一个成功的人，15%靠专业知识，85%靠人际关系与处世技巧。因此，同学们要学会和周围性格不同的同学和睦相处，对人要宽大仁和、坦诚相待，要严于律己、宽以待人，创造一个安定团结、心情舒畅的生活和学习环境，为将来尽快适应社会打下良好的基础。

(三) 大学生人际交往的常见问题

1. 害怕交往

在人际交往的实践活动中，大家都存在不同程度的恐惧心理，只是每个人的反应程度不同。在学校里，常会发现这样一些同学，他们走路专挑幽静的小道，听课专坐边缘的一角，害怕与人直接目光交流。由于害羞、自卑、缺乏自信等心理，与人交往时，他们显得特别紧张，心跳气喘、面红耳赤，两眼不敢正视对方，交谈时显得语无伦次、词不达意。时间久了，这些同学可能会产生交往障碍，严重的可导致社交恐惧症。

2. 拒绝交往

在学校里还有这样一些同学：他们朋友不多，与人相处时，要么自傲自大、自我封闭、孤芳自赏，瞧不起别人，拒人于千里之外；要么以自我为中心，没有集体意识和合作精神，做事全凭自己好恶，很少去体会别人的想法与感受，对周围的人与事漠不关心，出现问题都是别人的问题，仿佛他们永远是真理的掌握者；要么缺乏宽容和换位思考的能力，为一点小事就与别人闹得不可开交；要么缺乏交往的愿望和兴趣，但又特别敏感，心理承受力差，独往独来，不愿抛头露面，不愿与人交往。

3. 不会交往

还有一些同学，他们与人交往时，书生气十足，语言生硬木讷，内心的感情表达不恰当；不注意交往方式，在劝说别人、批评别人、拒绝别人时不讲究沟通艺术；与人沟通过程中，开玩笑不分场合，不注意保护别人隐私，不懂得给别人留面子；出言粗鲁，伤了对方的自尊心，不懂得尊重对方的风俗习惯，不懂装懂夸夸其谈。

案例分析

地方差异、生活习惯导致交往障碍

东明从东北考到广州，他不仅听不懂广东话，吃不惯广东饭，而且对于当地人的处世规则也不懂。同学出去吃饭，豪爽的他总是坚持自己付钱，乃至同学竟怀疑他有什么特别的目的。海涛正相反，他从广东考到北京。他觉得每个人都有自己的边界，未经允许别人不能随便入侵。可同宿舍的北方同学总是大大咧咧的，别人的东西拿起来就用，不分什么你我。这让海涛十分气愤，也和同学产生了隔阂，最终他在宿舍里成了"孤家寡人"。

4. 高期望交往

也有一些同学对人际交往的要求往往带有较浓的理想色彩，以友谊的理想模式为标准来衡量生活中的人际关系，导致高期望值与高挫折感并存。有一类学生常常回忆过去，对现实的人际沟通表现出强烈的不满。还有一类学生不懂得交往在于平时的积累，总期望别人主动与自己沟通、主动关心自己，拿朋友当"拐杖"，一旦自己有事求人时才去"临时抱佛脚"，交往的目的性和功利性较强。

5. 缺乏纵向交往

在大学中，大部分同学的交往是横向的，一般与同龄人沟通多，缺乏纵向交往沟通。由于社会经验不足，同学们在沟通中会出现一些问题，如在沟通中固执己见、妄自尊大，这些都是社交面过窄、自我认知有误造成的。

6. 与父母沟通少

沟通可以增进亲子之间的了解和感情，通过沟通，父母才能真正知道子女的需要和内心的感受，帮助子女解决他们面临的问题。在现代社会的快速发展中，由于两代人的价值观不同，亲子关系会有隔阂。如果子女与父母沟通少或者采取消极的沟通方式，而父母又忙于工作，无法分身，这样一来两代之间的代沟将越来越大，父母在情感交流上就会逐渐丧失影响力。

7. 虚拟交往增多，忽视现实交往

随着网络技术的发展，虚拟世界开始成为当代大学生的精神家园，大学生们"踏着铃声进出课堂，宿舍里面不声不响，互联网上互诉衷肠"。网络虚拟交往具有两面性，在扩大人际交往范

围与对象的同时，容易使大学生忽视现实的人际关系，产生逃避现实的心理现象。长此以往，必然引起交往者的情感匮乏并进一步趋向冷淡。加之大学生一旦在现实交往中受阻，就会转向虚拟世界里寻求安慰和满足，淡漠面对现实人际环境，形成恶性循环，从而导致其更加沉溺于网络，脱离现实，最终导致其退缩孤僻、自我封闭，致使人际交往出现淡漠与疏离。

(四) 大学生人际交往的原则

1. 平等交往，尊重他人

平等主要是指双方在交往态度上的平等。在交往过程中，每位同学在人格上都是平等的，没有高低贵贱之分，绝不能因同学之间家庭、长相、经历等方面的差异而把人分成三六九等。

坚持平等交往的原则，就是要正确估量自己，不要仅看自己的优点而盛气凌人，也不要只见自身弱点而盲目自卑。尊重他人就是尊重他人的人格、习惯、情感和价值，同学们在人际交往中尤其要注意尊重原则，不损伤他人的名誉和人格，承认或肯定他人的能力与成绩，在帮助同学时要尊重他人，交往的方式很重要，对于敏感或要强的人尤其需要注意。

2. 真诚热情，讲究信用

调查发现，大学生评价最高的品质是真诚。真诚能使交往双方推心置腹、肝胆相照，真诚能使交往者的友谊地久天长。在人际交往中，热情使人感受到温暖，能促进人与人之间的相互理解，融化人与人之间的冷漠。因此，待人热情是人与人进行情感沟通、促进人际交往的重要心理品质。

在交往中，同学们要做到热情关心，对朋友的不足和缺陷能诚恳批评，做到坦诚待人、襟怀宽广。在交往中还要讲究信用，做到言必信、行必果。做事情要量力而行，承诺别人之后，不管多难也要做到，如果经过再三努力也没有做到，就要坦白地说清缘由。

3. 互惠互利，乐于助人

互利是指交往双方在满足对方的需要时，又得到对方的报答，双方的交往关系因此能继续发展。互利性越高，交往双方关系就越稳定密切。同学们在交往中不能只想着自己的利益，而是要多为别人着想，多做对人对己都有益的事。要与人为善，乐于帮助别人，同时又要善于求助别人。别人帮助你克服了困难，他也会感到愉快，从而促进情感的进一步交流和沟通。

4. 宽容大度，互相包容

宽容是指交往双方在不触及原则性的事情上不斤斤计较，在不失去原则的前提下最大限度地宽容对方。大学生个性较强，接触密切，不可避免地会产生矛盾。在交往相处中要懂得换位思考，不要斤斤计较，而要谦让大度、克制忍让，不计较对方的态度，不计较对方的言辞，要勇于承担自己行为的责任，做到"宰相肚里能撑船"。

人，没有尽善尽美；事，无一帆风顺。在交往时，要相互容忍、礼让，要善于结交不同类型的朋友，全面提高人际交往能力。懂得换位思考，麻烦就会减少；懂得将心比心，感情就会加深。

(五) 人际交往的技巧

人际沟通是一门艺术，人际交往需要掌握一定的方法，想做一名成功的沟通者，则必须了解沟通的规律，掌握交往的技巧。

1. 学会倾听

倾听是沟通的有效法宝，几乎所有的人都希望别人倾听自己讲话。倾听是理解的前提，通往心灵的大道是人的耳朵，认真听人讲话就是对对方的极大尊重，是待人接物最基本的礼貌，也是吸收智慧的重要途径。

一场谈话用三分之一的时间说话，用三分之二的时间倾听，则是一场成功的谈话。善于沟通的人一定善于倾听。

在现实生活中，会倾听的同学会有好人缘。同学们要提高自己的倾听力应注意以下五点。

(1) 真诚关注。不仅要听对方说的话，还要注意对方的表情和神态，设身处地才能真正听懂。

(2) 话要听全。要有耐心，不要急着下结论，确定对方说完了再发表意见，免得弄错。

(3) 切勿多话。经常插话会漏掉很多对方提供的重要信息，而且插话太多也会使交谈难以继续，但可以适时提出得当的询问。

(4) 要适当回应。不只用耳朵，要用眼神、表情及整个身体适时地做出回应。身子稍微前倾，望着对方的面孔，脸部表情也要做出相应的反应。

(5) 为了不失去他人对自己的信任与依赖，要为对方保守秘密。

2. 学会诉说

(1) 明确表达心愿。东方人表达含蓄，西方人表达直接，但不管采取哪种表达方式，都必须明白自己要说什么，在什么情境下说，是在对谁说，应该怎样说。这就要求语言表达要简洁、清晰、明确，注意语音、语调、语速及沟通的场所等。

说话时要做到：急事慢慢说，大事想清楚再说，小事幽默地说，没把握的事小心地说，做不到的事不说，伤害人的事坚决不说，没有发生的事不要胡说，别人的事谨慎地说，自己的事怎么想就怎么说，现在的事做了再说，未来的事未来再说。切记，直接表达的话应该在适当的时间、恰当的气氛、合适的对象面前进行，要根据不同对象把握言谈的深浅度，根据不同的场合把握言谈的得体度，根据自己的身份把握言谈的分寸。

(2) 善于表达感激。学会感激，别人也会回报；学会感激，自己也懂得珍惜。表达感激不是表面文章，感激要发自内心，真诚地说声"谢谢"也许会比空洞华丽的话语更让人感动。

(3) 真诚赞美对方。良好的人际关系从赞美开始。美国心理学家威廉•詹姆斯说过，人类本性上最深的企图之一是期望得到称赞，渴望赞美是深藏于人们心中的一种基本需求。

如果同学们能够注意发现对方的优点，并进行真诚、恰如其分的赞美，一定可以创造一种热情友好、积极热烈的交往氛围。当然，赞美一定要发自内心，适度得体，实事求是。

(4) 适当拒绝。在人际沟通中，适当拒绝也很重要，毕竟每个人的能力有限，爱好也各不相同，如果一味地迎合对方，就会使交往变成一种负担。有些同学在和朋友交往中，碍于情面，对朋友要求的事不好意思拒绝，不善于拒绝，而自己又做不到或不愿意做，给自己造成了不必要的压力。其实，直接清楚地说出自己的难处，获得对方的理解就是很好的办法，但应注意说话要委婉，要尊重对方，这样不仅不会失去朋友，反而会让人觉得诚实可靠，朋友会越来越多。

(5) 成为幽默大师。幽默是一门出色的语言艺术，是交往中的润滑剂，当在交往中出现尴尬局面时，幽默的语言可以调节气氛，化解怨气。幽默的人往往很有吸引力。

(6) 避免直接批评、责怪和抱怨。年轻人喜欢争论，有的同学心直口快，认为真诚坦率地直接指出对方的不足是在帮助别人。其实直接批评、责怪、抱怨别人会使他人的自尊心和自我价值感受损，尤其是面子上感到难堪。有时候只要稍稍改变一些方法，变直接批评、责怪、抱怨为间接的暗示和提醒，效果会好得多，这就是所谓的"坏话好说"的艺术。

3. 非语言技巧

心理学的研究发现，当语言信号和非语言信号不一致时，人们相信的是非语言所代表的意思。借助表情可以察言观色，所以，交往中还要注意一些非语言的沟通技巧。

(1) 态度诚恳。无论对待什么样的交往对象，都应该以平等的态度，诚恳坦率，一视同仁。在与人沟通时，应端庄谦逊，充分显示自己的诚挚之心。同学之间坦诚相待，积极合作，遇到矛盾时，委婉地表达自己的意见，会产生意想不到的效果。

(2) 举止文明。举止文明是良好交往的基本要求，是人际沟通中思想感情表达的重要方式。朴素大方、温文尔雅的举止能正确表达人们的良好愿望，粗俗不雅的举止会令人生厌，适度的交往距离会使彼此都感到舒适坦然，过度亲热或冷淡则容易引起对方的误会。

(六) 学会自我心理调整，培养积极的人生态度

人是情感动物，情绪有时会瞬息万变。作为一个对自己生命负责的人，不能成为情绪的奴隶，而要成为情绪的主人，学会调整自己的心态，培养积极的人生态度。

1. 微笑，气质会越来越好

微笑是一种特殊的语言，是自信的象征，是真诚的体现，是友好的表示。保持微笑说明心情愉快、乐观向上，对自己的能力有充分的信心。同时，微笑也是对他人的尊重，是对生活的尊重。

中国武术艺术家李连杰曾感悟道："我花了超过20年的时间，才体会最厉害的武器是微笑，最强大的力量是爱，现在我要凝聚这种力量，传递给更多有需要的人。"法国作家雨果说："笑，就是阳光，它能消除人脸上的气色。"生活因微笑而美丽，请微笑面对自己的生活吧！

2. 不抱怨，处境会越来越顺畅

当我们抱怨现实不公时，先看一下自己是珍珠还是沙子。如果不是珍珠，就努力让自己成为珍珠。沙子再多，最终也无掩盖不住珍珠的光彩。遇到问题时，不要忙着抱怨，抱怨换不来成功，只会伤害感情。懂得放下过往，才能真正拥有美好的明天。不抱怨的人生，自会得到最好的成全。

3. 理解，感情会越来越深厚

人与人之间交往要有分寸。没有分寸，就没有尊重，会引发彼此的焦虑、矛盾。分寸是什么？分寸是最大可能地站在对方角度考虑、换位思考。任何一次磨合都是为了双方关系的更进一步，每个人都要相互体谅、理解，换位思考。当人们真正敞开心扉替对方着想时，就会有更紧密的联系。

4. 包容，生活会越来越美好

家人，包容越多幸福越多；朋友，包容越多友谊越长。生活不是战场，无须一较高下。"处己何妨真面目，对人总要大肚皮"，人与人，多一分理解，就少些误会；心与心，多一分包容，就少些纷争。办事有轻重缓急，与人相处也要有轻重缓急，芝麻大的小事，不必斤斤计较，包容越多，得到越多。包容别人，就是善待自己。

5. 欣赏，人缘会越来越好

"我见青山多妩媚，料青山见我应如是"，看看身边自己从来不曾欣赏过的普通人，他们没有被放大的功绩，却仍旧认真生活，努力工作，真诚待人，他们与人交往中表现出的同情、关爱都是朴实而真切的。这些人当中，有亲人、朋友、同事和邻居，他们在你失败受挫时安慰你、帮助你；在你成功兴奋时会鼓励你、赞美你，这些人才是自己真正应该欣赏的人。

6. 善良，世界会越来越温暖

做人一定要善良真诚。你施人温暖，人才会予你阳光；你施人真心，人才会予你和善。即使没人感激你的善良，你也要选择做一个善良的人。选择做什么样的人，是为了自己，不是为了别人。如果每个人都多一点善良，社会也会多一些和善。

案例分析

有目标才有前行的方向

我国著名桥梁专家茅以升，从小好学上进，善于思考，10岁时在家乡看到端午节龙舟比赛中桥塌人亡的悲惨情景，暗下决心：长大一定学造桥。

从此，他处处留心桥、观察桥，15岁时，以优异的成绩考入唐山路矿学堂学习。在五年里，他记录了200本笔记，约900万字，摞在一起，足有一人多高。他学成以后，就为人民造桥。

1937年，他主持设计和建造了中国桥梁建筑史上第一座现代化大桥——钱塘江铁路公路两用桥。茅以升的名字和我国许多新建大桥一起，永远留在祖国的大江南北。他实现了个人的职业理想，也实现了为人民造福的宏愿，推动了中国经济建设事业的发展。

明确的目标设定具有一种潜在的强大能量。人一旦有了明确清晰的目标，潜意识就会自动地发挥它无限的能量，产生强大的推动力，并且能够不断地定位和修正，自然促使我们朝目标的方向前进。本案例中讲到的我国著名桥梁专家茅以升，从小立下职业理想和目标，然后付出努力，朝着目标和理想迈进，最终实现了自己的职业目标和职业理想，并且为我国人民造福。

实践训练

我的大学

1. 参观校史馆，找出学校发展与经济社会发展的内在联系。
2. 填空——我的大学。

大学阶段是一个自我"炼狱"的过程，我们将站在同一条起跑线上开始新的征程，大学生活就像挂在墙上的日历本，一天翻过一页，每页都有不同的内容；大学是人生旅程中一个关键的驿站，我们将在那路过的登记簿上，写下属于自己的美好未来。请为自己做一份空白的履历表，在接下来的学习过程中，不断地填充它，时刻用来鞭策自己。当你的履历表由空白变充实时，你就完成了你的求职简历，那时你就可以信心十足地迈出校门，走向社会，走向未来，请填写表1-1履历表。

表1-1 履历表

基本信息	已知	姓名、性别、年龄、籍贯、民族等
毕业去向	未知	创业(方向未知)
		就业(方向未知)
		升学(方向未知)
		入伍(方向未知)
		失业(方向未知)
所修课程		
技能简介		
获奖情况		

(续表)

基本信息	已知	姓名、性别、年龄、籍贯、民族等
实践经历		
自我评价		

填表说明：1. 根据进展情况填写"未知"栏；2. 每学期审查一下表格内容。

重点关注

大学寝室作为学生的第二课堂，在四年的大学生活中，发挥着相当重要的作用。一个寝室各方面考核是否优秀，能够反映这群居住在寝室里的同学的思想、学习状态是否良好；一个寝室中的几名学生相处是否和谐愉快，或者是相邻寝室间关系是否融洽，能够直接影响他们每天的精神状态和学习热情。90后的学生们有一种共性，那就是独立、自我、缺乏团队意识、缺乏忍耐的心态和与人正确相处的方法。学生身上的这些特点，会直接导致他们无法容忍别人的某些缺点，从而导致寝室内或寝室间矛盾的发生。

知识拓展

大学和中学在学习上的主要区别

大学学习与中学时期的学习相比，存在许多不同之处，其中最主要的区别是学习内容、学习方法上发生了较大变化。

变化一：内容多了

中学阶段，我们一般只学习十门左右的课程，而且有两年的时间都把精力集中到高考科目上，老师主要讲授一般性的基础知识。而大学四年需要学习的课程在四十门以上，每个学期学习的课程都不相同，内容多，学习任务远比中学重得多。大学一、二年级主要学习公共课程和基础课程，大学三年级主要学习专业基础课和部分专业课及选修课，大学四年级重点学习专业课并进行毕业设计、撰写毕业论文。

变化二：自习多了

中学里，经常有老师占用自习课，这让同学们非常苦恼，在大学里，这种情况几乎不存在。因为大学里课堂讲授相对减少，自学时间大量增加。同时，大学为学生的学习提供了非常好的环境，如藏书丰富的图书馆，设备先进的实验室，丰富多彩的课外科研活动。

变化三：老师管得少了

在学习方法上，中学时期只要跟着老师走就可以了，一切听从老师指挥，老师教学生是"手拉手"领着教。而大学则是"老师在前，学生在后跟着走"，提倡学生自主学习，课外时间要自己安排，逐渐地从"要我学"向"我要学"转变，不采用题海战术和死记硬背的学习方法，提倡灵活地学习，提倡勤于思考。

变化四：讲课快了

大学教师讲课有四个特点。一是介绍思路多，详细讲解少。主要讲授重点、难点内容，而且许多教师都使用多媒体授课，实现了授课手段多样化。授课进度比较快，一节课可能要讲授一章或几章的内容。二是抽象理论多，直观内容少。三是课堂讨论多，课外答疑少。四是参考书目多，课外习题少。有的老师一节课讲两三个章节，听课的同学连翻书的时间都没有。

变化五：没教室了

中学时期，我们有固定的教室、固定的座位，听课的是固定的同学。但是在大学里，每个班没有固定的、属于自己独享的教室，有时一、二节课在这一栋楼的某个教室学习，但三、四节课又会到另一栋楼去，与自己一起上课的可能还会有不同专业的同学，上自习也要自己找教室。

思考与实践

1. 小组讨论与分享

大学新生进入大学后，经过一段时间的体验与观察，对大学的校园环境、教学设施、学习生活特点等都有了一定的了解和感受。以宿舍为单位组成一个讨论小组，谈论交流一下你对大学的理解和看法。

2. 课堂活动

根据进入大学后学习方式的特点，交流一下课堂学习与课外学习的关系、养成自主学习习惯的重要性。

3. 思考题

想一想，大学四年如何参加课外活动，第二张成绩单(第二课堂所取得的成绩)的内容与成绩怎样填。

第二章

学业规划与实施

学习目标

1. 了解大学生学业规划的内涵，学习规划大学生涯的方式、方法。
2. 明确大学每个阶段的学习目标，并按此制定自己的学业规划。

案例导读

某男，22岁，大学四年级。平时反映出的心理问题有：焦虑、烦躁、入睡困难、经常做噩梦，持续时间达一个月。

自述：我就要毕业了，四年的大学生涯一晃而过，在毕业之际，去了几家单位应聘，都未被录取，也不知道自己适合做什么，没有明确的目标。我现在没心情看书，找不到工作，四年大学感觉白上了。找工作也是竞争，也不好意思问其他同学，看到同学们找到心仪的工作很羡慕，自己很苦恼。

第一节 学业规划概述

大学生学业规划是职业生涯规划在大学期间的阶段性体现，也是大学生职业生涯规划的核心内容。在欧美等国家，学业规划是人才培养的重要组成部分，也是高等教育的重要内容之一。学生学业规划涉及的专业知识、综合能力、道德品质等诸多方面，需要通过对自身兴趣、能力和个人发展目标的综合分析和权衡，结合时代要求，制定出最为合理可行的学业规划，同时要为实现此目标做出行之有效的安排。科学的学业规划有助于大学生发掘自我，准确定位，尽早地明确自我的人生目标。

一、学业规划的含义

对于在校大学生来说，只有及早设计自己的学业规划、明确自己的学业目标、提高素质优势，才有可能在将来激烈的竞争中把握住机会，获得成功。大学学业生涯规划属于一种短期性的规划，它的期限只有4年或5年。可以按照大一、大二、大三、大四的不同学习要求或自身情况制订相应的学习计划。如果有考研或考博的打算，那么规划期限则会相应地延长一些。

(一) 学业规划的定义

大学生的学业主要是指大学生在高等教育阶段所进行的以学习为主的一切活动。从广义上讲，学业不仅包括学习科学文化知识，还包括政治、思想、道德、科研、组织管理及创新能力等的学习，而规划是指比较全面而长远的发展计划。因此，大学生学业规划是指大学生以事业或者职业目标为前提，进行学业方面的安排和筹划。具体来讲，学生在完成中学阶段的学习升入大学以后，在大学学习阶段，通过对自身的性格、能力等特点和社会未来需要的深入分析及正确认识，确定自己的事业或职业目标，进而确定学业发展方向，然后结合自己的经济条件、学习能力、家庭情况等方面制订学业发展计划。换言之，学业规划是大学生通过解决学什么、怎么学、什么时候学、用什么学等问题，来确保自身按时顺利完成学业，为成功实现就业或开辟事业奠定基础。

大学生学业规划的内容是指学生在整个大学期间的学习过程中所涉及的方面和需要考虑的情况，主要包括的内容如下。

1. 理解学业规划的内涵

制定一份适合自己的学业规划，首先要理解学业规划是什么，进而全面地理解这一概念，要注重了解它的来源及发展过程，形成对生涯规划比较全面的学习和认识。

2. 设定学业目标

学业目标是指学生通过学习想要达到的标准或获得的结果，设定学业目标是指为了达到预期目标而确定自己的学习方式。学业目标是指学业生涯的总目标。

3. 自我评估与环境分析

自我评估是指运用相对应的测评系统对自己的性格、学识、兴趣、特长、技能、智商、情商，以及协调、管理、活动能力等的测试与评估。其实质是通过对自我的剖析，达到认识自己、了解自己、诊断出自身问题所在的目的。对于环境的分析，则需根据对现实的清晰把握，进行有针对性的规划与实践，真正了解社会环境的情况。

4. 设定特定时期的学业目标

特定时期学业目标的设定，是指有效分解学生的学业目标，制订阶段性的计划，如学生的学期目标或时间目标。分解目标的过程也是学生学业能力提高的过程，有利于学生充分挖掘个人潜力，有序提高自我能力。

5. 制订实现学期学业目标的行动计划

学生要根据特定学期的学业目标与自身实际情况，寻找其中的差距，制订短期行动计划。其中可以包括提高学习能力、改善不良学习习惯、合理分配时间、培养自己的特长、弥补差距等方法的制定。学期的行动计划成为连接学生理想与现实的纽带，为学生学业目标的实现提供了可能。

6. 自我评估与调整

应在行动计划实施的一段时间后，及时了解情况的变化，自觉总结经验教训，有意识地回顾行动，评估自己的学业规划。通过对实际情况和目标实现程度的分析，及时进行调整，以确保目标的实现。

(二) 学业规划的现状

就我国而言，在大学期间，无论是家庭还是大学生本人，对学业的重视程度远远不如中学时期。在中学期间，优异的学业成绩意味着更多的关注，意味着光明的前景，同时预示着考取一所好的大学的可能性，所以学业自然成为重中之重。一旦进入大学，没有了中学阶段紧张的学习氛围，自我时间支配权力扩大，大学里出现了"60分万岁"的现象。近年来，随着我国高等教育体制的改革，毕业生就业进行双向选择，高等教育的大众化和普及化使得对于大学生的评价标准走向多元化。日益突显的大学生学业问题，逐渐被社会所关注。

总体而言，大部分的大学生能认真学好专业知识，积极参加社会实践活动，并通过考试，顺利毕业。其中，学业优秀者通过保送或参加研究生入学考试得到进一步深造。但是，高校里普遍存在的大学生挂科和补考现象是不可否认的，一部分大学生由于补考不能通过而拿不到毕业证。

早在1902年，德国就已经出现职业生涯规划指导活动。发展至今，职业生涯规划指导体系已经相当完善，内容涉及面广泛。

1909年，英国政府颁布了《职业交换法》。1948年，英国政府通过了《雇佣和训练法》，明确规定了职业规划指导对各中学的所有在校学生实施。

美国、英国及日本等国的教学计划安排已将学业生涯规划辅导教育列入必修课程，并贯穿大学教育的全过程。例如，在美国，学生上八年级(初中)时，则要请相关专家做学业兴趣分析。因为十几岁的孩子学业兴趣还没有定型，但通过学业实践等活动，依据其显露出来的特征进行有效引导，可以达到以兴趣定职业的目的。

大学生职业生涯规划最早开展的国家是美国，他们从20世纪50年代以来就注重专业化的职业生涯规划指导工作。1970年，哈佛大学曾对当时的在校学生做过一份调查，结果显示：27%的学生没有做学业规划，60%的学生学业规划模糊，10%的学生有短期学业规划，3%的学生有清晰的长期学业规划。1995年，哈佛大学再次对学生进行追踪调查，结果表明：第一类人几乎在社会的最底层生活；第二类人基本在社会的中下层生活，他们没有远大的理想和抱负，整日为生存奔波；第三类人大多进入白领阶层，他们生活在社会的中上层；只有第四类人，他们为了实现既定目标，日复一日，努力拼搏，积极进取，最终成为行业领袖、百万富翁或社会精英。目前，美国大学生的职业生涯规划受到普遍重视。就业中心在学生入学时通过心理测试等方法帮助学生对自身的性格、爱好、兴趣、能力做出评价，使学生在自我评价的基础上进行专业和职业定向。

从美国多年前的调查中我们可以发现，学业规划的作用是非常大的，而学业规划发挥作用的一个重要环节就是"制定目标"。调查中的第四类人正是因为完成了"既定目标"，最终才能大有成就。由此可知，制定有效的目标是多么重要。

相比之下，我国高中生在兴趣懵懂时期被动地选择文科与理科，上大学选专业时也很少考虑自我职业兴趣和能力倾向。同时，大学生普遍对学业和职业生涯设计的不重视，也成为造成以上现象的重要原因。对北京人文经济类综合重点大学在校大学生的调查表明：62%的大学生没有对自己将来的发展、工作、职业生涯进行规划，33%的大学生规划不明确，只有5%的大学生有明确的设计与规划。事实表明，大学生毕业后无目的、无规划地盲目就业，将会影响其长远发展。

二、学业规划的意义

(一) 有利于大学生自我定位

确立学业规划的过程是大学生认清自我优势与不足，正确分析所面临的机遇与挑战，并根据社会发展趋势明确未来发展方向的过程。制定合理的学业规划设计能够帮助大学生通过分析自身兴趣与爱好，确定"自己想干什么"；通过分析自身能力与特长，确定"自己能干什么"；通过分析时势，预测未来，确定"社会要求自己干什么"，从而为大学生尽快明确职业发展道路、融入经济社会提供明确的指导。

(二) 有利于大学生明确学习目标

正如富兰克林所说，具有最高回报率的就是知识。在当今知识经济时代的大背景下，知识是财富，是职业竞争的资本。随着科学技术的飞速发展，各类职业对从业者文化素质和知识结构的要求越来越高。不同的职业对求职者存在一些共性要求，同时这些共性要求意味着大学毕业生必须具备。总体来说，这些要求大都要求大学生具备扎实的基础知识、广博的专业知识和大容量的新兴知识储备。除此之外，大学生还需根据职业目标学习职业要求的专门化知识，以达到行业需求。学业规划要结合学生气质、特长、兴趣及家庭实际状况，引导学生确立科学合理的职业期望，包括职业发展方向、职业发展区域、择业标准，进而围绕这些职业期望制定合理目标并落实。

(三) 有利于大学生增强自主学习意识

部分大学生自理能力差，进入大学后，由于生活环境的变化、思想及心理的不成熟，其学习目标不明确，甚至出现"大一、大二不知要干什么，大三想干却不知怎么干，大四知道怎么干却太晚了"的情况。针对以上现象，有必要在高校开展学业规划，帮助学生制定个人长期、中期和短期目标，进一步帮助大学生增强学习的自主性，减少学习的盲目性。

很大一部分大学生由于高中时期对大学生活的憧憬与幻想，与进入大学后的现实存在巨大落差感，或者面对新的学习方式和丰富的课余生活，周边环境的改变，他们开始不知所措，陷入茫然。因此，在大学生入学时，帮助并引导新生进行科学的学业规划，通过对自身兴趣、特长、性格、技能、交往能力等方面的客观认识，以实现对自身的正确认知是很有必要的。这样不仅可以使他们意识到自己对个人、家庭、学校、社会及国家应该承担的责任，更有助于增强大学生的自主意识，促进自身学习与发展。

(四) 有利于大学生构建合理的知识结构

大学生在实现职业生涯目标的过程中，不仅要具备一定的知识储备，还须形成合理的知识结构，缺乏合理的知识结构则会无法发挥其创造的才能。高校开展学业规划，有利于帮助大学生根据职业生涯设计的需要构建合理的知识结构。

(五) 有利于大学生提高实践创新与就业能力

在学业规划过程中，通过老师指导学生进行实践环节的锻炼来提高实际操作能力，有利于鼓励大学生参加各级、各类竞赛与社团活动，培养其创新型思维与学术精神，提高大学生的创新实践能力。

第二节　学业规划的制定

一、制定学业规划的方法

(一) 按部就班法

按部就班法是指大学生根据学校的培养方案与学期教学计划制订自己的学业计划，进而根据自己的学习情况做出相应调整。此方法适用于制定自我学业目标。

(二) 专家协助法

专家协助法是指在相关专家的指导与帮助下制定学业规划。专家的指导能够使学业生涯规划更科学、更有前瞻性(这里的专家既可以是生涯规划领域的专家，也可以是学术研究领域的专家，还可以是管理领域的专家)。一般而言，这种方法不能单独运用，需结合其他方法共同使用，这是因为即使是专家也不可能了解每个学生的具体情况。但是专家协助法作为学业规划方法的重要组成部分可以贯穿学业生涯规划全过程。例如，对自我和环境的评估，对有利因素的抉择，对于学业目标的制定及具体行动的实施等，都可以请教相关专家。

(三) 五个"W"分析法

五个"W"指新闻五要素，包括什么事(what，何事)，谁被牵连到这个事件之中(who，何人)，这个事件是什么时候发生的(when，何时)，是在什么地方发生的(where，何地)，为什么发生这个事件(why，何故)，有时还要加一个H(how，怎么样)。我们可以借鉴五个"W"分析法，形成制定学业生涯规划的方法，总的来说就是回答以下问题：我的优缺点有哪些，在大学阶段我需要学些什么，为什么要学，在什么时候学，我要达到什么学业目标，采取什么方法去学。回答了这些问题，一份学业规划也就完成了。

(四) SWOT分析法

近年来，SWOT分析法已被广泛运用于多领域，如个人能力的自我分析等，大学生也可用这一方法制定学业生涯规划。首先，评估自己的优势与不足，发现自己独特的技能、天赋与能力。可以用列表的方式列出你在学业方面喜欢做的事情和长处所在。同样通过列表，可以找出自己不是很喜欢做的事情和弱势之处。例如，喜欢的课程，喜欢的学习方法，喜欢的书籍等。同样，不喜欢的课程，不喜欢的学习方法，不喜欢的书籍，也可一一列出。其次，找出自己的学习机会和威胁，如大学四年里的学习课程中，哪些科目容易掌握，哪些在学习过程中有困难。然后，根据自己的情况列出四年里不同学期的学业目标。最后，根据自己优势与劣势分析，结合学业目标，制订行动计划。其中，这一步需要涉及一些具体的内容，如怎样学好英语，实现通过大学英语六级考试的目标。此外，如果需要一些外界帮助，则要确定需要什么样的帮助，以及怎样获取帮助。

(五) PPDF法

PPDF的英文全称是personal performance development file，翻译为"个人职业表现发展档案"，也可译为"个人职业生涯发展道路"。PPDF现被用于发达国家的很多企业管理中。企业将所有员工的个人发展同企业的发展紧密联系在一起，并为每位员工设计了一条只要经过努力就能实现个人目标的道路，使员工认识到只有公司发展了，个人的目标才能实现。这是一种高效率的人力资源开发方法。PPDF的主要内容有三个方面：第一，个人基本情况，如个人简历、文化教育和学历情况、曾接受过的培训、工作经历、评估小结等；第二，目前的行为，如现时工作情况、现时行为管理文档、现时目标行为计划等；第三，未来的发展，如职业目标、所需要的能力、知识、发展行动计划、发展行动日志等。大学生可以借鉴PPDF来制定自己的学业规划，主要从三个方面入手：第一，我目前的总体情况(自我分析)；第二，我要进行哪些方面的学习和培训(我在大学四年里需要完成的学习任务)；第三，我的学业目标及实现途径(制定学业目标及实现的方法)。

学业生涯规划的方法因人而异，大学生可以根据自身情况借鉴以上常用方法，也可以寻找一些适合自己的独特的方法。一般来说，在学业生涯规划的过程中，不是单一的方法应用，而是多种方法的有机结合。

二、制定学业规划的步骤

总体来讲，先制定学业总目标，再自上而下地分解，即制订学习计划。以本科四年为例，可以按照以下的思路进行：四年的总学习目标——一年的学习目标——一学期的学习目标——一月的学习目标——一周的学习目标——一日的学习目标。这样可以让学业规划落实到学习生活的每一天，确保学业的严格执行。

(一) 学业目标的选定

许多高校大学生缺乏对自己合理的定位，这会造成两种消极效果。一是高校大学生过于自负，认为自己具有较强的能力，对择业的期望值过高，要求高薪水、高职位，而对一些艰苦的工作很难接受甚至从不考虑，这种现象令许多企业的招聘者很无奈，而且对择业的大学生本人也会起到消极影响；二是自卑心理，自卑心理的学生会认为自己能力太差，不能胜任大多数工作，从而可能失去很多择业机会。这两种就业心理的出现，会直接影响就业目标的制定，导致学生没有正确的发展方向。

目前，大学生对于学业规划的认知程度相对较高，但仍有近9%的学生没有听说过学业规划。针对此种情况，大学生首先应该认识、了解学业生涯规划，可通过多渠道获得学业规划的相关知识，如网络、书籍、报刊等，也可从学校相关职能部门及讲座中获取。在了解其概念的基础上，了解学业规划的原则、意义、模式与实现途径等方面的知识也是必不可少的。此外，还要积极主动地思考，结合自身学习生活实际，领悟其中的含义，积极与学业规划专家沟通、交流，将学业规划理论固化为自我观念，并灵活地应用到日常的学习中，使其成为指导学习、生活的规范。在我国现行的教育体制下，高中阶段的文理分科学习使学生对未来的专业和职业形成了一个大范围的选择，学生其实已经在自觉或不自觉地进行学业规划了。高考结束后，学生进入大学前具体专业的选择，是学生进行学业规划的开端，为大学生的学业规划设定了一个界限与区域。专业的选择对于大学生的学业生涯规划具有重要意义。但是对于大多数的学生而言，选择专业时具有盲目性和盲从性，学生对专业的了解和自身兴趣爱好的认知还比较模糊。理论上来说，应当从学生填报志愿开始研究大学生学业生涯规划。这里只讨论学生进入大学以后的学业生涯规划。

1. 自我认知

学业生涯规划的起点是自我评估。学业生涯规划是职业生涯规划的一个特殊阶段，是职业生涯规划的基础和准备阶段，因此，制定学业生涯规划要以个人职业目标为根据，首先要了解自己的职业目标，回答"我是谁""我喜欢做什么""我适合做什么""我擅长做什么""我应该做什么"，以清楚自己未来方向的选择。这事实上是对自己的兴趣、爱好、特长、性格、气质、能力、情商、潜能和现有的知识水平等方面的认识、了解与评估。要全面地了解自己不是一件容易的事，随着心理学科的发展，许多心理学家和测验学家以特定的理论为基础，用科学的方法，经过设计问卷、抽样、统计分析、建立模型等程序，编制了许多心理测验量表。这些量表的测试，有的是通过自我测试、自我评分和自我解释进行的，有的是由测试人员测量、机器评分，然后由心理咨询人员解释的，可对人格、智力、能力、职业、兴趣等方面进行测试。

2. 专业认知

专业是高等学校或中等专业学校依据社会分工的需要设立的学业门类。根据教育部官网的《普通高等学校本科专业目录(2022年版)》，普通高等学校本科专业目录含10个门类、93个专业大类，涵盖792种专业。对于整天埋头苦读的高三学子来说，找到适合自己的专业，关乎自身未来职业发展的方向，我们不可能对每个专业都详细了解、认真研究，并最终做到了如指掌，但仔细了解发现之后，它们是有规律可循的。所谓规律，是指在彻底进行自我剖析的基础上，对专业有大致的定位，再对具体专业的深入了解后进行准确定位。

专业认识教育是大学新生入学教育的重要组成部分，也是高校学生进行思想政治教育的开端。积极、清晰的专业思想能够促使学生尽快适应大学的学习生活，进行职业规划与设计，培养和激发学生学习知识和掌握技能的精神与动力。目前，我国大学生的新生入学教育以常规内容的普遍性教育为主，包括校史院史、学籍规定、校纪校规、心理调适等方面，但是在新生的专业认识教育方面还没有形成足够的重视，以至于学生很难形成对专业的认同感。目前专业适应性一共可分为五个维度，即专业认同、专业学习动力、专业自我效能、专业学习行为和专业学习能力。

1) 专业认同

专业认同是指学生认可和接受所学专业，并愿意积极、主动地学习与探究。专业认同度高的人，通常能较快适应本专业的学习，只有在内心接受和认可所学专业，才会以积极的态度进行学习与研究。专业认同本身是一个比较复杂的概念，包含多个不同层次和维度的内容。

2) 专业学习动力

专业学习动力是一种内在的心理过程或推动力量，可以测量学生对专业的需求程度。通常，学习动力强的学生对所学专业充满兴趣，以积极的态度完成学习目标，主要包括专业兴趣与专业动机两方面。

3) 专业自我效能

专业自我效能指大学生在进行专业学习时，对自己能否完成某项学习任务的能力的判断，以及自我在所学专业上胜任与否的评价，主要包括专业特质效能、专业学习效能两方面。

4) 专业学习行为

专业学习行为主要从大学生在专业学习上的表现出发，测量其在专业学习上的积极程度，主要包括学习自主性与学习的努力程度。

5) 专业学习能力

专业学习能力是指大学生在所学专业领域内须具备的能力。依照心理学的说法，能力是指为了顺利完成某项活动所需的一种个性心理。冯廷勇指出，当代大学生的学习适应性主要体现在学习能力、学习环境、学习动机及学习态度等维度上。据此，我们认为大学生的学习能力是影响其专业适应性的因素之一。

3. 环境认知

人类作为不能脱离社会环境影响的个体，只有客观、主动、积极地顺应环境，趋利避害，充分发挥自身优势，才能实现人生目标。因此，在制定学业生涯规划的自我评估之后，紧接着就要进行环境分析。环境分析研究内外环境因素对自我学业生涯发展的影响，包括社会环境分析、职业环境分析、专业环境分析，以及家庭经济状况、身体条件、外貌因素等方面。在制定个人学业生涯规划时，要结合特定的环境条件、环境的发展变化情况，以及环境中的机会和不利因素，回答"环境支持或者允许我做什么"。在对社会环境、职业或行业人才需求、专业人才需求进行分析之后，学生会对专业情况有大致的了解，再结合自己收集的其他信息，进行对比分析，便能找到自己学业规划的方向。对大的社会环境和将来的就业情况有一定的了解之后，再对自己周围的小环境进行分析，包括学校环境、周边环境、家庭环境等，这些都可能成为影响学业的重要因素。从这些因素中，分析对学业有利的因素和不利的因素，并进行归类，在分析、规划的过程中尽量把不利的因素转化为有利的因素。例如，对校园的环境、师资情况、图书馆的图书、学校的规章制度和学校周边环境等要尽快熟悉；如果宿舍的环境不适合学习，就要找到合适的自习室，如果家庭条件不足以支持继续学业，那就需要考虑申请助学金、勤工助学岗位或周末兼职。通过对社会大环境和身边小环境的分析，为制定学业规划提供前提和基础。

4. 目标制定

目标的实现需要个人经过长期的不懈奋斗，因此，确立学业目标时要立足现实、全面考虑，使之实现现实性的同时具有前瞻性。

大学生确立学业目标主要是确立能力目标和具体目标。

1) 确立能力目标

确立能力目标要求大学生在设定目标之前，充分了解能力指标，也就是明确在大学阶段要培养自己哪些方面的能力与具备什么样的素质。哈佛大学心理学家霍华德·加德纳(Howard Gardener)研究发现，成功人士一般具备的能力有：逻辑性及数理性能力、语言能力、空间能力、自我内省能力、洞察人性能力、体育能力及音乐能力。国内相关学者指出，大学生应具备竞争能力、决策能力、适应能力、表达能力、社交能力、组织管理能力、创新能力、实践操作能力、沟通能力、积极心态。确立能力目标指的是确立以上能力目标。

2) 确立具体目标

大学生确立了所要求的能力后，要根据自身情况找到现有的能力水平与所要求能力之间的差距，设置恰当的具体目标。目标一定要具体明确，将个人能力与学业目标相分离的部分进行分解，细化为有时间规定的学年、学期、月、周、日等短期或即期目标，进而直接将目标分解为某个确定日期采取的具体步骤。

(二) 学业目标的分解

大学生学业规划目标一旦确定，需要把总目标逐一进行分解，使之更加精细化、清晰化、具体化。可按"总目标→年目标→学期目标→月目标→周目标→日目标"的思路，把目标分解成若干个可操作的简单明了的阶段性目标，从而确保学业规划落到实处。

(三) 学业规划的评估与修正

在学业规划的实施过程中，大学生可能会受到一些不可控因素的影响，其中有些因素可以预测，有的因素则难以预测，这就要求大学生在进行有效学习的同时，不断对学习情况进行总结，根据学习环境和自身情况的变化，对学习方法和学习目标做出调整，并时刻注意审视内外环境的变化，对自己执行规划的情况进行及时的评估与修正。通过认真分析个人目标与现实之间的差距与原因，有意识地检验自己的目标，自觉地总结经验教训，评估自己的学业生涯规划，及时反省并修正前期规划执行中不尽合理的地方，结合实际再次定位，及时调整规划，完善计划与措施，从而形成更加合理、可行的实施方案，提高学业规划的可行性。

(四) 奖励与惩罚

在实施学业规划的每个阶段，大学生要对预期目标的完成情况进行总结，若完成任务，则进行适当的奖励，对于未完成的任务要适当惩罚自己，这样可以确保学业规划的顺利实施。大学生也可以将自己的学业规划告诉身边同学，让他们来监督和鞭策自己，以激发自己学习的兴趣和动力。

三、学业规划的体系构建

学业规划从每届新生入学开始启动，并贯穿于大学学习生活的始终。学业规划目标是学业规划活动的出发点和归宿，唯有目标清晰、定位准确才能确保学业规划方向的正确性和效果的明显性。因此，明确学业规划目标是高校开展大学生学业规划工作的基础。学业规划必须以目标体系为指导、以学生为主体、以教师为主导，通过合理规划、统筹安排，帮助学生树立正确的学习观、职业观，激发学生的潜能，促进学生的全面发展，实现人生目标。

学生在不同的学习阶段有不同的特点，这一特征要求规划者要有计划、有重点、分层次地安排活动的内容。学业规划目标体系主要包括以下内容。

(1) "一个导向"，即以就业为导向，通过学业规划促进学生知识、能力和技能方面的储备，增强就业竞争力。

(2) "两种意识"，即培养学生的责任意识和团队协作意识。

(3) "三大能力"，即培养学生的专业能力、创新能力和创业能力。专业能力是前提，创新能力是动力，创业能力是目标和归宿。

(一) 大学一年级是探索期

在这一阶段，大学生的重点是对自我认识、环境、职业趋向进行初步定位。学校应引导学生适应新的生活环境，重点进行养成教育；进行适应指导，帮助学生适应由高中生到大学生的角色转变，引导学生尽快转变学习观念，寻找适合大学规律的学习方法，培养学生独立学习的能力，重新确定自己的学习目标和要求；尽快熟悉环境，结识教师和朋友，建立新的人际关系，提高交际沟通能力；注重专业基础知识和相关人文知识的学习，引导学生开始接触职业和职业生涯的概念，进行初步的职业生涯设计；巩固专业基础知识，注重对学生的理想信念教育及成功教育。

(二) 大学二年级是定向期

在这一阶段，大学生培养的重点是围绕学业规划培养相关专业素质，形成相对稳定的学业兴趣、爱好和特长。学校要引导学生在学好专业基础课的前提下确定学期、学年目标，并根据自己的职业方向有目的地选修课程；教育学生在加强专业知识学习的基础上，增加英语口语和计算机应用的能力；注重扩充知识面，完善知识结构；加强实际操作技能和社会交往能力的锻炼，可以尝试兼职、社会实践活动，鼓励在课余时间尝试从事与自己未来职业或本专业有关的工作，提高自己的创新能力、组织管理能力及团队协作精神，尽可能地发掘个人潜能。

(三) 大学三年级是提升期

在这一阶段，学生开始深入了解行业发展趋势和专业人才的素质要求。学校要教育引导学生更多地参与教育实习和实践，同时强化专业课的学习，进一步明确自己未来的学习目标和职业目标；培养所选职业所具备的知识和能力，考取与目标职业有关的职业资格证书；重视对学生一专多能的培养，以社会发展所需的技能为导向引导学生全面发展；鼓励学生利用假期或其他业余时间进行"适应就业""职业技能的学习与体验"等社会实践活动；在实践中接受洗礼，在体验中深刻领悟，在锻炼中提升境界，在解决实际问题的过程中增长技能，不断提高实践能力、创新创业能力，切实掌握过硬本领，为下一步成就事业打下坚实基础；树立学生的忧患意识和危机意识，深入接触社会，了解、搜集就业信息，引导学生注意培养职业适应能力，学会与不同的人打交道，逐步实现由学生角色向社会角色的转变，为尽快融入职业环境提供条件。

(四) 大学四年级是冲刺期

在这一阶段，大学生的重点是实习和求职。学校一方面要对毕业班学生进行职业道德教育、择业观与创业观教育，引导学生在实习中发现并弥补自己专业知识的不足，提高实际工作的能力，掌握人际交往的技巧和方法；另一方面，要帮助大学生强化求职技巧，拓宽就业和自主择业视野，提高自主创业意识和竞争能力，引导学生在求职中学会搜集、分析各种就业信息，防止上当受骗，熟悉就业政策、法规，积极参加求职招聘培训，掌握求职应聘技巧，重视实习机会，通过实习从宏观上了解单位的工作方式、运转模式、工作流程，从微观上明确个人在岗位上的职责要求及规范，在思想上、能力上、心理上做好就业前的准备，为日后走上工作岗位奠定良好的基础。

目前，企业在人才需求方面大都摒弃了以学历为主要依据，而是在以学历为参考的前提下更加重视学生的专业技能掌握情况，学生的技能成为目前企业应聘中的首要因素。这是当代企业在员工应聘方面的一个重大改革，在提高企业工作效率及企业效益两方面都具有重要的作用。而且在企业的人才需求方面，企业更加重视对实践能力的要求。因此，近年在企业用人方面表现出的势头是，有经验的技术技能型人才相比较高学历而技能欠缺的人才更加抢手。

第三节　学业规划的实施与评价

当学业规划选定以后，很多大学生或者将其束之高阁或者虎头蛇尾，从而导致有了学业规划却不能实施或实施后不能持久，最终无法实现既定的规划。这些现象的出现是因为大学生在制定学业规划时缺少了一个重要环节，即对学业规划的强化。强化学业规划就是规划执行者在执行之前充分运用想象力，详细地罗列出达成学业规划的好处，从而培养出积极的心态，增强动力，产生更大的执行力，确保学业规划顺利完成。

一、学业规划的实施

学业目标制定后，实施显得更为重要。若没有实施计划的行动，再好的规划也只是一张废纸而已。这里的实施主要是指预习、上课、复习、自学、试验、实践等方面的措施。例如，为达成学习目标，课堂学习采取的措施，平时学习采用的方法，养成的学习习惯，以及为了提高学习效率进行的尝试；在素质拓展方面，计划拓展的能力、掌握的技能；在潜能开发方面，开发自己潜能的方式等。尽管每个学生在实施计划时的策略和方法不一样，但是以下普遍适用的学业规划方法应该需要引起大家的共同关注。

(一) 学业管理

1. 掌握适合的学习方法

大学期间，在学好基础课和专业课的同时，还要注重拓展自己的综合能力，可以通过参加社会实践的方式，提高自我综合素质。当然，仅仅学好课堂上老师教的内容是远远不够的，更重要的是要学会自主学习，学会利用外部资源掌握多方面的知识，这就意味着不能一概沿用中学期间的学习方法，而是要根据自身情况找到适合的学习方法。另外，不同性格的学生其学习方法可能会大相径庭。例如，外向型性格的学生开朗、好胜，喜欢与人交谈，发表意见坦率，自己不懂的问题会毫不介意地提出来，这样有利于快速掌握知识；内向型的学生一般显得稳重、爱思考、注意力集中，有利于自学和思考。尽管不同的学生会有不同的学习方法，但是一些普遍性的学习方法是大家都要掌握的。例如，学生应该养成课前进行预习的习惯，有助于课上集中注意力，跟上老师的授课节奏，同样，在课后应认真思考老师提出的问题，并善于分析问题、解决问题。特别是大学学习阶段，课上内容多、讲课节奏快、前沿性的问题多、跨越性强，对学生听课的要求更高。因此，听课时不仅要理解老师讲述的内容，思考或回答问题，还要学会独立思考，及时提出疑问，课堂上不能解决的问题应留心记下来，课后自己思考或请教老师，直至把问题弄清楚。听课时，要记录下老师讲课的要点、补充的内容，学习的方法，以备复习之用。一般情况下可采取边听、边看、边想、边记笔记的策略方法，这有助于提高学习效率。学习优秀的学生大都有这样的好习惯。大学学习方法五字诀为"加、减、问、用、新"。加——广采厚积，织网生根；减——去粗取精，弃形取神；问——知惑解惑，开敞心扉；用——实践检验，多用巧生；新——觅真理于巨人肩上，出新意于法度之中。"加"指知识的摄取和积累过程，强调在继承中创新；"减"是指知识的提炼和升华过程；"问"是指善问巧思；"用"是指在应用和实践中对已有的知识进行检验；"新"指创新。在"粗取精，形取神"中要注意"去"和"捧"，"推"和"破"。

2. 科学分配学习时间

有效地利用、分配时间对学业的成功起着非常重要的作用。西方学者研究时间管理与行为有效性之间的关系后发现，个体的时间管理水平对其学业成就的影响更为显著。这说明大学生应该有计划地管理和支配时间，把时间作为重要的资源纳入学习成本中，在规定的时间完成预定的任务或超额完成任务，学会逐步降低时间成本，提高学习效率。大学生要根据自己的学年计划、月计划、周计划、日计划等安排好时间，做到每天、每周、每个学期的学习内容都有具体的时间安排。例如，每天早读英语半小时，完成一篇短文背诵，或者记住30个左右的单词，每周完成一篇小论文写作等。每个学期有针对性地参加社会实践活动，科学地分配时间，这有利于提高学习效率，完成既定计划。

3. 积极应对考评焦虑

考试测评是所有学生不可避免的，考出好成绩则是每个学生的共同愿望。只有学会正确地对待考试，克服考试心理障碍，培养良好的应试能力，掌握一定的考试技巧，才有可能取得好成绩。考试焦虑是指担心考试失败有损自尊的高度忧虑的负性情绪反应状态。参加考试，特别是重要的考试，几乎所有的学生都会有焦虑的心理体验，适当的心理焦虑有利于发挥正常水平，考出好成绩；但过度的焦虑则会适得其反，并且会影响身心健康。考试焦虑表现为紧张恐惧，心慌意乱，无精打采，肠胃不适，头痛失眠，记忆力减退，注意力不集中等。想要消除考试焦虑，应该做到认真学习和复习；劳逸结合，保证充足的睡眠；调整自己过高的期望，改变对考试的不合理的认知；运用心理方法进行调适，如系统脱敏法和放松方法，平常注意对自己自信心的训练等。

(二) 全面发展与个性发展相互结合

当前，我国年龄在17~23岁之间的大学生普遍处在人生的青年中期。这个时期正是一个人生理和心理急剧变化、生长发育迅速成熟的关键时期，更是一个人的能力、社会关系、素质全面发展的时期。从全面发展理论的内涵来看，大学生全面发展，应该是大学生的能力、社会关系、素质和个性的全面发展。由于学习知识是大学生在校期间的首要任务，是能力、社会与个性形成和发展的黄金时期，因此，知识的全面发展应该纳入大学生全面发展的体系之中。所以说，大学生全面发展，就是在接受高等教育的过程中得到知识、能力、社会关系、素质与个性的全面发展。"个性"即"人的特殊性"，是每个人具有的社会在他身上培养出来的特征和品质的总和的体现。个性的本质特征体现于人的主体性和独特性。人的个性发展包含人的主体性的发挥、物质文化需求的满足、多方面能力的拓展及自然素质的完善。发展大学生的个性，就是根据大学生的自身特点，在学习上发扬自觉性、积极性、主动性，对学习内容、方法进行科学的判断、准确的选择，培养学生独立思考、敢于动手、勇于创新的能力，并且能够学以致用，不断有所发现、有所创造。

马克思主义认为，只有个性充分发展，人的社会化程度提高，人才能逐步实现自己的自主性、自觉性和创造性，积极发挥自身的潜能，在社会中展示自己，实现自己的个性、全面发展。只有当外部世界对个人才能的实际发展所起的推动作用为个人本身所驾驭的时候，个人的主体性、独特性、整体性和全面性才能得到充分展现，每个人才是充分自由而又具有个性的人，整个社会才是各具个性的"自由人的联合体"，这是人发展的最终理想和目标。个性发展以全面发展为前提。大学生正处于个性发展最关键的时期。他们由于具有不同的经历和经验，以及不同的智慧品质、兴趣爱好、价值观念、人生追求，对教育也会有不同的需求和选择。

1. 全面综合分析，科学认知自我

在入学教育的基础上，借助职业生涯规划理论和专业测评工具，对学生的职业兴趣、价值观、性格和能力等方面进行评价分析，使学生全面深入地认识自己，从而为制定学业发展方向和目标提供科学参考。这一方面主要是分析自己的兴趣爱好，认定自己想干什么。兴趣是理想产生的基础，兴趣与成功概率有着明显的正相关性，要择己所爱，选择自己喜欢的专业方向和研究领域进行钻研和学习。另一方面，还要分析自己的能力、特长，确定自己能干什么。能力是人的综合素质在现实行动中的表现，是正确驾驭某种活动的实际本领、能量和熟练水平。能力是实现人的价值的一种有效方式，也是支配人生命运的一种主导性的积极力量，因为任何一种职业都要求从业者掌握一定的技能，具备一定的条件。因此，大学生要结合自己的兴趣爱好，在认定自己想干什么的基础上，确定已经具备的能力和应该培养的能力。

2. 明确生涯定位

确立发展目标建立在自我认知和环境评价的基础上，学生应结合自身专业方向、兴趣、特长和职业认知等因素，明确个人发展方向和目标。明确生涯定位需要着眼将来、预测趋势，立足于社会不断发展变化的需求，避免盲目跟风，因为最热门的并非最好的。选择社会需要又最适合发挥自身优势的专业方向和研究领域才是最好的。要把自己的兴趣爱好、能力特长同社会需要结合起来，把想干什么、能干什么、社会要求干什么有机地结合起来。

3. 制订实施计划

自大一下学期开始，学校应注重提升学生多方面素质，根据个人学业规划制订实施计划。实施计划由课堂学习与课外拓展两部分组成，课堂学习包括必修课、选修课、专业实践与实习、毕业设计及第二专业等内容；课外拓展分为思想政治与道德素养、社会实践与志愿服务、科学技术与创新创业、文化艺术与身心发展、社团活动与社会工作、技能培训及其他方面。

4. 年度自我评估，适度修正目标

在进行学年考核工作时，学生对照个人阶段目标进行自我评估，检查任务完成情况，及时总结经验。若未能完成计划，要全面分析主客观因素，查找不足，并及时提出整改意见或目标修正措施。同时，在计划实施的过程中，每个学生也可根据形势变化和个人成长实际，在进一步全面认识自我的基础上，科学修订自己的学业规划，使规划更符合自身实际，更能适应学校的成才环境，更有利于个人最终的成才。

二、学业规划的评价

在实施过程中，要及时对环境和条件做出评价和估计，对自己的执行情况做出评估。由于现实生活中种种不确定因素的存在，学业规划的设计必须具有一定的弹性。因此，在评估结果出来以后应进行反馈，以便自己及时反省和修正学业目标，变更实施措施与计划。同时应做到定期评估与反馈，即每年、每学期、每月、每日进行检查评估与反馈，并分析原因与障碍，找出改进的方法与措施。

(一) 学业规划评价的内容

学业规划不可能一成不变，就像企业做规划一样，会随着环境的变化而做出相应的调整。一个学业规划是否完整、是否具有可实施性都需要对其进行正确评估。所以，在实施过程中，要采取自我评价和他人评价相结合的方式，坚持每月对规划评价一次，以保证其合理性与实施性。一般情况下，应半年或一年定期进行一次学业规划评价；当出现特殊情况时，要进行相应的调整再评价。在评估结论不合理的地方要进行适当的修改、增加或删除，力争达到客观真实。

(二) 学业规划评价的方法

在学业规划的实际制定中，要将原则性与灵活性相结合。如果在实施过程中，规划中的某些方面不是太完善，或者现实情况发生了改变，则根据实际的要求进行实时调整，使之更为科学合理，在学业规划评价中，需要围绕具体任务，一步步实现自己的短期目标，提升个人能力条件，缩短学业目标与个人条件的差距，达到实现个人学业的目标。详细来说，可以分为以下步骤。

(1) 自己的职业理想，即未来想从事什么样的职业，做一个什么样的人。例如，专业知识、外语、计算机知识、身体素质等期望达到什么水平；社会实践能力的提高、社会工作经验的积累、个人特长的发挥等达到一个什么程度；对学习习惯的培养、人格的完善、人际关系的融洽、自身缺点的修正等有什么要求。一般来讲，大学里每学年的教学计划与侧重点都不尽相同。例如，大学一年级注重基础知识的教学，大学二、三年级注重专业知识的学习，大学四年级则主要是参加社会实践活动和毕业论文的答辩。根据教学计划的变化，相应地调整具体的学年计划，有助于学业目标的实现。

(2) 每月计划。根据学年计划制订自己每月的计划，列出重点事项，对学习目标进行具体细分。

(3) 每周计划。根据月计划来制订，重点是具体、详细、数字化、切实可行。

(4) 每日计划。根据周计划来制订，这是最为具体的计划，也是最能体现大学学业生涯规划的实施和落实的计划。每日计划的实施和完成是整个学业规划实现的基础，也是督促大学生形成良好学习习惯的开始。

重点关注

未来社会所需要的人才

1. 不只有功能，还重设计。不只好用，还要好看、独特和充满感染力。
2. 不只有论点，还说故事。不只据理力争，还能渲染不同的故事，调动对方的感性认知。
3. 不只谈专业，还须整合。工业时代和信息时代需要专业和专才，但随着白领工作或被外包出去，或被软件取代，与专业相反的才能也开始受到重视，也就是化零为整的整合能力。
4. 不只讲逻辑，还给关怀。想在未来继续生存，必须了解他人的喜好需求、建立关系，并展现同理心。
5. 不只能正经，还会玩乐。教育加娱乐是未来最好的产业。
6. 不只顾赚钱，还重意义。懂得追求更深层的渴望，才能成为真正的领导者。

知识拓展

学业目标的实现之制订行动计划

学业规划中的行动计划是指落实目标的具体措施，主要包括每日、每周、每月、每学期、每学年具体实施规划方案的有效行动步骤。例如，制定并坚持一日和一周生活、学习制度，参加各种有利于规划方案实现的活动、社会实践和实习、实训等。再如，为达成目标，在学习方面，计划采取什么措施，提高学习效率；在个人素质方面，计划学习哪些知识，掌握哪些技能，提高综合素质和职业能力；在潜能开发方面，采取什么措施开发潜能等，这些都要有具体的计划与明确的措施。这些计划应具体，便于定期或不定期检查。

一般来说，一个详细的行动计划总要包含以下要素：计划主题、计划内容、状态、执行人和完成时间。而在实施每一个详细计划的过程中，都需要遵循PDCA循环这一原则。

PDCA循环是能使任何一项活动有效进行的一种合乎逻辑的工作程序，特别是在质量管理中得到了广泛的应用。P、D、C、A四个英文字母所代表的意义如下。

P(plan)——计划。计划包括方针和目标的确定，以及活动计划的制订。

D(do)——执行。执行就是具体运作，实现计划中的内容。

C(check)——检查。检查就是要总结执行计划的结果，分清哪些是对的，哪些是错的，明确效果，找出问题。

A(act)——行动(或处理)。行动指对总结检查的结果进行处理，成功的经验加以肯定，并予以标准化，便于以后工作时遵循；对于失败的教训也要总结，避免再犯。

对于没有解决的问题，应提给下一个PDCA循环去解决。

学业目标的实现之行动策略

以大学四年为例，各年级大学生的职业规划实施策略如下。

1. 大学一年级：探索期

阶段目标：适应大学生活，树立规划意识。

实施策略如下。

(1) 了解就业形势，树立新的奋斗目标。如果说之前的努力是为了考上大学，那么现在的任务就是为了以后的就业和职业发展。

(2) 完成从中学生到大学生的角色转变，尽快适应大学生活。虚心请教师兄师姐，积极参加集体活动，建立新的人际关系圈。熟读学生手册，关注辅修专业和第二学位的申请条件，保证一定的学习成绩。

(3) 开始自我和职业的探索，树立职业规划意识。通过职业测评等工具全面客观地探索自己，思考有哪些职业与自己所读的课程、专业相吻合，通过互联网、报纸杂志和访谈等渠道进一步了解这些职业。

2. 大学二年级：定向期

阶段目标：确定主攻方向，培养综合素质。

实施策略如下。

(1) 虚心请教师长和校友，根据自己的发展意愿选定专业或主攻方向，有必要或有条件的话，可同时辅修其他课程和专业。

(2) 建立合理的知识结构，注重专业能力的培养，参加英语、计算机等工具性证书的考试。

(3) 积极参加学生会或社团工作，培养自己的组织协调能力和团队合作精神，提升自己的综合素质。

(4) 尝试兼职、实习等，积累一定的职业经验。

3. 大学三年级：提升期

阶段目标：提升职业技能，积累职业经验。

实施策略如下。

(1) 加强专业知识学习的同时，考取与职业目标相关的职业资格证书。

(2) 增强兼职、实习的职业针对性，积累对应聘有利的职业实践经验。

(3) 扩大校内外交际圈，加强与校友、职场人士的交往，提前参加校园招聘会，与用人单位招聘人员进行沟通。

(4) 学习求职技巧，学会制作简历、求职信，了解面试技巧和职场礼仪。

(5) 如果决定考研，要做好复习准备；如果希望出国，要注意留学资讯和动向，准备TOEFL、GRE考试。

(6) 在大三后期要查漏补缺，检查当下与毕业后目标的差距，及时采取纠偏措施，为大四目标的顺利完成打下坚实的基础。

4. 大学四年级：冲刺期

阶段目标：充分掌握资讯，实现毕业目标。

实施策略如下。

(1) 留意学校就业中心通知和其他重要的招聘渠道，不要遗漏关键的招聘信息。

(2) 登录招聘单位网站或通过咨询、访谈等方式，了解招聘单位的相关信息，为面试做好准备。

(3) 选择实用性高的毕业设计题目，以此证明自己的应用研究能力。

(4) 学会就业心理调节，始终保持自信和主动。

(5) 了解劳动法规和政策，学会保障自己的劳动权益。

学业目标的实现之制订行动计划案例

1. 短期规划：大学期间

时间	总体目标	目标分解	备注
2019—2022年	◇学习先进理念，树立正确三观及取向 ◇进行自我职业认知，完成合理职业规划 ◇加强学习，成为一名既懂经济又懂法律，既懂英语又懂计算机的复合型人才 ◇参与各项活动，全面提升自身综合素质 ◇加强培训，积累扎实的职业技能(如取得证书) ◇知行统一，注重参与社会实践和志愿服务，完善自我 ◇坚持体育锻炼，增强身体素质，保证精力	大一试探期： ◇培养专业兴趣，适当扩充知识领域 ◇了解自己的特长和潜能、优点和不足，正确认识自我 ◇了解职业，初步制定职业生涯规划 ◇培养沟通能力，建立人际关系 ◇利用空闲，考取职业证书 大二冲刺期： ◇提升职业技能，积累职业经验 ◇自我拓展，树立正确的成才观和事业观 ◇关注形势，掌握当今求职动态，明确社会人才需求 大三冲刺期： ◇提升职业技能，积累职业经验 ◇自我拓展，树立正确的成才观和事业观 ◇关注形势，掌握当今求职动态，明确社会人才需求 大四分化期： ◇充分掌握资讯，实现毕业目标，做好向社会人角色转变的过渡 ◇修正职业规划，形成正确的个人职业发展评价 ◇强化求职技巧，树立务实的职业观、创业观和择业观	大学四年常项学习： ◇立足专业，全面发展，在完成学业学习的同时积极参与校内、校外各项素质活动 ◇巩固专业学习，保证每学期获得学习综合类奖学金 ◇身体是本钱，大学期间每天晚上坚持跑步锻炼 ◇英语学习和计算机学习贯穿大学四年 ◇阅读课外书籍，每半年保持至少十本专著的阅读，同时完成至少一篇读书笔记

2. 详细执行措施

第一学期：
◇努力学习专业课程并了解与专业对口的职业，通过课程学习、专著研读等培养自己的专业兴趣和素养；
◇参加学生会、年级班委等学生工作，在集体生活中提升自己的沟通能力，建立人际关系；
◇课余时间学习计算机办公软件，并考取微软办公自动化证书。

寒假：
◇开始英语四级考试练习，着重听力和阅读的训练；
◇参加一次无偿义务献血；
◇联系朋友，联络感情的同时交流大学生活和个人目标。

第二学期：
◇认真学习好《营销管理》《管理学》等核心课程；

◇参加英语四级考试(每天学习英语至少2小时);
◇参加国家计算机二级的课程培训并考取证书;
◇开始法学第二学位的辅修学习;
◇参加校内外各种课外活动,如校运会、电子商务大赛等;
◇参与学生会干部换届竞选。

暑假:
◇报名并开始汽车驾驶学习,并拿到C证;
◇每天坚持2小时的英语单词记忆和口语学习;
◇着手英语六级的学习,完整做8套真题。

第三学期:
◇每天坚持上自习,认真学习专业和辅修知识,拓展阅读面(主要是经管类和历史类);
◇参加英语六级考试(每天至少2小时的英语学习,同时加强听说训练);
◇勤工助学,在校内担任学生助理,提高自己的处事能力;
◇定期学习党的相关理论知识和实践体会,争取通过审核成为中共预备党员;
◇每天晚上10点到11点学习PS、MAKER等计算机软件;
◇参加学校模拟职场、模拟公务员等活动,了解职场技巧,锻炼心理素质;
◇着手挑战杯创业计划大赛,在成功组队的基础上确定课题和创业书框架。

寒假:
◇加强营销学、心理学等方面的实践学习,寻找对口实习岗位,增长经验;
◇参加新东方英语口语培训,提高英语应用能力;
◇开展课题研究(主要针对市场分析),深入访谈调查,借此增加社会经历。

第四学期:
◇保持每月精读一本、每周泛读一本的书籍阅读量;
◇申请学校本科生科学技术创新课题立项;
◇自学BEC相关内容并参与中级考试(重点还是寻找考友进行口语训练);
◇利用课余时间参与营销类的市场分析调查(可以调查周边超市生存状况等);
◇团队努力完成挑战杯创业书的定稿工作;
◇参与学生会主席团换届选举,为自己提供一个宽广的舞台。

暑假:
◇参与学校为期一周的大学生暑期"三下乡"社会实践活动,带着课题下乡;
◇到营销类企业进行为期一个月的专业实习,提高责任心、主动性和受挫能力;
◇开展科研立项的社会调查和个案分析,以及访谈工作。

第五学期:
◇参加人力资源管理师(三级)和国家计算机三级的考试;
◇撰写学年论文时,大胆提出自己的见解,锻炼自己独立解决问题的能力和创造性;
◇争取到学校就业指导办公室担任学生助理;
◇学习制作简历和求职信,了解收集信息的渠道;
◇加入校友网络,和毕业的师兄师姐交流,了解往年的求职情况。

寒假:
◇充分了解暑期实习生相关信息,进行知名企业的笔试题目训练;

◇参加"营销策划"等实践活动；
◇适当进行BEC高级考试相关训练学习；
◇认真完成学年论文的定稿工作(与指导老师积极沟通)。

第六学期：
◇五六月份是各大知名企业招聘暑期实习生的黄金时段，重点进行此项工作；
◇积极利用学校提供的条件，了解就业相关信息；
◇争取在学术期刊上公开发表学年论文；
◇坚持英语学习外，适当进行普通话训练并考取普通话等级证；
◇参与营销师职业证书考试；
◇模拟面试等训练，尽可能在充分准备的情况下实战演练。

暑假：
◇重点精力在于实习工作，并争取有所表现；
◇修正职业规划，形成现实而正确的个人发展评价；
◇收集理想公司的详细资料，包括规模、经营理念、用人原则、管理模式等。

大四：
◇整理个人资料，在寻求老师及师兄师姐指导的基础上精心打造简历；
◇阅读相关书籍，学习求职技巧；
◇梳理理想公司的详细资料，了解其招聘动态；
◇积极主动提前投入毕业设计和毕业论文撰写工作，争取写出一篇较有内涵的论文；
◇参加大型招聘会，感受会场气氛，了解招聘流程，提高应变能力。

活动坊

未来典型的一天

前提：充分放松。

让我们一起坐在时光隧道机，来到五年后的世界，也就是××年的世界，请算一算，此时你是多少岁？容貌有变化吗？请你尽量想象五年后世界的情形，越仔细越好。

好，现在你正躺在家里卧室的床铺上，这时候是清晨，和往常一样，你从睡梦中醒来，先看到的是卧室里的天花板。你看到了吗？它是什么颜色？

接着，你准备下床。尝试去感觉脚指头接触地面那一刹那的温度，是凉凉的，还是暖暖的？经过一番梳洗之后，你来到衣柜前面，准备换衣服上班。今天你要穿什么衣服上班？穿好衣服，你看一看镜子。然后你来到了餐厅，早餐吃的是什么？一起用餐的有谁？你跟他们说了什么话？

接下来，你关上家里的大门，准备前往工作的地点。你回头看一下你的家，它是一栋什么样的房子？然后，你将搭乘什么样的交通工具上班？

你快要到达工作的地方，首先注意一下，这个地方看起来如何？好，你进入工作的地方，你跟同事打了招呼，他们怎么称呼你？你还注意到哪些人出现在这里？他们正在做什么？

你在你的办公桌前坐下，安排一下今天的行程，然后开始上午的工作。早上的工作内容是什么？跟哪些人一起工作？工作时用到哪些东西？

很快，上午的工作结束了。中餐如何解决？吃的是什么？跟谁一起吃？中餐还愉快吗？

接下来是下午的工作，跟上午的工作内容有什么不同吗？你在忙些什么？

快到下班的时间了，或者你没有固定的下班时间，但你即将结束一天的工作，下班后你直接回家吗？或者要先办点什么样的事？或者要做一些什么样的活动？

到家了。家里有哪些人呢？回家后你都做些什么事？晚餐的时间到了，你会在哪里用餐？跟谁一起用餐？吃的是什么？晚餐后，你做了些什么？跟谁在一起？

睡觉前，你正在计划明天参加一个典礼的事。那是一个颁奖典礼，你将接受一项颁奖。想想看，那将会是一个怎么样的奖项？颁奖给你的是谁？如果你将发表得奖感言，你打算讲什么话？该是上床睡觉的时候了，你躺在早上起床的那张床铺上。你回忆一下今天的工作与生活，今天过得还愉快吗？是不是要许个愿？许什么样的愿望？

渐渐地，你很满足地进入梦乡。睡吧！一分钟后，我会叫醒你……(一分钟后)

我们渐渐回到这里，还记得吗？你现在的位置不是在床上，而是在这里。然后，你慢慢地醒过来，静静地坐着。

案例分析

俞敏洪的捡砖头思维

俞敏洪曾这样回忆过他过去的日子。

小时候我父亲做的一件事情到今天还让我记忆犹新。父亲是个木工，常帮别人建房子，每次建完房子，他都会把别人废弃不要的碎砖乱瓦捡回来，或一块两块，或三块五块。有时候在路上走，看见路边有砖头或石块，他也会捡起来放在篮子里带回家。久而久之，我家院子里多出了一个乱七八糟的砖头碎瓦堆。我搞不清这一堆东西的用处，只觉得本来就小的院子被父亲弄得没有了回旋的余地。直到有一天，我父亲在院子一角的小空地上开始左右测量，开沟挖槽和泥砌墙，用那堆乱砖左拼右凑，一间四四方方的小房子居然拔地而起，干净漂亮，和院子形成了一个和谐的整体。父亲把本来养在露天到处乱跑的猪和羊赶进小房子，再把院子打扫干净，我家就有了全村人都羡慕的院子和猪舍。

当时我只是觉得父亲很了不起，一个人就盖了一间房子，然后就继续和其他小朋友一起，贫困但不失快乐地过我的农村生活。等到长大以后，我才逐渐发现父亲做的这件事给我带来的深刻影响。从一块砖头到一堆砖头，最后变成一间小房子，父亲向我阐释了做成一件事情的全部奥秘。一块砖没有什么用，一堆砖也没有什么用，如果你心中没有一个造房子的梦想，拥有天下所有的砖头也是一堆废物；但如果只有造房子的梦想，而没有砖头，梦想也没法实现。当时我家穷得几乎连吃饭都成问题，自然没有钱去买砖，但父亲没有放弃，日复一日捡砖头碎瓦，终于有一天有了足够的砖头来造心中的房子。

后来的日子里，这件事情凝聚成的精神一直激励着我，也成了我做事的指导思想。在我做事的时候，我一般都会问自己两个问题：一是做这件事情的目标是什么，因为盲目做事情就像捡了一堆砖头而不知道干什么，会浪费自己的生命；第二个问题是需要多少努力才能够把这件事情做成，也就是需要捡多少砖头才能把房子造好。之后就要有足够的耐心，因为砖头不是一天就能捡够的。

我生命中的三件事证明了这一思路的好处。第一件是我的高考，目标明确——要上大学，第一年和第二年我都没考上，我的砖头没有捡够，第三年我继续拼命捡砖头，终于进了北大。第二件是我背单词，目标明确——成为中国最好的英语词汇老师之一，于是我开始一个一个单词背，在背过的单词不断遗忘的痛苦中，我父亲捡砖头的形象总能浮现在我眼前，最后我终于背下了两三万个单词，成了一名不错的词汇老师。第三件事是我做新东方，目标明确——要做成中国最好的英语培训机构之一，然后我就开始给学生上课，平均每天给学生上六到十个小时的课，很多老师倒下了或放弃了，我没有放弃，十几年如一日。每上一次课我就感觉多捡了一块砖头，梦想着把新东方这栋房子建起来。到今天为止我还在继续努力，并看到了新东方这座房子能够建好的希望。

金字塔如果拆开了，只不过是一堆散乱的石头；日子如果过得没有目标，就只是几段散乱的岁月，但如果把一种努力凝聚到每一日，去实现一个梦想，散乱的日子就积成了生命的永恒。

思考与实践

1. 分享收获

进入大学这么久，你肯定加入某个社团了吧。在参加社团活动的过程中，什么事情让你特别有感触，为什么？请说出来与大家分享。

2. 制定规划书

制定一份完整的学业规划书。

第三章

职业规划与行动

学习目标

1. 了解职业生涯规划的基本理论，熟知职业生涯规划的流程，掌握规划方法。
2. 认真对待并努力完成职业生涯规划的各个环节。
3. 掌握职业生涯规划书的制作方法，并撰写自己的职业生涯规划书。
4. 掌握学业规划的制定方法，了解学业规划的实施步骤。

案例导读

张悦是大二的学生，觉得大学生活很无聊，除了学习还是学习。身边的同学对专业都没多大兴趣，考试90分与60分也没什么差别，每天学习毫无动力。她偶尔想到以后的就业问题很是迷茫，觉得还是到大四再考虑吧。

林茵是班里的入党积极分子，平时喜欢参加课外活动，常常奔走于各种社团活动、讲座、竞赛、培训中，每天时间都排得满满的，几乎没有时间学习。她有时觉得很累、很迷茫，不知道在忙些什么，可想到上大学就应该锻炼自己的能力便会鼓励自己坚持下去，但不知道这些对未来有没有帮助。

杨莞已经大三了，刚进入大学时家人就希望她考研究生，她也希望再次提升学历。当读到大三时，她越来越发现自己对本专业没有太多兴趣，而是更喜欢社会实践，更喜欢与人打交道。但是家人都认为现在这个就业环境，本科生根本找不到工作，读研才能找到稳定工作。所以虽然很痛苦，但她每天还在复习考研。

你身边有这样的同学吗？你对自己的未来是很清楚还是也在迷茫挣扎呢？未来的就业环境到底需要什么样的人才？大学里我们应该如何培养自己，使自己更有竞争力呢？

第一节 职业规划概述

一、职业生涯规划的基本概念

(一) 什么是生涯

1. 生涯

《辞海》中对"生涯"一词的定义为，从事某种活动或职业的生活。生涯的英文是career，来自罗马语via carraria及拉丁语carrus，两个词均代表古代的战车。最早在希腊，career被用作动词，如驾驭赛马。生涯一词在西方人的观念中隐含着未知与冒险的精神。现今社会，生涯更多地被引申为人生的发展历程，career在汉语中也被翻译为"职业生涯"。

目前，由于理论视角各异，国内外学者对生涯的定义没有统一的说法，为大多数人认可的是舒伯(Super)的观点。他认为，生涯是生活里各种事态的演进方向与生命历程，整合了人一生中的各种生活与职业角色，展现出了个人独特的发展形态。生涯综合了人一生中一连串从青春期到退休有酬或无酬的职位，除职业外，还包括任何与工作有关的角色，如学生、退休者、公民及家庭角色等。

生涯是伴随每个人一生的历程，不仅是某一个阶段，还是一个动态而非静止的过程。每个人的遗传基因、家庭环境、成长经历的不同也使生涯具有个性化的发展。即使是处于同一时代、同一文化背景下的人们，其生涯发展的不确定因素也会使每个人的生涯各自不同。

2. 内职业生涯与外职业生涯

职业生涯就是一个人的职业经历，它是指一个人一生中所有与职业相联系的行为与活动，以及相关的态度、价值观、愿望等连续性经历的过程，也是一个人一生中职业、职位的变迁及工作、理想的实现过程。简单地说，就是一个人的职业经历。职业生涯周期也就是指从开始从事职业活动到完全退出职业活动的全过程，是一个人一生连续从事和负担某个职业、职务、职位的过程。职业生涯不仅仅是职业活动，而且包括与职业有关的行为和态度等内容。

职业生涯大体可以分为内职业生涯(对个人而言)和外职业生涯(对组织而言)两大类。

1) 内职业生涯

内职业生涯是人一生中的价值观、为人处世态度与动机变化的过程，同时包括个人具有的能力、学识、经验等。它是别人无法替代和窃取的人生财富。内职业生涯的发展通道主要指个人根据自身特点，结合社会和企业的需求，为自己设计的职业发展通道。

2) 外职业生涯

外职业生涯是一个人在一生中所从事的各种职业的总称，是客观的职业，可以理解为我们传统意义上的职务、职称、社会地位等。具体来说，外职业生涯是指从事职业时的工作单位、工作时间、工作地点、工作内容、工作职务与职称、工作环境、工资待遇等因素的组合及其变化过程。它依赖于内职业生涯的发展而发展。外职业生涯发展通道主要指单位为员工提供的职业阶梯。

3) 两者的关系

外职业生涯通常由别人决定、给予、认可，在外职业生涯中外因很重要；内职业生涯主要靠自己不断探索获得，在内职业生涯中内因为主导。内职业生涯与外职业生涯之间的关系如下。

(1) 内职业生涯发展是外职业生涯发展的前提，内职业生涯带动外职业生涯的发展。

(2) 外职业生涯的因素通常由别人决定、给予，也容易被别人否定、剥夺；内职业生涯的因素由自己探索、获得，并且不随外职业生涯因素的改变而丧失。

(3) 外职业生涯略超前时有动力，超前较多时有压力，超前太多时有毁灭力；内职业生涯略超前时舒心，超前较多时烦心，超前太多时要变心。

同时，我们可以根据一个人一生的职业生涯变化状态，将职业生涯分为传统性职业生涯和易变性职业生涯。传统性职业生涯相对稳定，具有传统性职业生涯的人一般很少转换行业，随着其专业知识的增长和工作经验的丰富，其职位可能会逐步晋升。易变性职业生涯是指一个人的职业生涯也可能因其兴趣爱好、能力大小、价值观的改变及工作环境的变化而发生变化，因而可能从事多项职业。

因此可以说，职业生涯专指个体职业发展的历程，一般是指一个人终生经历的所有职位的整个历程。一个人一生中的职业不仅包括过去、现在和未来可以实际观察到的职业发展过程，而且包括个人对职业生涯发展的见解和期望。一个人的职业生涯是一个漫长的过程。人也许一生只从事一种职业，也许一生中从事多种职业，但每个人都希望找到一个相对稳定、适合自己的职业。如何选择和规划自己的职业生涯，往往受学识、爱好、机遇、工作环境等主客观条件的制约，只有根据现行的工作需要调整心态，培养对所从事职业的敬业精神，在实践中产生对事业的热爱，才能集中精神全身心地投入工作，实现个人价值，取得成就。

(二) 什么是职业生涯规划

职业生涯规划是指个人和组织相结合，在对一个人职业生涯的主客观条件进行测定、分析、总结、研究的基础上，确定其最佳的职业奋斗目标，并为实现这一目标做出行之有效的安排。国内有些学者认为，职业生涯规划是指雇员根据对自身的主观因素和客观环境的分析，确立自己的职业生涯发展目标，选择实现这一目标的职业，以及制订相应的工作、培训和教育计划，并按照一定的时间安排，采取必要的行动实现职业生涯目标的过程。也有学者认为，职业生涯规划是指一个人一生职业发展道路的设想和规划，它包括如何在一个职业领域中得到发展，打算取得什么样的成就等问题。合理规划自己的职业生涯，是迈向成功的第一步。

一般来说，职业生涯规划可以从个人角度和企业角度划分为两方面内容，而个人职业生涯规划即在组织中的发展计划，就是根据自己的现状，确定出既符合自己的能力特点，又是社会所需要的职业发展计划。职业生涯规划一般包括自我剖析、目标设定、目标策略、反馈与修改四方面的内容。自我剖析就是全面、深入、客观地分析和了解自己；目标设定是指在自我剖析的基础上，设立明确的职业目标；目标策略是指通过各种积极的具体行动和措施去争取职业目标的实现；反馈和修订是在实施职业生涯目标的过程中，根据实际情况自觉地总结经验和教训，修正自我的认知和对职业目标的界定。

(三) 职业生涯规划的意义

1. 个人意义

1) 未入职大学生

对于未入职的大学生而言，职业生涯规划是人生和事业成功的导航仪，对个体在人生各个阶段的成长和发展都有着非常重要的指导作用。高校大学生进行职业生涯规划更是有着重要的现实意义。

(1) 职业生涯规划有利于学生理性认知自我，不断完善自身。开展职业生涯规划可以使学生更加理智地认识自己，更加深入地探索自我，正确地认识自身的性格特质，认清自身的优势和不足，重新对自己的价值进行定位，不断完善自己的人格，谋求自身更好的发展。

(2) 有助于学生增强学习的目的性和计划性，激发学习动力。职业生涯规划极大地提高了学生学习的目的性和计划性，使学习方向更加明确，学习效率更高；也帮助学生从不断的自我实现中得到满足，激发了学习的动力，使学生更加积极主动地去学习和探索。

(3) 职业生涯规划有利于学生发掘自身潜能，提升综合竞争实力。通过职业生涯规划教育，学生可以了解社会现实和职业要求，确立职业发展目标，在日益激烈的社会竞争中找到适合自己发展的平台，并有针对性地开展学习、培训和各种实践活动，充分发挥个人长处，克服缺点和不足，挖掘自身潜能，增强自身综合素质，提升竞争实力。

因此，对于未入职的大学生来说，客观上要求其在高考之前就制定符合自身实际情况的职业生涯规划，选择满足社会发展需要和自己感兴趣的专业；进入大学以后，还要重新认识自我，调整自己的职业生涯规划。调整规划是一件很正常的事情，因为进入大学前的选择和进入大学后的现实认识肯定会有差距，所以适时调整职业生涯规划非常有必要。对于大学生而言，就是在满足自己兴趣、爱好的前提下，在认真分析个人性格特征的基础上，结合自己的专业特长和知识结构，对将来从事的工作进行方向性的调整。大学生在走向社会前，将现实环境和长远规划相结合，给自己的职业生涯一个清晰的定位，是求职就业乃至将来职业发展的关键一环。

2) 已入职人员

对于已入职人员而言，职业生涯规划很重要。对于刚刚步入社会的年轻人，职业生涯规划将对其一生的成就产生重大影响。对于入职后的人来说，职业生涯规划也十分重要。中国著名的职业生涯规划和人生设计专家徐小平先生就曾说过，如果不做职业生涯规划，你离挨饿只有三天。

职业生涯规划是针对决定个人职业选择的主观和客观因素进行分析和测定，确定个人的奋斗目标和职业目标，并对自己的职业生涯进行合理规划的过程。职业生涯规划要求你根据职业兴趣、性格特点、能力倾向，以及自身所学的专业知识技能等自身因素，同时考虑各种外界因素，经过综合权衡考虑，来把自己定位在一个最能发挥自己长处的位置，以便最大限度地实现自我价值。一个职业目标与生活目标相一致的人是幸福的，职业生涯规划实质上是追求最佳职业生涯的过程。哈佛大学的爱德华·班菲德博士对美国社会进步动力的研究发现，那些成功的人往往都是有长期时间观念的人。他们在做每天、每周、每月活动规划时，都会用长期的观点去考量，他们会规划五年、十年，甚至二十年的未来计划，他们分配资源或做决策都基于预期自己在几年后的职位而定。这一研究成果，对于刚刚跨入社会的职场人士有着重要的启示作用。

2. 社会意义

1) 有利于缓解我国大学生就业压力

众所周知，近年来，我国一直面临巨大的就业压力。虽然大学生就业难是多方面的因素造成的，如国际经济的不景气，我国正处于经济体制的转型时期，高校的扩招及专业设置不能适应市场的需求等，但其中还有一个非常重要的问题，那就是我们毕业生自身的问题。现在的高校毕业生中，有相当一部分学生到毕业时都不知道自己该干什么、能干什么，更不知道自己适合哪些岗位、职业，因此在就业时存在着盲目择业的情况。这就更进一步激化了我国的就业难问题，对社会的安定也有很大的负面影响。如果我们能够有效地实施大学生职业规划教育，就能在很大程度上缓解我国大学生的就业压力，最终促进社会的和谐与安定。

2) 有利于高校的进一步生存与发展

近几年，媒体不断在报道，各地放弃参加高考的人数逐年上升。虽然弃考的因素是多方面的，但主要原因则是上大学不合算。在高校高额学费的背后，暗藏着毕业时的就业难问题。家长看到这种现象自然会去算笔账，也自然会考虑大学还有没有必要让孩子上的问题。因此，帮助大学生做好职业生涯规划，也是促进高校进一步发展的至关重要的因素。

案例分析

在此我们分享一个案例，来说明职业生涯规划的重要性和意义。

在L省S市的一次大型招聘会上，毕业于某名牌高校的小H向浙江一家汽车公司申请一个机械工程师的岗位。他学的是机械专业，大学期间各门功课都很优秀，毕业后的五六年时间里，从事过医药、空调、摩托车等产品的销售、质检等工作，换了六七个工作，但是没有机械方面的工作经历。招聘者看了他的情况后认为，如果他毕业后稳定从事过机械方面的工作，则正是公司需要的人选，但是因为他没有这方面的工作经验，所以公司无法录用他。

小H的例子说明，很多大学生盲目就业，给自己带来的危害极大。由于没有长远打算，很多大学生年轻时只是随波逐流地换工作，到了30多岁还没有职业定位。这样继续下去出路不大，重新定位又要费很大力气，从而陷入一种尴尬的境地。持久性改变是人生力量的积累，这需要一种"长期的时间观念"。

成功是要付出代价的，不管做的是哪一行，你若想出类拔萃，就一定要有全身心投入至少三五年的心理准备。你要花很长的时间才能培养出足够的专业能力，在竞争激烈的市场中走向成功。否则，如果经常更换从事的行业和具体工作，那么平时积累的相关知识、技能、工作经验和圈内的人际关系，可能都将浪费掉，最终会像上面提到的那位小H一样，毕业许多年还没有真正找到适合自己的职业，也没有真正建立起自己独特的竞争优势。

所以说，我们必须结合自身特点与社会需要，合理地进行职业生涯规划。大学生职业规划就是让大学生为自己设定毕业后的职业目标，对大学生活做出合理规划，为毕业时的就业及以后的职业发展做好准备。经历过高考洗礼跨进大学校园的学生，很多对自己所选的专业不甚了解，对专业的职业发展也很迷茫。有的虽然对职业目标有较明确的想法，但对如何实现已有目标相当茫然。临近毕业，很多学生在面对现实和理想的差距时，对职业决策感到极度紧张和焦虑不安，浪费了大量的时间、精力和资金。要想在激烈的社会竞争中脱颖而出立于不败之地，大学生就应该做好自己的职业生涯规划，提升自己应对竞争的能力，获得职业发展优势。合理科学的职业规划能使大学生深入地了解自己，客观准确地评估自己，不断促进个性发展和综合素质提升。因此，大学生要充分认识到职业规划的重要意义，进行科学合理的职业规划。

二、职业生涯规划的基本理论

（一）职业匹配理论

1. 人职匹配理论

该理论是1909年由美国波士顿大学的教授弗兰克·帕森斯提出的，这是职业选择最经典的理论之一。弗兰克·帕森斯在其《选择一个职业》中，明确地提出了人与职业相匹配是职业选择的焦点，并阐明职业选择的三大要素和条件，其核心观点如下。

(1) 个人有自己独特的人格模式，每种人格模式都有其相适应的职业类型。

(2) 在选择职业时，首先需清楚地了解个人的态度、能力、兴趣、局限性等方面。

(3) 要了解职业选择成功的需要和条件，以及在不同岗位上所占有的优缺点、酬劳、机会等。

(4) 以个人和职业的互相配合作为职业辅导的最终目标。

帕森斯的理论内涵就是在清楚认识、了解个人主观条件和社会职业要求的基础上，将条件与要求相比照、匹配，从而选择一种职业需求与个人特长匹配最得当的职业。

威廉逊·佩特森在帕森斯的基础上进一步发展了该理论，形成了人格特性与职业因素匹配的理论。这种理论认为所有人在成长发展方面都存在差异，强调个体间的差异性。每个人都具有与他人所不同的个性特征，而且这种特性与某种职业因素存在关联。人的特性可以通过科学工具客观地测量出来，而职业因素也是可以分析的，因此职业指导的主要任务就是解决人的特性如何与职业因素相适应的问题。这种理论倡导通过职业指导者测量与评价被指导者的生理、心理特性，以及分析职业对人的要求，来帮助被指导者进行分析比较，使其在清楚地了解自己和职业的基础上做出合理的职业选择。

人格特性与职业因素匹配理论的核心是人职匹配，它有一定的理论前提，具体如下。

(1) 每个人都有独特的特性，且这种特性能够有效地测量出来。

(2) 为了获取成功，不同职业需要具备不同特性的人。

(3) 选择职业是容易操作的，人职匹配也是可能的。

(4) 个人特性与职业要求之间的配合越紧密，职业成功的可能性越大。

总的来说，人职匹配分为两种类型：一是因素匹配，如所需专门知识和技能的职业与掌握该种特殊知识技能的择业者相匹配；二是特性匹配，如具有感性、敏感、完美主义等人格特质的人，适合从事创造性、艺术类的职业等。

人职匹配理论极易操作。我们可以根据理论，把职业选择或职业指导分成三个步骤，即个人分析、职业分析和人职匹配。通过这三个步骤，个人就可以选择出一项既符合个人特性，又有可能获得的职业。但这种理论又有一定的局限性，如该理论假设每个人只有唯一的生涯目标及生涯决策，这样的观点缺乏动态性，缩小了个人职业选择的范围，也没有关注到个人的特质与工作环境都在变化，即忽视了生涯发展的发展性。

2. 霍兰德职业兴趣理论

约翰·霍兰德是美国著名心理学家、职业指导专家，在美国约翰斯·霍普金斯大学担任心理学教授，长期从事职业咨询工作，成为该领域里程碑式的人物。他以自己从事职业咨询的经验为基础，通过对自己职业生涯和他人职业道路的深入研究，首次提出了职业选择理论，并阐述了个性与环境类型相匹配的思想。1973年，霍兰德的著作《做出职业选择》问世。在这本书中，霍兰德全面表述了他的职业选择理论。

1) 理论概述

霍兰德的职业选择理论提出如下六条构想。

(1) 个性是职业选择的主要影响因素。

(2) 兴趣包括在个性范畴之内。

(3) 职业选择观是一种稳定的心理状态。

(4) 早期的职业幻想预示未来的职业方向。

(5) 个性、目标定位的"自知程度"决定了职业选择的聚焦范围，自知程度越清，焦点越明。

(6) 为达到职业成功和满意感，应选择与个性特点相容的职业。

2) 基本假设

霍兰德的兴趣类型理论建立在下面四个基本假设的基础之上。

(1) 六种基本的个性类型。霍兰德把个性类型划分为六种：现实型(realistic)、研究型(investigative)、艺术型(artistic)、社会型(social)、企业型(enterprising)、常规型(conventional)。他认为，绝大多数人都可以被归于六种类型中的一种。

(2) 六种基本的环境类型。霍兰德把环境也划分为与个性类型相应的六大基本类型，任何一种环境大体上都可以归属于这六种类型的一种或几种类型的组合。

(3) 个性—环境类型的匹配。人们倾向于寻找与其个性类型相一致的环境，这种环境能让他们运用自己的技巧能力，表达自己的态度与价值观，并且承担令人愉快的工作和角色。同样，环境也寻求与其类型相一致的人。

(4) 个人的行为由个性与环境间的相互作用决定。我们可以通过一个人的个性类型与其所处的环境类型，对其行为进行预测，包括职业选择、工作转换、工作绩效，以及教育和社会行为等。

同一职业环境中的人有相似的人格特质，因为他们对情景和问题会有类似的反应，从而形成特定职业氛围。也就是说，在特定的职业环境中，会有特定的价值观念、态度倾向和行为模式。如果个人的人格与职业环境达到适配，将会增加个人的工作满意度、职业稳定性和职业成就感。

3) 个性类型与职业类型的划分及匹配

(1) 社会型(S)。

① 个人特征：喜欢与人交往，不断结交新的朋友；善言谈，愿意教导别人；关心社会问题，渴望发挥自己的社会作用；寻求广泛的人际关系，比较看重社会义务和社会道德。

② 典型职业：喜欢要求与人打交道的工作，能够不断结交新的朋友，从事提供信息、启迪、帮助、培训、开发或治疗等事务，并具备相应能力。例如，教育工作者(教师、教育行政人员)，社会工作者(咨询人员、公关人员)。

(2) 企业型(E)。

① 个人特征：追求权力、权威和物质财富，具有领导才能；喜欢竞争，敢冒风险，有野心和抱负；为人务实，习惯以利益得失、权利、地位、金钱等来衡量做事的价值，做事有较强的目的性。

② 典型职业：喜欢要求具备经营、管理、劝服、监督和领导才能，以实现机构、政治、社会及经济目标的工作，并具备相应的能力。如项目经理、销售人员、营销管理人员、政府官员、企业领导、法官、律师等。

(3) 常规型(C)。

① 个人特征：尊重权威和规章制度，喜欢按计划办事，细心、有条理，习惯接受他人的指挥和领导，自己不谋求领导职务；喜欢关注实际和细节情况，通常较为谨慎和保守，缺乏创造性，不喜欢冒险和竞争，富有自我牺牲精神。

② 典型职业：喜欢要求注意细节、精确度，有系统、有条理，具有记录、归档特点，据特定要求或程序组织数据和文字信息的职业，并具备相应能力。例如，秘书、办公室人员、记事员、会计、行政助理、图书馆管理员、出纳员、打字员、投资分析员等。

(4) 现实型(R)。

① 个人特征：愿意使用工具从事操作性工作，动手能力强，做事手脚灵活，动作协调；偏好于具体任务，不善言辞，做事保守，较为谦虚；缺乏社交能力，通常喜欢独立做事。

② 典型职业：喜欢使用工具、机器，需要基本操作技能的工作。对要求具备机械方面才

能、体力或从事与物件、机器、工具、运动器材、植物、动物相关的职业有兴趣，并具备相应能力。例如，技术性职业(计算机硬件人员、摄影师、制图员、机械装配工)，技能性职业(木匠、厨师、技工、修理工、农民、一般劳动者)等。

(5) 研究型(I)。

① 个人特征：思想家而非实干家，抽象思维能力强，求知欲强，肯动脑，善思考，不愿动手；喜欢独立的和富有创造性的工作；知识渊博，有学识才能，不善于领导他人；考虑问题理性，做事喜欢精确，喜欢逻辑分析和推理，不断探讨未知的领域。

② 典型职业：喜欢智力的、抽象的、分析的、独立的定向任务，要求具备智力或分析才能，并将其用于观察、估测、衡量，形成理论，最终解决问题的工作，并具备相应的能力。如科学研究人员、教师、工程师、计算机编程人员、医生、系统分析员等。

(6) 艺术型(A)。

① 个人特征：有创造力，乐于创造新颖、与众不同的成果，渴望表现自己的个性，实现自身的价值；做事理想化，追求完美，不重实际；具有一定的艺术才能和个性；善于表达，喜欢怀旧，心态较为复杂。

② 典型职业：不善于事务性工作，喜欢的工作要求具备艺术修养、创造力、表达能力和直觉，并将其用于语言、行为、声音、颜色和形式的审美、思索和感受，具备相应的能力。艺术方面如演员、导演、艺术设计师、雕刻家、建筑师、摄影家、广告制作人等，音乐方面如歌唱家、作曲家、乐队指挥等，文学方面如小说家、诗人、剧作家等。

4) 何为理想的职业选择

一般来说，最为理想的职业选择就是个体选择与其个性类型相一致的职业环境。如研究型的人在研究型环境中学习和工作，这称为"人职协调"。因为在这种环境中工作，个人最可能充分发挥自己的才能并具有较高的工作满意感。如果个体选择与其个性类型相近的职业环境，如现实型的人在研究型或常规型环境中工作，由于两种类型之间有较高的相关关系，则个人经过努力和调整也能适应职业环境，这属于"人职次协调"。最坏的职业选择是个人在与其个性类型相斥的职业环境里工作。在此情况下，个人很难适应职业，也不太可能从工作中得到乐趣，这称为"人职不协调"，如研究型的人在企业型环境中工作。

总之，个性类型与职业类型的相关程度越高，个体的职业适应性越好；相关程度越低，个体的职业适应性就越差。

(二) 职业发展理论

1. 金斯伯格职业发展理论

美国著名的职业指导家和心理学家金斯伯格，把个体职业生涯的发展分为三个时期：幻想期、试探期和现实期。该理论展示了一个人从幼年到青年的职业心理发展过程，同时揭示了早期职业心理发展对人生职业选择的重要影响。

1) 幻想期

当儿童处于四五岁的时候，游戏活动是他们的主导活动。他们把对成人世界的观察所获得的社会角色直觉印象，通过游戏简单地展现出来。对于所接触到的各类职业工作，他们充满了好奇，并充分运用想象力，模仿解放军、医生、厨师等许多现实职业角色的行为举止。这一阶段个体对职业的需求完全凭自己的兴趣爱好，不考虑自身的条件、能力水平、社会需要与机遇，主要处于幻想之中。

2) 试探期

随着个体进入青少年阶段，其心理和生理迅速变化，开始形成独立性和成人感。与此同时，个体的知识、能力也在不断增长，开始主动憧憬未来发展，对职业开始进行更深层次的探索。在11～12岁的时候，个体开始察觉到不同职业之间的差异，并开始对某些职业萌发兴趣；到了13～14岁，个体又会注意到不同的职业对于人的要求也有所不同，并开始注意自己能力的训练；进入15～16岁，个体开始了解职业角色的社会地位和社会价值，并以这种价值观为参考，重新审视自己的职业兴趣。

3) 现实期

17岁以后的青年个体，会综合运用有关职业的信息，并结合自己的职业愿望，把职业选择范围缩小，寻找适合自己的职业角色。这个时期的职业期望更加清晰、客观，具有现实指导意义。

2. 舒伯职业发展理论

舒伯认为，人的每个年龄阶段都与职业发展有着相互配合的关系，人的生涯发展会伴随着年龄的成长而递进，每个年龄阶段各有其生涯发展的任务。舒伯从终身发展的角度，结合职业发展形态，将生涯发展阶段划分为成长、探索、建立、维持与衰退五个阶段，其中有三个阶段与金斯伯格的分类相近，只是年龄与内容稍有不同，且增加了就业及退休阶段的生涯发展，具体分述如下。

1) 成长阶段(0～14岁)

在这个阶段，儿童开始辨认他们周围的事物，逐渐开始发展自我概念，并意识到自己的兴趣所在，以及和职业相关的一些最基本的技能，开始用不同方式来表达自己的需要，且经过对现实世界不断地尝试，修饰自己的角色。

他们这个阶段发展的任务是，发展自我形象和对工作世界的正确态度，并了解工作的意义。这个阶段共包括三个时期：一是幻想期(4～10岁)，以"需要"为主要考虑因素，在这个时期，幻想中的角色扮演很重要；二是兴趣期(11～12岁)，以"喜好"为主要考虑因素，喜好是个人抱负活动的主要决定因素；三是能力期(13～14岁)，以"能力"为主要考虑因素，能力逐渐具有重要作用。

2) 探索阶段(15～24岁)

这一阶段，青少年开始通过学校的各类活动及兼职打零工等机会，对自我能力及角色、职业进行探索，选择职业时有较大弹性。在这个时期，职业偏好已经开始出现，并逐渐形成一两个具体的职业选择。

这个阶段的发展任务是使职业偏好逐渐具体化、特定化，并实现职业偏好。这个阶段共包括三个时期：一是试探期(15～17岁)，青少年开始考虑自己的需要、兴趣、能力及机会，做出暂时性的决定，并在幻想、讨论、学校生活及工作中加以尝试；二是过渡期(18～21岁)，青年人进入就业市场或接受专业训练，更重视现实，并力图实现自我概念，将一般性的职业选择转为特定的选择；三是实验期(22～24岁)，个人的职业生涯初步确定，并实验其成为长期职业生涯的可能性，若不适则可能再经历上述各时期以确定方向。

3) 建立阶段(25～44岁)

进入第三个阶段后，个人开始尝试选择适合自己的职业领域，不适合者会谋求变迁或做其他探索。因此，该阶段可能确定在整个事业生涯中属于自己的"位子"，并在31～40岁开始考虑如何保住这个"位子"并固定下来。

建立阶段发展的任务是统整、稳固，并求上进。这个阶段又可细分为两个时期：一是实验、承诺、稳定期(25～30岁)，个人寻求安定，也可能因生活或工作上的若干变动而尚未感到满意；二是建立期(31～44岁)，个人致力于工作上的稳固，大部分人都处于最具创造力的时期，往往会因为资深而业绩优良。

4) 维持阶段(45～65岁)

个人会在这一阶段不断地付出努力来获得职业生涯的发展和成就，避免产生停滞感，并逐渐能在自己的领域中占有一席之地。这一阶段发展的任务是维持既有的成就与地位，也会面对新的人员的挑战。

5) 衰退阶段(65岁以上)

由于生理及心理机能日渐衰退，进入衰退阶段后，个人已经有意退出工作岗位并开始享受自己闲暇的晚年生活，职业角色的分量逐渐减少。这一阶段往往注重发展新的角色，寻求以不同的方式替代和满足个人的需求。

在这一理论形成的初始阶段，舒伯认为这些阶段彼此之间都是有严格的界限和区分的。但在后期，他提出这些阶段之间可能有交叉，并不存在严格的界限。同时，在人生的不同时期，都可以由这五个阶段构成一个小循环。另外，在这些不同的阶段，人所扮演的角色也不同，且通常要同时扮演几个角色，如子女、学生、工作者、配偶、家长等。为此，舒伯设计了生涯彩虹图来表示不同角色在人生各个阶段的地位，如图3-1所示。

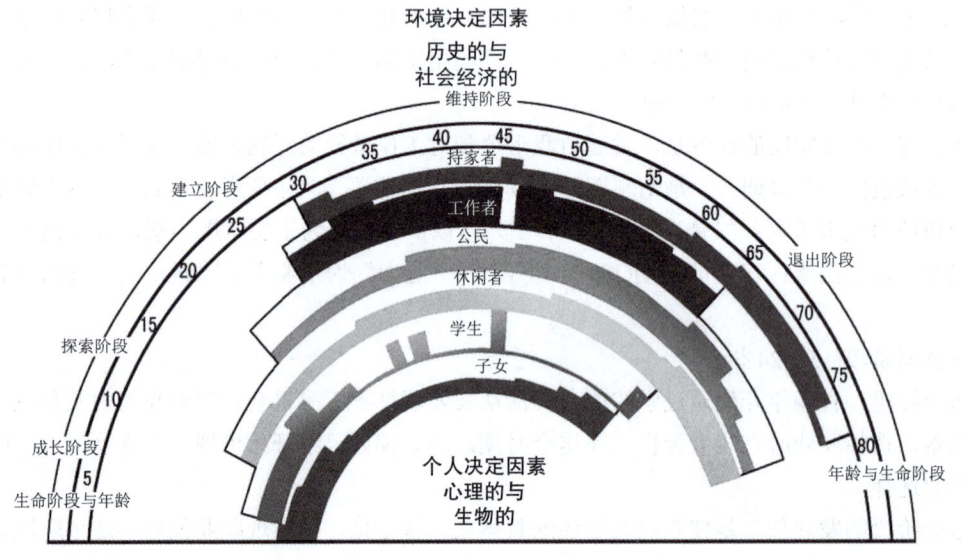

图3-1 生涯彩虹图

(三) 职业锚理论

职业锚理论最初产生于美国麻省理工学院斯隆管理学院，学院的44名MBA毕业生自愿形成一个小组接受埃德加·H.施恩教授长达12年的职业生涯研究，包括面谈、跟踪调查、公司调查、人才测评、问卷等多种方式，最终分析总结出了职业锚理论。

1. 什么是职业锚

职业锚又称职业系留点。锚是使船只停泊定位用的铁制器具。职业锚实际就是人们选择和发展自己的职业时所围绕的中心，是指当一个人不得不做出选择的时候，他无论如何都不会放弃的职业中的至关重要的东西或价值观，是自我意向的习得部分。

2. 职业锚的类型

职业锚强调个人能力、动机和价值观三方面的相互作用与整合，是个人与工作环境互动作用的产物。因此，对职业锚提前进行预测有一定的难度。因为一个人的职业锚是不断发生变化的，是一个不断探索的过程中所产生的动态结果。有些人也许一直不知道自己的职业锚是什么，直到他们不得不做出某种重大选择。这个时候，一个人过去的所有工作经历、兴趣、资质、性向等才会集合成一个富有意义的模式，个人才会发现属于自己的职业锚，才会知道对他来说什么是最重要的。

1978年，施恩提出的职业锚理论包括五种类型，即自主型职业锚、创业型职业锚、管理能力型职业锚、技术职能型职业锚、安全型职业锚。后来，越来越多的人发现了职业锚的研究价值，并加入了研究的行列。20世纪90年代，施恩先生将职业锚增加到了八种类型，这八种职业锚类型的基本特点分别如下。

1) 技术或功能型职业锚

属于这一类型的人在选择职业时，主要注意力是工作的实际技术或职能内容。他们总是围绕着技术能力或业务能力的特定领域安排自己的职业，而不愿意选择带有一般管理性质的职业，更倾向于能够保证自己在既定的技术或功能领域中不断发展的职业。

2) 管理型职业锚

这类人把管理本身作为职业目标，而具体的技术工作或职能工作仅仅被看作通向更高管理层的必经阶段。职业经验告诉他们，要具有胜任组织高层管理所需的知识和技能，并能够把以下三种最基本的能力加以科学组合。

(1) 分析能力，指在信息不完全及不确定的情况下发现问题、分析问题和解决问题的能力。

(2) 人际沟通能力，指能影响、监督、率领、领导和控制各级人员，更有效地实现组织目标的能力。

(3) 情感能力，指能正确处理情感危机和人际危机，而不是被拖垮或压倒。

3) 创造型职业锚

这类人时时期望利用自己的能力创建属于自己的公司或创建完全属于自己的产品(或服务)，而且愿意冒风险，并克服面临的障碍。他们可能正在别人的公司工作，但同时他们在学习并评估将来的机会，一旦感觉时机到了，他们便会走出去创建自己的事业。创造是其自我发展的核心。

4) 自主与独立型职业锚

这类人追求一种能最大限度摆脱组织约束、施展自己职业能力的工作情景，更喜欢有独立和自主性的职业，其主要需求是随心所欲地制定自己的步调、时间表、生活方式和工作习惯。

5) 安全型职业锚

这类人更愿意选择能提供稳定体面的收入及可靠的未来生活的职业，通常有良好的退休计划和较高的退休金保证，也包括对地理安全性感兴趣的人和追求组织安全性的人。他们比较容易接受组织对他们的工作安排，让雇主来决定他们应从事何种职业。尽管有时他们可以达到一个高的职位，但他们并不关心具体的职位和具体的工作内容。

6) 服务型职业锚

服务型的人始终追求他们认可的核心价值，如帮助他人、改善他人不良现状等，他们一直追寻这种机会。一般来说，属于服务型职业锚的人不会接受不允许他们实现这种价值的工作变换或职位提升。

7) 挑战型职业锚

挑战型的人喜欢解决看上去无法解决的问题，如战胜强硬的对手、克服无法克服的困难障碍等。对他们而言，参加工作或职业的原因是工作允许他们去战胜各种不可能，新奇、变化和困难是他们的终极目标。如果工作任务非常容易完成，他们马上会非常厌烦这份工作。

8) 生活型职业锚

生活型的人喜欢允许他们平衡并结合个人需要、家庭需要和职业需要的工作环境。他们希望将生活的各个主要方面整合为一个整体，正因为如此，他们需要一个能够提供足够的弹性让他们实现这一目标的职业环境，甚至可以牺牲他们职业的一些方面，如提升带来的职业转换等。他们将成功定义得比职业成功更广泛，他们认为自己如何生活、在哪里居住、如何处理家庭事情，以及在组织中的发展道路是与众不同的。

3. 职业锚的功能

个人在进行职业规划和定位时，可以运用职业锚思考自己具有的能力，确定自己的发展方向，审视自己的价值观是否与当前的工作相匹配。只有个人的定位和要从事的职业相匹配，才能在工作中发挥自己的长处、实现自己的价值。尝试各种具有挑战性的工作，在不同的专业和领域中进行工作轮换，以及对自己的资质、能力、偏好进行客观的评价，是使个人的职业锚具体化的有效途径。具体来说，职业锚无论是在个人的职业发展过程中，还是在组织的事业发展过程中，都发挥着重要的功能作用。

1) 使组织获得正确的反馈

职业锚是个人经过搜索所确定的长期的职业定位，这一搜索定位过程，依照个人的需要、动机和价值观进行。因此，职业锚可以清楚地反映出一个人的职业追求与抱负。

2) 为个人设置可行的职业渠道

职业锚能够准确地反映个人职业需要及其所追求的职业工作环境，反映个人的价值观和抱负。透过职业锚，组织可获得个人正确信息的反馈，这样组织才可能有针对性地对其职业发展设置可行的、有效的、顺畅的职业渠道。

3) 增长个人的工作经验

职业锚是个人职业工作的定位，不但能使其在长期从事某项职业中增长工作经验，而且职业技能也能不断增强，直接为组织产生提高工作效率或劳动生产率的明显效益。

4) 奠定中后期工作的基础

之所以说职业锚是中后期职业工作的基础，是因为职业锚是个人在通过不断的工作经验积累后产生的，它反映了个人的价值观和被发现的才干。抛锚于某一种职业工作的过程，就是自我认知的过程，是把职业工作与自我价值观相结合的过程，并以此决定中后期的主要生活和职业选择。

三、系统的职业生涯规划方法

（一）系统的职业生涯规划流程

生涯规划类似于我们制订一份旅游计划，如我们在哪里，要去哪里旅行，怎样到达那里。了解我们身处何方，选择适合我们的目标，制订详尽的计划达到目标，这和一个人的兴趣、性格、环境条件等都有关系。目标的制定没有好坏之分，重要的是适合自己。旅行也是这样，不同的路线会有不同的风景，没有哪条路线是绝对好的，只要适合当下就是好的。对自身条件把握越准确、对目标环境掌握越多信息，同时做好风险评估和意外发生的心理准备，就越能够拥有一个期待中的完美旅程。所以能否拥有美好的旅程或者自己期待的生涯过程，更多地取决于自身是否主动计划这段过程，还是依赖别人或随着环境变化而不主动选择，后者往往让人陷入抱怨且无所作为。

具体而言，一个系统的职业生涯规划包括觉知与承诺、自我探索、探索工作世界、决策、求职行动和再评估六个步骤，如图3-2所示。

图3-2 系统的职业生涯规划流程图

1. 觉知与承诺

在第一阶段，学生要认识到生涯的含义和生涯规划的必要性，并愿意主动规划自己的生涯。同时，由于生涯规划是一个动态过程，并非一次规划就能达到最终的理想状态，因而要不断规划、不断实施、不断修正，从而逐步靠近理想状态。这个过程本身就是生涯发展。所以，要对生涯规划有合理的、切合实际的预期。

2. 自我探索

系统化的生涯规划是一个由内而外的规划过程，也就是我们在生涯规划之初，要进行自我探索，如我的人格特质是什么，我的兴趣是什么，哪些东西是我生命中最看重的，我有哪些赖以生存的技能或使我与众不同的特长等。其他方面包括身体健康情况、性别、民族等。

3. 探索工作世界

掌握工作世界信息就能将自己的特长适当地发挥与应用，这是生涯规划中重要和基础的部分。对工作世界的了解包括工作世界的基本概念、专业和职业的关系、工作世界的宏观发展趋势、具体职业对工作人员的要求等。

4. 决策

把握了自身的特点，掌握了工作世界的信息，接下来就是对信息的综合整理与评估，同时，决策时有可能再次因为信息不全而重新回到前面两个步骤。决策需要掌握的内容包括生涯决策的一般原则、决策的方法、对非理性信念的辩驳等。

5. 求职行动

行动是将前几步探索成果落实的阶段，综合前几阶段的分析设立适合自己的目标。在目标践行的过程中，有可能遇到挑战和困难，引发新的思考和认识，需要再完善前几步的探索，所以应该更加明确生涯规划的动态过程，不要忽视任何新的探索机遇。这一阶段通常包括制定生涯目标、完成职业生涯规划书、制作简历、面试、求职行动等。

6. 再评估

在进入工作世界或开始实行计划后，随着自身成长与外部环境的变化，人们有可能沿着规划前进，也有可能发现既定规划已不适用，这就需要再次进行生涯探索，修正生涯规划。所以说，生涯规划是一个循环过程，需要一辈子来探索。这一阶段具体内容包括走进职场、制作生涯规划档案、职业能力提升等。

(二) 职业生涯规划的原则

在职场上，很多人都不知道该如何规划自己的职业生涯。职业生涯规划需要了解相关原则，从而让规划合理可行，符合自身实际。个人职业生涯规划设计应该遵守如下原则。

1. 清晰性原则

一份清晰的规划是保证行动有效实施的前提。在制定职业生涯规划时，要考虑目标、措施是否清晰、明确，实现目标的步骤是否直截了当。

2. 挑战性原则

挑战性原则即制定的职业目标或措施要具有挑战性，不能仅仅是维持原来的状况。一份有挑战性的规划才能使个人在职业历程中不断成长，有所开拓。

3. 一致性与协作性原则

一致性是指职业规划的主要目标与分目标、目标与措施、个人目标与组织目标都要保持一致。协作性则指个人目标与企业目标要具有合作性与协调性，职业生涯规划的各项活动都要由组织与员工双方共同制定、共同实施、共同参与完成。

4. 动态性原则

一般来说，个体的生命历程是不断变化的，个人的职位也是不断变动的，因此职业生涯规划也应该是动态的。职业生涯的目标或措施要具有弹性和缓冲性，能根据环境的变化而做调整。

5. 激励性原则

激励性原则指目标是否符合自己的性格、兴趣和特长，是否能对自己产生内在的激励作用。职业生涯规划的目标和措施，要使个人能发挥自己的能力和潜能，达到自我实现。

6. 全程性原则

拟订职业生涯规划时必须考虑生涯发展的整个历程，进行全程的考虑。在实施职业生涯规划的各个环节上，都要进行设计、实施和调整，以保证职业生涯规划与管理活动的持续性，使其效果得到保证。

7. 量化清晰性原则

职业生涯规划各阶段的路线划分与安排必须具体可行。设计应有明确的时间限制和标准，以便测量、检查，使自己随时掌握执行情况，并为设计的修正提供参考依据。

8. 务实性原则

实现生涯目标的途径很多，在做规划时必须要考虑自己的特质、社会环境、组织环境及其他相关的因素，选择确实可行的途径。

知识拓展

霍兰德六边形模型

霍兰德在个性与环境(职业)类型划分的基础上，做出了另外一个极有价值的贡献，即六边形模型的提出。霍兰德用六边形表示六种类型之间的关系，掌握六边形模型是理解其理论、工具和分类系统所不可缺少的。从图3-3可以看出，每种个性类型与其他类型之间均存在不同程度的关系。

(1) 相邻关系，如RI、IR、IA、AI、AS、SA、SE、ES、EC、CE、RC及CR。属于这种关系的两种类型的个体之间共同点较多，如现实型R、研究型I的人就都不太偏好人际交往，这两种职业环境中也都较少有机会与人接触。

(2) 相隔关系，如RA、RE、IC、IS、AR、AE、SI、SC、EA、ER、CI及CS。属于这种关系的两种类型的个体之间共同点较相邻关系少。

(3) 相对关系，在六边形上处于对角位置的类型之间即为相对关系，如RS、IE、AC、SR、EI

及CA。相对关系的人格类型共同点少，因此，一个人同时对处于相对关系的两种职业环境都兴趣很浓的情况较为少见。

如图3-3所示，六边形的六个角分别代表霍兰德所提出的六种类型(个性或职业、环境，下同)。六种类型之间具有内在的联系，它们按照彼此的相似性程度定位。相邻两个维度之间在各种特征上最接近，相关程度最高；距离越远，两个维度之间的差异越大，相关程度越低。因此，每种类型与其他五种类型之间存在三种相关关系，我们分别用高、中、低来表示。

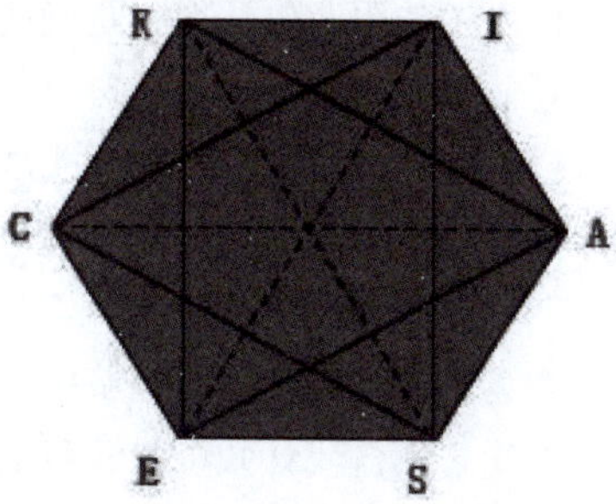

图3-3 霍兰德六边形模型

我们可以依据这个六边形模型来理解人与职业的不同匹配方式。

第二节 职业规划认知

一、认识自我

自我探索就是对自我的认知。自我认知是指个人关于自己的反省与识别，是关于自己是个怎样的人、自己应该有怎样的行为，以及他人对自己如何评价的知觉。自我认知是主观自我(I)对客观自我(me)的认知与评价，包括自我感觉、自我观察、自我印象、自我分析、自我评价等。自我认知回答的一般问题是"我是谁""我是个什么样的人"。

从职业规划的角度来说，自我认知是从个人职业发展角度对自我进行分析、研究，明确个人的职业发展方向，获得自我价值认同。它是个体进行职业决策的重要前提，可以从人格、兴趣、能力、价值观等几个维度进行探索。

(一) 自我认知概述

1. 自我认知的意义

英国哲学家密尔曾经问道："你是愿意做痛苦的苏格拉底，还是一只快乐的小猪？"自我探索可能会是艰难的，甚至痛苦的。大学生有无必要像苏格拉底那样"痛苦"？认知自我对于职业生涯规划究竟有何意义？

1) 认识自我是自信的源泉和依据

我们在自己的生活经历中，在自己所处的社会境遇中，能否客观地认识自我、评价自我，从而正确地塑造自我形象、把握自我发展、培养积极的自我意识，将在很大程度上影响或决定我们的前程。每个人都是独特的，都有自己的优势，也都有自己的弱势，只有全面客观地认识自我，才能自主充分地悦纳自我，进而树立自信。也就是说，自信产生在正确认识自我的基础之上，过于高估自己就会产生自傲，而过于低看自我则会产生自卑，这对于职业生涯来说都是不利的。

2) 认识自我是职业生涯规划的基础和起点

在职业生涯规划中，认识自我就是要使自己明白：我适合干什么，即个人特质；我喜欢干什么，即职业兴趣；我最看重什么，即职业价值观；我能够干什么，即职业技能。

选择适合自己的职业，"认识自我"是重要的第一步。包括认识自己的优势与劣势、自己的独特性和发展潜力，认识自己的生理特点，认识自己的理想、价值观、兴趣爱好、能力、性格等心理特点。人不能超越实际地对自己的职业生涯产生空想，但也不能低估自己的实力，这样也不能使人生的职业生涯得到正确的规划。在生活中，无论是对自我的空想还是低估，其失败的原因都是没有正确认识自我，自己对自己不认识、不了解，或者认识得不够充分、不够透彻，那么给自己的职业生涯留下来的只能是遗憾。

3) 认识自我能提升职业满意度

提升职业满意程度的因素包括有较多的能力锻炼，人际氛围好，薪资待遇好等。众多因素涉及能力、兴趣、性格、经济报酬和人际关系，其中最重要的是与自我相关的因素，而经济报酬等因素次之。自我认知可以让我们在入职前认真考虑自身的各种因素，做出正确的选择，对所选的职业更加满意。

2. 自我认知的内容

1) 了解个人所追求的生活形态

个人所选择的职业会影响其生活形态，不同的职业决定个人在什么环境下工作、和什么样的人共事，以及每天的作息如何、休闲形态如何、家庭生活如何。因此，厘清自己未来的生活形态，有助于主动做出自己的选择。

2) 了解自己的性格

所谓性格，就是个人对人、对己、对事物各方面进行适应时，在其行为上所显示的独特个性。了解自己这些性格上的特征，甚至个人的需求，将更有助于自己清楚且明智地选择职业。例如，善于人际交往的人适合行政、贸易与管理类的职业；文笔细腻、感情丰富的人适合选择文学、翻译类的职业。

3) 了解自己的兴趣

无论是求学还是就业，适合自己的兴趣则效率高，而且能保持身心愉快；做自己喜欢的事，会感受到生活的意义和自己的价值所在。因此，在专业选择和生涯规划中必须要考虑个人对各种事物或活动的喜好。

4) 了解自己的工作价值观

对于工作你看中什么？是待遇的高低、升迁的机会、继续进修学习的条件、空余的时间、还是充分兼顾家庭？不同的职业，满足不同的人生价值。你希望在未来的职业当中得到什么，也是需要不断地探索的。

5) 了解自己的能力

自己目前能做什么，不能做什么；在哪些方面比较突出；过去和现在相比，自己的哪些方面比较强，哪些方面比较弱，一般而言，社会上多数专门职业的能力要求都需要相当长时间的训练才能到达。

3. 自我认知的途径

1) 通过自我观察和反省认识自己

自我观察和反省就是通过对自己的行为及自身的体验进行观察和分析，从而对自己进行评估的方法。这是人们常用的一种自我评价的方法，是自我认识的重要途径。

大学毕业生用此方法进行自我评价，可以通过自己感兴趣的事物，来评价自己的兴趣、爱好；通过自己的言行举止，来评价自己的人格特征；通过自己的学习成绩，来评价自己对理论知识的掌握程度；通过毕业论文的完成情况，来评价自己灵活应用专业知识的能力；通过自己操作机械及其他生产实践的情况，来评价自己对专业技术技能的掌握程度。除此之外，还可以通过自己参加社会活动、获得各种证书的情况，以及毕业鉴定的情况来认识自己的优势和劣势等。具体有以下方法。

(1) 写出20个"我是谁"。用6分钟时间不假思索地写出20个我是谁(可以以"我……""我是……""我喜欢……""我要……""我曾……""我不……""我可以……"等句型来描述自己)。

① 请你将20个句子分类,看看你在各个方面是如何评价自己的(包括情绪、性格、能力、知识等)。

② 在每个句子前填上阿拉伯数字1~20,1代表最重要、最不可或缺的句子,以此类推。看看哪些是自己最注重或者最主要的人格特质。

③ 总体思考一下,看看自己是怎样的一个人。

④ 讨论你对自己的总体评价是肯定的还是否定的,并说出理由。

对自己的肯定多,说明接纳自我良好;对自己的否定多,说明不能很好地接纳自己,要寻找问题的根源,找出改善的办法。

(2) 自我照镜子。想象头脑中有一面镜子(心镜),你一边照镜子,一边在音乐声中冥想。你看到镜子中的自己了吗?镜子中的你是什么样的?镜子中的你是什么表情,漂亮吗,快乐吗,独立吗?人际关系怎样?有哪些优点或优势?还有哪些不足?里面的人还需要什么?

2) 通过他人评价和反应认识自己

在平时的工作、生活中,把自己作为研究对象,反躬自省,这往往很难做到自觉、全面、深刻。因此,倾听他人对自己的评价,就显得尤为重要。

每个大学生在学习生活中都会受到他人的评价。不论他人的动机如何,这种评价本身对自我了解很有参考价值。例如,毕业生的鉴定、老师的表扬和批评、同学的赞许和指责、家长和朋友的认同和反对,这些都可以作为他人对自己的评价。平常生活中,这些都要多加留意。

除此之外,大学生可以有意识地请他人对自己的性格、能力、行为举止等做出客观的、现实的评价。通过对这些评价的整理和分析,大家便可以进行自我定位,达到认识自我的目的。

3) 通过心理测量帮助认识自我

心理测量法是指通过一系列科学的手段和方法对人的基本素质及其绩效进行测量和评定的方法。它主要是运用一些心理测评软件,对一个人的人格、智力、能力和职业倾向等加以测评,能让被测者客观地认识自我,较为准确地给自己定位,同时为他人了解自己提供一份相对科学的书面报告。

人才测评的目的是帮助测试者形成更加完善的自我认识,制定适合自己的人生目标,实现更加成功的人生旅途。具体来说,它的功能包括以下几方面。

(1) 预测功能。预测个体在教育训练、职业训练及未来生活中的表现。

(2) 诊断功能。评估个体的长处和短处、优势和劣势,并诊断个体在兴趣、价值观等方面的特质。

(3) 区别功能。区别出个体的某些特质最适合哪一类的职业群体。

(4) 比较功能。依据测量学指标,将个体素质(能力、倾向、兴趣、价值观等)与某些效标团体相比较,从而观察二者之间的匹配程度。

(5) 探测功能。了解个体在人生发展的连续过程中,其职业决策、职业适应性的行为、态度及能力方面的一般状况,以便提供必要的辅导。

(6) 评估功能。对咨询或辅导的进展情况和效果进行评估。

大学生不但可以用自我心理测量的结果进行自我评价,而且可以把结果作为择业方向选择的参考，不断修订自己的择业目标。在此基础上，结合其他对职业生涯规划设计相关的评估结果，有效地规划自己的职业生涯规划方案。

认识自我的方法有很多，对于大学生而言，重要的是运用多种方法不停地进行自我探索。

4. 大学生自我认识特点

大学生就其年龄而言，处于青年初期和中期阶段。特殊的年龄和心理、生理发展阶段，使得他们表现出不同于其他青年人的自我意识特点。

1) 大学生自我认知的特点

(1) 较儿童少年时期更多地关注自己。上大学意味着独立生活的开始，生活上的独立促进其心理上开始独立。他们开始更多地关注自己，关心自己的现状和未来发展。他们不断地寻求自己未来的道路，并为之进行周密的计划和安排。他们在认真进行自我观察、自我分析、自我评价时，能不断地觉察"理想我"与"现实我"的差距。大学生在关注自我的同时还会产生一种孤独感，并产生和别人交流的欲望，内心涌动着想被别人理解、想与别人沟通的渴望。

(2) 自我意识趋于稳定，但未完全成熟，存在矛盾冲突。相关研究结果表明，大学生自我意识发展已达到较高水平，但这并不意味着大学生自我意识已成熟、完善，他们依旧存在各种各样的矛盾与困扰。

(3) 主观上要求独立，客观上不能完全达到。大学生自我控制、自我教育能力有较大提高，但仍有明显不足。随着独立性的提高，大学生自我控制力增强。一般情况下，大多数同学能够理智地处理同学之间的矛盾与冲突，克服自己对专业学习的厌倦情绪，按照学校的规章制度和要求管理自己。但少数同学还存在自我控制力差的一面，因此大学生中违纪现象时有发生，同学之间矛盾激化的情况也时常出现。一旦发生问题，学生的自我监督、自我管理、自我教育能力仍不能充分地起到应有的作用。

(4) 自我评价能力增强，但是存在片面性，欠客观。由于大学生掌握了比较广阔的知识，面对社会对他们的期望和要求，深入了解自己的愿望更迫切。"我究竟是什么样的人""我应该成为什么样的人"都是大学生们十分关心并经常思考的问题。他们还经常主动地与周围人进行比较，以此来认识自己，评价自己。这一切都表明了大学生的自我认识具有更高的自觉性和主动性。大学生能借助一定的社会评价来认识自己，但又不完全依赖别人的评价，这是大学生自我评价能力增强的表现。但是，由于大学生对客观事物的理解和判断上的片面性，他们对自我的理解和判断只看到一面而看不到另一面，只看到表象而看不到本质。

(5) 自我控制和自我教育能力明显不足。大学生自我体验深刻丰富，但两极性明显大。大学生的自我体验丰富、细腻、深刻，情感体验的基调倾向于热情、憧憬、自信、急躁等，而且两极性十分明显。当他们取得成绩受到表扬时，当他们的言行举止被别人接纳时，就会表现出愉快、喜悦等积极的、肯定的情感体验；当他们受到挫折、批评时，就会产生低沉、忧郁等消极的、否定的情感体验。这正说明他们的自我控制和自我教育能力明显不足。

(6) 自我认识、自我评价很容易受情绪的影响。一旦在学习、生活中遇到困难和挫折，他们往往会产生一些非理性的认知，表现出内疚、不安、自卑等负面情绪，以至否认自己、拒绝自己，甚至会打破原有的心理平衡，不能一分为二地看待自己，背上沉重的心理包袱。

2) 大学生自我认知的常见问题及调适方法

(1) 过度自卑。自卑感是对自己不满、否定的情感，往往是自尊心屡屡受挫的结果。这类人自我认识不客观，往往只看到自我缺点而忽略了自己的长处，不喜欢自己，否定、抱怨、指责自己，看不到自己的价值，或夸大自己的不足，感到自己什么都不如他人，处处低人一等，丧失信心。其危害显而易见，往往错过发展自我的机遇。

过度自卑的调试方法有：认知法，通过全面、客观的认识，辩证地看待别人和自己；补偿法，正确地补偿自己；暗示法，即自我鼓励。

(2) 过度自我认同。过度自我认同的主要表现有高估自我，放大自己的长处，缩小他人的长处，人际交往模式是"我好，你不好""我行，你不行"。这样的结果是容易产生盲目乐观情绪，自以为是，不易处理好人际关系；易骄傲，常对自己提出过高要求，因承担无法完成的任务而导致失败。

过度自我认同的调适方法是：要看到自己的不足，承认自己需要不断完善；要看到他人的长处，欣赏他人的独特性；多与他人交往，以开放的心态尊重和认真对待来自他人的反馈意见。

(3) 以自我为中心。以自我为中心的表现是凡事都只希望满足自己的欲望，要求人人为己，却置别人的需求于不顾，不愿为别人做半点牺牲，不关心他人的情况。这种人只要集体照顾，不讲集体纪律，否则就感到委屈、受不了。他们强烈希望别人尊重他，却不知道自己也应尊重别人。

以自我为中心的调适方法是：要摆正自己的位置，既重视自己也不贬抑他人，自觉地把自己和他人、集体结合起来，走出自我的小天地(黄金法则)；实事求是，恰如其分地评估自己，多设身处地地从他人的角度思考问题，尊重他人感受，关心他人(换位思考)。

(4) 苛求完美。每个人做事都在追求完美，这是人的共性，也是做事的原则，但求全责备、苛求完美就走入了误区。世上没有完美的事，任何事情的完美都只是一种暂时的和相对的状态。世上没有完美的人，做事只要尽心尽力，达到一种相对的完美即可。

苛求完美的主要表现有：对自己持过高的要求，期望自己完美无缺，却不顾自己的实际状况；对自己"不完美"的地方过分看重，总对自己不满意，严重地影响自己的情绪和自信(易与自卑结合起来)。

苛求完美的调适方法是：要树立正确的认知观念，一个人应该接纳自己并肯定自己的价值，不自以为是也不妄自菲薄；有正确的评价参照体系和立足点，按照自己的实际评定自己的价值；制定合理的目标，把目标锁定在能力所及的范围之内；承认自己的局限性，接纳自己的不完美，欣赏自己的独特性。

(二) 探索兴趣

1. 兴趣是什么

兴趣是指一个人力求认识、掌握某种事物并经常参与该种活动的心理倾向，或者说，兴趣是指人积极探索某种事物的认识倾向。当兴趣的对象指向某一职业时，就称之为职业兴趣。如果我们从事的工作能让自己产生兴趣和满足感，那该工作就会让自己内心愉悦。

卡耐基曾向一位轮胎制造业的成功人士请教成功的第一要素是什么，成功人士回答说："喜爱你的工作。如果你热爱自己所从事的工作，哪怕工作时间再长再累，你都不觉得是在工作，相反像是在做游戏。"兴趣能够给人带来我们在才能或成就中所看不到的一些东西，这些东西就是人们想做的事情，以及能使我们感到满意的事情。

2. 兴趣与职业的关系

大量研究表明，兴趣与工作满意度、职业稳定性和职业成就感之间都存在明显的关联。兴趣是人们获得工作满意度、职业稳定性和职业成就感的重要影响因素。因此，职业生涯辅导也普遍将兴趣作为自我探索的一个重要方面，并研制出了多种量表来测量人们的职业兴趣。同时，对于工作世界的划分在很大程度上也是参照对职业兴趣的划分进行的。

职业兴趣与从事职业相吻合是最理想的情况。一个人如果能根据自己的爱好去选择职业生涯，他的主动性将会得到充分发挥。即使十分疲倦和辛劳，也总是兴致勃勃、心情愉快；就算困难重重，也绝不灰心丧气，依然会想尽各种办法，百折不挠地去克服它，甚至废寝忘食。因此才有了"兴趣比天分重要""兴趣是最好的老师"之类的名言。

明确个人的职业兴趣是职业生涯规划的重要依据之一。大学生在寻找职业兴趣的过程中要避免以下几个错误观念。

(1) 把简单的喜欢、感兴趣当作职业兴趣。有些人看了几本小说，就认为自己应当去从事作家职业；有些人喜欢打游戏，就觉得自己应该去学计算机。而真的换到这些专业时，才发现并不适合。职业兴趣应与将来的工作相关，只有想清楚自己要从事什么样的具体工作，并对工作的内容、职责、性质等特点有所了解，且达到工作要求的知识技能时，才谈得上是真正的职业兴趣。

(2) 从事自己感兴趣的工作，就意味着轻松愉快。做自己感兴趣的工作是快乐的，甚至可以激发工作热情，但并不一定轻松。实际上，不管何种工作，都要付出努力和辛劳才能取得成就，做出成绩。另外，有的时候坚持自己的职业兴趣，还要付出经济报酬和社会地位的代价，毕竟不是所有人都会对待遇高、地位高的职业感兴趣。

(3) 不是自己有兴趣的工作就不做。能从事自己有兴趣的职业是每个人的理想，但职业选择除了兴趣，还要综合考虑性格、能力等问题，这也是理想与现实的差距和矛盾。有调查显示，超过60%的大学生正在就读自己不喜欢的专业，有50%的职场人正在做着自己不感兴趣的工作。但由于各种原因，大家也只能面对现实。因此，很多人需要在现实中追求自己的理想，立足于现实，把自己所不喜欢的工作做好，并在这个过程中培养兴趣、积累技能、寻找新的机会。这种"曲线救国"的方式也未尝不可。

3. 兴趣的分类

目前，人们对职业兴趣的分类大多参照霍兰德职业兴趣理论。霍兰德把人的职业兴趣看作影响人与职业匹配的主要依据之一。他通过多年研究，提出人的职业兴趣主要有六种类型，即实际型(realistic)、研究型(investigative)、艺术型(artistic)、社会型(social)、企业型(enterprising)、常规型(conventional)。同时，他从人格与环境相互作用的观点出发，将职业环境也分为相应的六种模式，不同的职业兴趣类型有与之相对应的职业环境类型。具体内容可参照本章第一节中"职业生涯规划的基本理论"的内容。

我们可以利用霍兰德职业兴趣测评工具，来探索自己的职业兴趣倾向。下面这个探索活动也改编自霍兰德的理论。

假如地球太拥挤了，我们准备移民到一个新的星球，这个星球由六个岛屿组成，每个小岛有不同的特点，上面的岛民也各具风格。或许你会在这个岛屿生活很长时间甚至是一辈子，所以选择时请慎重。现在我们开始选择，下面是六个岛屿的描述。

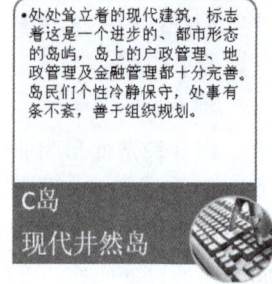

- 这个岛上到处是美术馆、音乐厅，弥漫着浓厚的艺术文化气息。岛民们保留着传统的舞蹈、音乐与绘画。许多文艺界人士都喜欢来到这里举行沙龙派对，寻求灵感。

A岛 美丽浪漫岛

- 处处耸立着的现代建筑，标志着这是一个进步的、都市形态的岛屿，岛上的户政管理、地政管理及金融管理都十分完善。岛民们个性冷静保守，处事有条不紊，善于组织规划。

C岛 现代井然岛

- 该岛经济高度发展，有很多高级饭店、俱乐部、高尔夫球场。岛民们性格热情豪爽，善于企业经营和贸易活动。岛上往来者多是企业家、经理人、政治家、律师等。这些商界名流与上等阶层人士在岛上享受着高品质生活。

E岛 显赫富庶岛

• 这个岛平畴绿野、人少僻静，适合夜观星象。岛上有很多天文馆、科技博物馆、科学图书馆。岛民们喜欢天天钻研学问，沉思冥想，探究真知。哲学家、科学家和心理学家们常在这里开会，讨论学术，交流思想。	• 这是个自然生态优良的绿色之岛。岛上不仅保留有热带雨林等原始生态系统，而且建立了相当大规模的植物园、动物园、水族馆。岛民以手工制造见长，他们自己种植花果、栽培蔬菜、修缮房屋、打造器物、制作工具。	• 这个岛的岛民们都性情温和，乐于助人，对人十分友善。大家互助合作，重视教育后代。每个社区都能自成一个密切互动的服务网络，处处充满着人文关怀气息。
I岛 深思冥想岛	R岛 自然原始岛	S岛 温暖友善岛

现在，请写下你的选择，思考为什么做出这样的选择，并与霍兰德职业兴趣类型比较，看看自己属于哪种职业兴趣。

(三) 探索性格

1. 性格是什么

我们生活中常说某人内向、外向、活泼、敏感等，这些词汇都是形容人的性格的。性格(personality)是指表现在人对现实的态度和相应的行为方式中的比较稳定的、具有核心意义的个性心理特征。大部分心理学家认同性格的两个特征，即独特性及行为的特征性模式。具体而言，性格是一个人在生活中对人、对事、对环境、对自身所表现出来的一致性应对方式。每个人先天具有不同的气质类型，即不同的神经活动类型，这是每个人人格中最为稳固的部分，随着人的慢慢成长，气质类型受到家庭环境、校园环境、社会环境及个人因素的影响，逐渐形成了稳定的个人不同的性格类型，即发展出了更多适应社会的行为特征性模式和对现实较为稳定的态度。

2. 性格与职业的关系

🏷 活动坊

十指交叉合拢

(1) 拿出双手，五指相对，快速地十指交叉合拢。

(2) 注意十指合拢后，是左手大拇指在上还是右手大拇指在上，再次合拢，使刚才在下的那只手在上。

(3) 两次十指交叉合拢有什么不同的感受？请用几个词来形容一下。

当我们第一次快速十指交叉时，感到毫不费力，很自然地合拢手指，此时的方式是我们最为舒适和习惯的，常感到"得心应手"。而当我们交换上下位置时，合拢速度减慢，我们需要停下来思考，觉得不习惯，合拢后也觉得很别扭，不自然。当然花费时间后也是可以慢慢加速合拢的。

在许多事情上我们都有自己擅长与不擅长的部分，它们没有好坏之分，但的确存在，做自己擅长的事情我们更加得心应手，做自己不擅长的事情会感到别扭、不习惯。如果我们能够找到适合自己习惯的、符合自己性格特点的职业环境，那么便能够更好地发挥自己的长处与优势，往往能够取得较好的成绩，同时表现得十分自信。相反，如果我们处于自己不擅长的工作环境之中，往往会觉得事倍功半，难以应付，可能出现人际困扰等问题。因此，了解自己的性格，寻找适合自身性格特点的职业环境是非常重要的，这使我们成为更有效的工作者。

3. 性格的类型

1) 通过MBTI了解性格

瑞士心理学家卡尔·荣格在《心理类型学》中提到人在能量获得途径、注意力的指向，以及决策判断方式三个维度上的不同特征。而后布里格斯和她的女儿迈尔斯在荣格研究的基础上加入了第四个维度，即采取行动方式上的不同特征，最终构建了四维八极模型，编制出《迈尔斯-布里格斯类型指标》，即Myers-Briggs Type Indicator(MBTI)。MBTI是信效度较高的心理测评工具，常被用于各种自我探索、人才选拔和管理培训。

2) MBTI中的四个维度

MBTI衡量的是个人的类型偏好(preference)，或称作倾向。"偏好"是指个体倾向的特定行为与思考方式，这种偏好无好坏之分。四个维度如同四把标尺，每个人的性格都会落在标尺的某个点上，这个点靠近哪个端点，就意味着个体有哪方面的偏好。如在第一维度上，个体的性格靠近外倾这一端，则偏外倾，而且越接近端点，偏好越强。每个维度各自识别了一些人类正常和有价值的行为，也可能是误解和偏见的来源。维度见表3-1所示。

表3-1　MBTI维度解释

能量倾向：你更喜欢将自己的注意力集中于何处？你从何处获得活力？E-I维度	
外倾extriversion(E)	**内倾introversion(I)**
注意力和能量主要指向外部世界的人和事，从而在与人交往和行动中得到活力	注意力和能量集中于自己的内心世界，从对思想、回忆和情感的反思中得到活力
○ 关注外部环境	○ 关注自己的内心世界
○ 喜欢用谈话的方式进行沟通	○ 更愿意用书面方式沟通
○ 通过谈话形成自己的意见	○ 通过思考形成自己的意见
○ 用实际操作或讨论的方式能学得最好	○ 用思考、在头脑中"练习"的方式学习
○ 兴趣广泛	○ 兴趣专注
○ 好与人交往，善于表达	○ 安静而显得内向
○ 先行动，后思考	○ 先思考，后行动
○ 在工作和人际关系中都很积极主动	○ 当情景或事件对它们具有重要意义时会采取主动
接受信息：你如何获得信息？S-N维度	
感觉sensing(S)	**知觉intuition(N)**
用自己的五官来获取信息，喜欢收集实实在在的、确定已出现的信息，对周围所发生的事件观察入微，特别关注现实	通过想象、无意识等超越感觉的方式来获取信息，喜欢看整个事件的全貌，关注事实之间的关联，想要抓住事件的模式，特别善于看到新的可能性
○ 着眼于当前的实际情况	○ 着眼于未来的可能
○ 现实、具体	○ 富于想象力和创造性
○ 关注真实的、实际存在的事物	○ 关注数据所代表的模式和意义
○ 观察敏锐，并能记住细节	○ 当细节与某一模式相关时才能够记得
○ 经过仔细周详的推理一步步得出结论	○ 靠直觉很快得出结论
○ 通过实际运用来理解抽象的思维和理论	○ 希望在应用理论之前先能对之进行澄清
○ 相信自己的经验	○ 相信自己的灵感

(续表)

处理信息：你是如何做决定的？T-F维度	
思考thinking(T)　通过分析某一行动或选择的逻辑来做出决定，会将自己从情景中分离出来，对事件的正反两方面进行客观的分析。从分析和确认事件中的错误并解决问题中获得活力。目标是要找到一个能应用所有相似情境的标准或原则 ○ 好分析 ○ 运用因果推理 ○ 以逻辑的方式解决问题 ○ 寻求一个合乎真理的客观标准 ○ 爱讲理 ○ 可能显得不近人情 ○ 公平意味着每个人都能得到平等的待遇	**情感feeling(F)**　喜欢考虑对自己和他人来说什么是重要的，会在头脑中将自己放在情景所牵涉的所有人的位置上，并试图理解别人的感受，然后在此基础上根据自己的价值判断做出决定。从对他人表示赞赏和支持中获得活力。目标是创造和谐的氛围，把每个人都当作一个独特的个体来对待 ○ 善于体贴他人、感同身受 ○ 受个人价值观的引导 ○ 衡量决定对他人产生的后果和影响 ○ 寻求和谐的气氛和积极的人际交往 ○ 富于同情心 ○ 可能会显得心肠太软 ○ 公平意味着每个人都被作为独特个体来对待

行动方式：你如何与外部世界打交道？J-P维度	
判断judging(J)　喜欢将事情管理得井井有条，过一种有计划的、井然有序的生活。喜欢做出决定，完成后继续下面的工作。生活通常会比较有规划、有秩序，喜欢把事情敲定下来。照计划和日程安排办事对他们来说很重要。从完成任务中获得能量 ○ 有计划 ○ 喜欢组织管理自己的生活 ○ 系统性 ○ 按部就班 ○ 爱制订短期和长期计划 ○ 喜欢把事情落实敲定 ○ 力图避免最后一分钟才做决定或完成任务的压力	**知觉perceiving(P)**　喜欢以一种灵活、自发的方式生活，更愿意去体验和理解生活而不是去控制它。详细的计划或最后决定会使他们感到被束缚。愿意对新的信息和选择保持开放，直到最后一分钟。足智多谋，善于调节自己适应当前场合的需要，并从中获得能量 ○ 自发 ○ 灵活 ○ 随意 ○ 开放 ○ 适应，改变方向 ○ 不喜欢把事情确定下来，以留有改变的可能性 ○ 最后一分钟的压力会使他们感到活力充沛

对MBTI测评结果的理解中，需要我们注意一点，个人在每个维度上只能有一种偏好，但实际中外倾的人也有内倾的时候，就好像习惯用右手的人左手也会发挥作用，有时还需要左右手搭配合作。这个测评中，我们要探索的是我们先天的偏好，而现实生活中，要求我们要随着环境要求发展自身，而不是完全随我们的天性喜好而生活。就像社会中要求我们更多地与人交际、与人合作，更加规律、有计划地生活。所以我们在判断自身的偏好时，要注意区别先天与后天的区别，往往第一反应是先天的偏好。

接下来我们逐个维度来了解不同偏好的表现。

(1) E-I维度。MBTI中的内外倾维度并非与我们口语中说的"内向""外向"相同。口语中我们认为内向的人不爱说话，缺乏交际能力，外向的人能言善辩等。而MBTI中内倾的人并非人际交往能力差或者不能言善辩，而是他的关注点在内，所谈论的话题指向内部，不喜欢与不同的人交际。这更多是以能量朝向角度去划分的。

可以试想，当完成了一天的学习任务，非常劳累时，你会选择直接回宿舍休息还是约好朋友聚会呢？外倾的人习惯于外界活动，在与人的交际中获得能量，而内倾的人则更为安静、保守，习惯一对一的人际交往，在独处中获得能量。在工作中，外倾的人更愿意和人打交道，内倾的人更愿意安静独自处理；在讨论中，外倾的人往往积极发言、侃侃而谈，内倾的人往往思索良久，缺乏表现力。下面是一些典型的表现。

① 外倾者。

"平时要有人突然问我对某个人或某件事的看法，我可能会非常宽泛地回答，甚至不会做出回答。因为在我脑中确实没有对某件事或某个人的任何想法。我的观点往往是在交谈中形成的。"

"我总是精力充沛，随时准备帮助一个遇到麻烦的人。我不喜欢独自工作，我喜欢交朋友，和朋友们呆在一起。"

"我喜欢和一群人说话，这样的生活让我觉得有人气。所以在生活中，除非什么东西有急用，否则我不会独自出去逛街购物。"

② 内倾者。

"我喜欢小范围地与知心的朋友交流，平时不太会主动表现或是参加特别多的活动，也不太会主动地与人交往。但是如果和知心朋友在一起，我会是另外一番表现。"

"平时，我可以沉浸在自己的世界里很久且对周围的世界毫无感觉。相对于外界，我更关注自己的内心感受和想法，如果你在路上遇见我，你总会看见一张似乎永远那么平静、毫无表情的脸。曾经就有同学很生气地问我为什么在路上碰到他们却不打招呼，我会一遍遍地向他们解释，我可能只是在想其他的事情。虽然没有看到他，但并不代表我忽略了他。当然他们也就是将信将疑地默认。我容易受到他人的影响，能够站在他人的立场上考虑事情，也会在乎他们的喜怒哀乐。"

(2) S-N维度。感觉和直觉是我们注意力指向的两种不同方向，使得我们不同倾向的人对同一事物获取信息的方式不同。直觉型的人倾向于通过"第六感"来获取信息，注重事情的整体含义、象征意义及潜在意义；感觉型的人则倾向于用感官系统来获取事物的精确信息，包括大小、颜色、气味、触感等。

生活中，感觉型与直觉型的人区别也很明显。例如，在对同一个人的描述中，感觉型的人常常能够描述出这个人的衣着、相貌、体态，甚至发型等；而直觉型的人则更多地描述出对人的感觉，如热情、老实、诚恳等。如果同样参加一场招聘会，感觉型的人常常关注一个公司对应聘者的具体要求，自己能否达到要求；直觉型的人往往关注这个公司的整体形象，公司流露的文化特征是否是自己喜欢的。在工作中，感觉型和直觉型的人可能存在冲突，因为感觉型的人更关注细节，而直觉型的人更喜欢创新；感觉型的人可能觉得直觉型的人太不切实际，只是空想，而直觉型的人可能觉得感觉型的人过于保守，不懂进取。如果可以相互理解，各自发挥所长，其实两者可以很好地配合。直觉型的人负责规划、策划，注重远景和全貌；感觉型的人负责实施执行，注重细节和现实。

(3) T-F维度。在决策判断方式上，存在思考型和情感型两种不同的偏好。思考型的人习惯于通过分析数据、权衡事实，直接地、分析性地用大脑决定来做出符合逻辑的结论与选择；而情感型的人则更坚信自己的价值观，习惯于通过自己的价值观或者用心灵来做决定，他们通常对信息做出个人的、主观的评价。需要强调的是，"情感型"不等于"情绪化"，它也是有依据的，也可以是符合逻辑的。

在工作决策中，情感型的人以人为主，思考型的人以事为主。情感型的人很看重工作环境中的感受，更关注建立关系，自己所做的事情是否符合自身价值观，更喜欢和谐的工作环境，追求心灵层面的东西，并乐意为他人服务；思考型的人注重工作中的逻辑性，更喜欢分析、解决问题，与概念、数字、具体事物打交道，喜欢使用工作中的客观标准和原则。

(4) J-P维度。在采取行动的方式上，存在判断型和知觉型两种不同的偏好。判断型的人喜欢过井然有序的生活，喜欢组织、计划、调控自己的生活，将事物管理得井井有条，不喜欢意外的变化。知觉型的人对待生活保持开放的思想，喜欢以感觉、直觉的方式处理问题，喜欢灵活的、开放的、随意的生活态度，喜欢在体验中生活。

知觉型的人不像判断型的人乐于制订和执行计划，他们痛恨计划，甚至希望任务没有完成的期限限制。他们感兴趣的往往是问题解决之初及创造性思维的阶段，之后兴趣减退得较快，同时其注意力也常常很快转移。在具有挑战性的问题中更容易激发灵感，但缺少完成全部任务的自制力。判断型的人追求井然有序的生活，更擅长制订与执行计划，甚至表现在他们的办公室、房间中各种物品的摆放都是整齐有序的。

在工作中，知觉型的人善于在众多工作中抓重点、较灵活，适应新环境的能力更强；而判断型的人如果原本制订的计划被打乱，常会非常烦躁，一时难以接受。

3) 16种MBTI类型

上述四个维度的不同偏好可以组成MBTI的16种性格类型，不同的性格类型并非四个维度不同性格特点的简单累加，而是彼此影响、交互作用下的不同性格类型。这16种性格类型及其特点如表3-2所示。

表3-2 MBTI的16种性格类型

ISTJ	ISFJ	INFJ	INTJ
沉静、认真，贯彻始终，得人信赖而取得成功。讲求实际，注重事实，能够合情合理地决定应做的事情，而且坚定不移地把它们完成，不会因外界事物而分散精神。以做事有次序、有条理为乐——不论是工作上、家庭上还是生活上。重视传统和忠诚	沉静、友善，有责任感和谨慎。能坚定不移地承担责任。做事贯彻始终，不辞辛劳，准确无误。忠诚，替人着想，细心。往往记着他所重视的人的种种微小事情，关心别人的感受。努力创造一个有秩序和谐的工作和家居环境	探索意念、人际关系和物质拥有欲的意义及它们之间的关系。希望了解什么可以激发人们，对别人有洞察力。尽责，能够履行他们坚持的价值观念。有一个清晰的理念以谋取大众的最佳利益。能够有条理地、果断地实践他们的理念	具有创意、有很大的冲劲去实践他们的理念和达到目标。能够很快地掌握事情发展的规律，从而想出长远的发展方向。一旦做出承诺，便会有条理地展开工作，直到完成为止。有怀疑精神，独立自主，有高水准的工作表现
ISTP	ISFP	INFP	INTP
容忍、有弹性，是冷静的观察者，但当有问题出现时，便迅速行动，找出可行的解决方法。能够分析哪些东西可以使事情顺利进行，有能够从大量资料中找出实际问题的能力。很重视事件的前因后果，能够以理性的原则把事实组织起来，重视效率	沉静、友善、敏感和仁慈。欣赏目前和他周遭所发生的事情。喜欢有自己的空间，在做事时又能把握自己的时间。忠于自己所重视的人。不喜欢争论和冲突，不会强迫别人接受自己的意见或价值观	理想主义者，忠于自己的价值观及自己所重视的人。外在的生活与内在的价值观配合。有好奇心，能很快看到事情的可能与否，能够加速对理念的实践。试图了解别人，协助别人发展潜能。适应力强，有弹性。如果和他们的价值观没有抵触，往往能包容他人	读任何感兴趣的事物，都要探索一个合理的解释。喜欢理论和抽象的事情，喜欢理念思维多于社交活动。沉静、满足，有弹性，适应力强。在他们感兴趣的范畴内，有非凡的能力去专注而深入地解决问题。有怀疑精神，有时喜欢批评，常常善于分析

(续表)

ESTP	ESFP	ENFP	ENTP
有弹性，容忍，讲求实际，专注及时的效益。对理论和概念上的解释感到不耐烦，希望以积极的行动去解决问题。专注于"此时此地"，喜欢主动与别人交往。喜欢物质享受的生活方式。能够通过时间达到最佳的学习效果	外向、友善、包容，热爱生命、热爱人，爱物质享受。喜欢与别人共事。在工作上，能用常识注意实际情况，使工作富有趣味性、灵活性、即兴性，易于接受新朋友和适应新环境。与别人一起学习新技能可以达到最佳的学习效果	热情而热心，富有想象力，认为生活充满很多可能性。能够很快地找出时间和资料之间的关联性，而且有信心依照他们所看到的模式去做。很需要别人的肯定，乐于欣赏和支持别人。即兴而富于弹性，时常信赖自己的临场表现和流畅的语言能力	思维敏捷、机灵，能激励他人，警觉性高，勇于发言。能随机应变地应付新的和富有挑战性的问题。善于引出在概念上可能发生的问题，然后很有策略地加以分析，善于洞察别人。对日常例行事物感到厌倦。甚少以相同方法处理同一件事情，能够灵活地处理接二连三的新事物
ESTJ	**ESFJ**	**ENFJ**	**ENTJ**
讲求实际，注重事实。果断，能很快做出实际可行的决定。能够安排计划和组织人员以完成工作，尽可能以最有效率的方法达到目的。能够注意日常例行工作的细节。有一条清晰的逻辑标准，会系统性地跟着去做，也想别人跟着去做。会以强硬态度去执行计划	有爱心、尽责，善于合作，渴望有和谐的环境，而且有决心营造这样的环境。喜欢与别人共事以能准确、准时地完成工作。忠诚，即使在细微的事情上也能如此。能够注意别人在日常生活中的需要而努力供应他们。渴望别人赞赏他们和欣赏他们所做的贡献	温情，有同情心，反应敏捷和有责任感。高度关注别人的情绪、需要和动机。能够看到每个人的潜质，善于帮助别人发挥自己的潜能。能够积极地协助他人和组织的成长。忠诚，对赞美和批评都能快速做出回应。社交活跃，在一组人当中能够惠及别人。有启发人的领导才能	坦率、果断，乐于作为领导者。很容易看到不合逻辑和缺乏效率的程序和政策，从而开展和实施一个能够顾及全面的制度去解决一些组织上的问题。喜欢制订长远的计划，喜欢制定目标。往往博学多闻，喜欢追求知识，又能把知识传给别人。能够有力地提出自己的主张

对自己性格类型的判断，除了参照以上表格及各维度不同偏好的描述，还可以在专业的职业指导师指导下进行正式的MBTI测评，同时结合生活中对自己的性格观察来了解自己的性格特点。

4) 不同性格特点的职业环境需要

不同的MBTI性格类型对于职业类型、职业环境有不同的需求，了解自己的性格类型可以帮助我们进一步了解自己的职业倾向。

如表3-3所示，职业倾向是从大的职业选择类别区分的，在理解自身职业倾向时，不应以某个类别作为职业选择的限制，而应关注多个类别中的共同特点。其实在现实的工作世界中，工作名称多种多样，即使名称相同的工作职位也可能因公司不同而岗位要求各异。因此，我们在选择适合自己的工作时，只有了解自己的性格类型特点才能灵活运用MBTI理论。

表3-3　MBTI中16种性格类型的职业倾向

ISTJ	ISFJ	INFJ	INTJ
○ 管理者 ○ 行政管理 ○ 执法者 ○ 会计 或者其他能够让他们可以利用自己的经验和对细节的注意完成任务的职业	○ 教育 ○ 健康护理(包括生理、心理) ○ 宗教服务 或者其他能够让他们运用自己的经验亲力亲为帮助别人的职业，这种帮助是协助或辅助性的	○ 宗教 ○ 咨询服务(包括个人、社会、心理等) ○ 教学/教导 ○ 艺术 或者其他能够促进他们情感、智力或精神发展的职业	○ 科学或技术领域 ○ 计算机 ○ 法律 或者其他能够让他们运用智力去创造和运用技术知识去构思、分析和完成任务的职业
ISTP	**ISFP**	**INFP**	**INTP**
○ 熟练工种 ○ 技术领域 ○ 农业 ○ 执法者 ○ 军人 或者其他能够让他们动手操作、分析数据或事情的职业	○ 健康护理(包括生理、心理) ○ 商业 ○ 执法者 或者其他能够让他们运用友善、专注于细节的相关服务的职业	○ 咨询服务(包括个人、社会、心理等) ○ 写作 ○ 艺术 或者其他能够让他们运用创造力和集中于他们的价值观的职业	○ 科学或技术领域 或者其他能够让他们基于自己的专业技术知识独立、客观分析问题的职业
ESTP	**ESFP**	**ENFP**	**ENTP**
○ 市场 ○ 熟练工种 ○ 商业 ○ 执法者 ○ 应用技术 或者其他能够让他们利用行动关注必要细节的职业	○ 健康护理(包括生理、心理) ○ 教学/教导 ○ 教练 ○ 儿童保育 ○ 熟练工种 或者其他能够让他们利用外向的天性和热情去帮助那些有实际需要的人们的职业	○ 咨询服务(包括个人、社会、心理等) ○ 教学/教导 ○ 宗教 ○ 艺术 或者其他能够让他们利用创造和交流去帮助、促进他人成长的职业	○ 科学 ○ 管理者 ○ 技术 ○ 艺术 或者其他能够让他们有机会不断承担新挑战的工作
ESTJ	**ESFJ**	**ENFJ**	**ENTJ**
○ 管理者 ○ 行政管理 ○ 执法者 或者其他能够让他们运用对事实的逻辑和组织完成任务的职业	○ 教育 ○ 健康护理(包括生理、心理) ○ 宗教 或者其他能够让他们运用个人关怀为他人提供服务的职业	○ 宗教 ○ 艺术 ○ 教学/教导 或者其他能够让他们帮助别人在情感、智力和精神上成长的职业	○ 管理者 ○ 领导者 或者其他能够让他们运用实际分析、战略计划和组织完成任务的职业

　　在我们运用MBTI性格类型进行职业选择时，应该首先理解工作世界本就没有百分百契合某一人性格特点的职业，也就是说工作世界没有百分之百不适合某种性格特点的职业，所有的职业环境都有适合我们性格的部分。而探索自身的性格是为了我们了解自己的所长，在较适合自身性格特点的职业环境中充分发挥长处、整合资源。同时我们要理解的是，每种性格特点我们不做好坏的评价，更没有对错之分，每种性格类型都是独特的，在适合自己的环境中都可以发挥出效能，所以不要轻视甚至贬低任何性格特点的人。了解人的不同性格特点，有利于我们在工作、生活中与不同类型性格特点的人合作，发挥彼此的长处，有意识地弥补彼此不擅长的部分，达到更高效的结果。

(四) 探索技能

正确认识技能，了解技能的分类，尤其是明白不同技能类型在工作中的应用，对我们树立自信、有目标地发展个人能力、在求职中胜出具有重要的意义。

1. 技能是什么

我们将能力按照其获得的方式，分为先天具有和后天获得两种。先天具有的称为"能力倾向"，后天获得的称为"技能"。

能力倾向(aptitude)是指与生俱来的特殊才能经过适当训练，或被置于适当的环境下完成某项任务的可能性。也就是说，能力倾向是指一个人能学会做什么，以及一个人获得新的知识和技能的潜力如何，而不是当时就已经具备的现实条件。职业能力倾向即指经过适当学习，或训练后或被置于一定条件下时，能完成某种职业活动的可能性或潜力。同时，有可能因为没有开发而被荒废，因此是一种潜能。

技能(skill)是指掌握并能运用专门技术的能力，是需要后天的学习与反复练习而培养成的能力，如读写能力、沟通能力、跳高能力等。在个人成长的过程中，从只能依附抚养者的照顾，到可以自己吃饭、穿衣，再到独立生活，其实就是不断学习、发展各项技能的过程。

在现实生活中，个人的能力表现往往是能力倾向和技能水平两方面作用的结果。生活中我们也常常会听到某人说"我这方面的能力不行"，这时我们就需要思考自己是真的不具备这方面能力的天赋，还是由于缺乏练习而使技能水平不足。事实上正如古语所言，"勤能补拙"，先天的不足可以通过后天的努力得到弥补，我们生活中的大部分能力都需要通过后天的努力练习才能获得的，每个人都有无限的学习、成长的机会，只是许多人成年后开始故步自封。

在此要介绍一个与能力相关的重要概念，即自我效能感(self-efficacy)。所谓自我效能感，是指个体对自己是否有能力完成某一行为所进行的推测与判断。心理学家班杜拉对自我效能感的定义是，人们对自身能否利用所拥有的技能去完成某项工作行为的自信程度。研究显示，在实际生活中，我们表现出的能力往往由个人的自我效能感所控制。当某一项任务的自我效能感较高时，往往表现出较强的能力或者较高的投入度；相反，如果某一项任务的自我效能感较低时，往往表现出较弱的能力或者较低的投入度。比如，在数学学习方面，女生往往觉得比男生的数学天赋差，这是在数学方面的自我效能感较低的表现，自然投入学习的时间相对要少，主观地畏惧数学学习，从而表现出数学成绩相对男生较差。但实际上男女的数学天赋相差无几，关键在于自我效能感的不同使双方后天的努力程度各异，最终导致成绩的差异。

在我们的生活中，有的同学会觉得英语学习很难，觉得自己的语言学习能力很差，所以怎么学都学不会，当有这个想法时我们应该首先反思一下，真正花费在英语学习上的时间有多少，是否是我们投入了相当多的时间仍然没有丝毫进步。往往实际情况是我们对英语学习的自我效能感较低，在学习英语时，一旦有困难就觉得自己能力不足，完不成任务，学习便止步不前，进而更加觉得自己能力不足。实际上，我们从不会觉得小孩子学习汉语有多困难，因为我们认为所有小孩子都可以学会汉语，但我们却常常束缚自己的能力，做事畏首畏尾，因为缺乏信心而使自己的才能不能很好地发挥。当出现这种情况，我们应改变对自己能力的不合理信念，让我们对自己的认识更加符合实际，带着这种新的信念去学习和生活。

传统的智力理论对人的天赋通常以数理逻辑能力和语言能力为评判标准，也就是人们常说的IQ。美国哈佛大学教授、发展心理学家加德纳1938年提出了多元智力论(the theory multiple intelligences)。他认为，智力是多元的，即智力是由多种同样重要的能力而非一两种核心能力所构成，并且这多种能力不是以整体的形式存在，而是表现得相对独立。加德纳的研究表明，人类至少有不同的七种智能：音乐—节奏智力、逻辑—数理智力、言语—语言智力、视觉—空间智力、交往—交流智力、身体—动觉智力和自知—自省智力。在个人的智力结构中，这七种智力处于同等重要的地位，每个人都同时拥有这七种智力，但他们以不同的方式、不同的程度组合出现在每个人身上，使得每个人的智力各有各的特点。就如我们熟知的著名人物爱因斯坦、爱迪生、达·芬奇、姚明、奥黛丽·赫本和白求恩，他们在各自领域做出杰出的贡献，我们很难说谁比较聪明，只能说他们在各自不同的领域，以不同的表现方式，将自己的聪明才智发挥到了极致。

从这个意义上来看，加德纳的多元智力理论告诉我们，世界上的每个人并不存在谁比谁更聪明的问题，不同的个体只存在在哪个方面更聪明的问题，每个人都是独特的。正如中国古人所言，天生我材必有用。如果每个人能充分地将自己独特的天赋发挥出来，那么每个人都将是出色的。

2. 技能与职业发展的关系

1984年，在对个体的工作适应问题进行多年研究以后，心理学家罗圭斯特与戴维斯提出了明尼苏达工作适应论。研究结果显示，当工作环境满足个体的需求时，个体会体验到"内在满意"；而当个体能够满足工作的要求时，个体能获得"外在满意"(即让自己的雇主、同事感到满意)。当个体能够同时获得内在与外在满意时，个人与环境之间的关系就较为协调，个人的工作满意度就会较高，在该工作领域也能够较持久地发展。

而在衡量"内在满意"和"外在满意"这两个指标当中，能力都占有非常重要的地位。罗圭斯特与戴维斯认为，"外在满意"可以主要通过衡量个人职业技能与工作要求技能之间的匹配程度来进行评估；"内在满意"则主要通过衡量个人价值观与企业奖惩制度及文化之间的适配性来进行评估。从而我们可以看到，个人选择职业时常常希望做自己足够胜任的工作，发挥个人的潜能，培养和发展自己的能力，同时可以符合能力相关的价值观。这足以证明，能力与个人的工作适应性、职业稳定性及职业满意度均具有很直接的相关关系。

当个人的能力与职业要求相匹配时，最容易发挥出自身的潜能，并且获得一种较高的满意度。相反，当个人能力与职业要求不匹配时，其一是个人能力无法达到职业要求，可能感到焦虑，甚至产生挫败感；其二是当个人能力超出职业要求时，可能感到工作比较乏味、缺乏挑战性。因此我们在选择职业时，要寻求与个人能力相匹配的职业技能要求，这就需要我们清楚地知道能力有哪些分类，自己具备什么样的能力，不同职业要求的能力又是什么样的。

3. 技能的分类及探索方法

描述技能的词汇就是用来说服雇主，说明自己能力的词汇。其实无论是制作简历还是参加面试，要达到的目的都是向雇主证明：我有足以胜任这份工作的良好能力。因此，我们在简历和面试中都应当围绕着"我为什么要雇你"这样的问题，以自己与工作相关的能力为主线进行回答。任何谈到的能证明自身能力的事情，都将增加我们获得这份工作的机会。这就需要我们对自己拥有什么样的能力、具体职业对技能有什么样的要求有清楚的认识，同时将自己与职业相关的技能以恰当的语言和事例在简历和面试中充分地表达出来。

对于技能的分类，辛迪·梵和理查德·鲍尔斯将技能分为三种类型，即知识技能、自我管理技能、可迁移技能(或称通用技能)。通常人们最容易想到的是自己所具有的知识技能，但实际上自我管理技能与可迁移技能对我们的工作更为重要。这两种技能使我们可以不局限于自己所学的专业，在更广阔的范围内去选择职业；我们在竞争中胜出时，这两种技能也发挥着关键性的作用，并且是我们能否在工作中长久发展的保障；雇主对这两种技能的重视程度，往往超出了对单纯知识技能的重视。

1) 知识技能

知识技能是指需要通过专业培训或专门教育才能获得的知识或能力，也就是我们平时所学习的科目、所懂得的理论知识。例如，数学公式、计算机教程、英语、中国历史、化学元素周期表等知识。一般用名词来表示知识技能。

知识技能是不可迁移的，知识技能往往是一些特殊的词汇、程序和学科内容，一般经过专门的培训和教育才能掌握，常常直接与我们的专业学习或者工作内容相关。在生活中，许多大学生由于不喜欢自己的专业，往往在找工作时陷入两难境地：一方面不想将之作为从事一生的职业，但又坚信找工作必须"专业对口"，因此无从选择；另一方面，如果选择非本专业，则担心自己与专业出身的应聘者相比缺乏竞争力，甚至觉得很难跨越专业的鸿沟。在这种情况下，他们则寄希望于通过考研来转换专业。

实际上，知识技能并非仅仅只能通过正式的专业教育获得。除了学校课程，我们可以通过专业会议、课外培训、讲座、资格认证考试、研讨会、自学等方式获得知识技能。此外，很多公司也会为新入职的员工提供相关的岗前培训。例如，某著名的会计师事务所对新员工第一年进行的培训中，主要内容就是针对非专业学生补充基础财会知识。由此可见，即便是一些专业要求较高的职业，如会计师等，其专业知识技能也可以通过就职后的培训获得。事实上，越是大的公司越看重个人的综合素质，也就是除知识技能外的可迁移技能与自我管理技能。在校园招聘时，不少外企甚至不区分学生的专业背景。

当前学生的现状是夸大了知识技能的重要性，以至于他们在校内选修多种学科、在校外参加各种培训考取各种认证。在简历上大篇幅列举自己的学习成绩、获奖证书等，但这些都只是证明了个人的知识技能。简单的堆砌给应聘单位一种庞杂的感觉，招聘人员反而不能直观地看到它们与所要招聘的职位之间的关系。如果我们想要从事本专业之外的工作，且不能重新选修一个专业的话，仍然可以选择多种途径帮助我们获得相关的知识技能。实际上，在招聘中，专业知识技能并不是用人单位所唯一重视的。能够得到面试机会的人，往往在简历上表达的知识技能都已基本达到应聘职位的要求；而能够进入面试最后一轮的人，最终获得工作机会，并在工作中得到长久发展，还是可迁移技能与自我管理技能足够优秀的人。

因此，在大学在校期间，一定要在学好专业知识的基础上，加强对自身可迁移技能与自我管理技能的培养。

思考与实践

你有哪些知识技能？

通过对以下问题的思考，尽量全面地列出你所掌握的知识技能，再从中分别挑选出自我感觉较为精通的，以及希望在工作中应用的知识技能，最后选择出自己认为最重要的五项知识技能。

- 在学校课程中学到的，如大学英语、高数等。
- 在兼职工作中学到的，如计算机制图等。
- 在课外培训、辅导班学到的，如C语言等。
- 在专业会议中学到的，如心理学在生活中的应用等。
- 在志愿服务中学到的，如小动物的饲养等。
- 从休闲娱乐、社团活动、爱好、家庭职责中学到的，如摄影、缝纫等。

- 通过阅读、上网、看电视等方式学到的，如钢琴演奏、PPT制作等。
- 请家人和同学帮助你回忆你在校内外都学习过一些什么专业知识(不管程度如何)。

在盘点了自己现有的知识技能后，我们将思路转向未来，设想有哪些知识技能你目前还不具备，但希望自己拥有，以及可以通过哪些途径来获得这些知识技能。

值得注意的是，相比单项的知识技能，技能组合更为重要。"复合型人才"正是具有组合知识技能的人。技能的组合使我们在就业市场上更具竞争力，也有更强的工作能力。就像如今掌握英语的人很多，但同时懂得英语又精通建筑专业知识的人就没有那么多了。那么这样的复合型人才在大型合资建筑公司中就非常需要，他们既能与外国专家进行良好沟通，又能承担建筑专业工作。再如，一个心理学专业的大学生辅修平面设计，就可能在将来的工作中将自己学习到的消费心理学知识应用于与客户的沟通中，将客户的需要充分地表现在设计中，令客户更加满意。从这个角度来说，无论我们目前学习的专业是否是自己所喜爱的，或是否是将来要从事的工作，我们所学的知识都有可能在将来某个时候被派上用场。甚至一些我们并非刻意为了工作去学习的知识，如绘画，也可能使我们更具有创意与美感，使我们在面试的时候显得与众不同，比他人略胜一筹。

2) 可迁移技能

可迁移技能就是一个人会做的事，如组织、设计、维修、教学、安装、绘图、计算、搜索、考察、分析、决策等。一般用动词来表示可迁移技能。

可迁移技能可以从生活中特别是工作之外获得，却可以应用于不同的工作中。例如，宿舍里大家因为卫生值日问题发生矛盾时，宿舍长组织大家一起开会讨论，协商解决如何公平地分配值日任务。这个过程中就用到了组织、商讨、管理、解决问题等重要的可迁移技能，而这些技能几乎在所有的工作中都能够被或多或少地应用到。因此，我们也将可迁移技能称为"通用技能"。

由此可见，可迁移技能是个人最能够依靠，以及能够持续运用的技能。随着信息时代的发展，新技术、新知识不断加速更新，这意味着我们需要不断学习新的知识技能才能跟上时代发展的要求。在三十多年前，我们对手机、计算机几乎闻所未闻，但如今我们的生活已经无法离开智能产品，而与它们相关的行业知识不但是近些年来才出现的，而且处于飞速发展变化中。正是如此，当今的时代才越来越强调"终身学习"。学习的能力(可迁移能力)远远比取得某个专业的硕士学位(专业知识技能)更为重要。

与知识技能相比，无论我们的需求或者工作环境有什么样的变化，可迁移技能不存在更新换代的问题，都能够得到应用。同时，随着我们生活阅历与工作经验的不断积累，可迁移技能还会不断地发展。因为它们在工作中可以迁移使用，其重要性自然不容忽视。索尼技术中心会计部经理曾说："我在聘用一个人时，最为看重的是他的人际沟通能力。这项能力极其重要，因为必须有能力与人交谈才能获得需要的信息。我把80%的时间用在与索尼其他部门打交道上，我的员工也花费大量时间与本部门之外的人打交道。"

事实上，知识技能的应用建立在可迁移技能应用的基础之上。例如，当你的知识技能属于动物学领域，将来准备怎么应用它呢？是当老师"讲授"动物学，还是当宠物医生"医治"动物，或是成为作家"写作"宣传爱护野生动物的科普文章，抑或成为志愿者在流浪动物协会"照料"小动物？我们会发现，这些加引号的词都属于可迁移技能。即使我们没有正式学习过师范专业，利用课余兼职当家教、在课堂上汇报小组研究项目等经历，同样可以使自己具备"讲授"的技能。而当我们把"讲授"的技能与"动物学"知识结合在一起时，就可以去寻找相关的应聘岗位了。

　　这也就是告诉我们，在实际的求职过程中，尽管之前没有从事过某个岗位，但只要我们曾经在实践中使自身具备了这个岗位所要求的种种技能，就有资格去从事本岗位工作。因此，即使并不是"科班"出身，对于那些知识技能要求并不是很高，而可迁移技能占重要地位的职业，我们仍然可以跨专业从事。比如一个非营销专业的学生，曾经凭着良好的人际交往技能担任过某杂志的校园代理，并在销售评比中取得过优异的成绩，那么从可迁移技能的角度看，这样的经历足以证明该学生是具有销售岗位技能要求的。

　　在我们的身边，常常有学习历史、文学、哲学等人文专业的学生对自身未来发展感到苦恼，因为他们所学的专业似乎不如理工科专业如计算机、电信、机械等实用。实际上，我们会发现人文专业的学习除各科不同的专业知识外，在学习的过程中也使学生们掌握了许多可迁移技能。例如，在课堂上有效地倾听、小组讨论、论文写作中运用到的沟通技能；找出同一问题不同的解决方案，说服他人按既定的方案行动中运用到的问题解决技能；与同学合作完成教师布置的任务，与宿舍的同学相处中运用到的人际关系技能；搜索数据库、发现和形成主题、收集和分析数据、检索参考资料、调查问题中运用到的研究技能等。

　　3) 自我管理技能

　　一般我们用形容词或者副词来表示自我管理技能，也因此它常常被看作个体的个性品质而非技能，就像描述或说明人具有的某些特征。自我管理技能涉及个体在不同的环境之下如何管理自己，是勇于创新还是按部就班，是认真负责还是敷衍了事，能否在高压下保持效率，是否能保持对工作的热情，是否有自信，等等。

　　具有良好的自我管理技能可以帮助个体更好地适应环境、应对工作中的问题，因此我们也称自我管理技能为"适应性技能"。我们以什么样的态度使用自己的专业知识、如何从事自己的工作，这有时甚至比工作本身更为重要。正是对待工作的态度与观念的不同，将众多相同知识技能水平的工作者区分开来。有些人可以适应变化的环境与规则，在工作中获得成就，得到加薪和晋升的机会。因此，有人称自我管理技能为"个人最具价值的资产、成功所需的品质"。

　　实际的职场中，被解雇或自愿离职的情况，更多的时候是因为缺乏自我管理技能，而非缺乏专业能力。例如，因个性原因常与他人发生摩擦，无法适应职场的人际关系等。用人单位在对应届毕业生评价时，常常提到不够敬业、缺乏服务意识、眼高手低、不够踏实认真、缺乏主动进取精神等，这些都是与自我管理技能密切相关的。很多大学生因为家庭环境、校园环境的影响，习惯了被照顾，往往在处理工作问题与人际问题上显得不成熟，以自我为中心。他们往往没有意识到，企业需要的是成熟的、能负责的、能独立解决问题的员工。在我们走出校园走向社会之前，培养良好的自我管理技能，学会为人处世的方法，是非常重要的。

　　自我管理技能可以从生活领域迁移转换到工作领域，不论是先天具有的还是后天习得的，都需要练习。也就是说，负责、耐心、进取、敏捷这些技能并不是通过专门的课程学习得到的，而是在日常生活中不断培养出来的。例如，一位大四同学在实习后说道："在完成了实习后，在工作中我懂得了要营造良好、和谐的工作氛围，不仅要具备良好的知识技能，还要具备良好的社交能力。在工作中要谦虚主动地向同事、前辈请教；要知难而上，不能遇到困难就退缩；平常要和同事多交流，学会和谐相处；要严格要求自己，失职不找借口。这段经历为我毕业后进入社会打下了良好的基础。"

思考与实践

我愿意与什么样的人共事？

可以以小组的形式进行讨论，列出你愿意与之共事的人的特质，看看与小组同学最重视的特质是否相同。

思考一下，你是大家喜欢的同事吗？你通常以什么样的态度对待工作或学习？你是怎样与人交往的？与身边的同学或朋友相比有何不同之处？

问问身边的亲朋好友，如果让他们用三到五个形容词来描述你，他们会怎么说？

得到大家的反馈后，想一想哪些描述是你知道的，哪些是你以前没有想到过的。你觉得大家的描述符合你对自己的评价吗？哪些方面是你的长处？哪些方面还需要改进？

试着根据收集到的信息和自己对自己的了解，写下描述自己的形容词，越多越好。最后想一想，你的个性特征会怎样影响到自己的生涯发展。

在大学校园中，我们可以在课余时间多参加一些社团活动和社会实践，通过与他人的比较、听取他人的反馈更好地认识自己，了解自己的长处和不足，更恰当地评价自己。

我们可以通过撰写"成功故事"的方法了解自己具备的技能。撰写成功故事就是选择生活中一件令你有成就感的事件，将它写下来，分析自己在其中使用了哪些技能。这些成功故事可以是课外活动中、家庭生活中、社会实践中、专业学习中发生的事情，如一次旅行、一份作业等。这些事情要符合以下两条标准：第一，你喜欢做这件事；第二，完成这件事后感到自豪。如果最终这件事还让你获得了他人的认可和表扬就更好了，不过这并不必要。

在撰写每个成功故事时，应包括以下要素。

(1) 想达到的目标，即需要完成的任务。

(2) 所面临的障碍、困难或限制。

(3) 开展的具体行动步骤，即如何一步步克服障碍、达成目标。

(4) 对结果的描述最好能够量化评估，用某种方法衡量或以数据说明最终取得了怎样的成功。

为了全面地了解自己的技能，我们要撰写多个成功故事。如果和两三个同伴进行分析讨论，可以思考在多个成功故事中有没有多次使用某项技能，最后将这些技能按优先顺序进行排列。

案例分析

成功故事——制作PPT并在课堂上演示讲解课程内容

本学期，教学技能培训课作为师范生的必要培训内容，要求我们必须在学期内自选题目，并用PPT进行一次演示讲解。在此之前，我没有学过如何制作PPT。我向舍友请教PPT的制作方法，他用大约20分钟的时间教我PPT软件的基本操作方法，之后我在学校的计算机机房自己琢磨了一下，不懂的地方再次向机房管理人员请教。选定题目以后，我上网搜索了相关资料和图片，然后设计了10分钟的课程，并制作了辅助教学PPT。在课堂的讲解演示中，因为制作的PPT图片与文字搭配得宜，内容设计得当，我获得了95分的高分，并得到了老师和同学们的赞赏。

在这个成功故事中，我们会发现所涉及的技能如下。

(1) 善于使用人际资源寻求帮助，有效沟通，快速学习，搜索信息，进行图片、文字的编辑和组织。

(2) 出现新情况表现出一定的灵活性和较强的适应能力，敢于迎接挑战，积极主动，坚韧耐心，注重细节，有一定的抗压性。

(3) PPT的制作方法等。

其中，第一项属于可迁移技能，第二项属于自我管理技能，最后一项属于知识技能。

4. 用人单位最看重的技能

用人单位选择应聘者通常会考虑其教育背景、经验和态度等方面的综合素质。对大部分职业来说，除了专门的知识技能，重要的是一些更为普遍、一般性的可迁移技能和自我管理技能。美国"全国大学与雇主协会"的有关调查显示，美国雇主们最为重视的个人技能和品质依次排列如下：沟通能力、积极主动性、团队合作精神、领导能力、学习成绩、人际交往能力、适应能力、专业技术、诚实正直、工作道德、分析和解决问题的能力。仔细分析可以看出，其中的第1、4、6、7、11项属于可迁移技能，第2、3、9、10项属于自我管理技能，而第5、8项属于知识技能。

另一份美国劳工部及美国生涯咨询和发展协会对用人方进行的相关调查发现，如下技能是最被看重的：善于学习，读、写、算的能力，良好的交流能力，创造性思维和解决问题的能力，自尊、积极、有奋斗目标，有个人和事业开拓能力，交际、谈判能力及团体精神，良好的组织和领导能力。

通过以上调查不难看出，用人单位更加看重的是应聘者的可迁移技能与自我管理技能。事实上，我们国家的用人单位也是一样，许多企业在招聘人才时不仅仅看学习成绩，更为重要的是应聘者的综合能力，如表达能力、分析问题的能力、组织策划能力、管理能力、团队精神等。

(五) 探索价值观

在许多场合，我们往往要在得失中做出选择，而左右我们选择的往往是我们的职业价值观。例如，是要工作舒适轻松还是只在乎高薪，是要成就一番事业还是要安稳太平？当两者有冲突时，最终影响我们决策的是存在于内心的职业价值观，而我们有时对自己的价值观并不是很清楚。因此需要深入了解自己的职业价值观倾向，为自己选择理想的职业导航。

1. 价值观是什么

价值观是一种基本信念，带有判断的色彩，代表了一个人对于什么是好、什么是对的意见。由于个人身心条件、年龄阅历、教育状况、家庭影响、兴趣爱好等方面的不同，人们对各种职业有着不同的主观评价。从社会来讲，由于社会分工不同，各种职业在劳动性质和内容、劳动难度和强度、劳动条件和待遇、所有制和稳定性上都存在差别，再加上传统思想观念的影响，各类职业在人们心目中的声望地位也有好坏高低之分。这些评价都形成了人们的职业价值观，影响着人们对就业方向和具体职业岗位的选择。

价值观就是我们在生活、工作中所重视的标准、原则，指向我们一生中最重要的东西，因此也发挥着自我激励的作用。

生涯大师舒伯指出，职业价值观就是个人与工作有关的追求目标，亦即个人的内在需求及所从事的工作特质或属性，是个体价值观在职业发展上的反映。

2. 价值观与职业的关系

心理学家马斯洛的需要层次理论指出，人有五个层次的需求，即生理需求、安全需求、社交需求、尊重需求和自我实现需求。这五种需求成一个金字塔形(如图3-4马斯洛的需求层次模型与对应的价值观)，只有低层次的需求得到基本满足后，才会出现上一层次的需求，即生理需求被基本满足时才会出现安全需求。需求具有强大的内在驱动力，越是金字塔底层的需求，驱动力越大，我们所做的事情正是为了满足这些需求。需求在生活中则体现为我们的价值观。就像有的学生在选择工作时重视工资的高低胜过企业文化，而有的学生选择工作时重视企业文化胜过工资的高低。这两者的不同在很大程度上可能是由于他们所处的需求层次不同，前者在生理需求和安全需求的层次上，而后者低层次的需求已经得到满足，更加追求对社交需求、尊重需求甚至自我实现需求的满足。

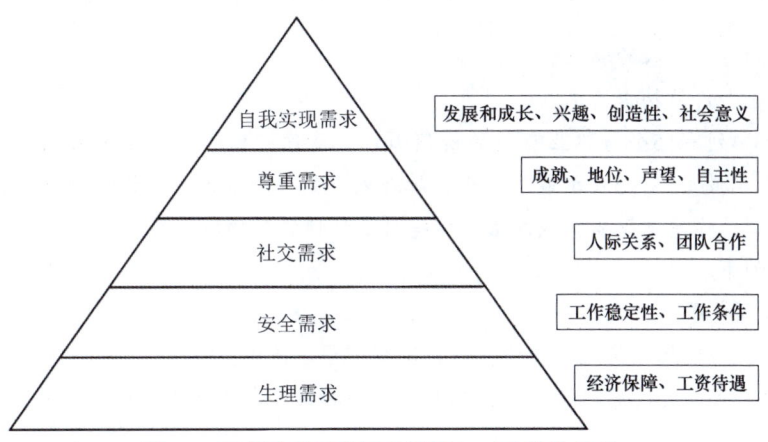

图3-4 马斯洛的需求层次模型与对应的价值观

价值观是我们在决策问题时所看重的标准和原则，是我们的内在驱动力。因此，价值观在人们的生涯中常常超越了兴趣和性格对个人发展的影响，对生涯的发展起着决定性的作用。著名影星席琳·迪翁选择在自己歌唱事业的巅峰时期退出歌坛，回归家庭相夫教子，是由于先生生病住院使她深刻地认识到与家人相处的时光是有限的，甚至比事业更加宝贵。保持着这样的价值观，她最终做出了职业发展中的重要决定。麦肯锡管理咨询公司的合伙人潘望博被业界尊称为"中国咨询业第一人"，最终放弃了名利，选择做一个没有酬劳的传教人，同样也是由于其保持的价值观念(信仰)。这些事例都充分说明了价值观对每个人职业选择的重要影响。

思考与实践

价值观对个人生活的影响

试着回顾一下生活中曾经所做的重大决策，当在决策之前，围绕这一事件，家人、师长、同学、朋友包括自己是否有着不同的看法和观点。在这些意见的背后，是否隐藏着不同的价值观？请把这些价值观写下来。

个人的价值观与文化的价值观都会对我们的生活和职业发展起到影响。职业辅导理论家高特弗莱德森提出了职业选择中的"限制与妥协"理论。他认为，人在遇到环境限制时，在职业选择上通常最先放弃的是兴趣，其次是社会地位，最后是性别角色(即大部分人所认为的更适合男性或更适合女性担任的职业，如女性更多从事护理专业)。但实际上，对中国人及美籍华人的调查都显示，他们最后放弃的是社会地位。"社会地位""兴趣"或"性别角色"在人们心目中的重要程度，就体现了社会群体的价值观。由于个体是生活在社会群体中的，因此文化价值观易于被个人所采纳，从而对个人的生活产生影响。

3. 价值观的探索途径

职业价值观的探索可以通过一些简单易行的方法，如职业价值观测量、职业价值观清单及价值拍卖会等获得。

案例分析

职业价值观拍卖——价值观探索活动

目的：协助澄清个人的职业价值观。

道具：锤子，价值拍卖清单。

过程：表3-4列有15个与职业有关的价值项目。请你根据这些职业价值在自己心目中的优先地位排序，1表示最重视，5表示最不重视，填在表中的第一栏内。假设你手里有10万元，对于各个工作价值项目，你愿意花多少钱购买？请将自己预估的数额填写在表中第二栏内。

注意事项如下。

(1) 不必每项都买。

(2) 拍卖时，如你想对某一项出价，起价不得少于一万元。

(3) 拍卖时，可以更改原定的价码，但如果你想加价，每次加价至少一千元。

表3-4 价值拍卖清单

职业价值项目	顺位	预估价	成交价	得标人	得标人承诺
1. 为大众福利尽一份力					
2. 追求美感与艺术气氛					
3. 寻求创意，发展新事物					
4. 独立思考，分析事理					
5. 有成就感					
6. 独立自主，依己意进行					
7. 受他人推崇并尊敬					
8. 发挥督导或管理他人的能力					
9. 有丰厚的收入					
10. 生活安定有保障					
11. 良好舒适的工作环境					
12. 与主管平等且相处融洽					
13. 与志同道合的伙伴一起工作					
14. 能选择自己喜爱的工作方式					
15. 工作富有变化不单调					

二、认识工作世界

大学生从小学到大学的这十几年都在读书，对工作世界是比较陌生的。一毕业突然要面对社会、面对工作，他们通常表现出两种极端状态，一无所知或者想当然。他们常常因为这两种状态而在进行职业规划或者求职时遇到困惑，难以对生涯规划做出决策，以至于陷入被动。对工作世界的认识，是进行正确而合理的职业选择的基础。从心理认知层面上来说，职业信息的获得与应用可以引发自我探寻职业生涯的动机。在对职业信息进行分析、判断时，可使个人增进对自我及职业世界的了解，甚至形成认知或态度上的改变，更为主动地把握个人生涯的发展。

(一) 认识工作世界的概念及意义

1. 有关工作世界的基本概念

1) 行业

行业是指按生产同类产品，或者具有相同工艺过程，或者提供同类劳动服务划分的经济活动类别。按企业、事业单位、机关团体和个体从业人员所从事的生产或其他社会经济活动性质的统一性分类，即按所属行业分类，我国将国民经济各行业划分为20个门类(见表3-5)。

表3-5 国民经济分类

	门类	大类	中类	小类
A	农、林、牧、渔业	5	18	38
B	采矿业	6	15	33
C	制造业	30	169	482
D	电力、燃气及水的生产和供应业	3	7	10
E	建筑业	4	7	11
F	交通运输、仓储和邮政业	9	24	37
G	信息传输、计算机服务和软件业	3	10	14
H	批发和零售业	2	18	93
I	住宿和餐饮业	2	7	7
J	金融业	4	16	16
K	房地产业	1	4	4
L	租赁和商务服务业	2	11	27
M	科学研究、技术服务和地质勘查业	4	19	23
N	水利、环境和公共设施管理业	3	8	18
O	居民服务和其他服务业	2	12	16
P	教育	1	5	13
Q	卫生、社会保障和社会福利业	3	11	17
R	文化、体育和娱乐业	5	22	29
S	公共管理和社会组织	5	12	24
T	国际组织	1	1	1
合计	20	95	396	913

2) 职业

职业是指人们从事的相对稳定的、有收入的、专门类别的工作。职业是某种精细的、专门具体的社会分工，能反映一个人的社会身份、社会地位与自身的知识、能力、素质水平等。

职业的特性包括以下几点。

(1) 职业具有差异性。各类职业间的差异包括职业劳动的内容、职业的社会心理、从业者个人的行为模式等。职业的这种差异导致了不同职业者的不同社会人格，以及人在职业转换中的矛盾与困难。

(2) 职业具有社会性。职业是劳动者所进行的社会生产劳动或社会工作。

(3) 职业具有连续性、稳定性。职业是指劳动者相对固定地从事的某项专门工作。

(4) 职业具有经济性。劳动者从事某项职业工作，必定要从中取得经济收入。

(5) 职业具有特定性。不同工种、岗位的职业赋予劳动者不同的工作内容、职责和社会地位，并规范劳动者相应的劳动行为模式。

(6) 职业具有发展性。随着劳动分工的细化、技术的进步、经济结构的变化和社会的发展，新职业不断产生。

职业与经济、社会的发展水平和技术进步密切相关。近年来，在新职业不断产生的同时，一些传统职业的内容也不断发生变化。一些传统职业已不再适应时代需要，逐渐萎缩、消逝，退出历史舞台。就新闻出版业而言，1992年的《中华人民共和国工种分类目录》中，还有铸排工、铸字工、活版辅助工、手动照相排版工、刻铅字工、铅版制版工，但随着激光照排技术的发展，这些职业已经消失。

改革开放以来，中国社会中意义最大、特征最为突出的变化，是社会结构的变化。这一变化的具体表现是以户籍、出身、文凭、地域等"先赋因素"为依据的"身份分层"的地位开始弱化、下降，以拥有财富、技术、知识等"后赋因素"为主的"经济分层"地位上升，新的社会阶层开始出现。在社会变革中出现的民营科技企业创业人员和技术人员、个体户、私营企业主等社会阶层，都是中国特色社会主义事业的建设者。

3) 岗位

岗位也称职位。在组织中，在一定的时间内，当由一名员工承担若干项任务，并具有一定的职务、责任和权限时，就构成一个岗位。

岗位设置的时候，对承担的责任进行划分。一般区分为主责、部分和支持三类，确定配合关系。主责是指某一个人所负的主要责任；部分指只负一部分责任；支持是指责任很轻，只协助他人。每个岗位的主责、部分和支持一定要划分清楚。

一般情况下，企业的岗位分为以下几种(见表3-6)。

表3-6 企业岗位表

岗位名称	岗位内容
生产岗位	从事制造、安装、维护及为制造做辅助工作的岗位
执行岗位	从事行政或者服务性工作的岗位
专业岗位	从事各类专业技术工作的岗位
监督岗位	从事监督、监察企业各项工作的岗位
管理岗位	从事部门、科室管理的工作岗位
决策岗位	主要指企业的高级管理层

2. 认识工作世界的意义

1) 促进正确的生涯决策

每个学生对工作世界的认知程度不同，有些学生只看到负面信息，于是常常会陷入悲观。例如，认为自己并不适合做研究工作或继续读书，但因为对找工作没有信心，便怀着"反正也找不到好工作，不如直接考研吧"的想法，因而会做出错误的生涯决策。相反，如果学生能够全面而清晰地了解工作世界，认识到虽然毕业生众多，竞争激烈，但只要自己认真了解企业的用人要求，以及工作发展的普遍路径和规律等，就能够根据自身的特点找到适合自己的工作，以便做出合理的生涯决策。不要盲目跟风追逐所谓的"好工作"，最后却迷失于求职大军中。

2) 进一步了解和认识自己

学生在对工作世界进行探索的过程中，常常会面临两难选择的境地。例如，选择留在大城市，也许暂时只能找一份不稳定也不理想的工作，但是未来的学习、发展机会可能很多；而选择回到家乡小城镇，可以找到一份稳定而且待遇不错的工作，但是将来的发展前景则非常有限，同时缺乏挑战性。外部环境通常会给我们设立这样或那样的约束，似乎看上去很难，也会有些沮丧，但是经过深入的思考就会发现，其实正是在这种选择的过程中，我们才渐渐知道什么是对自己真正重要的，对自己的认识也越来越清晰，从而使我们能够调整自己的行动，走出属于自己独特的生涯道路。

3) 培养和提升大学生的能力

很多学生希望学校、辅导员或专业教师告诉他们工作世界是什么样的，但这种期待的结果常常令人失望，因为每个人(包括专业的职业辅导人士)对工作世界的认知都建立在个人的知识和经验上，这是存在局限性的，所以大学生对工作世界的探索更多地需要自己来完成。而在探索的过程中，大学生可以培养和提升自己多方面的能力，如可迁移技能中的沟通、搜集和分析能力，自我管理能力中的责任感、耐心等。

4) 预测未来发展

工作世界的信息可以帮助学生对未来可能发生的情况做出预测，以便让学生提前进行准备。但学生也要清楚预测存在一定的风险，应做好承担风险的心理准备。

思考与实践

拓展职业范围的思考

请同学们用头脑风暴法列举出尽可能多的与手机相关的职业，并记录下来，看看我们能想到多少种与手机相关的职业。

通过这个思考练习我们会发现，一件物品的生产从设计到销售会涉及许许多多的人和职业。同一个专业会涉及多种不同类型的职业，这也说明有很多专业和技能是可以变通的。也就是说，同一个专业可以从事很多职业，如机械设计制造专业毕业的学生，可以从事售前工程师、助理等与人打交道的工作，也可以做研发等与理论相关的工作。因此，我们在探索工作世界时，应尽量多地了解和自己专业相关的职业，同时要明确我们学习专业知识的目的是使自己在更大范围选择职业，而非被专业限制。当我们用更广阔的思路来看待工作世界时，就更容易理解下面的一些基本事实。

(二) 工作世界的主要认识内容

1. 内部环境分析

内部环境分析包括四方面：一是组织特色、规模、结构、文化、人员流动等；二是经营战略、组织的发展战略与措施、竞争势力、发展态势(是处于发展期还是稳定期或者衰退期)；三是人力评估、人才的需求预测、升迁政策、培训方法、招募方式等，重点了解组织未来需要什么样的人才、需要多少、对人才的具体要求是什么、升迁政策有哪些规定；四是人力资源管理，包括人事管理方案、薪资报酬、福利措施、员工关系等。

2. 外部环境分析

外部环境分析主要包括企业所面对的市场状况、在本行业中的地位与发展趋势，以及所从事行业的发展状况与前景。

3. 有关工作世界的基本事实

(1) 工作世界中目前有超过20 000种职业，对于大多数人来说，有多种职业适合自己。

(2) 调查表明，各种行业领域、各个经济收入阶层的人都热爱自己的工作，工作不因职业不同而区分好坏。

(3) 所有工作都有一定的局限性和令人失望之处，没有哪一种工作能够完全满足个人所有的需要，我们需要通过工作之外的活动来平衡生活，这样才能感到圆满。

(4) 有的行业在新兴时可能充满机会，但也有可能在数年内达到饱和。也就是说，工作市场和经济形势都在不断地发生变化，甚至是急剧的变革。

在工作世界中，我们每个人都有可能找到适合自己的工作，但是需要做好思想准备，因为这是一个过程，过程的长短因人而异。面对这样的工作世界，变化是必然会出现的，我们要在风险、变化中不断调整自己。

4. 宏观工作世界现状

宏观工作世界的现状主要包括劳动力供求关系、各地区各行业的需求分布与职业生涯理念等内容。

1) 供求状况

总体来说，中国劳动力市场上劳动力的供给是大于需求的。但经济学家蔡昉提出，中国劳动力无限供给的时代正在走向终结，从2009年开始，全国劳动年龄人口的比例已经停止提高，稳定若干年后则会呈现出下降的趋势。这意味着在未来的几年时间中，整体就业趋势将会逐渐好转，人力成本将会逐渐提升。

2) 结构性失业问题突出

结构性失业是指经济、产业结构的变化与生产形式、规模的变化促使劳动力结构做出相应调整而导致的失业。由于我国正在进行对经济结构的重大调整，相应地，劳动力结构必然要同步进行调整，这将不可避免地造成结构性失业。这也就意味着"劳动供给的过剩与短缺并存"，失业不是因为缺乏相应的就业机会，而是符合标准的劳动力不足。其中，高级技术人才与高级管理人才尤其短缺。

3) 信息化、全球化时代带来国际化人才竞争

高度发展的信息技术缩短了全球各个国家之间的距离，经济资源得以在全球范围内进行重新组合与配置。20世纪90年代以来，越来越多的跨国企业进入中国，如宝洁、IBM、家乐福等；与此同时，中国的企业也开始走向国外发展，如中国的石油公司开始尝试在国外开采石油，中国的建筑公司也开始在国外兴建工程。另外，中国也成为世界的代工中心。企业的国际化必然同时要求具有国际化视角与素质的员工。

除此之外，使用外籍员工也能够产生更加激烈的人才竞争压力。就目前的发展状况而言，外资企业在员工待遇上相比国内企业要高出很多，而本地员工在员工薪酬及对某一职位的竞争力上与外资企业的外籍员工存在明显差距。

因此，大学生在进行职业生涯规划时，也应具备一定的国际化视角，把自己置于更为广阔的平台上，才能得到更为长远的发展。全面了解宏观工作世界可以帮助学生在求职时比较从容地承受激烈的竞争，从而提前做好技能、心理等方面的准备，以积极的状态应对可能出现的各种情况。

4) 多种工作形式选择的可能性

(1) 全职工作。工作形式分很多种，最为常见的就是全职工作，即持续为同一雇主工作，每

周工作40小时或更久。学生在求职时大多希望可以找到一份全职工作，因为其拥有相对的保障性和稳定性。

(2) 兼职工作。近些年增长很快的工作形式之一就是兼职工作。通常，兼职员工每周为同一雇主工作的时间不会超过40小时，不过他们并没有将工作报酬作为生活费的主要来源，而是为了赚取额外的收入而考虑工作。兼职工作虽然可能收入不高，也不够稳定，但对学生尤其是希望继续读书但又受经济条件限制的学生来说，是很好的选择。

(3) 多重工作。另一种与兼职工作有些类似的工作形式是多重工作，是说一个人同时兼有2个或更多独立的工作角色。有时，他们也被称作"兼职者"，因为通常他们除了要做"有规律的"全职工作，还需做一份兼职工作。多重工作者的角色主要包括为两个或两个以上雇主工作，如为一个雇主工作的同时自己经营企业或经营两家独立的企业。他们喜欢在有着多样性、灵活性与变化性的环境中工作，更愿意不断地更新技能，从而为自己提供"保障"。

(4) 自由职业。自由职业亦称SOHO(small office house office)，目前是社会中比较受欢迎的一种自雇的工作形式，是一个人的经营模式。随着信息技术的快速发展，这种工作形式的可能性日益凸显。因为这种工作具有自由、开放的特点，所以近年来源源不断地有人加入这个行列。不过自由职业的风险性相对较大，因此选择这一工作形式的人需要具有良好的心理安全感、自我管理能力和自信心。

(5) 自我创业。自我创业即做一个企业家，亦是一种工作形式，不过这种形式的风险最高。企业家不仅是企业主也是运营官，其特点是要雇用其他人经营企业，因此具有高风险、高回报的性质。企业家重视的是独立、刺激与成功。他们具有控制内在因素的特质，因而很能容忍不确定的状态。为了成功，他们的信仰必须和他们成功的目标保持一致。

以上提到的几种工作形式只是目前社会中比较常见的形式，也许大学生还会想到更多的工作形式。其实到底有多少种工作形式，怎样对它们进行分类并不重要，重要的是随着社会的进步与发展，他们会提供给个人越来越多的机会，学生在进行生涯规划时要注意这些机会的可能性，给自己更为广阔的选择空间。假如创业是某位学生的最终理想，但在刚毕业时机还不成熟时，可以先从其他工作形式开始，等有了多方面的积累后再进行创业会更为容易实现。又如一时难以找到心仪的全职工作的学生，不妨先从兼职工作开始做起，培养自己所欠缺的经验和能力，然后去争取全职工作。只有看到更多的可能性时，才会有更多的办法走上自己理想的道路，并将经历的过程看作锻炼与提升的机会。寻找理想工作的过程中，顺境和逆境都是职业生涯中精神财富的一部分，所以不要简单地归为找到工作或没找到工作，那样将会失去寻找过程中创造和努力的可能性。

5) 新生的职业生涯信念

传统职业生涯信念和新生职业生涯信念最大的区别在于：前者认为组织应当为员工的生涯发展负责任；而后者则认为员工应当为自己的职业生涯负责(见表3-7)。在传统的职业生涯信念中，员工从属于组织，组织应当像父母一样照顾员工，与此同时，员工应当视组织为家，将组织利益放于首位，以被组织认可并获得升职为成功。在新生的职业生涯信念中，组织与员工的关系更像是合作者，组织为员工提供横向的职业发展，员工在接受新的工作或任务的同时能够不断学习新的技能与知识，用以适应组织的需要，同时提升自我专业能力与就业竞争力。新生职业生涯理念是经济与技术快速发展的产物，日趋激烈的竞争要求企业必须拥有更灵活和快速的适应能力，因而组织更倾向于采取一种期限更短、双方承诺更少的"交易型"心理契约。在此种契约下，因为雇佣关系的不稳定性和竞争的不确定性，员工更需要为自己的生涯规划负责，以便能够控制机会并主导个人的发展。

表3-7 传统职业生涯信念与新生职业生涯信念之间的比较

传统职业生涯信念	新生职业生涯信念
重视忠诚和工作任期： (1) 接受工作稳定的职业生涯模式； (2) 忠诚于公司，公司将延长工作任期作为奖励； (3) 经常需要个人为公司利益做出牺牲	重视承诺和绩效： (1) 接受实现个人理想的职业生涯模式； (2) 忠诚于增强信心的理想，人生的价值是做贡献和适应新的要求； (3) 认为团队协作和彼此忠诚是重要的
成长： (1) 成长就相当于晋升； (2) 逐级晋升就等于成功	成长： (1) 成长与个人发展和人生意义相关，尤其要扩大知识面，提高技能水平； (2) 从事个人认为有意义的活动就等于成功
员工发展： (1) 组织重视员工发展； (2) 个人重视组织所提供的职业生涯道路，通过获得组织认为重要的技能寻求保障； (3) 组织对员工的职业发展负责	个人发展： (1) 组织重视个人发展； (2) 最成功的工作环境会鼓励员工不断学习和进步； (3) 个人对自己的职业发展负责
绩效： (1) 个人保障与受雇时间长短有关； (2) 个人应该在同一家单位长久供职	暂时性： (1) 个人保障与个人能力和适应性挂钩； (2) 个人可能不在同一家公司长久供职
组织模式： 组织相当于一个小家庭，"妈妈和爸爸"(高级管理人员)会照顾我们	组织模式： 组织相当于一个大家庭，重要的是伙伴关系和关系网络，服务是共享的
组织体制： 以职位等级为基础，由具体的工作组成	组织体制： 以要做的工作为基础，由合同、联盟和网络组成

新生的职业生涯信念提醒大学生应该更加主动地为自己的生涯规划负责，以新视角对待生涯规划，不论身处哪个组织，工作过程中都应该注意培养个人的就业竞争能力，以便更为积极主动地把握个人的发展。

(三) 认识工作世界的方法

认识工作世界的方法包括：第一，静态的资料收集，即查阅书籍、搜集网络资料、参加行业展览会等；第二，动态的资料收集，包括参加专业协会、生涯人物访谈法等；第三，参与真实情景，包括参观、兼职或者实习等。同时，可将探索方法以正式评估与非正式评估进行划分。以下，我们介绍几种常见的、便于操作的认识工作世界的方法。

1. 职业分类

1999年5月《中华人民共和国职业分类大典》正式颁布，这是我国第一部对职业进行科学分类的权威性文献。《中华人民共和国职业分类大典》将我国的职业归为8个大类(见表3-8)。

表3-8 《中华人民共和国职业分类大典》职业划分

大类序号	大类名称	中类	小类	细类(职业)
一	国家机关、党群组织、企业和事业单位负责人	5	16	25
二	专业技术人员	14	115	379
三	办事人员和有关人员	4	12	45

(续表)

大类序号	大类名称	中类	小类	细类(职业)
四	商业、服务业人员	8	43	147
五	农、林、牧、渔、水利业生产人员	6	30	121
六	生产、运输、设备操作人员及有关人员	27	195	1119
七	军人	1	1	1
八	不便分类的其他从业人员	1	1	1
合计	8	66	413	1838

2005年12月12日，我国又首发了分类大典2005增补本，共收录了77个新职业，涉及第一、二、三产业，主要集中在现代制造业和现代服务业，以管理策划、创意设计、分析制作和健康环境管理职业居多。

1) 大类划分依据

大类是职业分类结构中的最高层次，主要考虑的是从业人员的职责范围、受教育水平，以及我国政治制度、管理体制、科技水平和产业结构的现状及发展因素。

2) 中类划分依据

中类是大类的下一个层次，主要考虑职业活动所涉及的知识领域、工具设备、技术方法及产品或服务种类。

3) 小类划分依据

小类是中类的子类，主要考虑从业人员的作业环境、工作条件和技术性质。

4) 细类划分依据

细类是我国职业分类的最基本类别，即一般意义所称的职业。细类的划分在坚持工作性质统一性的基础上，按顺序逐一考虑下列因素。

(1) 工艺技术的统一性。
(2) 使用工具设备的统一性。
(3) 使用主要原材料的统一性。
(4) 产品用途和服务的统一性。

2. 非正式评估

探索工作信息的方法多种多样，依据信息与探索者间的距离，一般来说近的信息比较丰富，较易获得；远的信息更为深入，需要更多的投入和与环境的互动才能了解。所以，由近到远的探索是一个逐渐缩小范围、逐渐加深了解的过程。图3-5列举了从近到远获取信息的方式。

非正式评估是探索者起初并非有意主动获取的信息的评估；正式评估是指各种职业的正式评测，如兴趣评测等。学校就业指导中心通常会给学生提供免费的相关评估，社会上也有收费的职业评测机构，学生在选择评测时应注意该评测的信效度是否合格。除此之外，纸质媒体与新媒体都可能提供职业信息，如《中国教育报》《21世纪》《中国大学生就业》，电视节目《职来职往》《非你莫属》等，以及一些传记文学。网络资讯已经成为获得大量信息的主要途径，与职业相关的网站很多，如前程无忧、智联招聘、中青年在线人才频道、中国劳动力市场、

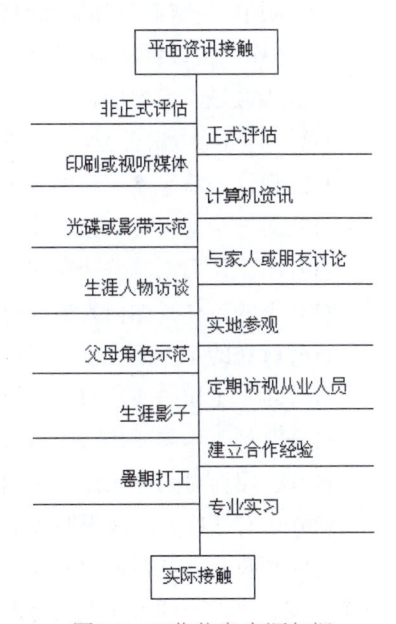

图3-5 工作信息来源与探索者距离区分图

中华英才、各高校职业指导网站等，也有一些专门提供某些职业信息或留学信息的资讯网站。生涯影子是指跟着某个特定的工作角色观察其工作状态与内容，以及寻找实践性很强的就业实习机会与方式。这类途径获得的信息更为真实，但是所耗的时间与精力比较多，机会也很有限。

生涯人物访谈处于中间位置，在投入回报比和获取信息的真实性上有比较好的平衡。生涯人物访谈是指与工作了的职业人进行的访谈。接受采访者被我们称作"生涯人物"，要求选择在这个职位上工作了3～5年，甚至更长时间的职业人。为获取信息的全面性与客观性，需要至少访谈两人，同时既访谈硕果累累者，也访谈默默无闻者，两方面获取信息效果会更好。访谈的目的是收集供职业生涯决策的信息，而非利用生涯人物来找工作。建议使用生涯人物访谈法之前做两种准备：一是准备一份自我介绍，包括自己的职业兴趣、性格、专业技能、求职目标等基本信息，方便访谈者给自己提供有效的建议；二是列出需要提问的问题，有助于访谈的深入进行，以获取更全面的信息。

常用问题如下。
(1) 您所在的领域有"职业生涯道路"吗？
(2) 本职业需要什么样的人才？
(3) 到本领域工作所需的基本前提是什么？
(4) 这个工作岗位，每天主要的工作内容是什么？
(5) 您是如何找到这份工作的？
(6) 您是如何看待该工作领域将来的变化趋势的？
(7) 本职业中什么样的初级工作最有益于学到知识？
(8) 本领域初级职位和略高级别职位的薪水如何？
(9) 工作中采取行动和解决问题的自由度如何？
(10) 本领域有发展的机会吗？
(11) 本工作的哪部分让您最满意，哪部分最有挑战性？
(12) 您认为将来本工作领域潜在的不利因素是什么？
(13) 对一个即将进入该工作领域的人，您有什么建议吗？
(14) 本工作需要哪些特别的知识、技能和经验吗？
(15) 您的工作是如何为实现组织的总体目标贡献力量的？
(16) 就您的工作而言，您喜欢什么，最不喜欢什么？
(17) 对本工作的成功而言，什么样的个人品质或能力最重要？
(18) 这种工作需要什么样的教育或培训背景？
(19) 公司会对刚进入该工作领域的员工提供哪些培训？
(20) 还有哪些方法能帮助我深入了解该工作领域吗？
(21) 根据您对我的教育背景、技能和工作经验的了解，您认为我在做出最终决定之前还应在哪个领域、哪方面的工作上进行深入的调查研究呢？
(22) 您的熟人中有谁能推荐给我做下次采访对象吗？当我打电话给他(她)的时候，可以提到您的名字吗？

以上问题可以根据自身对采访的需要进行再次整理。提问对工作的主观感受是为了让我们更立体地了解一种工作。同时，给生涯人物留出提供其他信息的机会，很有可能得到意外的收获。最后，最好在访谈结束的当天以电子邮件或手机信息的形式，对其表示谢意。

生涯人物的寻找可以通过已经毕业的师哥师姐、专业老师的介绍，或者他们本身就是很好的资源，同时，生涯人物访谈也是拓展自己人际关系的一种途径。我们身处一个资讯极为发达的时代，搜寻工作信息的方法多种多样，但是我们要知道，对于工作世界的探索光讲方法是不够的，关键还要做到用心，处处留心皆学问，应随时留意周围的信息。一份广告、一次谈话，都有可能帮助我们逐步建立起对工作世界的了解。另外要强调的是，对于工作世界的探索，没有太早只有太晚。

案例分析

莎士比亚小时候在家乡看过几次演出，对戏剧产生了浓厚的兴趣，经常和小伙伴一起演戏玩。后因父亲经商破产，莎士比亚只读了五年书就离开了学校。但他太热爱戏剧了，非常想在戏剧界发展，所以当他听说成为戏剧家要有丰富的知识时，他就刻苦自修，读了许多文学、哲学、历史方面的书籍，还学习希腊文和拉丁文。

为了走进戏剧界，他22岁从家乡来到伦敦，先在一家剧院当马夫，给乘车来看戏的有钱人照料马匹，有空他就偷着看演出，细心琢磨剧情和角色。后来，他当了一名配角演员。他在向心中渴望的目标一步步靠近。莎士比亚从36岁开始写剧本。他勤奋学习，坚持不懈地进行创作，一生写了27个剧本，其中《罗密欧与朱丽叶》《哈姆雷特》等成了不朽的世界名作，他也成了世界上最伟大的戏剧家之一。

由此可见，通过对兴趣的认知，把自己有能力做的、感兴趣的事作为成功的目标，将会唤起人的主体意识，激发出人的巨大潜能，使之一步一步地向目标靠近，最终不可阻挡地驶入成功者的行列。

知识拓展

直接兴趣与间接兴趣

直接兴趣是由于有意义的事物本身在情绪上引人入胜而引起的。例如，学生对生动的课、电影、歌曲等的兴趣就是直接兴趣。直接兴趣具有暂时性的特点。

间接兴趣是指对某种事物或活动本身没有兴趣，但对其结果感到需要而产生的兴趣。例如，有的学生对某些课程并不感兴趣，甚至觉得乏味，但意识到学好这些课程对将来服务于社会有重要作用，因此刻苦学习，并对此产生兴趣。间接兴趣具有较稳定的特点。间接兴趣在一定条件下可以转化为直接兴趣。

大学生的不良职业价值观

从理论上来说，价值观的差异没有好或者坏，而且价值观也无法预测职业发展能否成功。但对于大学生来说，不良的职业价值观确实会影响他们将来的求职和就业。

1. 过分注重薪酬和待遇

例如，求职时把目标单位的福利待遇放在首位，并且作为考虑取舍的唯一标准。这样的职业价值观常常忽视自己与职业要求之间的差距，其弊端显而易见。

2. 期望工作趣味化

当工作做出成就时，个人会有满足感，但这并不意味着工作与个人兴趣的完全对应。如果过分追求工作对心理乐趣的满足，个人将会对工作中一些琐碎或程序化的东西感到厌烦。期望从职业中得到趣味化的享受，片面要求工作多变、乐趣无限是不现实的。

3. 要求工作有充足的自由和自主

在越来越看重个人表现的时代背景下，不少大学生都要求工作有充足的自主性，有足够的空间自我表现。因此，他们对需要从基层做起、按照他人要求做起的工作不屑一顾。这种想法或价值观无疑会大大阻碍大学生职业生涯的发展。

4. 一味希望工作提升技能

对于职业的目标要求过高，恨不得通过几个月的工作就能成长为公司骨干，一味强调用人单位给予培训、晋升，表现得过于急功近利。职业技能的提升是个循序渐进的过程，有时是在无形中发生的，关键是自己日常工作中的努力和用心。

第三节　职业规划决策

每天，我们在不知不觉中都面临着很多选择，如穿什么衣服、上班乘坐几路公交车、和谁交朋友、选择什么样的职业等。问题的解决和决策的制定，则是我们生活中必不可少的部分。在相同的情境下，不同的人因为思考方式、行为习惯、掌握信息的不同可能会做出不一样的决策。但不管怎样，我们都是从各种可能的选择中找出那些我们需要和喜爱的东西。在职业生涯发展中我们也会面临很多选择，如升学还是工作，去哪里工作，从事什么样的职业等。这些都需要我们冷静思考，慎重抉择。

一、职业决策概述

（一）职业决策概念

决策就是"做出决定""拍板"。决策是为了达到一定的目标，从两个或两个以上的可行方案中选择一个合理方案的分析判断过程；是个人对将要进行的重要问题，或将要从事的重要工作，做出审慎的最后决定。具体而言，决策是指个人将数据加以组织，而后在许多可能的选择项目中，加以评估、选择、确定，并承诺付诸实行的一个过程。

职业决策(career decision-making)的概念最初源于英国经济学家凯恩的理论，他认为职业决策是指一个人选择目标或职业时，会选择使用一种使个人获得最高报酬，而将损失降至最低所用的方法。吉普森认为职业决策是一个复杂的认知过程，在这个过程中，个体通过对有关自我和环境等信息的分析，考虑各种可供选择的职业前景，之后做出公开承诺(public commitment)进行职业选择。不难看出，吉普森是从信息加工的角度来对职业决策进行界定的。从这一角度来看，职业决策并非一个即时的职业选择行为，而是个体综合分析内外各种因素进行决策的过程。

职业生涯决策是在职业方向上所进行的一系列选择的过程，如择业、转行、跳槽、离职、职业冲突的处理等方面。职业决策是职业生涯规划中的前导部分，决策制定得可行与否，将直接决定职业生涯规划是否成功。

（二）职业决策理论

职业决策是一个复杂的认知过程，通过此过程，决策者组织有关自我和职业环境的信息，仔细考虑各种可供选择的职业前景，做出职业行为的公开承诺。从这个概念我们可以看出，职业决策是一个过程，而不单单是一种结果。

决策是人类的固有行为。从人类存在就有管理，有管理就有决策，但决策科学到了20世纪30年代才产生和发展起来。现代决策理论是在20世纪40年代以后由美国卡内基梅隆大学的赫伯特·亚历山大·西蒙和斯坦福大学的J. G. 马奇等人倡导并发展起来的。

1. 理性决策理论

理性决策理论源于经济学的决策论在职业发展方面的应用，认为职业规划的目的在于培养和增进个体的决策能力或问题解决能力。

理性决策理论的代表人物是赫伯特·亚历山大·西蒙。该理论认为，为了达到最高理性或者最佳效率，在做决策时应追求"最合适的""满意的"决策方法、技术。前者是最高目的，不能获得时退而求其次，能达到令人满意的决策也属不错的行为。决策包含以下三个活动。

(1) 情报活动(intelligence activity)，即观察与研究文化、社会、经济、技术等各方面的情况。

(2) 设计活动(design activity)，是指基于情报活动的结果再进一步深入探讨研究问题，拟订与评估各种解决问题的可行方案与方案之中的优缺点。

(3) 抉择活动(choice activity)，基于设计活动的各个可行解决方案，择一实施。

各个阶层都从事这三方面的决策活动，但是花在活动方面的时间多少则由地位的高低、责任的大小而定。就全部决策活动而言，花费在"抉择活动"方面的时间最少。此外，由于组织决策受资讯、时间、计算、惯例的限制，故而只能做到有限理性(bounded rationality)。因为首先，个人会追求第一个让他感到满意或足够好的决策方案；其次，个人无法事无巨细地处理任何有关决策情境的因素或变项，而是予以简化，去思考少数相关与重要的因素以做决策。所以，行为是尽其所能地满足决策活动。

2. 特质因素理论

特质因素理论又称帕森斯的人职匹配理论，是最早的职业指导理论。特质因素理论是指每个人都具有自己独特的人格模式和个性特征，而每种人格模式中的个人都有其相适应的职业类型。其基本思想是，个体差异是普遍存在的，每个个体都有自己独特的能力模式和人格特质，而每种职业由于其工作性质、环境、条件、方式的不同，对工作者的能力、知识、技能、性格、气质、心理素质等有不同的要求。也就是说，某种个性特质与某些特定的社会职业相关联。人人都有选择与其特质相适应的职业的机会，而人的特性是可以用客观手段加以测量的。职业指导就是要帮助个人寻找与其特性相一致的职业，以达到人与职业的合理匹配。

进行职业决策(如选拔、安置、职业指导)时，要根据一个人的个性特征来选择与之相对应的职业种类，即进行人职匹配。如果匹配得好，则个人的特征与职业环境协调一致，工作效率和职业成功的可能性大为提高；反之，则工作效率和职业成功的可能性很低。因此，对于组织和个体来说，进行恰当的人职匹配具有非常重要的意义。而进行人职匹配的前提之一，是必须对人的个体特性有充分的了解和掌握，而人才测评是了解个体特征的最有效方法。所以，人职匹配理论是现代人才测评的理论基础。

人职匹配已成为职业选择的至理名言。在实施职业指导的国家，人职匹配理论的咨询模式一直占据着主流地位。

(三) 职业决策原则

1. 职业决策的一般原则

1) 清晰性原则

考虑目标、措施是否清晰、明确，实现目标的步骤是否直截了当。

2) 挑战性原则

考虑目标或措施是否具有挑战性，还是仅保持其原来状况而已。

3) 变动性原则

考虑目标或措施是否有弹性或缓冲性，是否能依循环境的变化而做调整。

4) 一致性原则

考虑主要目标与分目标是否一致，目标与措施是否一致，个人目标与组织发展目标是否一致。

5) 激励性原则

考虑目标是否符合自己的性格、兴趣和特长，是否能对自己产生内在激励作用。

6) 合作性原则

考虑个人的目标与他人的目标是否具有合作性与协调性。

7) 全程原则

拟订生涯规划时必须考虑生涯发展的整个历程，进行全程的考虑。

8) 具体原则

生涯规划各阶段的路线划分与安排，必须具体可行。

9) 实际原则

实现生涯目标的途径很多，在做规划时必须要考虑自己的特质、社会环境、组织环境及其他相关的因素，选择切实可行的途径。

10) 可评量原则

规划的设计应有明确的时间限制或标准，以便评量、检查，使自己随时掌握执行状况，并为规划的修正提供参考依据。

2. 职业决策的指导性原则

1) 主动选择的原则

大学生在职业选择中应主动出击，积极参与。这里所说的主动选择主要包括三方面：主动参与职业岗位竞争；主动了解人才供求信息和要求；主动完善自己。

2) 分清主次的原则

在就业选择过程中，摆在大学毕业生面前的选择是多方面的。应从是否有利于自己才能的发挥、是否符合社会的需要出发，分清主次，做出抉择。

3) 着眼长远，面向未来的原则

大学生在选择职业时，不能只看眼前实惠，不看企业发展前景；不能只看暂时困难，而不看企业的未来；不能只图生活安逸，而不顾事业的追求等。

二、决策模式

通常，一个事情越重要，决策则越困难。挑选一件衣服远比挑选一个职业容易得多。可见，决策是不断发生、不可避免却又有些难度的人类活动。那么，我们一般采用什么方式来进行决策呢？

丁克里奇提出了以下几种决策模式。

(一) 烦恼型

烦恼型是指有些人会花大量的时间和精力来收集资料，确认有哪些选择，向专业人士询问，反复比较，即便如此还是难以做出决定。他们经常爱说的一句话是"我就是拿不定主意"。当出现这类情况时，收集再多的资料也无济于事，关键是要弄清楚他们被哪些情绪和非理性信念所困住，如害怕自己做错了决定、追求完美等。

(二) 冲动型

冲动型与痛苦挣扎型相反，有些人遇到一个选择就紧抓不放，不考虑其他的选择，也不进一步处理信息。他们认为要"先做出决定,再考虑以后"。例如,找到一份工作做了再说。冲动的决策方式可能是因为不愿意花时间、精力去探索,或是出于对困难的回避。但是这种方式风险太大,等看到有更好的选择时自然追悔莫及。

(三) 直觉型

直觉型是指决策时以自己的直觉感受为基础。通常他们也说不出什么理由,只是一味地表示"就是觉得这个好"。人们在选择友人时也常常采用这样的决策方式。一般而言,直觉在人们对环境情况无法获得充分信息的时候是比较有效的,但可能存在不符合事实的情况,有时我们的判断可能会因为先入为主的偏见而产生较大的误差。因此,不能仅仅以直觉为决策的依据。

(四) 拖延型

拖延型是指习惯性地将对问题的思考和行动往后推迟的行为。"明天再考虑吧"是这类人的口头禅。大学生中较为常见的"我还没准备好工作,所以打算先考研",就体现了这种决策方式。拖延型的人心中会暗暗抱有"也许等过几天事情就自然解决了"的希望。不尽如人意的是,问题并不会自动消失,有时候反而会更加严重。因为如果你现在不知道该如何找工作的话,那么读完研究生也未必能知道。

(五) 宿命型

宿命型是指不能自己承担责任,反而将命运依托于外部形势变化的人。通常他们会说"爱怎么样就怎么样吧"或"我是永远也不会走运的"等诸如此类的语言。当一个人把自己生活的主导权交付给环境时,就能够预见未来会有多么无力与无助。这样的人会一直成为环境的"受害者",只顾怨天尤人,却没想到当前所处的处境正是由于自己放弃了对生命的"主权"而造成的。

(六) 顺从型

顺从型是指倾向于顺从别人的计划而不能独立地做出决定的人。他们常会说:"只要他们都觉得好,我也觉得好。"如一窝蜂似的争取出国、进企业、考研、参加各种培训班的大学生们,仅仅因为"大家都在这样做"的从众心理,于是在追随群体的过程中获得了一种虚假的安全感,却忽略了自我的独特性,其实这也导致他们在很大程度上并不能找到真正适合自己的选择。他们并没有意识到在不必费心思考的同时,牺牲了对生命可能有的满足感。

(七) 瘫痪型

瘫痪型是指在理性上接受了应当自己做决定的观念,却无法真正开始决策的过程。他们知道应该自己做决策,但是在内心深处总笼罩着"想到这事就觉得害怕"的阴影。事实上,他们没有办法真正为决策和决策后所带来的结果承担责任,可能正是由于家庭在其成长过程中长期不当的养育方式造成了这种害怕承担责任的心理。

三、职业规划决策方法

(一) SWOT分析

SWOT(优势/劣势/机遇/威胁)分析,就是将与研究对象密切相关的各种主要优势因素、弱势因素、机会因素和威胁因素通过调查罗列出来,并依照一般的次序按矩阵形式排列起来,然后运用系统分析的思想,把各种因素相互匹配起来加以分析,从中得出一系列相应的结论。

"SWOT"中S代表strength(优势)，W代表weakness(弱势)，O代表opportunity(机遇)，T代表threat(威胁)，是指个体"能够做的"(即个体的强项和弱项)和"可能做的"(即环境的机遇和威胁)之间的有机组合。其中，S、W是内部因素，O、T是外部因素。

分析完你的需求，试着分析自己的性格、所处环境的优势和劣势，以及一生中可能会有哪些机遇、职业生涯中可能有哪些威胁，这是要求你试着去理解并回答自己这个问题，即我在哪儿。

1. 知己：自我优势分析

1) 你曾经做过什么

即你已有的人生经历和体验，如在学校期间担当的职务、曾经参与或组织的实践活动、获得过的奖励等。这些可以从侧面反映出一个人的素质状况。在自我分析时，要善于利用过去的经验选择推断未来的工作方向与机会。

2) 你学习了什么

在学校期间，你从学习的专业课程中获得了什么。专业也许在未来的工作中并不起多大作用，但会在一定程度上决定你的职业方向，因而尽自己最大努力学好专业课程是生涯规划的前提条件之一。同时，你要善于从中总结，真正将其转化为自己的智慧。

3) 最成功的是什么

你可能做过很多事，但最成功的是什么？为何成功？是偶然还是必然？通过分析，你可以发现自我性格优越的一面，如坚强、果断，以此作为个人深层次挖掘的动力之源和魅力闪光点，这也是职业规划的有力支撑。

2. 知己：自我劣势分析

1) 性格弱点

一个独立性强的人会很难与他人默契合作，而一个优柔寡断的人绝难担当企业管理者的重任。卡耐基曾说，人性的弱点并不可怕，关键是要有正确的认识，认真对待，尽量寻找弥补、克服的办法，使自我趋于完善。

2) 经验或经历中所欠缺的方面

也许你曾多次失败，就是找不到成功的捷径；需要你做某项工作，而之前从未接触过，这都说明经历的欠缺。欠缺并不可怕，怕的是自己还没有认识到，而一味地不懂装懂。

以上是评估自己的长处和短处。每个人都有自己独特的技能、天赋和能力。在当今分工非常细的环境里，每个人擅长某一领域，而不是样样精通。举个例子，有些人不喜欢整天坐在办公室里，而有些人则一想到不得不与陌生人打交道心里就发怵，惴惴不安。也可以做个列表，列出你自己喜欢做的事情和自己的长处所在。同样，通过列表，你可以找出自己不是很喜欢做的事情和你的弱势。找出你的短处与发现你的长处同等重要，因为你可以基于自己的长处和短处做两种选择：努力去改正常见的错误，提高你的技能；或是放弃你不擅长的技能要求的学习。列出你认为自己所具备的很重要的强项和对你的学习选择产生影响的弱势，然后标出你认为对你很重要的优势和劣势。

3. 知彼：环境分析

1) 对社会大环境的认识与分析

对社会大环境的认识与分析包括当前社会政治、经济发展趋势；社会热点职业门类分布与需求状况；自己所选择职业在当前与未来社会中的地位情况；社会发展趋势对自己职业的影响。

2) 对自己所选企业的组织环境分析

对自己所选企业的组织环境分析包括行业环境分析和企业环境分析，如所从事行业的发展状况及前景；在本行业中的地位与发展趋势；所面对的市场状况。

不同的行业(包括这些行业里不同的公司)都面临不同的外部机会和威胁，所以，找出这些外界因素将助你成功地找到一份适合自己的工作。这对大学生的求职是非常重要的，因为这些机会和威胁会影响你的第一份工作和今后的职业发展。如果公司处于一个常受到外界不利因素影响的行业里，这个公司能提供的职业机会将很少，而且没有职业升迁的机会。相反，充满了许多积极的外界因素的行业将为求职者提供广阔的职业前景。

4. 知彼：人际关系分析

人际关系分析包括个人职业过程中将同哪些人交往，其中哪些人将对自身发展起重要作用，是何种作用，这种作用会持续多久，如何与他们保持联系，可采取什么方法予以实现；工作中会遇到什么样的同事或竞争者，如何相处、对待。

外因是变化的条件，内因是变化的依据。既知己，又知彼，职业设计就有了成功的基础。能分析出自己职业发展及行为习惯中的缺点并不难，但要以合适的方法改变它们却很难。找专业的人才测评和职业咨询机构将是未来的发展趋势，他们的经验非常丰富，对个人的帮助更加专业和直接，有外力的协助和监督也会让你取得更好的成效。

5. 制定行动规划

制定行动规划的基本思路是：发挥优势因素，克服劣势因素，利用机会因素，化解威胁因素；考虑过去，立足当前，着眼未来。

运用系统分析的综合分析方法，将排列与考虑的各种环境因素相互匹配加以组合，得出一系列生涯发展规划的可选择对策。这些对策如下。

(1) 最小与最小对策(WT对策)，着重考虑劣势因素和威胁因素，目的是努力使这些因素都趋于最小。

(2) 最小与最大对策(WO对策)，着重考虑劣势因素和机会因素，目的是努力使劣势趋于最小，使机会趋于最大。

(3) 最大与最小对策(ST对策)，着重考虑优势因素和威胁因素，目的是努力使优势因素趋于最大，使威胁因素趋于最小。

(4) 最大与最大对策(SO对策)，着重考虑优势因素和机会因素，目的是努力使这两种因素都趋于最大。

仔细地对自己做一个SWOT分析评估，列出你5年内最想实现的4或5个职业目标。这些目标可以包括你想从事哪一种职业，你将管理多少人，或者你希望自己拿到的薪水属于哪一级别。请时刻记住，你必须竭尽所能地发挥出自己的优势，使之与行业提供的工作机会完美匹配。

最后，再提纲式地列出一份今后3~5年的职业行动计划，这一步主要涉及一些具体的内容。拟出一份实现上述列出的每个职业目标的行动计划，并且详细地说明为了实现每个目标，你要做的每件事，以及何时完成这些事。如果你觉得需要一些外界帮助，请说明你需要何种帮助和你如何获取这种帮助。例如，你的个人SWOT分析可能表明，为了实现你理想中的职业目标，你需要进修更多的管理课程，那么，你的职业行动计划应说明要参加哪些课程、什么水平的课程，以及何时进修这些课程等。你拟订的详尽的行动计划将帮助你做决策，就像外出旅游前事先制订的计划将成为你的行动指南一样。

(二) CASVE循环

在进行重大决策时，为了减少风险，尽可能充分地考虑决策所涉及的多方面因素。我们推荐使用计划型(planful)决策，由沟通(communication)、分析(analysis)、综合(synthesis)、评估(evaluation)、执行(execution)五个步骤组成，其英文缩写为"CASVE循环"，如图3-6所示。

1. 沟通

决策的开始是发现理想与现实有差距，意识到存在的问题。如果个人没有意识到自己的需求，后面的步骤

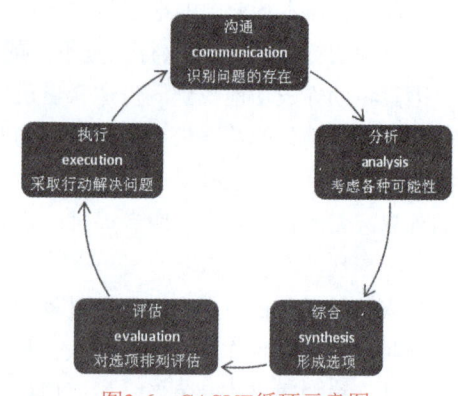

图3-6　CASVE循环示意图

则无从谈起。例如，大学一年级的同学常常感到职业生涯规划离自己还很遥远，应该是大三、大四的事情，自己只要好好学习就够了。也就是说，当我们具备了职业生涯规划的意识，认识到找工作并非一蹴而就的事情，有了认识职业、认识自己的需求，才能进入职业决策的下一阶段。

2. 分析

了解自己和可能的选择，把问题的各个组成部分相互联系起来，对现状进行评估，对所有的信息进行分析。包括要做的决策，以及决策的性质、决策的标准、具体的目标等。不少人混淆了目标与达成目标的手段，例如，有人认为我们是为了学历而读书，但实际上我们是用学历获得就业，学历只是手段，就业才是最终目的。如果没有厘清自己的目标就盲目行动，如将出国或者考研设定为目标，必然不会有好的结果。所以说，分析是决策过程中最容易出现问题的阶段，因为许多人倾向于用简单的方法快速得出结论，甚至直接跳到行动步骤，未能收集充足的信息。

3. 综合

综合就是在分析的基础上，个人得出可能解决问题的方案，并进一步收集相关信息，确认自己的选择。需要强调的是，一定要在探索的基础上做决定，否则将会使自己的选择面变得很窄。在生涯规划中，提倡大家先尽量扩展个人的职业前景清单(通常要列出10个以上自己可从事的职业)，充分挖掘自己所拥有的可能性之后，再在收集信息的基础上适当压缩(最后保留3~5个选项)。

4. 评估

主要从满意度及可行性两方面评估信息，按照评估结果对所有选择进行排序，得出最优的选择。例如，可以选择一种评价标准，逐项筛查分析，并给出评分，最后按总分排序。具体的方法请参照后面的"决策平衡单"。

5. 执行

执行即根据自己最终的选择制订具体计划，付诸行动。

需要注意的是，决策是一个循环的过程，在执行之后，还需要不断地对决定及现状进行评估，当存在问题时会进入新一轮的决策过程。

实践训练

CASVE循环使用问句

以下列出了CASVE循环常见的使用问句，可以帮助大家自我反思自己的决策过程。

(1) 你是如何意识到自己的需求的？

(2) 你是怎么分析这个问题，以及如何收集相关信息(包括关于自己和问题的解决)的？
(3) 你是如何形成解决方案的？
(4) 你是如何在不同的解决方案之间做选择的？你的选择标准是什么？
(5) 你是如何落实行动的？行动过程是否如你所预期的那样？
(6) 你怎样评价自己当时的决策过程？你对结果满意吗？如果不满意，是哪个步骤出现了问题？

如此分析了五个重大决策的过程之后，你对于自己的决策模式有了什么新的了解？这对你处理现阶段所面临的职业决策问题有什么指导意义？

(三) 决策平衡单

在决策过程中对众多可能的选项进行排序评估时，需要有一些统一的、有意义的评价标准。决策平衡单将重大决策的评价标准归为四个类别，即个人物质方面的得失、他人物质方面的得失、个人精神方面的得失、他人精神方面的得失。

在使用时，可以按上述四个类别列出个人自认为重要的内容，并按自身理解对其重要程度赋予权重，将它们作为评判的标准，逐项对所有可能的选择进行加权计分，最后按总分排序。如表3-9所示。

表3-9 A生的决策平衡单

参考因素	权重 -5~+5	选择一 国贸专业研究生 加权分数(+)	加权分数(-)	选择二 英文记者 加权分数(+)	加权分数(-)	选择三 导游 加权分数(+)	加权分数(-)
个人物质方面的得失							
1. 个人收入	3	0(0)		2(+6)		4(+12)	
2. 未来发展	4	5(+20)		4(+16)		2(+10)	
3. 休闲时间	2		-1(-2)	0(0)		3(+6)	
4. 对健康的影响	1	2(+2)		2(+2)		4(+4)	
他人物质方面的得失							
1. 家庭收入	3		-1(-3)	2(6)		4(+12)	
2. 家庭地位	2	5(+10)		3(6)			-2(-4)
个人精神方面的得失							
1. 创造性	5	4(+20)		4(+20)		4(+20)	
2. 多样性和变化性	5	4(+20)		5(+25)		5(+25)	
3. 影响和帮助他人	4	3(+12)		4(+8)		5(+10)	
4. 自由独立	4			4(+16)		5(+20)	
5. 被认可	3	5(+15)		3(+9)		4(+12)	
6. 挑战性	3	4(+12)	-1(-4)	5(+15)		5(+15)	
7. 应用所长	5	2(+10)		5(+25)		5(+25)	
8. 兴趣的满足	4	3(+12)		5(+20)		5(+20)	
他人精神方面的得失							
1. 父亲	3	5(+15)		3(+9)		3(+9)	
2. 母亲	3	5(+15)		2(+6)			-1(-3)
3. 男朋友	2	3(+6)		4(+8)		4(+8)	
4. 老师	1	5(+5)		4(+4)			-1(-1)
总分		165		201		200	

在平衡单的左侧，垂直列出在"个人物质方面的得失""他人物质方面的得失""个人精神方面的得失""他人精神方面的得失"四方面最看重的内容和考虑因素。将各种价值观和因素按1～5的等级分配权重。权重越高就表示重要性越大。给考虑因素指定权重的前提是要对自我需求和价值观有较为准确的了解。然后逐项对可能的选择是否满足价值观和需要进行打分，分值在"-5"和"+5"分之间，其中"+5"表示考虑因素在该可能选择中得到了完全的满足，"0"表示不知道或无法确定是否能够满足，而"-5"表示该选择使考虑因素完全不能得到满足。最后，将各项选择的得分与各项权重相乘进行计分，将结果记录在相应的空格内，对所有总分进行比较和排序。

在使用决策平衡单时，不仅要注意得出最后的排序结果，而且要注意填写的过程。因为列举各项价值标准与考虑因素、给因素分配权重及逐项打分的过程，就是在帮助个人厘清思维，是一个仔细思索和反复推敲的过程，这个过程往往比单纯得出一个结果更为重要，更能促进个人得出适合自己的决策。

四、常见的职业决策非理性信念

合理情绪理论认为，对事件正确的认知一般会导致适当的行为和情绪反应，而错误的认知往往是导致一个人产生不良情绪的直接原因。合理情绪理论又称为ABC理论，A是诱发情绪发生的事件(activating events)，B是人们对诱发事件所持的相应的信念、态度、解释和评价(beliefs)，C是由此引发的人们的情绪和行为的结果(concequences)。该理论认为，导致人不良情绪和行为结果的不是诱发事件本身，而是人对诱发事件所持的信念态度。不良的信念会导致不良的、过度的情绪反应，继而影响我们的决策。

在我们的生涯决策中，存在三种不合理的信念，即过于概括化、绝对化要求、糟糕至极。过于概括化是指个体对自己或别人不合理的、以偏概全的评价，如"领导某能力不足，他不配当我的领导"。绝对化要求是认为某事必定会发生或不会发生，如"我一定要找到一个好工作""必须"。糟糕至极是认为决策可能的后果会极端可怕、糟糕透顶，如"不能做好选择真的是太可怕了"。

当我们在生涯决策时出现不良情绪，如过度焦虑、犹豫不决、郁闷消极等，首先应该反思是否存在不合理信念。这时我们可以寻找引发自己不良情绪的事件和认知，然后找出对不良事件认识上的非理性观念，通过与非理性观念的辩论，思考"你的认识是否是客观事实""客观事实除了你所认为的可能性还有没有其他可能性存在""如果事实存在多种可能性，那你单一或极端的认识合理吗""有没有什么时候你是不受这种消极情绪困扰的，回想一下那个时候你是怎么认识问题的"。通过辩驳，找出合理的观念，学会接纳不可改变的，改变可改变的。建立对事件的合理信念，从而达到情绪的改变。

📖 知识拓展

～ 生涯决策中常见的不合理信念 ～

- ◇ 一旦下了决定就不能再改变——绝对化要求。
- ◇ 每个人终身只能有一个适合的职业——绝对化要求。
- ◇ 不能做出决定，说明自己不够成熟——过分概括化。
- ◇ 如果不按照家长或者老师的安排做决定，我就完蛋了——糟糕至极。

- ◇ 只要有兴趣，我就一定能成功——过分概括化。
- ◇ 我的决策必须是十全十美的——绝对化要求。
- ◇ 世界变化太快，我没有能力选择——糟糕至极。
- ◇ 工作是实现自我的唯一途径——过分概括化。
- ◇ 身为男人/女人，我应该做×××——绝对化要求。

职业决策的两个前提

决策是不可避免的，即使选择不做决定也是一种决策。一个决定对你来说越是重要，其难度也就越大。而职业生涯决策正是人一生中所面临的最为艰难的决策之一。

职业决策的两个前提，一是认识自我，二是了解环境。

生涯规划不仅是对事业、职业的追求，更重要的是对生活形态的选择，通过对生涯的探索，根据自己内在的特质、背景、需求、价值、性格等，制定出适合个人的生涯规划。希望获得最理想的职业发展目标，就需要认真地对自己进行完全剖析，知道自己希望得到什么，这一生应该在这个社会里获得什么，这就需要自己认真制定职业决策。

一个人去从事一项自己不能做的工作，是无效的和痛苦的。

一个人去从事一项自己不愿做的工作，是低效的和痛苦的。

职业决策除了自身条件的影响，客观的环境因素也会产生很大影响，如组织形态、组织氛围、竞争对手与机会等。

职业决策的心理测验

19世纪，西方社会经历了产业突飞猛进的发展，客观上推动了职业测验的产生，以及职业指导、职业选拔的发展。1927年，斯特朗提出了第一个兴趣测验，即斯特朗职业兴趣问卷，使测验结果与具体职业直接对应。1928年，哈尔提出了能力倾向测验，他夸大人类特质与职业要求的匹配，提倡将能力倾向测验即性向测验用于职业指导。1958年，美国通过立法鼓励将心理测验与职业指导紧密结合起来。

用于职业决策的心理测验主要分为职业性格测验、职业兴趣与价值观测验、职业能力测验等几类。只要了解测验信度、测验效度、测验的常模三个指标，一般就可以知道该测验是否有效、是否适合。

测验信度是衡量一份测验是否可信的重要指标，是反映被测特征真实程度的指标，表现为测验结果的一致性、再现性和稳定性。一个标准化的测验必须确定信度。信度一般用相关系数的大小来表示，我们称之为"信度系数"。信度系数表示测量误差对测验得分的影响，程度在0.8以上，则说明该测验信度较高；假如信度系数达到0.6，则是可以接受的。

效度指测量能否得到所要测定的心理特性。对于职业测验来说，能否有效地测量出个人的特质以做到人尽其才、才尽其用，是检验其效度的根本有效的选择和安置，意味着与特定工作无关的特质不应该影响该职业决策。职业测验主要涉及的效度有两种，即猜测效度和内容效度。当然，构想效度也不能忽视，但职业测验的猜测效度和内容效度显得更为重要。请注意，信度高的测验不一定效度高。

常模是根据对被试集体的标准化样本的施测，获得的一个具有代表性的结果。常模的作用是可以作为评判个体差异的依据和比较的标准，通过个体分数与常模的比较，就可以知道自己在总体中的位置，处于一个什么样的水平。常模有时间限制，一般说来，经过几年，社会发展了，常模的解释力也会随之下降。

> **重点关注**
>
> 思考下面的问题。
> (1) 在整个成长过程中，你曾做过哪些重大的决定？
> (2) 在决定的过程中，你通常采取什么样的行动？
> (3) 在处理重要性不同的决策时，你是否会用不同的风格？
> (4) 你的决策模式是如何影响你的决策结果的？
> (5) 什么时候你会让其他人参与你的决策过程？
> (6) 在面临两难的抉择情境时，你会怎么办？
> (7) 你愿为你自己所做的决定全力以赴吗？
> (8) 你愿意承担所有决定的后果吗？

第四节　职业规划行动

大学生在自我评估、认识自己、分析环境、准确定位的基础上进行目标设定，无论对于大学生活还是将来走上社会都具有重要的意义。坚定的目标将成为追求成功的驱动力，个人成功与否很大程度上取决于他是否有明确的职业人生目标。因此，我们把制定职业生涯目标及实现目标的行动计划作为职业生涯设计的核心。

一、生涯目标的确立

(一) 制定生涯目标的意义

成功者的职业生涯，大多是从制定合适的职业目标开始的。明确而坚定的职业发展目标，是取得职业成功的基本前提。具体来说，确定目标具有以下几方面的意义。

1. 生涯目标能促使我们产生自我发展的积极性

当我们给自己定下某个职业目标时，这个目标就成为我们生涯发展的依据和鞭策。有了方向，我们的职业发展努力才更加有效。

2. 生涯目标的确定有助于把握现在

目标的确定一定是着眼现实的，给自己定什么样的目标，需要审视现在的自己处于一个怎样的阶段。因此，目标设定的过程也就是评估现在、把握现在的过程。

3. 生涯目标引导优势发挥

当制定了一个目标以后，我们就会知道自己的使命，并且不停地在自己优势领域努力，安排好日常工作、生活的轻重缓急。

4. 生涯目标有助于评估进步

大多数人每天看起来忙忙碌碌，却忽略了评估自己的进步，也不知道评估的尺度和标准。目标正好提供了一种自我评估的手段，以目标的达成为指标来进行自我评估，有助于生涯规划的顺利实施，能更好地督促自己朝着目标奋斗。

(二) 生涯目标的内涵

1. 生涯目标的含义

生涯目标也就是我们常谈的人生目标，例如，要成为什么样的人，该如何度过一生，怎样才能使人生过得有意义、有价值，怎样才能取得成功，怎样才能拥有幸福的生活等。生涯目标是指引人生成长和发展的导航标。

职业生涯发展目标是指个人在选定的职业领域内未来将要达到的具体目标，从而促使个人依据这种明确的职业目标，规划自己的学习和实践，为实现职业目标进行积极准备并付诸实际行动。

2. 生涯目标的分类

1) 按时间划分

个人职业目标按时间可以分为短期目标、中期目标、长期目标和人生目标。当然，在制定人生目标和长期目标时，要多考虑一些自身因素和社会因素，而制定中期目标和短期目标时，则要更多地考虑工作环境因素。通过制定个人的长期目标、中期目标和短期目标，就形成了完整的个人目标体系。

(1) 短期目标。短期目标通常指每日、每周、每月、每季、每年的目标，是中期目标和长期目标的具体化、现实化和可操作化，是最清楚的目标。其主要特征如下。

① 目标具备可操作性。
② 明确规定具体的完成时间。
③ 对现实目标有把握。
④ 服从于中期目标。
⑤ 目标可能是自己选择的，也可能是公司或上级安排的、被动接受的。
⑥ 目标需要适应环境。
⑦ 目标要切合实际。

(2) 中期目标。中期目标一般为3～5年，在整个目标体系中起着承上启下的作用，也是职业生涯能否有效实施和实现的重点。对于大学生来说，即指在大学学习期间应该达到什么目标。中期目标在长期目标的基础上确立，例如，毕业时找到一份满意的工作；上理想的学校和专业的研究生；到自己喜欢的国家留学；先择业再创业，实现当老板的理想等。中期目标相对长期目标要具体一些，其特征主要如下。

① 通常与长期目标保持一致。
② 是结合自己的志愿，以及企业的环境及要求来制定的目标。
③ 用明确的语言来定量说明。
④ 对目标实现的可能性做出评估。
⑤ 有比较明确的时间，且可做适当的调整。
⑥ 基本符合自己的价值观。

(3) 长期目标。长期目标是时间为五年以上的目标，它通常比较粗略、不具体，会随着自身情况和外部形势的变化而变化，在设计时以画轮廓为主。长期目标主要受个人人生目标的影响，常言道"人无远虑，必有近忧"，尽管如此，在生活中，人们最容易忽视的就是长期目标。设定长期目标需要考虑以下方面。

① 目标有可能实现，具有挑战性。
② 对现实充满渴望。
③ 非常符合自己的价值观，为自己的选择感到自豪。
④ 目标是认真选择的，和社会发展需求相结合。
⑤ 没有明确规定实现时间，在一定范围内实现即可。

⑥ 立志改造环境。

(4) 人生目标。人生目标是指整个人生的发展目标。

一般说来，短期目标服从于中期目标，中期目标服从于长期目标，长期目标又服从于人生目标。具体实施目标，通常是从具体的、短期的目标开始的。

2) 按性质划分

按照性质来分，目标可以划分为外职业生涯目标和内职业生涯目标。

(1) 外职业生涯目标。外职业生涯目标是指侧重于职业过程的、外在的、可看得见的标记，它主要包括工作内容、职务目标、经济收入目标、工作环境和工作地点等方面的目标。

(2) 内职业生涯目标。内职业生涯目标是指职业生涯规划中知识、经验的积累，观念的转变，能力和素质的提高，以及成就感、价值感等内心感受。这些目标必须通过自己的努力才能获得和掌握。

职业生涯的内外目标不是截然分开的，两者是相辅相成、相互促进的，内职业生涯目标的发展可以推动外职业生涯目标的发展，而外职业生涯目标的实现又可以促进内职业生涯目标的实现。

3) 按实现难度划分

职业目标有难易之分。人的职业生涯发展是由低到高循序渐进的，在发展成长的过程中，个人给自己所设定的职业目标也应该分阶段，由易到难、由低层次到高层次循序渐进地递进。如果一个刚入学的大学生给自己设定了毕业时能成为某专业领域的专家学者的目标，这就是不现实的。制定目标时，需要根据个人的实际情况，制定难易度合理，且具有实际指导价值的职业目标。

(三) 制定生涯目标的原则

生涯目标的客观性是指目标本身并不是空想出来的，而是建立在自我认知与环境认知的基础上，了解了个人兴趣、性格、能力、身体素质及社会环境等各方面的情况，才能制定出一个具有可行性的、合理的目标。假如一个人从未接受过美术绘画方面的培训，却想要在两年内成为享誉国内外的画家，这种目标一般情况下只能是幻想或纯粹的理想。另外，目标确定后并不是一成不变的，随着个人知识、技能、阅历方面的提升，完全可以阶段性地调整自己的发展目标，但这种调整的频率不能过于频繁。

制定职业生涯目标时，需考虑以下原则。

1. 现实原则

目标的确立要符合社会与市场的需求。职业生涯目标如同一种"产品"，这种"产品"有市场，才有"生产"的必要。因此，在确定职业生涯目标时，要考虑内外环境的需要。有需求，才有位置。

2. 适合原则

目标的确立要适合自身的特点，如性格、兴趣、特长，甚至身体条件等。要将目标建立在你的最优性格、最大兴趣、最佳特长上。

3. 激励原则

目标的确立要恰到好处。制定远大的目标，能起到激励作用。但目标过高，脱离了实际，会因好高骛远而导致失败；目标太低，不用努力就能实现，目标也就失去了意义。

4. 层次原则

目标的确立应该长短结合。长期目标为人生指明了方向，可鼓舞斗志，防止短期行为；短期目标是实现长期目标的保证，没有短期目标，长期目标也就不能实现。在职业生涯发展过程中，我们可以通过短期目标的实现来自我鼓励，体验到达成目标的成就感，促使自己朝着更高的目标前进。但是，如果只有短期目标，也会失去奋斗的动力。

5. 适度原则

同一时期的职业目标不宜多，最好集中为一个。人的时间精力是有限的，能胜任某一种职业已是不容易的事情。因此，在确立目标时，最好把目标集中在一点上，才能利用个人有限的资源产出最大的成长效益。

6. 明确原则

目标的确立要具体、明确。如果目标含糊不清，则起不到目标的作用。有些人决心干一番事业，却不知道具体干什么，这就等于没有明确的目标。目标不明确，就算投入了时间、精力和资金，也起不到目标应有的作用。

7. 灵活原则

生涯目标要留有余地，在实现目标的时间安排上，不要过急、过满或不知变通。如果需要五年才能达到的目标，定为三年或两年，就会"欲速则不达"，其结果不是计划落空，就是影响质量。如果安排过满，在同一时间里既做这个，又做那个，结果则会顾此失彼，身心太累，从而无法坚持；如果安排不知变通，如规定某一时间只能做某事，若遇上干扰，无法完成，又没有补做的时间，目标必然会落空。

任何一个人都不可能一下子实现自己的职业发展目标，都需要根据自己现有的观念、知识与技能，将大目标分解为小目标，将长期目标分解为短期目标。目标分解就是将目标清晰化、具体化的过程，是将目标量化成可操作的实施方案的有效手段。当我们确定了实现自身价值的总目标之后，要将自己的总目标分成若干分目标，如阶段目标、年目标、月目标、周目标、日目标等，才能让我们脚下所走的每步路都能够离我们的总目标更近一点，也只有这样，我们人生发展的总目标及人生的价值才能真正实现。

另外，职业生涯规划是一个动态变化过程，当出现一些因素阻止目标实现时，或是短期、中期目标不适应总目标时，也可以适当进行修改；在向目标努力的途中发现总目标出现错误的时候，也要及时停止实施、进行修改。

(四) 确定生涯目标的方法(SMART)

制定职业生涯目标可以遵循"SMART"简易原则。

1. 目标必须是具体的(specific)

这是指目标必须是清晰的、可产生行为导向的。例如，"我要成为一个优秀的大学生"不是一个具体的目标，"学期末平均成绩在80分以上"才是一个具体的目标。

2. 目标必须是可以衡量的(measurable)

这是指目标必须用指标量化表达。例如，上面这个"学期末平均成绩在80分以上"目标，它就对应着量化的指标"分数"。

3. 目标必须是可以达到的(attainable)

这里的"可以达到的"有两层意思：一是目标应该在能力范围内，二是目标应该有一定难度。一般人在这点上往往只注意前者，其实后者也相当重要。目标经常达不到的确会让人沮丧，但同时要注意，太容易达到的目标也会让人失去斗志。

4. 生涯目标必须和其他目标具有相关性(relevant)

这里的"相关性"是指与现实生活相关，而不是简单的"白日梦"。

5. 目标必须具有明确的截止期限(time-based)

也就是说，目标必须是"基于时间"的目标，目标必须确定完成的日期。不但要确定最终目标的完成时间，而且要设立多个小时间段上的"时间里程碑"，以便进行工作进度的监控。

二、撰写职业生涯规划书

(一) 职业生涯规划书的内涵

制定生涯规划书的过程也就是个人根据自身特质和客观环境的综合分析，确定自己的职业发展目标及策略，并按一定时间安排制订相应的工作、培训、教育等行动计划的过程。规划的思路、依据、内容和结果形成文字性的方案即构成了职业生涯规划书。职业生涯规划书是个人职业生涯成功的战略指南，对实现个人职业梦想有着非常重要的意义。

(二) 制定职业生涯规划书的意义

职业生涯规划书是实现个人职业梦想的蓝图，它帮助个人厘清规划思路，提供操作指引，有着非常重要的意义，具体如下。

(1) 帮我们树立明确的职业发展目标，提醒我们运用科学的方法，采取切实可行的措施。

(2) 自我分析可以促使我们更加注重发挥个人的专长，不断开发自我潜能。

(3) 可以让我们评估并明确现有资源，了解现状与目标的差距。

(4) 通过生涯发展策略的制定，有效克服职业生涯的发展阻碍。

(5) 职业目标达成的过程，也是塑造个人职业竞争力、不断提升个人综合素质的过程。

(三) 职业生涯规划书的制定原则

职业生涯规划书的拟订是为实现职业生涯目标服务的，需要遵循以下原则。

1. 独特性

正如德国哲学家莱布尼茨所说，世界上没有两片完全相同的树叶。世上也没有两个完全相同的人。每个人的性格特征、知识结构、兴趣爱好、能力倾向等都有自己的特点，其家庭条件、成长经历也都不同，因而在制定生涯规划时不可能找到普遍适用的路径，必须综合考虑个人各个方面的实际情况，充分发挥个人优势特长，因人而异，制定具有独特性的生涯规划书。

2. 可行性

职业理想能否顺利实现，有赖于职业生涯的规划方案是否可行。可行性体现在两个方面：一是生涯目标的可行性，即目标的设定是否建立在现实条件的基础上；二是职业行动计划的可行性，职业行动计划是否是自己可以做到的，是否能够根据一定标准进行考核、监督和验收通过。

3. 阶段性

个人的发展具有阶段性，每个人在自己人生发展的不同阶段所承担的重点社会角色和发展任务是不同的。职业生涯规划书也应该根据自己的年龄阶段设计不同的内容，以适应每个发展阶段的特点，使每个阶段都能充实度过，并逐步达成阶段性目标，从容过渡到下一阶段目标，从而实现自己的人生目标。

4. 发展性

现代社会发展日新月异，职业生涯规划要具有一定的超前性和预测性。当社会、经济、政策、市场等方面出现新情况时，要能根据自我发展、社会变迁及其他不可预测的因素，主动适应各种变化，及时评估，灵活调整，不断修正、优化自己的职业生涯规划书。

5. 一致性

在调整职业生涯规划的过程中要坚守规划目标的持久性和一贯性。短期的目标有可能需要调整，目标的调整、修正应和长远的人生目标始终保持一致，使得整个规划始终围绕自己的人生目标而展开，过去、现在和未来应有内在的一致性和延续性。除非遇到不可抗力事件或未预料到的严重事件的影响，否则一般不要对发展规划做出颠覆性的修改或调整。

(四) 职业生涯规划书的主要内容

职业生涯规划书是对职业生涯规划的书面化呈现，是指导实现个人人生目标及职业梦想的蓝图，包括扉页、自我分析、环境评估、职业选择、生涯策略、评估与反馈等基本内容。

1. 扉页

扉页包括题目、姓名、基本情况介绍(如专业、年级等)、规划年限、年龄跨度、起止时间。其中，规划年限视个人具体情况而定，短则半年，长则5～10年。通常，建议大学生职业规划年限为3～5年。

2. 自我分析

自我分析是职业生涯规划的重要环节，是职业生涯规划主体基于对自己的全面了解和深入剖析，对有关职业发展因素所做出的分析判断，包括性格气质、兴趣爱好、思维模式、知识结构、能力层次、愿望理想等诸多方面。通过回忆个人经历、评估个性素质、判断职业价值观念，从而弄清楚我想干什么、我能干什么、我应该干什么，以及在众多的职业面前我会选择什么等问题，最终对自我做出全面分析和总结。职业生涯规划书中可包括以下内容：个人经历回放，个人性格评估，个人能力盘点，个人职业倾向分析，个人职业价值观判断，自我分析与评估总结等。

3. 环境评估

人是社会及其环境的产物，一个有效的职业生涯规划必须充分考虑规划主体所处的社会环境。通过分析社会经济制度、学校家庭、行业组织环境的特点、形势及发展趋势，充分考虑环境因素为职业生涯发展所提供的机遇平台及约束限制，从而综合评估环境因素对职业生涯发展的各种可能影响。职业生涯规划书中可包括以下内容：社会环境分析，学校环境分析，家庭环境分析，行业环境分析，组织环境分析，职业分析，岗位分析，环境分析结论等。

4. 职业选择

选择职业就是选择人生。职业选择是职业生涯规划的核心环节，是规划主体依照自己的职业期望，凭借自我分析评估、挑选职业，使自身素质与职业需求特征相匹配的过程。这一环节包括选择职业方向、判断职业价值、分析职业发展潜力、明确职业发展路径等内容，力求使自己的素质潜能与职业目标完成最佳配合。职业生涯规划书中可包括以下内容：可选的职业目标，职业评估与决策，职业生涯路径设计，职业定位结论等。

5. 生涯策略

没有切实的行动，职业目标只能是瑰丽的梦想。实现职业生涯目标需要具体可行的策略方案和行为措施。在完成职业定位后，要制定周详细致的策略方案，如个人培训计划、工作改善计划等，积极构建职业社会资本，不断提高个人综合能力和核心竞争力，完成各阶段性目标。职业生涯规划书中可包括以下内容：长期、中期、短期职业生涯计划，各阶段计划的分目标，计划内容(专业学习、职业技能、职业素养)，计划实施策略等。

6. 评估与反馈

评估与反馈是保障生涯规划实施的关键环节。在践行职业生涯规划的动态过程中，要随时根据反馈情况评估职业生涯规划，修正自我认知，总结经验教训，纠正最终职业目标与阶段性目标的偏差，保证职业生涯规划的行之有效，最终促使生涯目标的实现。职业生涯规划书中可包括以下内容：可能存在的风险，预评估的内容，风险应对方案等。

(五) 职业生涯规划书的基本格式

1. 表格式

表格式的职业生涯规划书PPDF(personal performance development file)是一种简约直观的职业生涯发展设计文件，内容相对简洁。一般来说，它仅包括个人情况基本介绍、职业目标的说明、各阶段规划任务与发展策略。这种格式的规划书更适合用作阶段任务的提示，如表3-10所示。

表3-10　表格式职业生涯规划书

基本情况	姓名：夏晴　　性别：女　　专业：艺术设计　　年级：本科三年级 设计专业扎实，略通经贸知识，通过大学英语四级考试；热情乐观，极具亲和力，具有较强的人际沟通能力；思维敏捷，表达较流畅；大学期间长期担任学生干部，有较强的组织协调能力；创新意识较强，有很强的学习能力
职业目标	知名设计师、高级工程师(艺术设计方向)
发展策略 (职业发展路线)	设计员——独立设计师——设计经理、设计总监——高级工程师、知名设计师或企业高级管理人员
短期规划	通过实践学习，深入了解外国的企业管理理论和设计理念，具备在艺术设计领域从事具体设计工作的理论基础，具有一定的实践经验；通过ICAD初级国际商业美术设计师职业资格认证，以优异成绩完成本科学业并找到一份艺术设计方向设计员的工作。踏实努力工作，积累工作经验，提高从业技能，早日成为具备独立设计能力的设计师
中期规划	熟练处理本职工作，工作业绩在同级同事中居于出色水平；熟悉企业运作机制及企业文化，能与公司上层进行无阻碍的沟通；通过ICAD中级国际商业美术设计师职业资格认证；成为设计经理、设计总监
长期规划	拥有广泛的社会交际网，能在国内外专业刊物上发表自己的作品；完成MBA的深造学习，取得硕士学位；成为知名设计师或高级工程师

2. 条目式

这种格式的规划书囊括职业生涯规划的主要内容，但语言表述简单，以条目形式一一列出，缺乏详细的材料分析和评估，简单明了，规划过程的逻辑性不强。具体如下。

条目式职业生涯规划书

我叫穆然，是一名计算机科学与技术专业本科二年级的学生，现结合自身情况做出以下生涯规划安排。

1) 自我评估

优点：我的责任心强，热心助人，在担任班干部期间，具有为同学服务的意识；做事情认真仔细，有条理、有计划，也比较踏实努力；学习能力强，专业核心课程成绩良好；为人热情开朗，乐于与同学沟通。

缺点：做事急躁；不够自信，不够独立；主动性略有欠缺；同领导和上级打交道的时候会紧张；有时候不能很好地理解别人的需求，容易好心办坏事。

2) 职业环境评估

教育部门的统计资料和各地的人才招聘会都传出这样的信息：计算机、微电子、通信等电子信息专业人才需求巨大，毕业生供不应求。从总体上看，电子信息类毕业生的就业行情很好，10年内将持续热门。网络人才逐渐吃香，其中最需要的是软件工程师、游戏设计师、网络安全师这三类人才。

3) 职业目标

我选择的职业方向是软件工程师。其职业发展轨迹为：程序员——高级程序员——设计师——软件架构师——首席架构师。

4) 目标分解策略

(1) 2012—2014年。

成果目标：做好专业知识技能的储备工作。

学习目标：取得大学毕业证书、学位证书；通过大学英语六级考试(已通过大学英语四级考试)；通过全国计算机等级考试、网络工程师考试认证和程序员考试(正在培训)；通过机动车驾驶考试(正在学习)。

能力目标：提高专业技术能力、软件应用能力、沟通能力和团队协作能力，争取在行业内公司实习的机会，为就业做好专业准备。

需要克服的主要困难：合理利用大学期间所剩不多的时间，学完自己想学的专业知识，并尽量拓展其他相关领域的知识视野。

(2) 2014—2018年。

成果目标：在中型网络信息企业找到一份满意的工作，积累工作经验，提高工作能力。

学习目标：不断学习和丰富自己的实践经验，将以前书本上的知识全部转化到现实的工作应用中。完成软件工程在职研究生的学习，拿到工程硕士学位。通过微软认证软件开发专家(MCSD)认证考试或CCNA认证。

职务目标：完成程序员到高级程序员到设计师的职业发展过程。

能力目标：积累程序设计工作经验，学会与同事合作，建立良好的人际关系。

经济目标：工作五年后年薪达到25万元左右。

(3) 2018—2022年。

成果目标：在软件工程行业内十强企业中找到工作，承担若干大型综合项目，提升业内知名度，拓展人脉关系。

职务目标：从设计师成为软件架构师。

能力目标：结合实际项目经验，透彻领会应用设计模式，了解软件工程在实际项目中的应用，以及小组开发、团队管理。

经济目标：工作十年后年薪达到50万元左右。

……

3. 论述式

论述式的规划书通常格式完整、规范，通过对自身条件、职业认识及职业目标的定位分析，说明职业生涯设计的依据，对个人职业生涯的选择规划进行全面而详尽的分析和阐述，能充分反映规划主体的内心思考过程。

(六) 职业生涯规划书撰写的注意事项

1. 信息搜集科学全面

职业生涯规划分析的重点在于自我分析和环境评估等环节。在自我分析环节中,可以借助职业测评工具(如职业价值观测试量表、性格与职业选择测试量表等)对个人职业价值取向、职业性格兴趣、职业能力素质等做出客观系统的分析。但为避免职业测评结果解读的倾向性,还需要采用多渠道策略,如个人思考回顾、他人评价等方面,从而得到全面的结论。在对职业环境进行评估分析时,也需要多途径收集资料,如网络、图书、从业者访谈、岗位实习等。在广泛收集信息的基础上整合分析,以保证论证过程的科学合理和结论的真实可靠。

2. 职业目标切实可行

职业生涯规划能否成功,在很大程度上取决于有无适当、切实的职业目标。职业目标的设定要结合个人实际情况,从客观现实出发,避免盲目从众、追逐热点、好高骛远、脱离现实,遵从择己所长、择己所爱、择世所需的原则。要注意兴趣爱好和素质能力的区别,权衡个人意愿与社会需求的差异,在影响职业发展的众多因素中找到一个最优契合点,从而确定一个正确可行、富有生命力的奋斗目标。

3. 计划制订具有可操作性

针对职业目标确定后的各发展阶段设定的具体措施方案要具有可操作性,这是评价一份生涯规划书的重要指标。因此,在进行目标分解和路径选择时,要特别注意时间的连续性及素质能力提升的递进性。大学的学习生活质量对未来的职业生涯发展具有至关重要的影响,也是职业发展规划的重要时期,要特别注意大学阶段各年级的行动安排和侧重方向,为全面提升自己的专业素养和就业能力做好计划安排。

4. 生涯规划周期长短适宜

在职业生涯规划中,要注意长远目标与中短期目标制定的区别。通常,长远目标是以实现自己的人生理想为蓝本设定的长期未来目标。大学生处在职业生涯的探索起步阶段,其素质、能力、价值观、行为模式等方面均还处于形成发展过程之中,未来的不确定性很大,受偶然因素影响的可能性也较多,很难做好远景规划。因此,大学生的中短期职业生涯规划周期以3~5年为宜。

案例分析

职业生涯规划书范例
规划人:陈小娟
××大学××学院计算机应用专业

1. 我今后的十五年规划(2011—2025年,21~35岁)

总体目标:完成本科、硕士的学习并取得相应学位,进入微软亚洲研究院,成为高层管理者。
美好愿望:事业有成,家庭和睦幸福。

2. 自我评估

就自身而言,我认为自己拥有以下优点。
(1) 性格外向、开朗,具有较强的人际沟通能力。
(2) 兴趣与爱好比较广泛,除了对计算机最为热爱,还对经济、文学及音乐比较感兴趣,同时比较关心体育方面的新闻。

(3) 在大学期间一直担任学生会干部，做事情认真负责，有较强的组织协调能力。

(4) 有很强的学习愿望和能力，渴望了解未知的一切。

同时，我还有意志力不强、比较懒惰、容易冲动、虚荣心较强、做事急躁等缺点。

3. 环境分析

1) 社会环境分析

我们现在拥有一个非常好的宏观环境，我国社会安定，政治稳定，法制建设不断完善，文化繁荣自由，尖端技术、高新技术突飞猛进，经济发展迅速。加入世界贸易组织后，我国与全球一体化接轨，在全球经济一体化环境中扮演重要的角色，有大批外国企业进入中国市场，中国的企业也将走出国门。

2) 行业环境分析

从市场总体发展情况来看，伴随着中国逐渐成为全球IT企业关注的重心，中国IT业市场的竞争日趋激烈。中国不仅已经成为全球重要的IT制造中心，而且逐渐步入全球IT研发中心的角色。良好的国内经济环境使中国IT行业市场继续保持平稳的增长，蓬勃发展的中国软件与IT服务市场吸引了众多新的进入者。

展望未来，中国国民经济将继续保持稳步增长，中国行业和企业信息化建设将进一步深化，消费者的消费水平逐步提高，中国IT行业市场具有良好的发展前景。

机遇与挑战并存，大浪淘沙，唯有具备实力者才可脱颖而出，从而取得成功。

3) 企业环境分析

我的理想企业是微软亚洲研究院。微软亚洲研究院是微软公司在海外开设的第二家基础科研机构，也是亚洲地区第一家基础研究机构。这一战略投资显示了微软公司对中国及整个亚太地区经济发展潜力的巨大信心，以及对本地区信息产业发展的郑重承诺。

微软亚洲研究院提倡开放、自由、平等的学术风气，一直在努力营造一种奋发、进取与和谐的环境。始终强调自由、真诚和平等，强调成员之间相互信赖、相互尊重、相互协作。资历的区别和级别的差异都不能够阻碍成员之间坦率地交换意见和探讨问题。研究院承诺为每位才华横溢的研究人员提供丰富的研究资源和长期性的支持，这种支持包括充裕的科研经费、丰富的研究资源及开放自由的科研环境。研究院鼓励每位研究人员有长远的眼光和富于冒险的精神。同时，研究院鼓励研究人员加强与外界的交流，包括第一时间接触世界领先的研究成果，倾听产业先驱的声音，也包括与不同高校和研究机构进行持久而有效的合作。

4. 职业目标分解与组合

总体职业目标：微软亚洲研究院高级管理者。

1) 2011—2016年

学历目标：硕士研究生毕业，取得硕士学位；参加GRE和TOEFL英语能力考试，取得较好成绩。

职务目标：微软亚洲研究院某项目组正式研发人员。

能力目标：通过学习实践，掌握扎实的专业功底，拥有一定的科研能力，在国际权威刊物上发表2至3篇论文；通过参与科研工作和企业实习，将所学与实践相结合，与产品研发相结合；能流利运用英语与人交流，且能熟练阅读英文书刊。

2) 2016—2020年

职务目标：微软亚洲研究院某项目组的领导者。

能力目标：熟练处理本职工作，工作业绩在同级同事中居于出色水平；熟悉研究院运作机制及企业文化，能与公司上层进行无阻碍的沟通。

3) 2020—2025年

职务目标：微软亚洲研究院高级管理人员，相关领域的计算机专家。

能力目标：科研能力突出，在国际权威大会上展露风采；形成自己的管理理念，有很高的演讲水平，具备组织、领导一个团队的能力；与公司决策层有直接、流畅的沟通；具备应对突发事件的心理素质和能力；有广泛的社交范围，在业界有一定的知名度。

知识拓展

大学生短期目标的分类

短期目标对大学生来说是十分重要的，短期目标的设定是否合理，决定着中期目标和长期目标是否可以实现。相对而言，短期目标的分类也更为复杂，分类的标准不一样，分类则不尽相同。

按年级来分，可分为一年级目标、二年级目标、三年级目标、四年级目标。

按照学期来分，可分为上学期目标、下学期目标。

按照假期来分，可分为暑假目标、寒假目标。

按照内容来分，可分为学习目标、生活目标、社团实践目标、兼职目标、实习目标等。

按照毕业后的去向来分，可分为就业目标、考研目标、留学目标、创业目标、培训目标等。

重点关注

职业目标的名片探索法

静下心来认真想一想自己将来与别人会面时，递给别人的名片是什么样的？

接着找一张纸，自己设计名片，包括正面、反面、颜色、图标，以及称呼和职务。

然后问一问自己，你为什么这么设计它，并思考如何努力才能达到名片上的称呼和职务。

反思一下，自己达到以上目标具备什么优势，可行性有多大，有什么困难。

第五节　职业规划的实施与评估

一、管理职业生涯规划

（一）生涯规划档案

1. 如何描述自己

1) 你的霍兰德类型

请根据霍兰德职业兴趣类型表和职业兴趣测试报告中对六种类型的描述，列出最能描述你自己的语句。

2) 你的MBTI偏好类型

请根据MBTI维度解释和MBTI的16种性格类型及其通常具有的特征，写出最能描述你自己的语句。

你所考虑的职业至少应当一定程度上允许你表达自己的兴趣和个性。如果在阅读完相关材料并做完测试后，你仍不能确定自己的类型，请与职业生涯咨询师约谈。

2. 职业清单

1) 你的霍兰德类型建议你考虑的职业

根据你的兴趣探索结果，列出至少10种与你的霍兰德类型相对应(或近似)的职业。同时，请参考你所做的其他兴趣思考，什么样的职业令你感兴趣。

2) 你的MBTI类型所建议的职业

根据你的MBTI类型偏好，从相关测评或资料所列举的职业中挑出你感兴趣的职业，至少要有10种。这些工作有什么共通之处吗？请根据自己的MBTI类型思考，什么样的职业能使你感到满意。

3. 将你清单上的职业进行分类和进一步探索

对你在前面所列出的每个职业进行分类。例如，假如"护士"这个职业在你的兴趣列表和MBTI列表中都出现过，就将它列在第一类中；在第四类中，列出你特别感兴趣但在前面未曾出现过的职业。

1) 第一类：很有可能

写出在兴趣和个性探索中都曾出现过的职业，这些职业都值得你去深入探索。你的职业探索最好首先集中在这些职业上。

了解这些职业的要求和工作环境等细节。根据目前你对自己兴趣和个性的了解，考虑一下你将如何从事这份工作。

2) 第二类：比较有可能

写出在兴趣或个性探索中曾出现过一次的职业。这些职业也有比较大的可能性，供你进行下一步探索。

3) 第三类：有些可能

根据你的兴趣和个性探索，找出符合你一方面的情况却与另一方面的情况有冲突的职业。考虑一下，如果你从事这些职业，会出现什么情况？是否会有矛盾冲突，以及如何解决？

4) 第四类：其他的职业

写出在兴趣和个性探索中都未曾出现，且与之没有共同点的，但你感兴趣的职业。这些职业的可能性通常不是很大。问问自己为什么会对它感兴趣，是出于什么样的动机。想想你的目标和信念是否与这些工作匹配。

4. 你的价值观

写出你最重要的五项价值观，并请具体说明它们的含义。

5. 你的技能

找出你最擅长并愿意在未来职业中运用的技能。分别写出你最重要的五项自我管理技能(形容词)、最重要的五项可迁移技能(动词)、最重要的五项专业技能(名词)。

6. 继续探索职业清单

重阅你在前面所列出的所有职业，根据你对自我的了解，结合你的价值观和技能，列出你想继续探索的职业(可以是上面出现过的，也可以是未曾出现但符合上面共同特点的职业)。

在选择你想继续探索的职业时，不要在未对它有任何了解前就轻易地将它排除。在这张清单上，你需要有足够的职业供自己探索，但也要有一定的目标。也就是说，最好不少于5个，不多于10个。

作为职业探索的一部分，下一步可以采取如下行动。

(1) 收集、研究与特定领域的职业有关的书面信息。

(2) 采访有关人士，对感兴趣的职业领域进行进一步了解。

(3) 从职业咨询老师或其他老师那里寻求更多的个人帮助。

(4) 通过选修课程来检测自己对某一相关职业领域的兴趣。

(5) 通过参加社团活动来检测自己对某一相关职业领域的兴趣。

(6) 通过业余兼职、实习或做志愿者等方式来检测自己对某一相关职业领域的兴趣。

7. 目标设立与行动计划

(1) 我的长期目标。

(2) 为了做到这一点，我还需要哪些信息和帮助。

(3) 为了实现这一目标，在这一个月内我应该做哪些事。

(二) 生涯规划的评估与修订

常言道，计划赶不上变化。事物都处于运动变化之中，由于自身及外部环境条件的变化，职业生涯设计也要随之变化。种种不确定因素可能会使得原本制定好的规划设计与实际情况产生偏差。但是我们不必过于担心这个问题，正如航天飞机在飞向月球的过程中，97%都是偏离航道的，不断地从回馈中修正航道是不可避免的事。职业生涯规划也是如此，即使能从事自己喜欢的工作，仍然会不时地被杂事缠身，从而偏离或失去方向。因此，需要对原来的设计做出及时而准确的修订。

1. 评估的内容

职业生涯规划的评估对象包括规划目标、路径、策略等方面。

1) 目标评估

如果在职业规划实施过程中，发现自己错误地判断了个人兴趣、个人能力等，那么，朝着原定目标努力的过程会非常压抑、痛苦。这个时候，就需要反思和评估当初的职业目标制定得是否合理，是否需要重新选择职业。

2) 路径评估

当出现更适合自身发展和职业生涯发展的机会或选择，而原定发展方向缺少发展前景，或原定的发展方向超出了自己能力范围的时候，就可以考虑调整发展方向。

3) 策略评估

如果在向目标努力的过程中，没有收到实际的成效，则可考虑改变行动策略。

4) 其他评估

当个人遇到身体、家庭、经济状况或其他意外情况时，可以考虑暂时调整一下自己在职业生涯上的规划，以达到职业、生活与家庭的平衡。

2. 评估的方法

评估时，可以根据个人的实际情况采用适当的方法。如反思法，即通过回顾自己的职业生涯规划实践过程，反思各个规划环节是否科学、合理，是否符合自己的情况，计划实施效果如何，还存在哪些问题等。也可以将自己的职业生涯规划告诉亲朋好友，邀请他们从旁观者角度审视自己的规划方案及实施的效果。虚心、主动征求别人对自己计划的看法，往往会受益匪浅。另外，在职业生涯规划时还应多比、多思、多学，吸取别人的科学方法。对别人职业生涯规划的分析观察，往往有助于自己对职业生涯规划进行适当修改。

3. 生涯规划的修订

在职业生涯规划过程中，最后一个步骤是信息反馈。反馈调整对于规划的再认识、再发现是非常必要的。生涯规划的实施反馈要求我们时时注意内外环境的变化，不断地审视自我、调整自我，不断地修正策略和目标，以确保个人生涯规划的有效性。

1) 反馈与修订的内容

获得反馈信息后，常常要根据评估的结果进行目标和策略方案的修订。修订的内容包括职业的重新选择、职业生涯路线的选择、阶段目标的修正、实施措施与行动计划的变更等。在这期间要做到谨慎判断，果断行动。谨慎判断就是无论变化多大，都要在厘清来龙去脉后再做判断；果断行动就是要在判断后立即采取行动，重新修订自己的生涯设计，从而保证职业生涯的健康、顺利发展，最终实现人生的职业理想。

2) 反馈与修订的意义

通过反馈评估和修正，可以达到以下目的：对自己的强项充满自信；对自己的发展机会有一个清楚的了解；找出关键的有待改进之处；为这些有待改进之处制订详细的改变计划；以合适的方式答复那些给予反馈的人，并表示感谢；实施自己的行动计划，确保自己能取得显著的进步和成就。

3) 职业生涯规划的评估策略

(1) 找一位职业导师。职业生涯规划是一个复杂的过程，我们需要付出自己的全力。如果能够得到一位前辈的职业指导，将可以帮助我们更加清楚自己的目标，大大加速达成目标的进程。

(2) 把目标和行动计划放在容易看到的地方，不断提醒自己要坚持不懈。有不少人在制定规划后就将其束之高阁，这是导致职业生涯规划失败的最大原因。为了保证规划的有效实施，一般来说，至少要每三个月检查自己的行动进度。同时，还需经常审视职业目标和行动计划，必要时做出调整。

(3) 针对自己需要提高的方面，从课堂培训、自学、辅导、实践、实习等多种方法中找到最佳方式，行之有效地缩小与目标的差距。

(4) 职业生涯规划不是制定之后就一劳永逸的事情，需要不断检查、微调，必要时还可能做"大手术"。为此，我们必须时常审视自己处在何种位置、何种职业环境，尤其是市场需求有哪些变动，以3~6个月的周期给自己的规划做一个反馈。

二、职业能力提升

(一) 职业能力提升之自我管理

1. 情商管理

1) 情商的内涵

情商并不像智商那样，可用量化指标较准确地测量和表示出来，它是通过一个人的综合表现判断出来的。情商实际上是认识自身情绪、管理自身情绪、自我激励、认识他人情绪和管理与他人之间的关系五方面能力的综合体现。通常，在这五方面表现突出的人，会被认为情商水平较高。

心理学曾对情商水平较高者的思维与行为进行研究，发现在一般情况下，这些人都具有一些共同特征，如社交能力强、外向而乐观、不易陷入恐惧或伤感、对事业较投入、为人正直、富有同情心等，无论是独处还是与许多人在一起都能怡然自得。

2) 职业人为什么要管理情商

情商是大脑中理性中心和感性中心之间的联系数量产生的结果。不断进行情商管理实践，可以使大脑细胞在没有增大尺寸的情况下发展出新的联系来提高思考的效率。对于职场人来说，情商管理对精神和身体，乃至职业生涯发展都有重要影响。

(1) 情商管理有助于提升"幸福感"。一个人情商管理的技巧越多、实践越多，越容易获得生活的乐趣。

生活中的每个困境都会在一个恰当的时机找到成熟的解决方案，无论是职场问题还是生活问题。当问题大到能看见但仍然没到解决的时机时，你的情绪将为你指明行动的方向。这时你必须能理解情绪，熟练地控制情绪，调整一个最佳状态迎接解决问题的最佳时机，否则将极有可能错过时机。相反，如果你误读了自己的情绪，或是不对消极情绪加以控制，它们就会在你的体内迅速建立起紧张和焦虑等不舒服的感觉，这些情绪会损害你的身心。

情商管理能够帮助职场人解决上述艰难的处境，在情绪变得难以管理之前就将其解决掉，从而帮助你更好地面对压力，提升幸福感。不能熟练实践情商管理的人，往往寄希望于他人，他们缺乏有效管理情绪的方法，会双倍地体验焦急、抑郁；而能熟练实践情商管理的人，则在他们所处的环境中感到更加自在、舒服。

(2) 情商管理有利于健康。情绪的长期低迷与各种严重疾病之间有确定的联系，例如，压力、焦虑和抑郁会破坏人的免疫系统，降低人的免疫力，从而使人更容易生病。许多调查表明，情商对健康状况的影响很大。

情商管理可以加强大脑应对情绪低迷压力的能力，这种弹性有利于保持免疫系统的强壮，从而防止生病。

(3) 情商管理有利于职业生涯发展。情商是个人管理与人际关系管理能力的综合体现，因此情商管理可以从另一个角度理解为个人管理能力与人际关系管理能力的加强训练。实际上，情商管理中的很多内容也确实体现了这一观点，如情商管理中经常提到的时间管理、压力管理、自我激励等，都对个人能力提升有显著促进作用。而这些能力的培养加强，又对一个人的职业发展和职业化进程至关重要。例如，情商管理能使人在职业方向上更加精力集中，在取得成功前保持积极的奋斗心态；情商管理还是职场中重要的"镇静剂"和"提速剂"，是成就个人与团队的驱动力量。

(4) 情商管理有利于团队管理。情商管理的作用集中体现在团队管理技巧上，例如，如何管理团队成员的情绪、如何管理团队成员间的关系、如何管理团队与外部个人与组织的关系等。有效的情商管理可以增强团队凝聚力，提升成员间相互信任的程度，使团队合作更有效率，沟通更加顺畅。

3) 如何管理情商

每个职场人都希望自己成为职场上的抢手人才，要实现这一目标，显然不能缺少情商的助力。现代职场的竞争已不仅仅是智商的竞争，更多的是情商的竞争。学习如何进行情商管理，提升自己的情商已迫在眉睫。

(1) 学习认识情绪。情商管理过程中常会有这样的误区：情商管理即百分百控制情绪，永远迫使自己保持"微笑"。这显然是不正确的，也没有人可以做到。情商管理并不要求对情绪的完全控制。相反，它允许情绪通过一定渠道表现并指导你的行为。

情商管理所强调的自我认知，是指充分认识情绪所代表的含义和产生这些情绪的原因，并不是抑制某一种情绪产生，或强行要求某种情绪产生。这样做不仅不会对人有所帮助，反而可能给身心健康带来伤害。

提高自我认知能力，首先要认识自己的情绪和各种情绪所带来的影响。表3-11是常见情绪的不同强度对人造成的影响。

表3-11 不同情绪强度的影响

情绪的强度	幸福	悲伤	愤怒	恐惧	害羞
高	得意洋洋、激动兴奋、狂喜、喜悦而战栗、喜悦充溢、欣喜若狂、热情激动	情绪低落、失望、愁闷、伤痛、沮丧、绝望、悲痛	狂怒、大发雷霆、暴怒、激动、激怒、大怒	恐怖、毛骨悚然、僵硬、吃惊、惊呆、恐慌	悔恨、懊悔、耻辱、不光彩
中	令人愉悦、情绪高涨、令人满意、宽慰、满足	情绪低落、心烦意乱、不舒适、遗憾、忧郁	不快、生气、发怒、懊恼、不安、憎恨	担惊受怕、害怕、令人担忧、不舒服、震惊	抱歉、偷偷摸摸、内疚
低	高兴、满意、愉快、美好、喜欢	不幸福、忧郁不快、沮丧、不知所措、不高兴	烦恼、紧张、困扰、烦躁、易生气	担心、紧张、胆怯、不确定、焦虑	窘迫、失望

表3-11中积极的情绪应得到培养和发扬，而消极的、对人身心有害的情绪则需要克服和抑制。自我最大的障碍是自我意识中逃避问题和困难的倾向。超过三分之二的人在承认自身不足时感到非常困难，这使得人们对自身存在的问题缺乏充分的思考，因此很少有人能做出合乎逻辑的判断。在这种情况下，下次再面对自身问题时，人们只会感到加倍刺痛和难受。

克服不良情绪的有效途径是学会"直面问题"，如果没有思考过你需要做什么，你就不能充分管理自己。如果只是逃避消极情绪，而不集中精力思考问题的来源，生活只会在这种情绪中继续。

(2) 学会控制情绪。比起认识自己的情绪，控制情绪是一种更大的挑战。有一种控制情绪的方法是预测情绪，并提早做出计划，如为了克制购买无用小东西时的兴奋感，你可以提前准备好承受空手而归的失望情绪。

在事态和情绪都无法预测时，你可以试着给自己制造一段缓冲地带。例如，当你遇到意外事件感到慌乱时，你可以先停顿一下，可能是几秒、几分钟，利用这段时间调整自己的情绪，告诉对方你现在无法作答；然后离开现场，找个地方思考，并让自己平静下来。

(3) 学习倾听他人。如何倾听，人们才愿意与你交谈？倾听是建立社会关系的重要条件，也是手段。为了更好地倾听，我们必须做到以下几点。

① 停下一些自己喜欢做的事情。
② 控制想说的欲望。
③ 控制内心中穿过的心灵独白。
④ 控制对其他人过早下结论的倾向。
⑤ 控制住提前考虑下一步要说什么的思考。
⑥ 安静而专心，移开所有影响会谈的障碍，创造让他人诉说的氛围。

当你将注意力集中在周围人所说的话上时，人们将会对你的专心给予很好的反馈，你也会理解他们为什么会向你发表这些言论。当你的思想更多地集中在他们身上而不是你自己身上时，你将惊讶于你所观察到的情况。

(4) 学会感知他人的情绪。人们通过五种感觉从外界获取信息，即味觉、触觉、嗅觉、视觉和听觉。绝大部分人只通过听和看来了解他人和环境，很少有人知道第六感觉——情绪感知，它是与另一个人交谈时搜集信息的最重要方式。

试想一个谈话的情境，即使使用的语言很有逻辑，但关于会谈的某些比较微妙的东西也会让事情变得糟糕，如说话的语气、措辞，对方对敏感问题的反应等。学会感知这些细微的情绪变化，可以帮助你调节自己的反应，并决定下一步行动的最佳时机。

（5）学会交谈。你与某人的联系越弱，你的观点被接受的难度也就越大。如果你希望人们倾听你所说的，那就先建立起值得信赖的关系。与陌生人开始交谈时，谈话的效果取决于通过言谈举止建立关系过程中双方表现出的相互影响的能力。

有效交谈首先要发现自己的情绪在交谈过程中扮演何种角色，即情绪是什么时候、如何控制了你的行为的。情绪在人们的讨论中都会扮演某种角色，不管这种情绪是否明显。事实上，总会有些不合时宜的情绪在交谈时跑出来，这时就需要运用情商管理技巧认识和解决这些情况。交谈过程中你的目标是在你听到的内容、内容的表达方式和双方的情绪三者之间找到一个平衡。

当交谈中有一个人太过情绪化时，要注意照顾他/她的感觉，不要忽视别人。在交谈过程中，不管你是否同意他的行动，都要尝试采取支持的态度，过于直接地挑战他人的观点常常会导致别人产生防卫心理。

当你是变得情绪化的那个人时，应该试着尽最大努力承担起问题的一半责任。若你需要更多的时间来理解自己的情绪或者使你的情绪完全平静下来，就礼貌并坚决地要求一些时间。等到你能准确阐述你的情绪时，交谈可能会走向更为缓和的方向。

（6）情绪没有中间地带。情绪会对交谈产生积极或消极的影响。因此，坦率地表明自己的态度很重要。如果你对某人有兴趣，应该努力给出积极的反馈。表达你所关心的东西在交谈中同样重要，这可以帮助他人更好地理解什么对你是重要的。

有研究表明，人每次只能有效地处理少数行为。因此在情商管理实践过程中，每次应只专注提高一项情商技巧。以情绪认知技巧为例，你不需要花时间思考"我需要认识×××"，而是需要编制一个计划，把明确地提高该项技巧的行动纳入日常事务，然后按计划逐一实施。

2. 时间管理

每个人都同样地享有每年365天，每天24小时。可是，为什么有人能够在有限的时间里既成就了事业的辉煌，又能充分享受到亲情和友情，还能使自己的业余生活多姿多彩呢？关键就在于他们有良好的时间管理能力，善于对自我进行时间管理。时间管理是增加有限时间内所创造的价值，实现时间的有效利用与分配，克服浪费时间的有力工具。

时间管理能力体现出人对事件本质的判断能力、统筹规划能力和对事物发展趋势的预测能力等综合素质。时间管理是现代职场人必须具备的职业化素质之一，它的高低对一个人职业生涯发展的好坏具有决定性影响。

1）管理时间的意义

对于职场人来说，管理时间是持续发展所必需的基本能力。当谈到时间管理，以及如何培养和提升时间管理能力时，首先要明确为什么要进行时间管理。换句话说，就是要先弄清楚时间管理对职场人究竟有什么用。

心理学研究表明，人们都有一种不自觉的潜意识倾向，当我们碰到棘手的问题时，大部分人都不愿意去面对，都希望别人可以解决或是这个问题可以自己消失。受这种意识倾向的影响，当出现问题时，人们会不自觉地把时间和注意力用在其他地方，以避免直面让人头疼却又非解决不可的事。在无关紧要的事情处理好后，人们似乎可以给自己一种心理安慰，对自己说："虽然问题没有解决，但我已经尽力了。"

很多职场人每天看起来都很忙，甚至有的时候还要加班加点，但实际解决的问题和完成的工作远没有看起来那么多，这是一种典型的受"逃避棘手问题"意识影响而产生的低效使用时间的表现。这种低下的效率不仅在工作上拖职场人的后腿，长此以往，还会造成严重的心理和身体上的负担，甚至可能出现自我否定情绪或"厌班"症状。

"低敏感度"与"低效"是现代职场人普遍存在的两大"时间问题"，前者多在无意识的情况下发生，后者则是潜意识地回避造成的。这两大问题的解决对于职场人来说至关重要。学习时间管理并不是为了做"更多"的事，而是为了"更好"地做事，即在有限的时间内创造最大的价值。时间管理的意义在于迫使人们看清事物背后的价值，学会由主到次解决问题的思路，掌握在短时间内处理多个问题的方法，最终达到在有限的时间内创造价值最大化的目标。

简单地说，职场人学习时间管理，一方面可以优化工作流程，提高工作效率，加速达成工作目标；另一方面，时间管理可以调整最适宜的工作节奏，减轻工作压力，平衡身心，创造舒适的工作与生活环境。

综上所述，时间管理可以使人们控制时间、有效使用时间，这无疑从根本上解决了现代职场人的两大问题。

2) 提高时间管理能力的途径

把自己能够支配的时间资源管理好，是职场人成功的关键之一，但提升时间管理能力的方法并没有一定的规则。事实上，时间管理不仅是一种职业化素质与能力，更是一门需要用一生去钻研和感悟的学问。

一套合理的时间管理方法，必须是适合职场人自身特点和所处环境特征的，必须是符合职场人持续发展需要的。这套方法无法照搬书本，而需要我们自己发现与总结。职场人管理时间的能力实际上正是在这一探索过程中得以提升的。对于终将要走上社会的大学生来说，需要在学校期间即开始注重培养自己的时间管理能力，以利于将来更好地适应职场。

(1) 树立时间和高效的观念。时间观念的核心内容是严守时间和充分有效地利用时间。对于职场人来说，上班打卡只是一种外在约束形式，要树立时间观念，更重要的是职场人自身的内在约束，即作为一个高度职业化的职场人对所服务企业的忠诚和责任心。

所谓高效观念，就是以工作的效率和合理化为目标的观念。在日本，几乎每个人手里都有一本效率手册，随身携带，时刻查阅，为的就是让各项工作按计划、按轻重缓急有序排列，没有遗漏、无缝衔接。职场人有必要对工作进行合理化的统筹安排，其目的在于更好地利用时间，在相同的时间里将价值最大化，即提高时间的使用效率。

(2) 学会制订与贯彻计划。成功的时间管理者首先强调工作的效率，这要求职场人必须在工作的筹备阶段就有一个明确的工作大纲，大纲里需要为各项任务制定目标，并按照优先次序制定时间预算和时间分配方案，避免浪费时间。

但是，仅有一个好的计划是不够的。当一个完整的工作计划制订完成后，依照计划贯彻实施同样至关重要。拖沓、半途而废、中途大面积修改计划等是阻止计划顺利实施的"元凶"，这些行为使你不得不一次次从零开始，极大地降低了工作效率，同时在反复的过程中消磨了工作热情，严重影响目标完成情况。

由此可见，制订计划与执行计划对于职场人是同等重要的。

① 制订工作计划，也是制订一个时间管理计划。制订计划一般要遵循"越紧要的事情越先处理"的原则，按照工作的轻重缓急合理分配时间。

② 执行计划时需要保证"当日事当日毕",克服惰性和拖沓;计划实施要充分考虑实际工作进展情况,有时一件重要事务的处理很可能打乱一天的工作安排,这是允许的,也是必须的。优秀的时间管理者通常具有很强的应变能力,可以对实际工作中的突发状况做出及时的反应和调整,不会因为工作安排被打乱就手忙脚乱。

(3) 学会"开源"与"节流"。除了合理地分配有限的时间,职场人还要学会自己"创造"时间。

"创造"时间首先可以通过"开源"的方式,时间"开源"的方法可以参考以下几种。

① 尽量利用零碎时间。例如,用等车、坐车的时间看书,用睡觉前的空闲时间读报,散步时与友人讨论一些问题等。

② 充分利用现代化、社会化节省时间。例如,购买家用电器代替家务劳动,通过社会化服务取代需要自己动手的一些工作,将自己的时间用于创造更大价值的工作。

③ 简化工作程序。根据崔西定律,任何工作的困难度与其执行步骤的数目平方成正比。例如,完成一件工作有3个执行步骤,则此工作的困难度是9;而完成另一工作有5个执行步骤,则该工作的困难度是25,所以简化工作流程十分有必要。

④ 保持健康的身心。身体是"革命"的本钱,没有健康的体魄,任何工作都无从谈起。现代研究发现,左右脑轮流休息是一种积极的休息方式,不但有助于提高学习效率,而且能够节省学习时间。脑力劳动和体力劳动交替安排,就是一种积极休息的方式。职场人在安排周密的工作计划时,也要学会放轻松,如参加体育锻炼、定期健康检查、吃清淡的食物等。

"创造"时间还可以通过"节流"的方式。记录时间是怎么花掉的是时间管理的开始,但它绝不是一次性的任务。在整个时间管理过程中,人们需要不断地重新记录,以便了解最新的时间使用情况。"节流"时间,需要列出一张"时间收支表",将每天的时间开销记录下来。对于发展专长、高价值的活动可以多花费一些时间,对于无益身心的低价值活动尽量不要花费时间。职场人通过及时评估时间的使用情况,可以找出时间使用效率低下的症结,去除浪费时间的不必要环节,实现每天24小时时间资源的"收支平衡"。

(4) 杜绝"时间杀手"。"时间杀手"就是浪费时间的事情,如电话干扰、接电话后习惯聊天、不速之客、拖延等"外部杀手",以及犹豫不决、过度承诺、个人组织能力不佳、缺乏目标等"内部杀手"。消除时间杀手的关键在于厘清工作重点,做出关键抉择。

克服拖延的习惯是消除时间杀手的重要内容,要做到这一点,就要培养良好的组织能力,由重要的事情开始着手工作;建立一个时间表,培养紧急意识;以快节奏工作,一旦开始,就不要停止;尝试从最糟的事情开始;不要找借口;设定截止期限等。

消除"时间杀手"还要学会沟通。一个人的职业生涯是否成功,80%取决于如何有效地与别人沟通。职场人在与人沟通时,首先应弄清沟通的目的是什么;其次要选择对达成目标有益的沟通对象;最后要选择适当的沟通方式。良好的沟通可以大大降低犯错误和返工的概率,对于提升团队的工作效率有益。

(5) 有序工作始于有序环境。工作要有组织性,工作环境首先要整理好。良好的工作环境和工作习惯对于职场人的时间管理同样有重要影响。档案怎么摆放、电脑中的信息怎样存放等,都有很多讲究。例如,各种信息和材料要通过分类的办法有序储存,这样可以大大减少查找信息和材料的时间,还可以防止材料和信息丢失。

3) 时间管理工具的选择

随着科技的进步,职场人可以使用的时间管理工具越来越多,从传统的笔、纸质笔记本,到现在的手机、计算机等。我们知道了时间管理的目的在于有效使用时间，创造更多价值，所以管理时间所使用的工具也必须是简便、快捷、高效的。明确了这一前提，在进行工具选择时就会更具有针对性。

(1) 各类时间管理工具的特点如表3-12所示。

表3-12　各类时间管理工具的特点

时间管理工具	优点	缺点
笔、纸质笔记本、便签等	高效、便捷、易用、廉价	信息存储、展示形式单一
日程表	轻便、灵活，展示、存储能力强	不适宜快速记录和大量输入
手机、计算机、在线工具等	功能强大，互动性强，在团队建设中便于团队沟通	对设备和技术的依赖性强

(2) 挑选时间管理工具的原则。

① 选择你可以熟练运用的工具，且操作不太复杂。

② 选择最便利的工具。例如，你经常在计算机旁，那么计算机就是便利工具；但对于经常在外工作的人，手机或记事簿则比计算机更加便利。

③ 根据工作内容，选择特性匹配的工具。例如，PDA可以灵活实现多种任务视图，但输入不便，当需要大量输入时不应选择；纸质笔记本多媒体展示能力差，但书写快捷方便，更适合及时记录工作备忘等。

(二) 职业能力提升之问题解决与信息处理

1. 问题解决能力

调查显示，具有较高问题解决能力的毕业生最受用人单位青睐。问题解决能力是毕业生顺利就业必备的技能。具备了解决问题的能力，学生就能得心应手地处理学习和生活中所碰到的各种难题，找到理想的工作；问题解决能力还可以帮助学生在不断变化的环境中获得新的职业技能和知识，适应更高层次职业和岗位的要求，更好地发展自己。

问题解决能力是从许许多多职业活动与职业实践中抽象出来，同时又适用于各种职业活动与职业实践，具有普遍适应性和可迁移性的能力。问题解决能力是任何职业活动都必备的核心能力。

1) 什么是问题解决能力

问题解决能力是指个体能够准确地把握事物发生问题的关键，利用有效资源，提出解决问题的意见或方案，并付诸实施，进行调整和改进，使问题得到解决的能力。解决问题的能力与人的知识经验和各种心理过程有密切联系，包括发现问题的能力、对问题的分析能力、提出假设进行推理的能力及验证结论的能力等。

问题解决能力包括以下三方面的内容，即提出正确解决问题的意见或方案，有效实施解决问题的方案，科学调整或改进解决问题的方案。根据中国就业培训技术指导中心研究设计的"国家职业核心能力培训测评模块"，问题解决能力涉及13个能力点，其中提出正确解决问题的意见或方案涉及4个能力点，它们分别是准确定义问题、明确解决目标、形成比较思路、选择最佳方案。有效实施解决问题的方案涉及5个能力点，它们分别是获取上级支持、设计实施方案、寻求利用支持、有效利用资源、及时调整方案。科学调整或改进解决问题的方案涉及4个能力点，它们分别是掌握检查方法、实施有效检查、准确得出结论、反馈评估提高。

2) 问题解决的一般过程

一般来说，解决问题主要包括以下几个过程。

(1) 发现问题。解决问题是从发现问题开始的。问题只有在被发现的时候，才能引起人们解决问题的思维活动。问题本身是客观存在的，有的问题较为明显，容易被发现；有的问题则比较隐蔽，不易被人发现。有人善于提出问题，有人则对问题熟视无睹。能否发现问题，取决于三个因素：一是问题解决者活动的积极性，问题解决者活动的积极性越高，接触面越广，就越能发现常人所发现不了的问题；二是问题解决者的求知欲望，有强烈求知欲望的人，不满足于对事物的一般了解，喜欢刨根问底，常能在别人习以为常的现象中发现问题；三是问题解决者的知识经验，知识经验越丰富，视野越开阔，便越容易发现问题。

(2) 明确问题。明确问题就是认清问题的关键。只有认清问题的关键，思维活动才会有明确的目标，才能有条不紊地围绕问题的核心展开。要明确问题，就必须分析问题。任何问题都包括要求和条件两方面的内容，这是问题构成的最普遍形式。要求是指问题解决要达到的目标，条件是指问题解决过程中所能利用的因素和必须接受的限制。分析问题就是要分析问题的要求和条件，找出它们之间的内在关系，把握问题的实质，确定解决问题的方向。

在问题分析方面，还需要注意几点：一是确定问题的影响范围和程度；二是确定问题发生的频次，如果是产品质量问题，则要确定发生率；三是确定问题的主体，即发生的主体是什么，是一个零件还是一批材料，或者是某个人，要记录这些主体的详细信息。

(3) 查找问题根源，验证根因。在查找问题根源方面，大多数优秀公司常用的手法为鱼骨图和5-WHY[①](5个为什么)基本解决工具。当然不是每个问题都需要采用这些方法，每个公司可以有自己的一些惯用方法，但在寻找问题根本原因方面，都必须进行多次的原因剖析，这样才能找到真正的根源，否则只能找到问题的浅层次原因。从严格意义上来讲，很多公司在解决问题时找到的并不是原因，而仅仅是现象。

运用5个为什么式的询问方式，是追找根因的一个很好的方法，在询问为什么的时候，我们要注意的是了解问题发生的详细过程，了解现场、现物、现实。在对问题发生的"三现"做了详细了解后，才能不至于问询一些粗犷的"为什么"，否则询问的"为什么"就不会有很好的针对性和引导性。

当挖掘出问题根因后，要针对不同的根因做出验证计划。由于我们采用的是头脑风暴式的问题分析过程，分析后的结论也就是我们找到的根因，还需要进一步验证，以确定根因的准确性和不良泄漏点，只有找到并确认不良泄漏点后，我们才能做出有效的改善措施。

(4) 提出假设，制定问题的解决对策。一旦我们确定了问题的根因和问题泄露点，我们就可以制定出相应的对策，而这时的对策也才有治本的作用。假设就是提出解决问题的可能途径、方法和策略。学生提出的解题设想、教师制订的教学计划，在正式实施之前都具有假设的性质。提出假设是具有创造性的阶段，也是解决问题的关键步骤。一般而言，对同一个问题，问题解决者往往会提出多种假设，这就需要进行选择，以确定最佳方案。最佳方案的产生不在于假设的数量，而在于假设的合理性即假设的质量。提出假设的数量和质量取决于两个条件：一是问题解决者思维的灵活性，思维越灵活，越能多角度地分析问题，也越能提出众多的合理性假设；二是问题解决者已有的知识经验，与问题解决相关的知识经验越丰富，就越有利于扩大假设的数量并提高其质量。

---

① 又称为"五个为何""五问"或"五问法"，是一种提出问题的方法，用于探究造成特定问题的因果关系。五问法最终旨在确定特定缺陷或问题的根本原因。在日常生活当中，常常会听到有人提出类似于"碰到问题，多问几个为什么"的善意忠告，而五问法之中的道理就与此忠告非常类似，强调的是人们在面对问题时要有"打破砂锅纹(问)到底"的精神。

在制定对策方面，有几个重点要特别注意，那就是对策必须有担当者、对策制定完成期限(如果暂时无法确定，也需要有阶段性期限)、对策实施开始日、对策效果确认措施，以保证对策的有效实施。

(5) 检验假设对策效果。当对策制定出来后，我们除了实施，还要监控实施过程，查看是否有一些我们不期望的偏差，及时采取纠正措施。检验假设就是通过一定的方法来确定假设是否合乎实际、是否符合科学原理。检验假设的方法有两种：一是直接检验，即通过实践来检验；二是间接检验，即通过推论来检验。通过推论淘汰错误的假设，保留合理的假设，选择最佳的假设，这是人们在解决问题过程中最常用的检验方法。当然，间接检验的结果是否正确，最终还是由直接检验的结果来证明。问题解决的上述阶段，在解决简单问题的时候可能并不明显，往往在发现问题的同时就明确了问题，在提出假设的时候就进行了推论性检验。但是，在解决比较复杂的问题，特别是解决创造性问题时，它们是明显存在的。

(6) 水平展开，再发预防。当改善对策实施效果确认满意后，接下来要考虑的是确定在系统和流程中，我们做出什么样的改善可以彻底防止类似的情况再次发生在其他地方。首先列举出与这次问题发生相关的产品或服务类似的制造流程和系统，然后将该次改善对策同样运用到这些流程系统中。水平展开作为改善中的一个环节，有着非常重要的作用，因为它防止了将来类似问题的发生，使一类问题在一个地方得到解决后，确保在别的环节不再发生。

当然，在解决具体问题时，根据问题的不同特点，并不一定非要按照以上几个步骤按部就班地进行解决。但树立问题解决意识、养成解决问题的科学思路，可以使个人在面对问题时保持清醒的头脑。问题解决过程如图3-7所示。

3) 几种问题解决的模型

(1) 桑代克的尝试错误模型。美国心理学家桑代克根据一系列以动物为对象进行的实验研究，认为问题解决是一个通过尝试使错误的行为动作逐渐减少、正确的行为动作逐渐增多的渐进过程。这种理论虽然认为问题解决的过程是盲目、渐进的，是在没有推理和判断的情况下进行的，但也存在一定的规律，即著名的学习和问题解决三定律——效果律、练习律和准备律。

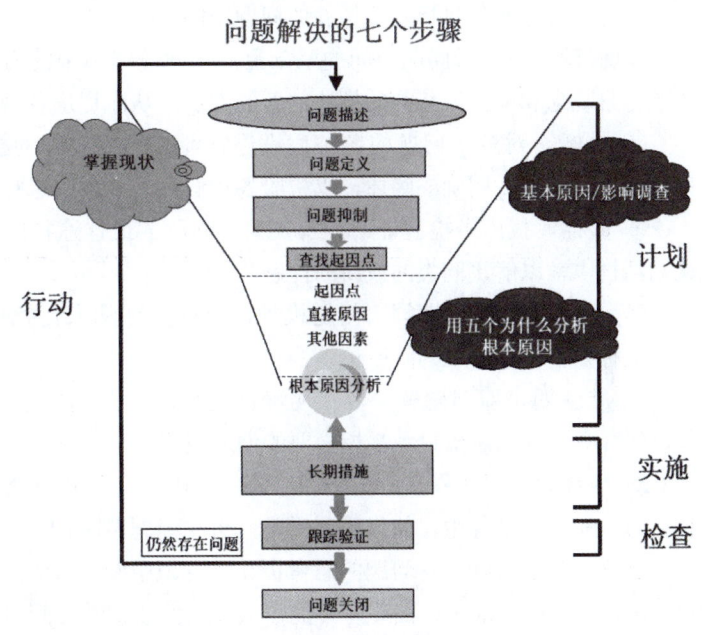

图3-7 问题解决过程循环图

效果律是指在试误学习和问题解决的过程中，如果其他条件相等，在学习者对刺激情境做出特定的反应之后能够获得满意的结果时，其联结就会增强；而得到烦恼的结果时，其联结就会削弱。也就是说，满意的结果会促使个体趋向和维持某一行为，而烦恼的结果则会使个体逃避或放弃某一行为。

练习律是指在试误学习和问题解决的过程中，任何刺激与反应的联结一经练习运用，其联结的力量就逐渐增大，练习的时间越近，联结保持的力量就越大；而如果不运用，则联结的力量会逐渐减少，不运用的时间越长，则联结的力量减小越多。

准备律是指在试误学习和问题解决的过程中，当刺激与反应之间的联结事前有一种准备状态时，实现则令人感到满意；反之，当此联结不准备实现时，实现则令人感到烦恼。

(2) 苛勒的顿悟模型。这是德国心理学家苛勒提出的一种阐明解决问题的性质和过程的模式。他认为从问题解决要求可以看出问题情境中的各种关系，而对这种关系的理解是突然产生的，是一个顿悟过程。

苛勒不同意问题解决的尝试错误模式，认为桑代克安排的实验使动物看不到整个问题的情境，因而出现尝试错误现象。事实上，苛勒的顿悟模型与桑代克的尝试错误模型并不是互相排斥和绝对对立的。尝试错误往往是顿悟的前奏，顿悟则是练习到某种程度时出现的结果，是尝试错误的飞跃。

(3) 杜威的问题解决模型。美国心理学家杜威根据自己大量的观察和逻辑分析，认为解决问题一般包括五个步骤。

① 失调。问题解决者在主观上意识到他所面临的问题，进行初步的怀疑、推测，产生一种认知的困惑感。

② 诊断。从问题情境中识别出问题，考虑它和其他问题之间的各种关系，明确问题解决的已知条件、要达到的目标及要填补的问题空间。

③ 假设。在分析问题空间的基础上，使问题情境中的命题与其认知结构联系起来，激活有关的背景观念和先前所获得的解决问题的方法，从而提出各种解决问题的可行方案，形成假设。

④ 推断。对解决问题的各种假设进行经验的或实际的检验，推断这些方法可能出现的结果，并对问题再做明确的阐述，以检验各种假设，并从中选择最佳方案。

⑤ 验证。找出经检验证明为解决某一问题的最佳途径的方法，并把这一成功的经验组合到认知结构中，以解决同类的或新的问题。

(4) 瓦拉斯的创造性解决问题模型。英国心理学家瓦拉斯提出的关于创造性解决问题的理论，又称为创造性思维四阶段论。

① 准备期，即问题解决者在明确创造目的、明确问题特征的基础上，积累有关的知识经验，研究有关的信息资料，掌握必要的创造技能。

② 孕育期，即在积累一定知识经验的基础上，问题解决者要对问题和资料进行深入的探索和思考。在这一过程中，如果思路受阻，可将问题暂时搁置而去从事其他活动。从表面上看，问题被搁置了，但实际上对问题的思考仍在潜意识中断断续续地进行。由于它是在摆脱了长期精神紧张之后经验的再加工，因此有可能在从事其他活动时受到启发，使问题获得创造性的解决。

③ 明朗期，即问题解决者在历经了对问题周密的、长时间的思考之后，无意中受到偶然事件的触发而使新思想、新观念、新表象得以突然产生，使百思不得其解的问题一下子迎刃而解，表现为灵感、直觉和顿悟。灵感的产生往往是突如其来的，不能有意识地控制，它有时产生在其他活动中，有时也可能是错误的。

④ 验证期，即对明朗期提出的新思想、新观念进行验证、补充和修正，使之趋于完善。

4) 培养解决问题能力的必要性

解决问题能力既指具体专业技能和专业知识之内必备的能力，又指具体专业技能和专业知识以外的一种能力。此处所指的解决问题能力主要指后一种能力。因为它强调的是当职业发生变化或当劳动组织出现变更时，劳动者具有的这一能力依然有效。由于这一能力已经成为劳动者的基本素质，劳动者拥有这种能力就能从容面对市场或职业的挑战，能够在快速变化的环境或职场中游刃有余地解决各种新出现的矛盾和问题。这是劳动者从事任何一种职业都必须具备的能力之一，因此又被列入跨职业能力的范畴。从以上对问题解决能力的内涵分析可以看出，这一能力与具体的专业技能相比确实具有明显的不同，它具有可迁移性，就像人们所称的是一种"可携带的能力"，它对劳动者未来的发展具有关键性的作用。

（1）解决问题能力的强弱决定了绩效的高低。员工解决问题的能力，就是结合企业的愿景、战略和岗位职能，运用观念、规则、工作程序等对客观问题进行分析并提出解决方案的能力。员工解决问题的能力决定了其工作绩效的高低。那些有很强的问题解决能力的人往往能够创造卓越的业绩，而那些欠缺这一能力的人则刚好相反。IBM的一位高级经理就表示，绩效的获得来自解决问题的能力。日常工作的种类繁多，在有限的时间内完成多大的工作量完全取决于员工解决问题的能力水平。

很多员工认为，解决问题是高层领导的事，自己只要做好执行工作就行。事实上，即使是最基层的员工，也不得不解决日常运营中的各种问题。例如，文件的处理、电话的接听、人员的接待、各种方案和书面材料的编写、事务的报告和传达、外部情况的调查、事件的调查与核实等。良好的解决问题的能力是当问题接踵而来且复杂度不断升高时，能够系统地找出问题的成因，对症下药，以最有效率的方式解决问题。

（2）最优秀的人，是最能解决问题的人。在工作中，谁都难免会遇到各种困难和问题。面对难题，优秀的人往往会积极地寻找解决问题的办法，而平庸的人则总会寻找借口，逃避责任。最优秀的人，往往是最能解决问题的人，他们的成功之道，归根到底就是他们最善于寻找办法解决一个又一个的难题。

（3）问题解决能力决定个人职业发展。每个人在职业生涯中都会遇到一些艰巨的、高难度的工作，而你用什么样的态度去对待，就将会有什么样的收获。假如在高难度的工作面前，你毫不犹豫地说"交给我吧"，并想尽一切办法去完成时，企业领导一定会对你刮目相看；如果你总是不敢接受高难度的工作，你就会平庸一辈子。一有困难就退缩、一遇阻力就放弃的人，永远也不会得到老板的青睐。虽然他们的抱怨和担心都是客观存在的事实，但是为公司排忧解难，主动承担艰巨的任务，并想尽一切办法去完成，是每个员工应该做到的。当公司给你一项艰巨的任务时，你应秉持的唯一态度就是乐意接受并克服一切障碍，保质保量地完成。

2. 信息处理能力

随着以信息技术为代表的知识经济社会的到来和经济全球化的发展，人类信息传送手段、方式和工具的不断进步，人类接受信息的范围、数量和速度发生着巨大变化。俗话说"功夫不负有心人"，今天的"有心人"就是指有信息意识的人。信息对一个人、一个企业乃至一个国家都有重要价值。在不断涌现的浩如烟海的信息中，想准确地选择、迅速地获取所需要的那部分特定的信息，需要有战略眼光，有科学的预见能力和正确分析、处理信息的能力。事业的成败，往往取决于此。在人的职业能力中，"信息处理能力"也被绝大多数学者和教育家看作人的一种关键能力，或者叫核心能力。

1）信息管理的意义

信息绝不仅仅是一种消息，它首先是一种工具，一种力量，一种可以不断促进社会更新并带来巨大物质财富的神奇力量。任何一个单位都是一个管理系统，任何一个管理系统要正常地进行管理，信息是必不可少的、相当重要的因素。就像生物神经系统一样，信息是现代管理的神经系统。具体来说，信息在现代管理中的作用主要有以下几方面。

（1）信息管理是决策和计划的基础。科学的决策与计划，必须以全面反映客观过程的信息资料为依据。掌握信息与了解情况是对管理者的起码要求，是正确判断和决策的基本前提，是使计划切实可行的根本保证。不研究信息，不重视数据分析，就只能"拍脑袋""瞎指挥"。企业的重大决策，无论是生产经营目标、方针的制定，还是管理体制的改革，除了企业领导的胆识、经验、才能和智慧，更重要的是进行形势分析、方案比较、决策优选，而这些都需要企业领导人通过企业信息系统获得及时、准确、有价值的信息，才能做出正确的决策。

(2) 信息管理是组织和控制管理过程的依据。任何决策和计划都是为了行动，所以任何方案、计划确定以后，必须切实地通过一系列管理活动，具体地组织实施。也就是通过决策、计划、组织、控制这样四个环节、功能来实施，其中，每个环节的活动，每个功能的发挥，都离不开对信息的掌握和处理。

(3) 信息管理是各工作环节和各管理层次互相沟通联络，形成有机网络的纽带。每个管理系统都有自己的层次结构，任何一项工作都有自己的环节、过程。为了使各个层次、各个环节的活动协调于系统整体之中，就必须借助于信息这一"神经系统"，上传下达，相互沟通联络，否则管理就会没有活力。如果没有一个四通八达、灵敏、准确、有力的信息网，各种有效的、科学的管理将会失去正确的依据。

(4) 信息管理是增强企业竞争能力的重要手段。市场经济是信息经济，现代企业的竞争是企业经济能力的竞争，它完全取决于信息管理的能力。知己知彼，百战不殆。任何一个企业要想开拓市场、占有市场，首先要熟知市场情况，选准企业的目标市场，并根据企业优势，采取相应的促销策略，从而达到巩固既有市场、开拓新市场的目的。信息管理能使企业资产重组、机构调整易于实现；能使企业各层次做出的决策更民主、更科学；能使企业不断进行技术革新，改进生产，开发新产品，提高企业的市场竞争力。

(5) 信息管理有助于企业提高经济效益。企业的生产活动是人、财、物、信息四大要素结合的过程，而通过对企业信息资源的科学化管理，就能使生产经营活动过程中的人流、物流、资金流、信息流处于最佳状态，以最少的投入获得最大的产出，从而大大提高生产经营效率。

2) 信息处理的过程

信息处理的过程主要包括信息搜集、信息整理、信息传递、信息利用和储存、信息维护、信息处理的保密工作等几个步骤。

(1) 信息搜集。信息的搜集是信息搜集者为满足使用者的需要，根据一定目的，通过不同的方式搜集获取信息的过程。信息搜集是信息工作的第一步，也是信息整理的基础。

(2) 信息整理。信息的整理是对搜集到的原始信息在数量上加以浓缩、在品质上加以提高、在形式上给予表现，使之便于传递、利用和贮存。信息整理是整个信息处理工作的核心。信息整理的方法主要包括信息的筛选、加工和编写三方面。

① 筛选。汇总来自各个不同渠道的信息，剔除虚假信息、失效信息和无效信息，挑选有价值的信息。

② 加工。将筛选出来的信息进行提炼，使其具有较高品质。信息加工分为两个层次，即基础性信息和高层次信息。信息加工过程中要注意，信息无论如何加工，都不能浓缩整理得过度，使人无法认识事物的真相。如加工一份会议纪要，你不能简洁得只有一两个字，使别人都看不懂。

③ 编写。用书面形式对信息进行有序化处理，是信息整理的最高阶步骤，又是信息传递的前提。信息表述的格式要符合公司的规定。

(3) 信息传递。信息的传递指把整理好的信息通过各种传播途径提供给使用者，它是信息工作的衔接手段。

信息传递的方式主要有口头传递、书面传递、电讯传递和网络传递四种方式。信息传递的类型主要有以下几种(见图3-8)。

• 单通道传递　　　　• 多通道传递

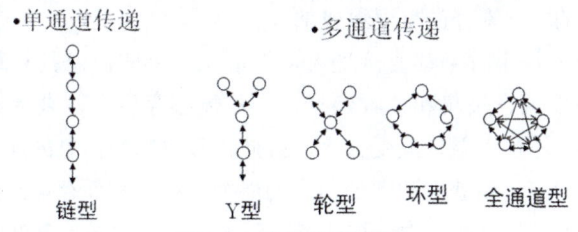

链型　　Y型　　轮型　　环型　　全通道型

图3-8　信息传递类型

① 单通道传递，如一些机密文件、公司发文等。

② Y型，如研发体系改革后，工艺处人员到产品线上工作，一方面接受来自工艺经理的指示，另一方面接受产品经理的工作布置。

③ 轮型，如秘书的工作处于信息交换的中心，汇集来自四面八方的消息，是消息灵通人士。

④ 环型，相当于一个闭环链形，每个人与附近的两个人进行信息的传递。

⑤ 全通道型，如召集全体人员开会。这种类型的优点是可以集思广益，充分沟通交流；缺点是保密性不强，人员不易召集齐。

信息传递工作要根据信息的具体情况选择不同的途径迅速、准确地进行，在必要情况下要考虑成本。

(4) 信息利用和储存。信息工作的全部意义在于充分利用信息。信息的利用是将搜集整理的信息进行运用的过程。信息的储存是把已利用过的和尚未利用的、有继续使用价值的信息存放起来以供以后使用。信息储存不是一个孤立的环节，它始终贯穿于信息处理工作的全过程。对于反馈回来的信息，也应根据其价值的大小有选择地储存。

信息储存的方法主要包括分类、记录和建立检索系统三个步骤。

① 分类。即对各种信息按一定的规则进行类别划分。常用的分类方法有组织结构分类法、项目分类法、日期分类法等。

② 记录。即用精简的语言对信息资料进行记录。

③ 建立检索系统。即使源源不断的信息根据这个系统归类存放。

(5) 信息维护。在信息的维护中，要注意以下几点。

① 信息的保管要确保安全可靠。

② 定期检查信息的完整性。

③ 剔除已失效的信息。

④ 重要信息双重备份。

⑤ 机密文件单独存放。

⑥ 如果是文档管理人员，借阅文件资料时要登记，以便催还(每月月底整理一次)，避免日久忘记而造成遗失。

(6) 信息处理的保密工作。保密工作渗透在信息处理的各项活动中，是信息处理过程的一项重要原则与任务。涉及信息处理的人员，要不断加强对保密知识的学习与了解；提高自我保密意识；自觉遵守保密制度；不断提高保密工作技能。如保密文件不能随便摊放在桌面上，传送密级文件时要注意用信封包装起来；密级文档报废时要用碎纸机碎掉，不能用反面进行打印或复印；计算机加开机口令；文件共享时加共享口令。

3) 培养信息处理能力的途径

信息素养指的是一种可以通过教育培养的，在信息社会中获得信息、利用信息、开发信息方面的修养和能力，是人的文化素养的重要组成部分。

在信息社会，每个人每个时刻都要接受大量的信息，这些信息具有真假之分、有序无序之分、正负价值之分。在发掘、采集和接收信息上，不能心存侥幸，来者不拒。事实早已反复证明，吸收信息过多过滥，不但无益，反受其害。因此，吸收判断信息的能力对一个人的素质发展具有重要意义。信息能力应包括获取和评价信息的能力、组织和保存信息的能力、传译和交流信息的能力、使用计算机处理信息的能力，这些能力对人的素质发展具有重要意义。

(1) 个人应在心理上建立一个开放的、全方位的信息接收心态，对过去、现在、未来的信息都予以接纳，对纵向的与横向的、正向的与逆向的信息都加以捕捉，这样才能适应社会的发展。

(2) 个人应在接受大量信息的基础上，利用信息科学理论，对信息中的真与伪、虚与实、好与坏进行判断、评价和选择。处在信息时代，人们每天都要接受来自各种渠道、各种媒介的信息，这些信息会对人的精神产生强烈冲击。如果不对外界信息进行选择，而是对各种信息全盘接受，人的心理必然承受不了各种信息的轰击，于是就会导致各种心理疾病的产生。

(3) 个人应具有组织和保持信息的能力。个人应根据需要从新的角度对原有的信息、知识进行叠加、重组，或将各部分知识和信息在新角度、新层次上进一步系统化。这种工作不仅仅有利于个人保持这些信息，而且有利于打破传统的观念，形成新的思想、新的概念。

(4) 个人应不断地与外界信息环境之间进行信息交流。个人选择和交流信息的能力是信息科学发展的客观要求，信息交流是头脑内信息和认知结构不断更新的源泉，没有新信息的输入，只能是一潭死水，无论自然系统、社会系统还是人脑系统，概莫能外。因此，个人应不断地与外界信息环境进行信息交流，以开放的头脑、灵活的思维，敏锐地捕捉信息，并据此调整头脑内的信息和认知结构。

处理信息的能力成为个人竞争、企业制胜、社会发展的十分重要的能力。因此，大学生应该在学校期间就开始有意识地培养自己的信息处理能力，以增强自身的核心竞争力，为将来走上就业市场、满足社会需求打下坚实的基础。

(三) 职业能力提升之人际交往与合作

1. 人际沟通

美国著名学府普林斯顿大学对一万份人事档案进行分析，结果发现，智慧、专业技术和经验只占成功因素的25%，其余75%决定于良好的人际沟通。同样，哈佛大学就业指导小组1995年的调查结果显示，在500名被解职的男女中，因人际沟通不良而导致工作不称职者占82%。

随着经济全球化和改革开放的进一步推进，沟通成为时代的主题，沟通能力已成为新世纪人才竞争的重要指标之一。沟通涉及现代社会政治、经济和文化等各方面。沟通能力在市场营销、商贸谈判、人力资源管理、公共关系及生产管理等各种活动中更是尤为重要。每个人从出生起就会与周围环境进行沟通，沟通能力的强弱将直接影响沟通的效果，影响人的身心健康。沟通渗透在大学生学习与生活的各个方面，对取得良好的学习效果，维持人际关系的协调，保持人格的健全及心理健康都起着至关重要的作用。沟通能力是现代人的基本素质和综合能力之一。

1) 什么是沟通

所谓沟通，就是人们在社会生活中，为了一个预计或已设定的目标/方向，借助共同的符号系统，如语言、文字、图像、记号及手势等，把信息、思想、意见、感情、愿望、观点和兴趣等，在个人或群体间进行传递，加强信息交换，拓展思路，从而达成一个共同协议的双向互动过程。

一个完整的沟通过程包括发送者将信息进行编码，通过一定的渠道传递给接收者，接收者在接收到信息后，对信息进行解码，最后反馈给发送者(见图3-9)。由于传递渠道、方式及各种沟通障碍的影响，信息在传递的过程中会出现丢失的现象。一个成功的沟通过程，要达到的就是控制信息传递过程中的障碍，从而使信息传递量达到最大化。

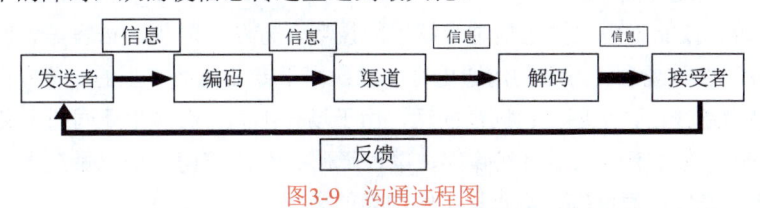

图3-9　沟通过程图

由于沟通主体在性格、态度、行为模式等方面存在差异，故而每个人的沟通类型也不尽相同，大体可分为情绪型、思考型、指导型和支持型四类(见表3-13)。清楚与不同性格的人交往时的方式，可以对症下药，防止在沟通过程中犯不必要的错误。

表3-13　各沟通类型的优缺点

	情绪型	思考型	指导型	支持型
优点	热情活泼，积极参与	冷静理性，观察力强	思考周密，有判断力	自然随和，响应他人
缺点	过于兴奋，不够严肃	谨慎刻板，过于敏感	咄咄逼人，太爱干预	过于迎合，缺感染力

2) 沟通的意义

英国文豪萧伯纳说过，假如你有一个苹果，我也有一个苹果，而我们彼此交换这些苹果，那么你我仍然各有一个苹果；如果你有一种思想，我也有一种思想，而我们彼此交换这些思想，那么我们每个人将各有两种思想。这段话生动地说明了沟通的意义。

人际沟通具有心理、社会和决策等功能，和我们的生活息息相关。

(1) 心理功能。

① 为了满足社会需求和他人沟通。心理学中认为人是一种社会性动物，人与他人相处就像需要食物、水、住所等一样重要。如果人与其他人失去了相处的机会，身体就会出现一些症状，如产生幻觉、丧失运动机能、心理失调等。我们日常与人沟通，即使是聊一些无关紧要的话题，也一样能满足我们的互动需求，身心也会感到愉快与舒适。

② 为了加强肯定自我和他人沟通。通过沟通，我们能探索自我及肯定自我。要了解自己有什么专长与特质，有时候需要通过沟通从别人口中得知。与他人沟通后得到的结果，往往成为自我肯定的源泉，人们渴望被肯定、被重视，而只有通过沟通才能满足这种需要。

(2) 社会功能。我们必须通过和他人的沟通来了解他人，发展和维持与他人之间的关系。借助沟通这个过程，人与人之间的关系得以发展、改变或者维系。

(3) 决策功能。我们每时每刻都在做决策，如接下来是否要看电视，或者明天要穿什么衣服等。有些事情看似很小，但其实都需要做决策。但是，有些决策是自己就能做出的，有些决策却需要和别人沟通后才能做出。

在决策过程中，沟通体现出以下两个功能。

① 促进了资讯交换。正确的资讯有助于做出有效的决策。资讯的获得有时是通过自己观察，如通过书本、电视等，有时通过与他人沟通获得更多有效、有针对性的资讯。

② 影响他人的决策。如果朋友在外购物时询问你的意见，此时你传达的内容很可能会影响他的决策。

3) 沟通的障碍

沟通是一个涉及沟通主体、沟通渠道和沟通方式的复杂互动过程，受多方面因素的影响，某一个细节上出现问题，都会造成沟通的不通畅，从而影响沟通效果。因此，一个成功的沟通过程，需要克服多种沟通障碍。

(1) 技能障碍。技能障碍主要包括进行编码的技巧、方法、时机、语言等。例如，语言表达有相当程度的限制性，观念、感觉的沟通更是如此；由于专业化而产生的一些专门术语造成沟通上的困扰；文书沟通较口语更困难；同样的话，由于场合不同，会产生不同的语义。

(2) 物理障碍。物理障碍包括自然障碍、渠道障碍、距离障碍、信息量过大等。例如，环境因素方面的声音、光线、温度等，会直接影响沟通的效果。

(3) 文化障碍。风俗、习惯、传统、价值观、宗教等文化的障碍不仅仅存在于不同国家、民族之间，还存在于每个人之间。这些文化因素方面的差异，会造成沟通双方之间的理解差异，从而致使沟通效果下降。

(4) 知识障碍。在沟通中，不可避免地会运用到沟通者各自的知识储备。由于双方所掌握知识的类型及多寡不同，很容易造成沟通障碍。

(5) 心理障碍。人都有根深蒂固的成见、心理定势，很难以冷静、客观的态度接受信息。同时，每个人的人格特质不尽相同，有的人热情、有的人冷漠、有的人积极向上、有的人消极自卑，这些人格差异会直接影响沟通者的沟通风格和方式，进而影响沟通的效果。

4) 有效沟通的原则与技巧

有效的人际沟通可以实现信息的准确传递，达到与他人建立良好的人际关系、借助外界力量和信息解决问题的目的。但由于沟通主客体和外部环境等因素，沟通过程中往往会出现各种各样的沟通障碍。为了达到沟通的目的，我们必须采取适当的措施以避免障碍，从而实现成功的沟通。大量的理论和实践研究表明，有效沟通必须遵守一些沟通的原则，掌握一些沟通的技能。

(1) 有效沟通的原则。

① 正确定位原则。我们应该正确地将沟通定位，以便使自己的信息准确传递。

② 信息组织原则。信息组织原则就是沟通双方在沟通之前，应该尽可能地掌握相关的信息，在向对方传递这些信息时应尽可能简明、清晰、具体。

③ 尊重他人原则。尊重他人即重视他人的人格和价值，承认他人在人际交往中的平等地位。

④ 换位思考原则。换位思考是指在沟通过程中，主客体双方发生矛盾时，能站在对方的立场上思考问题。

(2) 沟通中的技巧。

① 善于倾听。听，是沟通的前提。倾听，貌似简单，其实不易。"听"的繁体字为"聽"，它由"耳""王""十""目""一""心"六个字组成，代表着"听"首先是用耳朵接受他人的声音，但仅此远远不够，还需"十目一心"地仔细观察对方说话的神态，用心揣摩对方的话中之话。只有这样，才能真正感受到对方所要传递的信息。倾听是一种本能，也是一门技术，更是一门艺术。它源自本能，修自后天。学会倾听，要掌握以下几个原则。

A. 以关心的态度倾听。通过非语言行为，如眼睛接触、某个放松的姿势、某种友好的脸部表情或适宜的语调，可以营造一种积极的交流氛围。如果你表现出留意、专心和放松，对方会感到被重视和更安全,从而使沟通更深入,同时觉得你是以一种非裁决的、非评判的姿态出现的。可以恰当地提出问题或适当插话,表明你对对方所谈内容的关心、理解、重视和支持,同时还要反馈你认为对方当时正在考虑的内容,总结说话者的内容,以确认你完全理解了他所说的话。

B. 避免先入为主。当有人向你倾诉的时候,调整好心态很重要。如果以个人态度考虑一个问题时,往往会过早地下结论,显得武断。所以,在倾听时最好站在第三者的立场,以理智和接纳的心态帮对方分析和解决问题。

C. 对对方的需要表现出兴趣。带着理解和相互尊重的心态进行倾听,把自己的知觉、情感、态度全部调动起来,投入地听,用心体会对方的谈话所涉及的情景,这样才能表现出对对方的需要感兴趣。

D. 学会倾听逆耳之言。"金无足赤,人无完人",每个人都有缺点,每个人的工作方法与思路也绝不是完美的,这就需要他人来指正。而作为倾听者,要以虚心的态度来接受别人的意见。发自内心的逆耳之言是一种关心,更是一种爱护和帮助。

E. 创造良好的倾听环境。即使倾听者掌握了以上原则,但若缺乏一个良好的倾听环境来做保障,也无法达到倾听的效果。良好的倾听环境包括场所、时间、距离等因素。要选择安静、舒适的场所和恰当的时间,同时,说话者与倾听者之间要保持合适的距离,尤其是在正式场合,无论亲疏都应保持一定的距离。

② 沟通中的肯定与回馈。如果说话者一个人在那里唱独角戏,他一定会觉得特别无聊,所以倾听者应该给予一定的反馈。反馈的方式包括语言与非语言两种。通过语言符号,倾听者可以阐述自己的观点,也可以通过适时、适度的提问来获得更多的信息。倾听中的提问要注意数量少而精,太多的问题会打断说话者的思路和情绪,恰当的提问往往有助于双方的交流;要紧紧围绕谈话内容,不应漫无边际地提一些随意而不相关的话题,浪费彼此的时间。可以重复对方话语中的关键词,甚至把对方的关键词语经过自己语言的修饰后回馈给对方,这会让对方觉得他的沟通得到了你的认可与肯定。同时,可以使用简单的语句,如"呃""哦""我明白""是的""或者""有意思"等来认同对方的陈述。通过用"说来听听""我们讨论讨论""我想听听你的想法""我对你说的很感兴趣"等,鼓励说话者谈论更多的内容。另外,可以使用一些非语言符号,以达到回馈的目的。例如,可以通过一些动作、姿势、表情等让说话者感受到你的心情。最简单的就是目光注视,让他觉得你正在专注地倾听。当你觉得对方说得很精彩时可以鼓掌,当你觉得对方说得很有趣时可以微笑甚至大笑,当你觉得疑惑时可以皱皱眉……这些都是不错的非语言符号。

③ 关注对方的反应。配合对方的关注点并及时调整表达的方式和内容,避免灌输式和自我陶醉式的表达方式。表达时用词要准确,并尽量使用中性词语,消除对方可能抱有的防卫、警惕甚至敌对情绪,从而对你所表达的意愿产生共鸣。

④ 沟通中的"先跟后带"。"先跟后带"是指即使你的观点和对方的观点是相对的,在沟通中也应该先让对方感觉到你是认可、理解他的,然后通过语言和内容的诱导抛出你的观点。职场新人要充分意识到自己是团队中的后来者,也是资历最浅的新手。在这种情况下,新人在表达自己的想法时,应该尽量采用低调、迂回的方式,特别是当你的观点与其他同事有冲突时,要充分考虑对方的接受度。

5) 当前大学生沟通问题分析

(1) 沟通意识淡薄。沟通意识即一种沟通观念或一种指导沟通的思想。大学生沟通意识的淡薄与学校和家庭的教育有关。在我国的教育过程中,尤其在中小学阶段,大部分的学生、教师和家长更关注学生的学习成绩，评价学生的好坏以考试分数为主，对学生综合素质的评价和关注不足。到了大学阶段，教师、学生和家长之间的沟通更少，家长认为学生已长大成人，教育工作由学校负责；大学教师和学生之间的沟通也较少；而作为大学生，很多人认为自己成人了，不需要家长和老师指教，所以学校、家庭和大学生的沟通意识都比较缺乏。意识指导人的行为，沟通意识的淡薄导致大学生主动沟通、实践训练沟通能力的行为意识不强。

(2) 缺乏沟通技巧。马克思认为，人是社会人，是一切社会关系的总和。孔子曰："言不顺，则事不成。"人从出生就会和周围的环境有沟通，但有的人沟通效果好，有的人沟通效果不佳，这主要是因为沟通技巧的掌握程度不同。例如，两个学生一起值日，A同学对不喜欢打扫卫生的B同学说："我扫地，你擦玻璃吧。"如此专断的语气可能会让B同学不满，他可能说："我不想打扫，要打扫你自己打扫吧。"如果A同学说："你看我们今天一起值日，你是愿意扫地还是擦玻璃啊？"B同学可能会觉得A同学是在跟他商量而选择扫地或擦玻璃，沟通就成功了。现代大学生大部分是独生子女，在家是家庭的中心，故而有部分学生在家养成以自我为中心的习惯，在大学集体生活的人际沟通过程中缺乏沟通技巧，不能换位思考，自私自利，从而造成人际关系紧张，影响心理健康。

(3) 缺乏沟通实践。随着现代人对沟通重要性的认识加深，沟通理论方面的各种书籍和资料也随处可见，很多学校也开设关于沟通艺术方面的课程。但人和环境十分复杂，并非直接套用公式那么简单，还需要在具体的沟通交流中不断总结和提高。尤其现代网络发达，很多大学生沉迷于网络，或聊天，或打游戏，将自己大部分时间用于上网，而减少了实际与人沟通的时间。有的大学生性格内向，在虚拟的网络上与人交流沟通时语言风趣、思维敏捷，一旦和现实中的人沟通就会出现寡言少语、交流不畅的现象。这样的学生就更容易迷恋网络，更缺少与人面对面交流的勇气。

6) 大学生如何培养自己的沟通能力

沟通能力包含表达能力、争辩能力、倾听能力和设计能力(形象设计、动作设计、环境设计)，它是个人素质的重要体现。大学生要加强沟通能力的培养，就必须积极激发自身的主观能动性，认识到沟通能力的重要性和紧迫性，勇于实践，在实践中提升自身的沟通能力。

(1) 参加社团活动。社团是微型的社会，参与社团是步入社会前最好的磨炼。大家可以参加如学生会、团委、社团等组织，从基层做起，再找有机会参与大型活动，这样就有了与人沟通的机会。多次参加活动以后你会发现，自己的沟通能力正在逐步增强。在社团中，多观察周围的同学，特别是那些你觉得交往能力和沟通能力特别强的同学，看他们是如何与人相处的。例如，看他们如何处理交往中的冲突，如何说服他人和影响他人，如何发挥自己的合作和协调能力，如何表示赞许或反对，如何在不冒犯他人的情况下充分展示个性，等等。通过观察和模仿，你会渐渐发现，自己的人际交往能力有意想不到的提升。

(2) 勤工助学。越来越多的在校大学生利用课余时间外出勤工助学，大多数人会选择做家教，其次是选择麦当劳或肯德基的服务员等工作。这些工作都需要与人进行大量的语言交流与身体接触，是一次难得的人生经历，在待人接物过程中可以充分培养自己的沟通能力。在实现目标的过程中，学生能发现自己的不足，也能懂得自己应该朝哪一个方向努力，从而让自己的沟通能力和心理承受能力得到进一步提高。

(3) 当志愿者。当志愿者是大学生锻炼沟通能力的又一途径。志愿者可以在工作时主动扮演不同的角色，学会为不同对象服务，与不同行业、不同职业的人士沟通交流，以此锻炼自己的沟通能力。这样的学习过程不会很轻松，挫折是肯定有的，但是不要灰心，志愿者的人际交往是一种不用"付学费"的学习，犯了错误也可以从头再来。

(4) 公司实习。实习生的主要目的不是赚钱，而是为了积累经验，以适应将来的工作。怎样才能找到实习机会？如何才能转正？该如何适应职场生活？实习生要渡过这几道难关，就一定要加强自身的人际沟通能力，培养团队合作意识。企业给了实习生充分展现个人能力和才华的机会，同时为了尽早与公司人才培养计划接轨，也会对实习生进行一定的培训，其中最重要的一环就是对人际交往能力的培训与锻炼。

正如美国前总统杰拉尔德·福特所言，如果我重返大学，我会专注两方面——学习写作和学习当众演讲。生活中没有什么比有效沟通更重要。因此，大学生应该在大学的学习、生活中时时注重自身沟通能力的培养，掌握基本的沟通原则和技巧，为将来走上社会参加工作打好坚实的基础。

2. 团队合作

现代社会科技高度发达，社会分工越来越细，任何人都已经不可能在某个领域凭借一己之力取得很大的成就。也许站在领奖台上的只是某一个人，但我们绝不能忽视站在他身后的团队成员。没有团队成员的支持和帮助，即使是天才，所能取得的成就也十分有限。以前，科学家独自一人扎在实验室里潜心工作，就可能产生出许多新发明和新技术。但现在，所有的科学成就都是团队合作的成果。如今的诺贝尔奖多为两个或三个人同时获得，就是最有说服力的证据。所以说，团队合作是最佳的生存之道。

1) 团队合作的内涵

(1) 什么是团队合作。1994年，斯蒂芬·罗宾斯首次提出了"团队"的概念：为了实现某一目标而由相互协作的个体所组成的正式群体。在随后的十年里，关于"团队合作"的理念风靡全球。

团队合作指的是一群有能力、有信念的人在特定的团队中，为了一个共同的目标相互支持、合作奋斗的过程。它可以调动团队成员的所有资源和才智，尽可能避免不和谐和不公正现象，同时会给予那些诚心、大公无私的奉献者适当的回报。如果团队合作是出于自觉自愿，它必将会产生一股强大而持久的力量。

所谓团队合作能力，是指建立在团队的基础之上，发挥团队精神，通过互补互助以达到团队最大工作效率的能力。对于团队的成员来说，不仅要有个人能力，更需要有在不同的位置上各尽所能、与其他成员协调合作的能力。

(2) 团队合作的表现如下。

① 成员密切合作，配合默契，与他人协商共同决策。

② 决策之前听取相关意见，把手头的任务和别人的意见联系起来。

③ 在变化的环境中担任各种角色。

④ 经常评估团队的有效性，以及本人在团队中的长处和短处。

(3) 团队合作能力从初级到高级的具体行为表现有以下四个等级。

① 团队合作能力等级Ⅰ。

A. 尊重其他团队成员，努力使自己融入团队。

B. 将个人努力与实现团队目标结合起来，完成自己在团队中的任务，以实际工作支持团队的决定，成为可靠的团队成员。

C. 为完成工作和团队成员进行非正式的讨论，在团队决策时提出自己的建议及理由，尊重、认同上级认为重要的事情，并执行其相关决策。

D. 作为团队一员，随时告知其他成员有关团队活动、个人行动和重要的事件，共享有关信息。

E. 认识到团队成员的不同特点，并且把它作为学习知识与获取信息的机会。

② 团队合作能力等级Ⅱ。

A. 根据工作需要组建小型团队，营造开放、包容和互相支持的气氛，加强集体向心力。

B. 为团队成员示范所期望的行为，并采用各种方式来提高团队的士气和改进团队的工作效率，确保团队任务的及时完成。

C. 明确有碍于达成团队目标的因素，并试图排除这些障碍。

D. 鼓励团队成员参加团队讨论与团队决定，倡导团队内部的沟通和合作，以推进团队目标设定与问题的解决。

E. 指导其他成员的工作，对其他团队成员的能力和贡献抱有积极的态度，用积极的口吻评价团队成员。

F. 能够利用正式或非正式的沟通渠道及现有的信息系统在团队内部进行知识和信息的交流与共享。

③ 团队合作能力等级Ⅲ。

A. 根据组织的战略目标来确定团队建设的目标、规模及责任，在全体团队成员中促成理解、达成共识，并得以贯彻实施。

B. 确保团队的需要得到满足，为团队争取所需要的各种资源，如人力、财力、物力或有关信息等。

C. 确保团队成员之间能力和知识的互补，在分配团队任务的时候，既照顾到员工的发展，又能实现团队的目标。

D. 化解团队中的冲突，维护和加强团队的名誉。

E. 通过团队内有效的合作及适当的竞争提高团队的整体绩效。

④ 团队合作能力等级Ⅳ。

A. 具有个人魅力和领导气质，能够指出组织或团队的发展方向和目标，使团队成员充满工作激情，愿意为团队目标的实现竭尽全力。

B. 对团队成员有全面的认识，有效地应用群体运作机制，从而引导一个群体实现团队目标。

C. 有目的地创建互相依赖的团体合作精神，在团队间合理有效地调配资源，加强不同目标和背景的团队之间的配合，以促成组织整体业务目标的实现。

D. 采取行动在组织中营造精诚合作与公平竞争的氛围。

E. 通过各种手段，如设计团队标志等，塑造健康优秀的团队形象，使组织或团队能被外界或有关组织认同和推崇。

2) 团队合作的必要性

(1) 现代社会需要具有良好团队合作精神的人才。现代社会需要的各类人才，不但要具备较高的专业知识和技能，同时还要求必须具备良好的沟通协调能力和良好的团队合作精神。社会分工的细化，带来的不是隔离，而是合作。分工越细，越需要合作。现代大型企业的运作大多以完成项目为日常工作和考核指标，一个企业通常运行着一个或多个项目，但是由于现代商业应用的复杂性和时间的紧迫性，几乎没有一个项目是单人能够完成的。完成这些项目需要少则三五人，多则上百人。没有良好的团队合作，项目几乎无法进行。不仅在一个企业或组织的内部如此，全球范围内的分工也依靠遍布全球的千丝万缕的合作关系来联系与运营，这种关系的建立，依赖的正是人脉与相互协作。因此，培养在校大学生的团队合作精神，是让大学生迅速适应社会工作的必要手段之一。

(2) 团队是企业生存的根基。释迦牟尼曾问弟子一个问题："怎样才能使一滴水不干涸？"众弟子面面相觑，不知道怎么回答。释迦牟尼说："把它放入大海里吧！"其实每个人在团队里都是一滴水，只有深深地融入其中，都向着一个目标使力，才可以借助大海的力量去创造奇迹，和大海一起掀起滔天巨浪。

同样，成功的企业也不是单独一个人创造的，因为个人的力量毕竟有限，创造出的成功可能是短暂的，只有团队的力量才是无穷的，才可能形成一股强劲的力量，才能具有无限的活力。任何公司的发展和壮大，都依赖员工的有效合作。当个人利益与团队利益发生冲突时，应以大局为重，而不是以自我为中心。在这个竞争的时代，集体主义比个人主义更有效，公司的成功更依赖团队的力量。尽管每个人所处的岗位不同，性格也各不相同，但需要明确有一点是共同的，那就是为实现公司的整体目标而团结一致、共同奋斗。

一个企业仅靠个人的能力显然是难以生存的，唯有依靠团队的智慧和力量，才能获得长远的竞争优势与发展潜力。一个好的团队可以把企业中不同职能、不同层次的人汇聚起来，找出解决问题的最佳方法，形成强大的战斗力。

可以说，团队是企业生存和发展的根本。如果企业员工不能形成团队，那就是一盘散沙，就不会有统一的、一致的行动，更不会有战斗力和竞争力。

(3) 团队合作精神的培养对大学生人格的完善起着积极作用。充分理解团队合作精神的人，具有理解、辨别和感受不同情境的能力，他们在生活中更能理解他人、尊重他人；处理问题时更善于与人沟通，更能充分考虑各方情况，提出更好的解决方案；行动中也更乐于帮助别人，遇到困难时更善于寻求别人的帮助，也更容易得到别人的帮助。他们更懂得社会和时代需要什么、自己缺少什么，进而激发社会责任感和成才欲，摆正个人与国家、个人与集体、个人与社会、个人与群众的关系，从而把自己的命运同祖国的富强、民族的兴旺、社会的稳定、人民的富裕紧密联系起来，不断修改、补充、深化自己的认识，不断提升自己的能力，在社会和时代的总体要求下塑造自己，使主观努力符合客观实际，使个人发展适应于社会和时代的需求，在实现社会理想的同时实现人生的自我价值。培养这种人格健全的、高素质的人才是我国高等教育的根本目的。

3) 提高团队合作能力的途径

个人与团体的关系就如小溪与大海的关系，只有把无数个个人的力量凝聚在一起时，才能确立海一样的目标、敞开海一样的胸怀、迸发出海一样的力量。因此，个人的发展离不开团队的发展，个人的追求只有与团队的追求紧密结合起来，并树立与团队风雨同舟的信念，才能和团队一起得到真正的发展。那么，该如何加强与他人的合作，提高团队合作能力呢？具体如下。

(1) 尊重他人。对他人的尊重没有高低之分、地位之差和资历之别，尊重只是团队成员在交往时的一种平等的态度。平等待人，既尊重他人，又尽量保持自我个性，这是团队合作能力之一，也是尊重的最高境界。团队由不同的人组成，每个团队成员首先是一个追求自我发展的个体人，然后才是一个从事工作、有着职业分工的职业人。虽然团队中的每个人都有着在一定的生长环境、教育环境、工作环境中逐渐形成的与他人不同的自身价值观，但他们每个人都渴望得到尊重，而不论其资历深浅、能力强弱。

尊重意味着尊重他人的个性和人格，尊重他人的兴趣和爱好，尊重他人的感觉和需求，尊重他人的态度和意见，尊重他人的权利和义务，尊重他人的成就和发展。尊重还意味着不要求别人做你自己不愿意做或没有做到的事情。只有团队中的每个成员都尊重彼此的意见和观点，尊重彼此的技术和能力，尊重彼此对团队的全部贡献，这个团队才会得到最大的发展，而这个团队中的成员也才会赢得最大的成功。尊重能为一个团队营造出和谐融洽的气氛，使团队资源得到最大程度的共享。

(2) 学会欣赏，懂得欣赏。欣赏就是主动寻找团队成员的积极品质，尤其是你的"敌人"，然后向他学习这些品质，并努力克服和改正自身的缺点和消极品质，这是培养团队合作能力的第一步。"三人行，必有我师焉"，每个人的身上都会有闪光点，都值得我们去挖掘并学习。要想成功地融入团队，善于发现每个工作伙伴的优点是走近他们身边、走进他们之中的第一步。适度的谦虚并不会让你失去自信，只会让你正视自己的短处，看到他人的长处，从而赢得众人的喜爱。每个人都可能会觉得自己在某个方面比其他人强，但更应该将自己的注意力放在他人的强项上，因为团队中的任何一位成员都可能是某个领域的专家。因此，你必须保持足够的谦虚，这种压力会促使你在团队中不断进步，并真正看清自己的缺憾和不足。

总之，团队的效率在于每个成员的默契配合，而这种默契来源于团队成员的互相欣赏和熟悉——欣赏长处、熟悉短处，最主要的是扬长避短。

(3) 宽容，让心胸更宽广。美国人崇尚团队精神，而宽容正是他们最为推崇的一种合作基础，因为他们清楚这是一种真正的以退为进的团队策略。雨果曾经说过，世界上最宽阔的是海洋，比海洋更宽阔的是天空，而比天空更宽阔的则是人的心灵。这句话无论何时何地都适用，即使是在角逐竞技的职场上，宽容也是能让你尽快融入团队的捷径。宽容是团队合作中最好的润滑剂，它能消除分歧和争端，使团队成员能够互敬互重、彼此包容、和谐相处，从而安心工作，体会到合作的快乐。

宽容并不代表软弱。在团队合作中，它体现出的是一种坚强的精神，它是一种以退为进的团队战术，为的是整个团队的大发展，并为个人奠定有利的提升基础。首先，团队成员要有较强的相容度，即要求其心胸宽广、忍耐力强；其次，要多注意将心比心，即应尽量站在别人的立场上衡量别人的意见、建议和感受，反思自己的态度和方法。

(4) 信任，成功协作的基石。团队是一个相互协作的群体，它需要团队成员之间建立相互信任的关系。信任是合作的基石，没有信任就没有合作。信任是一种激励，更是一种力量。团队成员在承受压力和遇到困惑时，要相互信赖，就像荡离了秋千的空中飞人一样，他必须知道在绳的另一端有人在抓着他。团队成员在面临危机与挑战时，也要相互信任，就像合作猎捕猛兽的猎人一样，必须不存私心，共同行动。否则到最后，这个团队及团队里的成员只会一事无成。

高效团队的一个重要特征就是团队成员之间相互信任。也就是说，团队成员彼此相信各自的品格、个性、特点和工作能力。这种信任可以在团队内部创造高度互信的互动能量，将使团队成员乐于付出，相信团队的目标并为之付出自己的努力。

(5) 沟通，高效凝聚的力量。一个人身在团队之中，良好的沟通是一种必备的能力。对于团队来说，成员间的沟通能力是保持团队有效沟通和旺盛生命力的必要条件；对于个体来说，要想在团队中获得成功，沟通是最基本的要求。沟通是团队成员获得职位、有效管理、事业有成的必备技能之一。

持续的沟通是使团队成员能够更好地发扬团队精神的最重要能力之一。团队成员唯有从自身做起，秉持对话精神，汇集经验和知识，才能凝聚团队共识，激发自身和团队的力量。

(6) 负责，自信地面对一切。负责即敢于担当，对自己负责，更意味着对团队负责、对团队成员负责，并将这种负责精神落实到每个工作的细节之中。团队在运作过程中，难免出现失误，若是每次出现错误都互相推卸责任，那么这个团队就没有存在的价值。一个对团队工作不负责任的人，往往是一个缺乏自信的人，也是一个无法体会快乐真谛的人。要知道，当你将责任推给他人时，实际上也是将自己的快乐转移给了他人。任何有利于团队荣誉和利益的事情，与每个团队成员都是息息相关的，所有的人都有不可推卸的责任。

(7) 诚信，不容置疑。俗话说，人无信不立。说的是为人处世若不诚实、不讲信用，就不能在社会上立足，更遑论建功立业。一个个体如果不讲诚信，那么他在团队之中也将无法立足，最终会被淘汰出局。诚信是做人的基本准则，也是作为一名团队成员所应具备的基本价值理念，它是高于一切的。没有合格的诚信精神，就不可能塑造出一个良好的个人形象，也就无法得到上司和团队伙伴的信赖，从而失去与人竞争的资本。唯有诚信，才能让你在竞争中得到及时的帮助。团队精神应该建立在团队成员之间相互信任的基础上。只有当你做到"言必信，行必果"时，你才能真正赢得同事的广泛信赖，同时为自己事业的兴盛发达注入活力。

(8) 热心，帮助身边的每块"短木板"。职场之内，人们一致认定的竞争法则是：强者有强者的游戏规则，弱者有弱者的生存法则。作为一名团队成员必须记住：只有一个完全发挥作用的团队，才是一个最具竞争力的团队；而只有身处一个最具竞争力的团队之中，个体的价值才能得到最大程度的体现。当你是团队中的那块"短木板"时，应该虚心接受"长木板"的帮助，尽一切努力提高自己的能力，不要让自己拖整个团队的后腿；当你是团队中的那块"长木板"时，你不能只顾自己前进的脚步，而忽略了"短木板"的存在，否则你收获的终将是与"短木板"一样的成就。当我们身处一个团队中时，只有想方设法让"短木板"达到"长木板"的高度，或者让所有的"板子"维持足够高的相等高度，才能完全发挥团队的作用。

(9) 个性，坚持自己的特质。团队精神不是泯灭个性、扼杀独立思考。一个好的团队，应该鼓励和正确引导员工个人能力的最大发挥。团队成员个人能力的最大发挥，在工作中往往表现为个性的彰显，更包含有创造性的工作，以及勇于面对压力和敢于承担责任的勇气。团队不仅仅是人的集合，更是能量的结合与爆发。作为团队成员，不要因为身处团队之中就抹杀了自己的个性特质。团队制度的建立是为了更好地发挥成员的才能，只要你不逾矩，那你就完全可以"八仙过海，各显神通"地开展自己的工作。

(10) 团队利益，至高无上。皮之不存，毛将焉附。个人的聪明才智只有与团队的共同目标一致时，其价值才能得到最大化的体现。团队精神不反对个性张扬，但个性必须与团队的行动一致，要有整体意识、全局观念，要考虑整个团队的需要，并不遗余力地为整个团队的目标而共同努力。只有当团队成员自觉思考团队的整体利益时，他才会在遇到让人不知所措的难题时，以让团队利益达到最大化为根本，不会为同事之间意见的分歧而斤斤计较，更不会因为公司对自己的一时误解而怨恨于心。对上司和公司的决定需要保持高度的认同感，这也是全局意识的一种体现。因为上司或公司高层正是一支团队的指挥中枢，每位下属或员工都必须与他们精诚合作，这样团队才能保持旺盛而持久的战斗力，企业才能发展壮大。在团队之中，一个人与整个团队相比是渺小的，太过计较个人得失的人，永远不会真正融入团队；而拥有极强全局意识的人，最终会是一个最大的受益者。

团队成员只有对团队拥有强烈的归属感，强烈地感觉到自己是团队的一员，才会真正快乐地投身于团队的工作，体会到工作对于人生价值的重要性。

知识拓展

"团队"与"群体"的区分

说到"团队",我们要将其与另一个词语——群体,区分开来。在现实生活中,人们很容易将这两个概念混为一谈,虽然"群体"可以向"团队"过渡,但是"团队"和"群体"有着根本性的区别。

在英文中,"团队"叫作team,"群体"叫作group。在中文中,"团队"是指为了实现某一目标而由相互协作的个体所组成的正式组织;而"群体"则是有着共同目的,但缺乏协作性、没有凝聚力的人群。所以,不管是英文还是中文,这两个概念的内涵都相差甚远。

即使不从抽象的意义上来讲,我们也可以清晰地分辨出两者的差异。工作中,我们说到哪些人、哪个公司是一个团队时,一定是从内心认可它是有着高度的合作精神和集体战斗力的;而我们说到哪些人、哪个公司只是一个群体时,一定不认为它是一个有核心、有凝聚力、有完全协作精神的组织。所以,可以简单地说,团队是具有团队精神的一个组织,而群体则是没有团队精神的一群人。

团队和群体的区别主要有以下几点。

(1) 领导方面。群体应该有明确的领导人,但团队可能不一样,尤其是团队发展到成熟阶段时,团队成员共享决策权。

(2) 目标方面。群体的目标必须跟组织保持一致,但团队中除了这点,还可以有自己的目标。

(3) 协作方面。协作性是群体和团队最根本的差异,群体的协作性可能是中等程度的,有时成员还有些消极、对立,但团队中的成员都有很强的协作技能,大家齐心协力,共创辉煌。

(4) 责任方面。群体的领导者要负很大的责任,而团队中除了领导者要负责,团队里的每个成员也要负责,甚至要一起相互作用、共同负责。

(5) 技能方面。群体成员的技能可能是不同的,也可能是相同的,而团队成员的技能是相互补充的,把拥有不同知识、技能和经验的人结合在一起形成角色互补,从而达到整个团队的有效组合。

(6) 绩效方面。群体的绩效是每个个体的绩效相加之和,团队的绩效是由大家共同合作完成的,团队绩效大于团队成员个人绩效之和。

案例分析

三只饥饿的老鼠发现了一只盛有油的油缸,但油缸非常深,而油却很少,它们只能望着油缸解解馋。后来它们想到了一个好办法,即三只老鼠排成一队,然后一只咬着另一只的尾巴,依次被吊下缸底去喝油。这样一来,大家都能喝到一点油。它们约定,大家必须有福同享,谁也不可以有独享的念头,前面下去的一定要给后面下去的留下一定的油。最后,为了确保公平,它们又通过一种简单而公平的游戏决定了彼此的顺序。

三只老鼠开始了偷油行动。在游戏中首先胜出的小老鼠排在了第一位,它被同伴咬住了尾巴,然后第三只老鼠又咬住了第二只老鼠的尾巴,小老鼠很快就在同伴们的帮助下沿着缸壁吊了下去。吊下去之后,小老鼠闻到了浓烈的油香味,它忍不住在里面贪婪地喝了起来。它一边喝,一边贪得无厌地想:"一共就这么一点点油,如果大家一起分,那就只能喝一点儿,反正它们都排在我后面,倒不如我自己先喝个痛快!"这样想着,小老鼠更加用力地喝着油。小老鼠喝油时传出的"咕咕"声及香喷喷的香油味，强烈地刺激着它身后的第二只老鼠，第二只老鼠一边看着小老鼠喝油，一边想："油越来越少了，如果让前面的小老鼠喝光了，那我岂不是白忙一场？与其眼睁睁地看着它把油喝完，还不如我也下去痛痛快快地喝上一些。"带着这种想法，第二只老鼠很快就松开了第一只老鼠的尾巴，纵身一跃，一头扎进了油缸，开始大口大口地喝起油来。在第二只老鼠往下一跃的同时，吊在最上方的第三只老鼠也怀着同样的想法跳进了油缸，因为它不愿意白白地为两个伙伴"奉献力量"。这样，三只老鼠全都跳进了油缸里，它们一心想着尽可能地多喝一些油，不让同伴抢走到口的美食。等到三只老鼠各个喝得肚皮滚圆，心满意足地准备回家时才发现，油缸上面没有任何一个同伴接应自己，而自己全身的皮毛和脚爪都被油浸了个透，已经不能爬出油缸。最终它们被活活困死在油缸里。

这个故事充分说明了团队合作的重要性，如果摒弃团队成员的利益，一心只想着自己，结局往往是很可悲的。

思考与实践

1. 自我测试

使用线上职业测评工具进行自我测试，并根据测评结果分析自己的职业特征。

2. 讨论与分享

生活方式是个人或群体维持日常生活和进行社会交往的方式、模式所集合的一种独特状态。每个人有不同的成长环境、生活经验、兴趣、性格、价值观，这塑造了属于自己的独特生活形态。不同的职业类别，其整个生活作息和安排也会有差别。

生活方式的分类包括：社区取向的生活方式，家庭取向的生活方式，休闲取向的生活方式，流动取向的生活方式，领导取向的生活方式，教育取向的生活方式，经济取向的生活方式，无压力取向的生活方式，利他取向的生活方式，独立、创造取向的生活方式，传统取向的生活方式等。

由此想一想：你现在的生活方式如何，你满意目前的生活吗？你理想中的生活方式是怎样的，与目前的生活有何不同？你如何规划自己理想中的生活方式？

第四章

大学生创新创业导论

学习目标

1. 了解创新、创业的内涵及其关系。
2. 熟知创新创业能力的培养方法。
3. 掌握创业的基础知识和一般程序。

案例导读

法国人贝利利用自己独特的想法改变了旧报纸的命运。在贝利看来,每个人对自己的生日都很敏感,希望收到特别的礼物。而鲜花、蛋糕等传统的礼物,由于短暂性和普遍性,无法很好地体现生日特殊性。于是,他创立了一家"历史报纸档案公司",把旧报纸当成礼品,出售给生日日期相同者。从表面上看,贝利卖的只是一个"日子",但他抓住了人们追求个性化的心理,也抓住了独特的商机。如今,贝利每年可卖出25万份旧报纸。

点评:异想天开中蕴藏着许多的成功机会,飞机的发明源于福特兄弟"人类也能像鸟一样飞翔"的想法,大卫·H.克罗克的离奇想法则造就了"会飞的邮件"——电子邮件。创意有时候也能成为一种创业资本,有着剑走偏锋的神奇作用。当然,与众不同的创意,在创业初始会受到怀疑甚至嘲弄,禁不起考验者就会如昙花一现,而坚持下来并积极把想法转化为实际者,往往有着抢占先机的优势。

第一节 创新创业的基本内涵

两千多年前,老子就在《道德经》中提出"天下万物生于有,有生于无"的创造思想;孔子提出"因材施教"及"不愤不启,不悱不发。举一隅不以三隅反,则不复也"的思想。1919年,我国著名教育家陶行知先生第一次把"创造"引入教育领域。他在《第一流教育家》一文中提出要培养具有"创造精神"和"开辟精神"的人才,培养学生的创造能力对国家富强和民族兴亡有重要的意义。创新是一个民族进步的灵魂,是一个国家兴旺发达的不竭动力。创新的关键在人才,人才成长靠教育。我国将大学生创新能力的培养作为教育改革的重要目标,顺应

"大众创业、万众创新"的发展潮流。

现在国家鼓励大学生创业，其目的是拓展大学生就业渠道，填补市场已有却还未被实现的空白，使现行的市场更加完善，人们现有的需求得到更大满足；同时培养科学人才，从宏观上带动经济再上一个台阶。如此循序渐进，就业问题、发展问题都能得以解决。

一、创新的内涵与本质

从社会学角度看，创新指人们为了发展的需要，运用已知的信息，不断突破常规，发现或产生某种新颖、独特的有社会价值或个人价值的新事物、新思想的活动。创新的本质是突破，即突破旧的思维定式、旧的常规戒律。创新活动的核心是"新"，它或者是产品的结构、性能和外部特征的改革，或者是造型设计、内容的表现形式和手段的创造，或者是内容的丰富和完善。

从经济学角度讲，创新的概念起源于经济学家熊彼特在1912年出版的《经济发展概论》。熊彼特在其著作中提出，创新是指把一种新的生产要素和生产条件的"新结合"引入生产体系。它包括引入一种新产品，引入一种新的生产方法，开辟一个新的市场，获得原材料或半成品的一种新的供应来源等。熊彼特的创新概念包含的范围很广，如涉及技术性变化的创新及非技术性变化的组织创新。

创新可分为广义和狭义两个层次，狭义的创新是一个从新思想的产生到产品的设计、试制、生产、销售和市场化的一系列活动；广义的创新表现为不同的参与者和机构之间(包括企业、政府、大学、科研机构等)交互作用的网络。在网络中，任何一个节点都有可能成为创新行为实现的特定空间。创新行为可以表现在技术、制度或管理等不同的侧面。

创新活动具有以下基本特征。

(1) 创新是人类特有的活动。创新是在意识支配下进行的创造性活动，在人类社会之外，其他动植物只是进化、演化，而不是创新。

(2) 创新是有规律的实践活动。它是以扎实专业知识为基础，以艰苦卓绝的精神劳动为途径，以敏锐的观察力、丰富的想象力、深刻的洞察力为导向，反映事物发展要求的基本规律，是一种有规律的实践活动。

(3) 创新是突破性的实践活动。它不是一般的重复劳动，更不是对原有内容的简单修补，而必须是突破性发展、根本性变革、综合性创造。

创新是继承中的升华，继承是创新的必要准备。创新的本质是开拓进取，不做简单复制者。

二、创新的特征

创新具有以下几方面的特征。

(1) 目的性。任何创新活动都有一定的目的，这个特性贯穿创新活动的始终。

(2) 变革性。创新是对已有事物的改革和革新，是一种深刻的变革。

(3) 新颖性。创新是对现有的不合理事物的扬弃，革除过时的内容，确立新事物。

(4) 超前性。创新以求新为灵魂，具有超前性。这种超前是从实际出发、实事求是的超前。

(5) 价值性。创新有明显、具体的价值，对经济社会具有一定的效益。

三、创新的能力

创新能力是民族进步的灵魂、经济竞争的核心。当今社会的竞争，与其说是人才的竞争，不如说是人的创造力的竞争。创新能力是运用知识和理论，在科学、艺术、技术和各种实践活动领域中不断提供具有经济价值、社会价值、生态价值的新思想、新方法和新发明的能力。

近十多年来，虽然国内学者对创新能力的理解各不相同，但他们对创新能力内涵的阐述基本可以划分为三种观点。第一种观点认为创新能力是具有运用一切已知信息，包括已有的知识和经验等，产生某种独特、新颖、有社会或个人价值的产品的能力。它包括创新意识、创新思维和创新技能等三部分，核心是创新思维。第二种观点认为创新能力表现为两个相关联的部分，一部分是对已有知识的获取、改组和运用；另一部分是对新思想、新技术、新产品的研究与发明。第三种观点从创新能力应具备的知识结构着手，认为创新能力应具备的知识结构包括基础知识、专业知识、工具性知识或方法论知识，以及综合性知识四类。上述三种观点，尽管表述方法有所不同，但基本能将创新能力的内涵解释清楚。

四、创新的要素

创新是一种综合素质，是一种积极开拓的状态，是潜在能力的迸发，就学生而言，创新是学生自由、全面发展的结果，主要由以下三个要素组成。

（一）创新人格

创新人格属动力系统，包括强烈的动机、不懈的追求、自主性、主动性、好奇性、挑战性、求知欲、坚韧性等。创新人格是学生创新活动成功的关键，集中体现为强烈的创新动机、顽强的创新意志和健康的创新情感。它反映出学生这一创新主体良好的思想面貌和精神状态。

1. 强烈的创新动机

它是激发和维持学生的活动，并使活动朝向一定目标的内部心理倾向或内部动力。

2. 顽强的创新意志

它是学生自觉地确立目的，根据目的来支配、调节自己的行动，从而实现目的的心理过程。这是学生特有的心理现象，是学生改造世界能动性的创新表现。

3. 健康的创新情感

它是由一定事物引起的主观体验的心理过程，一般表现为喜、怒、哀、乐、爱、憎、欲等，这些情感在创新活动中起着很重要的作用。

（二）创新思维

创新思维有广义和狭义之分。广义的创新思维是指在创新发明过程中发挥作用的一切形式的思维活动，其中既包括提出新设想或新的解决办法的形式，也包括并非直接与创新有关的思维形式。狭义的创新思维专指创新发明过程中提出的创新思想的思维活动形式。创新思维属于智能系统，是学生创造性地解决问题与发明创新过程中特有的思维活动，是一切有崭新内容的思维形式的总和。一般认为创新思维的基本品质有敏捷性、流畅性、变通性、多路性、独创性等。

（三）创新技能

创新技能属工作系统，是反映学生创新行为的动作能力，包括具备作为创造基础的基本知识、技能，具有获取和利用新知识信息的能力、操作应用能力和一般创造技法等，是学生在创新智能的控制和约束下形成的。

1. 具备扎实的基础知识和技能

学生应具有扎实的知识基础、合理的能力结构、灵活的思维方式，这些既是素质教育的重要内容，也是创新技能形成不可缺少的因素。扎实的知识是创新技能形成的基石，创新技能绝不是凭空产生的，不能忽视科学知识的学习。

2. 具有获取新知识信息的能力

这是学生创新必不可少的条件，学习能力、信息接受与处理能力在学生能力结构中占有重要位置。当前，随着世界媒介传播技术的发展，学生获得信息并不困难，但能否分辨信息的价值并有效地使用信息，就有赖于个人处理信息的能力了。媒介教育不仅是教会学生阅读，教会他们使用电视、计算机和互联网络等媒介，更重要的是让他们具有获取新知识信息的能力而成为媒介的主人，成为信息的利用者，成为知识的拥有者，而不被信息、知识所淹没。

3. 掌握创新技法

学生创新除了要具备坚实的知识基础和创新思维能力，还要掌握创新技法。

五、创业的内涵与本质

"创业"从字面上看由"创"和"业"组成，"创"有创办、创建、创立和创造的意思，《辞海》的解释是创立基业。《孟子·梁惠王下》有"君子创业垂统，为可继也"。基业是指事业的基础，是根基，强调开端和起步。《现代汉语词典》对创业的解释是创办事业。其核心词"事业"是一个内容丰富的概念，是指人们所从事的，具有一定目标、规模和系统而对社会发展有影响的经常性活动。其意既包括个人的学业、业务、工作、专业、就业、事业，也可以指家业、财产、企业、产业，甚至涵盖政治、经济、军事、文化、科学、教育等各个领域，范围更广、过程更长、要求更高。对大学生而言，"创立基业"似乎更合适一些，创业的精神首先是能勇敢跨出第一步，奠定人生和事业基础，否则何谈创业。

创业有广义与狭义之分，广义的创业是指所有具有开拓性和创新性特征的、能够增进经济价值或社会价值的活动。狭义的创业是指创办企业，指能够创造劳动岗位、增加社会财富的活动。

不同的研究者从不同的角度对创业进行了定义。结合国内外研究成果和我国的具体情况，我们将创业定义为：创业是一个发现和把握商业机会，通过创建企业或组织创新，筹集和配置资源，创造出新颖的产品或服务，最终创造价值并承担风险的活动过程。我们可以从以下角度理解创业的定义：第一，创业是创新，是发现新的机会，创建新的企业、新的产品或服务；第二，创业必须整合和配置资源，包括技术、人才、资本、生产、供应、顾客资源；第三，创业是一个创造价值的过程，这些价值包括个人价值、企业价值、顾客价值和社会价值，也包括物质和精神的价值；第四，创业是有风险的行为，创业往往是他人或自己从未经历过的过程，必然存在很多风险。

六、创业的特征

创业活动不同于其他社会活动，也有别于常规的企业经营管理活动和职场的职务活动，有其较为典型的特征，这些特征可以概括为创新性、风险性、机会性、价值性和回报性。

（一）创新性

创新性也是创造性，是创业的典型和本质的特征，创业过程就是实现创新的过程。创业活动中很多事务都是第一次碰到，有可能创造出新的产品、新的业务、新的企业、新的组织、新的流程、新的工艺、新的市场、新的顾客、新的渠道，多数时候是一个从无到有的过程，没有规范、没有流程，没有制度，甚至没有值得借鉴和参考的对象，在摸索中前进，其技术、设计、生产、组织管理、营销活动都面临重新规划或者全新的设计。但正是因为创业活动的创新性，它才能带来全新的价值，为顾客带来全新的利益和体验，为市场带来新的产品和服务，为创业企业带来新的竞争优势，为市场带来新的机会，甚至创造新的产业，因此创业活动又是充满活力和创造性的。

(二) 风险性

创业必须承担必然存在的风险，创业活动比常规的经营管理面临更大的风险，创业的风险以各种不同的形式，伴随着创业过程的始终，当然也伴随着各种收益。既然是新事物，通常是他人或自己从未经历过的，创业需要一个过程，在技术实现、产品制造、市场开发、市场竞争、经营管理、资金筹措、财务管理、政策和法律、社会变革等方面都有诸多不确定、不可预测、不可掌控的因素，必然存在很多风险，无论在哪个环节出现失误或者不良影响，均有可能导致创业的失败。创业失败带来的不仅仅是资金的损失，还有机会损失、个人的时间和精力损失等。

(三) 机会性

商业机会是没有被满足的市场需求或市场空缺，与常规的企业活动相比较，机会性也是创业活动的一个典型特征，商业机会就是创业机会，是创业活动的起点和依据，创业活动往往会通过环境分析与调研活动，了解市场，以发现、分析、识别和挖掘商机，在具备商业机会的基础上，整合和配置资源、生产产品或服务、开发新的业务和市场，最终转化为价值，这对创业是否成功起着重要的作用。所以，在对创业者素质的要求中，敏锐的市场意识、机会意识、发现和识别商业机会的能力成为重要的素质，而常规企业活动对于这方面的要求要低得多。

(四) 价值性

价值性也是创业活动的根本属性，价值创造也是创业活动的目的。有学者认为，创业过程就是价值创造过程，就是发现价值、设计价值、生产价值、推广价值、实现价值的过程。正是因为其价值性，其产品和服务才能被市场认可，创业才能成功。创业过程创造多元价值，对于创业者而言，它可以带来丰厚的物质和精神回报，实现自我价值；对于顾客而言，新的产品和服务能带来新的利益，满足新的需求，带来顾客价值；对于创业企业而言，可以获得新的市场、新的发展机会，以及销售收入和利润，创造企业价值；对于股东和投资者而言，可以获得投资机会，通过创业企业的经营创造投资价值；对于社会而言，政府可以获得税收，社区可以获得就业机会，行业可以获得合作机会，这些都是在创造价值。

(五) 回报性

创业成功能获得丰厚的回报，回报是创业活动的根本动机，创业活动投入了巨大的资源，支付了相应的成本，创造了新的价值，承担了不确定性的风险。依据风险收益平衡规律，创业活动会产生效用和收益，这些都是创业回报。这些回报可以是物质回报，也可以是精神回报；可以是经济回报，甚至可以是政治收益；可以是近期回报，也可以是远期收益。

七、创业精神

(一) 创业精神的含义

创业精神是指在创业者的主观世界中，那些具有开创性的思想、观念、个性、意志、作风和品质等。这个概念最早出现于18世纪，其含义一直在不断演化。很多人仅把它等同于创办个人工商企业。但大多数经济学家认为，创业精神的含义要广泛得多。

创业精神的定义是某个人或者某个群体通过有组织的努力，以创新和独特的方式追求机会、创造价值和谋求增长，是着重于一种创新活动的行为过程，主要含义为创新，也就是创业者通过创新的手段，将资源更有效地利用起来，为市场创造出新的价值。国内外学者对创业精神从心理学的角度进行了深入研究，对创业精神的理解可进行如下概括。

(1) 如果个体表现出创新、承担风险和主动进取的行为，那么他就具有创业精神。

(2) 创业精神是为了开发资源而创造新价值的过程。创业精神是通过创新创造利润。

(3) 创业精神也是创业者在个性方面所具有的独特特征，如机会捕捉能力、高成就动机、内在控制源等。

创业精神一般可区分为个体的创业精神及组织的创业精神。所谓个体的创业精神，是指以个人力量，在个人愿景引导下，从事创新活动，进而创造一个新企业；而组织的创业精神则指在已存在的一个组织内部，以群体力量追求共同愿景，从事组织创新活动，进而创造组织的新面貌。创业精神包括以下两方面的含义。

第一方面是精神层面，代表一种"以创新为基础的做事与思考方式"。

第二方面是实质层面，代表一种"发掘机会，组织资源建立新公司，进而提供市场新的价值"。因此，创业精神即促成新企业形成、发展和成长的原动力。

(二) 创业精神特征

创业精神具有以下几方面特征。

1. 高度的综合性

创业精神由多种精神特质综合作用而成。如创新精神、拼搏精神、进取精神、合作精神等，这些都是形成创业精神的特质精神。

2. 三维整体性

无论是创业精神的产生、形成和内化，还是创业精神的外显、展现和外化，都是由哲学层次的创业思想和创业观念、心理学层次的创业个性和创业意志、行为学层次的创业作风和创业品质三个层面所构成的整体，缺少其中任何一个层面，都无法构成创业精神。

3. 超越历史的先进性

创业精神的最终体现就是开创前无古人的事业，创业精神本身必然具有超越历史的先进性，想前人之不敢想、做前人之不敢做。

4. 鲜明的时代特征

不同时代的人们面对着不同的物质生活和精神生活条件，创业精神的物质基础和精神营养也各不相同，创业精神的具体内涵也就不同。创业精神对创业实践有重要意义，它是创业理想产生的原动力，是创业成功的重要保证。

八、创新与创业的关系

全球经济一体化进程的加快及知识经济时代的到来，使得创新和创业成为当今时代的主旋律，成为实现一个国家经济发展的重要途径，并日益得到全世界的关注。

虽然创业与创新是两个不同的概念，但两个范畴之间存在本质上的契合，内涵上相互包容，实践过程中互动发展。创新是生产要素和生产条件的一种从未有过的新组合，这种新组合能够使原来的成本曲线不断更新，由此会产生超额利润或潜在的超额利润。创新活动的这些本质内涵，体现着它与创业活动性质上的一致性和关联性。

(一) 创新是创业的基础，创业推动着创新

从总体上说，科学技术、思想观念的创新促进了人们物质生产和生活方式的变革，引发了新的生产、生活方式，进而给整个社会不断地提供新的消费需求，这是创业活动源源不断的根本动力。另外，创业在本质上是人们的一种创新性实践活动。无论是何种性质、类型的创业活动，它们都有一个共同的特征，那就是创业是主体的一种能动的、开创性的实践活动，是一种高度的自主行为。在创业实践活动中，主体的主观能动性将会得到充分的发挥和发扬，正是这种主体能动性充分体现了创业的创新性特征。

(二) 创新是创业的本质源泉

经济学家熊彼特曾提出，创业包括创新和未曾尝试过的技术。创业者只有在创业的过程中具有持续不断的创新思维和创新意识，才可能产生新的富有创意的想法和方案，才可能不断寻求新的模式、新的思路，最终获得创业成功。

(三) 创新的价值在于创业

从一定程度上讲，创新的价值就在于将潜在的知识、技术和市场机会转变为现实生产力，实现社会财富的增长，造福于人类社会。而实现这种转化的根本途径就是创业。创业者可能不是创新者和发明家，但必须具有能发现潜在的商机和敢于冒险的精神；创新者也不一定就是创业者或企业家，但创新的成果则经由创业者推向市场，是潜在的价值市场化，这样才能转化为现实生产力。这也侧面体现了创业与创新的相互关系。

创业推动并深化创新。创业者可以推动新发明、新产品或新服务的不断涌现，创造出新的市场需求，从而进一步推动和深化各方面的创新。因此也就提高了企业或整个国家的创新能力，推动了经济的增长。

第二节 大学生创新创业能力的培养

一、大学生创新创业能力的内涵

(一) 大学生创新能力的含义

创新能力是个人运用知识和理论完成创新过程，产生创新成果的综合能力。创新能力的表现形式就是发明和发现，是人类创造性的外化。创新能力包含创造性思维能力和创造性实践能力，主要包括四个方面的内容：创新意识、创新思维、创新技能、创新人格。

(二) 大学生创业能力的含义

创业能力是指神智正常的人在各种创新活动中，凭借个性品质的支持，利用已有的知识和经验，新颖独特地解决问题，产生出有价值的新设想、新方法、新方案和新成果的本领。联合国教科文组织于1989年在曼谷召开的会议上正式提出创业素质的人才应具有的能力为：创造力和创造精神、学习能力、敏锐的洞察力、团队合作精神、解决问题能力、信息收集能力、研究和完成项目的能力、环境适应能力、献身精神等。

(三) 大学生创新创业个性品质

1. 创新个性品质

个性或称为个性特质，是指一个人在一定的社会条件和教育影响下形成的比较固定的特性。一个具有创新品质的人才有可能去进行一系列创新活动。一个人的创新品质包括强烈的好奇心、广泛而浓厚的学习兴趣、积极主动学习的学习习惯、敢于质疑的学习精神等。

1) 好奇心

好奇心是人们发现和认知世界的驱动力。耶鲁大学心理学家斯坦伯格发现，个性中的兴趣和动机是促使人们从事创造性活动的驱动力。而兴趣源于对事物的好奇心，是个体从事创造思维的内驱力。兴趣和动机可以使个体集中注意力于所从事的创造性活动。

2) 主动学习

传统的教育以机械、模仿、循规蹈矩的学习方法为主，从而导致学生养成了被动接受的学习习惯，缺乏灵活多变和主动的学习训练。知识经济时代瞬息万变，产品更新换代很快，只有培养学生积极主动的学习习惯，形成探究式学习机制，才有可能创新，才能跟上时代的步伐。

3) 质疑

教师权威、书本权威的观念深入人心，学生不敢质疑老师，更不敢质疑课本成为很普遍的现象。没有怀疑，哪来创新？只有善于发现问题，才会有创新的可能性。质疑精神促使人们发现问题，而创新精神则促使人们进一步解决问题。

2. 创业个性品质

除个性品质外，创业品质还有着更加丰富的内涵，它包括敢于竞争的精神、勤奋求实的务实态度、锲而不舍的顽强意志、艰苦创业的心理准备等多方面的品质。

1) 敢于竞争

商品经济社会充满各种商机，也充满各种竞争和压力，在这种环境下要想创业，除了要有一定的经济眼光，还必须有过人的胆识与勇气。在做好充分的市场调研后，是否敢于将自己的计划付诸行动，是决定一个人创业能否顺利开始的第一步，创业需要的是敢于竞争与冒险的精神。

2) 勤奋求实

创业仅仅有胆略和勇气是远远不够的，在此基础上，还必须有勤奋求实的态度，一步一个脚印。只有具备了这种态度，才能将创业想法落实到实处。

3) 锲而不舍

创业的道路不可能一帆风顺，碰到挫折或失败时，是从头再来还是选择放弃？大学生们如果没有坚强的意志、顽强的毅力，是不可能在创业的道路上继续走下去的，半途而废的创业显然是不成功的。

二、大学生创新创业能力培育的必要性

(一) 培育大学生创新创业能力是建设创新型国家的需要

创新是一个民族进步的灵魂，是一个国家兴旺发达的不竭动力。党的二十大报告提出，加快实施创新驱动发展战略，加快实现高水平科技自立自强，以国家战略需求为导向，集聚力量进行原创性引领性科技攻关，坚决打赢关键核心技术攻坚战。加快实施一批具有战略性全局性前瞻性的国家重大科技项目，增强自主创新能力。21世纪的竞争是经济和综合国力的竞争，归根到底是

科技和人才的竞争。中国坚持把创新作为引领发展的第一动力，创新型国家的建设需要具有创新创业素质的人才。创新创业教育是一种兼顾创业教育和创新教育且以创业教育为重点，注重培养学生的创新意识、创新思维、创新能力，为创业打下良好基础的新型教育模式。大力培育大学生创新创业能力是高校的首要任务和关键环节，能够有效地推动创新型国家的建设。

(二) 培育大学生创新创业能力是缓解就业压力的需要

随着高等教育大众化进程的加速，我国高校招生总体规模一直在不断扩大，与此同时，大学毕业人数也在逐年增加。根据教育部数据统计，2020年全国大学毕业生874万人，2021年毕业生总规模909万，2022年高校毕业生人数为1076万，毕业生人数再创历史新高。

虽然毕业生数量增幅不断加大，但社会提供的就业岗位并没有明显递增的趋势。在毕业生数量逐年大幅度增长的同时，离校毕业生待业的状况开始出现，并且数量逐年上升。据教育部有关统计显示，2001—2007年全国高校毕业生平均就业率只有70%左右，2008、2009年由于金融危机的影响，我国大学毕业生的就业形势更为严峻，虽然近几年来金融危机的影响已经减小，但其他因素对大学生就业造成的冲击不可避免。原本由于毕业生数量逐年递增，高校毕业生就业工作已压力重重，再加上其他因素的不利影响，毕业生就业任务更加艰巨，待业状况依然十分严峻。

大学生创新创业教育主要通过采取各种方式，积极引导和鼓励学生参与创新创业实践，从而培养学生的创新意识和创业能力。高校全面开展切实有效的创新创业教育，引导和帮助更多的大学生加入创新创业队伍，不仅能有效缓解不断扩大的就业压力，还能为社会创造更多的就业机会和就业岗位。

(三) 培养大学生创新创业能力是适应社会主义市场经济发展的需要

由于我国市场经济发展起步时间较晚，我国企业管理者的整体素质相比发达国家还有很大差距。当前我国正处在由工业经济向知识经济转变的时期，知识经济对企业的管理者有着更高的要求，我国企业要在激烈的国际竞争中立于不败之地，亟待提高企业管理者的整体素质，造就一批高水平的企业家队伍。同时，随着我国市场经济的发展，城乡产业结构随着市场的不断变化进行相应调整，从而带来劳动力的转移和工作岗位的转换，这就要求未来的劳动者不仅要具备从业能力，还必须具备创新创业能力。因此，不断加强大学生创新创业能力的培养，正是适应了社会主义市场经济对人才培养方面的诸多要求，同时能促进高等教育自身的改革与发展。

(四) 培育大学生创新创业能力是大学生自身发展的需要

知识经济时代的大学生有着明显的时代特征，他们追求个性发展，有着强烈的自我意识，追求自我价值的实现，对创新、创造的要求也越来越强烈。在就业岗位的选择上，他们有自己的职业目标和追求，希望能在就业岗位上充分展现自己的才华，体现自己的人生价值。大学生创新创业教育不同于单纯的知识教育和技能教育，它更加注重对大学生综合素质和能力的提升，尤其是对具有创造性的意识观念的培养。因此，培育大学生创新创业能力为他们实现自身的发展提供了条件。在创业活动中，他们通过选择适合自己发展的领域，以自己独特的思想和优势去突破和创新，最终实现自己的人生价值。

三、大学生培育创新创业能力的途径

(一) 转变观念，培养创新创业意识

创业意识是创业教育中的重要构成因素。所谓创业意识，是指创业活动中对人起动力作用的个性倾向，具体包括创业需要、创业动机、创业兴趣、创业理想、创业信心和创业世界观六个要素。当前，我国大学生的创新创业意识普遍不高，多数大学生对自己的创新创业能力持不确定的评价，其主要原因是大学生普遍缺乏对创新创业的正确认识。

首先，在创业的过程中，要有一定的风险意识，思想保守、畏难退缩的人是无法创业的。因此，大学生要加强进取精神的培养。其次，大学生要有意识地进行创业心理的教育，培养坚强的自信心、积极的做事态度、百折不挠的勇气、坚韧不拔的意志和强烈的社会责任感。最后，大学生要加强创新教育。创新不仅指新的发明、新的技术和方法，还包括新的思想和理念。这就要求大学生积极主动地参加各项创业培训和锻炼，加强培养自身的创新意识、创新思维、创新能力和敢为人先的个性。

(二) 创新创业知识结构的构建

创业知识是创业能力发挥的工具，在创业活动中起着经常性、关键性的作用。创业知识主要包括三方面的内容：一是专业、职业知识，这是从事某一项专业或职业所必须具备的知识；二是经营管理知识，如企业战略管理、人力资源管理、生产管理、市场营销、财务管理等方面的知识；三是综合性知识，一般包括政策法规、公共关系、工商税务、金融保险等。创业知识是创业意识和创业品质的基础，丰富大学生的创业知识是创业教育的主体。每位学生都有自身独特的知识背景、个性特征、智力方式和动机类型等，所以大学生可以采取灵活多样的形式，进行创业知识的学习。

(三) 创新创业能力的培养

创业能力是在创业实践活动中自我生存、自我发展的能力。创业能力主要体现在以下四方面：一是创新能力，即针对市场和社会需求"无中生有"、推陈出新的本领；二是策划能力，即根据外部创业环境的变化，确定并适时调整企业发展战略和发展路径的本领；三是组织协调能力，即把创业活动中的各个要素、各个环节科学高效地整合起来的能力；四是领导能力，即在创业活动中运用组织和权力，按照企业发展的目标，引导教育员工统筹工作的本领。通过创业教育，大学生要掌握创业的基本技能，具备职业技术和经营管理能力，了解与创业有关的国家政策法规，同时具有一定的社会实践能力，尤其是市场调查和预测市场走向的能力。

(四) 强化创业实践，提升创业能力

创业教育是实践性很强的教育活动，创业实践活动是创业教育的特定课程模式，也是培养大学生创业意识、创业能力的具体途径。

大学生要主动参加校内外各种专业的创新创业竞赛活动，如"挑战杯"中国大学生课外科技作品竞赛、ERP企业创业大赛等。另外，各高校还会根据自己的实际情况，定期举办一些大学生职业生涯规划大赛、创业计划大赛、科技创作和发明活动等。大学生应积极参与这些活动，从而激发自己的创新创业意识，锻炼和提高实际操作能力。这对于增强大学生的创新意识，锻炼和提高其观察力、思维力、想象力和动手操作能力都是十分有益的。

同时，大学生还要积极参加以校内外创新创业基地为载体组织的创新创业实践活动，包括专

业实习及各种形式的科技实践。实践最能锻炼和培养一个人的才能，只有在实践中多看、多思、多问、多记，反复检验、反复调查、不断总结、吸取教训，才能从实践中得到真知。

知识拓展

创业知识、创业技能、创业意识与创业精神

创业知识指创业所需要掌握的综合知识，如国家相关政策、法律法规、人文知识等。

创业技能指所创业领域需要的专业技能，如管理方法、文字应用、语言表达、信息技术、专业技术等。

创业意识指创业者的创业动机，以及把握机遇的主动性和创造条件的创新力。

创业精神作为创业者的个性和品格，是创业者应具备的重要素质，蕴含于创业者的行为中，影响创业能力的形成，但无法以能力要素为表象。

第三节　创业知识基础

一、创业概述

我们现在通常将创业表述为"自己当老板""自己给自己打工"。追根溯源，"创业"一词最早出现在《孟子·梁惠王下》中，原文是"君子创业垂统，为可继也"。"创业垂统"就是创建功业，传给子孙；也作"倡业垂统""创制垂基"。创业最初的含义与封建帝王统治紧密相联，"创"就是创建，"业"就是帝王基业，"创业"就是创造世代相传的帝王基业。这与我们现代对创业的理解已经大相径庭，但是创业最初的含义里包含了一个很重要的特点并流传至今，那就是创业的可继承性。不管是封建时代的帝王基业还是现在的企业实业，如果今天创立明天倒闭，那就不能算是成功的创业，只有具有一定的存续时间的创业，才能算是真正的创业。

创业的含义随着时代的发展变化而不断得到变化和发展。现今，我们对创业的定义为：某一个人或一个团队，不局限于外界现有的资源，运用个人或团队的力量开创性地去寻求机遇，创立企业和实业并谋求发展的过程，并通过这个过程来满足其精神和物质的需求及愿望。创业是一个发现和捕捉机会并由此创造出新颖的产品、服务或实现其潜在价值的过程，而创业者则是追求这些机会的人。大学生创业即大学生自谋职业，依靠所学知识、所拥有的知识产权，将知识产品推向市场，开办企业、开创事业的活动。

二、创业的基本要素

创业是创业者通过发现和识别商业机会，成立活动组织，利用各种资源，提供产品和服务，以创造价值的过程。创业不是简单的"做自己的老板"，而是一项系统工程，需要考虑到人、财、物、进、销、存、竞争、市场细分、定位、管理体系、团队、财务、退出机制等一系列的事情。因此，创业的要素包括创业者、商业机会、技术、资金、人力资本、组织、产品服务七方面。

（一）创业者

创业者是创业过程中处于核心地位的个人或团队，是创业的主体。创业者在创业过程中起着关键的推动和领导作用，包括识别商业机会、创建企业组织、融资、开发新产品、获取和有效配

置资源、开拓新市场等。因此，创业者的素质和能力是创业成功的第一要素。

(二) 商业机会

商业机会是创业过程中的核心，创业从发现和识别商业机会开始。商业机会指没有被满足的市场需求，它是市场中现有企业留下的市场空缺。商业机会就是创业机会，它意味着顾客需要得到比当前更好的产品和服务。

(三) 技术

技术是一定产品或服务的重要基础。产品与服务当中的技术含量，是企业满足社会和市场需求的支持保障，是企业的核心竞争力。资源是组织中的各种投入，包括各种人、财、物。资源不仅指有形资产，如厂房、机器设备等，也包括无形资产，如专利、品牌等；不仅包括个人资源，如个人技能、经营才能等，也包括社会网络资源，如信息、权力影响、情感支持、金融资本等。

(四) 资金

无论处于哪个发展阶段，资金对于企业来说都是非常重要的。在企业快速发展时期，资金的缺口将直接限制企业的发展壮大，而在创业之初，企业主要靠自筹资金，而符合一定条件的创业者则有可能获得一定的政府扶持资金。

(五) 人力资本

人力资本是创业的重要资源投入，成功的关键在于创业者的识人、留人、用人。形成创业的核心团队，制定有利的规章制度，创建有效的组织结构，建立良好的企业文化是积累人力资本的核心。

(六) 组织

组织是协调创业活动的系统，是创业的载体，是资源整合的平台。创业型组织的显著特征是创业者强有力的领导和缺乏正式的结构和制度。从广义来说，创业型组织是以创业者为核心形成的关系网络，不仅包括新设组织内的人，还包括这个组织之外的人或组织，如顾客、供应商和投资人。

(七) 产品服务

产品服务是创业者为社会创造的价值，它既是创业者成功的必要条件，也是创业者对社会的贡献。正是通过为社会提供更多、更好的产品和服务，人类社会的财富才能日益增多，人们的生活才会变得丰富多彩。

三、创业的一般过程

创业的一般过程可以划分为创业动机的产生、创业机会的发现与识别、资源的整合、企业的创建、新创企业的成长和创业的收获六个阶段。

(一) 把握创业商机

1. 关注环境变化

变化就是机会，环境的变化会给各行各业带来良机，人们透过这些变化会发现新的前景。例如，以人口因素变化为例，可以创造以下一些商品或服务的销售机会：为老年人提供的健康保障用品；为独生子女服务的业务项目；为年轻女性和上班女性提供的日常用品；为家庭提供的文化娱乐用品等。

2. 把握底层机会

随着科技的发展，开发高科技领域是时下的热门课题，博士生、硕士生可以去高科技领域"掘金"；本科生、专科生则可充分发挥逆向思维，在运输、金融、保健、饮食、流通等所谓的"低科技领域"大显身手。

3. 盯住目标群体

机会不能从全部顾客身上去找，因为共同需要容易识别，基本已很难再找到突破口。实际上每个人的需求都是有差异的，如果时常关注某些人的日常生活和工作，就会从中发现某些机会。因此，在寻找机会时，应把顾客分类，如政府职员、大学讲师、杂志编辑、小学生、单身女性、退休职工等，认真研究各类人员的需求特点。

(二) 明确创业目标

1. 需要明确的问题

一旦有了灵感的触动，不要急匆匆地去做，应该先耐心地花费一点时间将想做的事情考虑清楚，这就是明确创业目标。确立创业目标时，需要先弄清楚以下几个问题。

(1) 你将经营什么？这不是容易回答的问题。回答该问题的方法多种多样：产品定义——列出你提供的产品或服务；技术定义——强调你的技术能力；市场定义——按你当前和潜在的顾客限定你的经营；概念性定义——使人们能判断你的全部经营是什么。

(2) 你的经营理念是什么？这是你生产、经营的基本哲理和观念。

(3) 你的产品和服务是什么？你的经营基于你卖什么。

(4) 你的顾客是谁？你当前的顾客基础和你选择要服务的目标市场能进一步帮助你找准经营定义。

(5) 顾客为什么买我们的产品？每种经营都有充分多的竞争者，而且你的顾客和潜在顾客对产品和服务有广泛的选择余地。

(6) 是什么使我们的企业同我们的竞争对手区别开来？什么是你的不寻常特色？按照你的市场眼光，如果你能把自己与竞争对手区分开来，你就抓住了强大的优势。

2. 创业轮廓图的运用

下面的创业轮廓图将帮助你明确自己的创业目标。

(1) 企业名称及建立的日期：×××。

(2) 企业形式为：□个体□有限责任公司□股份有限公司。

(3) 我的顾客主要是：□个人□团体□公共机关□其他(简述)。

(4) 目前的产品和服务包括：×××。

(5) 我的五个最主要的竞争对手是：×××。

(6) 可能的竞争来自：□其他公司□技术□行业人员。

(7) 我的竞争地位：□弱□较弱□平均水平□较强□强。

(8) 对我的产品或服务的需要在递增／递减：×××。

(9) 我可能引进的产品或服务是：×××。

(10) 我可能进入的市场是：×××。

(11) 本企业与众不同的是：×××。

(12) 当前企业最大的营销障碍是：×××。

(13) 我最大的营销机会是：×××。
(14) 我的总体经营目标和增长计划是：×××。

3. 写出任务陈述书

例如，为本地小企业老板提供税务与管理咨询服务，帮助他们成长，为我们的雇员提供有益的工作环境。以下因素可供参考。

(1) 顾客：小企业老板。
(2) 产品或服务：税务与管理或咨询。
(3) 市场：本地(半径3千米内)。
(4) 经济目标：获得利润，有稳定的收入基础。
(5) 信念、价值和理想：独立，关心团体，创造好生活。
(6) 特殊能力：帮助企业小老板使总收入最大，保持低成本。
(7) 对雇员的关心：提供合理的报酬与利益，使他们工作中有自由，尽量减少监督。

(三) 分析创业环境

分析创业环境的一种有效方式是进行SWOT分析，即企业的优势(strengths)、劣势(weaknesses)、机会(opportunities)、威胁(threats)分析。

1. 内部分析：优势和劣势

SWOT从观察内部的优势与劣势开始。优势是指你的企业的长处，如你的产品比竞争对手的产品好，你的商店位置非常有利，你的员工技术水平很高等；劣势是指你的企业的短板，如你的产品比竞争对手的产品贵，你没有足够的资金按自己的愿望做广告，你无法像竞争对手那样提供综合性的系列服务等。

进行创业决策前，你可以填写如表4-1所示的表格，客观地掌握自身状况。

表4-1 内部分析：优势与劣势

因素	优势	劣势
获利能力		
销售与市场营销		
质量		
顾客服务		
生产力		
财力		
财务管理		
运行		
生产与分配		
员工的发展		
其他		

2. 外部分析：机会和威胁

外部分析即考察企业运行所处的外部环境。机会是指周边地区存在的对企业有利的事情，如你想制作的产品会越来越流行，附近没有和你类似的商店，潜在顾客的数量将上升，附近有正在新建的住宅小区等。威胁是指周边地区存在的对你的企业不利的事情，如在该地区有生产同样产品的其他企业，原材料上涨导致成本上升，你不知道你的产品还能流行多久等。

这些因素是你不可控制的，但如果知道它们将怎样产生影响，你可以预先采取防备行动。可以填写如表4-2所示的分析表格，以分析外部的机会与威胁因素。

表4-2　外部分析：机会与威胁

因素	机会	威胁
当前顾客		
潜在顾客		
竞争		
技术		
政治环境		
政府及其管理机关		
法律		
经济环境		
其他		

(四) 组建创业团队

企业的创办者不是万事皆通的全才，他可能是某种技术方面的天才，但在管理、财务和销售方面可能是外行；他也可能是管理方面的专家，但对技术一窍不通。因此，要想把好的创意转变成现实的创业行动，转变成现实的产品或服务，就必须组建一个具备管理、技术、营销等方面知识和经验人员的创业团队。一般而言，风险投资人很看重创业计划中是否有优秀的创业团队。为了建立一个能够精诚合作、具有奉献精神的创业团队，创业者必须使其他人相信与自己一起工作是有前途的。

(五) 筹措创业资金

大多数创业者没有足够的资本创办一个新企业，他们必须寻求外部的资本支持。除了个人资金，家庭和朋友也是最常见的资金来源。对于创业者来说，正确衡量家庭和朋友提供资金的利弊得失至关重要，最好能够从一些志同道合的朋友处获得一定的资金支持，大家合伙投资、共同创业。

金融机构也是创业者获得资金的重要渠道。创业者可以抵押家庭的动产和不动产，或者由亲属等提供担保，获得贷款。

风险投资是创业者创办的企业，是高新技术企业获得资金支持的最为重要的渠道。此外，创业者还可以通过政府资助、信托投资、众筹等方式获得创业所需要的资金。

(六) 登记注册开户

创业成立公司，无论是个人独资企业还是合伙企业，都必须进行工商登记、开立银行账户、办理税务登记。如从事特殊行业，还必须事先取得相关主管部门的批准文件。只有在这些法定的手续全部办理完毕后，创业者创办的企业才能正式宣告成立并投入运营。

创业者需要了解《企业登记管理条例》《公司登记管理条例》等工商管理法规。创业者还有必要了解有关开发区、高新科技园区等方面的法规、规章和地方规定，这样有助于选择创业地点，以享受税收减免等优惠政策。

我国实行法定注册资本制，如果创业者不是以货币资金出资，而是以实物、知识产权等无形资产或股权、债权等出资，还需要了解有关出资、资产评估等方面的法规。

企业设立后，需要进行税务登记，需要会计人员处理财务，其中涉及税法和财务制度，创业者需要了解企业需要缴纳哪些税。企业要聘用员工，其中又涉及劳动合同和社会保险等问题，创业者需要了解劳动合同、试用期、服务期、商业秘密、竞业禁止、工伤、养老金、住房公积金、医疗保险、失业保险等诸多规定。创业者还需要处理知识产权问题，既不能侵犯别人的知识产权，又要建立自己的知识产权保护体系；需要了解著作权、商标、域名、商号、专利、技术秘密等各自的保护方法。

知识拓展

创业也是一种就业

对于青年人而言，创业也是一种就业。创业不仅能解决个人就业与发展问题，还能带动更多的人就业。因此，创业是一种更高层次的就业。

选择就业与创业两条道路，主要有以下几方面的差别。

(1) 担当的角色差异。二者在企业中的地位、所肩负的责任和使命均有较大差异。创业者通常处于新创企业的高层，在企业实体的创建过程中，创业者始终是负责人，始终参与其中；而就业者通常处于中低层，到达高层需要一个过程，首先需要做好本职工作。

(2) 要求的技能差异。创业者通常身兼多职，既要有战略眼光，又要有具体的经营技能，从而要求其具备相当全面的知识和技能；就业者通常具备一项专业技能即可开展自己的工作。

(3) 收益与风险差异。就业的主要投入是数年的教育成本，而创业除了教育成本，还包括前期准备中投入的人力、物力和资金成本。一旦失败，就业者并不会丧失教育成本，但创业者会损失在创业前期投入的几乎一切成本；而一旦成功，就业者只能获得约定的工资、奖金及少量的利润，创业者则会获得大多数经营利润，其数额理论上没有上限。

(4) 成功的关键因素差异。就业很大程度上可以依靠企业实体获得成功，但创业更多还要靠自身的经验、学识与财力，以及各种需求和资源占有情况等条件。

四、创业者的定义

什么样的人属于创业者？从词源来看，创业者的对应英文单词是"entrepreneur"，它有两个基本含义：一是指企业家，即在现有企业中负责经营和决策的领导人；二是指创始人，通常理解为即将创办新企业或者刚刚创办新企业的领导人。

"创业者"一词由法国经济学家坎蒂隆于1755年首次引入经济学。1880年，法国经济学家萨伊首次给出了创业者的定义，他将创业者描述为"将经济资源从生产率较低的区域转移到生产率较高区域的人"，并认为创业者是"经济活动过程中的代理人"。著名经济学家熊彼特则认为，创业者应为创新者。这样，对创业者的要求又加了一条，即具有发现和引入新的、更好的、能赚钱的产品、服务和过程的能力。创业者意为"在没有拥有多少资源的情况下，锐意创新，发掘并实现潜在机会的价值的个体"，并且是"组织、管理一个生意或企业并承担其风险的人"。

中国香港创业学院院长张世平对"创业者"的最新定义是：创业者是一种主导劳动方式的领导人，是一种无中生有的创业现象，是一种需要具有使命、荣誉、责任能力的人，是一种组织、运用服务、技术、器物作业的人，是一种具有思考、推理、判断能力的人，是一种能使人追随并在追随的过程中获得利益的人，是一种具有完全权利能力和行为能力的人。

当前，国内外学者将"创业者"的定义分为狭义和广义两种。狭义的创业者是指参与创业活动的核心人员，该定义避免采用领导者或组织者的概念。因为在当今的创业活动中，技术的含量越来越大，离开了核心的技术专家，很多创业都无法进行，核心的技术专家理应成为创业者。事实上，很多创业活动最早是由拥有某项特定成果的技术专家发起的。广义的创业者是指参与创业活动的全部人员。在创业过程中，狭义的创业者将比广义的创业者承担更多的风险，也会获得更多的收益。

五、创业者的基本特征

（一）心理特征

从成就动机理论出发对成功创业者特征进行分析可以发现，拥有创业心理特征的人员比不具备创业心理特征的人员具有更高的实施创业行为的倾向。成功的创业者一般具备以下六个心理特质：成就需要、控制欲、自信、开放的心态、风险承担倾向、创业精神。他们有明确的目标，全身心地投入事业发展。

1. 成就需要

创业者希望把事情做好，而这不仅是为了获得社会承认或声望，更重要的是为了达到个人内在自我实现感的满足。创业者希望在解决问题、确立目标和通过个人的能力达到这些目标的过程中担负决策责任，他们喜欢具有一定风险的决策，对决策结果感兴趣，不喜欢单调的重复性工作。

2. 控制欲

控制欲是指人们相信他们自己能够控制自己人生的程度。研究表明，创业者相信通过自己而不是他人来决定自己的命运，他们经常有很高的控制欲，总是希望把命运掌握在自己手中。和控制欲相关的是创业者的个人独立性，创业者往往喜欢独立思考和行动，渴望独立自主。

3. 自信

创业者不仅相信自己，而且相信他们正在追求的事业会获得成功，不仅能在失败之后振作起来，而且还能从失败中吸取教训，以增加下一次成功的概率。创业者坚信自己的创业团队有能力在激烈的竞争中获得胜利，以坚韧不拔的毅力和满腔的热情去争取成功。新创企业在发展过程中肯定会出现各种危机和困难，越是危急关头，就越需要他们付出更大的热情和勇气，自我勉励，坚定信念，闯过难关。成功的创业者普遍有很强的自信心，有时表现出咄咄逼人的气势。他们相信自己的判断，相信自己的决定。创业者以积极的心态充满活力地不断创新。自信对创业者非常重要，因为他们走的是其他人不敢走或者没有走过的路，只有自信才能顶住压力，坚持自己的目标，最终取得创业的成功。

曾经有记者问搜狐的CEO张朝阳："你在IT产业的成功让中国的年轻人看到了从一无所有到拥有巨大财富的活生生的典范。当年，你能说服美国风险投资家把美金押在你这样一个名不见经传的'小卒'身上，你认为是你身上什么样的东西打动了他们？"张朝阳回答说："自信。对自己的成功有坚定的信念，使他们对我和我的商业计划产生了信任。"自信让张朝阳获得了美国风险投资家的资金支持，也是他以后创业一步一步走向成功的基石。

4. 开放的心态

创业者要能认识到自己的局限性和改进的必要性，意志坚定但不拒绝改变，必要时勇于变革和敢于承担责任。现代社会新事物层出不穷，开放的心态可以使我们有更多的机会发现机遇，产生创业的冲动。

5. 风险承担倾向

创业者希望在同行业中脱颖而出，但很多工作是自己以前没有经历过或者没有完全经历过的，创业征途中充满了各种风险。创业者要有冒险精神，要能承受风险和失败。只有敢于承担风险，创业者才能大胆创新，"铤而走险"，实现自己的创业梦想。创业需要冒险，但冒险有别于冒进。无知的冒进只会使事情变得更糟糕，而且会浪费时间和财力。

6. 创业精神

创业要发扬创业精神，没有创业精神的创业不会成功，也不能称之为创业。创业精神是创业团队集体的精神状态和对事业所持的态度。不论组织规模大小，不论归属哪个经济部门，创业精神始终与某些普遍适用的行为特性相关联。创业精神主要表现为：耐心和牺牲精神、开拓精神和敬业精神、气度和包容精神、创新精神等。

（二）行为特征

创业者在行为方式上主要有勤学好问、执著、灵活应变、吃苦耐劳、脚踏实地、雷厉风行、有良好的商业道德和责任感等。

1. 勤学好问

创业者不满足于现状，经常意识到他们能将事情做得更好，渴望并从不放弃学习和改进的机会。现代社会需要学习型的企业，创业团队在创业初期更需要学习行业内的领先企业、标杆企业。创业团队成员也需要学习精神。学习是保持先进性的重要手段，学习为企业的发展提供了源源不断的智力源泉，只有不断地学习才不会落后于社会。

2. 执着

执着是指对自己的创业目标和信念坚持不懈、永不放弃。因为在创业的领域没有捷径可走，只有专心致志、锲而不舍，才能克服通往成功道路上的危机和障碍。著名的发明家爱迪生指出，成功等于99%的努力和1%的灵感之和。他认为，连续的失败是不断尝试错误的探索性实验，是成功的创新过程之一。

3. 灵活应变

灵活应变指的是创业者对创业方法和路径的选择，要一切从实际出发，根据环境的变化对创业活动做出相应的调整。

4. 吃苦耐劳

创业的成功需要坚韧不拔的品质，需要顽强的毅力、吃苦耐劳的执着精神和甘于奉献的献身精神。只有具备吃苦的精神，创业者才能挺过创业的艰辛，取得创业的成功，否则就会半途而废。

5. 脚踏实地、雷厉风行

创业者有好的创业念头，但只有通过实际行动才能变成现实。

6. 良好的商业道德

诚信、诚实、诚恳是一个企业生存和发展的根基。没有良好的品德，时刻只为自己的个人利益着想是肯定不会创立起企业的，即使能够建起企业，最终也难免昙花一现。只有企业对顾客、对社会、对员工诚信，顾客、社会和员工才会为企业的发展锦上添花，企业的发展才有土壤。诚信、诚实、诚恳是创业团队的道德要求。

7. 责任感

把承诺变成行动就是责任，责任是坚定不移的信念。负责任是一种态度，态度决定一切。责任感使创业者意识到自己对其他人的责任，提供给其他人做好工作所需要的支持；责任感也能使创业者正确地行使权力和对待金钱。虽然权力和金钱是创业的动机之一，但负责任地运用权力不只是为了金钱。

负责主要体现在向社会、向顾客提供满意的产品或者优质的服务，重视环境保护，重视员工的成长和发展等方面。随着社会的进步和人类文明的发展，企业的社会价值是企业发展的高级目标，社会责任也成为企业的道德标准。重视环境保护，重视企业的发展和员工职业生涯的发展成为企业发展的重要目标之一。优秀的创业者应该有很强的社会责任感，在创业的同时回报社会。

(三) 知识特征

投资创业就是创业者想在某一行业中脱颖而出，但如果没有厚实的知识基础，创业就等于建造空中楼阁。所以，作为一个创业者，应该具备相应的基础知识和专业知识。

1. 创业者应具备坚实的基础知识

创业者知识素质的好坏关系到创业者分析问题、判断问题、解决问题的能力大小和将来企业的发展前途。知识贫乏的创业者必然心胸狭窄、目光短浅。如果没有渊博的知识，就不能适应时代新潮流的长期需要；不用新知识、新观念武装自己，就不可能成为真正成功的创业者。

创业者应该通晓的基础知识主要有政治学、人才学、组织学、行为科学、经济学、计算机应用、逻辑学、法学、会计学、统计学及心理学等。这些基本知识为创业者正确分析企业内外的环境和自己的优劣势、预测行业的发展趋势奠定了基础，是创业活动开展的必备智力条件。

2. 创业者应具备广博的专业知识

要想取得创业的成功，把企业做强做大，创业者还应具备人力资源管理、市场营销管理、财务管理、战略管理、生产管理、物资管理、技术设备管理、质量管理、经济核算、系统工程、领导科学及决策论等专业知识。如果缺乏战略管理知识，创业者在企业发展到一定规模后，就不能正确处理企业的短期目标和长期目标的关系、核心竞争力和多元化的关系，盲目扩张，进入很多自己陌生的行业，而自身资金、人力资源等方面又缺乏支撑，使企业迷失了发展的方向。

掌握了人力资源管理方面知识，创业者就知道如何有效激励员工、管理员工，帮助他们成长，并给予他们足够大的舞台空间，让他们真正能有"当家做主"的责任感，使之产生与企业同命运、共呼吸的使命感，从而真正塑造出忠诚于企业的人才，让员工在实现企业发展的同时，实现自我的成长和发展。同样，现金是企业正常运转的基础，具备了财务管理知识，创业者就能正确地了解企业的现金流状况及主要的现金流来源，了解企业的盈利能力、负债情况、还债能力和融资能力，在创业过程中就能有意识、合理地贷款融资，发挥资金的财务杠杆作用，降低经营风险，同时管理好企业的资本运作。市场营销管理知识能使创业者正确分析产品的行业特征，细分市场，对产品正确定位，找到产品的目标市场，利用产品的生命周期不断推陈出新，为企业创造现金流。总之，专业知识为创业企业的正常运转、赚取利润和长远发展提供保障。

3. 创业者知识的更新与完善

当然，一个人不可能具备上面提到的所有知识，这就需要创业者拥有优势互补的创业团队。同时，创业者可以通过学习来弥补自己缺乏的知识。学习知识的主要途径有以下几种。

1) 大量阅读

书籍是先行者智慧的结晶。通过大量阅读可以迅速地扩大自己的知识面，减少摸索的时间。创业者可以根据自己工作中的"短板"来选择阅读的素材。

2) 参加学习班

目前社会上有很多种学习班，创业者可以通过参加学习班迅速弥补知识上的缺陷，特别是参加高水平的培训班。

3) 与成功创业人士交流

如参加各种形式的俱乐部，从他们那里学到经验教训，以便自己少走弯路。这些成功人士在某些方面比较优秀，创业者可以从他们身上学到很多有益的东西，他们成功的事例能不断地激励创业者前进。另外，他们的某些失误又可以为创业者提供反面教材，让创业者在以后的创业中避免犯同样的错误。

4) 实践

实践出真知，通过实践可以增强自己对事物的感性认识，并在实践中检验理论，提高自己的实际操作能力。在实践中最好多与他人交流自己的体会，因为这样既可以加深印象，又可以得到他人的指教。

(四) 能力特征

创业者要成功创业需要多种能力，主要有经营能力、管理能力及人际关系能力等。

1. 经营能力

经营能力是创业成功的关键。要成为创业者，首先要做一个出色的经营者。其次，经营者要有浓厚的经营兴趣。对经营有兴趣不仅是做经营者的先决条件，而且是经营中始终应该具备的素质。兴趣激发工作热忱，而热忱几乎等于成功的一半。有了经营兴趣，即使再累再苦都能轻松应对。经营活动是将创业计划变成现实的手段。创业的成功在于把创新思路及计划付诸实践，最后转化为现实。

2. 管理能力

管理能力主要包括战略管理能力、营销管理能力和财务管理能力等。

1) 战略管理能力

战略管理能力指整体地考虑企业经营与环境，理解如何适应市场，如何创建竞争优势的能力。创业者需要根据企业的优势、劣势，并结合外部环境的机会、挑战，正确地制定企业发展的战略目标。只有确定了正确的战略目标，企业才能走得更远。

2) 营销管理能力

营销管理能力是指洞察企业提供的产品和服务及其特性，理解它们如何满足顾客的需要和如何使顾客认识其吸引力的能力。创业者需要根据行业发展状况、竞争对手的缺陷，细分市场，找到自己的产品、服务的目标顾客群，同时，可以为自己的产品创造市场。

3) 财务管理能力

财务管理能力是指管理企业资金能够保持对支出的跟踪和监控现金流，以及根据其潜力和风险评价投资的能力。投资创业必须会理财，"有钱无计划，花钱如流水"不是创业者的品格。创业者必须要有基本的财务知识，懂得如何融资理财，具备资金的时间价值观和机会成本意识。很多创业者有风险意识，但是无资金的时间价值观和机会成本意识，不知道今天的一元钱比明天的一元钱更值钱。

3. 人际关系能力

一个创业企业需要来自组织内外(如员工、股东、顾客、政府、供应商和投资者等)的支持，有些服务性的行业还需要所在社区的支持。为此，创业者需要在与这些利益相关者打交道中具备处理各种人际关系的能力。人际关系能力包括激励能力、沟通能力及谈判能力等。激励能力是指唤起人们的热情，使他们全身心地投入其正在进行的工作中的能力；沟通能力指运用口头和书面等语言表达思想和传递信息的能力；谈判能力指能够权衡利弊、随机应变，能够确认双赢方案并和对方达成协议的能力。

以上对成功的创业者的素质要求，单个创业者难以完全具备，每个创业团队成员也不可能都具备。这表明了组成创业团队的必要性和重要性，也表明在选择创业团队成员时要考虑其是否具备这些素质，特别是保证团队成员之间具有互补性。

六、创业者的分类

（一）传统创业者与技术创业者

创业者一般可以分为传统创业者和技术创业者。

1. 传统创业者

传统创业者是指对传统行业，如餐饮、房地产、服装等筹集资金投资、建立工厂、生产产品、为顾客提供产品或服务的创业者。

2. 技术创业者

技术创业者以突出技术为主，创办的企业一般比较小，产品的技术含量高，附加值比较高，利润空间比较大。技术创业者又可以进一步划分为研究型、生产型、应用型和机会主义者四种类型。

1) 研究型技术创业者

研究型技术创业者具有很强的科研知识背景，常常从事基础科研开发工作，掌握了某种技术，有强烈的欲望把科研成果转换成生产力，一般在高等教育机构或非商业化的实验室担任学术职位。例如，高校里部分进行科学研究的教授以自己的科研成果为核心，筹集资金、创办实体，这就属于典型的研究型创业者。

2) 生产型技术创业者

生产型技术创业者具有企业的生产技术或产品开发背景，常常直接从事商业化技术或者产品开发，掌握了某种先进的技术。

3) 应用型技术创业者

应用型技术创业者具有企业的外围技术背景，掌握了一定的应用技术，一般从事技术销售或支持工作，有一定的销售渠道资源。

4) 机会主义创业者

机会主义创业者缺乏企业的技术专业背景，没有技术经验，或者只有非技术组织的职业经验，但是善于识别技术机会，是有创业的点子和一定资金支持的创业个体。例如，MBA学生具有管理知识，大多数有管理实践经验，他们捕捉到了某个机会，自主创业，属于机会主义创业者。

（二）生存型、变现型、主动型和赚钱型创业者

世界经理人网站研究了国内上千例创业者案例，发现国内的创业者基本可以分成以下四种类型。

1. 生存型创业者

生存型创业者大多为下岗工人，失去土地或因为种种原因不愿困守乡村的农民，以及刚刚毕业找不到工作的大学生，这是中国数量最大的一拨创业人群。相关的调查报告显示，这一类型的创业者，占中国创业者总数的90%。其中许多人是被"逼上梁山"，为了谋生。通常，其创业范围局限于商业贸易，少量从事实业，实业也基本是小型的加工业。当然也有因为机遇成长为大中型企业的，但数量极少，因为现在的国内市场已经不是20多年前那个经济短缺、机遇遍地的创业时代。如今这个时代，用句俗话来说，就是"狼多肉少"，仅仅想依靠机遇成就大业，早已是不切实际的幻想。

2. 变现型创业者

变现型创业者主要分为两类：第一类人曾在党、政、军、行政、事业单位任职，离职后自己开办公司；第二类人在国企、民营企业当经理人期间聚拢大量资源，在机会适当的时候离开原来的企业，自己办企业，实际是将过去的权力和市场关系变现，将无形资源变现为有形的货币。在20世纪80年代末至90年代中期，第一类变现者最多，现在则以第二类变现者居多。

3. 主动型创业者

主动型创业者又可以分为两种，一种是盲动型创业者，一种是冷静型创业者。前一种创业者大多极为自信，做事冲动。有人认为，这种类型的创业者，大多同时是博彩爱好者，喜欢买彩票、喜欢赌。这样的创业者很容易失败，但一旦成功，往往就是一番大事业。冷静型创业者是创业者中的精华，其特点是谋定而后动，不打无准备之仗，或是掌握资源，或是拥有技术，一旦行动，成功概率通常很高。

4. 赚钱型创业者

调查中，还发现了一种奇怪类型的创业者。除了赚钱，他们没有什么明确的目标，就是喜欢创业，喜欢做老板的感觉。他们不计较自己能做什么，会做什么。可能今天在做这样一件事，明天又在做那样一件事，他们做的事情之间可以完全不相干。其中有一些人，甚至连对赚钱都没有明显的兴趣，也从来不考虑自己创业的成败得失。奇怪的是，这一类创业者中赚钱的并不少，创业失败的概率也并不比兢兢业业、勤勤恳恳的创业者高。而且，这一类创业者大多过得很快乐。

（三）TOPK技术：四种类型的创业者

创业成功的人很多，创业失败的人更多。有人认为，成功创业与人的性格有关，但不同性格的人都有成功创业的。不同的人有不同的性格，哪类性格的人适合创业呢？为了能更通俗易懂地描述各种类型的创业者，有人用了简单易懂的四种动物来对中国企业的创业团队进行观察、分析与归纳整理，也就是所谓的TOPK技术，即tiger(老虎)、owl(猫头鹰)、peacock(孔雀)与koala(考拉)。其依旧遵照"一个好汉三个帮"的智慧，即如果自己是老虎，则需要猫头鹰、考拉与孔雀的帮助，以此类推。

TOPK技术实际上是美国的社交风格与亚洲的沟通风格在我国的本土化，同时，我们把TOPK看作"top knowledge"，即顶级智慧。运用顶级智慧的方法，就是TOPK技术。

1. T(老虎)型创业者

T(老虎)型创业者的口号是"我们现在就去做，用我们的方式去做"。他们做事当机立断，大部分根据事实进行决策，敢于冒风险。在做决策前，他们会寻找几个替代方案，更多地关注现在，忽视未来与过去。他们对事情非常敏感，但对人不敏感，属于工作导向型，注重结果而忽视过程，工作节奏非常快，因此也很容易与下属起摩擦。

2. O(猫头鹰)型创业者

O(猫头鹰)型的创业者非常崇尚事实、原则和逻辑，他们的口号是"我们的证据在这里，所以我们要去做"。他们做事情深思熟虑，有条不紊，意志坚定，很有纪律性，很系统地分析现实，把过去作为预测未来事态的依据。追求周密与精确，没有证据极难说服他们。他们同样是对事情非常敏感，但对人不敏感，也属于工作导向型，但特别注重证据，决策速度比较缓慢，为人很严肃，难以通融。

3. P(孔雀)型创业者

P(孔雀)型的创业者热情奔放，精力旺盛，容易接近，有语言天赋，擅长演讲，经常天马行空，做事比较直观，喜欢竞争，对事情不敏感，但对人很感兴趣。他们更关注未来，更多地把时间和精力放在如何去完成他们的梦想，而不关注现实中的一些细节。他们虽然行动迅速，但容易不冷静，喜欢描绘蓝图，但不愿意给员工实在的指导与训练；与员工谈工作时，属于跳跃式思维，员工经常难以跟得上。他们的员工得到的多是激励，而不是具体指导。

4. K(考拉)型创业者

K(考拉)型的创业者喜欢与别人一起工作，营造人与人相互尊重的气氛。他们决策非常慢，总是希望寻求与相关人员达成一致意见。他们总是试图避免风险，办事情不紧不慢，对事情不敏感，但对人的感情很敏感。他们是关系导向型，很会从小处打动人，为人随和而真诚。他们非常善于倾听，属于听而不决，也很少对员工发怒，员工很喜欢找他们倾诉，但他们优柔寡断。

四种风格共存是白金定律。四种风格相互共存、相互欣赏、相互启发，一件事情不仅仅靠老虎型的思路可以解决，其他三种类型的思路也可以解决。这就容易造就一支成熟的创业团队，这支团队也有较大可能做出非凡的成绩。

重点关注

哈佛大学的拉克教授讲过这样一段话："创业对大多数人而言是一件极具诱惑的事情，也是一件极具挑战的事。不是人人都能成功，也并非想象中那么困难。但任何一个梦想成功的人，倘若他知道创业需要策划、技术及创意的观念，那么成功就离他不远了。"

案例分析

脚踏实地、雷厉风行

巴顿将军曾经说过，一个好的计划现在就去执行要比下周执行一个完美的计划好得多。

1949年的一天，井深大到日本广播公司办事，偶然看到一台美国制造的磁带录音机。当时这件产品在日本还不普遍，但井深大和盛田昭夫马上意识到这种产品的巨大潜在市场，就立即买下了产品专利。对于他们来说，录音机的电子技术并不复杂，但磁带需要自己制造。经过他们的勤奋努力，仅仅用了一年的时间，他们就推出了自己的新产品。然而，起初的市场销售状况不好。但井深大和盛田昭夫在困难面前继续改进产品，并积极推销。他们走遍了日本的各所中小学，耐心向老师讲解录音机的使用方法和好处。功夫不负有心人，录音机成了人们生活中重要的组成部分，井深大和盛田昭夫也获得了创业的成功。脚踏实地、雷厉风行的作风使他们获得了事业的成功。

📝 案例分析

☙ TOPK技术运用法则 ❧

TOPK技术看似非常简单，但在具体运用的时候，还需要特别注意以下几个问题。

(1) 每种个性行为风格的人都可以创业，也都可以获得成功。如老虎型的宗庆后、猫头鹰型的鲁冠球、考拉型的徐传化。

(2) 每种个性行为风格的人都可以当一把手，并获得成功。例如，银行家约翰·皮尔庞特·摩根是指挥官风格的典型，属于老虎型风格；约翰·洛克菲勒体现了下棋者风格，属于猫头鹰型风格；沃尔玛的创始人萨姆·沃尔顿属于倡导者风格，属于考拉型风格；安德鲁·卡内基的生涯提供了传播者风格，属于孔雀型风格。

(3) 创业者要知道自己的个性行为风格，并与搭档达成协议，自觉区别互动。同时，如果创业者熟悉TOPK技术，并有意识地调整自己的个性行为风格，那么这家企业不仅可以创业成功，而且有了基业卓越乃至长青的基因。那些极具影响力的成功人士都在不断调整自己的个性行为风格。

(4) 自觉运用比不自觉运用的成功率要高。如携程网的创业团队，他们一开始就寻找四人组合团队。梁建章偏理性，眼光长远，喜欢用数据说话，为猫头鹰型风格；季琦偏感性，有激情，锐意开拓，直爽、讲义气，为孔雀型风格；沈南鹏风风火火，老练果断，为老虎型风格；范敏方方面面的关系处理得体，为考拉型风格。

(5) 不是四个行为风格的人全部到齐后才创业。现实中更常见的是边创业边物色人才，当不能尽快物色到合适伙伴的时候，就得让自己有意识地扮演两种或三种角色。一般情况下，如果自己是猫头鹰型，需要找孔雀型作为创业好搭档，接着引进老虎型人才作为合作伙伴，最后引进考拉型人才，尤其是公司已经达到20人以上的规模时。如孔雀型的刘邦，先是与考拉型的萧何创业，之后老虎型的韩信加入，最后是猫头鹰型的张良加入。而在微软，猫头鹰型的比尔·盖茨与考拉型的保罗·艾伦在1975年创业，孔雀型的史蒂夫·鲍尔默在1980年才被引进，老虎型的杰夫·雷克斯则在1981年被引进，也就是在企业成立6年后才完成四人组合。

(6) 不是一定要在创业初期就追求四人组合，只要比竞争对手的核心创业团队多一种行为风格即可。这种多一种行为风格的形式可以通过内部训练拥有，也可以通过外部寻找得到。回顾历史，周武王就是凭借两人组合战胜了商纣王一人，商汤王则是三人组合战胜夏桀与夏伯的二人组合，刘邦的四人组合则战胜了项羽的二人组合。

(7) 不是只要有了老虎、猫头鹰、考拉与孔雀四个核心创业人物，创业就一定可以成功。创业成功有很多因素，但是用TOPK技术来有意识地寻找创业搭档，可以提高创业的成功率，而且有时在其他条件与竞争对手差不多的情况下，TOPK组合就成了创业成功的关键条件。

总的说来，TOPK技术可以帮助人们了解并利用自己的优点，客观地看待自己的缺点，重视搭档喜欢的东西，清除让大家难以合作的"盲点"。创业搭档相互讨论各自的行为风格，尽量读懂彼此，预知对方行为，之后达成协议，区别互动，这就是创业成功的起点与内在动力源泉。

七、大学生创业的现实意义

近年来，我国高校毕业生就业形势日益严峻，大学毕业生数量将远远超过空缺岗位的数量。有专家指出，在现有经济结构下，每年就业岗位缺口均在1300万左右。政府逐渐意识到大学生创业在缓解就业压力方面的作用，提出了以创业带动就业的号召。如果大学生在毕业时或条件成熟的时候选择创业，将不仅可以解决自身的就业问题，也可以为社会创造出新的就业机会。大学生创业是解决大学生就业难的有效出路之一，也是大学生就业的一种新的选择模式。

(一) 缓解就业压力

大学生创业有利于解决大学生就业难的问题。在西方发达国家，比如美国，大学生自我创业的比重高达20%~23%；而在我国，由于各方面原因，大学生创业的比重相对偏低。如果大学生能够积极利用国家创业政策及自身创业优势，将可以有效带动就业，缓解社会的就业压力。目前，各地区纷纷把"鼓励和支持高校毕业生自主创业"作为化解当前社会就业难的主要政策之一。

(二) 造就创新型人才

为国家培养富有创新精神的新一代大学生是高校培养人才的新目标。因为创新是一个民族的灵魂，是一个国家兴旺发达的不竭动力，而具备创新能力的大学生是民族发展的生力军。大学生可以通过创业活动培养创新意识，开拓创新精神，提高创新能力，并将创新能力运用到创业实践中，为社会创造价值。

(三) 促进自我价值实现

理性的自主创业建立在对自我兴趣、能力，以及外部机会进行充分评估的基础上，对于那些有创业欲望的大学生来说，创业是他们最感兴趣、最愿意做、最值得做的事情。他们创业的原动力是谋求个人价值和社会价值的实现，期望在五彩缤纷的社会舞台中大显身手，最大限度地发挥自己的才能。也就是说，创业促进了目标达成和自我价值的实现。

(四) 提升个人综合素质

创业需要一定的素质和能力支持，大学生在创业过程中，无疑要不断提升自己各方面的知识和技能，如市场机会观察、独立思考、时间管理、风险控制等，这些对个人来说是非常重要的综合素质。大学生通过创业实践探索，可以有机会改变自己的就业心态，自主地学习调节与控制，并掌握高效整合和利用各类资源的方法和技巧。

八、大学生自主创业的条件

当今社会为大学生自主创业提供了诸多的创业条件和环境，主要有以下几方面。

(一) 制度条件

自主创业中的企业很大一部分是个体或私营企业。我们从允许个体经济作为公有经济的有益补充，到允许私有经济的存在和发展，再到党的十五大提出非公有制经济是社会主义市场经济的重要组成部分，已从根本上为非公有制经济创造条件，这为包括大学生在内的一切公民的自主创业提供了制度保证。

(二) 政策条件

国家鼓励大学生、研究生和科技人员兴办科技民营企业，并出台一系列政策和措施予以支持。1999年底教育部出台了《教育部关于贯彻落实中共中央、国务院<关于加强技术创新，发展高科技，实现产业化的决定>的若干意见》，文件规定大学生、研究生可以休学保留学籍创办高新技术企业。大学生创业没有资金，允许以其技术成果和其他智力资本折股参与创业。1999年，北京大学学生张明、戚文敏发明了一种名为EPOST的新软件,预计可取代EMAIL。北京大学校方出资100万元注册北大天正公司,两人一分未掏即拥有20%和10%的股份,成为大学生老板。此外,清华大学、北京大学等学校还建立了帮助包括大学生在内的科技人员创业的科技创业园区。2004年,上海推出的大学生优惠政策更是为大学生创业带来了希望。这些政策或措施为大学生等知识型人才自主创业创造了有利条件。

(三) 时代条件

21世纪是知识经济时代,知识成为一种新的社会生产的资源,知识资本化将成为独立的、更具影响力的经济增长要素,知识拥有者成为社会发展和经济增长的主要潜在力量。大学生或将是主要的知识资本拥有者,他们投身创业又将成为知识资本的运营者。他们虽然在创业时货币资本等有形资本不足,但是他们可以凭借生产要素中最重要的无形资本——知识资本来实现创业。第一,现有政策允许知识资本折合成相当比例的有形资本,以股权占有形式参与投入,创办实业;第二,可以通过吸引风险投资等途径募集创业资金;第三,网络经济、虚拟经济等经济形态的出现,为大学生自主创办小型知识型企业创造了条件。

九、国内大学生创业现状

我国的大学生创业兴起于1998年,标志是清华大学举办的首届创业大赛。以这次大赛为契机,全国高校陆续组织了自己的创业大赛,组建了创业协会等学生创业机构。挑战杯竞赛也催生了相当数量的新公司,大学生创业的作用和价值逐渐被社会各界认可。目前,国家和各级政府纷纷出台相关的政策、规定,期望进一步引导和鼓励大学生创业。

目前,我国的大学生创业有如下一些特点。

(一) 创业心态日趋成熟

在各方支持下,目前国内大学生创业之路越来越宽广,创业方式日益多元化。在上海的一次大学生创业调查中发现,绝大多数大学生创业者都认为创业心理素质至关重要,应在创业前就做好承担风险、挑战自我的心理准备。这也表明了大学生创业者的理智与谨慎,他们在选择创业目标、确定创业模式上更加务实。并且,他们在创业前努力通过培训、实习、参赛等方式积累创业实践经验,避免盲目创业。

(二) 想创业的多,真创业的少

中央电视台曾对大学生创业状况进行过一次调查,询问了"你想不想自己创业"这个问题,结果显示有将近80%的大学生都怀有创业的梦想,但实际上投身创业的大学生比例每年都只在2%~4%之间。可见,大学生创业是"多数人心动,少数人行动"。这种状况一方面是因为大学生对于创业的认知日趋理性;另一方面是因为大学生创业能力尚有欠缺。另外,大学生普遍缺乏对创业信息的关注。

(三) 创业集中于技术含量低的行业

在国内创业的大学生中,很大一部分创业者从事的是家教、零售、服务业等技术含量低的行业,即使是一些涉及网络的创业者,也大多集中于无须产品设计、开发、生产和维护的网站。近年来,大学生网上创业的成功案例呈上升趋势,尤其是电子商务领域。相对来说,这种技术含量低的创业方式启动资金少、创业成本低、交易快捷,是很多大学生创业选择的途径。

(四) 创业的社会文化基础薄弱

中国经济景气监测中心曾对北京、上海、广州等三座中国经济较发达大城市的900余位市民做过调查，67.5%的被访者表示对大学生创业能力的担心，还有28.9%的人担心创业影响大学生的学习。目前，在我国社会中，对于大学生创业还存在很多怀疑和反对的声音，还未形成统一、一致的支持意见。加上大学生创业的成功率也比较低，大学生创业更是引发社会、家庭及个人的质疑。

十、大学生创业的优势与劣势

(一) 创业优势

首先，就目前来说，大学生自主创业有很好的社会环境。从中央到地方再到各个高校，各方都热情鼓励、支持大学生自主创业，各级政府为大学毕业生创业制定了一系列的优惠政策，各高校为大学生创业也积极创造各方面的条件。

其次，高校把引导、扶持、培养大学生创业提高到了培养创新型人才的高度，为大学生提供了包括教育、渠道、资金、项目等多方面的支持。很多高校开设了专门的创业教育课程，组织多种形式的创业计划竞赛和科技创新活动，培养、锻炼了大学生的创业意识与创业能力。

再次，从自身来说，接受高等教育的大学生有对传统观念挑战的欲望和信心，这种创新精神是创业成功的有力推动。大学生充满了对成功的渴望和进取的激情，这都是一个创业者应该具备的素质。

最后，大学生在高校可以学到很多理论和高层次的技术，这些是创业的重要资源，尤其是开办高科技企业。知识与技术的重要性是不言而喻的，"用智力换资本"是大学生创业的特色和必由之路。

(二) 创业劣势

首先，大学生社会经验不足，常常盲目乐观，没有充足的心理准备，往往难以承受创业中的挫折和失败。很多大学生只掌握了创业的一些理论知识，缺乏市场意识和商业管理经验，给创业带来了困难。

其次，大学生对创业的理解还停留在仅有一个美妙想法与概念上。很多人试图以创意取胜，但今天的创业活动更加重视创业计划是否可行、产品服务不可复制的程度及市场潜力有多大。

再次，融资渠道不畅、缺乏创业资金是大学生创业普遍面临的难题。尽管有政府和高校设立的创业基金，社会上也有一些风险投资基金，但这些基金的普及面并不广，门槛较高，大学生获得的难度不小。

最后，大学生较弱的创业素质也是创业劣势之一。大部分的大学生创业者对人事管理、财务管理、物资管理、生产管理和市场营销管理，以及经济法、税务、知识产权法等知识相对较为缺乏。并且在创业品质，如领导力、协调力、人脉拓展能力等方面，大学生也有待进一步提高。

案例分析

某大学"生命之泵创业团队"获得了全国大学生创业计划竞赛最佳表现团队奖。"生命之泵"是学生们因汶川地震和玉树地震导致居民缺水而进行的一项创新。一个简易的净水装置通过手动推压即可将脏水过滤成可以饮用的净水。这个团队答辩开始时用声情并茂的陈述将在场观众带入地震灾区，然后用将一盆污水迅速变成清水的现场演示，让观众直观地看到了"生命之泵"

的神奇。但是，"生命之泵"的净化水是否达标，其使用寿命及市场需求如何等投资人最关心的问题，他们却没能回答。

第四节　大学生创业的一般程序

一、大学生创业者自身的准备

(一) 创业心理准备

一些成功者从谋生到创业的历程，都是充满了艰辛和坎坷的，甚至有时候到了山穷水尽的地步。但是，事业的跌宕起伏、世间的是非议论并没有缩短企业家们事业道路的长度，反而成就了他们人生的高度。无数个创业者从失败走向成功的案例告诉我们，谋生与创业都很艰难，充满各种危机和困难。如果没有坚强的意志、良好的心理素质，就只能在困难面前束手无策、接受失败，从而导致前功尽弃，更甚者会从此消沉下去。创业者在创业之初，要有以下几种心理准备。

1. 胆识

创业之前，创业者要有一定的胆识，善于捕捉新生事物；要勇于尝试新生事物，紧紧把握新生市场脉搏。即使没有十足的把握，创业者也要敢于冒险尝试。

2. 自信

自信是一个人成就事业的基础。对于初创业者来说，要坚信"人定胜天"，相信自己能够利用合理因素，能够战胜不利因素，最终获得成功。

3. 清晰、睿智的头脑

创业者对自己的创业目标要有一个科学的规划，自己的每步行动都要经过仔细慎重的考虑。创业者要洞悉自己的长处与不足，清楚自己能做什么，能做到什么程度；自身的长处要善于发挥，着眼点要立足于未来，对未来要有科学的预测和准确的判断。

4. 主见

创业者要善于和其他人合作，学会接纳别人的不同意见。自己的正确意见要坚持，不为他人的引诱所动摇。

5. 树立远大目标

创业者要善于将人力、物力及心血投入实现更远大的目标中去，以求创造奇迹。

6. 热情积极地对待创业

创业者要将浓厚的兴趣和热情投入创业中去，不能被困难和挫折吓倒；要用恒心和毅力作为精神支撑，更好地发挥自己的能力。

7. 有爱心、同情心

创业者要将一颗博大真诚的爱心投入创业中去，待人以善，让每个人都感受到阳光般的温暖。

8. 永不言弃

既然选择了创业，就要有"十年磨一剑"的毅力，不能惧怕眼前的挫折与失败。人生没有永远的失败，也没有战胜不了的困难。个人只要有信心、勇气和不屈不挠的精神，以积极的态度迎接挑战，就能渡过创业的难关，最终取得辉煌。

总之，对于创业者来说，不论创业做什么，都可能会遇到困难和挫折，可能出现意想不到的问题，一定要有充分的心理准备，既不能被创业过程中取得的种种荣誉冲昏头脑，也不能被创业道路中的艰难险阻吓得萎靡不振。"不管风吹浪打，胜似闲庭信步"，拥有良好的心态，就能迈上成功创业的阶梯。

(二) 创业知识准备

"商场如战场"，创业作为一种商业活动，不论干哪一行，创业者都要具备一定的商业知识和经营之道。没有丰富的商业知识和经营之道，就难以把握商机，甚至开展不了业务。试想一个人不懂食品卫生知识，怎么能办起餐饮酒店？不懂交通法规和营运知识，怎么能开好出租车、干个体运输？不懂商品成本、利润、批发、零售等基本知识，怎么能干好经营销售业务？不懂工商税务知识，怎么能合法经营依法纳税？不懂历史和旅游知识，怎么能做好导游？所以说，准备必要的商务知识和专业知识，是自主创业的重要一课。

创业者应具备的基本商业知识，从企业注册成立、市场营销、财务会计、生产管理，乃至成功上市或者破产倒闭，涉及方方面面。虽然创业者不一定都是经济学家，但是不具备这些基础的商业知识，创业活动将寸步难行。

1. 注册登记知识

注册登记知识主要包括有关私营及合伙企业、有限公司的法律法规，怎样申请开业登记，怎样办理税务登记，银行开户程序和有关结算规定；怎样获得税收减征免征待遇，国家对偷漏税等违法行为有哪些制裁措施，增值税率及计征方法；工商管理部门怎样进行经济检查，行业管理部门如何进行行业管理和检查等。

2. 市场营销知识

市场营销知识包括市场预测与调查、消费者心理和特点、定价策略、产品特点、销售渠道和方式、营销管理等。

3. 仓储物流知识

仓储物流知识主要包括批发、零售知识，货物种类、质量和有关计量知识，物流运输知识，货物保管贮存知识，真假货物识别知识等。

4. 财务会计知识

财务会计知识主要包括货币金融知识，信用及资金筹措知识，资金核算及记账知识，证券、信托及投资知识，财务会计基本知识，外汇知识等。

另外，创业者应具备的基本商业知识还包括经济法相关常识、劳动用工及社会保障知识、公关及商业交际基本知识等。这些知识可以通过专业培训、就业指导咨询、广播电视媒体讲座、自学或向别人请教等多种方式获得。对于创业者而言，可以边创业边学习，做"学习型创业者"，带着问题学，学以致用，逐渐了解和掌握需要的知识。

(三) 创业技能准备

机遇只会垂青有准备的人。创业的准备不仅包括心理上、知识上的准备，还包括创业技能上的准备。中国火炬创业导师、南开大学创业管理研究中心主任张玉利指出，我国目前的创业活动很活跃，人们的创业欲望也很强烈，但是创业技能偏低，这成为制约创业者成功的一大重要因素；清华大学经济管理学院教授、中国创业研究中心主任高建认为，大学生的创业能力不足，有50%的大学生认为自己"具备创办企业的技能和经验"是一种没有创业的事前主观评价，是对自身创业能力的一种高估。初入市场的创业者，或许并不具备全面的创业技能，创业者本人必须要有不断提高自身技能的自觉性和实际行动，才能最终创业成功。

1. 创新能力

美国苹果公司前首席执行官乔布斯曾说，领袖和跟风者的区别就在于创新。对于创业企业来说，创新永远是获取机会的唯一源头，更是企业发展成长的不竭动力。创新能力可以说是创业者、创业企业首先应该具备的能力。创业者是一个愿意并且可以将一个新想法或者创新点，转化成为一个成功的创新的人。虽然没有人能够真正定义出创业家的特殊个性，但不可否认的是，创业家的成功就在于离开了自己的安乐窝，勇于做第一个吃螃蟹的人。无论是国内的《开心农场》，还是芬兰人设计出的《愤怒的小鸟》，都充分体现了强大的创新能力。

2. 人际交往能力

事实上，一切创业活动都离不开人际关系的支持。美国有句流行语说，一个人能否成功，不在于他知道什么，而在于他认识谁。斯坦福研究中心一份调查报告的结论更能证明人际交往对成功的重要性：一个人赚的钱，12.5%依赖其掌握的知识，87.5%依赖其人际关系网。这足以说明人际关系的重要作用，特别是对于新生企业而言，人际关系显得更为重要。对于大多数成功人士而言，谁都不能否认人际关系在其事业中起到的作用，他们的成功得益于领导、老乡、同学、同事、亲戚等的帮助。

3. 判断决策能力

创业的过程就是不断做决策的过程。对于企业家和各级主管们而言，做决策几乎是每天都必须要面对的事情。正确的决策会让你变被动为主动，从不利走向有利，从失败走向胜利；反之则会使事情变得无法收拾，甚至令你和你的企业走向失败和灭亡。好的决策者总是在不断地寻找各种可能的方案，不要只做"要"或"不要"的抉择，而要做"1""2""3""4""5"等更多方案的抉择。而且，在根据理性的逻辑分析与直觉预感做出决定后，必须立刻执行。

4. 信息沟通能力

要成为一个真正成功的企业家，一定要学会把自己的想法进行逻辑梳理，并用很清晰的语言表达出来。因为投资人会有一个基本判断，所以创业者的口才可以不好，但反复讲都说不清楚，则说明他对这件事本身就不清楚。只有通过信息传递后让每个人都完全理解，并使问题得到解决，才是真正的有效沟通。例如，A委托B去买饮料，并告知品牌、价格、容量；A应该询问B是否完全理解需求，B可以询问一些额外的信息，如哪里能买到，数量是多少，断货的话备选饮料是什么。信息越充分，误差就越小。

5. 执行能力

成功的创业固然需要良好的创意，但卓越的执行能力和应对环境变化的能力更为重要。有人说过，三流的创意加上一流的执行力，能够超过一个用一流创意加上三流执行力的公司。在变化剧烈的市场中，创业机会是稍纵即逝的。创业成功的人从想法到行动的间隔非常短，一般想到就做。诚然，他们也不是天才，并不是每个决策都是对的。但是，做了就会有经验，有经验就可以改进，只会思考而不执行，能够成就什么事业呢？不断试错，快速改进，就是实实在在的创业之道。"纸上得来终觉浅，绝知此事要躬行"，作为创业者，你必须具有相当的执行力将你的想法变为实际行动。

6. 学习能力

美国《财富》杂志指出，未来最成功的公司，将是基于学习型组织的公司。壳牌石油公司企划总监德格认为唯一持久的竞争优势，或许是具备比你的竞争对手学习得更快的能力。无论你是什么专业，拥有什么样的学术背景，只要培养出良好的学习能力，随时都有可能脱颖而出。现代社会快速发展，新的思想、概念、工具层出不穷，这就要求创业者必须对决策进行反省，并用开放的态度广泛地学习。与此同时，整个团队、组织也要逐渐向开放的学习型组织转变。对于大学生创业者而言，只有利用大学四年的黄金时间学习一些真正的知识，拓宽知识面，才能使自己在未来的创业活动中更有竞争力。

二、创业外部资源准备

（一）组建创业团队

在创业的过程中，各种有利条件的组成，各种成熟思想的演进都必须通过人的因素才能发挥作用和效益。创业团队的意义是各有所长以弥补各自的缺陷，实现人力资源的充分利用和各种优势的互补，发挥1+1＞2的作用，从而组成最坚强的力量。

1. 创业团队的人员选拔

人是各种各样的，但是以创业者用人的眼光去看，大致可分为三类：一是可以信任而不可大用者，即忠厚老实但本事不大的人；二是可用而不可信者，即有些本事但私心过重，为了个人利益而钻营弄巧，甚至不惜出卖良心的人；三是可信而又可用的人。作为创业者，都想找到第三种人，但是这种人不易识别，往往与用人者擦肩而过。为了企业的发展，创业者各类人都要用。只要在充分识别的基础上恰当使用、扬长避短、合理配置，就能最大限度地发挥他们的作用。创业需要的是一个系统，而非某一两个单点。作为单独的一个人，不可能具备创业所需要的所有技能和资源。大量的创业事例告诉我们，单枪匹马地发展一家高潜力的企业是极其困难的。如果创业者不顾实际情况，一门心思单打独斗，就很有可能延误企业的发展。创业者如果成为孤独的"狼"，无法与他人相处共事，那只能算是地摊式的小业主，而无法成为统领"千军万马"的企业家。

在一个创业团队中，成员的知识结构越合理，创业的成功性才会越大。纯粹的技术人员组成的公司容易形成"技术为王、产品为导向"的情况，从而使产品的研发与市场脱节；全部是市场和销售人员组成的创业团队缺乏对技术的领悟力和敏感性，也容易迷失方向。只有优势互补的团队才能充分发挥其组合潜能，也肯定优于个人创业的单打独斗。在创业团队的成员选择上，必须充分注意人员的知识结构，如技术、管理、市场、销售等，充分发挥个人的知识和经验优势。

相对来说，一个优秀的创业团队必须包括以下几种人：一个创新意识非常强的人，这个人可以决定公司未来的发展方向，相当于公司的战略决策者；一个策划能力极强的人，这个人能够全面周到地分析整个公司面临的机遇与风险，考虑成本、投资、收益的来源及预期收益，甚至包括公司管理规章、长远规划设计等工作；一个执行能力较强的成员，这个人具体负责执行过程，包括联系客户、接触终端消费者、拓展市场等。此外，如果是一个技术类的创业公司，那么还应该有一个研究高手。当然，这个创业团队还需要有人掌握必要的财务、法律、审计等方面的专业知识。但在团队形成之初，并不需要全部拥有具备以上各方面特质的成员。在必要时，一个或多个成员去学习团队所缺乏的某种技能，从而使团队充分发挥其潜能的事情并不少见。

在一个创业团队中，不能有两个人的主要能力完全一样，如两个都是出点子的人，出现这种情况是绝对不允许的。因为只要优势重复、职位重复，那么今后必然少不了出现各种矛盾，最终甚至导致整个创业团队散伙。

在团队的搭配上，应注意个人性格与看问题角度的不同。一般而言，如果一个团队里总能有提出建设性、可行性建议的成员和不断发现问题的批判性成员，这对创业的成功是大有裨益的。

但是，团队人员之间的差异也不能太大。如果成员之间存在较大的差异性，不要说是否能经常就项目本身进行讨论和交流,在项目的理解和执行上就会有很大的困难。英明的创业者主要是从对项目的理解、表达能力、执行能力、社会资源能力、思维创新能力等方面综合考虑,让团队成员之间的能力互补、年龄和经验互补,甚至性格和行为方式也要互补。

一个企业具有什么样的人才观念,决定了该企业会拥有什么样的人才;而拥有了什么样的人才,将最终决定其成长为一个什么样的企业。

2. 组建创业团队的注意事项

不同的创业者在共同的创业远景鼓舞下,形成了创业团队。搭建一支优秀的创业团队对任何创业者而言,都是一项至关重要的工作,是保证创业团队沿着共同目标求同存异,最后实现团队远景的组织保证。因此,组建创业团队应该注意以下方面。

1) 知己知彼

一个优秀的创业团队的所有成员都应该相互非常熟悉,知根知底。在创业团队中,团队成员都非常清醒地认识到自身的优劣势,同时对其他成员的长处和短处也一清二楚,这样可以很好地避免团队成员之间因为相互不熟悉而造成的各种矛盾、纠纷,迅速提高团队的向心力和凝聚力。同时,团队成员的熟悉更有利于成员之间工作的合理分配,最大可能地发挥各自的优势。

2) 有胜任的带头人

在企业管理和市场营销中,经常谈论领导者的核心竞争力。事实上,在创业团队中,带头人的作用更加重要。带头人正如大海航行中巨轮的舵手,指引着创业团队的方向。许多创业团队在很短的时间内就消亡了,很重要的原因就在于创业团队的带头人不是一个合格的领导者。

3) 有正确的理念

创业者要坚信组织能够健康发展下去,相信创业团队一定能够获得成功;不要一开始就想着失败,要坚信团队的事业一定能成功。

4) 有严格的规章制度

俗话说,没有规矩不成方圆。创业者要在最初创业时就把该说的话说到,该立的字据立好,不要碍于情面;把最基本的责、权、利说得明白透彻,尤其股权、利益分配更要讲清楚,包括增资、扩股、融资、撤资、人事安排及解散等。这样在企业发展壮大后,才不会出现因利益、股权等的分配分歧产生团队之间的矛盾,导致创业团队的分散。

(二) 筹集创业资金

创业融资的方法多种多样,只要愿意想办法,创业者有多种途径可以解决融资问题。这里所指的创业融资,是创业筹备阶段和企业初创阶段的融资。这个时期对于创业者来说,最难解决的便是资金问题。

从大的方面来说,创业融资主要有间接融资与直接融资两种形式。

1. 间接融资

所谓间接融资,主要是指银行贷款。大家都知道,银行的钱不好贷,对创业者更是如此。但如果你有足够的抵押物或者能够获得贷款担保,便能从银行贷到款。

间接融资的类别与银行的贷款业务种类紧密相关,银行受理个人贷款业务的种类决定间接融资的种类,银行受理个人贷款业务的种类越多,间接融资的种类也就越多。目前,间接融资大体上可以分为抵押贷款、担保贷款、买方贷款、项目开发贷款、出口创汇贷款、票据贴现贷款等多种类型。

1) 抵押贷款

抵押贷款是指借款人以其所拥有的财产作抵押，作为获得银行贷款的担保。在抵押期间，借款人可以继续使用其用于抵押的财产。当借款人不按合同约定按时还款时，贷款人有权依照有关法规将该财产折价或者拍卖、变卖后，用所得钱款优先得到偿还。适合于创业者的有不动产抵押贷款、动产抵押贷款、无形资产抵押贷款等。

(1) 不动产抵押贷款。创业者可以土地、房屋等不动产作抵押，向银行申请并获取贷款。

(2) 动产抵押贷款。创业者可以股票、国债、企业债券等获银行承认的有价证券及金银珠宝首饰等动产作抵押，向银行获取贷款。

(3) 无形资产抵押贷款。这是一种创新的抵押贷款形式，适用于拥有专利技术、专利产品的创业者。创业者可以专利权、著作权等无形资产向银行作抵押或质押，获取银行贷款。

2) 担保贷款

担保贷款是指借款方向银行提供符合法定条件的第三方保证人作为还款保证，借款方不能履约还款时，银行有权按约定要求保证人履行或承担清偿贷款连带责任的借款方式。其中较适合创业者的担保贷款形式有自然人担保贷款、专业担保公司担保贷款、托管担保贷款等。

3) 买方贷款

除抵押贷款和担保贷款外，可供创业者选择的银行贷款方式还有买方贷款。如果你的企业产品销路很好，而企业自身资金不足，那么你可以要求银行按照销售合同，对你产品的购买方提供贷款支持。你可以向你产品的购买方收取一定比例的预付款，以解决生产过程中的资金困难。或者由买方签发银行承兑汇票，卖方持汇票到银行贴现，这就是买方贷款。

4) 项目开发贷款

如果你的企业拥有具重大价值的科技成果转化项目，初始投入资金数额比较大，企业自有资本难以承受，你可以向银行申请项目开发贷款，银行还可以视情况为你提供一部分流动资金贷款。此类贷款较适合高科技创业企业。

5) 出口创汇贷款

对于出口导向型企业，如果你一开始就拥有订单，那么你可以要求银行根据你的出口合同或进口方提供的信用签证，为你的企业提供打包贷款。对有现汇账户的企业，银行还可以提供外汇抵押贷款。对有外汇收入来源的企业，可以凭结汇凭证取得人民币贷款。

6) 票据贴现贷款

票据贴现贷款是指票据持有人将商业票据转让给银行，取得扣除贴现利息后的资金。在我国，商业票据主要是指银行承兑汇票和商业承兑汇票。

2. 直接融资

直接融资是指拥有暂时闲置资金的单位(包括企业、机构和个人)与资金短缺需要补充资金的单位，相互之间直接进行协议，或者在金融市场上前者购买后者发行的有价证券，将货币资金提供给所需要补充资金的单位使用，从而完成资金融通的过程。直接融资的基本特点是，拥有暂时闲置资金的单位和需要资金的单位直接进行资金融通，不经过任何中介环节。

1) 股权融资

股权融资指资金不通过金融中介机构，融资方通过出让企业股权获取融资的一种方式。大家所熟悉的通过发售企业股票获取融资只是股权融资中的一种。对于缺乏经验的创业者来说，选择股权融资这种方式，需要注意的是股权出让比例。股权出让比例过大，可能失去对企业的控制权；股权出让比例不够，则又可能让资金提供方不满，导致融资失败。这个问题需要统筹考虑，平衡处理。

2) 债权融资

债权融资指企业通过举债筹措资金，资金供给者作为债权人享有到期收回本息的融资方式。民间借贷是债权融资中的一种，且是为人们所最常见的一种。

3) 企业内部集资

企业内部集资指企业为了自身的经营资金需要，在本单位内部职工中以债券、内部股等形式筹集资金的借贷行为，是企业较为直接、常用，也较为迅速简便的一种融资方式，但一定要严格遵守金融监管机构的相关规定。

4) 融资租赁

融资租赁是一种创新的融资形式，也称金融租赁或资本性租赁，是以融通资金为目的的租赁。出租人根据承租人对供货人和租赁标的物的选择，由出租人向供货人购买租赁标的物，然后租给承租人使用。

3. 其他融资方式

1) 大学生创业小额担保贷款

近年来，各级政府相继出台了一系列鼓励和支持大学生自主创业的政策，其中包括为自主创业的大学生及毕业生提供小额担保贷款的政策。

(1) 申请大学生创业小额担保贷款的范围。凡是国家普通高校毕业生，身体健康、诚实守信、有创业能力并办理自主创业证的，都可在户口所在城市申请贷款。

(2) 申请小额担保贷款应具备的条件。各地政策规定的大学生创业小额担保贷款发放的条件和要求不同。总体来说，对于申请小额担保贷款规定的条件，基本一致的规定有以下六点。

① 有市毕业生就业指导服务中心核发的自主创业证。

② 申请贷款的项目属于国家限制行业之外的项目，即除建筑业、娱乐业、广告业、桑拿、按摩、网吧、氧吧等行业外的项目。

③ 申请贷款要有项目可行性分析、项目实施计划和还款计划。

④ 参加过大学生创业园举办的创业培训或再就业技能培训，有与实施项目相应的经营能力。

⑤ 要提供足够的反担保措施，包括有固定住所、固定收入和固定工作岗位的第三方个人担保，有价证券质押、不动产抵押或由市有关部门认定为信誉社区提供的信誉担保。

⑥ 要有较为固定的经营场所。

(3) 办理小额担保贷款的程序。对于大学生或大学毕业生来讲，申请小额担保贷款的程序如下。

毕业生到市毕业生就业指导服务部门(在人力资源和社会保障局内)申领自主创业证，并进行资格审核，合格者填写高校毕业生自主创业申请小额贷款推荐表。

毕业生持自主创业证、高校毕业生自主创业申请小额贷款推荐表向户口所在地社区提出申报，并提交项目可行性分析报告、项目实施计划、还款计划、培训证明材料和提供担保所需要的证明材料及其他相关材料。社区按申请人提供的申请材料，对申请人贷款的基本材料进行初审，核实申请人资料的真实性，经街道社会保障和就业科同意，并出具推荐证明，报所在地的县(市、区)劳动就业保障部门。

县(市、区)劳动保障部门进行资格认定，出具申请人资格认定证明，同时对贷款申请项目进行把关，合格后将审查合格的贷款申请人资料报送本县(市、区)担保机构，担保机构对贷款申请人的担保申请以及所能担保提供的反担保措施进行审核；担保机构承诺担保后，劳动保障部门将申请人有关资料一并报送当地经办银行；经办银行受理后，对贷款项目进行评审，同意贷款后，经办银行与担保机构签订担保合同，经办银行与贷款申请人签订贷款合同；签订贷款合同后，贷款申请人应在经办银行开立结算账户，经办银行按照贷款合同约定的时间将款项划入该账户；经办银行在为创业的毕业生发放贷款后，在自主创业证上注明已办理贷款字样。

贷款申请人应将贷款情况到市毕业生就业指导服务部门(在人力资源和社会保障局内)进行登记，并送交贷款合同复印件。

(4) 国家给予贷款贴息的经营项目。在社区、街道、工矿区等从事家庭手工业、修理修配、图书借阅、旅店服务、餐饮服务、洗染缝补、复印打字、理发、小饭桌、小卖部、搬家、钟点服务、家庭清洁卫生服务、初级卫生保健服务、婴幼儿看护和教育服务、残疾儿童教育培训和寄托服务、养老服务、病人看护、幼儿和学生接送服务等微利个体经营项目，给予贷款贴息政策扶持。

2) 科技型中小企业技术创新基金

科技型中小企业技术创新基金通过拨款资助、贷款贴息和资本金投入等方式，扶持和引导科技型中小企业的技术创新活动。根据中小企业和项目的不同特点，创新基金支持方式主要有以下三种。

(1) 贷款贴息。对已具有一定水平、规模和效益的创新项目，原则上采取贴息方式支持其使用银行贷款，以扩大生产规模。一般按贷款额年利息的50%～100%给予补贴，贴息总额一般不超过100万元，个别重大项目可不超过200万元。

(2) 无偿资助。主要用于中小企业技术创新中产品的研究、开发及中试阶段的必要补助和科研人员携带科技成果创办企业进行成果转化的补助，资助额一般不超过100万元。

(3) 资本金投入。对少数起点高，具有较广创新内涵和较高创新水平，并有后续创新潜力，预计投产后有较大市场，有望形成新兴产业的项目，可采取成本投入方式。

3) 天使投资

天使投资是自由投资者或非正式创业投资机构，对处于构思状态的原创项目或小型初创企业进行的一次性的前期投资。天使投资虽是创业投资的一种，但两者有着较大差别：天使投资是一种非组织化的创业投资形式，其资金来源大多是民间资本，而非专业的创业投资商；天使投资的门槛较低，有时即便是一个创业构思，只要有发展潜力，就能获得资金。

另外，还有其他的一些融资方式，如中小企业国际市场开拓资金、典当融资，也可以在一定程度上解决创业者资金短缺的问题，一些地方性优惠政策也对融资有所帮助。

重点关注

融资前了解"六要"和"六不要"两类行为准则，有利于企业家顺利地进行引资谈判。

1. "六要"准则

(1) 要对本企业和本企业的产品或服务持肯定态度并充满热情。

(2) 要明了自己的交易底线，如果认为必要甚至可以放弃会谈。

(3) 要记住和创业投资人建立一种长期合作关系。

(4) 要对尚能接受的交易进行协商和讨价还价。

(5) 要提前了解如何应对创业投资人的功课。

(6) 要了解创业投资人以前投资过的项目及其目前投资组合的构成。

2. "六不要"准则

(1) 不要逃避创业投资人的提问。
(2) 回答创业投资人的问题不要模棱两可。
(3) 不要对创业投资人隐瞒重要问题。
(4) 不要希望或要求创业投资人立刻就是否投资做出决定。
(5) 在交易定价问题上不要过于僵化。
(6) 不要带律师去参加会议。

三、制订创业计划书

创业计划书是创业者"圆梦"的决心，是开创新业绩的战表，是一份全方位描述创业整体设想的文件，是一份关于创业设计的冷静的战略思考，是创业者展示自身才华的一种表达和诉说，是创业者获得风险投资支持的必备要件，是脚踏实地的商业计划和行动纲领。

从国内外风险投资发展的经验来讲，一份很好的创业计划书对于成功地吸引风险投资是极为关键的。创业企业多是新成立或设立不久的企业，缺乏历史数据。对于迫切需要风险资金的创业者而言，只能通过创业计划书向风险投资者描绘未来的企业；而风险投资者面对大量的潜在可行的创意时，也只能通过对创业计划书的评估来做出自己的选择。因此，创业计划书是风险企业和风险投资家发生利益关系的第一载体，一份良好的创业计划书往往被称为风险企业吸引风险投资的"敲门砖"。

(一) 创业计划书的作用

创业计划书常常是企业进行宣传和包装的文件，是向投资机构、金融机构和供应商等外部组织争取资源、展示自己的工具。同时，它还能为企业未来的经营管理提供分析基础和策略。

1. 有助于梳理资源

在创业的过程中，各种生产要素是分散的，各种信息是凌乱的，各种工作是互不衔接的。通过制订创业计划书，可以帮助创业者梳理思路，充分调研，完善信息，找到各种程序之间的衔接点，并整合、调动起各类资源，围绕创造形成商业利润，进行最佳要素的组合。把心中所想编写成书面的计划，创业者会发现，创业并非想象中的那么简单，需要充分考虑每个要素、每个环节带来的影响，这对于保证创业计划的切实可行十分重要。

2. 赢取创业投资

创业计划书是创业融资的必要工具。没有创业计划，创业者就无法知道企业所需要的资源支持，不知道需要什么数量级的资金。风险投资家通常会要求创业者提供创业计划书，以评价和筛选这家企业是否有潜力、是否值得投资。另外，对于提供贷款的银行，一份规范、专业、切实可行的创业计划书就是一张精美的名片，有利于为企业争取到更大的贷款机会。

3. 有利于企业管理

创业计划书是创业全过程的纲领性文件，是创业实践的战略设计和现实指导。因此，创业计划书对于创业实践具有非常重要的指导作用，完美的创业计划可以增强创业者的自信。在对企业环境和资源进行充分分析的基础上，创业者会对企业更加了解，从而使经营更有把握。创业计划书不仅提供了企业全部的现状和未来的方向，还提供了良好的效益评价标准和管理指标。

另外，创业计划书还可以吸引新股东加盟，吸引有志之士参加创业团队，吸引对创业计划感兴趣的单位的赞助和支持。

(二) 创业计划书的内容

创业计划书是整个创业过程的灵魂，这份白纸黑字的计划书详细记载了创业的主要内容，包括团队介绍、竞争力介绍、市场分析、财务管理、风险控制。在创业的过程中，这些都是不可或缺的元素。

1. 摘要

创业计划书摘要是为了吸引战略合伙人与风险投资人的注意，而将创业计划书的核心提炼出来制作而成，它是整个创业计划书的核心和关键部分。

2. 创业者团队介绍

在制作创业计划书时，创业者也应重点介绍公司的管理团队。一个企业的成功与否，最终将取决于该企业是否拥有一个高效团结的管理队伍。

3. 核心竞争力介绍

这一部分是向战略合伙人或者风险投资人介绍创业者公司的基本情况和价值所在。创业者进行创业，最重要的是要有具有市场前景的产品或者服务，因为这是公司利润的根源。

4. 市场及营销分析

市场分析包括已有的市场用户情况、新产品或者服务的市场前景预测。市场营销的好坏决定了一个企业生存命运的好坏。在创业计划书中，创业者应建立明确的市场营销策略。

5. 财务管理

要列明各种固定成本与变动成本、直接成本与间接成本、销售数量与价格、营运成绩与利润、股东权益与盈余分配办法等。创业者要花费时间和精力细心编写财务管理计划，因为战略合伙人与风险投资人十分关心企业经营的财务损益状况。

6. 风险分析

在编写创业计划书时，要尽可能多地分析出企业可能面临的风险、风险程度的大小，以及创业者将来采取何种措施来避免风险或者在风险降临时以何种行动方案来减轻损失。

(三) 创业计划书的基本特征

1. 开拓性

创业计划书最鲜明的特点是具有创新性。这种创新性是通过其开拓性表现和反映出来的。就一般情况而言，不仅要求你提出的是新项目、新技术、新材料、新的营销模式，更重要的是要把你的新东西通过一种开拓性的商业模式变成现实。这种新项目、新内容、新的营销思路和运作思路的整合，才是创业计划书开拓性的最本质特征。

2. 客观性

创业计划书的客观性突出表现在创业者提出的创业设想和商业模式，是建立在大量且充分的市场调研和客观分析的基础之上的。这种来自实践、来自一线的大量的鲜活信息和素材是创业计划书生命力的体现，是使其具有实战性和可操作性的基础。

3. 哲理性

创业计划书的哲理性要求把严密的逻辑思维融汇在客观事实中体现和表达出来。通过项目的市场调研、市场分析、市场开发，生产的安排、组织、运作，以及全程的接口管理、过程管理和严密的组织，把你提出和设计好的商业模式付诸实施，把预想的效益变成切实的商业利润。因此，创业计划书的每个部分都在为这个整体目标服务，而每个部分又是这个整体目标的论据和支撑。

4. 实战性

创业计划书的实战性是指创业计划书具有可操作性。写在计划书上的商业模式是可以进行实战的，因为只有在实战中，你的创业计划书中预测的价值才能实现，才能把预测价值变成现实价值。

5. 增值性

创业计划书是一种与国际接轨的商业文件，有着十分鲜明的商业增值特点。这种商业特点可以从很多方面表现出来，最主要的有三点：一是创新性必须能找到创收点，体现出创业项目的高回报性，没有创收点的创业计划书是没有商业价值的；二是具有鲜明的证据链条，组成这个证据链条的是大量的、有说服力的数据，这些数据是经过测算的，不是由概念和推理的逻辑思维组成的；三是应该有投资分析、创收分析、盈利分析和回报分析，使投资人能清晰、明了地看清其投资后的商业价值。

(四) 制订创业计划的注意事项

在十年前，"创业计划书"对于中国的企业家和创业者来说无疑是一个陌生的名词。在中国风险投资行业不断成长的今天，创业计划书在创业投资中的作用越来越被人们重视。特别是在互联网时代，几张纸写就的计划书就能引来一笔风险投资，曾经使多少创业者疯狂不已。如今这个时代已经结束，越来越理性的风险投资在选择创业企业时，更多地会从创业计划书中发现投资的价值。

做一份有分量的创业计划书，首先要注意避免以下几个问题。

1. 忽略创业计划书的重要作用

把大量的精力和时间放在找关系、寻资金上，即使碰到了感兴趣的风险投资人，也往往因准备不足而错失良机。这样的案例经常出现，年轻的创业者们太关注资金，反而会把获得资金的有效途径——创业计划书忽略了。

2. 创业计划书简单化与过度策划

有些创业者在撰写计划书时，会把创业计划书视同一般的工作计划和项目建议书；而有的创业者则过分追求计划书的策划，使策划成分太多、太虚，经不起融资合作方的推敲，就此失去大好机会。

3. 创业计划书的对象过于狭隘，只迎合投资合作者

在大多数创业者明白了创业计划书的重要性之后，其中一个很大的误区，就是认为只要策划方案能抓住投资合作者本人就行，大可不必考虑其他人的想法，只要那一个关键人物点头，就能拿到融资"许可证"。

其实，创业计划书虽是创业企业寻找投资方的敲门砖，要给投资方老板，但也是创业企业自己甚至普通职工需要的。因此，创业计划书的对象不仅仅是投资者，更是一个团队、一个集体的实践指导。一份好的创业计划书也是创业者自己在找到投资者的支持后，能够基本顺利实施的项目操作计划。如果只是写给投资人看，那一定经不起推敲，缺乏坚实的群众基础。

4. 创业计划书应包含对竞争对手的详细分析

创业计划书应详尽地向投资人分析竞争对手的状况，这里包括竞争公司实力、产品情况，以及潜在竞争对手的情况和市场变化分析。创业者要通过上述描述向投资者展示自己企业的差异化、创新点；通过摆事实向投资人证明，自己目前虽然才刚起步，但终将成为行业的"领头羊"。

创业计划书里尽量用数字和通俗易懂的语言来明晰地描述企业产品或服务的属性，让投资人和团队对产品或者服务项目有足够的兴趣和信心。

知识拓展

创业计划的种类

(1) 根据行业特点，可将创业计划分为高新科技创业计划、传统产业创业计划等。

(2) 根据创业计划的编制目的，可将创业计划分为吸引风险投资的创业计划、创业规划性创业计划等。

(3) 根据创业计划的详略，可将创业计划分为略式创业计划(概括式)、详式创业计划(详细式)等。

重点关注

创业投资应该选择市场竞争不是很激烈，核心产品不容易被替代，产品的生命周期足以支持其产生收入和利润，能给投资人带来可观的回报的项目。创业项目对投资人的投资回报率是所有风险投资人最为关注的，在计划书中确定一个准确的、较为具体的投资回报可能比较困难，但可通过说明回报的形式解决。所以，创业计划书中，企业应详细提供产品或服务的细节，具体如下。

(1) 当前公司产品市场状况正处于何种阶段，是空白、新开发，还是成熟期。

(2) 产品的差异化卖点在哪里，如产品的需求量及品牌知名度和美誉度，产品是否低成本运作等。

四、大学生创业的一般流程

创业不易，大学生创业更不是想象中的那么简单。创业有一定的流程，需要全方位考虑，不管是前期准备还是开张营业都不易。

(一) 组织优势互补的团队

创业者要选配具有一定的专业知识或基本素质，能充分胜任技术工作的人才。同时，人员还要有能充当一定角色的能力，如生产技术人员、财务管理和会计人员、公关人员、流通控制和销售人员。选配人员时，创业者一定要考虑自己公司的创意特点，考虑自己公司的整体策略。选配人员时要注意整体的协调一致，即"合得来"。

(二) 充分的市场调查

市场调查是创业相当重要的一环。市场调查主要是寻找目标市场可能的商机，为自己进入该商业领域提供定性、定量的依据。一个好的市场调查，要可信、可靠，它是投资的"眼睛"，能够帮助确定市场定位和产品价格。

创业者要进行市场调研和产品研究，并围绕它产生业务构想。因此，调查报告一定要经得起推敲。经过调查，创业者不仅要对市场有所了解，还要能够了解到自己的竞争对手的状况。现在不做市场调查的创业者越来越少，关键是市场调查要讲究质量和方法，对市场调查的深浅程度要有所把握。有的人舍得花大价钱请专业市场调查公司来做调查，有的人则是自己走马观花，这两种市场调查的效果会完全不同。

(三) 确定公司名称

给公司命名不是一件草率的事，也有许多讲究与艺术。第一，自己必须喜欢；第二，要给人以正确的印象，不应对外界产生误导；第三，应充满乐观向上、积极进取的精神；第四，应易于员工接受；第五，字数不宜太多；第六，易于读写，不要用生僻、令人费解的字，应鲜明、朗朗上口；第七，要独树一帜，不要人云亦云；第八，不要过于专业化，应保持合理的弹性和余地；第九，要适合目标受众的口味。

(四) 聘请顾问律师

新公司的创立经常会接触到许多法律和制度方面的问题，非专业人员很难掌握详细的法律知识，因而需要专业人员提供正确的建议。

(五) 筹集原始资金

无论是股东集资、银行贷款，还是个人资产，都必须考虑大笔资金的到位问题。

(六) 专业运行

一旦所筹的资金到位后，所选定的人员就要从"业余状态"转入"专业状态"，开始全天候的筹备工作。

(七) 筹办、注册经济实体

在寻找企业落户场所之后，就可以注册独立的经济实体。完整的注册企业程序包括准备经营场地、开具有关房产证明、企业名称登记、领取并填写工商注册登记表、准备提交相关文件资料、办理有关前置审批手续、办理入资和验资手续、领取工商营业执照。

企业在领取工商营业执照后，应在规定时间内办理如下手续：企业代码登记、刻公章、开银行账户、国税登记、地税登记、统计登记、行业管理登记、科技企业登记、各项社会保险统筹及就业证办理。

(八) 涉及学校的手续办理

对于应届毕业生在自主创业中担任企业法人代表的，在其公司申请注册中，需要就业办公室出具的应届毕业生证明等。

(九) 各种章程的成文并引入必要的生产办公设备

新成立公司的一些基本规章制度和管理办法虽然还很不完善，但一个基本的运行框架是必需的。生产办公设备应注意功能实用，切忌追求高档、豪华。

(十) 员工培训

应对招聘的员工进行必要的岗前培训，明确技术和纪律要求。

(十一) 材料的采购和试产试销

应选购少量原料，进行试生产，发现存在的问题；把试制品拿给专业人员和消费者，搜集反馈信息，探查市场情况。

(十二) 重新确立产品设计

应把生产、流通、销售中所暴露出来的问题汇总，重新审定产品的设计，一旦确认可行，则可进入下一步。

(十三) 正式规则

应招集创业人员，制定正式的采购、生产、物流、销售和服务等一系列策略方案，这样公司便可走入运行的正轨。

五、大学生创业的注意事项

大学生在进行创业之前，面临的首要问题是对于某一领域行业知识的缺乏。因此，大学生创业应该注意以下几点。

（一）创业需要经验，也要以适度创新为原则

大学生长期待在校园里，对社会缺乏了解，特别在市场开拓、企业运营上，很容易陷入眼高手低、纸上谈兵的误区。因此，大学生创业前要做好充分的准备：一方面，去企业打工或实习积累相关的管理和营销经验；另一方面，积极参加创业培训，积累创业知识，接受专业指导，提高创业成功率。

对于大学生创业者，可以在大学区域形成优势技术或者产业集群，并且以地区的板块经济为模板，最好专注于产业链的一部分，这样更利于创业的成功。

（二）充分利用原生态技术成果和技术交易市场

用智力换资本，这是大学生创业的特色之路。一些风险投资家往往就因为看中大学生所掌握的先进技术，而愿意对其创业计划进行资助。因此，打算在高科技领域创业的大学生，一定要注意技术创新，开发具有自己独立知识产权的产品，吸引投资商。

另外，一些发明狂人只是为了发明而发明，缺乏市场的知识，性格也比较孤僻，但是其发明具有重大市场价值，因此值得关注和引进。

值得注意的是，技术交易市场中也会存在未被发现而具有潜在市场前景的产品，以及曾经失败或者到期的专利，具体可以到专利局咨询。

（三）多方利用融资渠道，进行客观的财务分析

"巧妇难为无米之炊"，没有资金，再好的创意也难以转化为现实的生产力。因此，资金是大学生创业要翻越的一座山。大学生要开拓思路，多渠道融资，除了银行贷款、自筹资金、民间借贷等传统途径，还可充分利用风险投资、天使投资、创业基金等融资渠道。

在有了创业资金后，又要解决钱如何用的问题。大学生必须能够开发出一种盈利模式，而要想用好创业资本，大学生必须学会分析几种基本的财务报表。财务报表是公司的财务状况、经营业绩和发展趋势的综合反映，是投资者了解企业、决定投资行为的最全面、最翔实，往往也是最可靠的第一手资料。财务报表分析又简称财务分析。大学生在创业时，不能回避的几张财务报表是成本费用表、资产负债表、收益表和现金流量表。

现金流量表与收益表(记录营收和支出)及资产负债表(记录"营运资本"账目，如应收款和应付款)有着极为密切的关系。例如，假设公司某月的营收为1000美元，但所有商品都是以赊账形式出售(意味着在这段时间内公司实际没有收到现金)。现在假设当月总现金支出为750美元。在这种情况下，收益表上会显示"利润"为250美元(1000美元总营收减去750美元开支)。但同时，现金流却减少了750美元。这是因为公司必须以现金形式支付750美元的费用，但未能从客户处收到任何用以抵消费用的现金。应收账款增加1000美元，实现了账目的平衡。

另外，经营现金流反映了企业现金流动状况。其具体标准是：经营现金流(与来自融资或投

资收益的现金相对)代表公司主营业务产生的现金量——从本质上说是企业的核心。计算公式为：净盈余+折旧与摊销(均为非现金费用)-资本支出(新设备等)-营运资本的变化。关于现金流，重要的一点在于，投资银行家通常利用这一标准来判断企业的价值。

(四) 整合创业能力

大学生长期接受应试教育，虽技术上出类拔萃，但不熟悉经营"游戏规则"，理财、营销、沟通、管理方面的能力普遍不足。要想创业获得成功，创业者必须技术、经营两手抓，多种渠道锻炼创业能力。以创业者的资源整合能力为例：一方面，创业者要借助自身的创造性，用有限的资源创造尽可能大的价值；另一方面，要设法获取和整合各类战略资源。

1. 要善用资源整合技巧

要学会拼凑创业资源，通过加入一些新元素，与已有的元素重新组合，形成在资源利用方面的创新行为。例如，很多高新技术企业的创业者并不是专业科班出身，可能是出于兴趣或其他原因，对某个领域的技术略知一二，却凭借这个略知的"一二"敏锐地发现了机会，并迅速实现了相关资源的整合。另外，要善于用发现的眼光洞悉身边各种资源的属性，整合已有的资源，快速应对新情况。这也正体现了创业的不确定性特征，并考验创业者的资源整合能力。同时，创业者要步步为营，分多个阶段投入资源，并在每个阶段投入最有限的资源。

2. 发挥资源杠杆效应

合理利用他人或者别的企业的资源来完成自己创业的目的。要用一种资源补足另一种资源，产生更高的复合价值。另外，要利用一种资源撬动和获得其他资源。其实，大公司也不只是一味地积累资源，他们更擅长于资源互换，进行资源结构更新和调整，积累战略性资源，这是创业者需要学习的经验。

3. 设置合理的利益机制

借助利益机制把潜在的和非直接的资源提供者整合起来，借力发展。因此，整合资源需要关注有利益关系的组织或个人，尽可能多地找到利益相关者。同时，分析清楚这些组织或个体与自己及自己想做的事情的利益关系，利益关系越强、越直接，整合到资源的可能性就越大，这是资源整合的基本前提。

知识拓展

创业者需要知道的几类绩效标准

和精明的教练一样，精明的创业者同样以一系列标准来打理他们的企业。其中一些标准显而易见，如营收、毛利润率和存货价值，但还有其他许多标准却并非如此(至少并没有受到密切关注)。虽然要经营一家成功的小型企业，创业者大可不必成为华尔街的证券分析师，但无论是对日常管理还是长期规划而言，能够游刃有余地分析这些数字的确有着极为重要的意义。

(1) 库存周转率。存货留在企业货架上的时间越长，这些资产的回报率就越低，而这些存货的价格也更加容易下跌。这也就是你希望你的存货不断流动或周转的原因。为了计算库存周转率，在特定的会计期内用营收除以库存平均价值，得出的比例(或周转率)越大，你的资金回报率就越高。另一种计算方法是将分子改成售出产品的成本，并用该成本除以库存，这种计算方法反映的事实是以最初采购价计算的库存值，记录在你的资产负债表中，而营收却是按当前的市值来计算。

(2) 应收款增长VS销售额增长。不要担心应收款的增加，只要应收款是随着销售额按照比例增长就没有问题。如果应收款超过营收，则表示你没有收到货款，这就意味着在你最需要现金的时候，你手头可能会没有足够的资金。

(3) 及时交付。没有什么比失去客户的信任和尊重更糟糕，而当你无法在合同规定时间交付产品或服务时，这种事情就会发生。推迟日期应加以标注，并就推迟原因开展调查。这种情况也许只是偶然，但你可能再一次发现系统中的小漏洞。像关注任何其他衡量标准一样，请持续对交付动向进行关注。

(4) 未交付订单。这周的销售额可能不错，但90天后又会出现什么样的状况呢？关注这个有关将来的衡量标准(即已承诺订单和预测销售额，基于落实这些交易的概率权重)，确保你不会陷入困境。

(5) 利息偿还。无论信贷环境如何，你的企业是否能够一直获得足够的收益来偿还借款利息，这是贷方必须要知道的事项。定义利息保障倍数的方式有许多种，但常用的一种方式是利息和税前盈利(EBIT)除以利息支出。银行非常注重这种衡量标准，所以你也应该对其加以重视。

每个行业(以及业内企业)都有其自己的一套重要衡量标准。应选择能够从盈余、负债状况和现金流这三方面来衡量绩效的标准，不断对其进行关注。需要注意的是，每个数字都有着不同的含义。只有将这些数字全部综合在一起，才能体现所有聪明的企业家所追求的基本原则——诚信。

六、大学生创业风险管理

大学生创业风险是指在大学生创业者的创业过程中，因创业环境的多变性和不确定性、创业机会的复杂性、创业企业的多样性等因素，以及大学生创业者及其创业团队的能力不足，创业投资者实力有限等而导致创业结果的不确定性。

(一) 大学生创业面临的主要风险

大学生创业存在诸多风险，除了一般创业企业常见的风险，由于大学生知识储备有限、经验不足、各方面的综合能力都有待加强，因此还有一些问题比较突出，在大学生创业群体中比较普遍，具体如下。

1. 选择项目盲目性

选择创业项目、定位目标市场，往往是大学生创业设计的第一步，但是目前很多大学生创业时只是凭自己的兴趣和想象来决定发展方向，甚至有时仅凭一时心血来潮就做出决定，并没有事先做好市场调研工作，在了解市场情况的基础上进行合理分析。而任何项目通常都具有一定风险，主要是指在实现项目目标的进程中，因其固有的不确定性而可能使创业者受到损失。这些不确定性主要包括市场分析、项目选址、市场定位、进度安排等几个项目涉及的关键点。而创业项目的选择必须经得起市场检验，大学生不能仅凭热情和爱好随意挑选项目，这样的选择是草率的、不理智的。由于大学生创业者的一些冲动行为，很容易造成项目选择不准、市场定位不清、进度安排不合理等一系列问题，使创业从一开始就面临方向判断错误的巨大风险；如果不能及时调整并一味急功近利，极有可能造成项目失败，甚至血本无归。

2. 创业计划理想性

目前很多大学生对于创业秉持着过于乐观的态度，并且由于缺乏相应的知识、技能和经验，创业计划设计得过于理想化，甚至不切实际，并且在创业计划转变为实际操作过程中，才发现自己根本不具备解决实际问题的能力。

一家企业从无到有、从小到大，有许多地方需要创业者积极学习和准备。然而事先准备不充分就盲目创业，是目前大学生创业的通病，而且还常见纸上谈兵、眼高手低等问题。缺乏实际项目经验是大学生创业中普遍存在的问题。大学生创业者往往不对其产品或服务项目进行周密合理的市场调研，仅仅是进行理想化、理论性的推断，这种方法是不可取的。例如，想当然地估计市场需求量，"如果有3亿人需要我们的产品，每件售价100元，我们就有300亿元的销售市场"。这种估计方法是明显站不住脚的，且常常起着误导作用，使创业者在准备计划阶段过于乐观。其次，受各种创业成功案例的影响，大学生在选择创业项目时会出现眼高手低的情况，自比尔·盖茨的创业神话广为流传以后，IT业、高科技产业便成为大学生眼中的创业首选，以至于不少学生不屑从事服务业或技术含量较低的行业。但他们没有仔细考虑过，高科技创业项目不仅需要先进的技术，往往还需要一大笔启动资金，创业风险和阻力都非常大。大学生在自身能力和经验不足的情况下，如何涉足这样的项目？创业需要的是理智而不是冲动，需要的是冷静的思考而不是狂热的情绪，长期的校园生活可能会使大学生们对社会缺乏了解，特别是在市场开拓、企业运营方面经验匮乏，对创业前景不甚了解，对创业的心理准备、物质和资金准备、技术准备不充分，在这样的情况下贸然决定创业项目，必将面临极大的创业风险。

　　此外，在经济转型的背景下，市场经济活动有待进一步秩序化、规范化，这就要求大学生具备一定的法律知识，以免在经营过程中造成不必要的损失。然而从目前的实际情况来看，大学生创业过程中法律知识普遍不全，创业和经营方面的法律知识尤其欠缺。在创业和经营过程中，大学生对一些创业项目、生产经营上的相关手续也不十分清楚，法律意识极其淡薄，甚至以投机心理和冒险行为替代理性法律思考，以致造成一些惨痛后果。例如，在签署合同、洽谈业务时，由于缺乏法律常识，没有用法律武器好好维护自己的权益，被对方钻了空子，最后只能吃"哑巴亏"，这样的例子十分常见。

3. 融资渠道单一性

　　资金风险是所有创业企业都要面临的主要风险之一，对于大学生创业者而言尤其重要。可以说，资金风险贯穿创业活动的整个过程，尤其在创业的起步阶段更是处在重要位置。创业启动资金的筹备情况直接决定了创业能否顺利进行，如果没有足够的流动资金，很可能会导致创业项目在创业初期就遭遇夭折。而大学生由于缺乏财务分析能力，在资金管理上表现出明显的不足，相当多的大学生创业企业在创办初期由于资金短缺而严重影响业务的运行和拓展，以至于错失发展的良机甚至关门大吉。

　　在融资渠道上，基本以银行贷款、自筹资金、民间借贷等传统方式为主，而融资渠道有限一直是许多创业企业在发展初期的主要困境。对于大学生而言，由于没有经营记录，没有可抵押物，融资的渠道就更为狭窄，通常以自筹和其他企业投资为主。并且有的大学生怀着要做就做一番惊天动地的伟业的决心，一味投入，不注重资金的有效使用与管理。由于前期出手阔绰，没有合理计算，在创业初期收入不多却支出不少，造成经营成本过高、入不敷出的情况，同时在后期没有拓宽融资渠道，因此导致企业因资金运作不良而陷入危机。

4. 各类资源匮乏性

　　这里所谓的资源相对广泛，既包括各类社会关系，也包括人力资本、技术资本、市场关系网络等。

　　由于很多大学生平时很少参加各种社会实践活动，人际交往范围相对较小，在组建创业团队时就十分困难。也有的大学生想单打独斗，但这样的方式在创业初期是不鼓励的，因为在强调团队合作的今天，创业者想靠单打独斗获得成功的概率正在大大降低。团队精神已成为不可或缺的创业素质，风险投资商在投资时也更看重有合作能力的创业团队，而不是一个有能力的个人。如今的大学生一般都有自己的个性，自信心、自尊心较强，在创业中常常会出现自以为是、刚愎自用的现象，这些都会大大影响创业的成功率。技术资源匮乏也是一个很重要的问题。技术风险主要是指大学生创业者经常以其自主知识产权开发生产等方式创立科技创新型企业，这类创业项目通常技术含量高、投资风险大。由于技术成功率、技术发展前景、产品批量生产工艺、技术效果及技术周期等众多因素均具有不确定性，故而很容易引发投资贬值或投资失败。此外，大学生对于市场的把握和开拓能力也相对欠缺。市场是生产或生活资料由生产者向消费者转移的一个交易平台，创业要想成功，在很大程度上都依赖于市场，而大学生创业者对市场变化反应不敏锐、不及时是造成创业风险的又一主要原因。

5. 企业管理松散性

大学生长期接受应试教育，存在知识结构单一化、经验缺乏、心理素质不足、不熟悉经营规则等问题，这一系列弱势都可能导致创业企业出现组织松散、决策不到位等问题，进而给企业发展带来不确定性或损失。例如，一些大学生创业者在技术上出类拔萃，但在财务、销售、沟通管理等方面能力明显不足。大学生有理想、有抱负，但初入商场，由于缺乏必要的企业经营常识和经验，往往出现内部管理不善、决策随意、信息不通等现象，这会导致创业企业面临更多的风险。尤其当创业企业发展到一定程度以后，企业管理的重要性日渐凸显，如果创业者仍不能采取科学合理的管理方式，就会因管理不善导致企业内部消耗巨大、重要员工流失、产品销售不畅等一系列风险事件发生。

此外，创建一个成功的企业，不仅需要具有良好的项目、足够的资金、丰富的资源、优秀的管理，企业作为组织本身所处的宏观环境中的因素也是不可忽视的，如自然地理因素、技术变革因素、政治法律因素、社会文化因素等，都可能为企业的生存和发展提供机会，也可能会对企业造成潜在或直接的威胁。因此，大学生创业者需要进行充足的准备，以求应对各种创业风险。

(二) 创业风险的分类

1. 按风险来源的主客观性划分，可分为主观创业风险和客观创业风险

主观创业风险是指在创业阶段，由于创业者的身体与心理素质等主观方面的因素导致创业失败的可能性。客观创业风险是指在创业阶段，由于客观因素导致创业失败的可能性，如市场的变动、政策的变化、竞争对手的出现、创业资金缺乏等。

2. 按创业风险的内容划分，可分为技术风险、市场风险、政治风险、管理风险、生产风险和经济风险

技术风险是指由于技术方面的因素及其变化的不确定性而导致创业失败的可能性。市场风险是指由于市场情况的不确定性导致创业者或创业企业损失的可能性。政治风险是指由于战争、国际关系变化或有关国家政权更迭、政策改变而导致创业者或企业蒙受损失的可能性。管理风险是指因创业企业管理不善产生的风险。生产风险是指创业企业提供的产品或服务从小批试制到大批生产的风险。经济风险是指由于宏观经济环境发生大幅度波动或调整而使创业者或创业投资者蒙受损失的风险。

3. 按风险对所投入资金即创业投资的影响程度划分，可分为安全性风险、收益性风险和流动性风险

创业投资的投资方包括专业投资者与投入自身财产的创业者。安全性风险是指从创业投资的安全性角度来看，不仅预期实际收益有损失的可能，而且专业投资者与创业者自身投入的其他财产也可能蒙受损失,即投资方财产的安全存在危险。收益性风险是指创业投资的投资方的资本和其他财产不会蒙受损失,但预期实际收益有损失的可能性。流动性风险是指投资方的资本、其他财产及预期实际收益不会蒙受损失,但资金有可能不能按期转移或支付,造成资金运营的停滞,使投资方蒙受损失的可能性。

(三) 大学生创业风险管理与防范

创业风险种类繁多,并且贯穿整个创业过程。虽然风险是客观存在的,又具有不确定性,但创业者可以根据日常管理对风险进行防范,风险的出现及结果与创业者的行动紧密相连,同一情境、同一风险运用不同的策略就会导致截然不同的结果。

1. 创业准备阶段的风险防范

在创业准备阶段需要面临的风险主要有技术风险、市场风险、环境风险等,如技术如何从概念构想发展成实际产品,创业者如何组建团队,如何进行充分的市场调研,如何充分理解政府关于大学生创业的扶持政策及要求,等等。

在实施风险防范策略时,从大学生创业者个体层面来讲,首先是要做好充足的心理建设,做好敢于面对失败、在挫折中奋起的心理准备。创业总要历经一番艰辛和磨砺,没有人能够一帆风顺地轻易获取成功。在残酷的市场竞争中,通常只有比例很少的一部分人能够将好的计划成功地转换为实体产品或服务,进行商业推广,而在辉煌成就背后,大多数创业者都得面对失败。只要创业者能始终抱着良好的心态去面对创业,及时总结和反省,总能够找到成就事业的新契机。

其次,要充分了解当地大学生创业的优惠政策。近些年来,各级政府为鼓励大学生自主创业,纷纷出台了许多优惠政策,涉及开业、税收、融资、培训等许多方面。对于有创业计划的大学生而言,充分了解当地的就业环境和就业政策是实现成功创业的基础。

再次,要努力做好各方面的准备。第一,要提高综合能力,增强个人的创业风险识别能力,并激发创业兴趣、坚定创业决心。大学生日常要注意信息的搜集与分析,同时需要摆脱掉学生稚嫩的思维模式,努力从新的角度来看待问题,扩展必要的基础知识,调整思维方式,提高分析问题的能力,尤其要注重学习企业管理知识和法律知识。目前,大学生在创业前很少认真了解与创业相关的法律内容,或者虽有所了解,在实践中却忽视法律的存在。我们要牢记,只有懂法、守法,才能依据法律保护自己的合法权益,才能确保创业活动稳定持久。第二,积累必要的工作经验。大学生长时间生活在校园里,很容易与社会脱节,在缺乏对社会、市场和企业运行的充分了解的情况下,很难进行正确决策,容易使创业过于理想化或流于空谈。因此,大学生在创业前可以利用课余时间去企业实习,积累管理、营销等方面的实际经验;也可以参加一些创业培训或专业指导课程,积累必备的知识。第三,计划如何筹备资金。很多大学生在创业筹备阶段都会被资金问题难倒,因此大学生要积极开拓思路,努力实现多渠道融资,除了尝试银行贷款、自筹资金等传统途径,还可以适当利用当地的创业基金、风险投资等,使筹资渠道多元化。第四,对主要技术要精益求精。采用高新技术进行创业是现如今许多大学生的基本思路,而投资者之所以会投资,往往也是看中了大学生所掌握的先进技术,以及看好技术实践的良好前景。因此,打算利用高新技术创业的大学生就一定要特别注重技术研发与技术创新,要努力开发出具有独立知识产权及广阔市场空间的产品,这样才能吸引投资者投资。

最后,在充足准备的基础上谨慎选择恰当的创业方向。目前,大学生创业的项目选择多集中在高科技领域和技术服务领域,如软件开发、网络服务、设计室等。大学生在决定进行创业之前,一定要选择好合适的创业项目,要既有市场需求又符合自己的创业预期。具体来讲,大学生创业者既要客观分析自身的创业条件和优势，又要冷静分析创业市场环境，切忌盲目跟风。在创业初期最好选择自己最熟悉、最擅长、最有资源的项目，不要看别人做什么赚钱就选择做什么，并且目前除了高科技和智力服务领域，加盟连锁店或自己开店也都是可以考虑的选择。

2. 创业初期阶段的风险防范

在创业起步阶段面临的风险主要有管理风险、财务风险、生产风险等，如企业创立初期如何进行规范经营，如何进行中长期的战略规划，如何控制资金流动，如何把握技术生产，等等。

第一，对于大学生创业企业而言，虽然通常初期规模不会太大，但是一定要注意规范经营、诚信经营。创业者要意识到建立完善规章制度的重要意义，严格按制度章程行事，努力使公司向规范化方向发展。即使是处于创业起步阶段，也要制定企业发展的中长期规划，从长远考虑，使短期目标与长期目标相一致，防止出现盲目生产、盲目扩张等问题。

第二，要学会如何进行科学的资金管理。由于创业者在创业初期的资金量通常相对有限，并且很多大学生创业者没有深厚的金融知识和足够的经商理念，创业企业团队内部有时也缺少财务方面的专业人员，因此很难在创业初期对有限资金进行科学的财务管理，这就极易造成财务风险。如果大学生创业者仅仅从大体上知道创业初期很多地方都需要资金投入，但到底该如何投入、什么时候投入、是否必须投入、如何节省有限资金等都是需要仔细计划的。如果不进行财务科学管理，等到发现资金周转不灵时则为时已晚。所以，在创业初期，大学生创业者要学会对资金进行有效管理，要列出详细可行的财务预算编制，采取合理的预算管理方式，尽量在初期阶段就规划好短期运营中每一个需要资金投入的环节，以促使有限资金能够发挥最大效用。

第三，在创业起步阶段，大学生创业者还要面对一个创业中十分重要的环节，就是要在此阶段将具有市场商业价值的创新技术或服务通过企业运营变为实际产品。在这一过程中，创业者要面临诸多风险，涉及技术、市场、生产、管理等多个方面。企业初创时会进行试验生产，制造少量产品，一是为了通过试验排除技术风险；二是为了用少量产品进行市场试销，通过市场的检验与信息反馈来完成接下来的大批量生产。在前期的少量生产环节中，由于技术或规模的原因，生产成本相对较高、市场竞争力较弱，短期内可能无法迅速打开市场。此时面临损失的可能性极高，因此该阶段需要大学生具备较高的资源获取整合能力与统筹全局的能力。在实施相应的风险防范策略时，可以适当采用风险清单法和事故树分析法来综合评估创业初期的风险与机遇。当然，这一阶段对风险的规避要以创业前期的充足准备为基础，创业前期的准备工作越到位，创业初期需要面临的问题就越少。

3. 创业发展阶段的风险防范

在创业企业的发展阶段，企业的产品或技术服务日益成熟，企业盈利增加，具备一定市场开拓和产品升级的能力。虽然技术已经不是主要风险，但技术创新是企业需要考虑的一大问题，同时市场风险与管理风险更加凸显。

首先，创业与创新始终是相辅相成的。由于技术已经成熟，部分仿制品、山寨品纷纷在市场上涌现，与企业抢占市场份额，此时企业面临着技术革新的问题，这也是依靠高新技术的创业企业始终要面临的风险。技术创新是创业的途径和保证，创业是技术创新的出发点和落脚点，因此在该时期，企业要坚持产品的技术升级与产品开发更新工作。在技术研发上我们可以借用"你无我有、你有我优、你优我廉、你廉我专"的竞争思路，确保企业的核心技术在市场中的领先地位。

其次，由于产量不断增大，要注意协调好增产与市场开拓之间的矛盾，注意资金及时回笼，合理计划扩大规模策略。当大学生创业企业顺利度过创业初期阶段并成功生存下来以后，在自身成长需要和外部竞争压力的双重作用下,通常,通过扩张规模来提升企业价值和市场竞争力是企业发展的必然选择,但此时要注意避免急功近利、急于求成。一些大学生创业者由于缺乏经验,在企业刚刚有一些成长的时候就急于扩张企业规模和经营领域,这种盲目扩张很可能与企业的长期战略发展不协调,与目前企业的实际实力和市场需求相矛盾,极易导致刚刚进入发展阶段的企业在超常规扩张后陷入困境,甚至导致破产。因此大学生创业者要在科学规划、审慎决策的基础上进行经营运作,这样才能及时准确地进行风险防范,在稳定发展中求成长。

最后,还要注重继续加强企业管理。目前,中国传统企业所面临的最核心问题就是企业内部的基础管理,这已经成为制约中小企业进一步发展的瓶颈。管理是否合理直接关系着企业的生存与发展。要想创业成功,大学生创业者在创业过程中不仅要注重技术,更要注重科学经营,从人力、财务、销售、客户等各个方面进行规范管理,从日常运行的一点一滴做起,着重树立企业的专业形象,逐渐进行品牌建设。

总之,创业是充满风险的。如今创业市场虽然商机无限,但也并非"遍地黄金"。面对广阔的创业市场,大学生创业者一定要根据自身特点,在充分积累知识经验的基础上,谨慎选择创业项目。而大学生是否具备识别风险和防范风险的能力,将直接影响大学生创业的成败。创业的路上总是伴随着各种风险,创业者只有学会分析环境,懂得如何管理、应对、化解创业风险,才能在市场经济的大潮中劈风斩浪,成就辉煌。

重点关注

大学生创业要学会规避风险

在日趋严峻的就业形势下,政府出台一系列相关措施,鼓励大学生自主创业,以创业带动就业。然而由于缺乏经验,大学生创业风险意识不够,容易上当受骗,遭遇失败。

据有关资料显示,有85%的大学生自主创业以失败告终,其中不少是由于经验不足被骗。为更好地让大学生创业者规避创业风险,大学应该开设一些实践性很强的创业教育课程。

案例分析

创业经营要符合市场环境的需要

李华毕业后一直想自己创业,小区附近一家食品杂货店经营一直不错,她便将目标锁定在食品杂货店上。李华租了店面,筹集了启动资金,开了一家杂货店。但经营了三个月后,杂货店就支撑不住,关门了事。

为何同样是食品杂货店,邻居的就红红火火,李华的店就经营惨淡呢?原来,李华为了突出自己的特色,将经营范围锁定在沙司、奶酪、芝士等一些西餐调味食物上。但小区居民对这类货品需求少,加之她的店面营业时间不固定,所以生意不红火。

创业之初求新求异的心理,很多大学生都有,但创业经营要符合市场环境的需要。李华的食品店之所以会关张,是因为她没有做好市场调研,这个食品店如果是在一个外国人居住的社区内也许会经营得很好,但她选择的是一个普通居民区。普通社区里的居民对米、油、盐的需求远远要大于沙司、奶酪、芝士等西式调味品,再加之商店门面的选址、营业时间等问题,这些共同导致了李华创业的失败。

📖 案例分析

❧ 深创投靳海涛：反思失败案例规避创业风险 ❧

深圳市创新投资集团有限公司董事长靳海涛在中小企业融资论坛上表示，创投本身是一个失败率很高的行业，假如我们把这个企业分成三个阶段的话，如果是初创期的投资，基本是成二败八，成长期是成五败五，成熟期是成七败三。

首先，从创业者精神与道德层面来说，有几个原因会导致创业失败。第一，缺乏理想，把钱放到至高无上的地位。第二，只适应顺风顺水，缺乏坚持的决心和毅力。第三，过于依赖过往的经验，因循守旧拒绝改变。第四，侧重长袖善舞，缺乏务实精神。第五，为上市而上市，既害人又害己。

其次，从企业发展战略层面来看，创业风险也来自几个方面。第一，企业的长期发展战略。这是企业成败的一个很重要的原因。第二，企业发展深层战略问题。只在浅层打转，缺乏探求深层规律的魄力是不行的。第三，企业的扩张战略问题。不能停滞不前，也不能无序扩张。第四，企业资本运作战略问题。创业者要具备资本运作的判断能力，不能偏听偏信财务顾问。

再次，产品技术层面的问题也是导致失败的重要因素。第一，有无知识产权保护，也就是专利和著作权的问题。第二，进入门槛的高低问题。第三，替代别人或被别人替代。替代别人就是革命，被别人替代就是被革命。第四，有无"天花板"的问题。规划空间不能太小，奋斗空间不能太窄，评价的空间不能太低。第五，对资源和环境依赖大小问题。第六，差异化的竞争优势。

最后，从商业策略与经营模式层面来分析。第一，泡沫阶段千万不要赶潮流。第二，产业链条过长容易断。第三，选择项目时，雪中送炭与锦上添花的对比分析是非常重要的。第四，频繁转型的结果肯定是节节败退。第五，尽量避免对客户的"单一依赖"。

📖 案例分析

❧ 坚持梦想的大学毕业生 ❧

王顺冉，宝鸡人，西安交通大学城市学院04级工商管理专业的学生，也是城市学院第一届毕业生。十年前，怀揣着对未来的美好期许，他踏上一条前途未卜、充满荆棘的自主创业之路。几经磨砺，克服重重困难，他终获成功，在区域性电子商务领域闯出自己的一片天空。荣誉接踵而至，他被评为2011年度陕西十大创业先锋称号、2011年度陕西省大学生创业明星。

1. 城市学院，梦想起航的地方

2004年对于成立之初的西安交通大学城市学院而言是一个崭新的开始，王顺冉和他的团队作为学院的第一届学生，他们自主创业的梦想是在这里萌发和生长起来的。学院开放自由的校园文化氛围，让他们能够有机会为梦想试航。

早在大二时，包括王顺冉在内的一群胸怀创业梦想的年轻人就自发组织成立了商学会。商学会作为一个学生社团组织，网罗了西安交通大学城市学院一大批对于商业有着浓厚兴趣的学生。为了让自己的社团从学院众多社团中脱颖而出，他们与学院其他社团展开了激烈的竞争，不过在竞争中他们发现其他社团的一些成员与他们有着相同的创业梦想，于是原本"火药味"十足的各学生社团逐渐从竞争走向合作。他们满怀希望，开始勾画未来创业的美好蓝图，初步的创业思路已具雏形。

2006年，包括王顺冉在内的由经管系和电信系学生组成的团队，代表西安交通大学城市学院参加了"挑战杯"陕西省大学生课外学术科技作品竞赛。为使学生取得优异的成绩，学院为参赛团队找来了专业老师，在商业计划书的整个创作过程中给予指导，最终他们取得了全省第三的好成绩。这次的成功让王顺冉和整个团队大受鼓舞，更加坚定了自主创业的理想。

比赛之后，王顺冉和他的团队开始了自主创业的试航之旅，创业从"纸上谈兵"转而进入试验阶段。在前期精心的筹备后，一个名为易百购、服装为主营业务的区域性电子商务平台搭建起来了。在谈及这段经历时，王顺冉对于学校在场地、环境及专业指导方面给予的极大支持依旧心存感激。他认为正是城市学院不遗余力的支持，为他们的梦想插上了翅膀，让他们在学生时代就积累了宝贵的创业经验。

2. 前路迷茫，梦想出口在何方

2008年毕业前夕，找工作成为了大部分学生的不二选择。不过王顺冉并没有选择随波逐流，他依靠在城市学院建立的团队，将成员们团结起来，依然坚守着最初的梦想，踏上了他们的自主创业之路。团队的12名成员筹集了15万元，注册成立了宝鸡易百购商贸有限公司，主营业务也由服装转向办公耗材。以每箱打印纸低于宝鸡市场价20元的价格优势，他们迅速占领了宝鸡打印纸市场。销量虽好，但每箱纸仅1元钱的低额利润，连团队成员的基本生活都无法保障，更何谈盈利。幸运的是，2008年正值宝鸡城改，治安户外监控设备的项目为他们赚取了第一桶金。随后的LED项目又让他们赚到了60多万元。虽然赚到了钱，但是团队中技术型的成员还是选择了离开，因为他们觉得这和自己最初的理想和所学的专业知识相去甚远。在谈及团队成员的第一次出走时，王顺冉频频动容。在他看来，这很像恋爱中的男女，相恋越久，越是难以接受对方的突然离去。

为了追求最初的理想、稳住公司团队、挽留团队伙伴，王顺冉毅然在条件尚未成熟之时，强行将公司主营方向转向区域性电子商务。从英国购回触摸屏的半成品，开始了多点触摸屏的研发。在缺乏技术型人才支持的情况下，凭着一股不服输的劲头，他们居然研发出了放大版的触摸屏。这让他突然对于未来之路重新燃起了信心，出走的成员也纷纷回归团队。

3. 执着坚守，梦想终究照进现实

初期研发阶段资金投入好似"烧钱"，很快这几十万就消耗殆尽，可是真正能应用到实际中的机器还是没能研发出来。资金链的断裂让他们的事业再次步入低谷，多点触摸屏的研发被迫搁浅。

2009年3月24日，这个日子对于王顺冉而言依然那么记忆犹新。在连续三个月发不出工资后，团队中有些成员扛不住了。理想似乎渐行渐远，而现实的惨烈却是那么的触目惊心。王顺冉坦言这时的自己也有了放弃的念头，但是在团队中一名成员的坚持和父亲的资金资助下，他决定做最后的尝试。无奈之下，他们用翻扑克牌的方式决定了去留，最终包括王顺冉在内仅有4人选择坚持下去。功夫不负有心人，两个多月后他们终于研发出能够投入实际使用的多点触摸屏。

多点触摸屏看起来很炫的外观为团队赢得了极大的社会反响，但是由于应用成本过高，并未受到行业客户的青睐。于是构思商业模式，将其应用于实际，成了最为迫切的任务。慎重思考之后，他们选择从互动广告入手开始产品的营销。2010年7月，王顺冉注册成立陕西维纳传媒股份有限公司。他们以19.80元的团购低价为某餐饮店拿下了2000多份订单。这次的牛刀小试，为他们在行业内迎来好口碑的同时，打出了自己的品牌。随后，众多企业纷纷向他们抛出橄榄枝，业务量在短时间内迅速递增，公司历经艰难之后终于守得云开见月明，开始盈利。

2011年对于王顺冉和他的团队而言，无疑是黑暗中摸索前行，终见曙光的一年，是梦想照进现实的一年，是充满喜悦的一年，是硕果累累的一年。这一年，省内一家大型国企意欲收购他们

公司，估值1000万元；这一年宝鸡30万人中有8万人拥有他们的会员"扣扣卡"；全年总收入达260多万元，宝鸡市300多家餐饮店和他们建立长期的合作关系……

初尝成功之后，他们开始筹划将该模式向全国推广，将市场做大。2012年3月，洛阳分公司正式成立，现有职工100余人。现在他们已将公司总部迁至西安，在西安干出了一番事业。

王顺冉曾不无感叹地说："没有西安交通大学城市学院，就没有现在的我。"从他踏入城市学院的那一刻开始，他的人生与同龄人相比开始与众不同。王顺冉从城市学院起步，但最终脚下的路靠他自己。前路漫漫，也许依然有着不可预期的艰难险阻在等着他们，但是我们有理由相信，他们所选择的这条创业之路会越走越宽，因为他们有着不平凡的梦想、矢志不渝的坚定信念、永不言弃的执着精神。

思考与实践

1. 小组讨论
假如让你创办一个企业，你将如何准备？请将你的想法说出来，与大家讨论、分享。

2. 创业计划大赛
请以班级或院系为单位，组织一次创业计划大赛，鼓励大家自主创业。

3. 思考题
创业过程中会遇到哪些风险？如何规避或利用这些风险？

第五章

创新思维训练方法及运用

学习目标

1. 什么叫思维？
2. 何为创新思维？本质特征是什么？
3. 几种常见的创新思维方式是什么？
4. 如何应用创新思维？
5. 创新思维在怎样的环境中产生？

第一节　认识创新思维训练

客观地说，对于某些天赋能力极高的人来说，创新思维训练也许是多余的，他们的头脑无须训练，便能够使创意如潮水般涌出。但对于绝大多数的人来说，接受与没有接受过思维训练，结果是不相同的。思维学家们做过的很多实验，已经证明了这一点。

创新思维的建立是一个长期的过程，需要经过大量的训练，只有在正确认识自我的前提下才能建立起创新理念，并进而产生创新的行为。

一、发散思维和收敛思维

发散思维和收敛思维是美国心理学家吉尔·福特定义的一组互逆的思维形式。发散思维是一种多向性和开放性的思维活动，其过程是从某一点出发，任意发散，通过联想、想象、灵感和直觉，产生创造性的设想。

发散思维是创新思维中最基本、最普遍的方式方法，是人类思维创新的原动力。发散思维广泛存在于人的创新活动中，它承认事物的复杂性、多样性和生动性，在联系和发展中把握事物，有助于开拓思维视野、扩展创新视角，在人的思维创新活动中起着至关重要的作用。心理学家认为，发散思维是创造性思维最主要的特点，是测定创造力的主要指标之一。

(一) 发散思维的方法

1. 一般方法

(1) 材料发散法。即以某个物品尽可能多的"材料"为发散点,设想它的多种用途。例如,尽可能多地列举出粉笔的用途。

(2) 功能发散法。即从某事物的功能出发,构想出获得该功能的各种可能性。例如,在寒冷的冬季如何御寒。

(3) 结构发散法。即以某事物的结构为发散点,设想出利用该结构的各种可能性。例如,尽可能多地列举出具有"球体"结构的物体。

(4) 形态发散法。即以事物的形态(如形状、颜色、味道、气味、声音等)为发散点,设想出利用某种形态的各种可能性。例如,尽可能多地设想利用铃声可以做什么。

(5) 组合发散法。即以某事物之间的组合为发散点,尽可能多地将它与别的事物组合成新事物。例如,尽可能多地列举出音乐可以同哪些东西组合在一起。

(6) 方法发散法。即以人们解决问题或制造物品的某种方法为发散点,设想出利用方法的各种可能性。例如,尽可能多地列举用"拍打"的方法可以解决哪些问题。

(7) 因果发散法。即以某个事物发展的结果为发散点,推测造成该结果的各种原因,或者由原因推测出可能产生的各种结果。例如,假设世界上没有老鼠,结果会怎样。

2. 假设推测法

由假设推测法得出的观念可能大多是不切实际的、荒谬的、不可行的,这并不重要,重要的是有些观念经过转换后,可以成为合理的有用的思想。

在这里要给大家着重介绍奥斯本检核表法。奥斯本检核表法是指以该技法的发明者奥斯本命名,针对某种特定要求制定的检核表。在众多的创造技法中,奥斯本检核表法是一种效果比较理想的技法。它由于突出的效果,被誉为创造之母。人们运用这种方法,产生了很多杰出的创意,以及大量的发明创造。其主要用于新产品的研制开发,引导主体在创造过程中对照9个方面(见表5-1)的问题进行思考,以便启迪思路、开拓思维想象的空间,促进人们产生新设想、新方案。

表5-1 假设推测法

	检核项目	含义
1	能否他用	现有的事物有无其他用途;保持不变能否扩大用途;稍加改变有无其他用途
2	能否借用	能否引入其他的创造性设想;能否模仿别的东西;能否从其他领域、产品、方案中引入新的元素、材料、造型、原理、工艺、思路
3	能否改变	现有事物能否做些改变,如颜色、声音、味道、样式、花色、音响、产品、意义、制造方法;改变后效果如何
4	能否扩大	现有事物可否扩大适用范围;能否增加使用功能;能否添加零部件;增加长度、厚度、强度、频率、速度、数量、价值,能否延长它的使用寿命
5	能否缩小	现有事物能否体积变小、长度变短、重量变轻、厚度变薄,以及拆分或省略某些部分(简单化);能否浓缩化、省力化、方便化
6	能否替代	现有事物能否用其他材料、元件、结构、力、设备、方法、符号、声音等代替
7	能否调整	现有事物能否变换排列顺序、位置、时间、速度、计划、型号;内部元件可否交换
8	能否颠倒	现有事物能否从里外、上下、左右、前后、横竖、主次、正负、因果等相反的角度颠倒过来使用
9	能否组合	能否进行原理组合、材料组合、部件组合、形状组合、功能组合、目的组合

3. 集体发散思维

当一个人冥思苦想不得其解的时候，其思路容易局限在一个方向上，大家聚集在一起讨论，相互激励、相互补充，会引起思维的"共振"，有助于打破思维障碍，激发出不同凡响的新创意或新方案。一个人提出一种想法和思路，其他人受到刺激，做出反应，提出更多创意，这就是集体发散思维，而提出想法、做出反应的方式不同，就有了不同的团体创新法。例如，头脑风暴法、六顶思考帽等方法。

头脑风暴法是一种从心理上激励群体创新活动的最通用的方法，它是指以小组讨论会的形式，群策群力，互相启发，互相激励，使人们大脑产生连锁反应，以引出更多的创意，获得更多的创造性解决问题的答案。

1) 头脑风暴法的原则

头脑风暴法是针对要解决的问题召开6~12人的小型会议，与会者按照一定的步骤和要求，在轻松的氛围中展开想象，敞开思想，各抒己见，相互激励和启发，使创造性的思想产生大量新创意。为此在头脑风暴操作过程中还必须遵循以下四条基本的原则。

(1) 自由畅想，鼓励新奇。创业者要敞开思想，不受传统逻辑和任何其他框框的束缚，使思想保持自由驰骋的状态，从广阔的思维空间寻求新颖的解决问题方案。

(2) 禁止批判，延迟判断。这是为克服"批判"对创造性思维的抑制作用，保证自由思考和良好的激励气氛。一个新的设想听起来似乎很荒诞，但它有可能是另一个好设想的"垫脚石"。为贯彻这一原则，既要防止出现束缚人思考的扼杀语句，如"这不可能""行不通"等，也要禁止赞扬溢美之词的出现，如"很好""不错"等，它们都会不同程度地起到扼杀思想的作用。

(3) 谋求数量，以求质量。在有限的时间里，所提设想的数量越多越好。因为，越是增加设想的数量，就越有可能获得有价值的创造性设想。通常，最初的设想往往不是最佳的，而一批设想的后半部分思考价值要比前半部高78%。此外，在追求数量并积极活跃的气氛中，与会者为了尽可能地提出新设想，也就不会做严格的自我评价了。

(4) 互相启发，综合改善。尽量在别人所提设想的基础上加以改进发展，然后提出新设想，或提出综合改进思路。因为创新往往在于综合，在于头脑中已有思想之间、已有设想和新获得的外来信息及设想之间形成新的组合，产生新的思路。此外，会议上提出来的设想大都未经过深思熟虑，很不完善，必须加工整理，并对其进行综合改善，从而收到事半功倍的效果。

2) 头脑风暴实施步骤

(1) 准备。选择主持人。理想的主持人要熟悉头脑风暴法并了解所要解决的问题，能在必要时恰当地启发和引导大家。可根据待解决问题的性质确定人员，指定一人负责做好会议记录，或主持人自己承担记录工作。此外，还应选择安静的地点开会。若条件允许，可考虑离开熟悉的工作环境，来到咖啡厅等让人情绪较为放松的地方。

(2) 热身。应帮助大家尽快进入"角色"，减少僵局或冷场的局面，制造一些轻松的氛围。例如，可播放一些音乐，准备茶水、咖啡等，使大家心情放松，积极投入其中，便于主持人切入正题。

(3) 明确问题。首先，主持人向与会者简明扼要地介绍所要解决的问题之后，可以让与会者简单讨论一下，以取得对问题的一致理解。其次，重新叙述问题，对问题进行分析，也可将问题分成几个小问题。同时，主持人应启发大家多种思路，为提出设想做准备。

(4) 自由畅谈。这是头脑风暴的核心步骤，要求大家突破种种思维羁绊，克服种种心理障碍，任由思维自由驰骋。自由畅谈时应借助人们之间的知识互补、信息刺激和热情感染，并通过联想和想象等思维形式提出大量创造性的设想。

(5) 加工整理。会议提出的设想大都未经过仔细斟酌,也未做出认真评价,应该进行加工整理,使它更完善,这样才有实用价值。

案例分析

头脑风暴——如何打开核桃

组长:我们的任务是打开核桃,要求多、快、好,大家有什么办法?

甲:平常在家里用牙嗑,用手或榔头砸,用钳子夹,用门掩。

组长:几个核桃采用这种办法是可行的,但核桃多了怎么办?

乙:应该把核桃按大小分类,各类核桃分别放在压力机上挤压。

丙:可以把核桃沾上粉末一类的东西,使它们成为一般大的圆球,在压力机上挤压,用不着分类。(延展了乙的观念)

丁:沾上的粉末可以是带磁性的,在压力机上挤压后,或者在粉碎机上粉碎后,由于磁场作用,核桃壳可能脱掉,只剩下核桃仁。(延展了丙观念,并应用了物理效应)

组长:大家再想想用什么样的力才能把核桃打开,用什么办法才能得到这些力。

甲:应该加一个集中的挤压力。用某种东西冲击核桃,就能产生这种力,或者相反用核桃冲击某种东西。

乙:可以用气枪往墙壁上射核桃,如可以用射软木塞的儿童气射枪。

丙:当核桃落地时,可以利用地球引力产生的力。

丁:核桃壳很硬,应该先用溶剂加工,使它软化、溶解……或者使它们变得很脆。经过冷却就可以变脆。

组长:动物是怎样解决这一任务的,如乌鸦?

甲:鸟儿用嘴啄,或者飞得高高的,把核桃扔在硬地上。我们应该把核桃装在容器里,从高处往硬的地方扔,如在气球上、直升飞机上、电梯上往水泥板上扔,然后把摔碎的核桃捡起来。(类比)

乙:可以把核桃放在液体容器里,借助水力冲击把核桃破开。(物理效应)

组长:是否可以用发现法如认同、反向等解决问题呢?

丙:应该从里面把核桃破开,将核桃钻个小孔,往里边打气加压。(反向)

丁:可以把核桃放在空气室里,往里打气加压,然后使空气室里压力锐减,内部压力就会使核桃破裂,因为内部压力不可能很快减小。

戊:我是核桃。从核桃壳内部,我用手脚对外壳施加压力,外壳就会破裂。应该不让外壳生长,只让核桃仁生长。

乙:我也是核桃。我用手抓住树枝,当成熟时就撒手掉在硬地上摔破。应该把核桃种在悬崖峭壁上,或种在陡坡上,它们掉下来就摔破。

结果,仅用十分钟就收集了四十几个办法。

集体发散思维是非常重要的,因为集体的智慧大于个人的智慧。头脑风暴法之所以有效,归功于在集体活动情境下彼此促进和互动的群体动力学基础。每个人提出一个新观点,不仅激发自己的想象力和创新思维,在这个过程中,参与的其他人的想象力也受到激荡和刺激,产生一系列的连锁反应,进而产生众多创意。

(二) 收敛思维的方法

发散思维拓展了思维视角。而要进行思维创新，还必须集中有价值的东西，设定明确的目标，这就是收敛思维，也称聚合思维。收敛思维是在已有的众多信息中寻找最佳的解决问题方法的思维过程，以某种研究对象为中心，将众多的思路和信息汇集于这个中心点，通过比较、筛选、组合、论证、归纳、演绎、科学抽象等逻辑思维和理论思维形式，得出在现有条件下解决问题的最佳方案。收敛思维在创新活动中具有重要的作用。

(1) 目标确定法。有时候，我们遇到的问题并不是十分明确，容易产生似是而非的感觉，把人们引入歧途。这时我们要正确地确定搜寻的目标，进行认真的观察并做出判断，围绕目标进行收敛思维。其要点是，确定搜寻目标，进行观察并做出判断，通过不断的训练，促进思维识别能力的提高。

案例导读

阵地上的波斯猫

第一次世界大战期间，法国和德国交战时，法军的一个旅司令部在前线构筑了一座极其隐蔽的地下指挥部。指挥部的人员深居简出、隐蔽得十分好。不幸的是，他们只注意了人员的隐蔽，而忽略了长官养的一只小猫。德军的侦察人员在观察战场时发现：每天早上八九点钟左右，都有一只小猫在法军阵地后方的一座土包上晒太阳。德军以此做出如下判断。

(1) 这只猫不是野猫，野猫白天一般不出来，更不会在炮火连天的阵地上出没。

(2) 猫的栖身处就在土包附近，很可能是一个地下指挥部，因为周围没有人家。

(3) 这只猫是相当名贵的波斯品种，在打仗时还有兴趣饲养这种猫的人绝不是普通的人。

据此，德军判定土包附近一定有法军高级指挥军官。随后，德军集中六个炮兵营的火力，对那里实施猛烈袭击。事后查明，他们的判断完全正确，这个法军地下指挥部的人员全部阵亡。

(2) 求同思维法。如果有一种现象在不同场合反复发生，而在各种场合中对这种现象只有一个条件是相同的，那么这个条件就是这种现象的原因，寻找这个条件的思维方法就被称为求同思维法。

知识拓展

怪洞

一位牧羊人在山区发现一个奇怪的洞。一天，当他带着一条猎狗走进这个洞里时，没有走多远，狗就瘫倒在地，四肢抽搐，挣扎几下就死了，而他自己却安然无恙。消息传开后，很多好奇的人蜂拥而至，试图亲自证实这一消息。每次实验都发生同样的情况。

为什么狗一进这个洞就会死亡呢？一位地质学家也赶来实地考察，他发现这里属于石灰岩结构。在考察过程中，他用各种动物做实验，得出如下情况。

猫、狗、老鼠等头部离地面较近的小动物在石灰岩洞里都会死亡；人在石灰岩洞里不会死亡；马、牛、骡这些头部距离地面较远的大牲畜在石灰岩洞里也不会死亡；猫、狗等小动物如果被人抱着带进石灰岩洞里也不会死亡。这样，科学家初步推断出小动物进入洞内死亡是由于它们的头部接近地面。那么小动物的头部接近地面为什么会死亡呢？这位科学家又进一步考察发现，这个岩洞的地下冒出许多二氧化碳。因为二氧化碳密度比空气大，洞内又不通风，所以二氧化碳都沉积到地面附近，靠近地面的地方就没有氧气了。人和牛、马等之所以能安全走过这个岩洞，是由于头部离地面较远，仍然可以吸进氧气，"怪洞"之谜终于解开了。

(3) 求异思维法。如果一种现象在第一场合出现，在第二场合不出现，而这两个场合中只有一个条件不同，这一条件就是现象的原因。寻找这一条件的思维方式就是求异思维法。

二、横向思维和纵向思维

(一) 横向思维

横向思维又名水平思考法。顾名思义，是指人的思维有其横向、往宽处发展的特点。这种思维方式是由法国著名心理学家爱德华·德·博诺提出来的，他第一次把创造性思维的研究建立在科学的基础之上。具有这种思维特点的人，思维面都不会太窄，善于举一反三。有一个形象的比喻，这种思维就像河流一样，遇到宽广处，很自然地就会蔓延开来，但欠缺的是深度不够。

案例分析

电梯难题

某工厂办公楼原是一片2层楼建筑，占地面积很大。为了有效地利用土地，工厂新建了一栋12层的办公大楼，并预备拆掉旧办公楼。员工搬进新大楼不久，便开始抱怨大楼的电梯不够快、不够多。尤其是在上下班高峰期，他们得花很长时间等待电梯。

针对问题，顾问们想了几个方案。具体有：方案一，在上下班高峰期，让电梯只在奇数或偶数楼层停靠，使人员分流；方案二，安装几部室外电梯；方案三，把公司各部门上下班时间错开；方案四，在所有电梯旁边的墙面上安装一面镜子；方案五，搬回旧办公楼。

你会选哪一个方案？

假如你选了方案一、二、三、五，那么你用的是"纵向思维"，也就是运用传统思维方式在电梯拥挤这个问题上进行逻辑思考。假如你选择了方案四，你就是个横向思维者，你考虑问题时能跳出思维惯性。

这家工厂最后采取了第四个方案，并成功地解决了问题。员工们忙着在镜子前审阅自己，或是偷偷观察别人。人们的注意力不再集中于等待电梯，焦虑的心情得到放松。大楼并不缺少电梯，而是人们缺少耐心。

(二) 纵向思维

爱德华·德·博诺教授将传统思维称为纵向思维。纵向思维是立足某一点，在一定范围内，向上向下思索的创意思维。它是一种历史性的思维方式，具有相对严格的时序特点。纵向思维是垂直的、向纵深发展的、直线式的思维，就如我们挖井一般。纵向思维是针对横向思维而言的，其最大的特点是打乱原有明显的思维顺序，从另一个角度找到解决问题的办法，这对打破既有思维模式是十分有用的。纵向思维者会对事情进行仔细推敲，然后通过逻辑思考找到解决问题的方案。

纵向思维是分析性的，横向思维是启发性的；纵向思维按部就班，横向思维可以跳跃。即一个人在进行纵向思维时，他一次挪一步，下一步总是直接产生于上一步，两步之间紧密联系。一旦做出结论，结论的合理性由导出这一结论各步骤的合理性证实。横向思维不必按部就班，可以向前跳跃，而由此产生的空白以后再填补；在纵向思维中，通常使用否定方式来产生某些新途径，在横向思维中没有否定方式。

因此，纵向思维者关注事情的逻辑性，而横向思维者关注问题的解决。对于创业者而言，横向思维模式更为有用，在整个创业过程中，我们主要是解决一个又一个的问题。

案例分析

"黑白鹅卵石"的故事

很多年前，在英国有这样一个制度：一个人只要欠了别人钱，就会被送进监狱。一个伦敦商人就很不幸地欠了高利贷一大笔钱。这个放高利贷的商人，又老又丑，但他早已对伦敦商人美丽的妙龄女儿垂涎三尺。于是，他提出一个交易，只要让他得到伦敦商人的女儿，他就取消债务。伦敦商人和他的女儿都被这个提议吓坏了，狡猾的高利贷商人便进一步说让上帝的旨意来决定这件事情。他告诉伦敦商人和他的女儿，他会把一颗黑色和一颗白色的鹅卵石放进一个空的钱袋里，然后让少女挑选出其中一颗。如果她选中的是黑色鹅卵石，那么她将嫁给高利贷商人，她父亲的债务也将被取消；如果她选中的是白色鹅卵石，那么她可以继续留在父亲身边，债务也被取消。但是，如果她拒绝挑选鹅卵石，那么她的父亲将会被送进监狱。伦敦商人很不情愿地接受了这一提议。他们当时正站在高利贷商人的后花园里，脚下正好是一条由鹅卵石铺成的黑白相间的小路。于是，高利贷商人弯腰拾起了两颗鹅卵石。正在这时，眼尖的少女吃惊地发现他拾起了两颗黑色鹅卵石，并把它们放进了钱袋。接着，高利贷商人要求少女挑选出一颗决定她和她父亲命运的鹅卵石……

假如你当时站在高利贷商人的后花园里，假如你正是那名不幸的少女，你会怎么做？如果你要帮这名可怜的少女出主意，你会出什么主意？

第二节 常见创新思维的方式

创新性思维的形式通常可分为非逻辑思维、逻辑创新思维和"两面神思维"三大类。非逻辑思维是创新性思维的精髓，其形式主要有想象、联想、类比、灵感直觉和顿悟。逻辑创新思维的形式主要有比较、归纳、演绎和推理等。"两面神思维"是辩证法在思维领域的一种具体运用。它是在违反逻辑或者自然法则的情况下，从对立之中把握新的、更高级的、统一的辩证思维方法，如逆向思维、"以毒攻毒"等。需要指出的是，利用创新性思维所产生的结果并不都是新颖的，同时没有哪一种思维形式是"专门生产"或"完全不能生产"创新性思维的。在此，仅介绍形成创新思维的最常见思维形式。

一、非逻辑思维

(一) 想象思维

有人说："没有想象就没有科学，就没有发明创新。"爱因斯坦曾说："想象力比知识更重要，因为知识是有限的，而想象力概括着世界上的一切，推动着进步，并且是知识进化的源泉。严格地说，想象力是科学研究的实在因素。"发明家取得的发明成果在很大程度上归功于想象思维能力，因此，应当对想象思维给予足够的重视，自觉地训练自己的想象思维能力。

想象思维是指在信息加工中，摒弃常规的约束，摆脱严格逻辑思维推理的桎梏，舍弃需要充分依据的要求，对思维对象进行任意改造和重新组合的思维活动过程。想象力则是指运用想象思维构想出事物的新联系、新形象，从而提出新问题、新设想和新方案的思维活动能力。在发明创新活动中，依靠逻辑推理不足以推陈出新，这时，人们只能依靠想象思维去开拓、发明、创新。

案例分析

荧光棒

1987年，美国的两个邮递员科尔曼和施洛特无意中看到一个小孩拿着一种发亮光的荧光棒，这家伙能派什么用场呢？在胡思乱想中，两个人随手把棒棒糖放在荧光棒顶端。结果，光线穿过半透明的糖果，显现出一种奇幻的效果。这一小小的发现，让两人惊喜不已，他们为此申请了发光棒棒糖专利，还把这专利卖给了开普糖果公司。

两个邮递员继续想：棒棒糖舔起来很费劲，能不能加上一个能自动旋转的小马达？由电池对它进行驱动，这样既有力又好玩。这种想法很快付诸实施。对他们来说，这种创造太简单了！旋转棒棒糖很快投入市场，并且获得了极大的成功。在最初的6年里，这种售价2.99美元的小商品一共卖出了6000万个。科尔曼和施洛特得到了丰厚的回报。

而后，开普糖果公司的负责人奥舍在一家超市内看到了电动牙刷，虽有许多品牌，但价格都高达50多美元，因此销售量很小。奥舍灵机一动："为什么不用旋转棒棒糖的技术，用5美元的成本来制造一只电动牙刷呢？"

奥舍与科尔曼、施洛特着手进行技术移植。很快，美国市场上最畅销的旋转牙刷诞生了，它甚至要比传统牙刷还好卖。2000年，3个人组建的小公司卖出了1000万把该种牙刷。这下，宝洁公司坐不住了。相比之下，他们的电动牙刷成本太高了，几乎没有市场竞争力。于是，经过讨价还价，2001年1月，宝洁收购了这家小公司，首付预付款1.65亿美元，三个创始人在未来的三年内留在宝洁公司。过了一年多，宝洁公司便提前结束与奥舍、科尔曼、施洛特三人的合同。因为宝洁公司发现电动牙刷太好卖了，远远超出了他们的预料。借助一家国际超市公司，它已在全球35个国家进行销售。按照这种趋势，宝洁在三年合同期满后付给奥舍三人的钱要远远超出预期。最后经过协商，合同提前终止，奥舍、科尔曼、施洛特一次性拿到了3.1亿美元，加上原来1.65亿美元的预付款，共4.75亿美元。这是一个令人头晕目眩的天文数字，如果用卡车去银行拉这么多现金，恐怕要费上相当一番功夫。

故事的结局太让人吃惊了，奥舍、科尔曼、施洛特三个人不费吹灰之力，就赚取4.75亿美元。他们是凭借什么呢？小小创新？不错，这确实是直接原因，但你们也有这小小创新，为什么一分钱没拿到？原因是你们是被动的，没有那三个人的创新意识。有了创新意识，就会获利吗？也不对，还要有眼光，既要有申请专利的眼光，还要有把专利投放市场的眼光。一个人，可以不去奢望那4.75亿美元，但不应该冷落技术创造、灵感创意这些成功的要素。

（二）联想思维

联想思维是一种将人们已经掌握的知识与某种思维对象联系起来，从其相关性得到启发，进而获得创新性设想的思维形式。它能克服两个概念在意义上的差距，并在另一种新的意义上把它们联系起来，由此产生新颖的思想。一般说来，联想越多、越丰富，获得创新性思维突破的可能性越大。因为所有的发明创新都不会与前人的成果、历史的经验、现有的知识截然割裂，它们之间有密切的联系，而问题在于能否把它们与要进行发明创新的对象相联系、相类比。所以，联想思维是创新性思维的一种重要的表现形式。

联想思维一般由两部分组成：一部分是联想体，另一部分是联想物(即刺激物)。在联想思维中，联想体是基础，联想物是产物。联想体依靠联想物而存在，没有联想体就没有联想物。反过来，没有联想物，联想体也就毫无意义。一般说来，联想体大部分是客观存在的，但有时联想体也可以是抽象的东西，如词语、概念等。联想思维通常有5种表现类型，如表5-2所示。

表5-2　联想思维的类型

序号	类型	具体解释	举例说明
1	相似联想	由一个事物的外部构造、形状或某种状态与另一种事物类同、近似而引发的想象延伸和连接	语文书——数学书，钢笔——铅笔，照片——本人
2	接近联想	在时间上和空间上相互接近的事物之间形成的联想	①桌子上面有书本，下面有椅子 ②闪电——雷鸣——下雨——滴答声 ③看到学生联想到教室、实验室及课本等相关事物
3	对比联想	亦称相反联想，是指具有相反特征的事物或相互对立的事物之间所形成的联想	黑——白，写——擦
4	因果联想	由于两个事物存在因果关系而引起的联想，这种联想往往是双向的，既可以由起因想到结果，也可以由结果想到起因	如看到蚕蛹就想到飞蛾，看到鸡蛋就想到小鸡
5	连锁联想	根据事物之间这样或那样的联系，一环扣一环地进行联想，从而引发出新的设想	美国青年罗波尔由玩具联想到童话故事(小孩都是从菜地里长出来的)，再想到椰菜娃娃，又进一步联想到美国社会老人多、单亲家庭多，自然就触及情感孤独这一社会问题，于是他赋予椰菜娃娃多样化、拟人化设计，最后竟然萌发让人领养椰菜娃娃的奇思妙想，获得惊人的商业成功

案例分析

响尾蛇导弹

20世纪50年代，人们还没有研制出响尾蛇导弹。有一天，一位生物学家哈恩托和一位导弹专家博格纳聚会。交谈中，生物学家说到有一种奇特的蛇，叫响尾蛇，它的眼睛已经退化，但是，它的动作却极为敏捷，可以毫不费力地捕捉到老鼠或其他小动物。这是因为它的鼻子和眼睛中间有一个小"颊窝"，这是一个奇特的热敏器官，能够接受小动物身上发出的红外线，对携带能量最多的波段反应最为强烈。

说者无心，听者有意。博格纳马上由响尾蛇联想到导弹。他想，飞机在飞行中，尾部要放出高温气流，红外线肯定强烈。如果在导弹的头部装上一个类似响尾蛇的"颊窝"的红外线探寻装置，导弹不就有如装上眼睛去主动追寻飞机了吗？不久，一种命名为"响尾蛇"的空对空导弹被研制出来。

本来，响尾蛇和导弹是两个不相干的东西，但是，博格纳却由响尾蛇——红外线——导弹——红外线装置——"响尾蛇"导弹一连串的联想，研制出一个新东西。

(三) 直觉思维

(1) 直觉思维的含义。直觉思维是人们不经过逐步分析而迅速对问题的答案做出合理的猜测、设想或顿悟的一种跃进式思维。古希腊科学家阿基米德在澡盆里沐浴时，看到了身体入水后水面位置上升并缓缓向外溢出的现象。他通过直觉思维，想到揭穿"金冠之谜"的方法，进而深入问题的实质，发现了著名的浮力定律。从哲学上说，偶然的现象是难以预料的，因而也难以用逻辑思维解释和判断。但直觉思维可发挥作用，其结果常常产生突破、形成飞跃、导致创新。

(2) 直觉思维的作用。直觉思维是从事创新活动的重要心理素质。爱因斯坦说："真正可贵的是直觉。"丹麦物理学家玻尔说："实验物理的全部伟大发现都是来源于一些人的直觉。"法国著名数学家彭加勒在谈到直觉对于数学研究的作用时说："没有直觉，几何学家便会毫无思想。"

这些伟大的人物都对直觉思维给予了如此高的评价，那么直觉在创新活动中到底起着什么样的作用？具体见表5-3。

表5-3 直觉思维的作用

序号	作用	具体解释
1	迅速做出	① 直觉不需要复杂的分析、推理 ② 直觉做出的选择大多很迅速 ③ 有时能直接帮助人们从众多可能中选择出最优化的可能
2	做出创造性的预见	① 直觉具有预见性 ② 直觉会帮助人们发现新事物、新现象、新问题等 ③ 经过推理、验证直觉，就能帮助人们在短时间内进行大量的创新

案例分析

伦琴和X线

世界上第一个诺贝尔物理奖获得者是谁？他就是德国科学家威廉·伦琴(1845—1923年)。

1895年11月8日晚，伦琴在做实验时，无意中发现放在实验室的照相底片感光，直觉提醒他，一定有一种射线存在。由于对这种具有极强穿透力的射线不够了解，伦琴把这种引起奇异现象的未知射线称作X射线。正是这一直觉促使他继续研究，最终发现了这种神秘射线的种种性质，从而为X射线应用于医疗等方面做出了巨大贡献，伦琴也因此获得了诺贝尔奖。

(四) 灵感思维

哪里有人类的创新活动，哪里就会出现灵感。灵感是在创新活动中，经过长期紧张的思索和足够的知识积累，在特定条件激发下，意识中突然闪现出突破性的思维形式。钱学森曾说，人不求灵感，灵感也不会来，得灵感的人总要经过一长段苦苦思索来做准备。无数事实证明，通过长期积累，思想处于高度集中、紧张和专注的状态，这是产生灵感的必要条件。而且一般来说，灵感都是在紧张思考后转入某种精神松弛状态时出现的。即在紧张的思考后，使自己的心境处于宁静、愉快和轻松的状态，如散步、听音乐、轻松交谈等，这有助于激发灵感。

灵感思维是在人们的创新活动达到高潮后，出现的一种富有创新性的飞跃思维。它往往是在人们求解某一疑难问题过程中，突然感到茅塞顿开，豁然开朗，获得解决问题的新思路、新方法的一种思维活动。灵感具有非预测性，即灵感出现前毫无预感，是突如其来的、飞跃式的。它转瞬即逝，捕捉不及时便难以再现。因此，灵感思维主要有偶然性、突发性、模糊性三大特点。灵感思维常有如表5-4所示的几个基本类型。

表5-4 灵感思维的类型

序号	类型	具体解释
1	自发灵感	由大量的潜意识活动而产生的灵感
2	诱发灵感	思考者根据自身的爱好、习惯等，选择某种方式主动促使灵感的产生
3	触发灵感	因接触某些事物，而受其启发产生的灵感
4	迸发灵感	在超常规的、急迫的事情面前，充分保持镇静，并开动脑筋，进而产生的灵感

二、逻辑创新思维

(一) 逻辑思维

逻辑思维是思维的一种高级形式，是符合某种人为制定的思维规则和思维形式的思维方式，我们常说的逻辑思维主要指遵循传统形式逻辑规则的思维方式，常称它为"抽象思维"或"闭上眼睛的思维"。

逻辑思维是确定的，而不是模棱两可的；是前后一贯的，而不是自相矛盾的；是有条理、有根据的。在逻辑思维中，要用到概念、判断、推理等思维形式和比较、分析、综合、抽象概括等方法，而掌握和运用这些思维形式和方法的程度，也就是逻辑思维的能力。

进行逻辑思维就像是登山，要做到：①确定为什么要登山；②保证装备足够精良；③挑选最佳路线；④要始终向前看；⑤不要在半路停下脚步；⑥确保每步都正确；⑦最终到达山顶。

案例分析

卡文迪许与地球的重量

我们脚下的大地是硕大无比的地球，它也是有重量的。但是，要测出它的重量，应用什么做测量工具，又由谁把它抬起来称量呢？英国科学家卡文迪许准备解决这一宏大的科学难题。

他想起一个办法，即牛顿提出的万有引力定律，就是两个物体之间引力的大小与两个物体的重量成正比，与它们之间距离的平方成反比。他想，如果有一个已知重量的铅球，与地球之间的距离是可以测定的，如果引力常数是已知的，就能根据万有引力定律公式算出地球的重量。但是引力常数当时没有人能测出来。

1750年，19岁的卡文迪许开始向引力常数和地球重量的难题进军。他先拿两个铅球做引力实验。铅球的重量是已知的，距离也是已知的，他要先测出它们之间的引力，才能求出引力常数。但引力是很微小的，要测出引力需要极精确的测量装置。卡文迪许根据细丝转动的原理做了一个引力测量装置，如果它受到引力，就会产生一个力，促使细丝转动，转动得越多，说明受到的力越大。尽管卡文迪许的装置比普通的弹簧秤精确许多倍，但是对于测量微小的引力来说，细丝转动的灵敏度还不够大。

一天，他看到几个孩子在玩小镜子的游戏而深受启发。孩子们手里的镜子，对着太阳在墙上反射出一个个小光斑，小镜子轻轻转动一个很小的角度，光斑在墙上便会移动一大段距离。卡文迪许跑回家，在他的测量装置上也安上了一面小镜子。细丝测力仪受到一点微小的力，它上面的小镜子就会转动一个微小的角度，而小镜子的反射光就会转动一个明显的角度。他利用这种放大的办法，使细丝测量引力装置的灵敏度大大提高。

最终，卡文迪许求出了引力常数，测出了地球与铅球之间的引力，再反推出了地球的重量。卡文迪许在构思测量地球实验中运用逻辑思维的演绎推理创新思维，通过试验，实现了对地球的测量，成为第一个测出地球重量的科学家。

(二) 发散思维

发散思维又称求异思维、扩散思维、分散思维、辐射思维等。它是在创新性思维过程中常用的一种思维形式，其特点是以某些已知信息为思维起点，然后充分利用已有的知识、经验，采取推测、想象等方式，让思维沿各种不同的方向任意发散，重组记忆中的信息和眼前的信息，以产生出新的信息。发散思维是一种寻求多种答案的思维，它不满足于唯一的答案，而指向于多种可能的答案，是多方向、多角度展开的。这种思维方法不受过去知识的束缚，不受已有经验的影响，从各个不同甚至不合常规的思路思考问题。发散思维是构成创新性思维的主导成分。从其思维质量的复杂性来看，发散思维具有流畅性、灵活性、独创性等基本特点。发散思维常包括平面思维、立体思维、侧向思维、横向思维、多路思维、组合思维等方式，各种思维方式相互交叉、相辅相成。

(三) 聚合思维

聚合思维又称求同思维、集中思维、收敛思维、复合思维等。聚合思维是根据已有的知识经验，向着同一个方向思考，得出一个认为最好的结论。它是创新性思维不可缺少的一种重要形式。在创新性思维过程中，如果没有聚合思维，发散思维就会发散无边。尽管在发散思维中会出现许多新想法，但若没有聚合思维，便无从知道哪一种想法最好，哪一种想法最具创新性，故聚合思维和发散思维是相辅相成的关系。在创新性思维过程中，既要发散思维，又要聚合思维，聚合思维以发散思维为前提，发散思维是聚合思维的先导，两者缺一不可。聚合思维主要有求同除异法、先异后同法、完全归纳法、科学归纳法、联结思维法等五种形式。

(四) 两面神思维

两面神思维由美国行为科学家卢森堡最早提出。传说古罗马的门神努雅斯有两个面孔，一个哭一个笑，能同时转向两个相反的方向。卢森堡在研究创新性人才时，借用两面神隐喻创新性思维规律。因此，两面神思维也称"努雅斯思维"，它是一种高级形态的创新性思维。列宁曾指出，世界上一切事物都有两面。这是因为自然界充满辩证法，矛盾对立事物的转化无时无刻不在发生。人们根据某种需要，有意识地把对立矛盾着的事物(概念、形象)联结统一起来，促成矛盾转化、创新出协调统一的新事物，这种思维方法就称为两面神思维。

科技史上有许多惊人的创新性发现，就是采用两面神思维的结果。如表面活性剂是一种亲水性物质，当它与对立的疏水性物质结合起来时就会生产出一种特殊物质。随着两者的配比不同，可以创造出满足不同需要的润湿剂、增溶剂、分散剂、发泡剂、抗静电剂、消泡剂、洗涤剂、杀菌剂及乳化剂等。再如，将热胀冷缩的物质和特殊的冷胀热缩的物质结合起来，可制成不随温度变化的零膨胀系数的新物质。这种物质不怕热又不怕冷，可应用于航空航天工业的精密仪器。

两面神思维的主要形式有逆向思维、相反相成和相辅相成三种，见表5-5。

表5-5 两面神思维类型

序号	类型	具体解释	举例说明
1	逆向思维	思考已知因果关系的逆命题，或朝着习惯思维相反的方向思考，或对常规习见、约定俗成的见解持否定态度的思维方式	数学上的反证法、逻辑上的归谬法、物理化学用的条件劣化法等
2	相反相成	有意将对立的事物联结在一起，使对立面得以转化，形成有互补作用的新事物的思维方法	电路中的开关，数学中的微分和积分等
3	相辅相成	对立事物或属性不仅可相互转化，而且可互相渗透、补充	黑白屋顶的发明：白色——黑色，反射太阳光——吸收太阳光

案例分析

法拉第发现电磁感应定律

法拉第是伦敦一家装订书店的学徒工，他勤奋学习，力求上进，一有时间就看装订好的新书。通过学习《百科全书》，他学到了英国人吉尔伯特等人的电学知识。有一次皇家学会主席戴维做关于电与磁的学术报告。戴维在报告中谈道，如果在一块铁上绕上导线圈并通电后，铁就会变成磁铁，这就是电能生磁。法拉第运用逆向思维，提出"磁要生电"的设想，从而开拓了一个全新的科研课题。他经过反复试验，终于在1831年8月29日获得成功。

第三节 坚持创新思维训练

一、创新思维的开发

为提高人们的创新思维能力，除进行必要的创新思维训练、掌握一般的创新思维方法外，对创新思维实施及时有效的激发也很重要。

（一）经常提出"假如"思考，进行精神兴奋练习

为充分发挥一个人的想象力，激发创新性思维，可经常提出一些"假如"或"如果"问题，这些假设不要求合乎逻辑和事实。例如，可以提出"假如世界上没有水将会怎样""如果世界上只有我一个人将会怎样""假如没有太阳世界将会怎样"等问题。这些问题的提出，对于激励创新性思维很有帮助。

（二）克服从众心理，不盲从于群体思维

创新者应当独立自主地把握创新契机，尽量减少"模仿他人"，避免与众人"雷同"的思想和活动，以克服群体思维束缚自己的创新性思维。古今中外，伟大的发明者可以说没有一个是盲从于群体思维的。

（三）采取积极态度，激发创新设想

要努力激发自己的创新欲望，坚信自己具有创新能力。创新学中的创新欲望即创欲，是人们心理上的一种强烈的发现问题和解决问题的意识。人们有了创新欲望，就会强化训练自己的创新性思维，从而找出具体的思考方法，产生创新成果。实际上，不少人对自己是否具有创新能力

缺乏信心，他们常怀疑自己的创新能力。有些人虽然不怀疑，但是在创新中一旦遇到某些困难或挫折，常会反问自己："我真的行吗？"可见，要真正相信自己有创新能力，仅仅在口头上承认"相信"是远远不够的，更重要的是通过思考和实际行动以证实自己的能力。有了这种强烈信念的指导，人们就会激发自己的创新欲望。比如，应该经常地、反复地问自己"什么东西需要我去创新""我怎样进行创新"等。只有这样，一旦遇到机遇或可能性，有些问题才会自然而然地进入脑海，而不会轻易溜掉。

（四）打破陈规俗套，有意"忘掉"一些已知的东西

为发挥创新者最大的创新潜力，必须要做到：发展一个敞开的、放松的头脑；让所有的设想都能自由进入；愿意去考虑不寻常的、不为人知的设想；对新设想在没有做调查研究之前，能做到不急于下结论，不武断地拒绝它；愿意探求无意中产生的想法，接受它，并在此基础上形成设想。

（五）诱发设身处地的感觉

有一个打开新设想源泉的方法。设想自己处在一切技术进步尚未出现的地方，这个世界还处于原始状态。想想它过去可能是什么样子，如果它仍维持原样又会怎么样。这时候各种各样的问题就会蜂拥而至，一个不同于我们现在的世界呈现在思考者的脑海中，促进思考者积极地思考。

（六）消除对大脑的压抑，使大脑放松

长时间对大脑的压抑，会降低大脑的工作效率，极大影响创新性思维的发挥。通过游玩、聊天、听音乐、漫不经心的绘画等，不仅可使人浑身轻松，精神舒畅，往往还会诱发灵感，导致新的创意，激发潜意识思维，产生创新性设想。有人在研究游玩对于创新的作用后发现，游玩有时也会激发创新性思维的产生。因为人在游玩中不注意实事求是和墨守成规，使思想常处于自由奔放状态，这种情况往往十分有利于创新性思维的开展。

（七）注意灵感，抓住机遇

灵感思维在创新获得过程中具有重要作用。首先，灵感思维是"第一创新力"。美国学者沙克劳斯认为，在潜意识中产生的头脑风暴是一种突然爆发的灵感。如同闪电一样，在刹那间给出了问题的答案。这是无意识地、自然地解决问题的过程，这就是灵感思维的创新功能。具有创新功能的灵感思维，在本质上是一种新的想法或思想，是潜意识中产生的思维飞跃。他在科学创新活动中的作用在于为问题的解决开辟了一条新的道路，使思维主体摆脱了"山穷水尽"的困境，飞跃到"柳暗花明"的自由王国。

（八）学会批判地看事物

批判是在分析的基础上，对历史的总结和对未来的创新。学者奥托·迈霍夫说过，做学问而不疑，则永远得不到真正的进步！我们若不疑，这世界还只停留在牛顿三定律的时代里。

批判创新思考方法是思维主体在科学理论思维的指导下敢于揭露假和丑恶确立真善美的破旧立新的思考方法。怀疑性、匹配性、变革性和创新性是批判创新方法的四个特点。如何培养适应这个时代需求的人才，是各国教育的重点。

一个人的能力有很多，而建立在批判的独立思考基础上的创新能力，是尤为重要的。批判创新有助于培养批判思考方法和发展批判思考能力。人们对旧事物会采取三种不同的态度：一是接受，二是抛弃，三是批判创新，即扬弃。

抛弃是对旧事物全盘否定。比如，费尔巴哈对黑格尔哲学的批判，采取了全盘否定，即抛弃的态度。他不仅抛弃了黑格尔哲学的体系，而且抛弃了黑格尔哲学中辩证法的"合理内核"。这犹如一位母亲给婴儿洗澡之后，将婴儿与洗澡水一起倒掉。可见，费尔巴哈对旧事物采取抛弃态度，是缺乏批判思考的方法指导。

扬弃是既克服又保留，既克服旧事物中消极落后的东西，又保留旧事物中积极的因素。比如，我们对待西方社会的文明，就是采取了一种扬弃的态度，一方面克服西方社会腐朽没落的东西，另一方面批判地学习和利用西方社会的科学技术、教育方法、管理方法等，为社会主义服务。

这是一种辩证否定的态度，一种革命性的批判思考的态度。例如，针对牛顿的光粒子说与惠更斯的光波动说之争，爱因斯坦提出光量子理论，运用批判创新的态度，克服了光粒子说与光波动说各自的局限性，继承了二者的科学因素，揭示出光的本质是具有波粒二相性的。因此，批判创新不仅要培养和掌握批判思考方法，还要发展批判思考能力。

(九) 培养四种思维品质

即培养人的敏捷性、深刻性、整体性和创新性。人们在工作、学习、生活中每逢遇到问题，总要"想一想"，这种"想"，就是思维。它是通过分析、综合、概括、抽象、比较、具体化和系统化等一系列过程，对感性材料进行加工并转化为理性认识来解决问题的。思维能力是学习能力的核心，培育高品质的思维能力是创新者最重要的学习任务之一。

二、常用创新思维的训练方法

(一) 思绪扩充法

这是在实践中总结和提高的一种学习方法。可以在室内独自思考问题，也可以在外出步行时思考问题，后者有时收效更快，因为外出行走比较安静，如在山林行走空气新鲜，心旷神怡，而且改变了一个单一的室内环境，思绪空间扩大，便于思考问题。但此时要放慢脚步，不要受到外界干扰。中国农学家徐光启在编写《农政全书》时，长期与农民接触，深入农业实践，并注意思考一些特殊的现象。在他的书中，关于治蝗虫一节就凝聚了他7年多调查蝗灾的心血。他翻阅中国自春秋以来历史上111次大蝗灾的记载，并观察蝗虫由卵变蛹、由蛹变蝗的过程，最后提出从灭卵入手治蝗的科学主张。

(二) 思前顾后法

这是通过看问题发生的前因和后果来做推理判断的一种思维推理方法。思前顾后就是思考一个问题时，既要看它的前因，又要考虑它的后果，只有这样才能得出正确结果。中国古代杰出的数学家祖冲之，认真汲取前人的智慧结晶，开动脑筋，不断探索，将连机碓和水转连磨加以改进，终于制造出了一种水碓磨，能同时碾米和磨粉。

(三) 三段演绎法

三段演绎是指由一个共同概念联系着的两个性质判断做前提，推出另一个性质判断做结论的一种思维推理方法。其内容如下。

1. 明确前提，推出结论

例如，科学是正确的学问（大前提），光每秒行走30万公里的规律是科学（小前提），所以光每秒行走30万公里的规律是正确的学问，前两个判断是前提，第三个判断是结论。

2. 运用三段演绎法必须注意遵守的规则

需要注意的是，只能有三个性质判断，包含三个不同的概念，不能多，也不可少。中项在前提中至少要周延一次。在前提中不同的概念，在结论中不同；以两个否定判断做前提，不能推出结论；如果前提中有一个是否定判断，则结论必然是否定判断；以两个特称判断做前提，不能推出结论；如果前提中有一个是特称判断，则结论必然是特称判断。

(四) 联言分解法

这是指由联言判断的真，推出一个肢判断(复合判断中包含的各个判断在复合判断中称为肢判断)。它是真的联言推理形式的一种思维推理方法。这种推理形式中只有两个判断，一个是作为前提的联言判断，一个是作为结论的肢判断。联言判断的真假，取决于各个联言肢是否都真；只要有一个联言肢是假的，联言判断就是假的。有了联言推理的这个逻辑性质，才能由联言判断之真，推出其中一肢为真。

(五) 头脑风暴法

头脑风暴法(brain storming)由美国发明家奥斯本首创，它是一组人员通过开会方式对某一特定问题出谋献策，群策群力，解决问题。参加会议的人数，最少四五个人，最多可达几百人，大家集中在一起，各人从各自不同的角度提出方案，相互启发，互相激励，使思想发生连锁反应，从而闪出创新的火花。

这种会议不应过于正规，要让参加会议者畅所欲言。各种设想不分优劣，应一律记录下来，不过早地进行评判。各种设想多多益善，以量求质。最后由与会者把别人的和自己的各种设想加以综合、改善，从中总结出最佳设想。

头脑风暴法又称集体思考法或智力激励法，是一种很好的求异思维形式，诚如俗话所说，"三个臭皮匠，顶个诸葛亮"。

(六) 颠倒思维法

颠倒思维法是将思考对象的整体、部分或有关性质颠倒过来，以求得新的思维产物的思维方法。这种颠倒包括上下颠倒、左右颠倒、前后颠倒、大小颠倒、动静颠倒、快慢颠倒、有无颠倒、是否颠倒、正负颠倒、内外颠倒、长短颠倒、好坏颠倒、主次颠倒等。如既不准拔出木塞子，又不准打破酒瓶，该如何把酒倒出来？若用常规思维便一筹莫展，若用颠倒法则很容易求解，即把木塞子塞进酒瓶里。

(七) 克弱思维法

与横向思维法找缺点、挑毛病不同，克弱思维法是在求异思维时，克服有关事物的弱点，以此作为创新性思维的突破点。克弱思维法是人们打破思维障碍，进行创新发明和科学研究的行之有效的思维方法。如创新技法中的缺点列举法，就是根据这一思维方法制定的。

中国有位年轻的科学家，系统地翻阅了1907年以来美国的《化学文摘》，对其中有关化学链理论的论文摘要，包括对1929年以来的全部离子极化理论文献进行详细摘录之后，发现在整个化学链的研究中，离子极化理论是一个研究的弱点。于是，他以此作为科研的突破口，一举发表论文二十几篇，形成了自己的科研特色。

(八) 纵向思维法

将思维发散方向从纵的发展上延伸，依照各个步骤和发展阶段进行思考，从上一步想到下一步,从而设想、推断出下一步的发展趋向,确定研究内容和目标,被称为纵向思维法。有人在研究中认为,纵向思维法不属发散思维,理由是它向纵深发展,不利发散。其实不然,纵向思维法是纵观事物的历史,立足于事物的目前状态,展望事物的发展方法,同样是寻求各种答案,方向也会随着深入而不断扩展。例如,从用树枝写字到用毛笔,从用毛笔到用铅笔、钢笔、圆珠笔、电子笔、计算机、激光照排,每一步都是纵向思维法的结果。

(九) 信息交合法

信息交合法是在求异思维中,利用各种信息进行重新组合排列,从而产生新颖、独特的创新性信息的思考方法。信息交合法能改变人们的思维习惯,拓宽人们的视野;能扩展思维层次,开拓智慧资源,更新思维方式;能培养人们多系统、多方法、多功能、多分支的思维素质。

在一次创新学研究会上,日本学者提出一根别针的用途,有人只能说出可以别文件、当针用、当牙签用等十几种有限的用途。而我国的创新学者许国泰根据信息交合法,以别针为中心点,建立了一个包括结构、功能、种类、时间及其他信息的交合示意图,说出了别针的成千上万种用途。

案例分析

驴子过河

一头驴子背着盐渡河,在河边滑了一跤,跌在水里,盐溶化了,驴子站起来时,感到身体轻松了许多。驴子非常高兴,获得了经验。后来有一回,它背了棉花,以为再跌倒,可以同上次一样。于是走到河边的时候,它便故意跌倒在水中。可是棉花吸收了水,驴子非但不能再站起来而且一直向下沉,直到淹死。驴子为何死于非命?每个人都能够看出,很重要的一个原因是它机械地套用了经验,受了经验偏见思维的影响,未能对经验进行改造和创新。

美国出版的《人类心理学通报》曾经刊登过一位85岁老人的自白。这位老人说:"假如给我第二次生命,我要努力犯更多的错误,而不会处处追求完美。我要变得更傻,不会再一本正经地对待那么多事情。我还要更加疯狂一些,给自己找更多的麻烦。"这位老人大概是一生都生活得四平八稳,从没有什么出格的言行举止,因而到了人生的黄昏发出了那种"荒唐的"感叹。然而,如果他真的获得了第二次生命,他会"更傻""更狂""犯更多的错误"吗? 恐怕不可能。正像丢了钱的人经常说:"那些钱要是能找到,我就到饭店去大吃一通。"如果钱真的找到了,他又舍不得花到饭店里去了。

有个朋友曾作为大学辩论队的主教练带队参加全国名校辩论赛,在抽签之前,他们对辩论双方的立场并无特别的偏向,觉得抽到任何一签都属于中性的,难易程度相差无几,可一旦真的抽中某一立场时,最初几天他们竟会觉得自己抽到了下签,不划算,这也许是利益所导出的"这山望着那山高"。然而,随着问题的深入,大量的资料被搜集上来,各方专家参考意见陆续汇拢,又因他们对辩题立场义无反顾地强制维护,日夜苦思冥想,加之模拟战的屡屡获胜,以至于到后来,他们竟然都觉得己方的观点有利。非但有利,简直越想越有理。

第四节 创新思维的积极应用

一、形象思维在创新中的作用

形象思维在创新中的作用，主要表现在以下三方面。

一是有利于艺术创作。艺术家们通过形象思维，对社会生活中的人和事进行艺术加工，创造出一个又一个为人们所喜欢的艺术品。

二是有利于科学研究。在科学研究中，科学家除了善于抽象思维，还经常使用形象思维。诺贝尔奖获得者美国物理学家格拉肖曾谈到形象思维对于科学创造的重要意义，他认为，多涉猎可以开阔思路，如抽时间读读小说、逛逛动物园都有好处，可以帮助提高想象力，这同理解力和记忆力一样重要。假如你从来没有见过大象，你能凭空想象出这种奇形怪状的东西吗？也许，有的人听起来可能会感到奇怪，但是在我们研究物理问题的时候，往往会用到现实世界的各种形式。对世界或人类社会的事物形象掌握得越多，越有助于抽象思维。

三是有利于企业经营管理。在企业的经营管理中，很多问题需要用形象思维来解决。高度发达的形象思维，是企业家在激烈而又复杂的市场竞争中取胜不可缺少的重要条件。例如，在企业产品包装、商标设计、产品广告等领域，都需要高度发达的形象思维，以便能创造性地设计出产品的包装、商标、广告等。

二、创造思维在创新中的作用

创造思维在创新中的作用主要表现在以下三方面。

一是有利于打破思维定式。创造思维的着力点就是创造，而创造的本质属性是创新，打破固有的模式。在问题面前，人们往往习惯于凭借自己的经验模式看问题。这种思维定式使得人们在思考问题时往往打不开思路，容易落入俗套而无新意。而创造性思维能排除头脑中原有的思维定式的制约，不断推陈出新。

二是有利于走出自己的领域。人们常说，隔行如隔山。其实不尽然，创造思维有助于你发挥潜能，实现跨领域发展。例如，柯达公司的创始人乔治·伊斯曼原来只是一家银行的记账人，后来他经过研究创造，成功研制出柯达照相机。

三是有利于你运用所有的感官。创造思维有利于你调动所有的感官去思考、去想象。例如，一个工程小组在研究把一些金属线捆在一起的方法时，有一个十分荒诞的建议是"用你的牙齿咬住它们"。虽然当时大家对此哈哈大笑，但他们还是把这一建议当真，最后研究出了鳄式钳。

三、逻辑思维在创新中的作用

在生活中解决各种问题时不仅要运用创造思维，还要恰当地运用逻辑思维。仅仅依靠创新思维的若干方法是不可能完成创新活动的全过程的，甚至不可能完成其中的思维过程。逻辑思维在创新中的作用主要体现在两方面：一是具有积极性的促进作用；二是具有局限性的限制作用。

逻辑思维在创新中的积极作用主要表现在以下六方面。

一是有利于发现问题。发现问题是创新的起点。发现问题的方法很多，通过逻辑思维来发现问题是一条重要途径。也就是说，如果对某些逻辑结论进行仔细的分析和考察，可能会发现问题。

二是有利于直接创新。即有些问题的创造性解决直接运用了逻辑思维。天文学上许多新的行星和星系的发现，都是通过严密的数学计算完成的。

三是有利于筛选设想。即对两种以上的创新设想进行筛选时，必须借助逻辑思维对每种设想进行分析、比较，进而做出判断，决定取舍。

四是有利于评价成果。即创新成果完成之后，需要进行鉴定，给出正确的评价，这往往要借助逻辑思维。

五是有利于推广应用。一个创新成果在推广应用时，必须进行市场的分析、预测，以及市场营销策略的选择。这些分析预测和销售手段的选择有许多具体的方法，而这些社会学、经济学、商品学及教育学的方法都是借助并运用逻辑思维方法进行的。

六是有利于总结提高。在创新成果被应用并经过实践的检验后，要进行总结，同时还要根据实践的检验和他人的意见，对成果进行修正、补充并使其更加完善。所有这些，都离不开逻辑思维的方法。

四、辩证思维在创新中的作用

辩证思维方法是科学探求客观世界奥秘和规律的钥匙。它是各门科学研究中的最普遍方法，是我们找到正确工作方法的前提，是提高主体思维能力、解决实际问题的基本途径。在创新活动中，辩证思维发挥着重要的作用，主要表现在以下方面。

一是统率作用。辩证思维是高级思维活动。它根据唯物辩证法来认识客观事物，能够反映事物的本来面目，揭露事物内部的深层次矛盾。它从哲学的高度为我们提供世界观和方法论，所以，它在更高层次上对其他思维方式有指导和统率作用。

二是突破作用。在创新活动中经常会遇到很多困难，不是发现不了主要问题，就是提供不出解决问题的有效方案而导致"僵局"，往往此时辩证思维就成了我们打破僵局的有力武器。

三是提升作用。在创新活动中，不论运用什么方法，也不论取得的成果大小。我们对事物的认识总有一个由浅入深的过程。即使是我们突发灵感，取得意想不到的成果，也需要进行总结概括，并将其上升为理论，这就需要辩证思维帮助我们全面总结思维成果，提升成果的认识价值。

五、发散思维与聚合思维在创新中的作用

发散思维是一种求异思维，是为在广泛的范围内搜索而尽可能地放开想象，以便获得不同可能性设想的思维形式。聚合思维是一种求同思维，是通过把多种想法理顺、筛选、综合、统一，以便集中各种想法的精华，达到对问题进行系统全面的考察并寻求一种最有实用价值的结果的思维形式。发散思维与聚合思维在创新中发挥着重要作用，其中，发散思维在创新中的主要作用是开阔思路，冲破思维定式的束缚，从各个方向上想出许许多多新奇、独特的办法或方案；聚合思维在创新中的主要作用是将各种办法、方案加以分析、比较，为创新选择方向。发散思维与聚合思维的关系是一种辩证关系，它们既有区别，又有联系，既对立，又统一。没有发散思维的广泛收集、多方搜索，聚合思维就没有加工的对象，就无从进行；反之，没有聚合思维的认真整理，精心加工，发散思维的结果再多，也不能形成有创新意义的成果。只有把发散思维与聚合思维辩证统一起来，才能真正理解、发挥它们的作用。有些学者只强调发散思维的创新作用，忽视甚至否定聚合思维的创新作用，这是不辩证的、片面的观点。

运用发散思维与聚合思维创新成功的案例很多，其中典型的是1984年由尤伯罗斯主持的、在美国洛杉矶市举办的第23届奥运会。此前，奥运会所面临的危机是承办国家或城市必须负担巨额

支出。1976年，加拿大蒙特利尔市承办的第21届奥运会花费35亿美元，亏损10亿美元；1980年，莫斯科承办的第22届奥运会苏联政府的支出高达90亿美元。这使得举办奥运会成为许多国家与城市财政巨大的负担，因此对申办奥运会望而却步。于是，在当时的形势下，洛杉矶市长提出以斯巴达精神与商业化方式来筹办23届奥运会，并选中了尤伯罗斯。当时尤伯罗斯没有钱，只好把自己的旅游公司以1000万美元出让作为启动资金。在他的主持下，这届奥运会不仅没有负债，反而盈余2亿美元。他成功的奥秘主要在于运用发散思维和聚合思维，别出心裁地解决了相关问题，具体如下。

(1) 尽可能地利用洛杉矶市已有的体育场地，没有投巨资建大批体育场地。

(2) 没有照惯例花钱建供运动员休息的奥运村，而是利用三所大学放假期间的学生宿舍。

(3) 必须建的一个游泳池和自行车赛场，是他以允许在指定场地营业与做广告为条件，说服了当地一家"麦当劳"连锁快餐店，出资400万美元修建了一座华丽壮观的游泳池；自行车赛场也用同样的办法交给了当地的一家"7-11"商店去完成。

(4) 他利用大企业都想通过奥运会来提高知名度的心理规定，只接受30家企业的正式赞助，而且每个行业只选一家。这就使得各大企业都竞相提高赞助费，使奥运会能顺利召开，并很大程度地降低消费。

思考与实践

训练目的：培育创新思维能力

实练题目如下。

1. 动物聚会游戏。参加者分10人一组，每人扮演一种动物，参加动物聚会，轮流"发言"、表演"节目"，还可"争论"（即模仿自己所扮动物的叫声、动作或争吵）。

要求：不怕"出丑"，学叫的声音越大、越逼真，学做的动作越像、越入神越好。这个训练旨在体会别人对自己惊异、嘲笑的情境，提高自己承受持不同见解时来自周围环境压力的能力。

2. 充当讨论会中的"傻子"。在讨论严肃问题的有关会议上，请一个思维敏捷并善于表达的人扮演"傻子"，他总是提与众相反的论点，使用某种奇怪的方法和荒唐可笑的逻辑，为的是营造讨论会开放的气氛，打破众人一致的思考方法，促使创意出现。

3. 模仿盲人。经验大都由感觉得来，而感觉又大都由视觉获得的信息而来。正常人由于过分发展了视觉功能而妨碍了其他感觉功能的发挥，因此有必要体会一下盲人的感觉，从而充分发挥其他感觉的功能，使你获得意想不到的外界信息材料。方法是：用布蒙上眼睛，先在室内走走，再去室外熟悉的地方走走，最后在朋友的引领下在人和景物较多的陌生地方走一圈。你完全依靠听觉、触觉、方向感和平衡感了解外界。

4. 书本与现实的差距。想一想，怎样从现实中找到具体事例反驳下列知识性诊断？

(1) 开卷有益。

(2) 知识就是力量。

(3) 龋齿是由于口腔不卫生造成的。

(4) 学习最重要的是解决问题。

第六章

大学生就业的基本要求

学习目标

1. 熟悉就业形势和就业政策。
2. 把握就业的基本原则，提高就业能力。
3. 树立正确的就业观念，调整就业心理。

案例导读

"执着"的理想？

某独立学院帅气自信的小伙子张文是2018届821万高校毕业生中的一员，他在校期间成绩不错，连续获得过三次国家励志奖学金，毕业之际报考了清华大学电气工程及其自动化专业，结果专业课考得一塌糊涂。于是，他又下决心考公务员，报考了某部委下属单位的一个主任科员职位，但是，连考三年，第一年、第二年，明明感到成绩不错，就是没有上线，第三年倒是进入了面试，但不过是多当一回分母而已，最终公务员的梦还是没有实现。

可张文还是不甘心，不肯脚踏实地找工作，他认为，不论是给别人打工还是给自己打工，进行创业都是"地狱"，只有公务员才是最佳选择，既然与最佳选择也只差一步，那就不能心甘情愿进入"地狱"。他身边的朋友都劝说张文先就业解决吃饭问题，可张文却不以为然，他相信"不经历风雨怎能见彩虹"。他的父母劝他说："你决心考公务员可以，但你可以先报考基层公务员，从基层干起。"张文听了父母的劝说，不耐烦地回应："你们知道啥，那多辛苦，我要一步到位！"

就这样，张文将自己吊在半空中，不上不下，"天堂"不知何年有望，"啃老"倒是已成现实。

第一节 就业形势与政策

对于即将走上社会的大学毕业生来说，如果在求职前就对就业形势有了足够的了解，那无疑可以少走许多弯路，获得更多、更有效的就业机会；相反，如果对就业形势和就业市场一无所知、盲目出击，则可能两手空空、一无所获。因此，在开始找工作之前，认真了解分析当前就业形势和就业市场需求，是每个即将毕业的大学生应做的必备功课。

一、大学生就业基本形势

大学生就业形势的好坏，不仅与大学生个人的素质有关，与整个社会的大环境也密切相关。因此，大学生在就业时，除了关注自身的条件，还应该综合把握社会整体的就业形势，充分利用国家就业政策，以便自己能顺利就业。

(一) 大学生就业现状

国际劳工组织发布的《2022年世界就业和社会展望趋势》显示，全球劳动力市场复苏仍旧缓慢，全球工作小时数预计仍将大幅减少。国际劳工组织总干事盖伊·莱德指出，全球严峻的经济形势导致大量企业无力继续雇佣原有人员，而面对财政预算压力，不少国家政府不再维持或出台劳动者就业和工资保障政策；此外，各国根据本国需要自行安排就业政策，缺乏国际协调。这些因素都可能使全球就业形势雪上加霜。

我国是世界上劳动力资源最丰富的国家，近年来一直存在就业难的问题。当前，我国主要的就业问题有：劳动力增长速度快，劳动力供求总量矛盾和就业结构性矛盾并存，城镇就业压力大和农村富余劳动力向非农领域转移速度加快同时出现，新成长劳动力就业和失业人员再就业等问题相互交织。另外，持续不断的经济结构调整、技术进步和产业升级，导致部分行业和企业不断减少就业岗位，持续产生新的就业问题。

1. 我国总体就业劳动力状况

在2021年8月30日国务院政策例行吹风会上，人力资源和社会保障部(以下简称"人社部")相关负责人在谈到《"十四五"就业促进规划》时表示，全国当前乃至整个"十四五"期间就业形势依然严峻，劳动力总量依然在高位运行，就业任务十分艰巨。人社部预测"十四五"期间，每年需要在城镇安排就业的人数仍然维持在2500万人，其中登记失业人员约有1000万；剩下的1500万人，基本是以高校毕业生为主体的青年就业人员。由此可见：一方面，我国就业总量压力依然很大，劳动力供大于求的格局并未改变；而另一方面，新生代劳动力不愿意在技工岗位就业的现象突出，就业结构性矛盾将进一步加剧，部分企业"招工难"与部分劳动者"就业难"的问题并存。

2. 劳动力总体就业形势

今后几年，我国总体就业形势依然是劳动力供大于求，结构性矛盾较突出，就业形势更加复杂。"十四五"规划纲要明确提出，今后五年要继续实施"就业优先战略"，要把促进充分就业作为经济社会发展优先目标、放在更加突出位置，坚持分类施策，提高劳动参与率，稳定并扩大城镇就业规模；落实高校毕业生就业促进和创业引领计划，搭建创新创业平台，健全高校毕业生自主创业、到基层就业的激励政策；促进农村富余劳动力转移就业和外出务工人员返乡创业。这意味着今后五年乃至更长时间段内我国劳动力总体就业形势不容乐观。

在有关"招工难"的问题方面，人社部相关负责人认为，目前"招工难"有向中西部地区蔓延的趋势。但他指出，"招工难"只是当前就业领域结构性矛盾的一种反映，我国就业问题的基本格局仍然是供大于求，就业总量的压力还是第一位的。

与此同时，国内外经济形势的转变使得国内就业面临新的经济环境。在新的经济环境下，短期内国内严峻的就业形势很难得到根本性扭转。

3. 大学生就业现状

伴随着大学生就业环境的新变化，加之当前内外经济发展下行压力依然很大和劳动力总量供大于求的背景没有发生根本性变化，特别是我国经济发展由过去的高速增长步入了"新常态"，一方面，国家加大了产业结构调整力度，供给侧结构性改革需要分流大量产能过剩行业的从业人员；另一方面，高校毕业生规模居高不下。据人社部统计，2023届全国高校毕业生将达1158万人之多，相比去年增加了82万。"十四五"期间，我国大学生就业形势依然严峻复杂，"史上最难就业年"依然会持续很长一段时间。

(二) 大学生就业走向

1. 大学生就业面临的新环境

就业环境是指与大学毕业生择业有关的政治、经济、文化等社会环境。就业环境对毕业生择业的影响作用是多方面的，有些是直接的、现实的，有些则是间接的、潜在的，有些是积极的、正面的，有些则是消极的、负面的。就业环境是一种社会存在，在当前如此严峻的就业形势下，分析大学生的就业环境可以帮助大学生更好地认识当前的形势，早做准备，做出更好的选择。伴随着"互联网+"和知识经济时代的到来，大学生就业面临着更严峻的挑战。分析当前的就业环境有利于帮助大学生及时调整自己，努力适应这个时代。

1) "互联网+"和知识经济时代的到来使大学生就业面临一个全新的市场环境

当前，世界已经进入知识经济时代，以高科技信息为主导的新型产业的崛起，带来了经济领域的一场空前革命。知识不但在这场革命中成为经济的直接驱动力，而且掀开了新时代的篇章。

我国正处于知识经济和经济转型的双重影响之中。作为世界上最大的发展中国家，我国的国情极其复杂。就经济而言，地区发展不平衡，多种所有制、多级技术水平并存，企业制度处于调整变革之中，产业结构处于大的变动之中，科学技术总体水平亟待提高。我国要赶上知识经济时代的步伐，必须付出加倍的努力。

知识经济对大学生提出更高的要求，也提出更多的挑战。要想更好地适应知识经济时代，培养大学生的创新能力是适应社会经济发展潮流的必然要求。

2) 经济结构与产业结构调整

我国正在进行的经济结构和产业结构调整，是经济发展的必然趋势，也是我国经济取得长足发展、经济体制从计划经济向市场经济转轨的必然结果。知识经济对产业经济的影响主要表现在以下四方面：知识型经济在产业经济的增长中，主导作用日益明显；知识经济将引起产业结构的大规模调整和产品构成的全方位变化；知识经济将促进企业重构；知识经济的兴起必然引起劳动力的结构性转移。

随着经济结构和产业结构的调整，对大学生的知识结构和综合素质也提出了更高的要求。要求大学生能力必须和企业更好地对接，才能够实现大学生的自身价值并为企业的发展做出自己应有的贡献。

3) 区域经济发展状况

地理和历史的原因造成了我国东、中、西部之间经济和社会发展的不平衡格局，以珠江三角洲地区、长江三角洲地区、环渤海地区为代表的东部沿海地区的工业经济基础较好，而中西部内陆地区经济发展水平相对较低，这些地区的发展离不开更多的具有现代化知识和技能的高校毕业生，需要更多的大学生去开发、去贡献力量。

2. 新就业环境下大学生就业的新走向

社会环境和大背景的变化、经济发展和开发重心的变化为新时期大学生就业提供了更多的新机遇。

(1) 走向西部、走向基层，毕业生大有可为。近年来，我国区域经济发展格局悄然发生了变化，随着西部大开发战略的实施，中西部经济发展提速明显，已经有赶超东部的趋势。中西部地区在工资水平、医疗、教育等领域与东部地区的差距越来越小。在"大学生志愿服务西部计划""三支一扶计划"等国家积极政策各种优惠措施的促进下，中西部地区逐渐成为就业创业的新"热土"。因此，大学毕业生一定要认清并主动适应这个新形势，抛开暂时的得失，放眼长远，主动走向中西部地区，主动走向基层，这样才能在将来的经济发展中占得先机。

(2) 走向第三产业、走向非公有制企业，主动建功立业。在经济发展进入新常态下，中小企业发展大有前途。尽管中小企业大多属于民营企业，工作岗位的稳定性不如国有企事业，但中小企业大多是新兴产业，而且国家在减免营业税、岗位补贴、社会保险政策等方面加大对小、微企业的政策扶持力度，为中小企业快速发展创造了良好的外部环境，中小企业发展前景良好，加上这类企业急需有知识、有技术的高素质技能型管理人才，大学生在中小企业更能发挥其才干。因此，大学毕业生要转变择业观念，不能只盯着机关事业单位和国企岗位，要根据自身情况到最需要人才的中小企业中发挥作用。

(3) 走向自主创业，实现自我价值。党的十八大报告指出，创业带动就业，并强调，引导劳动者转变就业观念，鼓励多渠道多形式就业。近日，国务院办公厅印发的《关于进一步支持大学生创新创业的指导意见》明确提出，要进一步提升大学生创新创业能力，优化大学生创新创业环境，完善金融、财政及税收政策。进一步激活广大大学生的创业激情，中国新一波创业潮即将到来。高校毕业生要准确把握时代脉搏，在夯实理论知识、掌握基本技能的同时，利用自己学习过的创业知识，积极抢滩创业市场，并以创业带动更多人的就业，在创业实践中实现自己对理想与成功的追求。

(三) 影响大学生就业的因素

市场经济体制改革和高等教育扩招打破了大学生"毕业即就业"的局面，相反，"毕业即失业"的困境日渐突出。就业岗位、就业结构、就业机制、就业渠道、就业期望、用人标准等问题在一定程度上加剧了大学生就业形势的严峻程度。

1. 毕业生供给与岗位需求

近年来，我国经济一直快速增长，带动了对大学毕业生的需求，也促进了高等教育的迅速发展。但与此同时，大学毕业生供给增长的速度远高于经济增长，劳动力市场在短时间内难以消化大学毕业生的超量供给。需要说明的是，不能因为毕业生暂时的就业困难就否定高等教育政策，因为高等教育扩大规模，为更多的青年人提供了接受高等教育的机会，促进了教育公平，更促进了我国人力资源的层次与水平。

2. 经济发展与结构调整

在供大于求的前提下，就业问题宏观上只有通过大幅增加岗位来解决。而就业岗位的增长幅度与经济发展的幅度密切相关，当经济快速健康增长时，就业岗位相应增加；反之，岗位就会减少。据统计，中国在"十三五"期间，国内生产总值年平均增长率约为6.7%。而相关统计显示，GDP每增长一个百分点就可以提供120万左右新增岗位。而伴随着我国经济发展"新常态"的出现，经济发展的增长模式开始向质的方向发展，增速在未来很长时间段内将由原来的高速增长转变为中高增长，每年新增就业岗位相比原来将会有所减少。

从经济结构和产业结构调整层面来看，"十四五"时期乃至今后更长阶段，国家将进一步加大经济结构和产业结构的调整力度，特别是对供给侧结构改革的继续发力，过剩产能中将会分流出大量富余人员。相较而言，他们比没有直接工作经验的大学生市场竞争力更强，会对大学生就业产生直接影响。

从我国现实情况看，大学生就业难一方面是供给过多造成的人才过剩，另一方面表现为劳动力的供给结构和质量与需求不相适应。产业结构发展不平衡，经济高增长与就业增长脱节，导致供需失衡，影响就业。

3. 就业区域选择偏好

我国地域广阔、人口聚集不均、地区各种因素差异明显决定着我国的就业形势在不同地区的差异性，人才需求也因而显现出一定的地区差异。经济欠发达地区特别是西部地区很难对大学生形成有效需求，虽然西部大开发以来，这种情况有所好转，但由于欠发达地区所能支付的工资收入、发展机会、流动性不足，难以补偿大学生的教育资本投资，因此按照劳动力市场机制，无法实现供求结合。而且在我国，人才流动的单向性特点导致的流动成本过高也进一步恶化了这种状况。

相反，城市作为中国的经济和文化中心，对大学生就业的吸引力更大，而且城市的高端产业结构对就业有更多的需求，大学生享受到的社会保障权益更多。这些都在很大程度上影响着大学生毕业时的就业选择倾向，进而影响就业质量和就业成功率。

4. 高等教育的人才培养机制

高等教育是按照专业门类来培养学生适应职业需要的基本素质和能力的过程。这一过程是通过基础课、专业基础课、专业课的教学活动和其他教育活动，使学生从某一个专业的逻辑起点达到能够解决该专业一定问题的理论和技术修养水平，从而形成适应某类或某种职业需要的专业特长。也就是说，大学生所受的专业教育直接制约其职业的适应范围，进而在很大程度上影响就业。

5. 企业用人观

当前各单位招聘对高学历的过度追求对大学生就业影响很大。高校、科研单位、大机关、大公司基本以接收硕士生、博士生为主，甚至连一些中小型单位都开始希望多接收研究生。这种社会现象致使现在不少用人单位存在"人才高消费"的错误观念，盲目追求高学历人才，因此对毕业生的需求出现扭曲，人为地制造了就业难。

6. 大学毕业生的就业能力

大学毕业生的就业能力是影响个人就业的根本因素。很多毕业生自身具备的技能并不能很好地满足用人单位的要求。对个人而言，就业能力取决于他们所拥有的知识、技能与态度等，取决于他们使用这些因素的方式，以及向用人单位展示资质及寻找工作的特定环境。毕业生如果基于职业路径的需要、基于用人单位的需要积累就业能力，则更容易在就业市场中找到合适的位置。

7. 大学毕业生的就业观念

毕业生对未来职业的认知、评价和体验一旦为实践所证实，被社会或他人认可，就会成为一种较为固定的看法和态度，形成一种就业观念。

就业观念对大学生就业具有导向和动力作用，它支配着择业主体对择业目标的期望、定位和选择，支配着择业行为。正确的就业观念能够指导大学生对自己、对职业进行正确的评价、合理的定位，并做出理性的选择；反之，错误的就业观念将使毕业生对就业产生过高或过低的期望，影响准确定位和选择。

8. 就业信息的传播

由于毕业生就业市场不够完善，缺乏科学统一的人才需求预测工作，目前社会对高校毕业生的需求信息存在一定程度的"失真、失控、失责"状态，社会上的毕业生供需信息交流不足、各自为营、渠道不通畅、信息不对称等问题仍然存在。

二、大学生就业基本政策

大学生就业是个整体问题，涉及面广，问题复杂。政府和有关部门发布的相关政策，既为大学生提供了便利的通道，维护了就业秩序，也在很大程度上对大学生的求职就业权益给予了保护。

(一) 大学生基本就业制度

中华人民共和国成立以来，我国政治、经济体制发生了很大变化，高校毕业生就业制度也在不断发展变化。几十年来，就业经历了由"计划分配"到"供需见面""双向选择"，以及一定范围内的"自主择业"等几个改革发展阶段。

1. 计划经济体制下的"统包统分"

从中华人民共和国诞生起，我国就建立起高度民主集中的计划经济体制，政府对高等教育按照计划经济模式进行管理，形成了由国家统一招生、统包学生所有费用、毕业生就业全部由政府按计划分配到全民所有制单位当公职人员的"统包统分"制度。其特点是"由国家包下来分配工作，负责到底"，执行的是"统筹安排、集中使用、保证重点、照顾一般"的大政方针。这种分配制度与我国当时的计划经济体制相适应，体现了社会主义制度的优越性，缓解了新中国成立后百业待兴、各行业急需人才的矛盾，支持了国家重点建设，照顾了边远地区的人才需要，调剂了部门和地区间的人才分布，保障了毕业生充分就业，有利于社会安定，发挥了重要的历史作用。

2. 社会主义市场经济初期的"双向选择"

1983年，为了使高等学校毕业生分配工作更好地适应四化建设需要，把重点院校毕业生真正分配到国家最需要、最能发挥作用的岗位，最大限度地做到专业对口、人尽其才，教育部确定将清华大学、上海交通大学、西安交通大学和原山东海洋学院四所院校作为进行学校与用人单位"供需见面"的试点学校，1984年后又增加了四川大学，在调配工作中继续实行"供需见面"的试点。试点工作促进了学校与用人单位之间的信息交流和联系，初步形成了以学校为供方，以用人单位为需方的"供需见面"的基本模式，减少了统一计划的盲目性。同时，针对高等学校毕业生分配使用中的用非所学、专业不对口及分配渠道不畅等问题，教育部提出要扩大高等学校分配毕业生权限，即一部分毕业生由国家直接安排，一部分毕业生在国家分配方针原则的指导下，由学校与用人单位联系后提出分配建议，经主管部门审定，纳入国家计划。

1985年5月27日中共中央颁布的《中共中央关于教育体制改革的决定》是我国对高等学校毕业生就业政策改革的重要标志。该决定明确指出，要改革大学招生的计划制度和毕业生分配制度，改革高等学校全部按国家计划统一招生、毕业生全部由国家包下来的分配办法。教育部为了使高等学校毕业生分配工作尽快适应经济建设和社会发展的需要，在实践中积极探索毕业生分配制度改革途径，分步骤、分层次地进行改革。对于国家招生计划内的学生，进行"毕业分配，实行在国家计划指导下，由本人选报志愿、学校推荐、用人单位择优录用制度"的改革试点。这项决策为毕业生就业制度的改革奠定了基础，逐步形成了以"供需见面"为主要形式，以"双向选择"为指导目标的就业政策。

从1986年起，国家教委对高等学校毕业生分配制度改革进行调查研究，并会同有关部门做了专题研讨论证，提出了《高等学校毕业生分配制度改革方案》(思路)，并广泛征求意见。在此基础上，广东省作为综合改革试验区，提出了"广东省普通高等学校招生、毕业生分配制度改革方案"，决定从1998年起，在广东省属高校实施"普通高等学校招收的学生，实行收费上学，毕业后推荐就业、定向就业、择优录用原则"。

1989年国家教委在《关于改革高等学校毕业生分配制度的报告》中指出，高等学校毕业生分配制度改革的目标是：在国家就业方针、政策的指导下，逐步实行毕业生自主择业，用人单位择优录用的双向选择制度。中期改革方案是根据当时的改革条件和环境制定的过渡性方案，这个方案在实施初期考虑劳动力市场还没形成，毕业生仍然以学校为中介向社会推荐就业，在一定范围内双向选择。

社会主义市场经济初期的"双向选择"的毕业生就业政策实现了人才资源的合理配置，促进了我国的经济发展，扩大了用人单位选才的自主权，有利于用人单位择优选才；同时扩大了高等学校的办学自主权，促进了学校的教学改革，增强了学校适应社会需要的主动性和积极性；"双向选择"还扩大了高等学校毕业生择业的自主权，有利于学生发挥自身的素质优势；转变了在校大学生的思想观念，提高了学生的学习积极性和竞争意识；保证了企事业单位和基层科研、教学、生产第一线的人才需要。

3. 社会主义市场经济体制改革深化下的"自主择业"

1989年3月，国务院下发了"国发〔1989〕19号"文件，批准了国家教委提出的《高等学校毕业生分配制度改革方案》。《方案》规定，国家计划招收的学生，培养费由国家提供，学生上学一般应交学杂费，经济困难者可申请贷款，符合条件者可享受优秀学生奖学金。学生毕业后可在国家方针政策的指导下，按照有关规定在一定范围内选择职业，用人单位择优录用。这一政策是由"双向选择"向"自主择业"过渡的就业政策，是"自主择业"政策的萌芽。

1993年2月，由中共中央、国务院颁布的《中国教育改革和发展纲要》是"自主择业"就业模式的政策依据，它明确指出，在20世纪90年代，随着经济体制、政治体制和科技体制改革的深化，教育体制改革要采取综合配套、分步推进的方针，加快步伐，改革包得过多、统得过死的体制，初步建立起与社会主义市场经济体制、政治体制和科技体制改革相适应的教育新体制。其目标是改革高等学校毕业生"统包统分"和"包当干部"的就业制度，实行少数毕业生由国家安排就业，大部分学生在国家方针、政策指导下通过毕业生就业市场"自主择业"。

1994年4月，国家教委又进一步发出《关于进一步改革普通高等学校招生和毕业生就业制度的试点意见》，该意见指出，高等教育是非义务教育，从招生开始，通过建立收费制度，改变学生上大学由国家包下来、毕业时国家包就业的做法。同时建立相应的奖、贷学金制度，鼓励学生努力学习，引导学生毕业后参与人才市场的竞争，国家不再实行行政分配，而是以方针政策为指导，以奖学金制度和社会就业信息来引导毕业生自主择业，逐步建立起"学生上学缴纳部分培养费用，毕业后自主择业"的就业机制。

1997年我国高校开始全面实行并轨，1999年大幅度扩大招生规模，2003年是普通高等学校扩招学生毕业的第一年，由此把大学生就业问题推到了更加显著的位置。

到2000年，我国基本实现了毕业生新旧体制转轨。2002年开始，高校毕业生就业工作进入了一个新的阶段，国家更加重视毕业生就业工作。2002年3月，国务院转发了教育部、公安部、人事部、社会保障部《关于进一步深化普通高等学校毕业生就业制度改革有关问题的意见》的文件，对做好毕业生就业工作提出了重要意见。目前，市场机制已经在配置毕业生资源方面发挥出基础性的作用，毕业生就业工作完全突破了国家包就业的观念和体制，实现了由"政府调控指导、学校推荐、毕业生和用人单位双向选择"的就业模式。

(二) 大学生专项就业政策

为了促进高校毕业生就业，中央和各个地方都出台了很多专项政策和优惠政策，主要包括鼓励大学生到基层就业的"四个专项"政策及各类优惠政策等。大学生只有充分了解和利用这些专项政策，才能使政策红利得以最大释放，使国家就业专项政策的作用得以发挥和体现。

1. 基层公共管理、公共服务和公益性岗位就业政策

基层就业就是到城乡基层工作。国家近几年出台了一系列优惠政策鼓励高校毕业生积极参加社会主义新农村建设、城市社区建设和应征入伍。一般来讲，"基层"既包括广大农村，也包括城市街道社区；既涵盖县级以下党政机关、企事业单位，也包括社会团体、非公有制组织和中小企业；既包含自主创业、自谋职业，也包括艰苦行业和艰苦岗位。除基本性基层就业岗位外，还有一些政府设立的特定基层就业岗位，主要包括基层社会管理、基层公共服务和基层公益性岗位。岗位包括村官、支教、支农、支医、乡村扶贫，以及城市社区的法律援助、就业援助、社会保障协理、文化科技服务、养老服务、残疾人居家服务、廉租房配套服务等岗位。

2. "四个专项"就业政策

大学生就业"四个专项"政策主要包括"大学生志愿服务西部计划""三支一扶"(支教、支农、支医和扶贫)计划、"农村义务教育阶段学校教师特设岗位计划"和"选聘高校毕业生到村任职工作"四方面。这些政策自实施以来吸引了大批高校毕业生到基层、到西部地区建功立业，并取得了明显成效。

1) 大学生志愿服务西部计划

大学生志愿服务西部计划由共青团中央牵头，教育部、财政部、人力资源和社会保障部共同组织实施。从2003年开始，每年招募一定数量的普通高等学校应届毕业生，到西部贫困县的乡镇从事为期1~3年的教育、卫生、农技、扶贫，以及青年中心建设和管理等方面的志愿服务工作。

2) "三支一扶"计划

"三支一扶"是支教、支医、支农、扶贫的简称。2006年，中组部、人事部等八部门下发《关于组织开展高校毕业生到农村基层从事支教、支农、支医和扶贫工作的通知》，以公开招募、自愿报名、组织选拔、统一派遣的方式，从2006年开始连续5年，每年招募2万名高校毕业生，主要安排到乡镇从事支教、支农、支医和扶贫工作。服务期限一般为2~3年。招募对象主要为全国普通高校应届毕业生。

3) 农村义务教育阶段学校特设岗位教师计划

2006年，教育部、财政部、人事部、中央编办下发《关于实施农村义务教育阶段学校教师特设岗位计划的通知》，联合启动实施"特岗计划"，公开招聘高校毕业生到"两基"攻坚县农村义务教育阶段学校任教。特岗教师聘期3年。

4) 选聘高校毕业生到村任职工作政策

2008年，中组部、教育部、财政部、人力资源和社会保障部出台了《关于印发<关于选聘高校毕业生到村任职工作的意见(试行)>的通知》，用5年时间选聘10万名高校毕业生到农村担任村委会主任助理、村党支部书记助理或团支部书记、副书记等职务。选聘的高校毕业生在村工作期限一般为2~3年。

3. 大学生预征入伍政策

大学生预征是指征集应届大学毕业生入伍，大学生预征是适应新时期国防和军队现代化建设的需要，进一步优化兵员结构，提高部队战斗力，加强基层指挥军官队伍建设，增强退役士兵就业能力的重要举措。

4. 大学生自主创业政策

创业政策是国家和各级政府出台的许多优惠政策，支持大学生创业，涉及融资、开业、税收、创业培训、创业指导等诸多方面。对于打算创业的大学生来说，了解这些政策，才能走好创业的第一步。

随着"大众创业、万众创新"时代的到来，大学生自主创业越来越受到各级政府和各个高校的高度重视。中央和地方政府及各个高校都出台了很多鼓励和促进大学生创业的基本政策。大学生创业是时代发展和社会发展的必然，也是大学生提升自身综合素质的体现，更是缓解当前就业形势、实现以"创业带动就业"的必然要求。

有意愿自主创业的大学生，可以参加创业培训和实践，接受普遍的创业教育，以系统学习创办企业的知识、完善创业计划、提高企业盈利能力、降低风险、促进创业成功。

目前，许多高校开设了创业培训方面的课程和创业实践活动，在校大学生可以选择参加；另外，各地人力资源和社会保障部门也开办了创业培训班，离校未就业的高校毕业生可向当地人力资源和社会保障部门申请，参加有补贴的培训，如"GYB"(产生你的企业想法)、"SYB"(创办你的企业)、"IYB"(改善你的企业)。

(三) 大学生就业专项优惠政策

1. 公共管理、公共服务和公益性岗位优惠政策

对到农村基层和城市社区从事社会管理和公共服务工作的高校毕业生，符合公益性岗位就业条件并在公益性岗位就业的，按照国家现行促进就业政策的规定，给予社会保险补贴和公益性岗位补贴；对到农村基层和城市社区其他社会管理和公共服务岗位就业的，给予薪酬或生活补贴，同时按规定参加有关社会保险；对到中西部地区和艰苦边远地区县以下农村基层单位就业，并履行一定服务期限的高校毕业生，按规定实施相应的学费补偿和国家助学贷款代偿；对具有基层工作经历的高校毕业生，在研究生招录和事业单位选聘时实行优先，在地市级以上党政机关考录公务员时也要进一步扩大招考录用的比例。

2. "四个专项"优惠政策

"选聘高校毕业生到村任职""三支一扶""大学生志愿服务西部计划""农村义务教育阶段学校教师特设岗位计划"等项目服务期满的毕业生，享受以下优惠政策。

(1) 公务员招录优惠：地(市)级以上党政机关录用公务员，要明确录用具有2年以上基层工作经历的人员比例；县及乡镇机关要拿出一定职位，专门招考到村任职等基层就业项目的大学生。

(2) 事业单位招聘优惠：鼓励在项目结束后留在当地就业，参加各基层就业项目相对应的自然减员空岗，全部聘用服务期满的高校毕业生。从2009年起，到乡镇事业单位服务的高校毕业生服务满1年后，在现岗位空缺情况下，经考核合格，即可与所在单位签订不少于3年的聘用合同。同时，各省(区、市)县及县以上相关的事业单位公开招聘工作人员，应拿出不低于40%的比例，聘用各基层就业项目服务期满考核合格的毕业生。

(3) 考学升学优惠：服务期满后3年内报考硕士研究生初试总分加10分；同等条件下优先录取；高职(高专)学生可免试入读成人本科。

(4) 国家补偿学费和代偿助学贷款政策：参加各基层就业项目的毕业生，符合规定条件的，可享受相应的学费补偿和助学贷款代偿政策。

(5) 服务期满自主创业的，可享受行政事业性收费减免、小额贷款担保和贴息等有关政策。

(6) 其他：各基层就业项目服务年限计算工龄。服务期满到企业就业的，按照规定转接社会保险关系。

3. 大学生预征入伍优惠政策

1) 优先报名应征、体检政审

应届毕业生预征对象报名由县级兵役机关直接办理。征兵报名前10日，县级兵役机关要逐一通知其报名时间、地点、注意事项等。外地就读的应届毕业生预征对象，本人持《应届毕业生预征对象登记表》，可以直接到户籍所在地县级兵役机关报名应征，当地兵役机关应当认真受理，及时安排。已将户口迁到学校办理集体户口的应届毕业生，应将户口迁回入学前户籍所在地后进行报名。已考取全日制高等院校的学生办理入学手续后，当年选择参军的，在高校所在地报名，按征集在校大学生相关规定办理，享受在校大学生入伍优待政策。

2) 优先审批定兵

县级兵役机关召开定兵会议时，要安排教育部门和院校有关人员参加。审批定兵时，应当优先批准体检政审合格的应届毕业生入伍，应届毕业生定兵后，再批准其他合格人员入伍。

3) 优先安排、选拔任用

在安排兵员去向时，县级兵役机关要根据应届毕业生的学历、专业和个人特长，充分考虑教育部门、学校和本人意愿，优先安排到军兵种或专业技术要求高的部队服役；部队对征集入伍的应届毕业生，应当充分考虑其学历和专业水平，优先安排到适合的岗位，充分发挥其专长。同等条件下，高校毕业生士兵在选取士官、考军校、安排到技术岗位等方面优先；具有普通本科学历、取得相应学位的高校毕业生士兵，表现优秀、符合总部有关规定的可按计划直接选拔为基层干部。

4) 补偿及代偿

对应征入伍的普通高校应届毕业生，由中央财政实施相应的学费补偿和国家助学贷款代偿。具体实施办法按照财政部、教育部、中央军委联合参谋部有关规定执行。高校翌年毕业的毕业班学生，报名应征入伍时按规定填写打印《应届毕业生预征对象登记表》和《应征入伍高校毕业生补偿学费代偿国家助学贷款申请表》。被批准入伍的，《申请表》原件和《入伍通知书》复印件由其所在学校学生资助管理中心留存。第二年取得毕业证书后，按照《应征入伍服义务兵役高等学校毕业生学费补偿国家助学贷款代偿暂行办法》，作为应届毕业生实施学费补偿和国家助学贷款代偿。

5) 考学升学优惠

具有高等教育学历的士兵退役后，参加政法院校为基层公检法定向岗位招生时，优先录取；退役后三年内参加硕士研究生考试初试总分加10分，立二等功及以上的，免试推荐入读硕士研究生；具有高职(专科)学历的，退役后免试入读成人本科或经过一定考核，入读普通本科。

6) 就业安置优惠

被批准入伍的各级各类学校应届毕业生(含翌年毕业的毕业班学生)退出现役后，由入学前户籍所在地按照国家有关安置政策接收安置。

入伍的高校应届毕业生和翌年毕业班学生退出现役后1年内，可参照普通高等学校应届毕业生，凭用人单位录(聘)用手续，向就读高校再次申请办理就业报到证。

各地公安部门依据退出现役高校毕业生所持的《全国普通高等学校毕业生就业报到证》，为其办理从原籍到工作所在地的户口迁移手续。

4. 大学生自主创业优惠政策

1) 小额担保贷款和贴息支持

登记失业的高校毕业生自主创业，自筹资金不足的，可向当地指定银行申请不超过5万元的小额担保贷款；对从事微利项目的，还可获得贴息支持；自愿到西部地区及县以下的基层创业的高校毕业生，自筹资金不足时，也可向当地经办银行申请小额担保贷款；对从事微利项目的，可获得50%的贴息支持。

2) 免收有关行政事业性收费

高校毕业生从事个体经营，且在工商部门注册登记日期在其毕业后2年内的，自其在工商部门首次注册登记之日起3年内免收管理类、登记类和证照类行政事业性收费。

3) 享受培训补贴

离校后登记失业的毕业生，参加人力资源和社会保障部门举办的创业培训，可享受职业培训补贴。

4) 免费创业服务

有创业意愿的高校毕业生，可免费获得公共就业服务部门提供的创业指导服务，包括项目开发、方案设计、风险评估、开业指导、融资服务、跟踪扶持等内容。

5) 微利项目优惠政策

2006年，中国人民银行、财政部、劳动和社会保障部等联合下发了《关于改进和完善小额担保贷款政策的通知》(银发〔2006〕5号)，明确由各省、自治区、直辖市、计划单列市人民政府结合实际确定微利项目的范围。主要包括：家庭手工业、修理修配、图书借阅、旅店服务、餐饮服务、洗染缝补、复印打字、理发、小饭馆、小卖部、搬家、钟点服务、家庭清洁卫生服务、初级卫生保健服务、婴幼儿看护和教育服务、残疾儿童教育训练和寄托服务、养老服务、病人看护、幼儿和学生接送服务等。对从事微利项目的，贷款利息由财政承担50%(中央财政和地方财政各承担25%，展期不息。

5. 学费补偿和代偿助学贷款政策

1) 学费补偿和助学贷款代偿的政策内容

高校应届毕业生(全日制本专科、高职生、研究生、第二学士学位毕业生)到中西部地区和艰苦边远地区基层单位就业且服务期在3年以上(含3年)的及应征入伍高校毕业生，其学费由国家实行补偿。在校学习期间获得国家助学贷款(含高校国家助学贷款和生源地信用助学贷款，下同)的，补偿的学费优先用于偿还国家助学贷款本金及其全部偿还之前产生的利息。定向、委培及在校期间已享受免除全部学费政策的学生除外。

2) 国家实施补偿学费和代偿助学贷款的就业地域范围

国家对到中西部地区和艰苦边远地区基层单位就业并履行一定服务期限的高校毕业生，按规定实施相应的学费补偿和助学贷款代偿。这里涉及的地域范围主要如下。

(1) 西部地区：西藏、内蒙古、广西、重庆、四川、贵州、云南、陕西、甘肃、青海、宁夏、新疆等12个省(自治区、直辖市)。

(2) 中部地区：河北、山西、吉林、黑龙江、安徽、江西、河南、湖北、湖南、海南等10个省。

(3) 艰苦边远地区：由国务院确定的经济水平、条件较差的一些州、县和少数民族地区。

(4) 基层单位：中西部地区和艰苦边远地区县以下机关、企事业单位，包括乡(镇)政府机关、农村中小学、国有农(牧、林)场、农业技术推广站、畜牧兽医站、乡镇卫生院、计划生育服务站、乡镇文化站、乡镇劳动就业服务站等；工作现场地处以上地区县以下的气象、地震、地质、水电施工、煤炭、石油、航海、核工业等中央单位艰苦行业生产第一线。

3) 学费补偿和助学贷款代偿的标准和年限

每生每学年补偿学费和代偿国家助学贷款的金额最高不超过8000元。在校学习期间每年实际缴纳的学费或获得的国家助学贷款低于8000元的，按照实际缴纳的学费或获得的国家助学贷款金额实行补偿或代偿。每年实际缴纳的学费高于8000元的，按照每年8000元的金额实行补偿或者代偿。

本科、专科(高职)、研究生和第二学士学位毕业生补偿学费或代偿国家助学贷款的年限，分别按照国家规定的相应学制计算。在校学习的时间低于相应学制规定年限的，按照实际学习时间计算补偿学费或代偿助学贷款年限。在校学习时间高于相应学制年限的，按照学制规定年限计算。每年代偿学费或国家助学贷款总额的三分之一，三年代偿完毕。

4) 学费补偿和助学贷款代偿的申请

(1) 中央部属院校：在办理离校手续时向学校递交《学费和国家助学贷款代偿申请表》和毕业生本人、就业单位与学校三方签署的到中西部地区和艰苦边远地区基层单位服务3年以上的就业协议；在校学习期间获得国家助学贷款的，在与国家助学贷款经办银行签订毕业后还款计划时，注明已申请国家助学贷款代偿，如获得国家助学贷款代偿资格，无须自行向银行还款；高校负责审查申请资格并上报全国学生资助管理中心。

(2) 地方所属院校：财政部、教育部印发的《高等学校毕业生学费和国家助学贷款代偿暂行办法》要求，各地要抓紧研究制定本地所属高校毕业生面向本辖区艰苦边远地区基层单位就业的学费补偿和助学贷款代偿办法。地方所属高校毕业生到基层就业是否可以获得学费补偿或国家助学贷款代偿，以及如何申请办理补偿或代偿等，请向学校所在地政府有关部门查询。

第二节　就业观念与就业心理

一、就业观念

就业形势越来越严峻，大学毕业生在求职时既存在挑战又存在机遇。就业观念是指导大学生选择职业的先导，是大学生在就业过程中形成的思想、心理、价值观等一系列的总和。

(一) 影响大学生就业观念的因素

1. 国家和社会层面

在就业观的形成过程中，社会因素对高校毕业生的影响起到很大作用。政府在大学生就业中，可以通过调整经济发展速度和产业结构，优化高等教育结构，调整就业政策来扩大用人需求，控制毕业生整体流向。

(1) 经济发展、经济体制和所有制结构对就业观念的影响。正如鱼儿离不开水一样，大学生就业及就业观念的形成与当前的经济、社会发展密切相关。经济增长速度和质量、经济体制和所有制结构都深刻影响着大学生就业观的形成。特别是近年来，我国经济发展高速增长，非公有制经济飞速发展，产业结构深入调整等，使更多大学生对自身就业更抱有信心，就业观念开始有所转变，更多大学生不再唯"公有制""铁饭碗"不去，就业观开始更加接地气。大批有志青年开始选择到基层就业，到非公有制就业。

(2) 政策因素对就业观念的影响。大学生就业政策对毕业生的就业观念形成起到巨大作用。随着改革开放的深入和社会主义市场经济体制的建立与完善，就业政策已逐渐由"双向选择"向"自主择业"为主要特征的毕业生就业制度转变。在这种就业体制下，大部分毕业生将按照个人的能力、条件到市场参与竞争，而不再依靠行政手段由国家保证就业；用人单位也只能用工作条件及优惠待遇吸引毕业生，不能等待国家用行政命令的办法给予保证；而高等学校作为就业工作的中介，主要为毕业生"自主择业"提供服务。就业环境的变化使毕业生就业观出现了很大的转变，以前的"等、靠、要"思想彻底转变，毕业生就业更加积极。

2. 高校层面

(1) 高校教育对就业观念的影响。长期以来，我国教育制度的最大特点是重知识传授。往往忽视了对学生能力的培养，忽视了全面素质教育，因而学生基本功扎实但创新能力不够强。社会需求瞬息万变，而高校招生与社会需求结合不紧密，使得学校的人才培养与社会需求往往不吻合，社会急需的人才数量较少，而社会不太需要的又供过于求。具有专业优势的大学生对于就业信心十足，对工作的要求也就高些；而对于没有专业优势的大学生，则会降低要求，千方百计地去就业，甚至学无所用，影响正确就业观念的形成。

(2) 就业心理指导对就业观念的影响。目前高校在就业指导中存在就业心理指导工作人员专业知识和能力达不到学生要求，同毕业生的沟通和指导不够，毕业生信息来源渠道不畅，对学校就业政策、工作流程缺乏了解等问题。这些问题将对毕业生掌握就业技巧和方法，提高择业能力，实现充分就业产生不利影响。

3. 个体层面

(1) 毕业生个人主观因素的影响。毕业生的个人认知、价值观、能力、爱好和综合素养等都对就业观有决定性的影响。我国的高等教育正处在从"精英教育"向"大众教育"转变的过渡期，高校学生已不再是"天之骄子"，而是普通劳动者中的一员。部分大学生对社会发展形势认识不清，对自身能力、自身兴趣等分析不透，个人综合素养与工作单位要求不适应，这些都对大学生就业观念的形成产生直接性影响。

(2) 毕业生掌控的就业资源对就业观的影响。毕业生的家庭背景、个人关系及掌握的信息资源对毕业生就业观的形成也有一定影响。从时下在毕业生中流行的"能力、关系、财力、学历、颜值是求职'五大法宝'"，就可见一斑。关系、财力、颜值客观上甚至助长了当前的一些不良就业观，部分毕业生存在"拼爹拼妈""能力强不如颜值高"等不良就业思想。

(二) 大学生就业观分析

随着社会的发展，当前大学生的思想和前几代人相比已经发生了很大的变化，这些变化体现在就业方面呈现出下面几个特点。

1. 毕业生就业的目标多元化

由于社会发展的多元化，大学毕业生的就业目标呈现出多元化发展倾向。从现在大学毕业生就业的方式来看，主要分为求职就业、考研、报考公务员、留学深造、自主创业等。在行业的选择上，大多数大学毕业生不再一门心思去挤国有企业或事业单位，外资企业、合资企业成为许多大学毕业生就业的首选目标。

2. 毕业生就业的主体意识增强

大学毕业生就业的主体意识增强，主要表现在就业过程中他们具有强烈的主动意识、竞争意识和危机意识。现在的大学毕业生能够勇敢地面对各方面的挑战，正确看待就业，积极关注自身的就业问题，在就业方面也表现出强烈的主动意识。据相关数据表明，近几年来，大学生就业形势越来越严峻，毕业生的待业率逐年增加。面对如此不乐观的就业形势，大学毕业生的危机意识和竞争意识比起以往的毕业生有了明显增强。面对激烈的求职竞争，59%的大学生选择在择业时采取"积蓄力量、迎接挑战"的态度，55%的大学生对毕业找工作充满信心，还有54.2%的同学赞同在择业目标没有实现时可以采取"先就业、后择业、再创业"的做法；对于目前的就业形势，73%的大学生清醒地认识到当前毕业生的竞争主要是全面素质的竞争。以上调查数字表明，在市场经济条件下，大学生择业的危机意识和竞争意识明显增强。机会通常留给有准备的人，只有积极迎战就业困难，才能攻克难关，成功就业。

3. 毕业生就业的地域集中化

大学毕业生就业的主要选择区域依然是一二线大城市或东南部经济发达地区，对于小城市和西部地区不重视，对于农村地区更是不加考虑。虽然国家和学校通过就业政策鼓励大学毕业生到西部去、到基层去，但总的来说，广大大学毕业生还是更愿意选择一二线城市和经济发达地区。大学生择业的这种地域集中化发展，使得小城市、落后地区急缺人才，而大城市却人才饱和，整个社会人才分布失衡，对国家经济发展不利，对大学毕业生自己的发展也产生了不利影响。

4. 毕业生就业的期望理想化

许多大学毕业生在就业时把工作地点、经济收入和发展前途作为择业的三项重要指标。他们在就业时首先考虑工作地点在北京、上海、深圳等一线城市，或者东南部沿海城市和经济发达地区；在单位的选择方面，多数毕业生把目光集中在外企、国企、政府机关。其次，工资待遇也是毕业生择业时考虑的一个重要因素。大学毕业生对自己的薪酬仍然存在过高期望，但从近年来的就业情况来看，很大一部分大学毕业生对自己的薪酬期望已经下降，为了一份工作，有些毕业生甚至打出了"零薪酬"的口号。

(三) 树立正确就业观

大学生就业观是大学生走向求职市场的思想先导，它支配着大学生就业的方向、定位和抉择。因此，树立正确的就业观能正确指导大学毕业生在就业时做出理性、合适的选择。

1. 树立勇于奉献、不计得失的择业观

大学生迈进社会的第一份工作，是人生另一个舞台的开始，无论你从事哪一个行业、处在什么样的职位，首先应该考虑的是如何通过自己的辛勤劳动为用人单位创造更大的经济效益，如何在工作中提升自己的工作能力、学习能力、人际交往和为人处世能力。不能刚刚参加工作就有攀比心理，和单位同事比收入、和同学比收入，要铭记付出与收获成正比。刚刚进入职场的大学生，只有积极地学习、无私地奉献，才能在单位站稳脚跟，用优秀的工作业绩赢得领导和同事的信任。想要回报必然要先付出，但付出不是必然有回报。

2. 树立良好心态、注重职业发展的择业观

当今社会，随着就业竞争的日益加剧和收入的普遍提高，个人的发展空间和前途已成为大学生关注的焦点。在就业时，除了考虑薪酬待遇，大部分毕业生更关心的是个人的职业发展和企业前景。作为初出茅庐的大学生，要调整好自己的择业心态，对自己的职业做好规划，不要只顾眼前利益，忽略长远的职业发展。

3. 树立终身学习、善于学习的择业观

进入职场的大学生，需要学习的东西很多，无论是工作技能、处理事情的方法，还是与同事相处的技巧，都有可学习的地方。职场处处皆学问，只有不断学习、不断进步，才不会被时代淘汰，不会被集体抛弃。

4. 树立到基层去、到农村去的择业观

面对严峻的就业形势，应当树立从基层做起的就业观。在年龄、精力、知识、信息、观念等方面，大学毕业生是国家劳动力队伍中具有独特优势的群体。在大城市、大企业的人才日趋饱和的情况下，农村和基层的广阔天地为大学毕业生施展才华、实现理想创造了条件。农村是广阔的天地，我国农村人口占全国人口的70%以上，改革开放以来，我国农村的社会、经济、文化发生了翻天覆地的变化，也给大学生创造了大量的就业机会。大学生只要肯选择去基层、去农村，一定会闯出一番新天地。

5. 树立实现自身价值与社会价值相结合的择业观

大学生在择业时，要树立以大局为重的观念，尊重并保护国家利益、人民利益，只有将自身价值同时代发展和社会需要统筹兼顾、同步发展，才能更有利于实现自身的价值。

二、就业心理调适

就业是关系到每个毕业生个人前途的大事，是人生的一个重大转折，也是对其综合素质尤其是心理素质的一次考验。大学生必须从实际情况出发，积极调适自己的就业心理，保持积极而稳定的心态，从而顺利就业、健康成长。

(一) 克服求职心理障碍，保持健康求职心理

就业心理是指大学生在考虑就业问题、为获得职业的准备及在寻求职业的过程中产生的各种心理现象。它是毕业生在就业过程中的心理状态，是影响其择业和顺利就业的重要因素，也是毕业生价值观的具体体现。当前大学生求职面临的心理障碍主要有以下几方面。

1. 就业过程中的自卑心理

大学生的就业自卑心理是指大学生在就业时主观地认为自己不如其他竞争者。其中，一部分毕业生面对激烈的竞争压力，只看到就业竞争中的阴暗面，悲观地认为自身专业知识、专业技能及综合素质不如其他同学，家庭关系不如其他同学，在求职时一味地退缩，自动放弃了很多不错的就业机会。当求职失败一次次发生时，他们的自卑感越来越强烈，从而渐渐转化为自卑心理。有这种自卑心理的大学生往往没有信心和勇气积极面对用人单位，不能充分展现自己的长处，从而导致就业机会流失，而失败的经历又进一步强化了自卑心理。

2. 就业过程中的矛盾心理

大学生的就业矛盾心理是指大学生对自己毕业后的工作和生活充满了希望和憧憬，在择业过程中，既希望单位环境优越、工作轻松、待遇丰厚，又希望专业对口、职业前途光明，但现实往往很残酷。梦想与现实的差距造成了毕业生的矛盾心理，最终导致毕业生的就业失败。

3. 就业过程中的从众心理

大学生的就业从众心理是指大学生在周围环境的影响下，放弃自己的意志而采取与多数人相一致的行为。这一心理误区的产生是由于我国应试教育的特点，大学生在学校期间，更多接受填鸭式教育，较少对自我进行探索，升学的压力不允许有太多个性化的发展。因此，到了大学毕业找工作的时候，很多毕业生根本不清楚自己的兴趣所在，也不清楚自己适合做什么工作。看到

周边同学做什么，自己也跟着做什么，如近些年出现的"公务员热""留学热""考研热"等现象。

4. 就业过程中的自负心理

大学生的就业自负心理恰好与自卑心理相反，一部分名牌大学、紧俏专业的毕业生因为自己综合条件高人一筹，会在就业时产生一种自负心理。在这种心理的支配下，他们往往抱着"这山望着那山高""皇帝的女儿不愁嫁"的态度，嫌这个单位工作环境不好、那个单位薪酬福利不高，挑肥拣瘦，以至于失去许多好的就业机会。

5. 就业过程中的攀比心理

在最后一年的求职过程中，免不了会出现一部分同学工作找得好，一部分同学找到的工作很一般，还有一部分同学尚未找到工作的情况。如果老是拿身边同学的就业情况来对比自己的就业情况，就会形成攀比心理。在这种心理下，有些学生即使觉得某单位非常适合自身发展，但因待遇方面或工作地点比同学差也会决定放弃机会，再找其他的单位，试图找到同学之中最好的工作。其实这是虚荣心在作怪，盲目攀比的结果就是错失工作机会。近年来，在攀比心理的促使下，出现了一些"录用通知帝"，就是拿到一家用人单位的意向书还不满足，还想寻找更好的单位，于是自己手里边拿着好几份录用通知，一来导致违约现象的增加，二来耽误了其他同学就业。

6. 就业过程中的依赖心理

大学生的就业依赖心理是指一部分应届大学毕业生在处理事情方面缺乏一个大学生应有的分析解决问题的能力。在择业上的表现为：对应聘单位的看法不是凭自身思考来决断，而是单纯地听取父母、老师的意见，自己无法单独做决定，表现出较强的依赖心理。当然，对于择业这样的大事，适当地征询长辈的意见是应该的，因为他们的社会经历丰富，但他们的意见只能作为参考，不能成为自己拿主意的主体，过度的依赖也是大学生思想不成熟的表现。

7. 就业过程中的急于求成心理

在大学生求职群体中，很大一部分人都怀有急于求成心理，这种心理也是受上一代人的影响，我们的父辈很多都是在一个岗位上度过了自己的一生，因此他们认为，只要我们能找到一份好工作就能安安稳稳地过一生。其实，从主观而言，稳定因素在很大程度上取决于自己的事业心和责任感；从客观而言，我国现在正在进行人事制度改革，所谓稳定的职业实际上也是不稳定的，期盼一份又轻松、又挣钱、又稳定的工作过一辈子的想法是不现实的。

大学生群体是个体从青年期到成年期成长过程中的一个特殊阶段，处于人生"第二次心理断乳期"。然而，随着就业难度日趋增大，大学生产生了巨大的心理压力。在激烈的就业竞争中，不少大学生难免会产生诸如压力过大、焦虑之类的心理问题，从而直接影响他们的顺利择业和就业，并会影响其将来的工作与生活质量。

因此，帮助大学生从众多的就业心理困惑、心理冲突中解脱出来，显得尤为重要。

(二) 求职应具备的心理素质

1. 乐观向上

人们时常把当今的世界称为竞争的时代，大到国与国之间的对抗，小到人与人之间的竞争。竞争冲击着人们的事业和生活，冲击着人们的意识和思想，在求职择业上亦是如此。

如果在激烈的竞争中，没有乐观向上的拼搏精神和强烈的进取欲望，是很难获得成功的。相反，如果您是一位乐观向上、积极进取的求职者，总是能把每一个面试机会看作千载难逢的好机会，可遇而不可求，那么新的成功就会向您招手。

2. 直面面对

直面面对是一位成功者的基本素质，无论是成功还是失败，只要自己付出了、努力了，就肯定会有收获，哪怕拿钱买教训、吃亏长见识也是值得的。有这种心态的求职者在面试时会不怕挫折、不怕失败，从而会大大增强面试时的自信心，这样在应对主考官的提问时，也会回答自如、理直气壮。即使遇到比自己各方面能力都强的竞争者，也不会自惭形秽。有了这种积极的求职心态，求职者一定会表现出极大的勇气和耐力，努力去寻找自己理想的工作岗位，直到自己成功为止。

3. 不卑不亢

产生这种态度的求职者首先表现出对自己极度的自信，他们会认为现在的应聘是双向选择，用人单位有权利选择毕业生，而毕业生同样有资格和权利挑选一个适合自己专业和特长的用人单位。有了这种想法后，求职者就会很自然地产生不卑不亢的态度，这样求职者在求职面试时可能产生的恐惧、紧张心理就会消失，从而更好地发挥出自己的应有水平。

(三) 大学生求职心理调适

心理调适是指改变或扩大个体原有的认知结构，以适应新的情况或新的过程。心理调适的作用在于帮助大学生在遇到挫折和冲突时，能够客观地分析自我与现实，有效地排除心理困扰，控制和调节自己的情绪，从而保持一种稳定而积极的心态，维护自己的身心健康。下面介绍几种调适就业心理问题的方法。

1. 悦纳自我、树立自信

1) 正确认识自我

"人贵有自知之明"，全面而正确的自我认知是悦纳自我、树立自信的基础。即对自己的能力、性格和优缺点都能做出恰当、客观的评价；不会对自己提出苛刻、过分的期望与要求；自己的生活目标和理想能定得切合实际，因而对自己总是满意的。

正确认识自我也是进行自我心理调适的基础。科学冷静地评价自己，才能恰当地确立自我发展的方向，实实在在地把握现在；才能在社会情境中找到自己恰当的位置，才能理解他人、尊重他人，和谐相处，被社会所接纳。

我们可以通过经常的自我反省、自我评价和听取他人对自己的评价、心理测试等方法来正确认识自己，这在前面第四章自我探索部分已做详尽的阐述，这里不再赘述。

2) 悦纳自我

悦纳自我是对自己的本来面目持肯定、认可的态度，是自我意识健康发展的关键所在。一个人只有欣然地接受自我，才能有信心去面对真实的自己，才会自尊、自爱，珍惜自己的人格和名誉，注重自我修养，才会在就业过程中始终保持自信。

(1) 喜欢自己。

悦纳自我首先要接纳自己、喜欢自己、欣赏自己，看到自己身上的闪光点，坚信自己潜藏着大量待挖掘的能量，具有存在的价值。"天生我材必有用"，不必苛求自己做个十全十美的人。要学会体会自我的独特性，在此基础上体验价值感、幸福感、愉快感与满足感。

(2) 保持乐观、性情开朗。

马克思曾经说过，一种美好的心境，比十服良药更能解除生理上的疲劳和痛苦。就业中，大家经常面临各种压力，经常遇到各种挫折和冲突，有的同学碰到挫折时说："哎呀，这种可笑的事情竟让我碰上了。"像这样以开朗的心情把自己的失败告诉他人的人，一定是一个充满活力的人。一个乐观开朗的人总是比旁人更容易接受现实，正视现实中的自我。

(3) 全面地看待自己的优点和缺点。

每个人都既有长处又有弱点，要学会接纳自己的不完美，树立正确的认知观念。人不可能十全十美，每个人都有优点和缺点。人既不会事事行，也不会事事不行；一事行不能说明事事行，一事不行也不说明事事不行，要善于克服自己的缺点，扬长避短，充分发挥自身潜力。

3) 树立自信

自信心是一种自我肯定的信念，在自我意识中往往以"我行""我能行""我是不错的"等观念得以存在与表现，并会有意无意地体现在个人的行为之中。自信是对自己的一种积极评价，它是一种勇于面对生活的信心和勇气，因此，自信是事业成功的前提条件之一。大学生在择业求职时必须树立自信心，要在正确估量自己的情况下，鼓起勇气、迎接挑战，相信自己具备能求得合适职业的能力。

当然，自信不是自负自傲，自信要有资本和基础，这个资本和基础就是真才实学。因此，面对日益严峻的就业形势，当代大学生首先必须树立建立在自己实力基础上的自信。自信建立在客观评价自我的基础上，既不自傲也不自卑。

下面介绍几种提高自信的方法。

(1) 给自己积极的心理暗示。

在20世纪20年代的英国和美国，有句话被成千上万的人反复念叨，这就是法国心理疗法专家艾米尔·库埃的一句名言——每一天，在每一方面，我都越来越好。其实，这就是每天在给自己积极的心理暗示。

自我心理暗示是指自己有意识地将某种观念不断强化，从而影响自己的情绪和行为。自我暗示有积极和消极之分，积极的自我暗示可以增强自信心，促进自我悦纳，激励奋进。例如，在求职应聘时，告诫自己"别紧张，放松点，这次一定能成功"。有些大学生喜欢将自己喜爱的格言写在明显的地方，时刻提醒自己，这也是一种积极自我暗示的方式。

大学生在就业过程中要经常意识到自己是充足的、有力的，用语言等暗示自己是积极的、是可以做到的。知足者常乐，不要总为没有得到的而烦恼；相反，要经常想到自己是幸福而充足的，相信凭借自己的意志、能力和奋斗精神，这些没能得到的东西总有一天一定能得到。这样便能增强自信心，驱除自卑感，保持心情舒畅。同时，要学会对自己适当地宽容，不要过分计较小的失误。

(2) 挺起胸膛，轻松稳健地走路。

心理学家告诉我们，步态的调整可以改变心理状态。你仔细观察就会发现，那些遭受打击、受排斥的人，走路时都是懒懒散散、拖拖拉拉的，完全没有自信感。自信的人则是胸背挺拔，走起路来稳健轻松，他的体态在告诉别人："我真的认为自己不错！"挺起胸膛，并将自己走路的速度提高25%，我敢担保，你的自信心会慢慢增长。

(3) 练习正视别人。

一个人的眼神可以透露出许多有关他的信息。某人不敢正视你的时候，你会直觉地问自己："他想要隐藏什么？他怕什么？他是不是干了对不起我的事？"正视别人等于告诉他："我很诚实，而且光明正大，毫不心虚。"正视别人，这不但能给你信心，而且能为你赢得别人的信任，特别是在求职面试时。

(4) 练习当众讲话。

当众说话是建立自信最快的手段。在会议中或社交场合要尽量发言，记住：只要敢讲，就比那些不敢讲的人收获大。不用担心别人会反对你的意见，有人反对是正常的，正像总会有人同意你的意见一样，尽管大胆去说。

2. 自动调节不良情绪

在求职择业过程中，大学生应当自觉提高自我心理调适的主动性，当自身心理平衡难以维持时，应当根据自己心态的实际情况，选择各种方法来调节自己的不良情绪。

1) 理性情绪疗法

该疗法由美国心理咨询专家艾里斯于20世纪50年代创立。人的情绪主要源于自己的信念，以及对生活情境的评价与解释，即对于诱发事件A(activating event)，通过当事者对该事件的评价与解释，以及对该事件所形成的信念B(belief)这个桥梁，最终才决定产生什么样的情绪与行为后果C(consequence)。换言之，一个人情绪困扰的后果C，并非由事件起因A造成，而是由人对事件A的信念B所造成。所以，B对于个人的思想行为方法起决定性作用。如果改变非理性观念，调整了对诱发事件的认识和评价，领悟到理性观念，情绪困扰就消除了。

2) 注意转移法

英国著名化学家法拉第由于长期紧张的研究工作，健康每况愈下。后来，他请了一位高明的医师，经过仔细询问和检查，医师开了一张奇怪的处方，没写药名，只写了一句谚语："一个小丑进城，胜过一打医师。"开始法拉第百思不解，后来逐渐悟出其中道理，便决心不再打针吃药，而是经常到马戏团看小丑表演，每次都是大笑而归。从此他的紧张情绪逐渐松弛，不久之后头痛、失眠的症状也消失了。

注意转移法就是把注意力从消极情绪转移到积极的方面。在就业过程中，大学毕业生免不了会遇到不愉快的事情，此时可以去做点别的事情，积极有意地转移注意力，摆脱心理困境。当抑郁时，可积极地进行一些户外活动，如打打球、散散步，和知心朋友谈谈心等。当焦虑时，可以找一部自己喜爱的休闲文学作品或影视看；有条件的，还可以到一个陌生的地方出游几天。因为从心理学角度来说，一个人一旦离开原来的生活环境，面对新的事物，心理环境往往会逐步开朗，这样有利于减轻和消除心理问题，走出心理困境。只要是无害的、能做下去、能转移注意力的事情，都可以去做。

3) 合理宣泄法

大学生择业处于焦虑、抑郁等消极情绪状态时，不能一味地把不良心情藏在心底，而应进行适当的宣泄，如向亲戚朋友们说一说，或者自己写一写日记，还可以找个没人的地方大声喊一喊，把闷气喊出去，甚至有的时候还可以大哭一场。从心理健康角度而言，宣泄是消除心中怒火极为有效的手段。宣泄可以减轻精神疲劳，使人变得轻松愉快。当然，宣泄一定要合理，要注意场合、时间等。

4) 自我安慰法

自我安慰即通常所说的文饰的方法。文饰是一种援引合理的理由和事实解释所遭受的挫折，以减轻或消除心理困扰的方式。它的表现形式可概括为"找借口""阿Q精神胜利法""酸葡萄效应"等。当一个人无法达到自己追求的目标，或想得到的东西得不到时，常常像《伊索寓言》里那只聪明的狐狸一样，吃不到葡萄就说葡萄是酸的，冲淡内心的欲望，减少懊恼的情绪，减轻内心"求而未果"的痛苦。自我安慰法对于帮助我们在大的挫折面前接受现实、保护自己、避免精神崩溃是很有益处的。

5) 自我放松法

当感到身心疲惫、情绪紧张、焦虑烦躁不安、心理压力过重时，采用放松技术进行自我调适，可以排除杂念干扰，平静心绪，缓解心理压力，消除不良情绪。放松调节既可以采用动态方式，也可采用静态方式。动态放松是在烦恼忧愁或愤怒激动时，进行体育锻炼等较剧烈的活动，释放紧张的情绪，达到身心放松的目的。静态放松的主要方式有深呼吸放松法、音乐放松法、肌肉放松法等。

自我调适的方法还有很多，如代偿法、升华法、自我静思法、广交朋友法、幽默疗法等，这些都是应变的一些方法。但更为关键的是毕业生要树立正确的择业观，要对择业充满信心，要注意磨炼自己的意志，培养乐观豁达的态度，不要惧怕困难、挫折，要始终保持积极向上的精神状态和健康的心理。

3. 加强人际交往

建立良好而真诚的人际关系，是心理保健的重要途径。良好的人际关系可以满足大学生归属与安全的心理需要，能消除孤独寂寞，增强学生的自信心和自尊心，帮助学生更理智地对待不良情绪。师生之间、同学之间、朋友之间可以相互倾诉苦恼、分忧解愁，保持心情开朗。

就业时，若遇到挫折产生不良心理，大学生可以从良好的人际关系中得到关怀、惦念、安慰、理解、鼓励、帮助、支持，增强工作的信心和力量，最大限度地减少心理应激和心理危机感。另外，大学生也可以在关怀、惦念、安慰、理解、鼓励、帮助、支持他人的同时获得自我价值的肯定。

4. 提高耐挫能力

人们常说"失败是成功之母"，但并不一定所有的失败和挫折都能带来成长，有人会因此一蹶不振，有人则是在失败中找到重新出发的勇气。其中的差别就在于一个人受挫折后的心理调节能力。

大学生自身应努力从各方面提高自己的心理承受力。在就业市场化、需求形势不佳、就业竞争激烈的条件下，出现求职挫折是在所难免的，不能期望自己每次求职都能成功，要对可能出现的求职挫折有充分的心理准备。面对这些问题要调整自我心态，提高自己对各种突发事件的心理承受能力；要正确分析自己失败的原因，调整自己的求职策略。

挫折感产生后，首先要释放坏情绪。在挫折发生后的第一时间，情绪会占据一个人的心理。挫折是主观意志的实现受到阻碍，因此它所引发的情绪体验首先就是愤怒，也就是一种攻击。只有很好地处理情绪，让心情变得平静，让失衡的心理取得平衡，才能有可能冷静下来思考和改变行动。这是挫折后情绪处理的关键。其次，要重新获得心理平衡。当大学毕业生在就业时失去一样东西的时候，必然还可以从所有其他选择中获得另一样东西，从而获得心理平衡。再次，合理分析挫折产生的原因。自己受到挫折后，情绪比较平静时就是应该思考和反省的时候。"失败是成功之母"只说对了一半，失败加反思才是成功之母。失败了不反思，会继续失败。最后，要勇敢地再试一次。在经历挫折以后，我们能否从容面对挫折，勇于喊出"再试一次"呢？很多时候，成功和失败只有一线之隔，而能帮我们跨过"天堑"的，就是"再试一次"的勇气。没有这种勇气，福楼拜不可能在退稿19次后依然坚持投稿，最终发表了自己的成名作；没有这种勇气，爱迪生不可能在经历过5000多次失败之后依然坚持实验发明了电灯……敢于对挫折说"不"，是他们成就事业的共同点。

总之，在就业、择业中遇到挫折时，大学生要能够用比较冷静和坦然的态度看待，把挫折看作给人以锻炼的机会，将其视为前进的动力，要从中总结经验和教训，重新寻求目标。

第三节　就业的基本原则与能力

案例导读

王彤的"多负"责任

三年前，高考落榜的王彤从老家江苏的一个小镇来到北京打工。就在她身上现金所剩无几，已打好行囊去火车站准备返家时，房东阿姨说有一家公司通知她去上班。虽然做的是基层岗位的工作，但王彤一直勤勤恳恳、认真负责，这一天，她的机会来了。

王彤对现在这份来之不易的工作十分珍惜，尽管做的是前台接待，同时还兼做公司的很多杂务，工资也不高，但她工作认真负责，对没整理好的材料，经常自愿一个人留下来加班，直到处理完毕。

有一天，她加班做完工作正欲锁门时，接到了一份传真。那是一份来自英国的传真。

只有高中学历的她，只认得其中不多的单词，至于内容，她全然不懂。她打电话给老板，可老板关机了。

她本打算第二天上班再交给老板处理，可机警的她忽然意识到英国和中国的时差问题，说不定对方还等着回传呢。于是她坐下来，拿起英汉辞典翻译起来。整份传真翻译完成后，她终于明白了对方的意思，原来两家公司的这次合作早在之前就已经协商好，现在只需要回复以便再次确认合作结果，于是她用蹩脚的英语回了传真，回到家后，她一夜没睡好，虽然知道这件事不会犯原则性的大错误，但毕竟没经老板批准就自作主张回了传真，真不知老板会怎么处置她。

谁知，第二天上班老板欣喜若狂，是王彤及时给英方回了传真，才使得他们在其他几个同样接到英方传真的中方公司之前抢了先机，为公司争得了开张以来的首单大宗生意。

王彤"多负"的一份责任，给公司带来了一笔可观的利润，而她本人也得到了一份不菲的奖金。如今，她一路走来，已是年薪70万元的营销总监。

一、求职择业的基本原则

（一）服从社会需要原则

所谓服从社会需要的原则，是指一个人在选择职业岗位时，应把社会需要作为出发点和归宿，以社会对个人的要求为准绳，去认识和解决择业问题，进而决定自己的职业岗位。

近年来，高校毕业生就业制度的改革，使毕业生有了更多的择业自主权，改变了过去一切都由组织安排好这一被动局面。但是，这种所谓的择业自主权仍然是相对的、有条件的，并非可以不顾社会需要，一味地追求"自我设计"。

职业岗位的产生，是随着社会历史的发展而产生的，社会上每个职业岗位的出现，也都是社会发展的需要。比如，因开矿的需要，才有人从事矿业；因航海的需要，才有人从事造船业；因交通的需要，才有人制造车辆等。正是由于社会不断发展，需要越来越多的人从事职业活动，才有了职业岗位的选择。由此可见，没有社会的需要，就没有职业分工，也就没有职业岗位的选择。因此，在选择职业时，我们首先要把社会需要作为选择职业的出发点，把个人意愿和社会需要结合起来、统一起来，始终坚持职业岗位符合社会需要的原则，当个人利益与国家利益、集体利益发生矛盾时，自觉服从社会需要，到祖国最需要的地方去发挥作用。

(二) 发挥个人优势原则

择业者在确立了服从社会需要观念的前提下，还应遵循发挥素质优势的原则。所谓发挥素质优势，是指一个人在选择职业岗位时，综合自己的素质情况，根据自身的特长和优势选择职业岗位，以利于今后在职业岗位上顺利、出色地完成本职工作。这样不仅体现了人尽其才、才尽其用的原则，而且体现了对事业负责、对社会负责的精神。

适当考虑自己的性格特点。就性格本身来讲，它并不能决定一个人的成才方向和成就的高低。同一性格的人，有的可能很有作为，有的则可能一事无成；性格相异的人也可能在同一领域、同一职业中成才。但是，在选择职业岗位时，适当考虑自己的性格特点，充分发挥性格所长是十分必要的。如在职业活动中，有的人总是用理智去衡量一切并支配行动，这样的人则适合从事基础理论研究工作；有的人很有主见，并善于发现问题和解决问题，这样的人则较适合从事科学研究或领导工作。发挥个人素质优势原则，首先，应从客观实际出发，考虑我国经济正在迅猛发展之中，新旧体制并存，有些新的需要人才的产业尚在初始阶段，社会每年可提供的人才岗位是有限的；其次，要考虑经济体制改革使劳动生产率大大提高，在某些部门或单位出现"富余"人员；最后，还要考虑我国人口多，每年都将有几百万青年进入就业年龄。因此，要正确地选择职业，就必须考虑当前社会上实际存在的职业岗位需要，而不能只考虑自己的主观意愿。当一个人理想的就业意愿暂不能得到满足时，要根据社会需要调整选择，或选择与理想职业相邻近的职业，或者进行职业的再选择。

对于人的素质，从不同的学科、不同的角度可以有不同的理解。这里所讲的个人素质，是指大学生在选择职业岗位时应具备的基本条件，主要包括思想品德素质、科学文化素质、身体素质、个性心理品质素质等。在坚持符合社会需要原则的前提下，为什么还要发挥个人的素质优势呢？其原因包括以下几方面。

1. 有利于大学生自身成长

由于主客观因素的限制，任何人都不可能十全十美，各人有各人的长处，各人有各人的短处，重要的是怎样做到扬长避短。从心理学来说，当一个人的主观体验感到满意时，就会情绪饱满，干劲倍增；而当一个人的主观体验不满意时，就会心灰意冷，意志消沉。因此，如果一个人所在的职业岗位正是其素质所长和优势所在，则会比其他的人更容易完成本职工作，这样就会受到周围同事、领导的肯定，从而激励他更加努力地完成一个又一个的任务，而在完成任务的过程中，他不仅提高了技术能力水平，变得更加成熟，而且从中感到价值实现的意义，从而不断提高思想觉悟，促进自己健康成长。

2. 有利于胜任工作

任何一项事业都是实实在在的实践活动，而实践的好坏，则与个人素质的优势有直接关系。如一个企业，同样的硬件，如果全体员工的整体素质高，则该企业的发展速度就快；如果全体员工的整体素质较差，则企业的发展速度就慢，甚至停滞不前或者更糟。对于一个人来讲，如果按照自己的素质所长选择职业岗位，则不仅有利于胜任工作，而且为自己出色地完成任务创造了条件。因此，根据自己的素质优势情况选择适合发挥自己素质优势的职业岗位，不仅体现了人尽其才、学用一致的要求，而且体现了对职业负责、对社会负责的精神。

3. 有利于创造性劳动

心理学研究表明，人们对某项工作兴趣越浓，其投入就越大，就容易克服困难，从而成就某项事业。对于一个人来讲，他所选择的职业正是其自身的素质优势所在，他就会产生浓厚的兴趣，并随着兴趣的发展逐步形成职业兴趣，在顺利而出色地完成本职工作的同时，随着经验的丰富、能力的提高，加上个人刻苦钻研，就可能出现灵感上的火花，从而有所发明和创造。坚持发挥个人素质优势的原则，最基本、最重要的就是要客观地认识自己的长处和短处。应该承认，每个人在素质上是有差异的，正可谓"骏马能历险，犁田不如牛；坚车能载重，渡河不如舟"。因此，大学毕业生选择职业岗位时要真正做到扬长避短，充分发挥自己的素质优势，同时还必须做到以下几点。

(1) 发挥专业所长。大学毕业生经过四年的学习，不仅具有较为扎实的基础理论和基础知识，而且具有一定的专业知识，因此在选择职业岗位时，一定要从所学专业的特点出发，做到专业基本对口。这样，根据自己的专业所长就可以在职业岗位上大显身手，否则，学非所用，不能发挥专业优势，对自己、对单位都是不利的。当然，这里我们所说的专业对口，是指基本对口，因为在实际工作中完全的专业对口是较少的，这也要求我们在职业岗位上发挥自己专业特长的同时，还要主动适应职业岗位的需要。

(2) 发挥能力所长。同一专业的同届毕业生，由于各人的情况不同，能力也有差异。根据不同的能力选择不同的职业岗位，是充分发挥个人素质优势的最佳体现。例如，有的毕业生语言表达能力较强，适合从事教学、宣传工作；有的毕业生设计能力较强，适合从事设计工作；有的毕业生研究能力较强，适合进行科研；有的毕业生组织管理能力强，则适合从事领导或管理工作；有的毕业生文字表达能力较强，则适合从事文秘、编辑等工作。由此可见，根据自己的能力所长选择职业岗位，既是胜任工作的需要，也是发挥个人最大潜力进行创造性劳动的需要。否则，事与愿违，功不成、业不就，贻误事业与前程。

(3) 择业的素质优势原则，还要求大学生客观地了解自己、评价自己。客观地认识和评价自己是选择职业的第一步，也是择业成败的关键一环。因此，为了更好地认识自己，除了自己的主观努力，还需要教师、家长、同学、朋友的协助，多听听他们对自己兴趣、爱好、能力、性格、气质、志向、专业特点的分析，以及对自己择业的意见，以便准确、客观地评估自己，确定合适的职业。

(三) 有利于职业发展原则

成才是大学生的渴望，但有些毕业生在选择职业时，往往受社会时尚从众心理、利益因素等干扰，为了某一个条件的满足，而忽视有利于成才的原则，从而影响了个人的发展。至于如何把握有利于成才的原则，首先，要树立正确的成才观；其次，考虑择业因素时要分清主次。

1. 人才与人才成长

所谓人才，是指掌握现代科学技术知识和技能，具有创新能力，能够进行创造性劳动的那一部分劳动者。人才成长的过程就是适应社会需要而进行创造性劳动的过程。应如何成长为人才呢？具备了一定的基本素质，形成了一定的潜力，这无疑是成长为人才的基础条件。但是，要成为人才必须通过劳动创造，而劳动创造又与人的主观能动性和客观条件均有着直接的关系。没有主观的渴望与追求，客观条件再好，也不会很好利用。如果有了主观的渴望，但思想观念和价值取向出现偏差，也会使自己置身不利于成才的环境之中。摆正自我，树立正确的价值观，就可以摆脱环境对人的束缚，寻找有利于成才的环境，为成才创造良好的条件。

2. 事业是择业的永恒主题

每个人都希望成才，然而不是每个人都能成才。影响成才的因素主要来自主观和客观两个方面。从主观方面来说，个人的基本素质是基础，尤其是人的思想道德素质，其对人才的成长起着重要的主观导向作用。从客观方面来说，环境、机遇、人际关系等，都是影响人才成长的重要因素。

一个人成才的客观因素，有待走上工作岗位后去把握、去营造，因此主观因素在择业时起着决定作用。有些人择业的出发点就是较好的物质待遇和生活条件。但是，需要冷静地考虑自己能否在这样的单位中、在激烈的竞争下保持住优势。如果不具备在此环境中竞争取胜的条件，不能发挥自己的专长，没有事情干，那将会造成数年以后一事无成，从而出现很大的失落。相当多的大学生在择业时，片面追求大城市，但大城市的企业和某些学科领域对人才的需求远没有其他地区那样迫切。例如，农业企业就是如此，它大多远离大城市，但急需人才，能为更多的青年学生发挥聪明才智提供用武之地，有着巨大的发展潜力。择业时，是事业重要，还是安逸、舒适更重要？我们说安逸、舒适是暂时的，而事业却是永恒的。到基层去，到祖国最需要的地方去，是一条通往成功之路。

(四) 及时就业原则

对求职择业期的大学生来说，自身必须把握力争及时就业的原则。一是要调整择业心态，就业期望值要合理，注意克服脱离现实、盲目攀比等心理情绪的干扰，避免由于自身择业观念而导致的有岗不上、有职不任的人为待业。二是要加深对职业流动的认识，改变"一次就业定终身"、对初次就业过度谨慎的观念，避免错失及时就业的机会。三是要采取顽强竞争、不怕挫折的态度，积极主动地探寻就业机会，避免在消极等待中延误就业时间。

在毕业生就业过程中，摆在毕业生面前的选择是多方面的。如单位性质、工作地点、工作条件、生活待遇、使用意图、发展方向等诸多方面，不可能样样遂人心愿，重要的是在择业过程中怎样权衡利弊，分清主次，争取及时就业。

从用人单位的情况来看，有的单位可能性质较好，如科研、设计部门，既有较好的工作环境，又有较高的社会地位，也容易出成果，但也许其所在地域较偏僻，生活条件较差；有的单位可能生活条件较好，待遇也高，但工作劳动强度大，有风险；有的单位在大城市或沿海地区，文化条件较好，但专业不对口，英雄无用武之地；也有的单位虽然生活条件艰苦，基础条件差，但其发展前景广阔，而且有利于毕业生的成长和成才。面对这种种情况，该怎样取舍，如何选择？事实上，在目前的社会条件下，很少有单位是十全十美的。作为新时代的大学毕业生，应从是否有利于自己才智的发挥，是否符合社会的需要出发，分清主次，做出抉择，切记不可一味求全，急功近利，好高骛远而错失良机。

案例分析

毕业生求职案例

案例1：××农林科技大学机械与电子工程学院木材科学与工程专业2021届毕业生梁某某首次就业在宁波某单位，月工资2000多元，半年后南下广州就业，月工资5000多元。由于该生综合素质较高，工作能力较强，有一股闯劲，又过半年后其在上海某外资企业工作，月工资8000多元。

案例2：天津美克公司从2015年开始已连续八年在××农林科技大学机械与电子工程学院招收毕业生，累计招收79人，其中有10多人已提升为中层干部或业务骨干。该公司普遍认为××农林科技大学毕业生思想素质高，专业知识过硬，能吃苦耐劳，实践动手能力较强，工作团结协作精神强，具有一定的创新意识和创新能力。

案例3：一家在全国饲料行业较有名气的民营企业在学校召开专场招聘会，对总经理助理职位开出的月薪在试用期就达数千元。其要求是饲料相关专业本科及以上学历，担任过学生干部，文字功底好，协调能力强，并先要经过笔试后才能参加面试。兽医专业的一位毕业生通过了笔试，参加面试，这位毕业生在校期间担任校报记者及系宣传部长等职，文字功夫很扎实。由于这位毕业生是河南人，讲话是河南话，面试过程侃侃而谈，突然一企业主管打断他说："你能不能用普通话来讲？"这位毕业生半天结结巴巴说不上来，最后，痛失就业机会。由此可以看出，企业除考察应聘者的形象、举止外，还很看重考生在各种压力面前的应变能力及口头表达能力。

二、就业的知识与能力准备

(一) 职业道德素质

1. 职业道德的主要规范

社会主义职业道德是社会主义道德体系的重要组成部分。《中共中央关于加强社会主义精神文明建设若干重要问题的决议》中指出，要大力提倡"爱岗敬业、诚实守信、办事公道、服务群众、奉献社会"的职业道德。

1) 爱岗敬业

爱岗就是热爱自己的工作岗位，热爱本职工作，并能够为做好本职工作尽心尽力。从业人员对本职工作的热爱程度与个人的职业兴趣高度相关，如果从业人员对从事的工作感兴趣，就很容易对从事的工作产生热爱。总体来讲，对于那些条件好、待遇高、专业性强、工作又轻松的工作，人们比较喜欢，所以很容易做到热爱本职工作；而对于那些工作环境艰苦、繁重劳累、地点偏僻、内容单调、技术性低、重复性大、危险性高的工作，则不容易产生热爱。然而，无论你是否对从事的职业岗位感兴趣，任何岗位都得有人去干。因此，个人从事的工作与个人职业兴趣不可能完全做到一一对应，两者错位的情况在实际工作中很常见。所以，当你走上工作岗位后，要以整个国家和社会的需要为出发点来看待自己的工作，在工作中发现兴趣、培养兴趣，争取做到干一行爱一行。如果你能这样做，从某种意义上来讲，你就是一个品德高尚的人。

敬业就是要以崇敬、严肃的态度来对待自己的本职工作，在工作中勤勤恳恳、兢兢业业、忠于职守、认真负责。敬业有高低两个层次：低层次的敬业是以满足生理需要为目的的敬业，即谋生敬业，个人功利色彩较重；高层次的敬业是以满足尊重和自我实现需要为目的的敬业，主要是为了实现自我价值，得到较高的社会评价和自我评价，是较高层次发自内心的敬业精神。对于社会而言，更看重高层次的敬业，它能促使人们勤勤恳恳、认认真真、尽心尽职地工作。

爱岗敬业是职业道德的核心和基础。爱岗与敬业是紧密联系在一起的，其内在精神是相通的，敬业先需爱岗，爱岗更能体现敬业。

2) 诚实守信

诚实是指一个人能够完全忠诚于客观事实，有一说一，从不为了个人私利而故意歪曲、篡改事实真相的个人道德品质。守信就是指一个人遵守诺言、说一不二，讲信誉、重信用，履行自己应尽的职责和义务。

诚实和守信两者的内在意思是相通的，诚实是守信的基础，守信是诚实的具体表现。诚实守信既是做人的基本原则，也是职业道德的内容体现。例如，商业界的公平交易、童叟无欺，教育界的学高为师、身正为范，科研界的勇于探索、实事求是等。总之，诚实守信要求每个从业者自觉遵守国家的法律法规和社会主义道德规则，约束和规范自己的行为，真心待人，诚实办事，诚信为本，以信立业。

3) 办事公道

办事公道是指从业人员在本职工作中，要站在公平公正的立场上，按照统一标准、统一原则办事的职业道德规范。它既是从业者协调本职工作内外关系的行为准则，也是他们在职业活动中需要遵守的道德规范。它要求人们本着公平、公开、公正的原则处理本职事务，对任何人都坚持原则、按章办事、不偏不倚、一视同仁，公私分明、不贪不占，主持公道、伸张正义、保护弱者。

公正作为传统职业道德之一，与人生而平等、追求平等的本性相关。人都是有尊严的，都希望自己在任何场景下都能享受同等待遇而不是差别歧视性待遇。任何从业人员都会面临一个办事公道的问题，随着场景的转换，你可能是提供服务的人，也可能是接受服务的人。例如，一个办事公道的商场服务人员，不管顾客的差异性有多大，都一视同仁、热情服务、接待周到，就不会犯以貌取人的低级错误。

4) 服务群众

服务群众就是为人民群众服务，这是"为人民服务"的思想在职业道德中的具体体现。我们生活在同一社会中，每个人都是群众的构成成员之一，从业者在为别人提供服务的同时，也在享受别人为自己提供的服务。即每个从业者都有权享受其他从业者的职业服务，同时又有尽力为他人提供职业服务的义务。所以，服务的供给方与接受方是同一性关系。任何从业者都要时时刻刻为群众着想，争取做到急群众所急、忧群众所忧、乐群众所乐。例如，从教的要传道授业解惑、诲人不倦，经商的要做到买卖公平、价格公道、优质服务，从政的要做到不贪赃枉法、不徇私舞弊、全心全意为人民服务等。

5) 奉献社会

奉献是指满怀感情地为他人、社会、真理、正义做贡献，甚至献出自己宝贵的生命，而不期望等价的回报和酬劳。奉献者付出的是青春、是汗水、是热情、是一种无私的爱心，甚至是无价的生命；收获的是一种幸福、一种崇高的情感，是他人的尊敬与爱戴，是自己生命的延长。这种收获是无价的，是无法用物质来衡量的。

当奉献社会成为职业道德规范时，它要求从业人员把对事业不求回报的爱和全部身心的付出看作自己的社会责任和历史使命，把本职工作当成事业来热爱和完成，努力做好每件事，认真善待每个人，全心全意为人民群众服务，并以此作为检验职业道德状况的标准。所以，奉献社会既是职业道德的出发点和归宿点，也是一种人生境界。具体来说，其核心是全心全意为人民服务，一切从有益于他人、社会、民族和国家出发，只要对人民有益，再苦再累也心甘情愿。

2. 职业道德的特点和作用

1) 职业道德的特点

(1) 具有适用范围的有限性。每种职业都担负着一种特定的职业责任和职业义务。由于各种职业的职业责任和职业义务不同，因此形成各自特定的职业道德的具体规范。

(2) 具有发展的历史继承性。由于职业具有不断发展和世代延续的特征，因此其技术世代延续，其管理员工的方法、与服务对象打交道的方法也有一定的历史继承性。例如，"有教无类""学而不厌，诲人不倦"从古至今始终是教师的职业道德。

(3) 表达形式多种多样。由于各种职业道德的要求都较为具体、细致，因此表达形式多种多样。例如，教育工作者应具有的职业道德为热爱教育、以身作则、终生授徒、文行忠信等，会计人员应具有的职业道德为熟悉法规、依法办事、客观公正、搞好服务和保守秘密等。

(4) 兼有强烈的纪律性。纪律也是一种行为规范，但它是介于法律和道德之间的一种特殊的规范。它既要求人们能自觉遵守，又带有一定的强制性。就前者而言，它具有道德色彩；就后者而言，它又带有一定的法律色彩。即遵守纪律一方面是一种美德，另一方面带有强制性，具有法令的要求。例如，工人必须执行操作规程和安全规定，军人要有严明的纪律等。因此，职业道德有时又以制度、章程、条例的形式表达，让从业人员认识到职业道德又具有纪律的规范性。

2) 职业道德的作用

职业道德是社会道德体系的重要组成部分，它一方面具有社会道德的一般作用，另一方面具有自身的特殊作用，具体表现如下。

(1) 调节职业交往中从业人员内部，以及从业人员与服务对象间的关系。职业道德的基本职能是调节职能。它一方面可以调节从业人员内部的关系，即运用职业道德规范约束职业内部人员的行为，促进职业内部人员的团结与合作。例如，职业道德规范要求各行各业的从业人员都要团结、互助、爱岗、敬业、齐心协力地为发展本行业、本职业服务。另一方面，职业道德又可以调节从业人员和服务对象之间的关系。例如，职业道德规定了制造产品的工人要怎样对用户负责，营销人员要怎样对顾客负责，医生要怎样对病人负责，教师要怎样对学生负责等。

(2) 有助于维护和提高本行业的信誉。一个行业和一个企业的信誉，就是它们的形象、信用和声誉，是指企业及其产品与服务在社会公众中的信任程度。提高企业的信誉主要靠产品的质量和服务质量，而从业人员职业道德水平高是产品质量和服务质量的有效保证。若从业人员职业道德水平不高，则很难生产出优质的产品和提供优质的服务。

(3) 促进本行业的发展。行业和企业的发展有赖于高的经济效益，而高的经济效益源于高的员工素质。员工素质主要包含知识、能力、责任心三方面，其中责任心是最重要的。而职业道德水平高的从业人员其责任心是极强的，因此职业道德能促进本行业的发展。

(4) 有助于提高全社会的道德水平。职业道德是整个社会道德的主要内容。职业道德一方面涉及每个从业者如何对待职业、如何对待工作，还是一个从业人员的生活态度、价值观念的表现，是一个人的道德意识、道德行为发展的成熟阶段，具有较强的稳定性和连续性；另一方面，职业道德也是一个职业集体，甚至一个行业全体人员的行为表现，如果每个行业、每个职业集体都具备优良的道德，那么对整个社会道德水平的提高肯定会发挥重要作用。

3. 职业道德的养成

随着现代社会分工的发展和专业化程度的提高，市场竞争日趋激烈，整个社会对从业人员的职业观念、职业态度、职业技能、职业纪律和职业作风的要求越来越高。大学生作为未来的职业劳动者，不仅要具备一定的专业知识和技能，更要不断提高职业道德素质，为今后的工作打下坚实的职业道德基础。

1) 在大学求学期间有意识地主动构建、完善自己的职业道德知识体系

(1) 学好马克思主义理论课、思想道德与法律基础课，积累职业道德的基本知识。学习思想政治理论课是进行职业道德修养的重要手段。通过思想政治课的学习，在校大学生可以从理论层面上加深对社会主义职业道德理论、原则和规范的理解，明确职业道德修养的目标，把握职业道德修养的标准，从而提高进行职业道德修养的自觉性。

(2) 汲取中华民族传统职业道德的精华。中华民族数千年来留下的道德和职业道德遗产非常丰富，其中既有精华，又有糟粕，我们应该以辩证唯物主义的观点加以区别对待，取其精华、去其糟粕，不断以中华民族优秀的传统职业道德来充实自身职业道德知识体系。例如，"天下兴亡、匹夫有责"的高度责任感，"天行健，君子以自强不息"的艰苦奋斗、顽强拼搏精神，"人无礼则不生，事无礼则不成，国家无礼则不宁"的礼义仁爱精神，"见利思义""以义制利"的道德价值取向，"言必信，行必果""民无信不立"的诚信精神等。

(3) 借鉴西方职业道德中的合理成分。西方职业道德中也有其优秀成分，特别是符合社会生产和市场经济发展规律、推动市场经济快速发展的部分。例如，强调"自由个性"的独立人格、人全面自由发展的人文主义精神，顾及双方利益并希望彼此利益都能得到公平对待的"社会正义"和人都有言论信仰自由、人生而平等的"天赋人权"思想，忠于职守、勤奋刻苦的敬业精神，敢于开拓、勇于创新的进取精神等。

2) 把校园生活当作职业训练场所，积极参加各种校园活动

大学生的校园生活是丰富多彩的，生活、学习和工作等各方面都需要他们介入。大学生必须以此为契机，把培养自己的职业道德贯穿于校园生活的整个过程。

对于所有在校大学生而言，认真做好自己参与的事情，并力争做出最佳成绩，这本身就是职业道德中爱岗敬业精神的具体表现。目前，学生社团开展的各种社团活动是培养学生敬业、创业及创新能力的重要途径。如校园文化活动，这种以课外文化活动为主题、以校园为主要活动空间而展开的群体文化活动，具有内容丰富、形式多样、层次较高、规模较大、参与者众多等特点，对于广大学生而言，具有很强的吸引力和广泛的群众性基础。校园文化活动不仅内涵十分丰富，而且外延非常宽泛，绝大部分学生可以从中受到教育、熏陶和锻炼，培养爱岗敬业、忠于职守的精神，养成对活动及事业的责任心、使命感。特别是组织者和骨干成员，更要把校园文化活动当作事业来做，在准备阶段一定要周密计划、科学策划，在执行阶段一定要做到事无巨细、事必躬亲、有始有终、全力以赴，力争达到预期目的。就其实质而言，该过程实际上就是职业道德的修炼过程。只有经过类似过程的不断磨砺，才能修炼自身职业道德，并为将来踏上新的岗位提供良好的基础。

对于学生干部来说，职业道德的修炼就是要做好学校各级组织分配的任务及自己所做的社会工作，一定要把所承担的工作看作职业训练，重点培养自己爱岗敬业的精神。任何学生干部都要利用开展工作的机会，向工作的最高标准看齐，培养自己的敬业精神和对工作的尽职尽责态度，珍惜这难得的锻炼机会，确立服务意识，以奉献精神投入工作，尽自己的最大热情，充分发挥自己的聪明才智，通过全身心投入和不懈努力，做好自己负责的工作。千万不要把工作当作苦差事，做事只想完成任务、敷衍了事。特别要杜绝摆花架子、搞形象工程、哗众取宠等不良现象。学生干部千万要记住：对于自己承担的工作，不分大小都要认真对待，做好吃苦的准备，辛勤劳动、埋头苦干，为取得优异的工作业绩而努力。

3) 积极参与校外社会实践活动，接受职场环境的磨炼

要想成为一名合格的职业劳动者，只有投身于真实的职场环境，并经历大量的职业实践活动，才可能培养出真正的职业道德。任何大学生，都要认真对待专业见习、专业实习、大学生暑期"三下乡"社会实践活动、假期校外兼职、以及其他带有专业特色的实践性活动，一切学习、生活、社会实践都是培养职业道德品质和习惯的重要实践。职业道德品质和习惯的培养，仅仅靠学校教育而不与社会实践活动有机结合是不行的。大学生只有通过社会实践，才有可能投身于一个职业集体，才能真正体味到职业习惯氛围，培养尽职尽责的优良职业道德品质，形成自己的职业作风。如果大学生只有理论学习而没有亲自投身于职业和生活实践，也没有经过艰苦的职业劳动的培养和熏陶，是不可能形成爱岗敬业、尽职尽责的职业道德品质和习惯的。

因此，无论是正式职业劳动者还是准职业劳动者的大学生，都必须接受职业实践活动的磨炼，这样才能培养出爱岗敬业、尽职尽责、自信、自立和自强的职业精神，才能培养出过硬的职业道德品质。

(二) 知识要求

1. 知识结构

知识结构是指人们通过认识客观世界而获得的各类知识信息单元及其相互之间的关系。通俗来讲，知识结构是指求知者头脑中的内化，也就是客观知识世界经过求知者的输入、储存、加工而在头脑中形成的由智力联系起来的多要素、多系列、多层次分明的动态综合体，也可以称为知识体系或智能体系。人才的知识结构通常可分为三角型、宝塔型、衣架型、T型、H型、X型等，前三个类型一般指专业技术人才，而后三个类型则是掌握两个以上领域的通才。

在求职中所面临的要求类型大致有以下几种。

(1) 知识结构要求高的职位。例如，高科技类、生物工程类、医药卫生类等专业技能要求高的职位，这一类职位对于转行就业者来说门槛比较高，他们一般没有一定的技能知识或特长是不能轻易进入此行业的。

(2) 知识结构要求低的职位。例如，日用消费品销售、保险销售、文秘等职位需要的知识结构比较低，很多专业的毕业生都可以胜任，如果具备一定的学科知识，则比只是营销专业的销售人员更有竞争力，这也成为转行集中的区域。

(3) 知识结构具有移植性的职位。知识结构具有移植性，即表示目前的职位与转行的目标职位的知识结构是相通的，如物理力学专业可以做机械行业的工作，建筑专业可以做房地产策划的工作，并且这些人转行都有原来专业背景突出的特征。

现在很多准备转行的群体中，目标职位知识结构的缺乏是主要的拦路虎，所以说在转行前要分析自己目前的知识结构现状，找出与目标职位知识结构的差距和移植性，再做判断。

案例分析

某化学专业的学生小陈，对于化学专业的学习感到非常枯燥与乏味，同时自己喜欢计算机方面的知识，于是大部分时间都花在了计算机专业知识的学习中。就业的时候他发现还是不能达到所跨行业的相关计算机类的职位要求，自己目前的知识结构虽有一定的基础，但还不能满足职位要求。小陈一方面不想从事化学类的职业，另一方面很想从事计算机类的职业，但是两个方向都不如意。小陈不能转行成功，有一个重要原因就是知识结构不能满足职位的需要，而有很多转行人都是卡在这个问题上面。

2. 信息时代知识的特征及对求职者的要求

各类现代职业对于就业者文化素质和合理知识结构的要求越来越高。就知识结构而言，不仅对知识技能共性的要求越来越多，还对就业者知识和技能的适应性要求越来越强。

1) 宽厚扎实的基础知识

基础知识是知识结构的根基。近年来科技发展迅猛、知识更新加快，但更新的绝不是基础知识，基础知识是知识更新的原动力。随着社会产业、行业、职业结构调整速度的加快，大学生无论是选择职业，还是确定方向，或是适应工作性质的变动，都离不开宽厚扎实的基础知识的储备。这不仅关系到大学生能否进一步发展、是否在专业上有所建树，而且关系到其将来走向工作岗位之后能否尽快适应和胜任工作。所以，大学生在大学阶段要认真系统地学习基础知识，扎实地掌握基础理论。

2) 精深的专业知识

大学毕业生是将要从事较强专业性工作的专门人才，因此，专业知识是知识结构的核心部分，也是科技人才知识结构的特色所在。所谓精深，是指大学生对自己所从事专业的知识和技术要在一定的范围，具有一定的深度，既有对概念体系、理论体系、研究方法、学科历史和现状等量的要求，又有对本专业国内外最新信息及与其专业邻近领域知识的了解和熟悉，并善于将其与本专业领域紧密联系起来质的要求。

3) 现代管理和人文社会知识

现代化的社会需要大学生具有一定的社会知识，以及一定的经济与管理知识和人文社会知识。目前，不少学生在高中阶段就开始了文理的分班学习，文科班的学生不学物理、化学等，理科班的学生不学地理、历史等。而进入大学后，学生们又只在本专业知识范围内学习，即使学一些其他学科内容也是极为有限的。所以，学生们普遍存在知识面太窄的问题。因此，作为一名大学生，应该利用在校学习的时间，利用专业学习的空余时间，多读一些社会科学、管理科学方面的书籍，增加自己的知识面，开阔自己的视野，不断增加对社会和现代管理科学的了解，从而不断提高自己的能力。同时，通过形象思维和抽象思维的交替使用，还可以促进整个大脑思维能力的提高。

4) 科技前沿的新技术新知识

在现代科学技术发展如此迅猛、科学知识量急剧增长的今天，面对全面改革开放的形势，如果只掌握本专业现阶段的知识，是很难适应社会的。所以大学生应该利用在学校学习的宝贵时间，在不断加深对本专业知识了解的同时，跨学科学习更多的知识，以充实自己，在基础知识学习的宽度和深度上下功夫。大学生要自觉地阅读现代科学书籍，掌握本专业国内外研究的新动向、新成果，了解世界科技新动态，注意本专业的科学前沿状况，要注意掌握专业知识的精湛性和先进性，这样才能在实际工作中不断追踪国际上的先进技术。例如，人工智能和大数据的兴起催生新的岗位，从而产生新的岗位素质要求，劳动者要对人工智能目前的发展态势、技术聚焦优势及今后的发展趋势有所了解，这些都是同学们需要学习和掌握的。当然，要求大学生同时掌握多种专业知识是不现实的，但是除了精通自己的专业知识并能在实际中运用，再掌握或了解与专业相关相近的若干专业知识和技术是可以做到的。

3. 优化知识结构

知识结构是由知识单元构筑起来的。优化知识结构，离不开自身的努力。大学生应该根据自己的兴趣、专业、成才目标和发展方向，以及自身原有的知识结构状况，结合社会的需要，按照人才构架型知识结构的思路，科学地学习和积累基础知识、专业知识等显性知识，并善于利用各种机会学习、领悟和拓展隐性知识。

1) 显性知识

在显性知识方面做到基础知识宽厚、专业知识精当。基础知识是人类知识宝库中相对稳定的那一部分，有广泛的迁移性、适应性和概括性，不易陈旧老化。它不仅是人们从事工作、学习和生活所必须具备的条件，还是掌握专业知识和其他知识的基础。所以说，基础知识是更新知识的原动力，基础知识越丰富、越扎实，接受新信息就越快，领悟新知识的能力就越强。条件较好的个体，其基础知识的学习应尽量宽厚、扎实、广博，这样才能适应当代科技的发展。当今社会，尽管科技发展迅猛异常，尽管专业知识更新周期不断缩短，尽管市场经济行情变幻莫测，但只要具备了宽厚、扎实、广博的基础知识，就能快速适应和迎头赶上。

相比基础知识而言，每类专业知识都更加接近工作实际。要顺利完成工作并能够进行一定的发明创造，专业知识的学习应当讲求精当。只有掌握了精当的专业知识，才有可能和其他知识有机组合,在未来的社会分工中充分发挥作用。大学生要根据自己的专业方向和成才目标,分析、确定自己必须具备的核心知识和辅助知识,掌握各种工具知识(如外语、计算机等)和方法知识(如文献检索、调查分析、信息收集等)。

2) 隐性知识

就人才创新而言,隐性知识的作用远远大于显性知识。进入知识经济时代以来,知识的范围被大大拓展。一方面,不仅包括能够言传的显性知识,如事实、原理、概念、理论体系等。这类存在于认知范畴的知识,构成了人们在认知风格和认知特质上的共性。认知方式可以决定一个人对科技成果探索的方式,甚至可以决定其成果的意义大小、方向和取得成果的路径。另一方面,还包括只能意会的隐性知识,如经验、技术、技巧、能力等。这类存在于应用范畴的知识,是每个个体以其个人的方式来理解、洞察、体会、感悟、认识自然和人类社会的。

隐性知识的运作犹如结网一样,在无意识中逐渐地将原本无关联的知识和经验连接在一起。不仅如此,显性知识的接收、理解、记忆、整理、深化等效果也要依靠隐性知识的运作。因此,缺乏实践性的教学活动所造成的影响不仅仅是动手能力差,还因隐性知识的缺乏而影响了显性知识的吸收和组合,从而直接影响了认知活动的水平。社会实践表明,在解决问题的过程中,隐性知识的作用远远大于显性知识。所谓创新思维,就是根据解决问题的需要,对原有的显性知识进行新的组合,使其知识结构得以优化而形成新的合理的知识结构体系,并充分发挥其结构效能,卓有成效地解决实际问题。

正是因为隐性知识对显性知识具有潜在的制约和促进作用,所以大学生要特别注意从隐性知识的获得入手,对分散的、零碎的、低层次的经验知识进行加工和提升,使之在知识结构内部与理性知识优化、协调,并相结合通融,共同发挥系统效应。而隐性知识的积累、组合、转换都以参与综合性实践活动为前提。大学生要善于开发自己的大脑,挖掘自己的潜质,打破传统思维定式和观念束缚,树立创新意识和创新志向,重视以独立的思维和创新的思维方法为主要内容的思维能力的培养。概而言之,知识结构优化的过程,实质上也是一个学习、积累、调整、创新的过程。

其实,世界一些知名高校已经开始着眼于学生基本素养的培养,即学生能够在自身知识结构基础上解决新情境下面临的问题。例如,此问题学生从来没有遇到过,但是能够立刻从现有的知识结构中找到解决问题的突破点,寻求到解决问题的途径,并且善于运用各种资源对问题进行渐进式处理,最终能够较为顺利地解决新问题。

(三) 职业能力准备

1. 能力与职业能力

能力是指能迅速和准确地完成某种活动所必须具备的个性心理特征。它是影响活动效果的基本要素。如果一个人的能力符合某项活动的要求,那么就会很容易地、高水平地完成任务,也就会表现出有能力。反之,如果一个人不具备工作所要求的能力,不能很好地完成工作要求,则是能力差的表现。

职业能力是指人们为从事某种职业而必须具备的,并在这项职业活动中表现出来的多种能力的综合。任何一个职业或工作岗位都会有相应的职责要求,职业能力是胜任职业岗位的必要条件。

2. 职业能力的种类

1) 智力能力

智力能力是职业能力的核心部分。一般的职业能力主要是指从业者的学习能力、文字与语言的运用能力、数学运算能力、空间判断能力、形体知觉能力、颜色分辨能力等智力因素，以及手的灵巧度及手眼协调能力等身体方面的能力。可以说，智力在一定程度上决定了求职者可能选择的职业类型。因为任何职业都对从业者的智力有一定的要求，只不过不同的职业对智力的要求不甚相同而已，对一般的职业而言，智力的制约作用可能不明显，但如科技工作者、高层管理人员等职业，对智力方面的要求会相对较高。

2) 专业能力

专业能力是职业能力的重要组成部分，它是指要从事某一职业所应该具备的专业知识。这种专业知识和技能是要通过专门的教育和培训获得的。某大学做的毕业生跟踪调查表明，一个接受过完整专业知识学习和技能训练的机械专业毕业生，走上工作岗位后，90%以上能够很快适应岗位需求，成为技术骨干。

3) 社会能力

社会能力是职业能力不可缺少的组成部分，它主要指与人打交道的人际交往能力、与他人合作的团队协作能力、对生活与环境的适应能力，以及面对失败和挫折的心理承受能力等性格和心理方面的能力素质。

随着时代的发展，现代社会的各行各业已经成为一个紧密联系的整体，任何职业和个人都不可能脱离他人而存在。因此，能够待人公正宽容，愿意与人合作共同承担任务、共同完成计划，善于联络和协调，这些能力成为一个合格的求职者必须具备的能力，也是个人能够胜任岗位职责和开拓进取、取得优异成绩的重要条件。

3. 六种基本的职业能力及培养

1) 适应能力

人与环境的正确关系是适应与改造的辩证统一。适应就是改变自身以迎合客观环境的要求，改造就是改变客观环境使之符合自身发展的要求。人们在谈到人与环境的关系时，往往注重了后者而忽视了前者。在人类社会的进步与发展中，人对环境的改造固然起着主导作用，但改造不能离开适应。社会生活的纷繁多样和生活环境的不断变化，要求每个人必须培养自己适应环境的能力，只有这样才能在社会上立足，也才能谈得上对环境的改造。

2) 人际交往能力

以社会认可的方式，妥善处理人与人之间的关系，并与他人和谐共处、共同发展的能力即为人际交往能力。作为大学生，只有具备一定的人际交往能力，善于处理各种人际关系，才能在工作中充分施展自己的才能。在人际交往中，要以我们民族善良、诚实的传统美德，以心换心，以诚相待；要学会尊重他人，多为他人设身处地着想，这样才能得到他人的尊重；要既能干大事，又能做小事，不以"才子"自居，妄自尊大，要有甘当小学生的精神；要学会处理具体问题，既要坚持原则，又要不失灵活，以免贻误总目标的实现。

3) 表达能力

表达能力是指人们以语言或其他方式展示自己思想感情的能力，是交流科学技术思想、交流感情的工具。人们在日常学习、工作、生活中，要交流思想、讨论问题、互通情况、阐述观点等，不注意表达能力的培养，即使有再好的见解和办法，但表达不确切、不清楚，也会直接影响本领的施展。口头表达能力要求的是语言的流畅性、灵活性和艺术性，书面表达能力要求的是文句的逻辑性、艺术性和条理性。对一名大学毕业生来说，表达能力在将来的工作岗位上是极为重要的。有的大学生在工作岗位上动手写东西很费劲，拿起笔来不知从何入手，写出来的东西文字不顺、逻辑不通；有的连通知、申请都写不好；有的会设计但写不好说明；有的外语不错，中文却不通。因此，大学生在校期间要加强锻炼，不断提高表达能力。要多读书，以增加自己表达思想的深刻性、观点的新颖性、内容的丰富性；要多实践，以培养自己思路的敏捷性，以及表达的条理性、准确性和生动性。

4) 创新能力

创新能力是人们用已经积累的丰富知识，通过不断地探索研究，在头脑中独立地创造出新的形象，提出新的见解和做出新的发明的能力。它是人才素质的核心，包括发现问题、提出问题的能力，发现规律的能力，创造性地分析问题和解决问题的能力，发明新技术、创造新产品的能力等，它由观察敏锐性、记忆保持性、思维灵活性、独立思考能力、创造性思维、创造性想象和创新意识等基本要素构成。大学生毕业后，在实际工作中会遇到一些新课题，有的人能把这些问题进行科学的分析，理出头绪、分清主次、抓住本质、提出方案，充分利用自己解决实际问题的能力不断地进行探索研究，得出科学的结论，取得创新的成果。相反，也有的人面对无成规可循的新问题，不知所措、不敢问津，或者乱撞乱碰，浪费了不少精力和时间，到头来一事无成。这些差异正是由开拓创新能力的不同所致。所以，大学生在学校期间，要不断加强自己的创新能力的锻炼，增强开拓创新意识，为在今后的工作中有所发明、有所创造奠定良好的基础。

5) 动手能力

把创造性思维变成实际的物质成果，或是用生动形象的实验过程呈现创造性思维的转化能力即为动手能力，也称为实验操作能力。这种能力对于大学生，尤其是工科大学生来说尤为重要。现实工作中，尤其是在科研、生产第一线，要求的是理论上要懂、实践中会用的人才，要求讲能讲出科学道理来、动手能干出样子来。而目前的问题是，有些大学生对于工作中遇到的问题，理论上懂，道理也讲得出来，但要动手解决这些问题，往往就显得能力欠缺，直接影响了自己作用的充分发挥。所以，大学生在学校不仅要积累知识，还要通过参加科研活动，利用生产实习和勤工俭学等机会，着力培养和提高实际动手能力，以满足今后的工作需要。

6) 组织管理能力

组织管理能力包括计划能力、组织实践能力、决断能力、指导能力和平衡能力。随着毕业生就业制度的改革，具有一定交往能力和组织工作能力的大学生越来越受到用人单位的欢迎，许多单位在挑选大学生时，不仅注重学生的学业成绩，还对学生是否担任过学生干部、担负过社会工作很感兴趣。因为，大学生将来无论从事何种工作，都要把工作开展起来，把计划付诸实施，把他人的积极性调动起来，把大家的智慧发挥出来，没有一定的组织管理能力是不行的。因此，在学校大学生应积极参加社会活动，尽量做一些社会工作，不断增强自己的组织工作能力，以利于今后的工作。

4. 职场核心竞争力

1) 终身学习

未来10年会是一个职业和职业需求都迅速变化的年代。未来的职业发展大概以3～5年为一个阶段，每个阶段之间需要系统地重新学习新的领域，在职的培训、证书与学历教育将会成为常事，间隔年的旅行和学习会成为潮流。企业也会逐渐在内部建立学习中心甚至企业大学，同时送有潜质的员工出去学习。

2) 整合

既然没有人能够单凭一段时间的能力就获得竞争力，那么竞争力一定属于整合能力最强的人，他们能把过去的所有资源和能力都整合起来。未来的职场中，整合是非常重要的能力。能整合自身的能力，叫竞争力；能整合团队的能力，叫组织力；能整合公司的能力，叫领导力；能整合行业的能力，就是改变世界的能力。

3) 学以致用

格式转码在早年的计算机上经常出现，当时有些播放器不能识别 WMA 或者 MP4 格式的文件，必须用一个转码软件转码，才能读出这段视频。同样的道理，很多人的职业发展不顺，不是因为能力不强，而是不知道如何把过去的能力和资源"转码"出来，让新的单位能读懂。

(四) 目标职业对专业技能的要求

不同类型的职业对从业者的知识结构、职业素质要求不尽相同。下面介绍大学生毕业之后接触较多的几种职业类型及其专业知识要求。

1. 管理类职业的要求

管理类职业主要包括企事业单位中行政管理、企业管理、金融管理、财政管理、经济管理等工作。进入此类职业领域的大学生的知识结构中，需要有较大比例的管理学理论和专业知识，懂得管理科学的发展规律，了解最先进、最有效率的管理方法和经验。同时，还要涉及与管理工作相关的税务、工商、外贸等相关知识。除此之外，对国家的方针政策和基本的法律知识也需要很好地掌握。在从事管理工作的过程中，懂得运用一些基本的管理技巧和管理策略将使工作得心应手。

2. 技术类职业的要求

技术类职业主要包括各行业、各领域中从事各类技术应用工作的职业。如各类技师、工程师、医师等，此类职业对专业知识和专业技能要求相对较高。进入此类职业领域的大学生的知识结构中，需要有扎实的专业技术知识、较新的现代专业理论，同时要能熟练地掌握能够应用于实际工作中的操作技术。另外，还需要考取相应的职业资格，如医师执业证书、质量专业技术人员职业资格证、出版专业技术人员职业资格证等。

3. 科研类职业的技术要求

科研类职业主要包括科研院所、高新企业等机构中的基础理论研究、应用理论研究、各学科学术研究、信息情报研究等工作，科技含量相对较高。进入此类职业领域的大学生的知识结构中，需要有丰富坚实的专业基础知识、扎实的理论功底、严谨的研究态度、良好的逻辑分析能力，要掌握多种科学研究方法，精通本专业的各种实验方法和调查研究方法，会恰当运用调查研究的技巧。同时，还要密切关注和掌握本专业领域的国内外最新研究成果和前沿信息。

4. 教育类职业的要求

教育类职业主要包括各级各类教育机构中从事的教书育人工作，如高校教师、中小学教师、幼儿教师及各类职业教育培训教师等。进入此类职业领域的大学生的知识结构中，需要具有较高的文化素养和丰富、坚实的专业知识，了解与本专业相似或相近的交叉学科或新兴学科的知识，还需要掌握教育学、心理学、教育心理学等教育科学的相关知识。同时，还必须具备必要的师范技能，如普通话、板书、制作课件、师范礼仪、教学方法等。另外，教育类职业对职业道德和师德的要求也相对较高。《教师资格条例》还规定，中国公民在各级各类学校和其他教育机构中专门从事教育教学工作，必须依法取得教师资格。因此，教师资格证书是从事教育类职业的学生必须拥有的。

5. 财会类职业的要求

财会类职业主要包括财务、会计、审计、营销、采购等工作，如会计师、审计师、报关员、业务员等。进入此类职业领域的大学生的知识结构中，需要具有税务、商法、财会制度、经济学、数学运算、法律、销售、采购方面的知识。随着市场经济体制的建立，社会对财会类从业人员的要求也相应提高，不仅要熟悉本职工作中涉及的政策法律、规章制度，还要紧跟形势，善于学习，拓宽知识面，能够很快适应国家或者单位财会制度和方法的不断变化。

6. 政法类职业的要求

政法类职业主要包括公安、检察、司法等国家机关中的各项工作，如法官、检察官、警察等。由于其在国家稳定和社会安全中发挥着重要的作用，因此社会对政法类职业的从业要求一直比较严格。进入此类职业领域的大学生的知识结构中，需要具有较高的理论和政策水平，不仅要熟悉掌握本职工作中涉及的政策法律、规章制度，还要有较强的行政执法能力、公文写作能力，以及处理各种紧急事件的应急能力。进入此类职业，一般需要参加各级别的国家公务员考试。

(五) 目标职业对通用技能的要求

根据我国职业教育的培养目标，通用技能大体上可包括以下十方面：职业道德、分析判断、解决问题、学习和创新能力、团队合作能力、适应能力、人际交往能力、表达能力、组织管理能力和仪表举止。

1. 职业道德

职业道德是一个人的爱岗敬业意识，是做好岗位工作的根本和思想保证，是专业技能的灵魂，是通用技能的精神支柱。关于职业道德的具体内容参见本章第一节中的"职业道德素质"，这里不再重复叙述。

2. 分析判断

分析判断就是为实现一定的目标或解决一定的问题而制定行动方案并优化选择的过程。一个独立处理问题的过程其实就是一个决策的过程，因此分析判断能力也就是独立处理问题的能力。

分析判断一个特定的问题，一般包括以下环节。

(1) 问题分析：分析问题的性质和特点。

(2) 确定目标：确定最后希望达到的效果。

(3) 拟订方案：同一目标的实现往往不止有一种方案，通过对不同途径和步骤的排列与组合，拟定数套行动方案备选。

(4) 方案评估：对备选行动方案的可行性、后果进行综合分析与比较，权衡每个方案的利弊得失。

(5) 方案选择：从备选的行动方案中选定最后行动的方案。

了解了分析判断问题的流程后，大学生可以有针对性地规范和完善分析判断问题的各个环节，从而提高自己分析判断问题的能力。

3. 解决问题

解决问题就是通过发现问题，对问题进行分析，最后运用一定的方法和技能化解矛盾，实现工作目标的过程。解决问题的能力包括换位思考能力、高超的总结能力、解决问题时的逆向思维能力、方案制定能力等。

解决问题包括辨识问题和采取措施解决问题。该技能可用于寻求方法解决工作、学习和生活中的问题，运用不同的方法寻求解决方案，确定方法的有效性。

4. 学习和创新能力

学习就是对新知识、新技能的求知和钻研，学习能力是动态衡量人才质量高低的一个尺度。知识经济时代更是终生学习的时代，大学生既要培养自己闻一以知十、举一而反三的能力，也要培养自己不断进行知识更新的能力，更要培养自己在学习和工作中自我归纳、总结，并找出自己的强项和弱项，扬长避短，适时进行自我调整的能力。

学习能力也是人们在学习、工作及日常生活中必须具备的能力。现代社会对人的学习能力的要求越来越高，应届大学毕业生基本要经过系统培训才能具备直接进行业务操作的能力。因此，是否具备良好的学习能力和强烈的求知欲望是用人单位十分重视的，往往也是应聘时用人单位要重点考察的内容之一。关于"创新能力"的具体内容参见本节职业能力中的"六种基本的职业能力及培养"。

5. 团队合作能力

团队合作能力是一种为达到既定目标，在团队中所显现出来的自愿合作和共同努力的能力，是个人在工作中与同事和谐共事的能力，是在实际工作中充分理解团队目标、组织结构、个人职责，并在此基础上与他人相互协调配合、互相帮助的能力。它包括个人善于与团队其他人沟通协调，能扮演适当角色，勇于承担责任，乐于助人，保持团队的融洽等。

现代社会经济发展的速度越来越快，社会分工越来越细，成员之间的关系越来越密切，无论是个人还是单位，都需要在协作中发展，谁也离不开谁。与他人合作的技能包括准备计划和执行活动时在团队中与人合作，可应用于参与小组活动、研讨课程或项目、协助他人执行工作任务、参与团队为当地社区组织活动等。目前，越来越多的企业意识到团队合作精神的重要性，特别是经营规模宏大的知名企业，他们往往更加重视员工的团队意识和合作精神。

6. 适应能力

关于"适应能力"的具体内容参见本节"职业能力"中的"六种基本的职业能力及培养"。

7. 人际交往能力

关于"人际交往能力"的具体内容参见本节"职业能力"中的"六种基本的职业能力及培养"。

8. 表达能力

关于"表达能力"的具体内容参见本节"职业能力"中的"六种基本的职业能力及培养"。

9. 组织管理能力

关于"组织管理能力"的具体内容参见本节"职业能力"中的"六种基本的职业能力及培养"。

10. 仪表举止

仪表举止是一个人体形、外貌、气色、服饰、言行举止、精神状态等的总和，是一个人内在气质和外在形象的结合，反映了一个人的修养与气质。

这就要求我们整洁得体，要根据自己的身材、年龄、肤色、气质、职业等特点，摸索出适合自己的服装特色。服饰要与人的身材和身份、季节、场合相协调。化妆要恰到好处，言行举止也要稳重端庄。待人接物要尽量做到自然娴雅、落落大方、不卑不亢，既不要拘谨死板，也不要矫揉造作。社交和公共场合切忌东倒西歪、靠墙倚门、晃动身子、频繁走动、耸肩搭背和卡腰抱胸。坐姿一定要端正，切忌头随意向后仰靠或歪身倚在靠椅上，显出懒洋洋的样子。行走时身体要略向前倾，全身重量集中于脚掌前部，步履节奏均匀、轻松，给人以敏捷、矫健的感觉。

(六) 目标职业对个人素质的要求

1. 诚信

诚，即真诚、诚实；信，即守承诺、讲信用。诚信的基本含义是守诺、践约、无欺。通俗地表述，就是说老实话、办老实事、做老实人。诚信是一切道德的基础和根本，是一个社会赖以生存和发展的基石，是社会主义社会调节个人与社会、个人与个人之间相互关系的基本道德规范，也是社会公德和职业道德中的基本准则。诚于内而信于外，只有内心诚实，才能得到他人的信任。人生活在社会中，总要与他人和社会发生关系。处理这种关系必须遵从一定的规则，有章必循，有诺必践，否则，个人会失去立身之本，社会会失去运行之规。诚信是公民道德的一个基本规范，它不仅是一种品行，更是一种责任；不仅是一种道义，更是一种准则；不仅是一种声誉，更是一种资源。就个人而言，诚信是高尚的人格力量；就企业而言，诚信是宝贵的无形资产；就社会而言，诚信是正常的生产生活秩序；就国家而言，诚信是良好的国际形象。诚信是道德范畴和制度范畴的统一，个人的人品如何直接决定了这个人对于社会的价值。孔子曰，人而无信，不知其可也。而在与人品相关的各种因素之中，诚信又是最为重要的一点。微软公司在用人时非常强调诚信，公司只雇用最值得信赖的人。当微软列出对员工期望的核心价值观时，诚信被列在第一位。

2. 主动

由于文化氛围和性格特点，中国的学生和职员大多属于比较内向的类型，在学习和工作中还不够主动。在学习中，学生们往往需要老师安排学习任务；在公司里，职员常常要等老板吩咐做什么事、怎么做之后，才开始工作。但是，要想在求职和职业中获得成功，就必须努力培养自己的主动意识：在工作中要勇于承担责任，主动为自己设定工作目标，并不断改进工作方式和方法。机会属于有准备的人，要善于发现机会，并且能够利用好机会。"机不可失，时不再来"，积极主动的人才能在瞬息万变的竞争环境中获得成功，善于展示自己的人才能在工作中获得真正的机会。

3. 自觉自律

古语云："人贵有自知之明。"这实际上是说，社会生活中的每个人都应当对自己的素质、潜能、特长、缺陷、经验等各种基本能力有一个清醒的认识，对自己在社会工作生活中可能扮演的角色有一个明确的定位。心理学上把这种有自知之明的能力称为"自觉"，它通常包括察觉自己的情绪对言行的影响，了解并正确评估自己的资质、能力与局限，相信自己的价值和能力等方面。一个人既不能对自己的能力判断过高，也不能轻易低估自己的潜能。对自己的能力判断过高的人往往容易浮躁、冒进，不善于和他人合作，在遭到挫折时心理落差较大，难以平静地对待客观事实；低估了自己的能力的人，则会在工作中畏首畏尾、犹豫不决，没有承担责任和肩负重担的勇气，缺乏工作的积极性。有自知之明的人既能够在他人面前展示自己的特长，也不会刻意掩盖自己的欠缺。坦陈自己的不足而向他人求教不但不会降低自己，反而可以表示出自己虚心和自信，赢得他人的尊重与青睐。有自知之明的人在遇到挫折的时候不会轻言失败，在取得成绩时也不会沾沾自喜。认识自我、准确定位自我价值的能力可以帮助个人找到适合自己的职场空间及发展方向，有自知之明的人会让人觉得他是一个自信、谦虚、真诚的人。

自律指的是自我控制和自我调整的能力，包括自我控制不安定的情绪或冲动，在压力面前保持清晰的头脑；以诚实赢得信任，并且随时都清晰地理解自己的行为将影响他人。自律必须建立在诚信的基础上。为了表现所谓的"自律"而在他人面前粉饰、遮掩自己的缺点，刻意表演的做法是非常不可取的。只有在赢得他人信任的基础上，严于律己、宽以待人，才能真正获得他人的尊重和赞许。

4. 谦虚执着

谦虚是指不自满，肯接受批评，并虚心向他人请教。有真才实学的人往往虚怀若谷、谦虚谨慎，而不学无术、一知半解的人却常常骄傲自大、自以为是。谦虚是一种美德，是进取和成功的必要前提。目前，不少大学生在生活中唯我独尊，不能听取他人的建议，不能容忍他人和自己意见相左，这些不懂得谦虚谨慎的同学也许可以取得暂时的成功，但无法在人生的事业上不断进步。因为一个人的力量终究有限，在瞬息万变的当今世界，个人必须不断学习，善于综合并吸取他人的良好意见，否则就将陷入一意孤行的泥潭。世界计算机行业巨头比尔·盖茨就是一个非常谦虚的人，他在每次演讲结束后，会请撰写演讲稿的人分析一下他的演讲有哪些不足之处，以便下一次改进，正是这种精神和行为成就了他事业的辉煌。

执着是指坚持正确方向，有矢志不移的决心和意志。无论是个人还是集体，一旦认定了正确的工作方向，就必须在该方向的指引下锲而不舍地努力工作。在工作中轻言放弃或者朝三暮四的做法都不能取得真正的成功。成功者需要有足够的勇气面对挑战。任何事业上的成就都不是轻易就能取得的。中国有句古语："苟日新，日日新。"一个人想要在工作中出类拔萃，就必须面对各种各样的艰难险阻，必须正视事业上的挫折和失败。只有谦虚执着、有勇气迎接挑战的人才能真正实现超越自我，达到卓越的境界。

5. 责任心

责任心是指个人对自己的义务和责任的自觉意识和积极履行的行为倾向。它意味着个人对待工作、家庭、自我、他人、社会乃至整个人类社会的负责态度和奉献精神，它总是表现在人们的社会生活和工作行为活动中。一个人有了责任心，就会去主动地关心、帮助他人，对他人负责；就会忘我地投入工作；就会在学习和工作中严于律己，对自己的行为负责，使自己不断完善，不断成熟。相反，一个缺乏责任心或责任心不强的人，往往意识不到自己做人、做事的责任，从而造成人格上的缺陷。用人单位在招聘大学生时，对责任心是很重视的，往往通过各种方式、方法考察一个人的责任意识。

6. 自信

自信是自我意识中的重要组成部分，是心理健康的一种表现，是学习和职业成功的有利心理条件。自信的人能以自己的实际能力接受来自心理和社会的压力和挑战，并体现为沉着、冷静的情绪。在工作、学习、求职的过程中，一个人应勇敢地说出和实施自己的想法与主张，尽可能地积极影响同学、同事、上级和工作对象，创造各种有利机会，赢得职场的成功。

7. 勤奋

通俗地说，勤奋就是不辞辛劳、不知疲倦地做事。这种勤奋是自觉自愿的，不是外部力量驱使的。其实大学生都明白，做任何事情都不可能一蹴而就，学业也好，事业也好，要达到自己的奋斗目标，都必须付出艰苦的劳动，进行不懈的努力，克服各种困难。当然，勤奋不等于一天从早到晚忙得昏头昏脑，不等于进行疲劳战术，应勤而有序、勤而有得，有效地利用正常的学习和工作时间，扎实勤奋地学习和工作。

8. 时间管理

时间对于每个人来说都是有限的，只有善于管理时间的人，才能让有限的时间发挥最大效益。事实上，任何一个成功者，都是时间管理的高手。用人单位在招聘和选拔人才时，时间管理能力是一个重要的考虑因素。在有些岗位，这一能力显得至关重要，如营销人员、外派采购人员、经理人等，他们相对来说自由度较大，如果缺乏时间管理能力，他们不仅会浪费很多时间，还会浪费公司很多资源。所以，用人单位经常通过组织会议、处理信件、接待来访等方面的考题来考察一个人的时间管理能力。

9. 专注

专注既是一种精神，又是一种态度，更是一种习惯。专注的人能专心致志、全神贯注，不受任何其他欲望和外界诱惑的干扰，对既定的目标和方向执着如一，不懈努力；专注的人能集中所有的资源和精力办事；专注的人能把一件事情做到底，不达目的誓不罢休。因此，专注是一种优秀的个人素质，大学生应具备专注的品格，保持一颗超然的平常之心，把时间、精力和智慧聚集到所要完成的重大目标和任务上。苹果公司前CEO史蒂夫·乔布斯曾说，我们用5000个点子做一个产品。于是，苹果公司做成了iPhone、iPad等享誉世界的产品。

三、根据目标职业提升个人能力

(一) 树立正确的职业理想

大学生一旦确定自己理想的职业，就应依据职业目标规划自己的学习和实践，并为获得理想的职业积极准备相关事宜。

(二) 正确进行自我分析和职业分析

自我分析即通过科学认知的方法和手段，对自己的兴趣、气质、性格和能力等进行全面分析，认识自己的优势与特长、劣势与不足。职业分析是指在进行职业生涯规划时，充分考虑职业的区域、行业和岗位等特性，如职业所在的行业现状和发展前景，职业岗位对求职者自身素质和能力的要求等。

(三) 构建合理的知识结构

大学生要根据职业和社会发展的具体要求，将已有知识科学地重组，构建合理的知识结构，最大限度地发挥知识的整体效能。

(四) 培养职业需要的实践能力

除了构建合理的知识结构，还需要具备从事本行业岗位的基本能力和专业能力。大学生只有将合理的知识结构和适用社会需要的各种能力统一起来，才能具有竞争力。

思考与实践

1. 求职择业的基本原则有哪些？
2. 简述职业道德素质的主要规范、特点和作用。
3. 简述就业的知识要求。

第七章

大学生就业方法和程序

学习目标

1. 掌握求职计划的制订方法。
2. 做好求职的各项准备。
3. 把握求职技巧，实现顺利就业。

第一节 制订求职计划

无论就业形势多么严峻，就业人数有多少，总有人找到不错的工作，那么他们是怎么做好求职的前期工作，最后获得成功的呢？如果你正在考虑或重新设计你的职业生涯，那么本部分的文字将能带给你一些启示。

一、求职必备条件

求职者不仅要对职业进行物质、心理、知识、技能、实践经验等各方面的充分准备，还要根据各方面的分析与自己的职业目标，合理客观地对职业做出选择。图7-1列出了求职必备的四个条件。

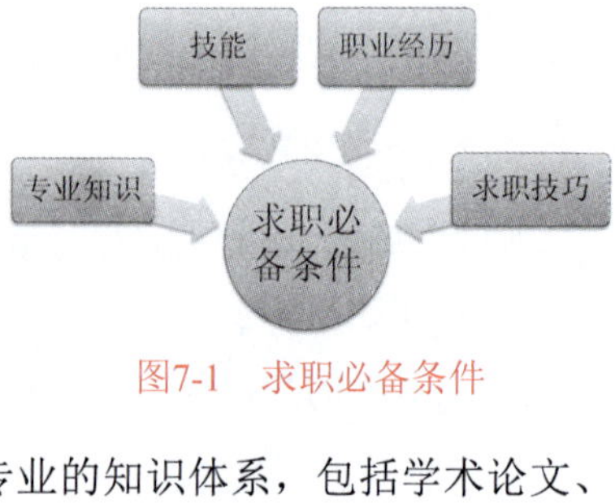

图7-1 求职必备条件

（一）专业知识

专业知识是指一定范围内相对稳定的系统化的知识。例如，对于从事专业写作的人来说，自然需要熟悉和掌握本专业的知识体系，包括学术论文、科研报告、学科专著等相关的专业知识。

（二）技能

技能是掌握和运用专门技术的能力，是通过练习获得的能够完成一定任务的动作系统。技能按其熟练程度可分为初级技能和技巧性技能。初级技能只表示"会做"某件事，而未达到熟练的程度。初级技能如果经过有目的、有组织的反复练习，动作就会趋向自动化，而达到技巧性技能阶段。技能按其性质和表现特点，可区分为如书写、骑车等活动的动作技能，以及如演算、写作之类的智力技能两种。已形成的技能若能促进新技能的形成，叫作技能正迁移。如果已形成的技能阻碍了新技能的形成，则叫作技能干扰或技能负迁移。因此，技能是可迁移的。

主动提高自己的可迁移性技能是非常重要的，下面两项技能是必须要掌握的。

1. 人际沟通

沟通是个双向的过程，语言沟通是最常用的形式。要先学听，后学说。听就是弄清楚别人要表达的中心意思是什么，如果对方的表达不清楚，在听的过程中可以适当要求对方澄清，只有完全听清楚了，自己准备说的建议或意见才可能正确。有了"听"的经验再学"说"，要学会在最短的时间内清楚地表达自己的思想，要有意识地主动寻找机会，锻炼自己的语言表达能力，用比别人短的时间把同样的事情说清楚也是一种能力的体现。

2. 时间管理

时间对我们每个人都是公平的。每天都是24小时，可是这24小时的使用权却掌握在每个人自己手里，时间使用的效率决定了使用后的结果。工作中时间安排混乱的人，生活也是混乱的。一个随时都在打电话、接电话的人，不能证明他很忙，只能证明他很乱。时间管理的最基本原则是：紧急的事情不一定是重要的，重要的事情要按计划去做。

(三) 职业经历

随着就业竞争的日趋激烈，用人单位对求职者的职业经历越来越重视，职业经历成为求职者参与就业竞争越来越重要的砝码。丰富的职业经历使求职者掌握一定的技能，能尽快适应单位需求，为实现"人职匹配"这一供需双方在职场追求的最高目标奠定坚实的基础。丰富的职业经历也使求职者能深入了解行业，科学规划自己的人生，确定自己的职业方向，正确进行职业生涯规划。然而职业经历的获得，并非一朝一夕之功，必须有一个积累的过程，求职者应把自己积累的职业经历作为全面提高自己职业竞争能力的一个重要步骤。

在丰富自己的职业经历、不断提高专业技能的同时，求职者更要注重提高自身的综合素质，如交往能力、理财能力、照顾客户的能力、与人合作的能力、处理突发事件的能力等。

(四) 求职技巧

知己知彼，百战不殆。在招聘开始之前，总有些求职者"故作清高"，不屑于"掺和"进来，等到真正开始后才发现自己已被现实所"遗弃"；亦有人诚惶诚恐，将学习求职技巧视为首要任务，然而面对各式"补品"，却不知该如何享用，眼睁睁地看着好工作逐渐被别人"瓜分蚕食"，再出手时已为时晚矣。那么，应该做好哪些技巧应对工作呢？

1. 有所为，有所不为

职位万千，但并不是所有的职位都适合你。空有满腔热情，认为自己有能力胜任一切职位的想法是不切实际的，自认为"无所不能"也意味着你"一无所长"。"尺有所短，寸有所长"，用人单位看重的正是你的"专长"。如果求职没有重点，或是试图证明自己是一个适合于所有职位的"万金油"，你就会输在求职竞争的起跑线上。

2. 三思而后行

求职的每个步骤都应该包含明确的意图，在深刻领会用人单位职位要求的基础上，结合自身特点，运用专业规范的求职行为有的放矢地求职。求职者较难把握的是用人单位真实的职位要求，只有尽量减少这种信息不对称的情况，才有可能求职成功。同时还要多做换位思考，多方实践，从用人单位的角度出发，深度揣摩招聘人员的心理，有针对性地展开求职行为。

3. 用事实说话

要时刻牢记你需要做的是努力用事实证明自己的能力，而不是一厢情愿地把自己的主观评价强加给别人。只有结合自己的优势，组织典型事例，运用流畅、精练的语言加以证明，才能收到良好的效果。

4. 要有"屡败屡战"的精神

目前，就业压力不断增大，求职周期不断延长，没有"屡败屡战"的精神，很容易自怨自艾、无所事事，最终浪费了大好时机，与成功就业失之交臂。一味抱怨就业形势紧张是毫无益处的，不如做一些实质性的准备，提高自身的素质。求职过程本身就是不断学习、融入社会的过程，"屡败屡战"精神更高的要求是学会从失败中吸取经验教训，不断调整自己的求职行为，只有这样才能达到成功就业的目的。

5. 细节决定成败

在日益激烈的求职竞争中，任何一个细微的错误都有可能导致求职失败。所以，在求职过程中一定要有严肃认真的态度。如果把握好求职过程中的每个细节，处处体现出自己较高的综合素质和良好的职业能力，必会为求职加分不少。

二、个人资源分析

（一）能力与职业

事业发展高度和能力之间，有不容置疑的直接关系。能力不是抽象的素质，可以通过职业角色得以表现，如交响乐团的指挥，其能力显然和一名出色的科技人员或一名出色的飞机驾驶员不同。

人的能力可分为一般能力和特殊能力两大类。一般能力通常又称为智力，包括注意力、观察力、记忆力、思维能力和想象力等。特殊能力是指从事各项专业活动的能力，也可称为特长，如计算能力、音乐能力、动作协调能力、语言表达能力、空间判断能力等。

职业能力是人们从事某种职业的多种能力的综合。例如，一位教师只具有语言表达能力是不够的，还必须具有对教学的组织和管理能力、对教材的理解和使用能力，以及对教学问题和教学效果的分析、判断能力等。

如果说职业兴趣或许能决定一个人的择业方向，以及在该方面所乐于付出努力的程度，那么职业能力则能说明一个人在既定的职业方面是否能够胜任，也能说明一个人在该职业中取得成功的可能性。

（二）个人优势与劣势

每个人都具有一个多种能力组成的能力系统。在这个能力系统中，各方面能力的发展是不平衡的，常常是某方面的能力占优势，而另一些能力不太突出。对于职业选择而言，应主要考虑最佳能力，选择最能运用其优势能力的职业，这样可以更好地发挥一个人的作用。

在求职时，不妨采用SWOT分析对自己进行一番从里到外的体检。

SWOT分析法又称为态势分析法，它是由旧金山大学的管理学教授于20世纪80年代初提出来的，是一种能够较客观而准确地分析和研究优劣势的方法。

从图7-2中可以看出，SWOT分别代表strengths(优势)、weaknesses(劣势)、opportunities(机会)、threats(威胁)。

图7-2　SWOT分析图

SWOT分析是检查个人技能、能力、职业、喜好和职业机会的有用工具。如果对自己做个细致的SWOT分析，那么你会很明了自己的个人优点和弱点在哪里，并且评估出自己所感兴趣的不同职业道路的机会和威胁所在。

一般来说，求职者在进行SWOT分析时，应遵循以下四个步骤(见图7-3)。

评估自己的长处和短处 → 找出自己的职业机会和威胁 → 列出今后5年内自己的职业目标 → 列出一份今后5年的职业行动计划

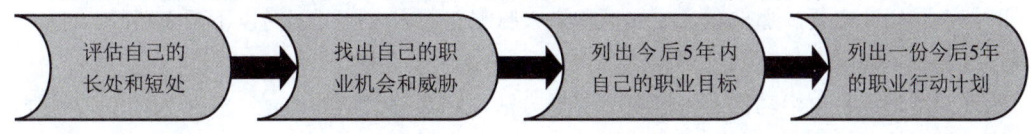

图7-3　SWOT个人分析步骤

1. 评估自己的长处和短处

每个人都有自己独特的技能、天赋和能力。在当今分工非常细的市场经济里，每个人通常擅长某一领域，而不是样样精通。譬如，有些人不喜欢整天坐在办公桌旁，而有些人则一想到不得不与陌生人打交道，心里就惴惴不安。做个表格，列出自己喜欢做的事情和长处所在。同样，通过列表，可以找出自己不是很喜欢做的事情和弱势。找出短处与发现长处同等重要，因为这样可以基于自己的长处和短处做两种选择：一是努力去改正常犯的错误，提高自己的技能；二是放弃不擅长的技能要求的职业。列出认为自己所具备的很重要的强项和对职业选择产生影响的弱势，然后标出对自己很重要的强项和弱势。

2. 找出自己的职业机会和威胁

不同的行业会有不同的外部机会和威胁，所以，找出这些外界因素对求职是非常重要的，因为这些机会和威胁会影响求职者的第一份工作和今后的职业发展。如果公司处于一个常受到外界不利因素影响的行业里，很自然，这个公司能提供的职业机会将是很少的，而且没有职业升迁的机会。相反，充满了许多积极的外界因素的行业将为求职者提供广阔的职业前景。列出自己感兴趣的一两个行业，然后认真地评估这些行业所面临的机会和威胁。

3. 提纲式地列出今后5年内自己的职业目标

仔细地对自己做一个SWOT分析评估，列出自己从学校毕业后5年内最想实现的4至5个职业目标。这些目标可以包括：你想从事哪一种职业，你将管理多少人，或者你希望自己拿到的薪水属哪一级别。请时刻记住，必须竭尽所能地发挥出自己的优势，使之与行业提供的工作机会完美匹配。

4. 提纲式地列出一份今后5年的职业行动计划

这一步主要涉及一些具体的内容。必须拟出一份实现上述第三步列出的每个目标的行动计划，并且详细地说明为了实现每个目标，要做的每件事，以及何时完成这些事。如果你觉得需要一些外界帮助，请说明需要何种帮助和如何获取这种帮助。例如，你的个人SWOT分析可能表明，为了实现理想中的职业目标，你需要进修更多的管理课程，那么，你的职业行动计划应说明你何时进修这些课程。

(三) 人脉

"关系"潜规则公然走上台面，很多人认为有失公正。有人会说："想找工作？先说说你能给公司带来什么人脉关系。"越来越多的人发现，本来遮遮掩掩的一些潜规则，居然堂而皇之地走上了就业的"台面"。"人脉关系重过个人能力，单位是用人还是拉关系？"很多人开始质疑这种"赤裸裸"的用人观。但不管你是否承认，人脉关系都已经成为找工作的非常重要的渠道，一些世界顶级的大公司，如通用电气、微软、甲骨文、西门子等都把内部推荐视作非常重要的招聘渠道，微软的员工甚至有40%是通过员工推荐的，这些惊人的数据不得不让你动用起你的人脉资源。

但对于大学毕业生来说，人生经历有限，也并非每个人都能有那么多能推荐自己的亲戚朋友，这也是困扰很多人的共同难题。

既然人脉如此重要，那求职者要如何积累人脉呢？积累人脉可遵循以下两大路径。

1. 路径一：熟人介绍

熟人介绍是一种事半功倍的人脉资源扩展方法，它具有倍增的力量。一个人的能力再强，但他的精力和时间是固定的、有限的。一位营销人员，要想在短时间内开发出大量的客户资源，只有利用熟人介绍的机制，才能产生一生二、二生三、三生万物的几何指数的倍增效应，人脉资源的拓展也是如此。

2. 路径二：二八原理

如果你的人脉资源十分丰富，建议你进行人脉资源数据库管理。你可以在网上下载一个名片管理软件，然后输入相关数据。例如，姓名(中英文)、工作数据(公司部门与职称)、地址(商务地址、住家地址、其他地址)、电话与传真及移动电话、电子邮箱(公司与个人永久邮箱)、网址等，甚至还可以输入更个人化的资料，如QQ、生日、昵称、个人化称谓、介绍人、统一编号等其他字段。

企业经营管理中有一个著名的"二八"理论，通常的意义是说，企业中20%的产品创造着企业80%的利润，20%的顾客为企业带来80%的收入，20%的骨干创造着80%的财富，80%的质量瑕疵是由20%的原因造成的等。二八原理告诉我们，要抓住那些决定事物命运和本质的关键的少数。

经营人脉资源也是如此。也许，对你一生的前途命运起重大影响和决定作用的，也就是那么几个重要人物，甚至只是一个人。所以，我们不能平均使用我们的时间、精力和资源，我们必须区别对待，我们必须对影响或可能影响我们前途和命运的20%的"贵人"另眼相看，我们必须在他们身上花费80%的时间、精力和资源。这是科学经营人脉资源的原则，与人品、道德是两码事。

表7-1 成功就业条件分析

序号	必备条件	要素	规则	举例
1	目标和策略	目标定位	★要有明确的初、中、高目标层次	例如，选择的是初级目标
			★至少要在岗位或专业要求、薪酬、工作环境、个人发展等方面有定性和定量要求	例如，选择的是所学专业，薪酬3000元，工作环境为室内作业，对个人应有发展的可能
		策略	★要有实现目标的基本原则	例如，基本原则是分步实施
			★要有实现目标的时间要求	例如，时间要求是3个月内先找到一份工作，3年内相对稳定
			★要有实现目标的基本手段	例如，外地就业，靠个人努力
2	途径和方法	求职途径	★要有至少3种明确的求职途径	例如，选择电话求职、上门求职、亲友介绍求职、学校推荐求职、职介机构求职
		实施方法	★要至少针对3种求职途径，提出具体的实施方法	例如，对所选的求职途径，在准备、步骤、规则、技巧等方面提出具体的设计

(续表)

序号	必备条件	要素	规则	举例
3	个人条件	人格和能力	★具有能够满足用人单位需要的职业人格和能力	例如，具有高度的工作责任感、一定的英语水平
		经验	★具有能够满足用人单位需要的职业经验	例如，具有相关的职业实习经验
		学历	★具有能够满足用人单位需要的学历	例如，本科毕业
		社会关系	★具有能够帮助自己就业的社会关系	例如，家庭可以帮助提供就业信息
		其他	★具有求职能力、外貌、语言等有助于求职的条件	例如，有较强的个人展示能力
4	就业环境	本地区就业信息的掌握	★要对本地区总体就业情况和求职意向所涉及的岗位信息有所了解	例如，知道本地区计算机绘图人员处于供不应求的状态
		其他地区就业信息的掌握	★要对其他某地区总体就业情况和求职意向所涉及的岗位信息有所了解	例如，知道重庆和成都都缺少技术人才

三、确定求职目标

确定目标前要彻底了解自身情况和外界情况，具体包括自我评估和职业评估两项。

(一) 自我评估

自我评估即对自己的各种条件和能力进行剖析、自我评定和自我评价。它是求职的第一步，也是最为关键的一步。一份调查报告显示，个人简历中如果附有一份自我评估，会大大增加获取面试和最终被录用的机会。求职之前，不妨按下面的办法进行自我评估。

1. 自身优劣势评估

这主要指正确评估自己的能力、实力和个人技能，包括自己的成绩、优势、特长、实践经验和其他闪光点，即已有的人生实践和体验，无论大的还是小的，它们都是你的优势。如担当的职务、曾经参与或组织的实践活动、获得过的奖励和荣誉等，这些从侧面可以反映出一个人的素质状况和内涵。

2. 知识技能评估

大学期间，你学习的专业和专业课程是什么，从中获得了什么？专业也许在未来的工作中并不起多大作用，但在一定程度上决定了你的职业方向。同时，还要想想自己获得了哪些个人技能，接受了哪些培训，自我"充电"的程度如何。重要的是你要善于从中总结，将其真正化为自己的智慧，并尽力将之付诸行动。

3. 自身性格评估

一个独立性强的人会很难与他人默契合作，也很难融入新的环境和团体，而一个优柔寡断的人绝难担当企业管理者的重任。你可能做过很多事情，也组织了很多大型活动，但最成功的是什么？它为何成功，偶然还是必然？通过分析，可以发现自我性格优越的一面，如坚强、果断、细致，并以此作为个人深层次挖掘的动力之源和魅力闪光点。求职前应充分了解自己的性格，看自己适合做管理、公关、销售，还是适合研发等。

4. 相关环境评估

求职前还要充分认识与了解相关的环境，包括当前国际形势、国内社会政治、经济发展趋势、社会热点职业门类分布与需求状况，等等。评估环境因素对自己职业生涯发展的影响，分析环境条件的特点、发展变化情况，把握环境因素的优势与限制。了解本专业、本行业的地位、形势，以及发展趋势。对环境的正确分析可以把握大局和趋势，也有利于丰富自身。

环境对职业生涯影响因素的关系可概括为：知己、知彼、抉择。各个影响因素所包括的内容见图7-4。

5. 人生目标评估

人生目标往往决定了一个人今后一段时间的奋斗方向。结合自身特点及个人意愿确立一个准确的目标，可以做到有的放矢，把有限的精力放在我们最关注的问题上，能够激励自己挑战自我、

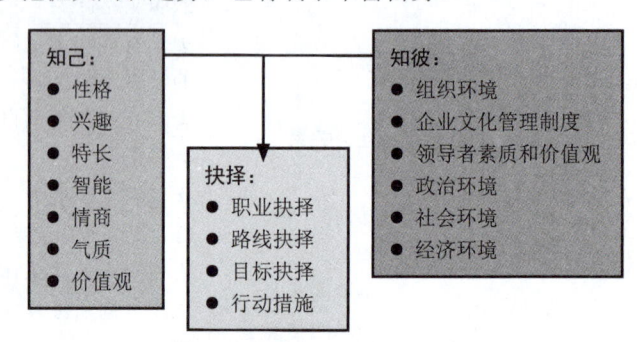

图7-4 环境与职业生涯关系图

超越自我，实现自己的既定目标。正确进行自我评估还应尽量做到以下几点：客观实际不虚夸；突出特色不庸俗；发展变化不静止；整体优化不片面。按照以上要求写出你的评估报告，放在你天天能看到的地方，这就是你的"职业生涯坐标"。

（二）职业评估

成功就业的关键在于，要在清醒地认识就业环境的前提下做出选择。如何在众多行业和单位中选择一份适合自己发展的职业，这是每个职业者都会面临的问题。职业评估就是要为职业目标与自己的潜能及主客观条件谋求最佳匹配。

1. 从外部大环境来分析

我们身处这个社会之中，无论从事什么职业，不可避免地都要受这个社会和大环境的影响，它包括国家与地区的政治、经济、法律等，还包括国际上一系列相关方面的问题，如金融危机。那么我们所要做的则是精准地抓住社会这个大环境的发展趋势，然后尽可能顺应社会的发展，以提高环境发展对所选职业的促进效应。

2. 要充分了解所选的职业

大学生要清醒地认识所选职业在社会环境中所处的地位。在社会发展的趋势之上，所选职业究竟是处于发展期、高峰期、还是衰败期。了解这一点也是至关重要的，它关系到求职者今后的职业生涯。一个发展潜力巨大的职业能给求职者带来充满阳光的职业生涯，也能更好地体现择业者的个人价值。

3. 要关注企业自身的发展前景

企业和行业的发展会受到社会这个大环境的影响，同时决定企业和行业的发展方向，但企业和行业的发展前景绝不仅仅由社会的发展趋势所决定。一个好的外部环境可以促进企业的发展，但是企业和行业前景则由其自身所决定。正确的企业战略、良好的企业文化、优良的管理制度，尤其是合理的人力资源管理配置，对于企业来说都是高竞争力的体现。对于择业者来说，选择自己认同的企业，对今后的职业规划也很有帮助。

4. 要明确自己的职业目标

个人事业的成败，很大程度上取决于有无正确适当的目标。没有目标如同驶入大海的孤舟，没有方向，不知道自己该走向何方。只有树立了目标，才能明确奋斗方向，犹如有了海洋中的灯

塔，引导你避开险礁暗石，从而走向成功。制定自己的职业目标需要考虑你希望在多少年之内达到什么目标，然后一步步地定出让你达到这个目标所需要做出的阶段性的业绩与成就。尽早定出自己的职业目标，这样在职业的发展中就会少一分迷茫。值得提出的是，职业目标的制定一定要切合实际，不能不切实际地把目标定在一个不可能完成的水平上，应当量力而为。

四、制订求职计划的步骤与方法

没有计划而匆匆忙忙地草率行动是导致失误的根本原因之一。求职是一项复杂而系统的工程，需要进行科学的统筹和管理，事先的周密准备和详细规划是成功的基石。从准备的时间来划分，可分为长线准备和短线准备。

(一) 长线准备

长线准备侧重于从长远上有计划、有步骤地提升自身的综合素质和资源积累；短线准备则是求职流程各个环节中的技巧。

从长期来看，求职准备需要做到如下几点。

(1) 有意识地关注和学习相关行业和专业的知识来建立知识、能力和技能储备。

(2) 通过丰富的职业经历来提升自身的综合素质和能力。

(3) 广泛地拓展和积累自己的人脉资源，以获取更多的信息和渠道。

(4) 硬件、软件两手抓，两手都要硬。

长线准备意味着完成了搭建地基、树立方向的基础性一步，这一步至关重要。绝大部分求职者最后取得成功，都是在长线准备中高瞻远瞩、未雨绸缪，想其他人所未想，领先一步完成了自己的前期积累。

(二) 短线准备

到了开始正式求职之后，求职准备便进入了短线阶段，其中包括七个步骤，如图7-5所示。

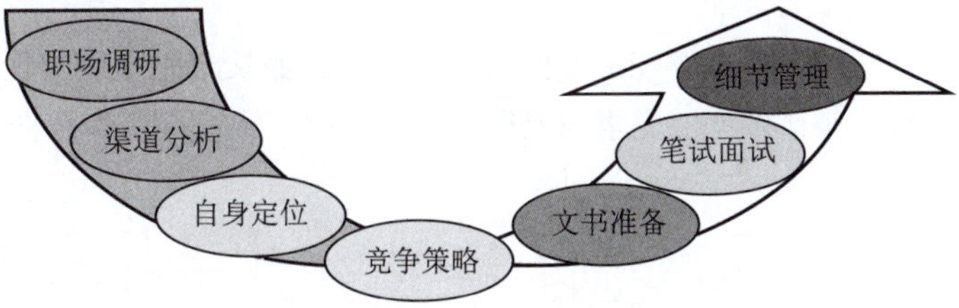

图7-5 短线准备步骤

1. 职场调研

这是指对求职市场上各种各样的职位、工作、公司进行分类，挑出适合你自己的进行调研。除了关注公司和职位，还要充分调查竞争对手的情况和招聘的常规做法，特别是正式流程下面隐藏的潜规则，这才是真正意义上完整的市场调查。可形象地将其比喻为"侦探探案"，像侦探一样不放过一个细节。

在求职之初，有必要先对市场的形势做一番调查。也许你周围的人已经告诉了你很多信息，让你对未来有了某种预期，但你不能就此止步。环境也许已经和别人告诉你的不相同了，变化中蕴含着机会，如果你不去调查，你就永远不能发现这些机会。

2. 渠道分析

渠道指的是搜集工作信息及求职的途径。对渠道进行分析的目的是尽可能地抓住一切工作机会并充分地把自己的资源利用起来。一些常规的渠道大多数人都会用到，如网络求职、招聘会、宣讲会等，而另外一些非常规的渠道则很少有人想到去加以利用，如依靠关系网实习等。正确的做法是把自己所有能够用到的渠道都充分利用起来，在这一过程中需要求职者充分发挥自己的积极性。

3. 自身定位

定位使你能够专注于自己最有把握、最有优势的目标，使你的求职更有针对性。定位需要紧紧围绕自己的核心竞争力来进行，并且综合考虑自己的兴趣、能力和性格等因素。准确的自我定位可以使你走上正确的职业方向。在求职竞争日益激烈的今天，求职竞争在很大程度上已经演变为个人核心竞争力的竞争。挖掘自身的核心竞争力就是要进行准确的自我定位，找到自己的优势和劣势所在。

4. 竞争策略

竞争策略的制定是一个武装自己，使自己的优势得以放大，劣势得以规避的过程。竞争策略的制定要紧紧围绕自己的核心竞争力，并且找到有效放大自己的竞争优势的途径。

5. 文书准备

这一步骤主要是编写和修改自己的简历和求职信的过程。简历和求职信是你打开公司大门的第一把钥匙，对于你能否得到进一步和公司接触的机会至关重要。简历和求职信的写作要遵循一定的原则来进行，并根据实际情况反复地进行修改。

6. 笔试面试

笔试和面试是最后的冲刺。前面长时间的准备能否达到预期的效果，关键就看面试中的表现。要做到最好的发挥，一是要进行充分的准备和反复的练习；二是要始终保持积极的心态和主动进取的精神，充分展现自己的实力和特点。

7. 细节管理

很多时候，决定求职成败的不是大的方向性错误，而是一些被忽略了的细节。因此，有人感叹"细节是魔鬼"。在求职过程中，必须保持高度的警惕，对于一些可能影响招聘人员对你的印象的细节要多加注意。

短线准备是厚积薄发的关键一步，正如长跑比赛最后几圈的加速和冲刺。在短线准备中出色发挥，是诸多毕业生求职取得成功的关键，短线准备和长期积累同样重要。

第二节　求职准备与技巧

一、求职信息的搜集与处理

求职信息是大学生择业的基础，是解决就业的核心资源。信息搜集的有效性与信息处理的高效性都将直接影响就业前景。求职信息的搜集与处理是大学生求职应聘前的基本准备工作，大学生要根据目前的就业形势，及早准备、及早动手，在广泛搜集求职信息、了解市场动态的基础上，对信息进行分类、整理及筛选，为自己寻找更多的就业机会。

(一) 搜集就业信息的必要性

1. 就业信息是择业决策的重要依据

就业信息是指通过各种媒介传递的有关就业方面的消息和情况，如就业政策、就业服务机构、招聘会信息、用人单位需求信息等。为使自己的择业决策更具科学性，必须占有大量有效的就业信息。

2. 就业信息是顺利面试的可靠保证

公司都十分重视人才的整体素质，全面了解和考察整体素质的主要方式就是面试。若在面试过程中，只能抽象地表明一个求职的意愿，而对企业的经营方式、产品结构、市场行情，以及以往的历史和今后的发展一无所知，则会显得很盲目，难以得到用人单位的青睐。这时候就需要我们及时关注该企业的就业信息，详细了解企业情况，在面试时更有针对性、更专业地回答考官的问题。

(二) 就业信息搜集的原则

(1) 及时性：是指搜集就业信息要及时，早做准备。

(2) 广泛性：是指广泛搜集各个方面、不同层次的就业信息。

(3) 具体性：是指搜集的信息要具体，包括用人单位的联系电话、工作地点、环境、组织结构、薪酬待遇、发展前景、对新员工的基本要求等。

(4) 准确性：是指了解用人单位需要的是什么层次、什么专业的人才，在性别、技术能力、外语水平等方面有什么特殊要求等。

(5) 时效性：用人单位招聘人员具有很强的时效性，要搜集最新的信息，而不是过期的信息。

(6) 整合性：首先，将过时、虚假的信息剔除出去；其次，将与自己的专业及兴趣有关的信息提取出来，将与专业兴趣无关或关系不大的放到一边；再次，按信息重要性大小对信息进行排序，重要性的判断标准是是否适合自己；最后，根据筛选出来的需求信息的要求，对照检查自己，及时调整自己的知识结构，弥补自身的缺陷与不足。

需求信息一旦选定，就要不失时机地主动与用人单位的主管人员联系，询问应聘的方式、时间、地点和要求，并递交一套完整的求职材料，使需求信息尽早成为双方深度沟通的桥梁。

(三) 信息搜集途径

搜集求职信息是择业的基础，求职信息越广泛，择业的视野就越宽阔；求职信息质量越高，择业的把握就越大。多拥有一则信息，就等于为自己多增加一次择业机遇。因此，大学生必须利用各种渠道、各种方式，广泛、全面、准确地搜集与求职有关的各种信息，为择业做好充分的准备。

1. 学校负责就业的有关部门

学校的毕业生就业指导中心和各院系的相关机构作为毕业生就业的重要中介机构，与中央有关部委和各省市的毕业生就业主管部门，以及有关用人单位都保持着密切联系。无论从哪个角度来看，学校都应是搜集就业信息的主要渠道之一。因为就目前的就业机制来看，学校是连接大学生就业工作所涉及的有关对象的核心环节。学校既与毕业生就业工作所涉及的各级主管部门之间保持着密切联系，同时是用人单位选录毕业生所依赖的一个重要窗口。正是由于这一特定位置，学校对就业信息的占有量大于任何一个部门，同时其所掌握信息的准确性、权威性也相对较高。并且，由于学校接触到的所有信息都是用人单位针对学校情况而设置的，因此适用性、可信度也较高。目前各高校毕业生就业工作的职能部门大都开始逐渐转变观念，以市场为导向，以服务为宗旨，在公布信息、提供咨询、就业指导、就业帮扶等方面都做了大量的工作，也取得了显著成效。因此，毕业生要主动依靠、充分利用学校就业信息网络与微信公众号推送的丰富资源，获取有价值的信息。

2. 就业中介服务机构及双选会

目前大学生就业面向三大人才市场：教育系统的毕业生就业市场、人事部门的人才市场、劳动部门的劳动力市场。除此之外，还有一些私营中介举办的不同规模和层次的招聘会和宣讲会。各类毕业生就业服务机构和政府为促进就业，积极为用人单位选用人才和毕业生就业搭建交流平台。各地方都有专门的人才市场，地方和各行各业每年都要举办各级各类的人才交流会，很多高校也会组织大型的双选会或校园专场招聘会。这些人才市场、交流会、双选会、招聘会、宣讲会不仅为用人单位和毕业生提供了面对面接触的机会，而且为毕业生提供了大量的需求信息，毕业生要高度重视，充分利用这些机会，走访用人单位的摊位，寻找交流的机会，尽可能多地了解相关职业和行业情况，搜集大量的用人信息。此外，猎头公司作为中介机构，与一般的人才服务机构不同，他们的服务对象是中高级管理人员和技术人才，手中掌握着大量跨国公司职位空缺的信息。不过对于应届毕业生来说，由于其初出茅庐，缺少实践经验，故而想成为猎取对象的机会不大。但如果出身名校，且在校期间有专利发明或是发表了在国际上具有影响力的论文，又或者在实践实习过程中有非凡的经历和表现，得到猎头公司的推荐也是有可能的。

3. 各种社会关系

所谓通过社会关系，就是通过亲戚、朋友、师长及其他熟人等社会关系获取求职信息，通俗地讲，就是我们日常所说的"门路"。这里不能将社会关系简单归于走后门，并一味加以排斥，这里所说的关系实际上指的是一种途径和渠道。就个人和家庭的各种社会关系在帮助和推荐毕业生就业这方面来看，他们可以利用自己的各种优势和人际资源尽力帮助毕业生就业或提供就业信息；从师长这个渠道来看，他们对相关行业和专业领域的发展情况、毕业生适合的就业区域、单位、岗位等信息的把握都比较准确、具体。这些资源对毕业生获取求职信息的作用不可低估。事实上，每年都有相当一部分毕业生是通过这种方式就业的。

4. 实习单位

实习是大学生专业理论知识应用于实践、加强对理论知识的理解和进一步提高理论水平的过程，实习单位一般是专业对口单位。通过实习，大学生可以比较深入地了解单位各方面的信息，同时单位对大学生也会有所了解。如果单位有招聘毕业生的名额，而毕业生的条件又恰好让单位满意，毕业生就极有可能成为招聘对象，每年通过实习落实就业的毕业生也有相当可观的数量。并且通过实习，大学生可以对社会上的职业结构、行业发展和专业需求有所了解，能够较为充分地搜集信息。大学生要学会充分利用这些机会，在增长实践知识、提高实践能力的同时，为就业做好准备。

5. 大众传媒

由于毕业生就业是社会关注的焦点问题，近年来已经逐渐引起大众传媒的普遍关注，有关就业的讲座、招聘广告时常可见。大众传媒具有受众面广、传播速度快、形式多样、信息量大等特点，是获取求职信息最广泛、最快速的渠道。大学生可以通过报刊、电视、网络等渠道，了解就业市场动态，获取求职信息。尤其在信息网络化时代，利用互联网寻找求职信息给我们提供了极大的便利。互联网上信息量大、查询快捷，毕业生要养成经常上网查询的习惯，这样可以获得大量的求职信息。同时，通过各类人才网站、企业网站、政府就业网站等，除了可以获得就业岗位信息，还可以获得大量的就业政策、行业发展、市场分析信息，以及招聘会、宣讲会等的时间安排。各高校也均有相应的就业指导网站，这些网站上的信息时效性强、更新快，更加符合在校毕业生的特点，非常值得毕业生关注。

(四) 信息搜集内容

毕业生在搜集求职信息的时候，应该关注的信息主要包括两大类：一是宏观就业信息，即国家社会经济发展和人才供求状况、方针政策等；另一类是微观就业信息，即各用人单位具体的人才需求信息。对于用人单位的信息，要了解到位，不能模棱两可，很多信息都不容忽视。

1. 用人单位的需求信息

首先，要关注用人单位的人才需求信息，这也是大部分求职者通常关注的部分。要了解用人单位到底是什么岗位需要招纳人才，在生源、学历、技能、性别、经验等方面都有什么样的要求和规定，这个岗位是否适合自己等。如果岗位要求与自己的能力不匹配，而且与自己的兴趣也相差甚远，那就不用再考虑了。了解基本的岗位信息，对于应聘者准备材料也有指导作用，求职者可以根据岗位需求，将自己与岗位相匹配的能力特长突出出来，辅以相关材料证明自己的实力，以提高应聘成功的几率。

2. 用人单位的基本情况

在对岗位有了一定的了解之后，可以进一步对单位进行整体研究。以某企业为例，若想知道这家企业的性质、规模、主要业务领域、发展历史、未来的发展战略、组织构成、文化理念等，可以通过多方面的信息介绍，初步对该企业形成一个基本认识。同时还可以通过相关论坛、新闻，发掘一些外界对该企业的评价，从而获得更多的信息。

3. 工作环境和时间

对于工作单位的地理位置、工作环境，以及岗位所要求的工作时间要了解清楚。如工作是在室内还是室外，办公地点具体在什么位置，自己是否可以接受，工作环境是否符合《劳动法》规定的劳动保护条件，工作是否需要经常出差、加班，节假日是否能正常休息等。虽然有些人对工作环境不太在意，不管在什么样的环境下都可以努力工作，但有些信息还是提前掌握比较好。例如，单位很不错，岗位也可以接受，但单位离自己目前的住处距离太远，交通也不是十分便利，这些问题自己是否可以克服或是解决，这就需要事前做出考虑。虽然从短期来看地理位置并不是十分重要，但如果想要在一家单位长期发展，这就是不得不考虑的问题。当然，目前的求职市场竞争十分激烈，求职者也不要对工作地点和环境过分挑剔。但无论怎样，对目前的选择多一点考虑总能让自己有更多的准备。

4. 薪酬福利待遇

对于薪酬部分，要关注单位给予薪酬的范围。是否会有五险一金、是否有其他福利项目保障、薪资的基础和绩效部分如何计算、是否有附加条件、行业内同等职位的薪酬大致是什么水平，以及权、责、利是否对应等。诸如此类的问题都可以在信息搜集时多做了解，以免到最后谈录用的时候，才发现公司给予的薪酬福利水平是自己不能接受的，导致之前付出的时间和精力都付之东流。

(五) 信息搜集过程中存在的问题

虽然现在是信息时代，我们每天的生活中都充斥着大量的信息，但在解读招聘广告时，要识别其中的一些陷阱，毕业生在信息搜集时一定要加以注意。

1. 以招聘名义骗取钱财

就业指导专家曾经指出，某些招聘企业会利用求职者求职心切的心理，变向收取一些费用。例如，巧立名目收取保证金，之后告诉求职者单位人员名额已满，而保证金也不再退还，或者干脆人去楼空。更加隐蔽的收费还包括工装费、档案管理费、转档手续费、培训费等，这些本应该由企业承担的费用统统转嫁到了求职者身上，而且一旦遇上这种情形，求职者往往不会通过单位后期的考核，单位会以各种理由迫使求职者放弃。目前国家的法律法规已经明确规定，用人单位不得向应聘者收取任何费用(包括押金或保证金)，因此，在求职初期或任职初期需要求职者缴纳押金的公司多是不合法的。此外还有一些规模小、夸大其词的中介机构，会向求职者索要信息服务费，不用多想，这一定是骗局。因此，求职者在遇到需要交钱的情况时，一定要提高警惕。

2. 以招聘名义储备人才

所谓"醉翁之意不在酒",现下不论是中小型企业还是大型企业,在某些时期,出于对公司发展的考虑,都会以招聘为名,一方面宣传自己的企业,提高知名度;一方面搜集人才,做储备之用。有些财大气粗的企业,动辄包下招聘会的几个展位,或是报纸的整个版面,招聘岗位十分丰富,以求吸引更多的招聘者关注自己的公司。而那些热血沸腾的求职青年,往往认认真真填好各种表格,过五关斩六将地熬到最后审核阶段,却被用人单位以各种理由告知不能录用。而且就招聘会而言,尽管主办方在招聘会开场前已对参加单位进行了资格审查,对其发布的职位信息往往也做过仔细的过滤,但在成千上万的职位信息中难免存在虚假信息。

一方面,招聘单位为了吸引求职者、宣传企业形象,会有意将需求人数提高;或者原本要招聘一般工作人员,但为了吸引那些高素质人才前来应聘,而将招聘岗位改成中层干部,让职位听起来很体面。由于信息不实,求职者往往会被迷惑,使自己对岗位职责的理解与实际情况产生偏差。另一方面,个别招聘会主办方有时为了吸引人气,会举办各类专场,求职者冲着专场而来,结果却发现有很多不相干的单位设置了展位;或是在招聘会的淡季,有些主办方甚至会虚设招聘单位,制造招聘会异常火爆的假象等。毕业生应当正确对待招聘会,认真核查相关信息的准确性,要有选择性地参加,不要盲从。

3. 利用求职过程诈取劳动成果

此种情况主要出现在一些小规模的设计公司。这些公司由于缺乏足够的人才和良好的创意,又不想支付额外的费用高薪聘请专业人员,故此想出这样的招数,通过借招聘新人的幌子,窃取创意或设计成果。

这些企业通常也会有十分完整、严格的考核系统,从投递简历、网络申请,到参加笔试、面试、复试等,每个环节都让人感觉极其正规,丝毫不会引起应聘者的怀疑。而用人单位会很巧妙地将自己的需求设置成考核题目,如按主题要求提交创意设计,或提交一套程序编码等。很多应聘者在进入最后一轮考核时,往往也认为胜利在望,面谈也进行得相当愉快,从工作内容、培训方案谈到薪酬福利等,可最后却迟迟等不来录取通知。回顾自己的求职过程,应聘者通常找不到失败的原因,电话询问用人单位也只能得到一个模棱两可的回答。所以建议求职者,如果担心自己的劳动成果可能会在面试过程中被公司占用或是窃取,就要在事前同公司讲明版权归属问题。

(六) 求职信息处理

1. 科学筛选

由于信息的来源和获取的方式不尽相同,已经搜集到的大量的求职信息内容很可能是杂乱无章的,有的相互矛盾,有的虚假不实。因此大学生对于已经搜集到的需求信息,应结合自己的实际情况加以筛选处理,去伪存真,有目的、有选择地进行排列、整理和分析。只有这样才能使求职信息具有科学性和有效性,使之能更好地为自己的求职服务。科学地筛选求职信息需要注意以下几点。

1) 去伪存真,有效筛选

面对众多的求职信息,要进行筛选和处理。这个过程简单来讲就是要结合自己的实际情况,对信息进行去粗取精、去伪存真,有方向、有条理地进行整理和分析,使得到的信息更具准确性和有效性。筛选信息可以依照真实性、时效性、价值性三个标准进行,同时通过分析已经获取信息的具体情况,如用人单位的要求、具体岗位、发展空间、薪酬待遇、工作地点等,依次对信息进行筛选。这个过程主要基于大学生对自我的客观评估,以及对信息进行剖析。

2) 善于对比，把握重点

这一点是处理信息的核心所在。筛选信息的时候，要将与自己有关的信息按重要程度排序标明，一般的信息则仅作参考。主次不分可能使你在求职过程中走很多弯路，耗费过多的精力。有的求职者因为将时间花在众多的一般信息上，结果使自己错过了良好的机遇。信息并不为个人所独有，而且信息具有明显的时效性，谁赢得时间，谁就可能抢占主动权，首先成功。因此，求职者要注意信息的时效性，如简历提交的截止日期、面试或笔试时间等。

3) 了解透彻，充分利用

对求职信息的充分利用，主要表现在求职者可以根据信息调整自己的求职策略。对于重要的信息，要注重寻根究底，争取对目标单位的历史、现状、未来等各个方面有一个清醒的整体认识。有些情况还要通过合适的方式或侧面进行了解，如果能详细掌握这些材料，就能在随后进行的面试中处于主动，从众多应聘者中脱颖而出，同时可以拉近自己与用人单位之间的距离，使面试官感受到你对面试的重视，以及对进入公司发展的渴望。

4) 求证归整，做好准备

对于已经筛选过的求职信息，还要做信息的求证工作。可以通过电话、网络、实地访问等方式来了解用人单位各方面的情况，修正和补充有关信息，以此来验证筛选信息的真实度和时效性。而求职信息经过筛选和求证后，有时仍然是零碎纷乱的，这就需要我们对所有信息加以归整和分类，既防止求职信息的遗漏，又方便我们自己对所搜集的求职信息进行检索和查阅，使自己再利用这些信息时更加方便快捷，避免出现有些求职者由于在前期随意投递简历，当用人单位致电通知其参加面试时，自己对该公司完全没有任何印象，并且自己也没有记录可以查询的情况。表7-2至表7-4为大家列出了一些信息整理的表格，以供参考。

表7-2 个人就业信息管理表

| \multicolumn{11}{c}{个人就业信息管理库} |
时间	单位名称	单位性质	招聘岗位	需求专业	招聘人数	公司地址	联系电话	电子邮箱	网址

表7-3 招聘会、宣讲会信息管理表

| \multicolumn{7}{c}{招聘会、宣讲会信息管理库} |
举办时间	名称	主办单位	地点	联系人	联系方式	备注

表7-4 用人单位基本情况信息表

| \multicolumn{4}{c}{用人单位基本情况信息库} |
单位名称		所有制性质	
所在地		联系方式	
经营范围		福利待遇	
发展前景		经济情况	
……		……	

2. 合理运用

求职信息的运用实际上就是在求职信息整理分析的基础上，充分利用可用信息去付诸实施，进行职业知识能力提升、职业选择和职业确立的过程。求职信息直接受当前就业形势与就业政策的影响，在当年的就业期限内对毕业生能否就业起到了举足轻重的作用。毕业生只有充分利用信息，全面分析市场需求，不断加强自身学习和实践活动，使自身的知识结构、知识水平和综合素质适应市场标准，并顺利择业，才算达到了搜集和分析筛选信息的目的。

求职重点目标一旦确定，就要及时主动与用人单位联系，询问面试时间、地点和要求，并按照要求准备好一套相应的应聘材料，使求职信息尽快变成供需双方交流沟通的纽带。求职信息的运用主要体现在三方面。首先，要运用有价值的信息，及时有效地选择适合自己的工作；要根据职业的要求和自己具备的条件，选择适合自己的最佳职业。其次，要根据筛选出来的信息，发现自己的不足，调整自己的知识结构，提高自己的工作能力。如发现自己哪方面课程和知识不足，要主动学习；发现自己哪方面的技能欠缺，要及时参加训练，以便很快掌握，弥补自己的不足。最后，对就业信息的充分利用，还表现在可以分享对自己没用但对身边朋友同学有价值的信息上，通过分享信息帮助他人，在拓宽信息来源的同时，还体现了大学生互帮互助的良好素质。

二、求职材料的准备

(一) 求职材料的内容

求职材料是毕业生向用人单位传递自身综合实力、整体素质最具说服力的初次证明。用人单位可从求职材料中全面了解毕业生学习状况、社会实践经历、专业特长等方面的信息，也可从中了解毕业生的文字表达能力、逻辑思维能力。因此，求职材料在整个择业中起着举足轻重的作用。

一般而言，求职材料主要包括毕业生推荐表、简历、自荐书、成绩单、各种所获证书(包括获奖证书和技能等级证书，已发表的文章、论文和取得的成果)等。

《毕业生推荐表》是全面反映毕业生基本情况的重要材料，在求职材料中有着举足轻重的地位，可以说是一个官方的认证，具有一定的权威性，用人单位对此具有较高的信任度；也是毕业生档案材料的浓缩，是学校向用人单位推荐毕业生，毕业生参加"双向选择"活动的重要证明材料；还是用人单位考查毕业生的重要依据。将《毕业生推荐表》放在求职材料中加大了自荐材料的可信度及自荐力度，它包括个人及家庭的一些基本情况，以及在校期间的学习成绩和奖惩情况、自我鉴定、组织意见等。

简历对求职来说具有至关重要的作用。它是求职者自我推销的广告，别人首先看的是你的简历。因此，对于求职的大学生来说，简历事关第一份工作的成败，一份优秀的简历是求职取得成功的敲门砖。

求职信或者自荐书、成绩单、各种所获证书等自荐材料是毕业生在求职择业过程中起重要作用的基石。要让用人单位认识、了解自己，必须通过多种途径和方法正确地宣传和展示自己。

在编写自荐材料的过程中，毕业生逐渐清楚了自己的实际情况，并且能对自身的情况做出全面的分析和评价，明确自己的特长与爱好，能更好地对自己进行职业定位，把职业的要求和自己的特长有效地结合起来，做出明智的择业取向。通过这些材料，用人单位不仅可以了解你的基本情况、知识能力及特长爱好，而且是面试出发点及面试后做出取舍的主要依据。

(二) 简历的制作

撰写简历是一项很严肃、很重要的工作，一份高质量的简历是成功就业的基础。撰写简历切不可轻率行事、随心所欲，应再三斟酌、反复推敲。在应聘前应该做好充分的准备，扬长避短，详略得当。

1. 简历的基本内容

简历的类型和格式有很多，根据个人偏好，可适当选择适合自己风格的类型。但无论简历的类型和格式如何相异，它的基本内容都是基本一致的，其中都必不可少地包括以下几个要素。

1) 标题

简历的标题一般为"简历"，也可以叫"求职简历"或"个人简历"。当然，也有些大学生把自己的简历名称起得很个性化，这需要根据你应聘的单位性质而定。如果是应聘国企、事业单位或研究机构，还是用朴实、中庸的名字比较好；如果是应聘广告公司、艺术机构等，为简历起一个极具个性的名称更能抓住用人单位的眼球。

2) 个人基本信息

这里的基本信息包括求职者的姓名、年龄、籍贯、民族、政治面貌、毕业学校、专业、联系电话、邮箱等。特别注意的是，在留下联系方式时，要留下自己的手机号，这样方便用人单位随时都能找到你。最好不留家里的电话，因为在真实的招聘中，出现过不法分子通过大学生留下的家里电话进行钱财诈骗的情况。另外，求职者要将所学专业放在基本信息中最显眼的位置，保证面试官根据岗位需求对口专业找到你。

3) 求职目标

求职目标是表明你此次求职希望得到什么样的工作，并可展示你未来能有什么作为，要结合自己的实际情况去选择求职目标。如果求职目标不明确，招聘人员拿到简历后，不知道你想做什么，也不愿花时间去推敲，会直接把你的简历筛掉。招聘者最喜欢的是一目了然地看到你应聘的职位名称。

4) 学习经历

在这一栏中，应列出高中到获得最高学历学校的名称，包括就读的起止时间、所读专业，便于用人单位对你的求学经历有个大概的判断。在排列就读学校时，一般按时间顺序由近及远，最先列的一条应该突出你的最高学历。

5) 所学课程

列出大学期间的所学课程，便于用人单位了解你的知识结构，这也是展现你能胜任该职位的证明。

6) 科研成果

科研成果对于本科生来说一般不要求，但对硕士生、博士生比较重要，现在很多单位会根据科研成果，如论文发表数量、承担科研项目等来对简历进行评分。

7) 实践经历

实践经历是简历中的核心内容。尤其是近几年，用人单位对大学毕业生的实践经验越来越看重。但这部分内容是大学生在制作简历过程中最头疼的部分，因为大部分大学生都缺乏社会实践经历。

在写作这部分内容时，如果有实践经历，可以把自己的实践经历如实描述。但在描述时要注意技巧，尽量避免使用如"承担大量的工作""做出了卓越的贡献""获得不俗的成绩"等华而不实的句子,这是用人单位最不爱看到的。用人单位需要看到毕业生在实践工作中实实在在做过什么,最好能用数据来说明。这一点在投外企、银行时尤其需要注意。

如果是没有社会实习实践经历的大学生,可以将在学校组织过的活动、参与过的工作、假期社会实践活动、有价值的兼职经历适当提及,让用人单位从大学平时的活动中判定出你的爱好、能力等。

8) 成绩和获奖情况

在这一部分中,要如实地展示在校时的成绩、年级排名,如果排名不是十分优秀,则避免提到排名情况。获奖情况指获得的奖学金或学校其他嘉奖等情况。这部分要求真实,不能弄虚作假,否则一旦被用人单位发现,你的诚信度就会大打折扣。

9) 职业技能

这部分包括你的外语水平、计算机水平、专业相关认证等。如果应聘的是特定职业,则需要说明相应的资质证书,如应聘教师需要教师资格证、普通话等级证书,应聘计算机相关职位需要微软、思科等认证,它是胜任应聘职位的有力说明。

10) 特长及爱好

这部分可以根据实际情况具体调整。如果你的特长与你应聘的职务有很大的联系,则可以列出来,为自己的应聘加分,也方便用人单位全面地了解你。

2. 简历制作原则

1) 十秒钟原则

当你的简历写完以后,能否在十秒钟内看完所有你认为重要的内容呢?就业专家认为,一般情况下,简历的长度以A4纸1页为限,简历越长,被认真阅读的可能性越小。高端人才有时可准备2页以上的简历,但也需要在简历的开头部分有资历概述。

2) 清晰性原则

清晰的目的就是要便于阅读。就像制作一份平面广告作品一样,简历排版时需要综合考虑字体大小、行和段的间距、重点内容的突出等因素。

3) 真实性原则

不要试图编造工作经历或者业绩,谎言不会让你走得太远。大多数的谎言在面试过程中就会被识破,更何况许多大公司(尤其是外企)在提供录用通知前会根据简历和相关资料进行背景调查。但真实性并非要把我们的缺点和不足和盘托出,而是可以选择突出哪些内容或忽视哪些内容,要知道优化不等于掺假。

4) 针对性原则

假如A公司要求你具备相关行业经验和良好的销售业绩,你在简历中清楚地陈述了有关的经历和事实,并且把它们放在突出的位置,这就是针对性。不仅仅是简历,在写求职信、跟进信及感谢信的时候,针对性都是十分重要的原则。

5) 价值性原则

使用语言力求平实、客观、精练,篇幅视工作所限为1~2页,工作年限5年以下,通常以1页为宜;工作年限5年以上,通常为2页。注意提供能够证明工作业绩的量化数据,同时提供能够提高职业含金量的成功经历。独有经历一定要保留,如在著名公司从业、参与著名培训会议论坛、与著名人物接触的经历,将最闪光点拎出即可。

6) 条理性原则

求职者应将公司可能雇用你的理由,用自己过去的经历有条理地表达出来。个人基本资料、工作经历包括职责和业绩、教育与培训这三大块为重点内容，其次重要的是职业目标、核心技能、背景概论、语言与计算机能力、奖励和荣誉等。

7) 客观性原则

简历上应提供客观的证明或者佐证能力的事实和数据。另外，简历要避免使用第一人称"我"。

3. 创新简历的方法

在求职中，简历就是向用人单位推荐自己的名片。如果简历只是按照固定的模板、写作规则、注意事项进行制作，则会失去个性，被淹没在众多的简历当中。因此，简历也需要个性突出、特征鲜明，富有个性化的简历会从众多简历中放射出光芒，吸引招聘官的眼球。这种创新过的简历，不是普遍适用提供给各个单位的常规性简历，是有极强针对性的，因此成功率也更高。制作个性化创新简历主要从以下三方面进行。

(1) 从要应聘的单位出发。了解自己要应聘企业的基本情况，然后把企业的一些元素融入简历，招聘官通过观看这些要素传递的信息会加深对简历主人的认同感和亲切感，从而大大提高成功的概率。

(2) 从要应聘的岗位出发。简历还可以从应聘岗位所需职业技能和职业修养的角度进行创新，让人通过简历，确信你完全具有符合应聘岗位要求的能力、水平和职业意识。

(3) 从自己的专业出发。结合自己的所学专业，用你的专业语言来对简历进行处理，通过简历体现你的专业素养和对专业的深入理解。

制作一份富有个性、极具创新的简历，能让你在众多的招聘者中脱颖而出，在求职竞争中大获全胜。但另一方面，求职简历的创新要注意以下几方面的问题：① 简历创新要把握方向，切不可偏离目标，简历的目标就是获得面试机会，能实现简历目标的简历就是优秀的简历；② 简历创新要慎重，千万不要离谱，要以招聘者和常人能接受的方式进行创新；③ 简历创新要结合企业和自己的具体情况，把两者有机地结合起来，让所有的创新都为简历的主人服务。

同时应该注意到，创新型的简历并不是在任何情况下都适用，大家要根据岗位的需要谨慎使用。例如，对于文案、美编类岗位，设计独特或者装帧精美的简历可能为求职者脱颖而出加分不少。但是，对于一般的岗位，招聘者其实并不喜欢太花哨的简历，反而是越整洁、干净、表达清楚的简历越能给招聘者留下好的印象。

4. 简历制作注意事项

(1) 要仔细检查已成文的个人简历，绝对不能出现错别字，以及语法和标点符号方面的低级错误。最好让文笔好的朋友帮你审查一遍，因为别人比你自己更容易检查出错误。

(2) 个人简历最好用A4标准复印纸打印，字体最好采用常用的宋体或楷体，尽量不要用花里胡哨的艺术字体和彩色字体，排版要简洁明快，切忌标新立异、排得像广告一样。当然，如果你应聘的是排版工作则是例外。

(3) 个人简历必须突出重点，它不是你的个人自传，与你申请的工作无关的事情尽量不写，而对你申请的工作有意义的经历和经验绝不能漏掉。

(4) 要保证你的简历会使招聘者在10秒之内即可判断出你的价值，并且决定是否详细浏览你的简历。

(5) 你的个人简历越短越好，因为招聘者没有时间或者不愿意花太多时间阅读一篇冗长、空洞的个人简历。最好在一页纸之内完成，一般不要超过两页。

(6) 不要仅寄你的个人简历给你应聘的公司，附上一封简短的应聘信，会使公司增加对你的好感。

(7) 要尽量提供个人简历中提到的业绩和能力的证明资料，并作为附件附在个人简历的后面。一定要记住是复印件，千万不要寄原件给招聘单位，以防丢失。

(8) 要在简历中使用积极的语言，切忌用缺乏自信和消极的语言写你的个人简历，最好的方法是在你心情好的时候编写你的个人简历。

案例导读

个人简历

个人情况：						
姓名	×××	性别	女	出生年月	××年×月	1寸证件照
籍贯	××	民族	汉族	身高	170cm	
专业	金融学	学制	四年	学历	本科	
毕业院校	××大学			毕业时间	2021年7月	
手机号码	135×××××××			电子邮箱		

教育背景：
2017—2021年××大学金融专业 2021年获得经济管理学士学位

社会经验：
1. 第十届"挑战杯"全国大学生课外学术科技作品竞赛志愿者 2. 2019年暑期在工商银行风险管理控制部实习，主要学习银行信贷流程、整理文档和录入系统 3. 曾担任院宣传部部长，组织辩论会、讲座等各项院内活动 4. 在院内许多娱乐、学术方面的活动中担任主持人，具有良好的语言表达能力和感染力 5. 2019年在学校举办的"百项工程"中，综合排名进入前10%

个人能力：	
外语水平	通过大学英语六级，具有较强的听说读写能力
精算师考试	中国精算师考试通过两门
计算机水平	熟练操作Office软件和各种专业软件(包括EViews和SPSS等)

爱好和特长：
读书、钢琴、健身

获奖情况：
1. 在第×届"挑战杯"创业计划大赛中荣获二等奖，比赛中担任队长 2. 在2019学年，荣获国家励志奖学金及学院二等奖学金

自我评价：
★做人诚实，做事积极认真 ★思维敏捷，积极主动，吃苦耐劳 ★有较强的适应能力和自学能力，以及较强的管理、组织能力和社交能力 ★缺点是缺少社会经验，但学习能力较强，可以弥补这一点

5. 简历投递

毕业生有时候会麻木地投递简历，但凡参加招聘会就抱着一摞厚厚的简历四处散发，抱着"不管成不成，无论什么岗位，先试试再说"的心理。其实，投递简历也有方式方法，盲目投递等于在做"无用功"。

1) 胡乱投简历的表现

有些同学本身求职目标不明确，投递简历时凡是与个人专业、兴趣沾边的职位都想碰碰运气，但求职不是靠碰运气就能行的。在投递简历时要注意以下事项。首先，要有明确的目标方向，漫无目的型的投递收效甚微。其次，有些同学会出于对知名企业的盲目崇拜而随意投递简历，不管自己的专业、能力是否与岗位要求匹配就乱投一气，这样的投递方法显然是不正确的。其实像一些知名的跨国企业，能够被它们录用的都是万里挑一的优秀人才，这样不顾自身条件的盲目投递根本就是徒劳。

随便看见一家单位在招聘就投递简历，这种做法犹如大海捞针，不仅浪费了大量的时间和精力，还会错过很多真正适合自己的机会。因此，大学生在投简历时要目标明确、准确判断，不要盲目投递。

2) 招聘会上投递简历

参加招聘会最大的优势就是能在展板上了解单位和岗位的信息，可以与招聘者进行面对面的交流和沟通。不过其缺点也很明显，除了面向高校毕业生的专场招聘会，其余大多招聘都面向有经验的人士。而即使在专场招聘会中，求职者想要从众多岗位中选择适合自己的，也不是一件易事。所以在招聘会上投递简历时，首先要仔细阅读岗位说明，然后根据自己的理解，争取与现场招聘者积极沟通。如果岗位要求与自身能力匹配，且符合自己的目标方向，就可以投递简历，并将投递的单位名称、岗位及相关信息进行记录。如果该单位明确表示不考虑应届毕业生，那就不要浪费自己的简历和时间了。

3) 网上投递简历

网络的普及化使我们目前的求职变得更加方便、快捷，简历可以通过电子邮件的方式传送给用人单位。但每天都会有成千上万的求职者通过网络向用人单位发出自己的求职申请，应如何提高简历的命中率呢？这里有几个需要注意的问题。

首先，对于同一家用人单位，最好只投递一个岗位，不要为了加深单位对你的印象而胡乱投递，这样只会让对方感觉你并不确定自己的职业方向，所以也不要随意运用招聘网站的代投功能。其次，建议用自己的专用邮箱发一封主题鲜明的邮件，题目中要有姓名、应聘岗位等基本信息，但一定要简洁明了。简历和求职信是否以附件的形式发送，可以依照用人单位的要求决定，格式建议用Word文档，PDF格式的文件通常会比较大，而且打开时容易出错。如果采用附件发送的形式，邮件正文中可以写明自己申请的岗位和自己的优势，或是直接将求职信写在邮件正文中，还要注意使用礼貌用语。最后，发送邮件时不要偷懒，不要采用群发功能，要一对一地进行投递，这样可以表示你的诚意及对用人单位的尊重。

(三) 求职信的撰写

简单而言，求职信就是一种附带个人介绍的信件，通过对自身能力的表述，引起对方的兴趣和重视。通常来讲，求职信的内容应当简明扼要、条理清晰，篇幅最好不超过一页。一份好的求职信能体现求职者清晰的思路和良好的表达能力。换言之，它体现了你的沟通能力和性格特征。

1. 中文求职信

1) 求职信的内容

求职信是简历的开场白，它的功能是引起简历筛选人的兴趣。为了使用人单位了解你申请的职位，并对你有更多的印象，建议大家发简历的时候同时发送一封求职信，这一点往往容易被求职者忽略。虽然求职信没有完全固定的格式，但按照书信的行文方式，还是有一些必要的结构。

(1) 标题。

标题要醒目、简洁，通常写在正文正中上方，可直接写"求职信"或"自荐信"。

(2) 称呼。

在求职信的开头要注意收信人的称呼，对不同的用人单位要注意用不同的称呼，例如，可以通用"尊敬的××先生/××女士/××经理"等，然后在称呼后面加一个冒号，这是一个细节，切不可忽略。如果在投递求职信之前已经明确对方的接收人是谁，就可以明确写到"尊敬的李先生/尊敬的王女士"等。事实上，每个人事主管都喜欢看到自己的名字出现在求职信的开头，这样可以使他们在心理上感觉你是为了这个职位专门写了这样一封求职信，起码在诚意上你已经比统一称呼的求职者略胜一筹。

(3) 开头。

在开头部分可以说明求职信息的来源和应聘的工作岗位。例如，在开头写"您好！我从我校的就业指导网上看到了贵公司的招聘信息，对市场助理一职十分感兴趣，拟应聘此职位"。切忌在开头啰嗦，写一些离题万里的话，让对方感到莫名其妙或产生反感情绪。

(4) 主体。

这是求职信的中心部分，可以先讲自己求职的理由、目标，说明你的意愿。理由要合乎情理，目标要明确。然后可以简明扼要地介绍自己，重点是介绍自己与应聘岗位相关的学历水平、经历、成绩等，让用人单位从一开始就对你产生兴趣。同时，求职者可以表达自己对用人单位的认识，如对企业文化或价值观的认同，这会引起用人单位的好感，但最多只能用一两句话，点到即可。最后，求职者还可以通过之前的实践工作体现自己的发展潜力，加大培养空间。

(5) 结尾。

求职信的结尾通常是进一步强调求职的意愿，表达求职的诚心，力求获得一次面试的机会。同时，要用简短的语言表示对用人单位的谢意或祝愿，如"静候您的回信""在此致以最诚挚的祝愿"等。

(6) 落款。

最后在落款时，不要忘记按照书信格式写上"此致""敬礼"，并署上自己的名字和日期。

2) 写作技巧

(1) 实事求是，态度诚恳。

求职信中，既要有对自身情况的客观叙述，也要表达对该职位渴望的情感。客观陈述部分内容要真实，主观表达部分情感要适当，不要过于激烈，让看信人感到虚假。

(2) 富有个性，针对性强。

因为用人单位的要求不尽相同，所以在应聘不同的单位时要准备相应的求职信，信中的内容也应该针对应聘单位有所调整。在了解应聘单位的基础上，如果能谈一些与行业相关的内容，会加深看信人的印象。

(3) 格式规范，言简意赅。

求职信的写作不能太追求与众不同，格式要规范。求职信一般用计算机打印出来，不过，如果你的字写得特别好，不妨亲手书写，这样会为你的求职信加分不少。求职信一定要言简意赅，切忌长话连篇，一般以800字为佳。

总而言之，求职信是求职者以书面形式第一次与用人单位的接触，是用人单位取舍的首要依据。因此，写好求职信是求职者的第一关。

【中文求职信模板】

尊敬的×××先生/小姐：

您好！

我是一名刚刚从×××大学×××专业毕业的学生，很荣幸向您呈上我的个人资料。请允许我向您做一下自我推荐。

作为一名×××专业的大学生，我热爱我的专业并为其投入了巨大的热情和精力。在大学四年的学习中，我掌握了该专业从×××到×××的专业知识。通过对这些知识的学习，我对这一领域的相关知识有了一定程度的理解和掌握。事实上，专业学习是一种工具，而利用此工具的能力是最重要的。我在与课程同步进行的各种相关实践中，具备了一定的实际操作能力，并在学校工作中锻炼了人际交往能力，学习了团队管理经验。

我知道计算机和网络是将来必备的工具，因此，在学好本专业的前提下，我对计算机产生了浓厚的兴趣，并阅读了大量的书籍，能够熟练操作Office等办公软件。

我正处于人生中精力最充沛的时期，我渴望在更广阔的天地里发挥自己的才能。我不会停留于现有知识水平，而是期望在实践中得到锻炼和提高。因此我希望能够加入贵单位，我会踏实地做好自己的工作，努力在工作中取得好成绩。我相信经过自己的奋斗，一定会为贵单位做出应有的贡献。

感谢您在百忙之中对我给予关注，祝您工作顺利！

此致

敬礼！

×××谨呈

××年××月××日

2. 英文求职信

随着全球经济一体化的发展和行业环境、工作性质的需求变化，各用人单位对大学生的求职材料要求也越来越高。例如，日资企业需要大学生应聘者提供日语求职信、日语简历；法资企业需要大学生应聘者提供法语求职信和法语简历；德资企业需要大学生应聘者提供德语简历等。总之，语言水平较高的大学生求职者，在求职过程中有一定优势。鉴于国内的外企中，英语使用程度最高，所以以下文将介绍英文求职信的写作技巧与注意事项。

在信件写作的基本注意事项上，英文求职信与中文求职信要求一样，如态度真诚、语气诚恳、格式规范、言简意赅等。但相对于中文求职信来说，英文求职信还有其他一些需要注意的地方。

(1) 用英文写作的求职信，在语言表达上要简洁明了，避免使用太过复杂的句子和专业术语，因为用人单位不会在一份求职信上花费太多的时间。此外，语言表述简洁也能体现出你尊重用人单位，珍惜他人的时间。

(2) 重视开头和结尾。在英文求职信的开头，除了对看信人的尊称，在第一段中还需要提到求职信息获取的渠道，例如，Your advertisement for a Network Maintenance Engineer in ×××interested me. 在英文求职信的结尾，要提及希望得到面试的机会，在表达自己意愿的时候，切忌软弱、羞怯。例如，If you think I can fill the position after you have read my letter, I shall be glad to talk with you.

(3) 外企很看重员工的诚信度。在求职信中，如果对某种活动、某类事件你不是真正关心或爱好时，不要夸夸其谈。即使你在求职信中的谈论使你赢得面试机会，但在面试中你如果让招聘者觉得你在不懂装懂，你的诚信度将会受到影响。当然，你也不会被录用。

【英文求职信模板】

June 18，2016
P. O. Box 9
×××University
Tianjin，China 300011

  Dear sir，

  I would like to ask you to consider my qualification for the position in sales that you advertised in 51job. com.

  I graduated from the college of business administration in June of 2010. Since that time I have been taking night courses at city polytechnics in sales techniques and advertising.

  For the past four years，I have worked as a shipping salesman for market，one of the world largest shipping companies. At present I am their chief salesman and account for over one quarter of the sales in Asia. Before my present employment，I worked for ABC chains boutique as a salesclerk. We worked mainly on commission and I was able to earn a substantial amount although I was very young.

  I would like to make a change now because I feel that I can go no further in my present job，I feel that my ability and my training should enable me to advance into a better and more responsible position，and it appears that this will not be forth-coming at my present position.

  If you would like to know more about my ability，I can be available for an interview at any time convenient to you.

With many thanks.
Li Xiang

附： 求职辅助资料的准备

在求职的前期准备过程中，除了需要精心准备求职信与简历，还需要准备一些辅助材料。

其中，成绩表是学生四年大学生活中学习成绩的记录，也是学生业务水平和智力能力的量化表现。对于成绩较好的同学，这是一个具有帮助意义的材料，可以为自己加分；而对于成绩稍差的同学，则有可能是一种不利因素，但这个因素并不是决定性的，只能作为参考。因为有经验的用人单位和人事部门领导往往会更注重伴随成绩表体现出来的其他方面的能力。所以成绩不太好的同学大可不必为成绩表发愁，可以着重体现自己其他方面的优势，从综合素质中寻求闪光点，以争取面试机会。

除成绩表外，有关的证书、成果、文章等也是需要准备的材料，可以做成复印件附在简历后面，以备用人单位进一步了解。例如，外语及计算机等级考试证书、各类奖学金证书、三好学生、优秀学生干部、优秀团员、优秀党员、优秀毕业生等证书，社会实践、演讲比赛、征文比赛、文艺演出、社团活动等荣誉证书，正式出版或发表过的科研论文、文学作品、美术设计等资料，以及其他业余爱好，如乐器等级考试、书法比赛、体育比赛等证书。这些材料可以集中反映一个人在某一方面或某几方面的能力和水平，认真搜集、整理、编排上述材料的复印件是制作求职材料不可缺少的环节。证书较多的同学要有选择性地编排，突出重点；证书较少的同学要尽量收集完整；对于没有证书的同学，则要在求职信和个人简历部分下功夫。总之，要力求使自己的求职材料简洁明了、重点突出，最大限度地展现一个完整的求职者形象。但这些材料不用随每份简历附上，可以等到用人单位有要求或面试时带上，以便用人单位参考。

求职材料的制作并没有固定的模式，希望大家在制作求职材料的时候，一定要先做一番精心的策划和构思，要本着尊重对方、彰显优势、展示才华、实现自我的积极心态制作求职材料。

三、就业能力准备

(一) 就业能力的内容

1. 就业能力的构成

国际劳工组织将就业能力定义为个体获得和保持工作，在工作中进步，以及应对工作中出现的变化的能力。英国教育和就业部(DFEE)认为可转化技能是就业的核心，包括关键技能、职业技能和岗位技能三个组成部分。瑞士学者戈德斯密德认为，正确的就业动机与优秀的个人素质、良好的人际关系、丰富的科学知识、有效的工作方法，以及敏锐广阔的视野等五方面是成功就业要素。Peter·T. Knight和Mant·Z. Yorke认为，就业能力由专业知识、职业技能、自我效能感及元认知能力组成。我国学者汪怿认为，大学生就业能力结构分为基础技能、个体管理技能和团队工作技能等三部分。邹齐清、乔向东通过对用人单位的调查认为，大学生就业能力由动手能力、创新能力、表达能力和专业知识构成。邱文芳认为，基础实践能力、知识拓展能力、创新能力和应聘能力构成大学生就业能力。

结合以上学者的论述，并根据就业能力的概念及大学生就业能力的特点，不难推出大学生就业能力的基本构成要素。首先，可以将就业能力划分为专业技能和非专业技能。专业技能指完成工作的基本技能和特殊技能，这是作为从业人员的基本素质，没有这一素质就不可能开展工作。对于专业技能而言，可转化技能是就业的核心，因为大学生拥有的知识虽然是优势，但只有转化为工作技能才能为用人单位创造财富，为就业单位提供可雇佣性，而这方面的教育正是我国的高等教育所欠缺的。如果说专业技能是就业的前提，那么非专业技能则是在专业技能相似或难以区分时，用人单位权衡取舍的关键因素。在某些情况下，专业技能优秀的人由于非专业技能的欠缺亦可能丢失工作机会。

2. 当前我国大学生就业能力存在的问题

大学生就业能力相对不足是全球高等教育面对的共同问题，对我国来说，在大学生自身的就业能力和高校就业能力培养方面都存在一定的问题。

1) 专业转化能力不足

大学生的专业能力需要转化为适合职业的工作能力才能为用人单位发挥价值。据统计，我国大学生从专业知识到工作技能的转化比率较低，适应专业岗位的时间偏长；一些企业反映，应届大学生在从事本专业相关的工作时，实际知识应用率不足40%，而且多数学生表现出所学过的知识转化不出来，不能变成自己在岗的实际能力。我国大学生一般适应周期为1~1.5年才能独立完成工作，而发达国家的大学生到岗适应期是在2~3个月。

2) 通用能力积淀不够

大学生要进入职业角色，必然要经历从学生到员工的转变，即要与用人单位形成雇佣关系。但是，目前相当多的毕业生存在人际适应能力差、挫折忍耐力较低的问题，还在敬业、团队协调等职业精神上缺乏主动意识，还有一些学生对新环境、新团队、新领导不能适应。而适应力不足往往造成谋职和工作的挫折，一些大学生由于人际关系不协调或不能顺利融入新团队而频繁变换

275

工作。可以说，对新集体和新事业的认同感与敬业精神不够是一些学生不能顺利融入集体和职业角色的原因。

(二) 大学生专业能力培养

专业能力是大学生就业能力中最基本的能力，也是用人单位在进行人才聘用考核时首要考察的能力。专业能力指的是大学生在接受高等教育时获得的知识能力，除了要具备专业理论知识，还要具备相应的实践能力，把所学的理论知识应用在工作岗位中。专业能力决定了大学生是否可以完成用人单位分配的工作任务，因此专业能力是大学生在进入职场时应具备的重要能力。

专业能力的形成不仅是专业知识和技能的习得，它还受到个体差异的影响。同时，专业能力的形成只有通过实践活动，整合运用相关知识才能形成特定的专业能力。专业能力培养需要从以下几方面着手。

1. 改革高校人才培养模式

随着人才需求的多样化发展，大学应该构建合理的人才培养模式，调整专业设置，拓宽专业口径，按照"重基础，宽口径，强能力"的原则设置专业，培养能力型人才。同时，大学应结合自身条件，让学生可以自主选择，在保留原有特色的基础上积极拓展新专业和新知识，培养适销对路的人才。

2. 重视专业知识与实践教学，提升学生专业能力

首先，设置的课程应在保证学科功能的前提下，重视其社会功能。其次，应在教学过程中充分重视实践教学，融入相关能力的培养，获取相关职业资格证书，避免证书很多却无真正一技之长的尴尬。最后，教师要不断学习，及时吸纳新的科研成果，让学生尽快了解社会现状与学科前沿发展，与社会发展同步。

3. 培养学生自学能力，发掘学生的创新能力

知识的习得并不意味着自学能力的自动养成，靠死记硬背获取的知识往往缺乏生命力。在学习和工作中也会缺乏适应性和灵活性。因此，在教学中不仅要强调专业知识和技能的学习和掌握，还要考虑自学能力的养成。通过自主学习、合作学习与探究式学习等教学方式的引入，促使学生在探索中独立思考，获取知识，在解决各种理论问题和实际问题的过程中运用知识与技能提升自身的能力素质，激发学生的潜能，培养创新精神和创新意识。

4. 搭建大学生与企业互相了解的平台

应让学生进入企业，全程参与企业各项业务运作，实践所学专业理论知识，帮助其转化为自身能力。同时，还要让大学生亲身体验企业文化，了解企业运作和对员工的具体要求，让其对照自身实际情况调整、学习和提高。也可将用人单位请进大学校园，对在校学生有针对性地进行分行业的人才培训，提升学生的专业能力，从而提升学生的就业能力。

(三) 通用能力的培养

大学生就业通用能力主要是指专业能力以外的非专业技能，主要包括思维能力、学习能力、沟通能力、适应能力、组织管理能力和团队协作能力等方面。这些非专业技能虽然不能代替专业技能，但是可以使有限的专业技能得到最大限度的发挥和提升。非专业技能更能够反映一个人的综合素质，对于提升或促进专业能力亦起推动作用。

1. 思维能力的培养

思维能力包括社会洞察力、判断力、信息处理能力、创新能力、应变能力，以及分析问题和

解决问题的能力。思维能力的培养可以从以下方面着手。

(1) 开设或加强以培养学生的思维能力为目的的课程。如开设"逻辑学""哲学概论""心理学概论"及某些讲授方法论的课程。在课程讲授中，要改变传统的教学模式，注重知识的运用，从以知识型教学为主向以能力型教学为主转变，多引用情境教学法和案例教学法，引导学生运用所学知识进行分析，做出判断，从而增强学生的思维逻辑。

(2) 专门开设"解决问题能力训练"课程，以此提高学生分析问题、解决问题的能力。"解决问题能力训练"课程要采用实践性的教学方式，即教师给学生出一些具体的问题，让学生以小组的形式完成调研并制定解决方案。如果条件具备，这些方案还可以实施或部分实施，以检验学生的方案成效。这种课程必须是讨论式的或者是开放式的，即对同一个问题，不同的学生可以有不同的解决途径和解决方案，在评价讨论中提高学生分析问题和解决问题的思维能力。

2. 学习能力的培养

学习能力是一个人的可持续发展能力，是每个人不断获取知识的能力，是大学生就业能力的基石。对于高校来讲，在课堂教学上要注重学生学习能力的提高，课堂教学应当注意对学生学习方法的培养和学习氛围的营造，教师既要"授之以鱼"，又要"授之以渔"，适当采用传授知识、小组讨论、专题研究、情景模拟等授课方式，调动学习积极性，激发学习兴趣，培养好的学习习惯，引导学生爱学习、会学习，树立终身学习的理念。教师在课堂教学中还要加强对学生专业技能的训练，使学生知道如何将所学的专业理论知识转化为实践能力。

3. 沟通能力的提高

沟通能力包括倾听能力、表达能力、争辩能力、设计能力(形象设计、动作设计、环境设计等)。沟通能力是个人素质的重要体现。高校可以从以下几方面入手培养学生的沟通能力。

(1) 重视口头交流技能。鼓励学生在大庭广众面前发表自己的见解，树立自信心。

(2) 高校要多组织各种增强口头表达能力的活动，如演讲会、辩论会、研讨会、班会、信息咨询等。

(3) 学校开设"演讲学""逻辑学""辩论学"等有助于提高沟通能力的选修课程，帮助学生掌握沟通技巧，拓宽知识面，提高文化修养。

4. 适应能力的培养

适应能力包括忍耐力、心理调适力、情绪调控能力、抗压力、抗挫折能力等。高校要引导学生全面认识社会现实，承认并正视竞争，正确对待成功与失败，正确面对各种压力和挫折。

(1) 加强对大学生就业心理的辅导。重视大学生的心理健康，提高大学生的心理承受能力，深化心理辅导的内容。根据不同大学生群体的需要，分别采用面谈、心理讲座、心理测验、团体训练、就业指导选修课等不同的形式，进行有针对性的心理辅导。

(2) 学校可以请企事业单位的工作人员和优秀毕业生做就业报告，帮助学生提前了解就业现状和信息。帮助学生学习成功案例，转变就业心态，调整就业期望值，克服恐惧、自卑、从众等不良心理，树立正确的职业价值观念，提高心理承受力，打破传统意义上事事求稳、事事求顺的就业思想，保持积极乐观的心态，接受就业的挑战，提高抗挫折的能力。

(3) 高校应开设心理咨询室和心理治疗室，请有心理咨询师资格的教师值班坐诊，为有心理咨询需求的学生提供方便。

5. 组织管理能力的提高

组织管理能力是指为了有效地实现目标，灵活地运用各种方法，把各种力量合理有效地协调起来的能力，包括协调关系的能力和善于用人的能力。大学生个体要主动加强组织管理能力的锻炼。

(1) 要善于抓住和把握锻炼的机会。大学有各种各样的学生干部，大学生个体要主动参加干部竞选，利用干部这个平台，组织好各种活动，敢于承担责任，积极锻炼自己，提高组织管理能力，认识到任何一个职位都可能使组织管理能力得到一定程度的学习和锻炼。

(2) 要善于向别人学习。如果自己不是学生干部，想要提高组织管理能力的话，就要善于观察，向别人学习。当班干部组织活动时，不要漠然处之，要以积极的态度配合班干部组织好活动，并注意学习组织的方法，关注产生的效果，活动后积极进行总结。

(3) 在有条件的情况下，可以尝试自己组织一些活动，如一场球赛、一次郊游、寝舍之间的联谊活动等。这样，经过积极主动的锻炼，组织管理能力同样能得到提高。

6. 团队协作能力的培养

团队协作能力是一种为达到既定目标所显现出来的自愿合作和协同努力的精神，集中体现了大局意识、服务意识和协作精神。团队协作能力的高低直接关系到大学生就业和个人成才，学校要努力培养大学生的团队协作能力，使其适应现代社会就业发展情况。

(1) 要让学生理解团队协作精神的重要性。学校可以利用校内广播、板报，网络等宣传手段宣传何为团队精神，也可以有计划地安排以团队精神与合作能力为主题的讲座、座谈会、主题班会或专题教育活动。通过讲解、案例分析、事例展示和互动交流的方式，向大学生讲授团队协作能力的重要性。

(2) 学校和老师应该多举办一些拓展训练、创业构想、专题研讨等能发挥学生团队协作能力的活动，在活动中让学生感受到一个集体就是一个团队，许多工作都需要通过团队协作的方式来完成，很多个体价值的体现也要通过团队协作的方式来体现的道理；引导学生自觉树立团结协作的意识，帮助学生正确处理好个人与团队的关系，在活动中使学生始终保持团队协作的激情和热情，使团队协作能力的培养成为大学生成功就业的内在需求。

四、就业过程引导

(一) 网申引导

网申，即apply on line，是利用网络信息平台而发展起来的"选才"新方式。它是指通过公司官方网站的招聘页面，或者第三方的招聘网站开设的专门页面投递简历的求职方式。招聘方通过该页面收集简历，并对大学生进行初步筛选。

网申一般由个人资料和开放式问题组成。个人资料以表格形式呈现，涵盖了大学生从个人基本情况、教育背景到实习经历等多方面的信息。开放型问题通过精心设计的提问，要求大学生在一定字数内回答，招聘者以此判断大学生的个人合作能力和技巧、工作的抗压能力，以及是否有不利于工作的性格缺陷等。

1. 网申方法

进入目标公司的网站后，可以进入招聘页面了解企业的详细介绍及应聘程序，应聘者可根据自身条件选择感兴趣的职位。随后便是网申的主要部分，即填写简历，一般包括个人信息、教育背景、语言和计算机水平、工作实习及实践经历、其他情况(个人特长、奖励)等。完成简历注册后，会有若干开放型试题需要回答。作答完毕后提交，网申流程便完成了，接下来要做的就是耐心等待企业的回复。

现在，越来越多的公司不再接受传统的简历寄送或发送手段，取而代之的是让求职者网络申请，即在网站上进行填写并申请。网申成为大学毕业生进入全球500强企业的主要渠道。有人认为，网申不就是填写简历，回答一些看似没用的问题吗？其实不然，智联招聘校园事业部相关负责人称，网络申请其实是用人单位考察申请者大学学习、生活情况和性格的一种重要手段。毫不夸张地说，网络申请已经成为申请者进入名企的"敲门砖"。

2. 开放性问题(Open-Questions)回答攻略

开放性问题是网申特殊的地方，也是网申最为重要的部分，常常需要用英语回答若干问题，重点考察申请者的相关经历和生活感悟。若有实习经历或学生工作经历则回答此类问题会有较多素材，经验较缺乏的同学在回答时会觉得有些困难。

仔细看一下这些开放性问题就会发现，很多问题就是以后面试中会被问到的，所以大学生在简历和面试中要提供一致的信息。这也要求大学生认真完成并记住自己的回答。

1) 揣摩开放性问题背后的含义

面试时的大问题都有弦外之音，这同样适用于网申。例如，毕业生经常被问到"你认为大学时代最成功或失败的一件事是什么""你最遗憾的一件事是什么，为什么"等。招聘者可以从大学生的回答中判断出其价值观，即在其眼里什么最重要。

2) 关于职业生涯规划的问题

"请谈谈你3~5年的规划"之类的问题几乎是每份网申都会问到的开放性问题，却鲜有学生回答得很好。招聘者之所以这样问是希望挖掘大学生应聘的深层次动机，看其是否具有稳定性。关于此类问题，建议回答不要过于具体。

3) "STAR"原则

对于类似"成功、失败事件举例"的行为试题，回答有一个基本思路，就是"STAR"原则。在"STAR"中，S=situation、T=target、A=action、R=result。你完成某事或者做出某决定是在怎样的背景下；当时你具有怎样的资源，面临怎样的问题，事情或者决定最终的目标是什么；你是如何行动的(利用资源、克服困难、解决突发状况等)；最后的结果是什么。如果是失败的事例，那么结果之后你还需要分析失败的原因，并总结你得到的经验教训。

【常见Open-Questions】

(1) Describe an instance where you set your sights on a high/demanding goal and saw it through completion.

(2) Summarize a situation where you took the initiative to get others going on an important task or issue, and played a leading role to achieve the results you wanted.

(3) Describe a situation where you had to seek out relevant information, define key issues, and decide on which steps to take to get the desired results.

(4) Describe an instance where you made effective use of facts to secure the agreement of others.

(5) Give an example of how you worked effectively with people to accomplish an important result.

(6) Describe a creative/innovative idea that you produced which led to a significant contribution to the success of an activity or project.

(7) Provide an example of how you assessed a situation and achieved good results by focusing on the most important priorities.

(8) Provide an example of how you acquired technical skills and converted them to practical application.

上述题目经常出现在不同企业的网申中，建议毕业生在求职准备过程中对这些问题进行充分准备，请老师或有经验的前辈修改你写的回答，形成自己的标准答案，并把答案记下，再合理运用到每次的网申中。

3. 网申注意事项

(1) 当很多人同时在线申请的时候，服务器容易出现死机或连不上服务器的情况，所以建议大家挑选人员相对不密集的时间上网，如午饭、凌晨等。此外，记得填写完一页就及时保存所填写的内容，以免做无用功。另外，避免长时间连线后电脑出现死机或断网的情况，所以在填写比较大篇幅问题时，尽量在Word环境下填写并随时保存，然后粘贴到网页上。

(2) 很多公司的"网申"提供在线修改的服务，不必等到所有的问题都答完才保存。只要在结束期限之前，都可以上去更新你的简历和思考更好的答案。

(3) 很多公司网申的Open-Question都大同小异，因此记得搜集每次"网申"的题目和自己写的答案，以方便今后答题。

(4) 多上论坛和就业网翻看各大公司网申的经验及招聘流程，做到心中有数。网络时代的一大好处就是资源共享，千万不要浪费别人的经验和体会。

(5) 千万别犯低级错误，注意拼写、语法等细节问题。一般大公司都较注重专业精神，如果连"家庭作业"都出现拼写、语法等错误，要么是你不够重视，要么是你英语不过关。

(6) 网申前一定要通过公司网站对应聘公司进行透彻了解，千万别怕麻烦。磨刀不误砍柴工，对于企业文化、核心业务、中国分公司发展等情况的了解，有助于答题，并且能更好地契合企业要求。另外，网站的风格、用词、对职位的描述等能提供给你一些线索，如关于应聘职位要求的基本素质、对方惯用的专业语言等。

(二) 笔试备考

笔试是用人单位了解和甄选求职者的重要手段之一。

1. 笔试类型

笔试的主要内容通常是基础知识和专业技能，其次是同专业知识有关或同招聘单位有关的某些知识和技能。常见的笔试考试可分为专业及技能考试、智力测试及心理测试。

1) 专业及技能考试

专业考试主要是按专业类别进行的着重考察职业活动所必需的专业知识的检测。如文史类的学生，如果毕业以后从事行政管理、文秘方面的工作，那文字能力就至关重要。有的毕业生可能在学习期间已经在报纸、期刊上发表过文章，那么这样的经历已经为学生在求职过程中提高了自己的竞争力。但对于大多数学生来说，没有这方面的材料供用人单位参考，因此用人单位会针对岗位需求进行笔试，以检测其阅读、分析、写作等方面的能力。而理工科的学生在求职时也时常会遇到专业技能测试，如应聘某些计算机编程岗位，招聘公司不仅要参考求职者的学历背景、是否有计算机等级证书，还会设置考题进行测验。另外，英语考试也是目前最常见的一种笔试项目。因为随着经济的国际化，英语水平能力已经越来越被用人单位重视，但这类考试除非是专业翻译岗位，否则通常测试都旨在检验英语的一般应用能力，题目不会过难。专业笔试主要可以考察毕业生的基础知识是否扎实、文字表达能力水平如何等。针对不同岗位，专业知识的测试各不相同，且针对性较强。

2) 智力测试

智力测试主要常见于一些著名跨国企业，他们对毕业生所学的专业一般没有特别的要求，但对毕业生的整体素质水平要求较高。在他们看来，专业能力可以通过公司培训获得，并且进入公司以后的学习将与岗位设置的关联性更为紧密。因此，毕业生有没有专业训练背景并不是很重要，但毕业生是否具有不断接受新知识的能力是至关重要的。也就是说，这些用人单位更看重个体的可塑性及培养空间。智力测试并不神秘，以图形题、数字题、文字题三类为主，旨在检查求职者的分析观察能力、逻辑推理能力、综合归纳能力等。例如，一组有四种图形，让应试者发现其中规律，或是给出一组数字，进行一些基础运算等。这类题目如果有充分时间仔细思考，便不会太难，但用人单位通常要求应聘者在极短的时间内完成一整套题目，因此对于没有经过这方面训练的求职者来说，还是有一定难度的。

3）心理测试

心理测试主要是采用事先编制好的标准化量表或问卷对应聘者进行测试，根据完成的数量和质量来判定其心理水平或个性差异。除了通用型的心理测试，一些特殊的用人单位常常以此来测试求职者的态度、兴趣、动机、智力、个性等心理因素，从而确定求职者是否符合岗位需求，是否适合在本单位发展。

2. 笔试的方法

既然笔试是大学毕业生求职时经常遇到的考察方式之一，那么毕业生就应该了解笔试的基本方法，这样才能提升求职成功率。

笔试的方法有很多种，归纳起来常见的有以下三种。

1）测试法

测试法是笔试中运用最多的一种方法，也是一些具体方法的总称。测试法具体可分为：①填空法，即往缺少词语的句子里填充词语；②是非法，也就是我们平常常见到的判断题，指判断内容正误的方法；③选择法，指对某一词句或问题提出若干容易混淆的解释，要求从其中选择一种最正确的解释作为答案；④问答法，指被试者对提出的问题做出回答。

上述的几种测试方法有时会同时出现在一张试卷当中。测试法虽然用得最广，但它的缺陷也很明显。例如，追求简单唯一的答案，只能体现毕业生的求同思想和聚合思维，而不体现毕业生的求异思维和发散思维；不能充分反映毕业生的表达能力；把所有精神现象都用简单化的方法加以反映，难以考察出毕业生复杂的心理状况。所以，用人单位在用测试法的时候，有以下特点：出题量大；问题明确、简练；问题覆盖面广；难度适当。抓住了测试法的以上特点，毕业生在参加笔试之前便可进行有针对性的复习。

2）作文法

作文法经常在用人单位招聘选拔人才的笔试中使用。

(1) 规定条件，限制作文。

规定条件的作文是让毕业生在试卷提供的一定条件范围内作文。比如，阅读一段材料，然后根据材料里提出的问题写文章。这样既可以避免毕业生提前猜题，又利于考察出毕业生的真实水平。

(2) 分项打分，综合评定。

这是指按作文的构成因素，区分项目，分别给分，然后综合评定。例如，笔试试卷分为内容和形式两方面，内容方面再区分为立意和取材两项；形式方面区分为段落结构、字词句、标点符号、书写等项目。这样分项给分，然后综合起来评定。需要特别注意的是，由于文字书写、用词语句的正误具体而明显，易于形成印象，吸引判卷人的注意力，因而也就易于左右分数。所以毕业生在进行作文法的笔试时，一定要在主题表达清楚的同时，认真对待字词句、标点符号，以获得用人单位的好印象。

3) 论文法

在我国招聘选拔人才的笔试中，论文法存在了相当长的时间，如古代的科举考试。论文法与测试法最突出的不同点在于，它是让毕业生发挥自己的想法，写出自己的答案。如果说测试法是一种封闭性考试或识别性考试，那么论文法则是表达性或开放性的考试。

论文法笔试测试的内容主要是让应聘者对职业选择的具体问题做出评价，对某种现象做出分析或写出感想。论文测试远远比简单的测试题更能判断一个人的水平。毕业生在参加使用论文法的笔试时，应该先弄清楚题意，然后全面答题。

3. 技巧及注意事项

虽然不同的单位针对不同的岗位有不同的考试，但在参加用人单位的笔试时，有以下几点需要求职者注意。

1) 增强信心

信心是成就一切事情的重要保证，笔试怯场，大多是由于信心不足造成的。求职者要在考前冷静地对自己进行客观的评估，回顾自己平时的努力过程，以增强信心。求职面试具有"双向选择"的特性，应聘者也不要有太大的心理压力，毕竟随着就业市场的不断发展，就业机会越来越多，应聘求职并不是一锤子买卖，求职者力求保持平和心态，正常发挥自己应有的水平即可。

2) 做好准备

参加面试前，可以提前通过各种方式熟悉应试环境，这对消除考前紧张有一定的帮助。应知晓考试的相关要求和注意事项，尽量按照要求事先做好准备，如相关证件、文具要准备齐全，考试之前不要再进行系统复习，可以适当复习一下重点，以保证考试当天有充沛的精力和良好的应试状态。要熟悉考场规则，不要因为自己的疏忽而被取消考试资格，甚至被用人单位怀疑自己的品格。

3) 答题技巧

(1) 拿到试卷后不要急于做题，先大致浏览一遍，对作答顺序和重点有大概的把握。

(2) 做题可以本着先易后难、先简后繁的顺序，这样不会因为难题而浪费太多时间。

(3) 对于论述题，要注意条理性，分层分段。有些求职者在笔试时遇到论述题，喜欢一段到底，这样会增加考官的阅卷难度，并且不易看出你答题的思路，极有可能会漏看掉一些精彩的部分，所以要注重逻辑性。

(4) 对于自己熟知的专业知识要精准作答，体现出自己的专业性，而且认真的作答态度、细致的作答风格有时也会为你赢得考官的青睐。

(5) 对于部分题目，可以按照要求适当联系实际，尽量让考官发现你具有实际经验。因为任何一家以营利为目的的企业都愿意挑选比较有实际经验的人，而不是对社会一无所知、只会纸上谈兵的人。

(6) 笔试的卷面要尽量做到整洁、干净。落笔之前要思考好，涂改得越少越好，字迹尽量工整、清晰，不要过于潦草使考官难以分辨。过于凌乱的卷面不仅难以给考官留下良好的第一印象，同时还会使阅卷人觉得你思路不清，毫无条理。如果应聘者能在笔试中写出一手漂亮的好字，也同样会赢得阅卷人的好感。

(7) 答完试卷后，要对试卷进行全面的检查，特别是检查有没有漏掉题目。

(三) 决胜面试

面试又被称为面谈、口试，是面试官同应聘者直接见面，采取边提问、边观察的方式评定应聘者各方面能力的一种考试方法。

面试是目前企业使用得最普遍也是最重要的招聘甄选技术，它通过面试官与应聘者面对面地交流，使面试官能够更加直观地考察应聘者各方面深层次的素质和能力，以弥补笔试考察的不足。面试具有互动性强、直观性好、考察面广、与实际联系紧密等特点。

应聘者应该带着自信而来，带着激情而来，带着对招聘企业的爱而来；应该看见更深层次的企业文化，看到那么多竞争同一岗位的优秀同学，要明白"任何时候都不能抬高自己，这和自信是两回事"；应聘者最后征服的不是面试官，不是其他的竞争对手，而是自己。

1. 面试的主要内容

面试是面试官通过观察、提问、交谈，测试了解、判断毕业生的文明修养、知识水平、表达能力、应变能力、心理素质、敬业精神等。目的是加深对毕业生的考察，看其是否适合企业和岗位的需要。常见的面试内容包括以下几个方面。

(1) 背景。主要考察毕业生的个人情况。如民族、性别、身高、视力等自然状况；家庭主要成员及社会关系；文化程度、毕业学校、所学专业；接受过哪些培训、从事过哪些工作、参加过哪些社会活动等。

(2) 智商。主要考察毕业生的知识层次，包括所学的专业课程、学习成绩、外语和计算机水平等。

(3) 业务能力。主要考察毕业生的毕业论文、毕业设计、科研成果等情况，以及其实践能力、操作能力、组织领导能力、口才、文笔等。

(4) 情商。主要考察毕业生的人生观、价值观、敬业精神、人际关系、适应能力、处理压力的能力和自我激励能力等。

(5) 形象。主要考察毕业生的气质、言谈和仪表等。

2. 面试的方法

1) 根据面试官人数和顺序进行分类的方法

根据面试官人数的多少，可将面试的方法分为个人面试法和集体面试法，另外还有一种按面试官的级别顺序进行的逐级面试法。

(1) 个人面试法。

个人面试法是面试官与应聘者一对一单独面谈的方法。这种方法是企业招聘最普遍也是最基本的方式。其优点是能够提供一个面对面的机会，让面试双方较深入地交流，可以就细节和个人特殊问题充分交换意见。但是由于面试官只有一位，由一个人对应聘者下结论，就有可能会出现偏差，容易受到关系、人情及个人主观偏好等因素的影响，使企业无法招到优秀的员工。

(2) 集体面试法。

集体面试法就是由面试小组集体对应聘者进行面试的方法。各位面试官同时围绕面试的重点内容，依据拟订的基本面试问题及应聘者的回答情况，对应聘者进行提问或续问。面试结束后，面试小组依据应聘者的应答情况进行打分，填好面试成绩评定表，并核定其面试总成绩。

(3) 逐级面试法。

逐级面试法是将面试官按照由低到高的顺序排列，依次对同一位应聘者进行面试。

对于面试的内容，一般低层次面试官以考察岗位专业知识为主，中层次面试官以考察能力为主，高层次面试官则进行全面考察。应聘者只有通过了较低一层次的面试，才有可能被推荐参加更高层次的面试，否则就被淘汰出局。

2) 根据面试结构化程度进行分类的方法

根据面试的结构化程度,可将面试的方法分为结构式面试法、非结构式面试法和混合式面试法。

(1) 结构式面试法。

结构式面试又称直接面试,是带有指导性的面试。这种面试在实施之前首先要确定一系列问题,面试时面试官围绕这些问题,按照既定的程序,与应聘者进行面谈,根据应聘者的回答情况进行评分。因为对所有应聘者提的问题大致相同,所以可以对不同应聘者的回答进行比较。

(2) 非结构式面试法。

非结构式面试又称间接面试。面试时由面试官根据具体情况随时提问,鼓励应聘者多谈,再根据应聘者对问题的反应,考察其是否具备某一岗位的任职条件。

(3) 混合式面试法。

混合式面试在企业招聘过程中最常使用,也是最典型的一种面试方法。这种面试法将结构式面试法和非结构式面试法有机结合,即应聘者既要回答同样的问题,又要接受面试官根据其回答情况所做的进一步针对性提问,从而可以更加深入、细致地了解应聘者。

3) 压力和行为式面试法

(1) 压力面试法。

压力面试法是在面试过程中逐步向应聘者施加压力,以考察其能否适应工作压力的面试法。压力面试法一般适用于独立性强、难度大、责任重的岗位,如质检、审计等,以考察应聘者的机智程度、应变能力和心理素质。

(2) 行为面试法。

行为面试法是通过结构化提问的形式,归纳应聘者的行为,评价其是否适合某一岗位。行为面试法主要关注应聘者能否和如何实现所追求的目标,这些问题主要围绕四方面:情景、任务、行动和结果。

4) 文件筐测试法

文件筐测试也称为文件处理练习,是针对拟担任职位的典型任务和要求,给被试人假定的身份和其他情况,向其提供一系列文件或工作事务让其处理,可能包括邮件、信件、文件、备忘录、报表、账单、投诉、电话记录、命令、请示、汇报、通知,以及其他任何可能的形式,要求其在规定的时间内拿出处理意见或办法,如同一个管理人员要在规定时间内处理完文件筐中的全部文件一样。

5) 无领导小组讨论法

无领导小组讨论是在没有任何组织领导的情况下,即不指定讨论主持者,不布置议程和要求的情况下,让一组应聘者(通常为6~8人)根据一定素材或背景材料对与职务有关的一项典型任务进行自由讨论,如制订一个计划、解决一个问题或提出一项方案等。主试人(人数一般与被试人对等)通过对应聘者自由讨论的观察,完成对应聘者的评价。

6) 基于胜任力模型的面试

1973年,哈佛大学的戴维·麦克兰德教授提出了"胜任力(competency)"概念,从品质和能力层面论证了个体与岗位工作绩效的关系。他认为个体的态度、价值观和自我形象,以及动机和特质等潜在的深层次特征,将某一工作(或组织、文化)中表现优秀者和表现一般者区分开来。这些区别特征后来被称作能力,能力是决定工作绩效的持久品质和特征。例如,绩效出众者具有较强的判断能力，既能够发现问题，又能够采取行动解决问题，并能自主设定富有挑战性的目标。胜任力模型提供了从事某项工作的能力要求及其具体行为表现，为招聘提供了考核的内容及参照标准。一个岗位要求的能力是很多的，但并不是这些能力都作为面试的内容，面试官根据能力的重要性排序，选出前3~5个，作为面试考核的内容。下面是一些常见面试内容。

(1) 沟通能力。这是指能够有效地表达自己的想法，并能根据听众的特点和需求来调整表达的语言和方式。

面试官的关注点：语言的语法及用语恰当；语言组织清晰简洁；恰当的表达速度、音量、手势、目光交流等；注意倾听；了解他人的态度、兴趣、需求和观点。

(2) 客户意识。这是将使客户满意放在首要位置，积极主动地建立客户关系，倾听并了解客户需求，提出解决方法以满足客户需求。

面试官的关注点：与客户保持沟通，跟踪了解客户的问题，明确客户需求；满足或超越客户需求；对客户的问题做出快速的反应；为客户的利益发展提供建议。

(3) 主动性。这是指为达到目的努力尝试影响事情的进展，主动采取行动而非被动接受，超越要求采取行动以达到目标。

面试官的关注点：改进的具体措施；主动解决问题而非被别人要求才去做；主动利用机会；为自我发展寻找机会；超越要求。

(4) 解决问题能力。这是指基于逻辑假设、事实信息、各种限制因素和可用资源等，从多个备选方案中选择可行方案的能力。

面试官的关注点：定义决策标准；考虑多种备选方案；对每种方案评价优缺点；选择最合适的方案并投入。

(5) 谈判能力。这是指有效探寻多种可选方案，以达到所有各方都支持和接受的结果的能力。

面试官的关注点：了解对方的需求定位，明确各方一致点和分歧点；以争论之处为导向；通过相互妥协以达成一致；寻找双赢的解决方案。

(6) 创造能力。这是指想出新方法、做出新业绩的能力。

面试官的关注点：产生新的解决方案；思路开阔；建议采用新方法来应用现有知识；使用产生新思路的技巧。

(7) 领导能力。这是让成员心甘情愿和满怀热情地为实现组织目标而努力的能力。

面试官的关注点：对事不对人；有效利用人际关系，包括维持并增强自尊，倾听并表现出富有同情心，与别人分享想法和体会，提供支持，毫不推卸责任；以恰当且令人信服的方式表达观点和建议；寻求并获得成员对行动的投入。

(8) 团队合作。这是指与他人通力合作，而非相互竞争或分开工作。

面试官的关注点：恳请他人提供意见和看法，协助完成专门的决策或计划；与他人分享信息；表达出对他人的正面期待；公开表扬他人的成就；鼓励并给予他人动力，让其感觉坚强或重要。

(9) 自信心。这是指相信自己具备完成某项任务的能力，独立处理问题，愿意承担责任。

面试官的关注点：以个人的判断或能力来表达自信；即使别人不同意，也会下定决心或采取行动；以让人产生强烈印象的方式来展现自己；为错误、失败或缺点承担个人责任；从错误和失败中学习，改进自己的行为。

(10) 建立关系/网络。这是指利用各种资源，建立或维持友好的关系和联系网络。

面试官的关注点：尽力建立融洽关系；分享个人的资讯以创造共识或交流。

(11) 自控力。这是指在遭受诱惑、阻力、敌意、压力时，保持冷静、抑制负面情绪及行动的能力。

面试官的关注点：不容易冲动；可以抵挡不适当行为的诱惑；在压力情境下保持冷静；寻找可以接受的渠道来舒解压力；即使在压力下也会以适当的方式来面对问题。

(12) 分析式思考能力。

面试官的关注点是按照重要程度设定先后次序；系统性地把重要任务分解为可处理的小部分；找出几个事件的可能原因或几个可能的行为后果；预料可能产生的障碍，并事先设想应对措施。

7) 特殊面试法

许多企业根据其企业文化和管理制度的特点设计了一些特殊的面试方法。

(1) 日产公司——请你吃饭。

日产公司认为，吃饭迅速快捷的人，一方面说明其肠胃功能好，身强力壮；另一方面说明他们干事往往风风火火，富有魄力，而这正是公司所需要的。因此对每位来应聘的员工，日产公司都要进行一项专门的"用餐速度"考试——招待应聘者一顿难以下咽的饭菜，一般主考官会"好心"叮嘱你慢慢吃，吃好后再到办公室接受面试，而慢腾腾吃完饭者得到的通常是离开通知单。

(2) 壳牌石油——开鸡尾酒会。

壳牌公司组织应聘者参加一个鸡尾酒会，公司高级员工都来参加，酒会上这些应聘者会与公司员工自由交谈。酒会后，由公司高级员工根据自己的观察和判断，推荐合适的应聘者参加下一轮面试。一般现场表现突出、气度不凡、有组织能力的人能得到下一轮面试机会。

(3) 假日酒店——你会打篮球吗？

假日酒店认为，喜爱打篮球的人，性格外向，身体健康，而且充满活力，富于激情。假日酒店作为以服务至上的公司，员工要有亲和力、饱满的干劲，要朝气蓬勃，一个兴趣缺乏、死气沉沉的员工既是对公司的不负责，也是对客人的不尊重。

(4) 美国电报电话公司——整理文件筐。

先给应聘者一个文件筐，要求应聘者将所有杂乱无章的文件存放于文件筐中，规定在10分钟内完成。一般情况下这项任务不可能完成，公司只是借此观察员工是否具有应变处理能力，是否分得清轻重缓急，是否在办理具体事务时条理分明。通常来说，临危不乱、作风干练的人能获得高分。

(5) 统一公司——先去扫厕所。

统一公司要求员工有吃苦精神及脚踏实地的作风，公司会先给应聘者一个拖把请其去打扫厕所，不接受此项工作或只把表面洗干净者均不予录用。他们认为一切利润都是从艰苦劳动中得来的，不敬业的人就是隐藏在公司内部的"敌人"。

3. 影响面试结果的因素

面试及其结果的影响因素可以分为三类：面试官方面的因素、应聘者方面的因素和环境方面的因素。

1) 面试官方面的影响因素

这部分因素主要有面试官的个人素质及偏好，面试官对招聘岗位职务的了解程度，面试官获得信息的性质和时间位置等。

2) 应聘者方面的影响因素

这部分因素主要有应聘者的理论知识与工作经验，应聘者之间的对比效果，以及应聘者的面试经验、技巧等。

应聘者的理论知识与工作经验对面试的影响比较大。应聘者如果兼有一定的理论知识和工作经验，在面试中往往比较主动。而实际上，应聘者往往或是理论知识系统扎实而工作经验欠缺，或是工作经验丰富而理论知识欠缺，这都会给面试带来影响。这时，如果面试官注重前者，认为只要具备了一定的理论知识，就有工作潜力，工作经验可以在实践中慢慢积累，那么他就有可能选择前者。如果面试官更偏重于后者，认为只有具备工作经验，工作才可能得心应手，理论可以通过培训、学习逐步掌握，那么他就有可能选择后者。

面试还要受到应聘者之间对比效果的影响，一个应聘者的面试结果往往会受到同一组中其他应聘者面试结果的影响。招聘就是从一群应聘者中经过比较而选拔出相对水平更高或更适应这一岗位的人员。同组中接受面试的第一个人往往得分偏低，很重要的一个原因就是缺少参照对象。一个水平一般的应聘者，如果排在水平较差的应聘者之间，其得分就会偏高，反之排在水平较高的应聘者中间，得分就会偏低。

应聘者的面试经验、技巧对面试结果也有影响。有的应聘者有过多次面试经历，对整个面试过程十分了解，在实战中也积累了丰富的应聘技巧。这些"技巧型"应聘者学会了在面试中怎样给面试官留下深刻印象，即使他们从事该岗位的技能平平，也可能因为其谈吐得体，而使面试官对其表现满意；相反，面试官可能对缺乏面试经验和技巧的应聘者所表现出的怯场紧张、语无伦次、不善展示自己的能力等不满意而打分较低。

3) 环境方面的影响因素

在面试过程中，由于面试官自身素质的差异、对面试认识的差异或者出于某种特殊的目的，营造出的面试环境可能千差万别。有些面试环境正规、优良，有些却随便、散漫。

心理素质越好，对环境的适应能力越强；心理素质越差，对环境的适应能力越弱。能否尽快适应环境，事实上是对面试考生的第一步考验。普遍地讲，对环境适应最好的办法就是忘却，我们只需要认定一个目标，即我是来参加考试的，环境仅仅是个工具。如此进行心理暗示，环境不良或环境变化所带来的负面影响会有所减轻。总之，能让自己忘记环境、忽略环境的办法就是好办法。

4. 面试技巧

面试主要以谈话和观察为主要手段，因此谈话是面试过程中非常重要的一个环节。面试还是一个双向沟通的过程，不仅面试官可以通过观察和谈话来评估应聘者，应聘者也可以通过面试官的行为来判断其价值标准、态度偏好、对自己的满意度等，从而调节自己在面试中的行为表现。因此，针对面试的特点，应聘者需要掌握一些技巧。

1) 表达技巧

在面试过程中，面试者要积极主动交谈并传递给面试官需要的信息，展示出你的才能。说话的时候，面试者要注意正视对方，看对方是否听懂了你的话，是否对你的话题感兴趣等；要注意咬字准确、语言简洁、音量适中，语调要自然亲切，语速可以根据内容的重要性调节。但总体来说，节奏适宜放缓，急迫的机关枪式的节奏会使人难以接受。

在内容上要有所侧重，记住一条宗旨：用人单位要选好职员，而一个好职员不只是为薪水工作的人，还要严于律己、目标明确、认真负责。语言要含蓄、机智，说话时除了表达清楚，还可在适当的时候穿插一些幽默的语言，使谈话的气氛更加轻松愉快。尤其是当遇到难以回答的问题时，机智幽默的语言会显示出自己的智慧和应变能力，有助于给面试官留下良好印象。

在回答问题时，要条理清楚、有理有据，抓紧时间充分表达核心意思，不要长篇大论使听者不得要领。阐述事实时要讲明原委，避免抽象。在群体面试中，如果同一个问题需要每个应聘者都作答时，要积极思考，发言时要有个人见解和特色，以引起面试官的注意和兴趣。在回答时要本着"知之为知之，不知为不知"的态度，切记不要不懂装懂、牵强附会。遇到自己不懂的地方，可以坦率承认自己的不足之处，既不要默不作声，也不要信口开河。

2) 倾听技巧

在面试中，倾听也是一种技巧。良好的表达方式是沟通的重要因素，而认真倾听是沟通的基础。在面试中，面试官的每句话都非常重要，应聘者要集中精神努力去听，记住其中的重点内容，并了解面试官的希望所在。

当面试官讲话时，应聘者要直接注视他，使他感知到你对他所讲内容的重视，用你的眼神告诉他"我在专心听您讲话"。倾听时最好的姿态是在椅子上坐直，稍微向讲话人那边倾身，但身体不要僵硬，也不要像在家里看电视时那样随便。摆脱一些干扰，要专注，不要随意摆弄你的眼镜、手边的笔或其他任何与倾听无关的东西，更不要挠头或揉眼，这样会显得慌乱或不耐烦。

一个好的倾听者通常会做到以下几点：用目光注视说话人，保持微笑，适当点头；准确了解说话人所说的主要内容，如果有不懂之处，会适当提问确认；不是从头至尾呆板地听，会适当做出一些配合反应，如会意的微笑、点头，或提出一些将对方所讲的内容引向更深入层次的问题等；即使自己有不同观点，也会等到说话人讲完再提出，不会随意打断或打岔，并且不会感情用事地去争辩什么，只是单纯地发表自己的观点。

5. 面试中常见问题应答

面试时，有几个问题是常常会提到的。在面试前，应充分准备这些疑难问题的答案，避免在面试时出现哑口无言的尴尬场景。

1) 请介绍一下你自己

"请介绍一下你自己！"面试时，和面试官基本寒暄之后，毕业生往往被问到的第一个问题就是这个。许多毕业生在心里想："我不是都已经写在简历中了吗？为什么还要再问？"因而面露不耐之色，有的甚至还会以"这些我在简历中都已经写得很清楚了"这类话作为答复。

面试官问你这样的问题，其实是把主动权交给你，这正是你表述自己的好机会。有效的自我介绍往往能够使接下来的面试轻松流畅，最终使你获得你想要的工作岗位。

有效的自我介绍不是机械地说明你叫什么名字、从哪里来、到哪里去，是要有重点地进行自我推销。如果你在面试前认真做过准备，那么你必然能成功地回答这些问题：我最大的长处、特色在哪里；哪些是我过去做得好的事情；我具备什么样的专业技术和知识。然后巧妙地在自己的特色与所应聘的工作之间找到着力点、相关性，并将其突出地表达出来。

2) 自己的优缺点都是什么

许多面试官都喜欢问这个问题，目的在于检视毕业生的诚恳度。建议毕业生在面试之前好好分析自己，将自己的优点与缺点列张单子，在其中挑选亦是缺点亦是优点的部分。在回答问题时，以优点为主要诉求，强调可以为公司带来利益的优点，如积极、肯学习是最普遍的回答。而缺点部分则建议选择一些无伤大雅的小缺点，或是将模棱两可的优缺点作为回答，这样才不会使面试官太过针对缺点进行发挥，造成面试上的困难。

3) 你为何想进这家公司

这通常是面试官最常问到的问题。回答这个问题时，一定要积极正面。例如，加入贵公司能使自己有更好的发展空间，或是希望能在相关领域中有所发展，或是希望能在公司多多学习等。此时，可以稍稍夸奖一下用人单位，但切记态度一定要诚恳，不然会有画蛇添足之嫌，让面试官觉得你虚情假意。

4) 你认为自己在什么样的条件下工作最有效

此问题考察的是毕业生对工作条件的要求。面试官可以从中获取毕业生的工作方式、影响工作效率的因素等信息，还可以知道毕业生的不足在哪里。

如果回答"不管在什么条件下，我都会努力把工作做得最好"并不是十分妥当，至少有喊口号的嫌疑，显得不够成熟。对于管理者和做人事工作的面试官来说，他很清楚任何一个员工在工作中都难免有产生情绪的时候，他想了解的是你的期望值和公司所能提供的条件的差异，以及你对不满意工作环境的承受能力。如果你对作风强横、听不进下属意见的上司实在不能忍受的话，不妨举例直说，以免得到了这份工作才发现面对的正是这样的上司，那就非你本意了。为了对自己负责，你可以具体谈谈你期望的工作条件。当然，从另一方面来说，大多数面试官都不愿承认自己的公司存在这样的管理者。

5) 你对薪水的期望值如何

对于毕业生来说，在面试中谈薪酬是个大忌。在一般大公司看来，没有经验的毕业生没有资格谈薪水。况且新人的起薪都一样，你谈了，公司也不会给你加薪，反而会招致反感。即使对方问你对薪水的期望，你也应谨慎应对，或者干脆用"我相信公司会承认我的工作价值"之类的话搪塞过去。

6) 你认为自己适合干什么

遇到这个问题时，最错误的回答就是：只要公司需要，我什么都能干。这类"服从需要"的空话会给用人单位留下没有主见的印象。你觉得自己最适合干什么，自己的喜好是技术还是管理，应坦诚地告诉面试官。

7) 你喜欢这份工作的哪一点

每个人的价值观不同，自然评断的标准也会不同。在回答面试官这个问题时，不能太直接地把自己的心里话说出来，但用一些无伤大雅的回答还是可以的，如交通方便、工作性质及工作内容符合自己的专业或兴趣等都是不错的答案。不过如果这时自己能仔细思考出这份工作的与众不同之处，应该会在面试上大大加分。

8) 请描述一下你的个人职业生涯规划

这个问题在很大程度上是考察毕业生的职业稳定度，没有哪一家公司愿意招聘流动性强的员工。应该表现你踏实的一面，用简明扼要的语言描述你对未来职业生涯的规划。

9) 你最大的成就是什么和为什么

面试官问这样的问题是在考察毕业生的价值观，毕业生回答时要说出自己的判断标准。

初入社会的大学毕业生常这样回答："在校时学业虽然很重，但我还是顺利圆满地完成了。我非常骄傲能在上学时外出做兼职。"这种回答表面上看起来好像不错，也许很多人曾做过类似的回答，但它其实缺乏有价值的内容。首先，这种回答毫无特别之处。其次，回答太空泛，应找出自己经历中的亮点作为事例讲给面试官听。就算你没有得过奖学金，没有担任过什么职务，也没有组织过什么活动，你肯定也有自己的亮点。比如说："我觉得大学四年我最大的收获是结交了很多非常好的朋友，建立了非常好的人际关系。"

10) 关于本公司你还有什么地方想要了解

一般在这个时候不要谈到薪资问题，好的问题是问一些面试官乐于回答的问题。例如，在公司里通常新员工要学些什么，会遇到哪些困难；在公司里，我的发展机会如何；公司与某公司(竞争对手)相比，有哪些长处和短处；能否简单介绍一下公司文化等。当然如果你很有信心和见地，也可以提尖锐的问题，让面试官发现你与众不同的思想。

6. 面试成功的原则

要想面试成功，需要掌握以下原则。

(1) 你是公司未来的有利资产。你需要传递给企业这样的信息：你拥有帮助企业实现预期目标的潜在能力，你是公司的宝贵资产而非包袱。

(2) 明确的人生目标。具有积极自我成长信念，努力进取，并充满旺盛的事业心与斗志。能迅速进入工作状态的人，更易为企业赏识和任用。

(3) 强烈的工作意愿。面试时要随时保持对工作的高度热忱与兴趣。

(4) 与同事、团体合作的能力。一个容易与人沟通协调的毕业生可以说已有一半成功的希望。如果你曾有社团活动的工作经验，可尽量举例说明，以争取主考官的青睐。

(5) 掌握诚恳原则。在录用标准上，"才能"是永恒不变的第一原则，"诚恳"则是重要的辅助因素。面试前准备充分、心情镇定、仪表大方整洁、临场充分表现自我，便是诚恳的最好表现。

五、面试礼仪

(一) 面试行为礼仪

1. 面试前的礼仪

面试时一定要遵守时间。参加面试时千万不要迟到，最好提前5至10分钟到场，以表示求职者的诚意，给对方信任感，这样也利于应聘者在面试前有时间调整自己的心态，做一些简单的准备，以免太过仓促而忽略一些细节。

在面试前5分钟，要注意以下两点。

1) 检查仪表

检查自己的仪容仪表，确认自己看上去是否精神饱满。在感觉一切准备就绪的状态下，才能从容地接受招聘单位的面试。

2) 检索简单常识

人在紧张的时候，往往连平时挂在嘴边的话都想不起来。应聘者可以在面试前把一些常用词汇、时事用语、经济术语整理一下，所整理的词汇可根据具体应聘职务而有所不同。

2. 面试过程中的礼仪

1) 进门时

听到喊自己的名字时应有力地答一声"是"，然后进入面试房间。如果门是关着的，则要以里面听得见的力度敲门，听到回复后再进去。开门、关门时动作尽量要轻，向招聘方各位行过礼之后，再清楚地说出自己的名字。

2) 坐姿

进入面试房间后，在没有听到面试官说"请坐"之前，绝对不可以坐下。面试官还没有开口，就顺势把自己挂在椅子上的人，已经被扣掉一半分数了。坐下时应并拢双膝，把手自然地放在上面。

3) 使用敬语

这一点在平时待人接物时就应下功夫，如要习惯对长辈说敬语等。

4) 视线范围

说话时不要低头，要看着对方的眼睛或眉间，不要回避视线。做出具体答复前，可以把视线投在对方的背景上，如墙面等，停留两三秒钟以便思考，但时间不宜过长。开口回答问题时，应把视线收回来。

5) 集中注意力

无论谈话投机与否，都不要因此分散注意力。不要四处看，显出似听非听的样子。如果你对对方的提问漫不经心，回答时言论空洞，或是轻率下断语，借以表现自己的高明，或是连珠炮似的发问，让对方觉得你过分热心和要求太高，都容易破坏交谈气氛，这是不好的交谈习惯。

(二) 面试仪表礼仪

面试时的着装仪表很重要。一个人的装束可以反映出一个人的审美观，也反映着他的职业态度。当然，并不是说你穿着得体、打扮合适就一定能够通过面试，但有一点是肯定的，如果你的穿着很不合适，就一定没有进一步面试的机会。那么，什么才算得上合适的仪表穿着呢？这一般要和你所应聘的公司相契合。如咨询公司和投行的各类职位、市场与销售职位，需要穿西服正装，以体现职业性；而IT技术类公司的技术研发职位，着装可以略微随意些。

总体来说，良好的审美包括两方面：从着装上讲，穿着要得体，颜色一般应选黑色、灰色和深蓝色，因为这些颜色给人以朴实、真诚、容易接近的感觉，面试时尽量不选红色、黄色，原因是颜色太鲜艳，容易令人感觉轻浮；从气质表现来看，一个落落大方、稳重而谦虚的人，会令人产生好感。

1. 男士着装注意事项

1) 西装

男生应该选择裁剪良好、款式经典的西服套装，切忌前卫的设计。颜色以黑色、灰色、深蓝为宜，并且最好是纯色的，不要有大格子、大条纹之类的图案，这些款式可能在宴会上比较出彩，但不适用于面试。

建议平时就准备好一至两套得体的西装，不要到面试前才去匆匆购买，那样不容易选购到合身的衣服。但初入职场的大学生，不必穿太高档的品牌服装，七八成新的服装最自然稳妥，尤其在档次上应符合学生身份，不要盲目攀比。如果用人单位看到求职者的衣着太过讲究，与学生身份不符，那么他们对求职者的第一印象也不会好到哪里去。

如果穿的是三颗纽扣的西装，可只系第一颗，或系上面两颗，但不能单独系最下面的一颗，而将上面的扣子敞开；穿双排扣西装时所有的扣子都要扣上，特别是领口的扣子。西装买来时一般口袋都是缝上的，可以不必打开，即使真的打开了，也不要装东西，因为那样会使西装看起来不挺括，容易走形。长裤熨烫笔挺为好，长度以直立状态下裤脚遮盖住鞋跟的四分之三为宜。

2) 衬衫

要选用面料挺、质感好一点的衬衫。白色的长袖衬衫是上选，别的颜色的衬衫当然也可以，但是不如白色正式，并且要注意和西装的颜色搭配。蓝色衬衫是IT行业男士的普遍选择，能体现出沉稳的气质。

注意衬衫领口、皮带扣和裤子前开口外侧应该在一条线上。衬衫应该是硬领的，领子要干净、挺括，短袖衬衫和圆领衫在正式场合不太适宜。

平时也应该注意选购一些较合身的衬衫，面试前应熨烫平整，不能给人皱皱巴巴的感觉。衣领、袖口都洗毛的旧衬衫或还从没有下过水的新衬衫都不合适，前者太拮据，后者显得太过刻意修饰。穿着时衬衫下摆一定要放入裤腰内，这样显得比较正式。

3) 领带

男生参加面试一定要在衬衣外打领带，这样会增加风采。领带必须干净、平整、挺括，上面不能有污渍。领带图案宜选用保守一些的，传统的条纹、几何图案和螺旋花纹都很不错。另外，还要注意领带和西装、衬衫颜色的协调性，平时应准备好与西服颜色相衬的领带。在配色方面，应以和谐为美，并尽量别上相称的领带夹，不要追求标新立异，以免弄巧成拙。领结要打得坚实、端正，不要松松散散。

4) 鞋袜

要在面试前把鞋子擦干净，确认鞋子是完好的。光亮的鞋子能够表现出你专业的做事风格，以及良好的职业素养。皮鞋以黑色为宜，因为黑色鞋子好配服装。不要认为鞋子越贵越好，而要以舒适大方为选购准则。皮鞋也尽量不要选给人攻击性感觉的尖头款式，在面试时，方头系带的皮鞋是最佳选择。皮带和皮鞋应是同一质地的，如果不是，就要在颜色上做到统一。

袜子是很容易被忽视的一个环节，很多求职者往往有特别准备的西装和鞋子，却在袜子上功亏一篑，与整体不和谐。一般来说，白袜子、黑鞋子的搭配是很不专业的，要加以避免。通常深色西装一定要搭配同色系的袜子，如果没有配上，必须是深灰色、蓝色、黑色等，最好和鞋的颜色一致，这样在任何场合都不失礼。此外，袜子也不宜过短，以免坐下来的时候，把小腿露出来。

5) 仪容整洁

面试时应保持仪容整洁。男性可以用清洁类的化妆品，给人干净、阳光的感觉即可。如果使用香水，一定要格外谨慎，避免使用浓烈或者味道怪异的香水，淡淡的清香容易让别人产生愉快的感觉。

注意修整头发，不要蓬松散乱，如果稍嫌过长，应修剪一下。最好在面试前几天理发，尽量避免在面试前一天理发，以免看上去不够自然。发型不仅要与脸型配合，还要与年龄、体形、个性、衣着、职业要求相配合，这样才能体现出整体美感。男性求职时忌颜色夸张怪异的染发、长发和光头。如果你不是去面试广告设计、艺术工作等强调创造性的岗位，长发不是一个好的选择。应注意仔细地打理发型，并且不要忘记刮胡子，要保持面容整洁。

6) 其他物品

男生最好少带饰品，越简单越好，不要佩戴项链、手链、耳环、鼻环、手镯等，手表可以接受，但要佩戴成人款式。文件包是兼具实用性和装饰性的物品，但不要太旧、太破或有油垢，新旧程度最好等于或新于西装，而装的东西也不要太多，以免给人以鼓鼓囊囊的感觉。对于夹在腋下的男士手包，在面试时不要使用，因为它看起来更适合私企老板，而不是普通职员。

戴眼镜的同学要注意镜框的配戴最好能使人感觉稳重、协调，眼镜的上镜框高度以眉头和眼睛之间的二分之一为宜，外边框以跟脸最宽处平行为宜。不戴眼镜的同学切不可戴墨镜进入面试单位，这样会令人反感。

2. 女士着装注意事项

1) 职业套装

对于女生来说，穿着要求可以适当宽松一些，但针对某些岗位，选择一套修身的职业套装也是上选。选择套装的时候也要注意颜色,黑色、深蓝、灰色等稳重的颜色比较理想。款式不要太过新颖,宜保守、传统。如果买的是西装式套裙,就一定要注意裙子的长度不要在膝盖以上,裙子太短是不专业的表现,会使面试官对你的印象大打折扣。但年轻女性也不宜选择过长的裙子,以到膝盖为宜,避免显得老气横秋。如果上衣是V领的,也要注意开口不能太低,并且可以通过丝巾或者内衬上衣来搭配。

2) 衬衣

在挑选衬衣的时候,无论是颜色还是款式也以保守为宜。不要挑选那些透明材质的上衣,也不要选择蕾丝花边、荷叶边或者雪纺薄纱,或是有一些丝带装饰,这些都会使你的着装看起来过于随意。总体上要保持干净利落,可以在衬衣里面再穿一件小背心,以防走光。

3) 鞋子和丝袜

要确保鞋子的款式专业、不花哨、相对保守,颜色与套装相配。虽然"露趾鞋"目前很流行,不过还是建议女生们避免选购这种款式的鞋子参加面试,一双职业中跟是最佳选择。丝袜的颜色也最好是传统常见的,如肉色、深灰色等,而且要保证和套装及鞋子的和谐搭配。

4) 包

选用的包应该是和整个穿着相配的,不要太大,中等或小型尺寸即可。如果可能的话,最好是皮制的。虽然我们不建议学生一身名牌,但是拿一个比较有品质的提包还是允许的,但切记品牌的标志不要太显眼,并且整体设计不要太前卫。

5) 头发

发型在整个仪容中是十分重要的组成部分,要仔细梳理,保证头发干净清洁。如果是长发,应把它盘起来,或者做成其他看起来专业舒服的发型。虽然垂散下来可以显得清纯美丽,但不要让自己看起来好像刚刚起床或者刚从派对回来,要注意塑造职业形象。

6) 淡妆

女生在面试前应该化淡妆,这既是对面试官的尊重,也会使自己看起来很精神。平时不化妆的同学,要尽早学习化妆技术。但面试时不宜化浓妆,要选择自然清淡的颜色,对面部稍作修饰即可。应注意保持整个妆容的干净,不要脱妆。

7) 配饰

可以选择尽可能简单的饰品。面试属于正式场合,不应戴手链;戴戒指也应注意不要戴形状奇特的戒指,不然不方便握手,也不易给面试官留下好的印象;不要戴很大很长的耳环或戴太多的耳环,简洁的耳钉就可以带来不凡的效果;手腕上可以佩戴一只手表,但要避免卡通款或时尚款,选择大方稳重的成人款式即可。

第三节 就业一般程序

一、大学生就业的一般程序

(一) 大学生毕业后的去向选择

1. 直接就业

直接就业即毕业生毕业前由学校推荐,通过招聘会、宣讲会等多种途径与用人单位双向选择后,签订就业协议、劳动合同或其他有效就业证明材料落实工作岗位。大学生直接就业有多种去向，毕业生可以选择去国有企业、非公有制企业等就业。

2. 升学深造

有的毕业生毕业时通过考研或者专升本的形式提高学历层次，增强自身竞争力，这也缓解了就业压力。因此，考研和专升本成为许多应届本专科毕业生的选择。

3. 出国留学

有的毕业生毕业时通过公费或者自费的形式，申请到国外高校求学深造。目前，也有一部分毕业生到境外的企事业单位工作。

4. 自主创业和灵活就业

大学生也可以利用自己的知识、才能和技术，以自筹资金、技术入股、寻求合作等方式自主创业和灵活就业。

5. 参加党政机关和事业单位招录

有的毕业生会在毕业前参加国家党政机关和事业单位招录考试。根据目前情况，县级以上可供应届毕业生选择的岗位较少，县级以下单位有大量岗位可供毕业生进行选择。

6. 入伍服兵役

毕业生可以根据自身情况参加每年的应征入伍报名，通常男生应征数量较多。国家还出台了很多优惠政策和激励措施。当前，应征入伍是应届毕业生较好的就业选择。

当前，可供毕业生选择的就业途径较多，国家出台了很多基层就业政策和促进大学生创业的相关政策。除此之外，高校就业指导部门每年都会举办多场就业招聘会、专场招聘会、直播带岗活动。大学生可根据自身实际情况积极就业。

(二) 就业手续办理

1. 党组织关系转接

党员因调动工作、参军、学习、外出务工、经商和其他原因离开原所在地或单位，以及外出时间在六个月以上，且地点比较固定的，经党组织同意，应按规定转移党员正式组织关系(即开党员组织关系介绍信)。

1) 转接步骤

(1) 党员经所在党支部同意，由党支部开出从支部到上一级党委(党工委)的组织关系介绍信。

(2) 党员持支部开出的介绍信到上一级党委(党工委)，党委(党工委)核实后，根据支部开出的介绍信，分三种不同情况开出相应的介绍信。

① 如果党员转往该党委(党工委)下属的其他支部，则开出从党委(党工委)到转入支部的介绍信。

② 如果党员转往市内其他党委(党工委)，则开出从所在党委(党工委)到转入党委(党工委)的介绍信，党员持介绍信，到转入党委(党工委)办理。

③ 如果党员转往市外有关单位，则开出从党委(党工委)到市委组织部的介绍信。

(3) 党员持党委(党工委)开出的组织关系介绍信到市委组织部。市委组织部经核实后，根据党委(党工委)开出的介绍信情况，开出从市委组织部到市外相应有转接权限党委组织部门的介绍信。

(4) 党员持市委组织部开出的组织关系介绍信到市外相应有转接权限的党委组织部门，该组织部门开出从组织部门到转入党委(党工委)的组织关系介绍信。

(5) 党员持市外有转接权限党委组织部门介绍信到转入党委(党工委)，该党委(党工委)根据介绍信情况，开出从党委(党工委)到转入支部的介绍信。

(6) 党员持转入党委(党工委)开出的介绍信到转入支部报到。

2) 党组织关系转接的注意事项

转移党员组织关系是党组织的一项严肃工作。党员组织关系介绍是党员政治身份的证明，每位毕业生党员在转移党员组织关系的过程中，应注意以下几点。

(1)《中国共产党党员组织关系介绍信》是党员转移党组织关系的凭证，毕业生党员应在规定的离校时间内，将组织关系及时转到要去的单位党组织。毕业生党员组织关系由学院党委统一开具，由本人携带，不得装入档案或平信邮寄。

(2) 已落实单位的毕业生党员(落实单位毕业生为已与就业单位签订就业协议者，与用人单位达成意向但实际未签约者不计算在内)，首先要明确所在单位的上级党委，本人持学校出具的组织关系介绍信在有效期内直接到有关上级党委(组织关系介绍信的抬头即是)接转组织关系，不可将介绍信交给所在单位人事部、领导等，以免介绍信丢失或长期不办理转入关系而造成脱党。

(3) 未落实单位的毕业生党员，其组织关系原则上转移到本人或父母居住地党组织，或者挂在人才市场。

(4) 毕业的预备党员，到新单位后一定要及时与党组织取得联系，按时交纳党费，过组织生活，要定期向组织写思想汇报，预备期满前写转正申请书，按期转正。

(5) 预备党员的档案由本人亲自携带，交至新去的单位；正式党员的档案材料一并随学籍档案统一转出。

(6) 组织关系介绍信的有效期限为，省内不超过一个月，省外不超过三个月，党员必须在有效期内接转组织关系。若存在改派或组织关系介绍信接转地点有误等情况，必须在有效期内回校更改，无故不按时接转组织关系是组织观念淡薄、违反党纪的表现。超过六个月未接转组织关系，造成自动脱党或其他情况者后果自负。

2. 人事代理

已经踏上工作岗位的大学生经常遇到这样的问题：有些大学生发现自己已经在单位工作多年，忽然有一天发现自己的人事关系仍无着落；有些虽然与工作单位签订了劳动合同，但因为没办理人事代理，不仅无法办理流动转移手续，还使自己的工龄、转正定级、评定职称、缴纳社会保险等待遇都受到了影响。这些问题的出现，都是因为大学生在毕业时没有正确认识人事代理相关事宜。

1) 毕业生人事代理

毕业生人事代理是指政府人事部门所属的人才交流机构。本着充分尊重毕业生自主择业的原则，该机构高效、公正、负责地为各类毕业生解决在择业、就业中遇到的人事方面的有关问题，并提供以档案管理为基础的社会化人事管理与服务。

2) 毕业生人事代理的对象

毕业生人事代理对象为：凡通过双向选择，已同外资企业、股份企业、乡镇企业、区街企业、私营企业、民办科技、教育机构、医疗机构、各种中介机构等非国有单位和实行聘用制的国有企事业单位签订就业协议的毕业生；择业期内暂未落实就业单位，正在择业的毕业生。

3) 人事代理的管理方式

人事代理是人事工作适应市场经济发展，从传统的人事制度向与市场经济体制转变相配套的人事管理制度，实行人、档分离的管理方式。人事代理业务可由单位委托，也可由个人委托。单位或个人把人事关系和档案等人事业务委托人才服务中心管理，用人单位只负责对人才的使用，档案、行政关系由人才服务中心统一管理，并提供全方位人事业务服务的社会化人事管理方式。

4) 人事代理的内容

根据目前的人事代理政策，毕业生办理人事代理可以解决以下几方面的问题。

(1) 本人档案的保管、转移；户籍关系的挂靠；党、团组织关系的挂靠、接转。

(2) 代办养老保险、医疗保险和社会保险项目。

(3) 见习期满后的转正、定级、专业技术职务资格评审。

(4) 出具因公、因私出国、出境等政审证明材料。

(5) 代理期间工龄连续计算，负责档案工资的核定调整。

(6) 对毕业时未找到就业单位的毕业生，人才服务中心可以为其办理求职登记并提供就业岗位。

(7) 办理人事代理后，不论流动到何单位，其工龄、身份、职称、社会保险、档案等方面，都由人才交流服务机构提供配套服务。

5) 毕业生办理人事代理的重要性

毕业生不重视人事代理事宜的原因有两种：一是部分毕业生不了解人事代理的必要性和重要性，以为档案放在哪里都一样；二是部分毕业生认为找到正式或较稳定的工作前，保险、职称等事情都不重要。这样一来，由于没及时办人事代理，等需要办理评定职称、养老保险，或向其他单位流动时，才发现给自身的利益造成了许多不应有的损失。

应届毕业生办理好人事代理手续再离校，可为自己赢得广阔的就业空间及就业主动权，同时解决了自己的后顾之忧。

(1) 转正定级。

人事代理毕业生见习一年期满后，转正定级如何办理？委托人事代理的应届毕业生见习一年期满后，省人才中心按国家规定转正定级。转正定级虽然对在非国有单位工作意义不大，但是转正定级后意味着干部身份的正式确定，如果变动工作调入国有单位，转正定级将作为享受有关待遇的主要依据。

(2) 初定职称。

人事代理毕业生可以初定职称吗？国家规定，全日制普通院校毕业生，见习一年期满后，经考核合格，即可在转正定级的同时办理初定专业技术职务手续，不需要再进行评审。具体规定是：中专毕业见习一年期满，定为"员"级职务；大专毕业见习一年期满，再从事本专业技术工作二年，定为"助师"级职务；大学本科毕业见习一年期满，定为"助师"级职务；硕士学位获得者从事本专业技术工作三年，定为"师"级职务；博士学位获得者定为"师"级职务。人事代理毕业生可于见习期满的当年10月，向省人才中心申请办理相应职务初定手续。凡属国家开考的专业，可向省人才中心报名，通过参加统考取得资格。

6) 办理人事代理的流程

根据毕业生的不同情况，毕业生人事代理手续办理程序也有所不同。

(1) 择业期内已联系到接收单位的毕业生。

该类毕业生凭接收单位签章的就业协议书到省、市人才中心，由省、市人才中心审核后签署人事代理意见；毕业生将就业协议书送交所在学校，由学校统一到有关部门办理档案、户口迁移证等，并将毕业生档案转交省、市人才中心；毕业生持就业协议书、户口迁移证、身份证等到接收单位办理户口迁入手续，接收单位无集体户口的，可直接落入省、市人才中心集体户口。

(2) 择业期内暂未联系到接收单位的毕业生。

该类毕业生持就业协议书到省、市人才中心，由省、市人才中心审核签署人事代理意见；毕业生将就业协议书交由所在学校盖章后，持就业协议书、户口迁移证、身份证等材料到省、市人才中心报到，签订人事档案管理合同，户籍落入省、市人才中心。

(3) 择业期内已就业，按要求到省、市人才中心实行人事代理的毕业生和由省外院校到本省二次择业的毕业生。

该类毕业生持由省、市人才中心出具的接收函，凭省、市人才中心的接收函和就业材料等将毕业生档案转交省、市人才中心；持新的就业材料、户口迁移证、身份证等材料到省、市人才中心报到，签订人事档案管理合同，户口迁入省、市人才中心集体户口。

3. 毕业生档案

1) 毕业生档案及其作用

档案材料是个人的学历、社会经历等方面的全面的历史记录，是在我国现行人事制度下，一个人在单位与单位之间进行正常流动的客观依据，档案的保管和传递等受《中华人民共和国档案法》的保护。学生档案的内容相对比较简单，主要分为两大部分：一部分是高中阶段的材料和参加高考的报名材料；另一部分是大学期间的有关材料。学生档案是学生在校学习期间德、智、体等方面的客观反映，是用人单位考察和录用毕业生的主要参考材料，是毕业生进入单位后定级、转正、加薪、提职、调动的重要依据。因此，档案材料对于每个学生来讲都非常重要。

鉴于档案材料的重要性和严肃性，在填写各类表格时，必须态度认真、字迹工整、表达准确，内容要实事求是。档案材料填完后应在规定的时间上交给所在院系的有关负责人，院系将各部分应备材料集中收集，送到学校的学生档案室，及时将材料归入每个人的档案，以保证档案材料的完备性。任何档案材料的缺损，都会给今后的工作造成意想不到的麻烦。档案是人事关系的重要组成部分，每个毕业生都要给予足够的重视。近年来，由于对档案的重要性认识不足，毕业生到工作单位报到后没有及时核查，有时会出现档案因误投、漏寄而没有准确、及时转达，甚至遗失等现象，而毕业生本人却未能及时发现，等到若干年后需要办理定级、提职、加薪、调动工作单位等手续时，才发现自己的档案早已不知去向。由于时间相隔太久，已经无法查询，结果给毕业生本人造成了无法弥补的损失。

2) 毕业生档案的转递与核查

档案转递是将单位名称和地址填写后密封，通过机要局寄往具体用人单位。因此单位名称和地址填写是否准确，将直接影响档案材料转递的准确性、时效性。这就要求每个学生在签订协议书时，应提醒用人单位将单位的全称(不要简称)、详细地址、隶属关系、邮政编码及联系电话等填写清楚，以便准确转递档案。

独资企业、不存放人事档案的合资企业、公司等单位，应写明档案存放、挂靠的上级主管部门，或所在地的人事部门及人才交流中心，以便档案投递到相关单位。

没有落实具体单位的毕业生，档案一般寄往学生所在省份的人事厅(局)或教育部门毕业生工作办公室。毕业生在落实到具体单位后应及时与报到的部门取得联系，将档案调入所在单位。

毕业生到工作单位报到后，应当及时去工作单位的人事部门查询自己的档案是否转达。如果三个月以内发现档案没有转达，则应及时与学校联系，可以通过电话或信函联系，也可委托他人(老师、同学或家长等)与学校负责毕业生就业的部门联系，以便及时查询档案的下落，避免发生因时间长久无法查询而造成档案的遗失。按规定，机要部门查询档案的期限为一年。

3) 特殊情况的档案管理规定

毕业生的档案转递工作中，凡因身体、学习成绩等原因被用人单位退回学校的毕业生，其档案一般由毕业生通知原用人单位退回学校。如果未及时找到新的接收单位，又未向学校申请托管手续，毕业生则必须与家庭所在地的毕业生就业指导机构或人才流动服务机构联系办理其档案、户口等关系的委托保管手续，并将上述关系转离学校。

未经学校在本省、本地区范围内调整单位的毕业生档案，由学生本人与当地有关部门商议，直接在当地转递，不再将档案退回学校。

所谓遗留档案，是指毕业生在毕业后，因故未能正常转至用人单位而滞留在学校的毕业生档案。这部分档案未能正常转出的原因主要有以下几种。

(1) 档案材料不齐全。

(2) 因档案投递地址不详而无法投出。

(3) 毕业生到单位报到后被退回学校。

(4) 毕业生申请自费出国留学。

所有遗留的毕业生档案，学校均可免费保留两年。对于遗留时间超过半年者，调档时按档案保管的有关规定办理。凡申请自费出国学习的学生，如果需要将档案暂时存放在学校，应在每年的毕业生就业计划审核截止日期以前，以书面形式向学校提出申请，并办理档案托管手续。以后调档时，按档案保管的有关规定办理。凡不提出申请办理档案托管手续者，将其列入当年的毕业生就业计划。

结业学生的档案，如本人已找到接收单位，档案按计划寄发。如没有落实单位，毕业生则必须与家庭所在地的毕业生就业指导机构或人才流动服务机构联系办理委托保管手续，将档案转至家庭户口所在地。

4. 户口迁移

1) 户口迁移证

户口迁移证是公民的户口所在地变动时，由原户口所在地迁往新落户地址的凭证。由户口迁出地的公安机关(高校由校公安派出所)开具。持证人到达迁入地后，需在有效期内将户口迁移证交给户口登记机关申报入户。户口迁移证是公民在户口迁移过程中的重要凭证，因此公民在户口迁出后要妥善保管好户口迁移证，不得遗失、涂改及转借，若不慎将户口迁移证遗失，应立即报告当地户口登记机关。

2) 户口迁移的原则

毕业生户口关系的转移，由学校户口管理部门到辖区公安机关按规定办理。公安机关按报到证上标明的就业单位地址迁移户口，毕业生不得自行指定迁移地址。到工作单位报到后，持户口迁移证和报到证及工作单位证明到辖区公安部门办理户口迁移手续。

对毕业离校时未落实工作单位的高校毕业生，本人要求将户口转回入学前户籍所在地的，公安机关应当按照户籍管理规定为其办理落户手续。

3) 户口迁移流程

户口迁移的工作，学校一般会安排以班级为单位统一进行。入校时户口未迁入学校的同学不需要办理，其他每位同学需要明确自己的户口去向，是去工作单位，还是去读研学校；是迁回原籍，还是迁往人才交流中心，或是委托学校代理。需要办理户口迁移的同学离校前一定要拿到户口迁移证。

5. 办理离校手续

在学校规定的时间内到有关系或部门领取《离校手续单》，到《离校手续单》所列出的部门、单位办理同意离校签字手续。在办理离校手续过程中，重点事项有：向学院党委、团委相关部门做好党团关系转接；向学校后勤部门交清自己保管使用的财产，如宿舍的床、桌、椅、钥匙等；缴清学费、杂费等费用；归还在校期间借阅的书籍、供用的学习工具、体育用品等物品，如有遗失或损坏，按学校规定自觉赔偿。

所有离校手续办理完毕后，将《离校手续单》交回学校毕业生分配主管部门，再办理有关证件，领取"普通高等学校毕业证书"和《户口迁移证》等。

二、就业协议书

(一) 签订就业协议书的必要性

1. 就业协议书是毕业生就业和用人单位接收毕业生的重要依据

在毕业生就业制度中，为了合理配置劳动力资源，充分发挥人才的作用，国家赋予毕业生自主选择工作的权利，同时为了调动用人单位的积极性，国家把自主录用人才的权利赋予用人单位。同样具有自主权利的双方，在国家就业政策的指导下，通过双向选择，达成一致意见，并以书面的形式确定下来，这就是签订就业协议书。其目的是保护毕业生和用人单位各自的权益，同时，它也成为毕业生就业和用人单位录用毕业生的重要依据。

2. 就业协议书是学校实施毕业生就业管理、编制就业方案的重要依据

国家为宏观控制毕业生流向，保障急需人才的补充，就要使就业有一定的计划性。因此，学校要以就业协议书为依据编制毕业生就业的建议性方案，报上级毕业生就业主管部门审批。同时，学校为了加强对毕业生就业工作的管理，维护毕业生和用人单位的合法权益，保持与用人单位的合作关系，维护高校自身的信誉，要参与就业协议的签订并监督执行。

3. 就业协议书是进行劳动统计的重要依据

就业协议书能够准确反映用人单位的劳动需求，反映劳动力市场对毕业生的需求状况。学校每年依据就业协议书来编制就业计划，落实当年的就业情况，给国家提供相关就业数据。同时，还可以通过对就业信息进行统计、分析和对比，及时调整专业学科设置，促进教学改革，使其更好地适应劳动力市场需求。

4. 就业协议书可维护和保护各自的权利和利益

办理就业协议书有利于明确用人单位和毕业生各自的权利和义务，保护各自的权利，维护各自的利益。

就业协议书是《全国普通高等学校毕业生就业协议书》的简称，又叫三方协议。按《普通高等学校毕业生就业工作暂行规定》和教育部的有关规定，为维护毕业生就业工作的严肃性、公正性和公平性，就业协议书明确规定了毕业生、用人单位和培养院校三方在毕业生就业工作中的权利和义务。凡被用人单位正式录用的毕业生，均需要签订就业协议书。协议在毕业生到单位报到、用人单位正式接收后自行终止。现行的就业协议书由教育部高校学生司统一制表，省毕业生就业主管部门统一印制。

(二) 就业协议书的管理及审核

1. 就业协议书的管理

(1) 在择业过程中，毕业生与用人单位达成需求意向后，均需签订由学校统一发放的就业协议书。

(2) 就业协议书毕业生人手一份，任何单位和个人不得复印、复制就业协议书。

(3) 就业协议书不得挪用和转借，一经发现，所发放的就业协议书作废，并追究当事人责任。

(4) 就业协议书因污损或损坏不能正常使用时，毕业生可向所在院(系)提出申请并由学生工作负责人签署意见后，凭原就业协议书和申请到学校就业主管部门更换新的就业协议书。

(5) 考取研究生的毕业生，如未签订就业协议，毕业生离校时必须将就业协议书一式三份交回就业主管部门。如已签订就业协议，办理相关手续时需向学校就业主管部门递交用人单位的退函及就业协议书。

(6) 毕业生和用人单位在就业协议书上签署意见并加盖公章后，应及时将就业协议书上交学校就业指导服务部门。若因私自滞留就业协议书引发用人单位和毕业生之间纠纷的，由当事人承担相应责任。

2. 就业协议书的审核

毕业生应认真了解有关要求，主要包括如下方面。

(1) 毕业生回生源地自主择业，可不签订就业协议书，经申请后直接办理。

(2) 到省辖市市管或区管单位就业的，需经省辖市毕业生就业主管部门(非师范类专业的经市人事局，师范类专业的经市教育局)盖章同意；到县或县以下单位就业的，只需经县毕业生就业主管部门的盖章同意。

(3) 到省直、中央驻省单位就业的，需经主管部门盖章同意。其中，进省直事业单位的需携带省人事部门核发的年度机关事业单位进人审核卡；中央驻省单位主管部门系指在省的主管部门；在省工商部门注册的无主管企业接收毕业生，需经省毕业生就业办审核备案，或到人事部门人才交流中心实行人事代理。

(4) 在省外落实就业单位的，按有关省、市、县(区)毕业生就业主管部门的规定办理。原则上到省外各省区或部属单位就业的，经省毕业生就业主管部门盖章同意；到市以下单位就业的，经市毕业生就业主管部门盖章同意；到直辖市单位就业的，需经直辖市就业主管部门同意。

(5) 到在京中央单位就业的，需经人力资源和社会保障部同意。

(三) 就业协议的解除

1. 什么是协议的解除

为了维护就业协议书的严肃性和学校的声誉，毕业生与用人单位签订就业协议书后，毕业生和用人单位都应认真履行协议。毕业生若因特殊原因要求违约，应承担违约责任。已签订就业协议书的毕业生，如要违约，需办理解约手续。

2. 协议解除的步骤

(1) 到原签协议书的单位办理书面同意的解约函(盖单位公章)。

(2) 向就业中心提出书面申请(阐明解约理由)，并附上单位及上级人事主管部门审核同意的解约函，交就业中心。

(3) 就业中心根据有关规定审批换发新的就业协议书。

3. 单方解除和三方解除

就业协议的解除分为单方解除和三方解除。

单方解除包括单方擅自解除和单方依法或依协议解除。单方擅自解除协议属违约行为，解约方应对另两方承担违约责任。单方依法或依协议解除是指一方解除就业协议有法律上的或协议上的依据，如学生未取得毕业资格，用人单位有权单方解除就业协议，毕业生录用之后，可解除就业协议，或依协议规定，毕业生未通过用人单位所在地组织的公务员考试，用人单位有权解除协议。此类单方解除，解除方无须对另两方承担法律责任。

三方解除是指毕业生、用人单位、学校三方经协商一致，消灭原订立的协议，使协议不发生法律效力。此类解除因是三方当事人真实意思表示一致的体现，三方均不承担法律责任。

4. 违约

毕业生与用人单位解除协议的是违约。申请违约的毕业生要分别向就业指导中心和用人单位提出申请，用人单位同意并出具解除协议的解约函后，毕业生持解约函在学校规定的时间内登记备案，再办理相关手续。

5. 违约的后果

就业协议书一经毕业生、用人单位、学校签署即具有法律效力，任何一方不得擅自解除，否则违约方应向权利受损方支付协议条款所规定的违约金。从实际情况来看，就业违约多为毕业生违约。违约除本人应支付违约金外，往往还会造成其他不良后果，主要表现在以下三方面。

(1) 就用人单位而言，用人单位往往为录用一名毕业生做了大量的工作，有的甚至对毕业生将要从事的具体工作也有所安排。同时毕业生就业工作时间相对比较集中，一旦毕业生因某种原因违约，势必使用人单位的录用工作付之东流，用人单位若改变目标选择其他毕业生，在时间上也不允许，从而给用人单位的工作造成被动局面。

(2) 就学校而言，用人单位往往将毕业生违约行为认定为学校的行为，从而影响学校和用人单位的长期合作关系。用人单位会由于毕业生存在违约现象，而对学校的推荐工作表示怀疑。从历年情况来看，一旦毕业生违约，该用人单位在几年之内将不愿到该学校来挑选毕业生。面对激烈的就业竞争，用人单位的需求就是毕业生择业成功的前提，如此下去，必定影响今后学校的毕业生就业工作。同时，还影响学校就业计划方案的制订和上报，并影响学校的正常派遣工作。

(3) 就其他毕业生而言，用人单位到校挑选毕业生，一旦与某毕业生签订就业协议，就不可能再录用其他毕业生。若日后该毕业生违约，有些当初希望到该用人单位工作的其他毕业生由于录用时间等原因，也无法补缺，造成就业信息的浪费，影响其他毕业生就业。因此，毕业生在就业过程中应慎重选择，认真履约。

(四) 签订就业协议的注意事项

为了保护毕业生在就业过程中的权益，以及避免不必要的纠纷，毕业生在签订就业协议时要注意以下事项。

1. 全面了解用人单位，审查其主体资格

近几年，随着高校扩招，毕业生在就业市场上常常供大于求，他们求职心切，只听信用人单位单方面的许诺，不进行较为全面的考察就立即签约，一旦真正发现用人单位的具体情况和自己的预期相差太远，便后悔莫及，甚至可能违约，与此同时还要承担违约责任，给自己带来不必要的麻烦，也影响学校的声誉。因此，毕业生签订就业协议时必须对用人单位进行较为全面的考察，特别要审查用人单位是否具备合法的主体资格。一般而言，用人单位，不管是机关、事业单

位还是企业(不包括私营企业)，必须要有进人的权利。如果其本身不具备进人的权利，则必须经其具有进人权利的上级主管部门批准同意。

2. 认真审查协议书和补充协议的内容

协议书的内容是整个协议书的关键部分，毕业生一定要认真审查。首先，要审查协议内容是否合法，是否符合国家相关法律和政策；其次，要审查和仔细推敲双方权利和义务是否合理，由于现在使用的协议书内容简单，毕业生可以和用人单位协商，就原协议书中未能体现的具体权利和义务用补充协议的形式表达出来。

必须指出，补充协议书和主协议书具有同等法律效力。如果用人单位在协议书或者补充协议中只规定毕业生定期服务的义务和违反约定时的赔偿，而不提单位提供的工资标准、工作岗位和工作条件等在《劳动合同》中必备的约束用人单位的条款，那么用人单位的用意就非常明显，此时毕业生就需要进一步谨慎考虑。

3. 利用好就业协议备注栏

备注栏通常是记录毕业生和用人单位双方达成的其他补充意见。在当前就业协议与劳动合同双轨并存的现状下，应充分发挥就业协议中"备注"栏的作用，或在签订就业协议的同时签订书面补充协议。现在毕业生与用人单位通常会就协议解除达成某些意向，如体检不合格、无法解决落户问题、考取研究生等，协议自动解除，那么应将该内容记载于就业协议备注栏中，这样待约定的情况发生时，双方都无须承担违反就业协议的责任。若无约定事项，在填写就业协议时，应在备注栏中说明"以下空白"或"无"。

4. 协议的形式合法

在法律意义上，书面文本效力大于口头承诺，但凡双方协商一致的内容都应当形成书面材料，并且要表述清楚、明确，不要有歧义。毕业生和用人单位对协议各项条款经协商一致，签约时要注意完整地履行手续。

(1) 毕业生要签名并写清签字时间。

(2) 用人单位及其上级主管部门必须加盖单位公章并注明时间，不能用个人签字代替单位公章。

(3) 毕业生和用人单位签字后需将协议书交给学校就业主管部门履行相关手续。

(4) 用人单位和毕业生各保留一份协议，并将第三份交学校保管。

5. 注意与劳动合同的衔接

由于毕业生就业协议签订在先，为避免在日后订立劳动合同时产生纠纷，应尽可能将劳动合同的主要内容如有关服务期、试用期、基本收入、福利、违约金等体现在就业协议的约定条款中，并明确表示在今后订立劳动合同时应予以确认。否则，若对工作内容、劳动报酬、福利待遇、试用期限、服务期限等劳动合同中的主要条款事先无约定，或只听用人单位口头承诺，当与用人单位发生纠纷时，空口无凭，无据可查，对维护毕业生的合法权益极为不利。当毕业生到用人单位报到后，一定要尽快与单位签订劳动合同，将协议中约定的相关报酬、合同期、福利待遇等写入正式的劳动合同中，以保障自身的合法权益。

6. 违约责任必须明确

违约责任是指协议当事人因过错而不履行或不完全履行协议规定的义务应承担的法律责任，它是保证协议履行的有效手段。鉴于实践中毕业生及用人单位违约率有所增加的状况，协议书中的违约责任条款就显得更为重要。因此，在协议内容中，应详细表述当事人双方的违约情形及违约后应负的责任，同时还应写明当事人违约后通过何种方式、途径来承担责任。这样才能更有利于当事人双方履行协议，也有利于以后违约纠纷的解决。

三、大学生就业基本权益保护

当前，毕业生社会经验不足，法律知识缺乏，供需关系失衡等因素让毕业生在择业、就业和劳动关系建立时完全处于弱势地位。以下将主要介绍大学毕业生在择业就业过程中依法享有的权利与义务，帮助毕业生正确认识自己的合法权利。

（一）大学生在就业过程中享有的权利

1. 获取信息服务与接受就业指导权

所谓获取信息服务与接受就业指导权，是指学生有权从学校、社会获得公开、及时、全面的就业信息服务，学校、社会应成立专门机构，安排专门人员对毕业生进行就业指导。

《中华人民共和国就业促进法》(以下简称《就业促进法》)第三十五条规定，县级以上人民政府建立健全公共就业服务体系，设立公共就业服务机构，为劳动者免费提供下列服务。

(1) 就业政策法规咨询。

(2) 职业供求信息、市场工资指导价位信息和职业培训信息发布。

(3) 职业指导和职业介绍。

(4) 对就业困难人员实施就业援助。

(5) 办理就业登记、失业登记等事务。

(6) 其他公共就业服务。

公共就业服务机构应当不断提高服务的质量和效率，不得从事经营性活动。公共就业服务经费纳入同级财政预算。

《就业促进法》还对政府举办经营性的职业中介机构、招聘会等行为做出了禁令，规定了政府在提供就业指导与就业信息服务方面的责任。《就业促进法》等法律法规还规定了社会力量提供就业服务、指导的途径和鼓励措施。

此外，近年来，各高校都着力加强对毕业生的就业指导，开设了大学生就业信息专门网站、微信服务平台，建立健全毕业生供需信息网络，广泛征集毕业生需求信息，不断提高就业服务工作专业化、信息化水平。各高校还有计划地聘请校外大学生就业辅导专家对毕业生进行有针对性的辅导，努力提高毕业生的就业技巧。

2. 自荐权和被推荐权

被推荐权是指毕业生有权要求学校在就业工作中如实、公正、择优、分型向用人单位推荐自己的权利。毕业生享有被推荐权包含以下内容。

(1) 如实推荐。即高校在对毕业生进行推荐时，应实事求是，根据毕业生本人的实际情况向用人单位进行介绍、推荐，不能故意贬低或随意捧高毕业生的在校表现。

(2) 公正推荐。学校对毕业生进行推荐应做到公平、公正，应给每位毕业生以就业推荐的机会，不能厚此薄彼。公正推荐是学校的基本责任，也是毕业生享有的最基本的权益。

(3) 择优推荐。学校根据毕业生的在校表现，在公正、公开的基础上，还应择优秀学生推荐，以及根据学生个人优点推荐。

3. 公平自由择业权

所谓公平择业权，是指公民在择业过程中不得因其民族、性别、政见、信仰、身体状况、社会出身不同等原因而受到歧视，或被排斥适用公平均等机会，或被取消、损害就业与职业机会，或违反待遇平等原则给予区别对待的权利。其主要针对用人单位对毕业生的就业歧视而提出。近年来，本科、专升本、外地、女生等被一些大学生们戏称为最不好找工作的"类型"，此外，身高歧视、性别歧视、容貌歧视、生源地歧视，以及对学生毕业学校的歧视等，不胜枚举。《中华人民共和国劳动法》(以下简称《劳动法》)第三条将"劳动者享有平等就业和选择职业的权利"规定为劳动者的劳动权利之一。

自由择业权是指毕业生有权按照自己的意愿选择职业，包括自由选择是否从事职业劳动、从事何种职业劳动、何时从事职业劳动、在哪一类或哪一个用人单位从事职业劳动等权利。劳动者的自由择业权否定了行政安置和强制劳动，充分体现了毕业生可以自由处分自己的劳动权。毕业生自由选择工作岗位，成为人才市场的主体，通过与企业的双向选择实现就业，自由独立地享有支配自身劳动力的权利，根据自身素质、意愿和市场价格信号，选择用人单位。用人单位招聘毕业生时通过扣押毕业证、学位证或身份证等手段侵害学生的自由择业权，不仅违反了《中华人民共和国居民身份证条例》的有关规定，也违反了《劳动法》。对于非法限制劳动者人身自由情节严重的，甚至还违反《中华人民共和国刑法》构成犯罪。此外，用人单位也不能用高额的违约金来剥夺劳动者的自由择业权。《中华人民共和国劳动合同法》(以下简称《劳动合同法》)规定，除以下两种情形外，用人单位不得与劳动者约定由劳动者承担违约金。用人单位为劳动者提供专项培训费用，对其进行专业技术培训的，可以与该劳动者订立协议，约定服务期。劳动者违反服务期约定的，应当按照约定向用人单位支付违约金。用人单位与劳动者可以在劳动合同中约定保守用人单位的商业秘密和与知识产权相关的保密事项。

4. 择业知情权

所谓择业知情权，是指被征集信息的劳动者对所征集的个人信息及根据这些信息所加工的产品，以及征集信息者的信息享有了解真实情况的权利。毕业生在应聘过程中，用人单位作为主动征集信息主体和处于劳动关系中的强势一方，与劳动者之间存在事实上的信息不对称问题，许多用人单位利用这种信息不对称在规定劳动者工作内容、工作条件、职业危害、安全生产状况、劳动报酬等方面取得实质性优势。为保护劳动者知情权的需要，《劳动合同法》第八条规定，用人单位招用劳动者时，应当如实告知劳动者工作内容、工作条件、职业危害、安全生产状况、劳动报酬，以及劳动者要求了解的其他情况。

5. 过渡期保障权

所谓过渡期保障权，是指毕业生在到用人单位工作前后的实习期、试用期、见习期内所应当具有的保障个人安全与和谐发展的权利。部分用人单位对毕业生在到用人单位工作前后的过渡期保障权约定比较笼统，定义比较含糊，甚至有的还故意模糊实习期、试用期、见习期的概念。所谓实习期，是指在校学生通过参加实际工作，提高其自身素质的过程或时间。所谓试用期，是指用人单位和劳动者为相互了解、选择而约定的不超过6个月的考察期。所谓见习期，是指全日制普通高校毕业生到用人单位工作后，实行的一年期见习制度，见习期满后则需由上级人事主管部门为毕业生办理转正、工资及职称评定手续。而一些用人单位在实习期任意削减学生权益，或是见习期内设定超过半年的试用期，或随意延长毕业生试用期，或随意取消毕业生试用期，或同一单位在不同岗位之间轮换时重复设定试用期，利用毕业生在这些职业过渡期的弱势地位，侵犯他们的权利。

6. 违约及求偿权

违约及求偿权是指毕业生、用人单位、学校在签订三方协议后，如用人单位无故要求解约，毕业生有权依照《中华人民共和国民法典》要求对方严格履行就业协议，否则用人单位应对毕业生承担违约责任，支付违约金，毕业生有权要求用人单位进行赔偿或补偿。

(二) 就业过程中大学生应履行的义务

(1) 毕业生有服从国家需要，遵守国家就业政策及学校据此制定的具体规定的义务。毕业生"自主择业"并不是完全的"自由择业"，是在国家就业方针政策指导下的自主就业，毕业生有服从国家需要的义务。招生并轨后，大学生实行缴费上学、自主择业，但是毕业生所缴纳的学费只是国家培养学生所需费用的一部分，大部分费用仍由国家承担。另外，作为一名国家公民，毕业生有为国家和社会服务的义务，所以毕业生有义务服从国家需要，为国家的建设做出应有的贡献。

(2) 毕业生有向用人单位如实介绍个人基本情况的义务。毕业生在自荐或求职过程中，应该实事求是，按照诚实守信的原则，如实向用人单位介绍自己的情况，包括政治思想品质、学习成绩、健康状况、能力特长、在校表现等，保证毕业生就业推荐表、协议书和个人简历等有关材料的真实性。

(3) 严格按照就业协议及其他合法约定履行相应义务。就业协议对用人单位和毕业生均有约束力，毕业生与用人单位签订就业协议后，必须在规定的时间内，到签约单位报到工作，严格按照协议约定履行义务，不得无故擅自变更或自行解除。

(4) 承担自身违约而带来的相应责任。

(5) 依法应履行的其他义务。

(三) 就业促进和管理

2008年1月1日，我国就业领域首部基本法律《就业促进法》正式施行，同时施行《就业服务与就业管理规定》。《就业促进法》对求职过程中出现的主要问题进行了规范，具体内容如下。

1. 招聘时的歧视行为和录用前的强查乙肝

在《就业促进法》中，"劳动者依法享有平等就业和自主择业的权利"被写入总则，第六十二条规定，违反本法规定，实施就业歧视的，劳动者可以向人民法院提起诉讼。用人单位不得以性别为由拒绝录用妇女或者提高妇女的录用标准，应当依法对少数民族劳动者给予适当照顾，不得歧视残疾人，不得以是传染病原携带者为由拒绝录用。作为配套规定，《就业服务与就业管理规定》还明确说明，用人单位招用人员，除国家法律、行政法规和国务院卫生行政部门规定禁止乙肝病原携带者从事的工作外，不得强行将乙肝病毒血清学指标作为体检标准。劳动保障部和卫生部在2007年5月18日发布的《关于维护乙肝表面抗原携带者就业权利的意见》中，要求维护乙肝表面抗原携带者合法就业权利。今后，一般用人单位不得以劳动者携带乙肝表面抗原为理由，拒绝招用或者辞退乙肝表面抗原携带者。

2. 公共职业介绍中心成了"收费中心"

《就业促进法》规定，县级以上人民政府应建立健全公共就业服务体系，设立公共就业服务机构，为劳动者免费提供法定的公共就业服务。免费的公共就业服务包括求职信息、职业介绍、就业指导等，且"公共就业服务机构不得从事经营性劳动"，如果向劳动者收取费用，必须退还所得，并承担法律责任。

3. 无证无照的"黑职介"

在不少城市部分地区，不时上演着劳动监察部门查处无证无照"黑职介"的"猫捉老鼠"的游戏。《就业促进法》除对违法职介做出法律定性外，还规定了依法关闭、没收违法所得和处1万元以上5万元以下罚款等实际约束。

4. 扣证件、收押金屡有发生

《就业促进法》将扣证件、收押金这两类行为明确定性为不合法，并应承担违法责任。

5. 发布虚假招聘信息

真假难辨的虚假职位信息，给求职者造成诸多困扰。例如，名为"销售经理"，工作却是卖保险；或者号称"500强企业"，结果只是一家小型企业。用人单位、职业中介机构及其个人提供虚假信息，伪造、涂改、转让职业中介许可证，以职业中介为名牟取不正当利益，以及职业中介机构为无合法证照的用人单位提供职业中介服务，构成犯罪的，依法追究刑事责任；尚不构成犯罪的，由劳动保障部门、人事部门按照各自的职责责令改正，有违法所得的，没收违法所得，并由劳动保障部门、人事部门按照各自的职责处1万元以上5万元以下处罚。

《就业促进法》规定了较严厉的惩罚措施，包括责令改正、没收违法所得、处以1万元以上5万元以下罚款、情节严重者吊销职业中介许可证等。

6. 职工培训费无保障

《就业促进法》规定，企业应当按照国家有关规定提取职工教育经费，对劳动者进行职业技能培训和继续教育培训。未提取或未足额提取职工教育经费，或者挪用职工教育经费的，将承担法律责任。

《全国年节及纪念日放假办法》和《职工带薪年休假条例》自2008年1月1日起施行。新的放假办法取消五一黄金周，增加清明、端午、中秋为法定节日。带薪年休假条例规定，职工连续工作1年以上的享受带薪年假，对职工应休未休的年休假天数，单位应按职工日收入的300%支付工资报酬。

重点关注

如何让自己的简历脱颖而出？

为了节省成本，一般企业会通过网申从成千上万份的电子简历中挑出自己的"意中人"。企业在筛选简历的过程中，基本通过关键字进行电脑筛选。因此，拥有相应的经历及关键字成为突破重围的有力筹码。如果有一千个人申请一个职位，首先招聘网站会根据一些硬性指标，如大学、英语能力等删掉将近800人，剩下200人。然后他们会根据不同的层次，如学历、工作经历、奖学金、学生工作等，给剩下的200个人打分。分数如果是10分为最高，招聘网站会根据公司的需求选出一部分人，如把7分以上的简历数据库给到用人单位的负责人处，然后招聘部门的负责人负责再次挑选，符合条件的就通知其面试。

一般来讲，企业筛选简历的关键字如下。

(1) 学校。重点大学，即211工程学校，多数知名公司及职业中介机构以全国名牌大学作为衡量申请者的重要标准。

(2) 专业。知名企业基本对专业没有严格要求，但对于明确要求专业的职位，一定要突出自己的专业及获得的与专业相关的认证。

(3) 英语。硬性指标大多要求通过大学英语四、六级，新四、六级则必须超过一定分数(425

分左右），不同企业要求不同。

（4）实习经历。尽量突出自己在500强、知名企业或与职位相关行业的优秀公司的实习经历，实习时间至少半年，可以显示自己的能力，能够真正了解并学习到公司的一些工作流程及行业信息。实习时间越长、实习单位越好，加分越多。

（5）学生工作。需做到学生会部长级以上，并有实质工作业绩，从中要体现出领导能力、组织活动能力、团队合作能力、沟通能力等。

（6）奖学金/成绩。如有奖学金，一定要将最重要的列在前面，成绩在班级或系内排前5%更要突出一下。

（7）国际交流经验。这基本属于可遇不可求的经历，假若有，可重点突出这块经历。

知识拓展

网申注意事项

网申简历全称应该是网络申请简历，是指招聘企业在网上实行在线招聘时所需要的电子版简历。一般企业的网申实行的是在线填写模式，即应聘者直接在招聘企业的招聘主页上按照一定的格式来填写简历。也有部分企业要求在填写完网上的简历模板后，上传一份电子版（一般为word版本）的个人简历。网申需要注意以下几方面。

1. 申请的职位要准确

应聘职位的名称按公司在招聘中给出的写，不要自己随意发挥。例如，招聘"渠道部总经理助理"，不要写成"总经理助理"或是"渠道助理"；招聘"副总裁秘书"不要写成"总裁秘书""文秘"。

2. 标题上注明应聘职位

关于邮件的标题问题，如果对方在招聘时（在职位广告中）已经声明以哪种格式为主题，应尽量照着做，因为这是它初步筛选的标准。

一个人事经理一天收到的简历可能有几百份甚至几千份。如果标题只写了"应聘""求职"或"简历"等，可以想象到简历的被关注程度。所以至少要写上应聘的职位，这样才便于人事经理分门别类地去筛选。而且最好在标题中就写上自己的名字，这样便于人事经理再次审核简历。

3. 要用私人邮箱

首先，在给用人单位发送简历的时候，要用自己的私人邮箱，切勿用公司的信箱。

其次，选择稳定性、可靠性高的邮箱，尤其是免费邮箱的选择更要注意，如果不稳定，发送的简历对方可能收不到，或者对方回邮的过程信件丢失，那就太可惜了。

4. 选好渠道

有人会问，到底是在网站上直接点击"申请该职位"，还是另行将自己的简历发送至招聘广告上公布的邮箱呢？建议如果在该网站建立了最新的与该职位相匹配的简历，那么不妨点击"申请该职位"，通过该网站发送简历。这样做的好处是人事经理能及时收到你的简历，而不会当作垃圾邮件删除，而且对你应聘的职位一目了然。

5. 经常刷新简历

当人事经理搜索人才时，符合条件的简历是按刷新的时间顺序排列的，人事经理一般只会看前面一两页。很多求职者其实并不知道刷新简历可以获得更多求职机会。因此每次登录，最好都刷新简历，刷新以后，简历就能排在前面，更容易被人事经理看到。

6. 网申简历的投递格式

如果是通过各种求职网站投简历，一定要严格按照网站上要求的格式输入邮件标题，如"姓名+应聘岗位+信息来源"。否则，你的简历会被一些企业的内部邮件系统自动归类到"垃圾邮件"中。

思考与实践

1. 职业行动计划

根据求职的必备条件，进行SWOT分析，并列出一份今后5年的职业行动计划。

2. 求职大赛

请以班级或院系为单位，组织一次求职大赛，鼓励大家积极就业。

3. 简历制作

请你根据个人情况和求职岗位条件制作一份个人求职简历。

4. 模拟面试

选择几个目标职位，组织周围同学进行一场模拟面试。预设招聘者可能询问的问题，模拟作答。

第八章

职业适应与职业发展

学习目标

1. 了解学校与职场的区别，实现由大学生到职业人的转变。
2. 认识职场，掌握职业发展与自我成长之道。
3. 提高自身职业素养，做高素质的职业人。
4. 掌握职业礼仪，打造完美职业形象。

第一节 适应职业环境

案例导读

买土豆的故事

小张和小王受雇于一家店铺，拿同样的薪水。一年后，小张青云直上，小王却原地踏步。小李想不通，老板为何厚此薄彼？

于是老板说："小李，你去集上看看今天有卖土豆的吗？"一会儿，小李回来了，说："只有一个农民拉了一车在卖。"

"有多少？"老板又问。

小李没有问过，于是赶紧到集上，然后回来告诉老板说："一共40袋土豆。"

"价格呢？"老板问。

"您没叫我打听价格。"小李委屈地说道。

老板又把小张叫过去安排同样的任务。

小张从集上回来了，他一口气汇报道："今天集上只有一个农民卖土豆，一共40袋，价格是两毛五分钱一斤。我看了一下，这些土豆的质量不错，价格也便宜，于是顺便带回一个让您看看。"

小张拿出土豆接着说道："我想这么便宜的土豆一定可以挣到钱，根据我们以往的销量，40袋土豆在一个星期左右就可以全部卖掉，而且咱们全部买下还可以再适当优惠。所以，我把那个农民也带来了，他现在等正在外面等您回话呢……"

分析：

同样的职场，不一样的人生规划。在职场中，没有人比你更在乎你自己的事业，没有什么东西像积极主动的态度一样更能体现你自己的独立人格。在现在的市场竞争中，公司的发展最终靠的是全体人员积极性、主动性、创造性的发挥。公司所渴求的人才不只是一个具有专业知识的、埋头苦干的人，更是积极主动、充满热情、灵活自信的人。一个合格的员工不应只是被动地等待别人告诉他应该做什么，而是应该主动去了解自己要做什么，并认真规划，然后全力以赴地完成。

思想产生态度，当一个机遇摆在你面前时，你是主动出击，奋力一搏，还是畏首畏尾，任机会从你眼前悄悄溜走呢？当机遇出现的时候，每个具备责任心和主动性的人都会非常自信地面对它，迎接挑战，主动出击。在平时的工作中，我们不能让懒惰的情绪占据我们的思想，应当培养自己的工作主动性，充分发挥自己的主观能动性，尽可能出色地完成任务。

一、大学生职业角色转换

社会角色的转换问题，是每个社会个体在从自然人经受社会教化和个体内化而成长为社会人的过程中必然要碰到的问题。而从学生角色到职业角色的转换，在人的一生中显得尤为重要，因为这是青年一代正常社会化的最后阶段。青年人从此取得社会成员资格，从一个"社会学习者"成长为一个独立自主的"社会参与者"，因而有心理学家称之为"第二次心理断乳期"，或是人的"第二次诞生"。这个时期的社会角色的转换问题解决得如何将会深刻影响青年人未来的人生道路，乃至于对青年人的家庭及整个社会的健康和谐发展产生深刻的影响。

一般来说，学生角色与职业角色的转换主要体现在以下三方面。第一，社会责任的转换。学生角色的责任是接受教育、储备知识、锻炼能力，力求全面发展。而职业角色的责任是以特定的身份去履行自己的职责，依靠自己的本领或技能工作。第二，角色规范的转换。学生的规范主要从培养、教育的角度出发，促使其以后能顺利成长为合格的人才；而社会赋予职业角色的规范更为严格、具体，违背了就要承担一定的责任。第三，角色权利的转换。学生角色的权利主要是依法接受教育，接受经济生活的保证和资助；职业角色则是依法行使职权、开展工作，并在履行义务的同时取得报酬。

学生角色与职业角色的不同在于：一个是受教育，掌握本领，接受经济供给和资助，逐步完善自己；一个是用自己掌握的本领，通过具体的工作为社会付出，以自己的行为承担责任，并取得相应的报酬。

（一）快速实现职业角色转换

1. 确定角色，增强责任意识

职业责任无处不在，存在于每个角色。老师教书育人、医生救死扶伤、工人铺路建桥、军人保家卫国……人在社会中生存，就必然要对自己的岗位、对集体甚至对祖国承担并履行一定的责任，要树立一定的责任意识。大学生要完成从学生角色到职业角色的转换，需强化自身的责任意识，应从以下几方面着手。

一是强化大学生角色主体意识，即大学生在求学期间对自身所扮演的角色作为主体存在的一种自觉的能动意识。首先，应明确自身的地位和所充当的角色，逐步树立自立、自主、自信、自强、自制的意识，主动关心社会，接触、了解社会，严格自我管理，使自己的理想、行为跟上时代的发展，与社会的要求相符合。其次，大学生应充分利用对学习成绩相对敏感的特征培养良好的自我意识，在成功与失败后的种种努力中，表现出符合社会要求的行为，尽快实现社会自我。

二是要明确自我人生目标，给自己人生定位。通过读书、学习、观察、思考、比较，去努力发现"我是谁""我从哪里来""我能干什么""社会可以提供给我们什么机会""我选择干什么""我怎么干"等问题。只有明确了人生定位，才可能有正确的人生动机，才有动力去履行相应的职责和义务。一方面，自我定位要明确。明确自身的优势和不足，通过对自己的分析，明确自己的性格、兴趣、能力大小，才能推断未来可能的工作方向与机会，从而彻底解决"我能干什么"的问题。只有从自身实际出发，顺应社会潮流，有的放矢，才能履行好自己的自身责任，成功进行角色扮演。另一方面，自我定位要明确选择方向。我们要明确自己该选择什么职业方向，解决"我选择干什么"的问题，这是个人职业生涯规划的核心。职业方向直接决定一个人的职业发展，职业目标的选择并无定式可言，关键是要依据自身实际，适合自身发展。值得注意的是，伴随现代科技与社会进步，个体要随时注意修订职业目标，尽量使自己的职业选择与社会的需求相适应，一定要跟上时代发展的脚步，适应社会需求，不被淘汰出局。

三是进行人格角色定位。职场中，最容易犯的错误是角色定位混乱，如自以为是、狂妄自大、欺弱怕强、随波逐流等，即不能很好地将现实与自身结合起来，不能立体地看世界、本质地看自己，只凭臆想来一厢情愿地做事、做人。责任从未完成某种社会要求或道德要求的角度说明人格，一个人担当社会责任的状况与他的人格素质有一种内在的、正向的关系。一个人越是自愿担当社会责任，则人格素质越好；越是积极地担当各种社会责任，则人格素质就越健全。因此，必须加强对大学生人格角色定位的教育。知识定位对大学生人格角色定位的要求是健全的人格、和谐的身心、宽广的胸襟、良好的道德品质等。我们对大学生人格角色定位教育应从以下几方面做起：①培养大学生具有民主与法制观念，有责任感，文明礼貌，宽容和尊重他人，比普通社会成员多一份道德楷模意识；②教育大学生胸怀宽广，关心他人，从关心自己的父母开始，去关心他人、关心集体、关心社会、关心人类；③提高大学生的心理调适能力和抗挫折能力，建立起自己特有的处理失败与心理压力的心理机制和坚忍不拔的优良品质，在困难和挫折面前不屈服、不低头，坚持自己的理想信念，积极进取，敢于迎接人生的挑战。当前，大学生作为各条战线的后备力量，需要面对激烈的社会转型带来的矛盾、竞争和压力。理想与现实的矛盾困扰着当代大学生，把大学生这一角色扮演好，无论对个人基本社会化的完成还是未来社会的发展，都有积极而深远的意义。因此，我们必须加强角色定位教育，让大学生弄清楚"我是谁""我该做什么""我为什么要做""我该怎么做"这些基本问题，才能强化责任意识，真正确立起牢固的责任感。

案例分析

在东京就有这么一个女孩，到东京帝国酒店做服务生是她涉世之初的第一份工作，但她万万没有想到上司安排她洗厕所。上司对她工作质量的要求特别高，让她必须把马桶清洗得光洁如新。她该怎么办？是接受这个工作，还是另谋职业？

一位前辈看到她犹豫的态度，不声不响地为她做了示范。当他把马桶洗得很光洁如新时，他竟然从中舀了一碗水喝了下去。前辈对工作的态度，使她明白了什么是责任心。从此她漂亮地迈出了职业生涯的第一步，并踏上成功之路。而她就是如今日本的邮政大臣，野田圣子。

2. 做好准备，树立岗位意识

在面对自己的岗位时，有些人会产生困惑，不清楚为什么要日复一日地守在这个岗位上。有些人觉得茫然，坚守岗位到底有什么意义；有些人则得过且过，反正无论勤快还是懒惰，日子还是照样过。这些岗位上的人之所以会有这样和那样的想法，从根本上来说，是因为他们缺乏岗位意识，缺乏对岗位的正确认识。

岗位是一种稀缺的资源，拥有岗位的人是幸福的。岗位，从小处来说，是个人谋生的基本手段；从大处来说，则是人生价值实现的平台和施展才华的舞台。无论处于什么样的岗位，每个人都应该兢兢业业、任劳任怨、尽职尽责，这是对从业者基本、简单的要求。要知道，再出众的才华和再高超的技能，都必须依托岗位这个平台才能充分展示，离开了岗位，才能和技能只能是空谈。因此，树立岗位意识包含着毕业生对职业岗位性质、特点的适应；对岗位要求的适应，包括对劳动制度、岗位规范的适应等。

岗位是唯一的，但能胜任同一岗位的人却有若干。这就说明，不热爱岗位、对岗位抱以敷衍态度的人，必然会被岗位淘汰出局，将来不要说发展，基本生存都是问题。因此，大学毕业生必须转变观念，树立岗位危机意识，增强工作的主动性和学习的积极性。

岗位意识的具体表现是乐业精神、精业精神、勤业精神。

乐业精神是指要做到在其位、干其事、干好事，对自己所从事的岗位忠诚热爱，爱企业、爱岗位、爱工作，把心思用在工作上，把精力放在事业上，把自己的聪明才智用在加快公司发展上。要经常问一问自己"现在正在干什么，下一步打算怎么干"，要经常反思自己"是否尽到了职责，是否问心无愧"。乐业的人知责律己，不敷衍、不塞责，保持一颗进取心，将责任植根于内心，干工作始终精神饱满、无怨无悔。

精业精神就是要做到能吃苦、勤思考、乐奉献，对自己所从事的工作精益求精，精一门、会两手、学三招；要不满足于已有的成绩，见贤思齐，高标准，严要求，不断把自己培养成行家里手；要刻苦学习，拓宽视野，增长才干，提高技能，不断把自己培养成专门人才。精业是行业发展的需要，也是精细管理的内在要求。唯有人人精业，才能提高工作效率，增强发展质量，打造品牌，提升公司的核心竞争力，实现又快又好的发展。

勤业精神就是要做到出满勤、干满点、满负荷，对自己所从事的职业倾情奉献，不计名，不计利，不虑失，要干满一分钟，尽责六十秒，不投机取巧，不懒散懈怠；要具备高尚的职业操守，埋头苦干，任劳任怨、默默奉献；要坚定信仰、始终如一，以高昂的热情全身心投入工作，勤奋耕耘、不问收获。勤劳是一笔精神财富，勤奋是通向成功的彩桥。要比别人出色，就得勤业；要比别人卓越，除了勤业别无选择。

案例分析

特奥会裁判长的故事

2007年9月29日，担任上海特奥会自行车裁判长的刘正林在进入崇明岛赛场的前一天去见了住院的父亲一面，没想到这竟是父子两人的永别。"父亲老了，他清醒时总是唠叨着，你最近不要出去，我会走的。"刘正林回忆起自己的父亲非常动情。

10月1日，当刘正林正在崇明岛进行赛前的紧张筹备时，家人打来电话说父亲去世了，他当时除了震惊，就是迟疑，是继续工作，还是回家料理父亲的后事？在岛上很不方便，一来一回就要半天，刘正林最后决定等10日比赛结束再回去。迟迟未能尽这最后一份孝心，这份遗憾一直深深深触痛着刘指导的心。他用低沉的声音说:"我走了,这边的工作也没法交接。"就这样,他决定留下来。

3. 融入工作,加强自我意识

刚刚走上工作岗位的应届毕业生,往往发现要做的事很多,希望自己在工作中能有一个良好的开端,希望能踢好"头三脚",给领导和同事留下好的印象。怎样才能实现这一心愿呢?要能融入工作,就要加强自主意识,也就是要做到至关重要的"三勤",即"嘴勤""眼勤""手勤"。

所谓"嘴勤",一是熟悉新工作、新环境的时候要勤学好问。刚到一个新单位,面对一份全新的工作,这个也不懂,那个也不熟,这是难免的。切不可不懂装懂,自以为是。毕业生刚入职时要多向领导请示,多与同事请教,因为同事或上司喜欢勤学好问的年轻人。二是要善于与同事多交流、多谈心。面对周围陌生的面孔,作为职场新人,应该主动跟大家打招呼。假如你"嘴懒",别人会认为你太蔫或太傲,不好接近。如果你表现得主动随和,闲暇时和大家聊聊天,谈谈心里话,无形中就会把你与周围同事的感情拉近。

所谓"眼勤",就是要做到"眼里有活"。作为新上岗的大学生,一般都想多干点工作,多一些表现的机会。可不少同学仅仅停留在领导让干什么就干什么上,自己"眼里没活",不善于主动积极地"找活干"。要知道,社会不同于学校,领导和同事不可能事事都手把手地教你干,他们所赏识的是工作主动性强、善于观察、富于创造性的年轻人,而不是"一提一动"的人。如果你在工作中不仅能按时完成领导所交的任务,而且对所承担的工作有独到的见解,领导肯定会另眼相看。如果某项工作没等领导吩咐,你就主动去做,并且干得漂亮,一定会格外得到领导的青睐。

所谓"手勤",其一是要"勤快",要做到不迟到、不早退,主动做一些力所能及的事情等,这些看来细小的琐事,往往会给你的上司或同事留下截然不同的第一印象。对于一些在学校里养成懒惰习惯的毕业生,这一点尤其要注意。其二就是动手能力要强。动手能力往往是一个毕业生融入工作环境的良好开端。例如,你的计算机操作能力如何?你是不是能写一手好字?你的开车技术如何?你有没有文艺或体育特长?等等。如果你能在工作中或单位集体活动中,不失时机地发挥自己这些方面的特长,一定会得到上司和同事的喜爱。

活动坊

测试你的职业竞争指数

(1) 我喜欢和大家一起工作,可以互相帮助。

(2) 看到别人开好车,会令我想超越对方,买辆更好的车。

(3) 我总想比同事穿戴得更好。

(4) 看到老朋友比我成功,会激励我更加努力。

(5) 我不会拿自己和别人相比来衡量是否成功。

(6) 有人向我提问时,即使不懂也要装懂。

(7) 我不希望与比我强的人一起共事。

(8) 对于我了解的事,最讨厌有人不懂装懂,在我面前班门弄斧。

(9) 我最得意的是,有一个吸引众多同事眼光的异性与我关系密切。

(10) 我最讨厌听人说：凡是不必太要强，不要凡事都争出头。

(11) 我认为比我成功的人不会事事都称心如意，所以不以为意。

(12) 如果能受到特别的肯定，我乐意做个工作狂。

(13) 即使周遭的人都想求表现，我也觉得做好本职工作就可以了。

(14) 当事情变得越来越棘手时，我会考虑是否值得争强好胜。

(15) 如果觉得不可能获胜，我会选择放弃参与。

(16) 人生中有太多比争强好胜更重要的事情。

(17) 我不认同把别人踩在脚下而获得成功的做法。

计分方法：每道题按照自己的实际情况进行评估打分。

A. 5分　　B. 4分　　C. 3分　　D. 2分　　E. 1分

答案解析：

25~35分者：你的职场竞争心不强，并强烈地害怕失败，这种害怕和伴随而来的焦虑，很可能就是你不愿意竞争的原因，也将成为你职业发展的最大障碍。建议你放开手脚，从实现眼前的小目标开始，一步步达到最后的成功。

36~49分者：你觉得你参与竞争太过辛苦，所以尽可能地避免职场上的竞争。这只是你的惰性，你应该把自己的竞争优势列出来，仔细分析是否有实力参与竞争。你会发现，自己还是有潜能的。

50~65分者：你在职场上不会事事与人竞争，通常视情况而决定是否参加竞争。如果成功足以吸引你，如报酬、奖赏、荣誉等，会增加你的竞争性。参与竞争的原因并不重要，关键在于你如何把握，凡事不要太过功利心。

66~78分者：你性格开朗、见解独特、好胜心强，喜欢受人关注，喜欢追求成功。对你而言，竞争是一种生活态度，因此，你通常很注意自我形象，有坚定的信心，也愿意为成功而努力，且成功率较高。

79分以上者：你是竞争爱好者，对你来说，竞争的过程比赢得胜利更为重要。这种好斗型的性格，虽然能使你在职场竞争中获得强大的动力，但也容易因此没有朋友和同伴。

(二) 主动适应职业环境

刚刚走上工作岗位的大学生，几乎会遇到一个适应环境的问题。其中除了生理适应和知识技能，更重要的是心理适应。也就是说，来到一个新的集体，职业环境的各种信息会引起各种心理反应，如感觉、情绪、性格的变化等。如何对待这种反应，就是一个适应的问题。适应是人的特性，而适应环境的过程却是一个长期而困难的过程。一般来讲，大学生适应环境的能力还是比较强的，因为他们大多是有灵活的思维、开朗的性格、广泛的兴趣，这些心理素质都有助于他们广泛地进行交际，建立新的同事关系。然而，大学生在适应环境的过程中常常会遇到困难，感到"不适应"，如感觉工作太紧张、人际关系太复杂、自己知识技能太差、一时不能胜任工作等。一遇到这些情况，大学生往往容易产生情绪波动，要么想调换工种，要么想调换工作单位。怎样才能克服由于不适应职业环境产生的情绪波动呢？

1. 努力学习业务知识

当今社会是一个知识爆炸式涌现的时代，大学毕业生刚进入工作岗位时，往往会发现岗位所要求掌握的专业知识自己在大学期间并没有学到或充分掌握，这就需要对业务知识进行再学习。

职场新人要努力学习业务知识，首先可以从实践中学，向领导和同事学习，学习他们的先进方法和思想；其次是勤于从书上学，学习自己需要的专业知识；最后可以向挫折和教训学，不断加以改进和提高，以完善自我，丰富人生。通过多读书、多学习、多反思，克服急躁情绪，让自己更成熟，更稳重，最终实现个人事业的成功。

案例分析

一个前台的职场成长之路

1998年的时候，我中专毕业，开始了第一次求职经历。当年的我在中专里没学到任何实际的技能，英语也不好，学历又不高，没实际工作经验，不要说找工作，就是有个面试机会都很难。我生平第一次面试的那家公司是日企。面试官问完问题后，给了我一份表格让我做。虽然现在那些Excel表格完全难不倒我，可当时我花了20分钟，还没做出个样子。我心里知道没戏了，唯一的一次面试让我深刻地了解到自己在学历、语言、技能方面有多么大的差距。这个面试没让我顺利入职，但让我决定回炉学习，我义无反顾地选择读大专自考。

两年的自考学习结束后，整个夏天我都像农民工一样，拿着地图，全上海地奔波。我希望能成为前台，因为这个是我知道的离职场女性最近，而且门槛最低的工作。找了两个月，我都没有找到工作。

一直到那年9月中旬，我在报纸上看到一个招聘，是一家培训中心招聘招生接待。一去面试我惊讶地发现，这是我唯一一次和20多个人一起面试。所有人都坐在这个培训学校的一间教室里，然后填写表格，做了一张卷子。等所有人都填写完，有个工作人员走了进来和我们解释面试的岗位性质。原来招生接待就是负责坐在培训中心里向来咨询的人解释课程，然后推销课程。

在经过层层淘汰后，我竟然被录取了。去公司报到后，我被分配到培训中心的一个分部，正式开展我的职业生涯。

2. 增强团队意识

团队意识就是团队成员共同认可的一种集体意识，可以显现团队所有成员的工作心理状态和士气，是团队成员共同价值观和理念信念的体现；可以凝聚团队，是推动团队发展的精神力量。要不断加强团队意识，可以从以下三点入手。

1) 要有思考性

团队不同于群体，团队意识、团队精神的构建离不开团队成员的思想碰撞。作为团队新人，在工作中多思考，具备思考性，不仅有利于增加团队效益或成效，更有助于自我的快速成长。

2) 要有自主性

在一个团队里，你应该知道自己处于什么样的层面，然后依据自己的职责去办事。不要等着别人提醒你可以做某件事，或者什么时候可以拿出工作方案，而应该时刻主动完成工作，主动在时间截止前提交方案，充分发挥自己的主观能动性。

3) 要有合作性

良好的合作氛围是高绩效团队的基础，在一个团队里要时刻保持与团队成员的相互协作，具备合作意识，既要虚心求教，充分表达自己的观点，又要着眼团队整体利益，经历长效的互动关系，对事不对人，分工不分家。

增强团队精神可以从以下这三方面着手：主动完成自己的工作，在工作中加入思考，学会与他人合作。

📖 案例分析

美国加利福尼亚大学的学者做了这样一个实验：把6只猴子分别关在3间空房里，每间2只，房子里分别放着一定数量的食物，但放的位置高度不一样。第一间房子的食物就放在地上，第二间房子的食物分别从易到难悬挂在不同高度的适当位置上，第三间房子的食物悬挂在房顶。

数日后，他们发现第一间房子的猴子一死一伤，伤的缺了耳朵断了腿，奄奄一息。第三间房子的猴子也死了，只有第二间房子的猴子活得好好的。

究其原因，第一间房子的猴子一进房间就看到了地上的食物，于是，它们为了争夺唾手可得的食物而大动干戈，结果伤的伤，死的死。

第三间房子的猴子虽做了努力，但食物太高，难度过大，够不着，被活活饿死了。只有第二间房子的两只猴子先是凭着自己的本能蹦跳取食。最后，随着悬挂食物的高度增加，难度增大，两只猴子只有协作才能取得食物。于是，一只猴子托起另一只猴子跳起取食。这样，每天都能取得够吃的食物，很好地活了下来。

3. 理性看待挫折与困难

其实每个人都要面对工作、生活等方面的压力，有的人可能会连续几件事情都不顺利，那么，我们应该怎么理智地去面对挫折、积极调整自己呢？我们要清楚，大学毕业生大都具备一定的专业知识储备，但并非人人都能在自己工作岗位上获得成功。

过硬的职业技能对职业成功固然重要，充分的心理准备更是必不可少。一般来说，事业不会一帆风顺，如果心理准备不足，则会产生过激情绪，从而导致不能很好地适应职场。因此，在校期间要充分做好心理上的"受挫准备"。大学生要不断提醒自己，事业顺利的时候不能沾沾自喜，要以平常心对待工作上取得的一些成绩；在遇到困难时仍要奋发向上，积极寻找解决问题的办法。要知道人不可能不犯错误，关键是犯了错误以后，能够正确地对待和改进。只有如此，人们才能在挫折中不断成长。

当我们在工作中面对失误、错误时，首先应该分析原因，其次采取纠正措施，最后进行验证确认。在以后的工作中采取预防措施，根据事先的分析，对可能发生的问题和结果进行预判。如此周而复始，就一定能使工作达到一个新的高度。

📖 案例分析

有一只乌鸦打算飞往东方，途中遇到一只鸽子，双方停在一棵树上休息。鸽子看见乌鸦飞得很辛苦，关心地问："你要飞到哪里去？"乌鸦愤愤不平地说："其实我不想离开，可是这个地方的居民都嫌我的叫声不好听，所以我想飞到别的地方去。"鸽子好心地告诉乌鸦别白费力气了："如果你不改变你的声音，飞到哪里都不会受到欢迎的。要想在这个社会立足，首先应该要敢于面对挫折和困难，勇于改进、学会适应；在这里适应不了，到其他地方同样难以适应。如果你无法改变环境，唯一的方法就是改变自己。"

二、认识职场

职场新人除了要掌握完成本职工作的基本技能，还需要对所在单位的文化及组织架构有一个宏观的了解，在认识职场的基础上，成功完成从"学生"到"职业人"的角色转换，进而融入职场。

(一) 企业文化

很多刚刚步入职场的"菜鸟"，会经常觉得自己与公司的制度、工作流程、做事风格格格不入,有时甚至会使自己产生尴尬,影响正常工作。之所以会产生这种状况,是因为新员工缺乏对公司文化的了解。新员工要尽快适应新的工作环境,主动了解和适应企业的文化,包括企业的发展史、经营理念、决策机制和人际关系等。

1. 企业文化的内涵

企业文化理论作为一种新的管理思想,于20世纪80年代初期首先在美国出现。据统计,国内外关于企业文化的定义大概有180多种,也就是说,几乎每个管理学家都有对企业文化的定义。美国学者约翰·P.科特认为,企业文化是指一个企业中各个部门,至少是企业高层管理者们所拥有的价值观念和经营实践,是指一个企业的一个分部中各个职能部门或地处不同地理环境的部门所拥有的共通的文化现象。美国麦肯锡管理咨询公司研究人员托马斯·J.彼得斯认为,企业文化是指一个企业的共有价值观与指导观念,是一种能使各个部分互相协调一致的传统,是给企业员工提供崇高意义和大展宏图的机会的活动,是进行道德性的领导等。美国哈佛大学教育研究生院教授特雷斯·E.迪尔和美国麦肯锡咨询公司专家阿伦·A.肯尼迪认为,企业文化是由五个因素组成的系统,其中价值观、英雄人物、习俗仪式、文化网络是四个必要因素,而企业环境则是形成企业文化唯一的而且是最大的影响因素。我国学者魏杰在《企业文化塑造:企业生命常青藤》中对企业文化的定义是,企业文化是企业信奉并付之于实践的价值理念,即企业信奉和倡导并在实践中真正实行的价值理念。

从分析定义可以看出,虽然表达方式不同,但他们对企业文化的理解有一些共同点,具体如下。

(1) 企业文化现象都是以人为载体的现象,而不是以物质为中心的现象。企业文化由一个企业的全体成员共同接受、普遍享用,而不是由企业某些人所特有,并且是在企业发展过程中逐渐积累形成的。

(2) 价值观念作为一种核心要素在企业文化中发挥着重要作用。优秀的企业文化首先体现在具有共同的价值观念、共同的理念,能推动企业的发展,约束企业内部成员的行为。

(3) 企业文化是一种新的管理方式,企业文化是以人为本的管理。通过塑造良好的企业文化,提升管理者的认识,加强企业内部员工的责任感,使其真正把自己看作企业大家庭中的一员,与企业同呼吸共命运,树立企业兴我荣、企业衰我辱的思想。

构成企业文化的要素主要有如下五项。

① 企业环境,这是对企业文化的形成和发展具有关键影响的因素。

② 价值观,即组织的基本思想和理念。

③ 英雄人物,即把价值观人格化且本身为职工们提供了楷模。

④ 礼节和仪式,即公司中日常生活中的惯例和常规,借此向职工们表明公司所期望的行为模式。

⑤ 文化网络,即组织内部的联系方式,是企业价值观和英雄人物传奇的"运载"。

企业文化解决了三个问题:我们为什么存在;我们要到哪里去;我们该如何做。我们为什么存在讲的是企业的使命,也就是我们所肩负的责任,而且是终极责任。

2. 新员工如何熟悉企业文化

1) 认真对待新员工培训

新员工培训又称岗前培训、职前教育。有质量的培训不仅可以帮助员工了解企业的行为规范、福利待遇、可用资源等,还可以使新员工体会企业的经营理念。如今,越来越多的企业认识到新员工培训的重要性，在新人入职时已不仅仅只做简单的引见，往往还会安排内容丰富的培训，这就为新员工接触企业文化提供了绝好的机会。

海尔公司在新员工入职后通常做的第一件事就是举办新老毕业生见面会，新员工通过师兄师姐的亲身感受了解海尔，新人也可以获得面对面与集团最高层领导沟通的机会，了解公司的升迁机制、职业发展等问题。这无疑可以使新员工快速了解海尔的企业文化。

2) 工作中勤学、多问、多了解

投入一个新的文化环境时肯定有一些陌生的地方，这就要求新员工在工作中多学、多问、多了解。对于看得见的规矩，新员工可以找来公司的制度、流程和职位说明书，加以学习；对于看不见的规矩，也就是企业文化，新员工要虚心地向老员工请教，因为他们在公司的工作时间长，对公司的方方面面可谓了解入微，多和他们交流可以让你少走很多弯路。另外，在工作中遇到问题拿不准时，千万不要不闻不问，而应主动大方地请教身边的同事，培养自己对公司的归属感。

3) 谦虚行事

身处一个陌生的文化环境中，谦虚行事是必不可少的。每家公司都有自己独特的企业文化，作为新人都有一个逐步适应的过程。在对公司的企业文化还没有基本了解的情况下，急于表现自己的所知所能，不但不能让别人对你刮目相看，还容易弄巧成拙，给人锋芒毕露的感觉，容易让人产生厌恶感，这是不利于融入公司的企业文化的。在没有了解公司的企业文化之前，采取谦虚行事的态度才是明智的做法。

4) 融入团队

现代企业崇尚团队协作，这是当今市场竞争模式的发展要求。企业文化要体现在员工的行为上。融入一个公司的企业文化，也就是融入公司这个团队。有团队必然有文化和它自身的一套规矩，个人英雄主义是行不通的。想要被一个团队所接纳，就得想办法接受和认同其价值观念，在这个团队找到自己的位置。积极参加公司举办的各种活动，这是新员工融入团队的一个有效方法。哪怕是共进一次午餐，也可以加深你和同事之间的关系。因为在工作中，你和同事的接触毕竟有限，而且大家都忙于自己的事务，不可能过多地交流，而在一些非正式场合则可以对公司的团队有更深入的了解。

需要注意的一点是，融入团队并不是拉帮派、搞小圈子。办公室是一个讲究团队士气和团结精神的地方，和同事相处，要一视同仁，切不可内部分帮分派，游离于公司的主流文化之外。

关于新员工的适应问题，还有许多其他有助解决问题的途径。总之，不管你以前从事什么职业，有怎样的工作背景，一旦加盟一家新公司，就会面临新的环境和新的要求，及时调整自己是必不可少的，包括调整自己的心态和工作技能。快速地认知新公司的企业文化，不断丰富和调整自己，才能顺势而行，这也是社会和企业对每个人的要求。

(二) 组织结构及其类型

组织结构是组织的全体成员为实现组织目标，在管理工作中进行分工协作，在职务范围、责任、权利等方面所形成的动态结构体系，组织结构必须随着组织的战略变化进行调整。根据不同公司的不同特点，各个公司会采用不同的组织结构，常见的组织结构类型主要有以下几种。

1. 直线制

直线制是一种最早也是最简单的组织形式。它的特点是企业各级行政单位从上到下实行垂直领导，下属部门只接受一个上级的指令，各级主管负责人对所属单位的一切问题负责。厂部不另设职能机构(可设职能人员协助主管人工作)，一切管理职能基本由行政主管自己执行。

直线制组织结构的优点是结构比较简单，责任分明，命令统一；缺点是它要求行政负责人通晓多种知识和技能，亲自处理各种业务。这在业务比较复杂、企业规模比较大的情况下，把所有管理职能都集中到最高主管一人身上，显然是不太可能的。因此，直线制只适用于规模较小、生产技术比较简单的企业，对生产技术和经营管理比较复杂的企业并不适用。

2. 职能制

职能制组织结构是各级行政单位除主管负责人外，还相应地设立一些职能机构。如在厂长下面设立职能机构和人员，协助厂长从事职能管理工作。这种结构要求行政主管把相应的管理职责和权力交给相关的职能机构，各职能机构有权在自己业务范围内向下级行政单位发号施令。因此，下级行政负责人除接受上级行政主管指挥外，还必须接受上级各职能机构的领导。

职能制的优点是能适应现代化工业企业生产技术比较复杂、管理工作比较精细的特点，能充分发挥职能机构的专业管理作用，减轻直线领导人员的工作负担。但其缺点也很明显：它妨碍了必要的集中领导和统一指挥，形成了多线领导；不利于建立和健全各级行政负责人和职能科室的责任制，中间管理层往往会出现有功大家抢、有过大家推的现象；在上级行政领导和职能机构的指导及命令发生矛盾时，下级会无所适从，影响工作的正常进行，容易造成纪律松弛，生产管理秩序混乱。由于这种组织结构形式有明显的缺陷，因此现代企业一般都不采用职能制。

3. 直线职能制

直线职能制也叫生产区域制，或直线参谋制。它是在直线制和职能制的基础上，取长补短，吸取这两种形式的优点而建立起来的。目前，我们绝大多数企业都采用这种组织结构形式。这种组织结构形式是把企业管理机构和人员分为两类，一类是直线领导机构和人员，按命令统一原则对各级组织行使指挥权；另一类是职能机构和人员，按专业化原则，从事组织的各项职能管理工作。直线领导机构和人员在自己的职责范围内有一定的决定权和对所属下级的指挥权，并对自己部门的工作负全部责任。而职能机构和人员，则是直线指挥人员的参谋，不能对直接部门发号施令，只能进行业务指导。

直线职能制的优点是既保证了企业管理体系的集中统一，又可以在各级行政负责人的领导下，充分发挥各专业管理机构的作用。其缺点是职能部门之间的协作和配合性较差，职能部门的许多工作要直接向上层领导报告请示才能处理，这一方面加重了上层领导的工作负担，另一方面也造成办事效率低。为了克服这些缺点，可以设立各种综合委员会，或建立各种会议制度，以协调各方面的工作，起到沟通作用，帮助高层领导出谋划策。

4. 事业部制

事业部制最早由美国通用汽车公司总裁斯隆于1924年提出，故有"斯隆模型"之称，也叫"联邦分权化"，是一种高度(层)集权下的分权管理体制。它适用于规模庞大、品种繁多、技术复杂的大型企业，是国外较大的联合公司所采用的一种组织形式，近几年我国一些大型企业集团或公司也引进了这种组织结构形式。事业部制是分级管理、分级核算、自负盈亏的一种形式，即一个公司按地区或按产品类别分成若干个事业部，从产品的设计、原料采购、成本核算、产品制造，一直到产品销售，均由事业部及所属工厂负责，实行单独核算、独立经营，公司总部只保留人事决策、预算控制和监督大权，并通过利润等指标对事业部进行控制。也有的事业部只负责指挥和组织生产，不负责采购和销售，实行生产和供销分立，但这种事业部正在被产品事业部所取代。还有的事业部则按区域来划分。

5. 模拟分权制

这是一种介于直线职能制和事业部制之间的结构形式。许多大型企业，如连续生产的钢铁、化工企业由于产品品种或生产工艺过程所限，难以分解成几个独立的事业部。又由于企业的规模庞大，以致高层管理者感到采用其他组织形态都不容易管理，这时就出现了模拟分权组织结构形式。所谓模拟，就是要模拟事业部制的独立经营，单独核算，而不是真正的事业部，实际上是一个个"生产单位"。这些生产单位有自己的职能机构，享有尽可能大的自主权，负有"模拟性"的盈亏责任，目的是要调动他们的生产经营积极性，达到改善企业生产经营管理的目的。需要指出的是，各生产单位由于生产上的连续性，很难将它们截然分开。以连续生产的石油化工为例，即甲单位生产出来的"产品"直接成为乙生产单位的原料，这当中无须停顿和中转。因此，它们之间的经济核算，只能依据企业内部的价格，而不是市场价格，也就是说这些生产单位没有自己独立的外部市场，这也是其与事业部的差别所在。

模拟分权制的优点除调动各生产单位的积极性外，还能解决企业规模过大不易管理的问题。高层管理人员将部分权力分给生产单位，减少了自己的行政事务，从而把精力集中到了战略问题上。其缺点是，不易为模拟的生产单位明确任务，造成考核上的困难；各生产单位领导人不易了解企业的全貌，在信息沟通和决策权力方面也存在明显的缺陷。

6. 矩阵制

在组织结构上，既有按职能划分的垂直领导系统，又有按产品(项目)划分的横向领导关系的结构，称为矩阵组织结构。矩阵制组织是为了改进直线职能制横向联系差，缺乏弹性的缺点而形成的一种组织形式。它的特点体现在围绕某项专门任务成立跨职能部门的专门机构上，例如，组成一个专门的产品(项目)小组去从事新产品开发工作，在研究、设计、试验、制造各个不同阶段，由有关部门派人参加，力图做到条块结合，以协调有关部门的活动，保证任务的完成。这种组织结构形式是固定的，人员却是变动的，需要谁，谁就来，任务完成后就可以离开。项目小组和负责人也是临时组织和委任的，任务完成后就解散，有关人员回原单位工作。因此，这种组织结构非常适用于横向协作和攻关项目。

矩阵结构的优点是机动、灵活，可随项目的开发与结束进行组织或解散。由于这种结构是根据项目组织的，故而任务清楚、目的明确，各方面有专长的人都有备而来。因此在新的工作小组里，大家能沟通、融合，能把自己的工作同整体工作联系在一起，为攻克难关、解决问题而献计献策。由于从各方面抽调来的人员有信任感、荣誉感，因此他们增加了责任感，激发了工作热情，促进了项目的实现。它还加强了不同部门之间的配合和信息交流，克服了直线职能结构中各部门互相脱节的现象。

矩阵结构的缺点是项目负责人的责任大于权力，因为参加项目的人员来自不同部门，隶属关系仍在原单位，只是为"会战"而来，所以项目负责人对他们管理困难，没有足够的激励手段与惩治手段，这种人员上的双重管理是矩阵结构的先天缺陷；由于项目组成人员来自各个职能部门，任务完成后仍要回原单位，因而容易产生临时观念，对工作有一定影响。

矩阵结构适用于一些重大攻关项目。企业可用来完成涉及面广的、临时性的、复杂的重大工程项目或管理改革任务。特别适用于以开发与实验为主的单位，如科学研究，尤其是应用性研究单位等。

7. 委员会

委员会是组织结构中的一种特殊类型，它是执行某方面管理职能并以集体活动为主要特征的组织形式。实际中的委员会常与上述组织结构相结合，可以起决策、咨询、合作和协调作用。

委员会组织结构的优点是可以集思广益；利于集体审议与判断；防止权力过分集中；利于沟通与协调；能够代表集体利益，容易获得群众信任；促进管理人员成长等。委员会组织结构的缺点是责任分散；议而不决；决策成本高；少数人专制等。

8. 多维立体组织结构

这种组织结构是事业部制与矩阵制组织结构的有机组合。多用于多种产品，跨地区经营的组织。

这种组织结构的优点是对于众多产品生产机构，按专业、按产品、按地区划分；管理结构清晰，便于组织和管理。缺点是机构庞大，管理成本增加，信息沟通困难。

重点关注

企业文化是一种物质。例如，提起可口可乐，我们就知道"品牌，是一种情感"；提起韩国三星电子工业，我们就知道"以人为本，追求卓越"；提起海尔，我们就知道"崇尚创新"；提起微软，我们就知道"激情文化"等。这些无不是物质文化的一种体现，作用显著，影响深远。

知识拓展

学习型组织

彼得·圣吉在《第五项修炼》中把学习型组织的内容概括为自我超越、改善心智模式、建立共同愿景、团队学习、系统思考的等五项修炼。共同愿景使具有个性差异的人凝聚在一起，朝着共同的目标前进。在学习型组织中，团队是最基本、最具有创造力的单位。团队的智慧高于个人的智慧，团队拥有整体配合的行动能力。终身学习是指人的一生通过持续不断的学习活动来求得思想、意识和行为的变化，不断提高个人文化修养、社会经验和职场能力的过程。创建学习型组织的目的就是要想方设法地使雇员全身心地投入，并有能力不断学习，获得持续扩展创造的能力。

案例分析

小李是一个聪明能干的人，跳槽到国内一家大型IT企业后，更是摩拳擦掌，很想大干一场。加入公司不到一周的时间，他就做出一份长达60多页的企划案，放到老板桌前。令小李迷惑不解的是，老板接到企划案后非但没有表扬他，反而大皱眉头。后来小李通过同事了解到，原来公司一贯奉行稳健经营的风格，小李的企划案虽然具有开拓性，但存在巨大的经营风险，和公司的企业文化不符合。

三、职业发展

(一) 职场生存与通用法则

无数人的职业生涯告诉我们，任何职场，都是有规则可循的。知晓并遵守规则，则可以获得领导重用，实现自己的抱负；无视规则，则必然失败。下面的一些职场法则，可以助职场人士一臂之力，在众多的就职者中脱颖而出。

1. 职场生存四大勇气

1) 突破现状

职业人在一个岗位上工作时间久了，其优势是对工作越来越熟练，碰到各种状况都知道应该如何处理；但这存在一种潜在的威胁，并渐渐形成一种思维定式，即每天面对每个状况，都用同一种思考模式、同一种方式来处理，这很可能会成为整个团队往前迈进的障碍。所以，职业人应该养成自我挑战的习惯，勇于创新，在制度上、组织结构上或在技术等方面不断推陈出新，这才是成功人士经常做的事情。

2) 追求卓越

一个卓越、优秀的职业人背后都付出了艰辛的努力与不懈的奋斗，很多人都是通过后天的努力而成功的。一个卓越的领导人，一定是一个有勇气追求卓越的人，不随便妥协，也不随便放弃，并不过分自傲，对事务非常执着，而且勇气十足地去追求卓越。他虽然可能还是会失败，但只要保有追求卓越的这份勇气，便能在职场勇往直前，直至取得成功。

3) 与众不同

在职场中，有些人为了讨好上司、老板、同事会放弃原则或失去立场。他们也许总是选择默不作声、没有意见，不争不抢、选择站在人多或权力比较大的一边，这样的确比较容易过日子，但是会让自己在未来陷入更大的困境。只有能独立思考与判断，不人云亦云，不盲信盲从、盲目追随流行的人才能获得领导的赏识。

4) 能原谅别人

在工作上，职场人与同事或与客户每天都在频繁互动，这当然就避免不了摩擦与冲突。有些人把这些不愉快处理好了，放下了，也就开心了。有些人却积少成多，变得不快乐了。当我们内心积累了很多抱怨时，做起事来都会显得有些困难。因此，原谅他们真的需要极大的勇气、极宽广的胸怀。说服自己去原谅别人，收获的不只是工作的快乐，还有生活的完美和幸福。

2. 领悟职场做人艺术

对于做人而言，其艺术性主要表现为方圆相济。"方"是人格的体现，如果做人无"方"，就等于舍弃了做人的标准。要有定向、有定力，坚持既定的原则和标准，不随意改变或放弃，做人正直，讲究原则。但做人也要讲究"圆"，因为人不是机械的，而是有血有肉、有感情、有灵性的，如果做人无"圆"，就失去了做人的色彩。在不触及原则的基础上，要善于变通、适应，具体问题具体分析，依据特定对象适时、适度进行调整，不能僵化。

在职场中，圆满的做人艺术可以使人际关系更加和谐、融洽，从而更有利于自身的发展进步。

1) 适度沉默

我们常说"祸从口出""言多必失""说者无心，听者有意""沉默是金"，因此，不急于发表意见或保持沉默往往是明智之举。许多场合争抢发言，会被认为性情急躁，即便有高深言论，效果也会大打折扣；而与长贤交流时过于缄默，又未免有失礼数。适时发表中肯之言，不仅能获得他人的信赖和尊重，还能为周全行事赢得时间。

2) 能屈能伸

韩信虽受胯下之辱，日后却成为将军；越王勾践为重振国业，二十年卧薪尝胆，这些都说明了只有能屈能伸才能成就大事业。忍人之所不能忍，方能为人之所不能为。从力学的角度上讲，屈是蓄能的过程，伸是释能的状态，无屈无伸则无蓄无释，成功之人应在屈伸之间保持必要的张力。

3) 适可而止

适可而止是美妙的人生哲学，哲学中"度"的原理是它的理论基础。"度"是事物存在的质与量的限度。当其限度的存在还有利于事物的存在和发展时，破坏其限度，无视其规定性，则会适得其反。所以，事不能做绝，话不能说尽，凡事都要留有余地，注意适可而止，把握好分寸，才能避免走向极端。职场竞争中，尤其要谨记过犹不及。

4) 难得糊涂

"难得糊涂"是郑板桥的至理名言。做人不能事事算计，过于精明；遇事装装糊涂，大智若愚，"吃亏是福"。人贵在能集智愚于一身，需聪明时便聪明，该糊涂处且糊涂。到底是愚是惑，自己了然于心即可。

5) 不惜赞美

要善于发现别人身上的优点、长处，而不是揪着别人的缺陷、短板而评头论足。因为人人都渴望得到赞美，那是一种被肯定的快慰。睁大眼睛去发现赞美的契机，客观、善意、诚挚、慷慨的赞美，是获得别人信任的有力法宝。但赞美别人不等于阿谀奉承、大肆吹捧，而是要基于事实，适度地表达别人的优点。

3. 职场规则

"没有规矩，不成方圆"。游戏有规则，运动有规则，同样，职场也有自己的规则。员工手册、管理制度、规定章程，它们都是企业文化的一部分。一个成熟的职场人士，要善于学会识别和适应各种不同的企业文化和企业规则。

1) 树立责任意识

如今，一个人的人品仍然是一个企业或组织用人的重要标准。一个职场人，一定要拥有责任感，不能干有损公司利益的事情。每个员工在不同的工作岗位上承担着不同的工作任务，在完成任务的过程中会拥有一定的权限，当然也要承担一定的责任。一个人如果想做出一番事业，不仅要在本企业内树立良好的人品形象，而且要逐步在行业内、在业界树立良好的人品形象。喜欢耍小聪明、爱占便宜的人，结果往往把自己的空间弄得越来越狭小，为了眼前的蝇头小利丢失了长远的利益。

2) 恪守岗位

"不想当将军的士兵不是好士兵"。现在是个浮躁的社会，人人都想走捷径，于是很多人忘记了"慢就是快"的道理。殊不知，做好本职工作永远是一个职场人最重要的事情。重庆千叶眼镜公司总经理陈群曾说："其实，我没有多少成功的诀窍，就是把一件件当下的事情做好。哪怕我是一个前台导购，我都应该把正在做的事情做到极致，这是我的做事标准。当你每件事情都做到了别人认为比较好的一个程度，这种信任在一天天积累的时候，你就能一步步获得更高的位置、更好的成绩。"人的提升，在于能够适应更高的要求、担当更大的责任，然后才能获得更大的权力、更多的报酬。耐心执着地做正确的事，才能得到最大的回报。

3) 主动适应

世上没有完美的公司，也没有完美的工作。在职场中，遇到挫折、受到打击、犯错误几乎成了职场新人的家常便饭。那么，有些人习惯于不满意就跳槽，并不是说跳槽不对，但这个槽得跳得有价值，要知道自己为什么跳槽。如果不分专业、行业地盲目跳槽，是对人生的浪费。所以，你得主动适应环境，好好调整心态，分析自我缺陷，制定目标，这样才能促进自我的长远发展。

4) 尊敬和服从上级

上级考虑问题时更多地站在更高的位置，从整体出发很难兼顾到每个人。上级要开展工作，必须要掌握一定的资源和权力。对于下级来讲，如何在资源允许的情况下，配合上级共同完成团队或组织及自己的工作是首先要考虑的。在一个团队或组织中，下级尊敬和服从上级是确保一个团队或组织能够完成目标的重要条件。如果员工不是站在团队或组织的高度来思考问题，而是站在自己的角度，处处找上级的麻烦，甚至恃才傲物、不服从管理，那么这样的员工很难在一个团队或组织里立足，更不要谈发展。

5) 适时沟通

适时沟通可以消除误会、增强理解、避免冲突。但沟通的同时一定要尊重对方，要学会换位思考。人际关系与沟通，彼此影响。二者可以互补，也能够相克。人际关系良好，沟通就比较顺畅；沟通良好，也能够促进人际关系的和谐。反过来说，人际关系不良，会增加沟通的困难；沟通不良，则会促使人际关系变坏。不善于沟通的人，最好加强人际关系，以此弥补自己的缺失。人际关系不好的人，最好培养沟通的能力，以求改善人际关系。事实上，二者之一获得改善，对二者都有所助益。

6) 宽容大度

"一碗水也有端不平的时候""五个手指伸出来也有长有短"，所以在职场中难免会遇到不公平之事。遇到这种情况，应该坦然对待，宽容大度，一笑而过。个人吃亏是小事，维护组织的团结，共同为企业的发展出力才是最大利益。

7) 一视同仁

不要瞧不起平庸的同事，那些看似游手好闲的平庸同事，说不定担当着救火队员的光荣任务，关键时刻老板还需要他们往前冲。他们的贡献不一定比你少，只是方式不同而已，所以要尊重每位同事。

重点关注

组织中的每个人都有自己的工作，应当学会主动地开展工作。当个人明确了所承担的工作任务及要求之后，就应该主动做好工作进度计划，设计好完成工作任务的方法与手段等，并认真实践，这样才能有所收获、尽快成长。

知识拓展

怎样做好职场新人

职场新人的最佳形象就是勤快、踏实、好学。勤快就是有求必应，行动及时。先完成领导交办的工作，在工作之余应乐于助人。踏实则表现在不挑拣，干活有始有终，圆满完成。好学很重要，与新人的身份最相称。一方面是好问，问专业、问要求、问不足，但是在好问之后要及时梳理学习，重复请教简单常识问题会让人质疑你的努力和智力；另一方面是勤学，对公司资料、业务等主动进行研究学习。

(二) 职场中的相处之道

对公司来说，同事之间气氛越好，大家的心情自然越好，工作效率自然越高，领导自然越高兴。问题是"一样米养百样人"，人是很复杂的，职场中与领导、同事产生摩擦是不可避免的。对于处理好同事及与领导之间的关系，掌握相处的技巧，没有什么通用、万能的方法，需要我们运用学到的组织行为学知识，结合客观实际情况做出综合的判断和分析。

1. 如何与同事相处

生活在现代都市中的人们面临来自工作、家庭、感情和社会上的种种压力，其中非常重要的一点就是工作上的压力，因为工作是决定一个人经济来源的基础，是一个人得以在社会上存在的最基本的物质保障。在工作中，人们感受到的压力又是不一而足的，为解决或者避免这些问题的出现，和同事共同建立一个和谐的人际关系就显得非常重要了。

怎样才能建立起良好的人际关系呢？组织行为学课程给我们提供了几个基本的原则：善良无私，热情坦诚和清楚地把握自己的角色。其实这些对于构筑良好的同事关系同样具有指导性意义，但是又会不够充分，因为同事关系有着区别于其他人际关系的特殊性。

在公司中，同事间的关系从某种意义上来讲是为了达到自己能够完成自身在公司中承担角色的任务，存在比较明确的目的性，是一种既竞争又合作的关系。其实这就是很多人感到同事关系比较难处的最根本原因。而良好的同事关系的建立则有助于激发和提高工作的积极性。

1) 公私分明，互不相扰

办公室是一个大空间，同时，每个人都固守着自己的一片小空间，所以必须分清哪里是公共区域，哪里是个人空间，必须做到公私分明，互不相扰。

任何与工作无关的事情或可能会影响他人工作效率的事情都不应该带到办公室做。在办公室里应该控制谈话的声音，在和他人进行电话沟通或是面对面沟通的时候，要适当降低自己的音量，保证两个人都能听到就行，不要打扰他人工作。同事在办公时，没有重要的事情，不要去打扰；也不要随意询问，以免打断其思路，或造成尴尬的局面。应尽量不麻烦他人，办公室内个人负责的事务更不要推诿给同事。

2) 勿忘礼貌，尊重他人

良好的同事关系一方面体现在日常相处的礼貌方面。同事间经常见面，相互之间很熟，但不能因此省略了一些基本的礼节。进入办公室时，应主动问候，下班时应相互道别，途中遇到也应主动打招呼。接待外来客人也要站立起身，点头致意。这样不仅体现了自己的风度和素质，而且会给别人留下美好的印象。

良好的同事关系还体现在尊重他人的文化背景方面。我们现在所处的时代是一个高度变化的时代，全球经济一体化的车轮正以无法阻挡的势头滚滚前行，客观环境要求人们要以更加开放、更加包容的心态去审视和对待所面临的新鲜事物。例如，在一个跨国公司里面，经常会看到不同肤色、不用语言的人在同一个部门里面工作。再如在国内，随着高等教育的不断普及，来自不同地区、不同专业的毕业生从事同一工作的情况也变得非常普遍。来自四面八方的同事在知识、信仰、艺术、道德、法律、风俗等方面会存在一定的差异性；个人生活习惯也不尽相同。所以，人们经常会看到对于同样一种事物，来自不同地区、不同国家的人做出的判断截然不同。在一个比较大的公司里面，同事可能成百上千，我们把和你接触最多、联系最紧密的同事称之为主要同事，人们把对主要同事文化背景了解的多少，以及对他们文化背景的尊重程度作为建立良好同事关系的前提条件。

良好的同事关系还体现在尊重同事的隐私方面。因为与同事间尤其是主要同事之间的频繁接触，不可避免地会得知同事间的某些个人隐私，这种情况下应尊重个人的隐私，不要擅自向他人透漏，不要随意贬低、诋毁、攻击同事的隐私，也不要擅自窃听同事的隐私。

3) 避免争吵，消除误会

在日常工作中，同事之间容易发生争执，有时甚至闹得不欢而散，致使双方心存芥蒂。人是有记忆的，发生了冲突或争吵之后，无论怎样妥善地处理，总会在心理、感情上蒙上一层阴影，为日后的相处带来障碍，最好的办法就是尽量避免产生冲突。如果产生冲突，也要及时将误会消除。

中国人常用"有话好说"这句话来排解争吵者之间的过激情绪，这是很有道理的。据心理学家分析，争吵者往往会犯三个错误：第一，没有明确清楚地说明自己的想法，含糊、不坦白；第二，措辞激烈、专断，没有商量余地；第三，不愿以尊重态度聆听对方的意见。另一项调查表明，在承认自己容易与人争吵的人中，绝大多数承认自己个性太强，也就是不善于克制自己。

关于如何做到"忍"，日常生活中可采用以下方法训练：①转移注意法，即受到不好的刺激时，可以先想点或干点别的；②心理暗示法，如林则徐用"制怒"条幅自控，苏轼以"忍小忿而就大谋"自勉；③回避刺激法，即当遇到可能使自己失控的刺激时，应尽力回避；④合理发泄法，在情绪波动时，利用音乐、绘画等方式来宣泄情绪；⑤积极补偿法，即利用情绪激动产生的强大动力，找一件你喜欢的工作埋头苦干，或拼命读书使消极情绪得以积极运用。⑥反其道而行，即首先干不愿干的事，也就是跟自己故意过不去。

职场上，如果真的与同事发生了冲突，要及时进行处理、消除误会，如果处理不当则会加深误会、影响工作情绪，甚至导致同事之间关系的破裂，这不利于工作的有效开展。可以通过以下几种方式可以处理。一是自我检讨、敢于承担。处理同事间的误会时态度要诚恳，如果责任在自己这方，要勇敢承认错误、及时道歉，主动承担一些责任。二是主动开口、打破僵局。同事之间遇到误会后，其实内心都期待对方先开口，如在路上遇到可热情地打招呼，主动示好，以消除冲突所造成的阴影，因为本质上同事关系不同于朋友关系，会存在工作上的相互协作与沟通。三是不予争论、冷静处理。当同事间发生冲突或误会时，可以不予争执、冷静地表达自己的观点，避免不必要的语言冲突，进行冷处理，等双方都冷静后再进行处理。

4) 真诚相待，赢得友谊

许多孤独、寡欢的人不知道交朋友其实不难。实现之道，唯在于自己的努力，而不能借助于他人。不管你工作的环境如何恶劣、遭遇如何不顺，你仍然可以在自己的举止之间，显示出你的亲切、和蔼、愉快，使同事于不知不觉之间来亲近你。

人格优秀、品格高尚的人，不仅受同事欢迎，而且处处能得到同事的扶助。如果你打算多交些朋友，就必须宽宏大量。人们都喜欢胸怀宽广的人，"大度"的人是人们所乐于亲近的。心胸宽广的人，能看出同事的好处优点；反之，心胸狭隘的人，目光所及都是过失、缺陷甚至罪恶。

吸引同事的最好方法，就是显示你自己对他们是很关心、很感兴趣的。这种关心是出自内心的，是真心实意的，对他人真诚才能得到真诚的回报。

5) 尊重异性，把握尺度

由于生活经历、教育背景和性别的不同，异性同事对很多事物的看法存在较大的分歧。工作中，对待异性不应有性别歧视，应该相互尊重，相互配合。另外，对待异性同事也应当保持适当距离，注意分寸。

在职场中，同事之间、异性之间、同性之间更要把握好距离尺度，这是和谐职场人际关系的关键。现代人的职场，异性一起工作交流是很正常的，实在不能再以男女授受不亲的老观念来衡量，过度和异性保持距离，可能妨碍职场角色的扮演。但是，我们在与异性同事相处过程中，不仅要尊重异性，也应注意把握尺度，不应在职场中与异性过度亲密，对异性采取大方、不轻浮的态度是同异性工作交往中一个很重要的原则。要以尊重对方是异性工作伙伴的关系来处理工作中的一些事务，但切勿将同事关系处理成"恋爱关系"，这在职场关系中是比较忌讳的。

2. 如何与领导相处

时下不少人感慨"工作好干人难处"。职场处处是学问，与领导相处是每个从业者都会遇到并且都想很好解决的问题，也是企业管理中非常重要、非常实用的问题。要正确解决这个问题可以从如下三方面入手。

1) 正确、全面认识领导

在与领导合作之前，我们应对上级(包括副职对于正职)的各个方面有基本的了解，在此基础上，对上级领导的思维方式、工作方法、工作习惯、性格爱好、素质的强项和弱项等方面有一个比较全面准确的了解，找到处理与上级关系的切入点。

首先是要具备良好的品德。一个具备优良道德、能从大局利益出发的领导是一个组织希望存在与发展的前提和保证。在一个组织或团队里，领导者责任重大、事务繁重，一位勇于担事的下属在服务领导时，会在自己的职务权限内，主动承担更多责任以减轻领导的负担。他知道如何通过规划让领导得以集中精力处理最具投资报酬率的工作，他会主动考虑领导有哪些工作项目可以由自己来分担，一些无法分担的项目应该如何给予领导最大的支援，使团队的既定目标能够得以稳健地实现。

了解上级可以通过三条渠道进行。一是在与上级领导的工作交往中认真、细致地观察，得到第一手材料。二是在与上级领导的生活交往中进行了解。例如，与领导一起出差，业余时间、非工作关系的往来等。这种交往带有浓厚的生活色彩，创造了一种随和、宽松的氛围，从中能了解上级领导的道德情操、价值取向、成长轨迹等深层次的信息。三是注意倾听上级领导的老同事(包括老上级与老下级)的评价，这不仅能印证我们对上级认识的正误，也可以从新的角度增加对上级领导的了解。只有这样，我们才能对上级领导有一个准确、客观的认识。

2) 与领导相处的原则

人与人之间都有气场存在，经营好下属和上司之间的气场尤其重要。与上司为善，便是与己为善。很多人认为上司很难接近，难以像朋友那样和谐相处。其实，与上司相处同我们平日里"处朋友""处对象"一样，"处朋友"自然有"交友规则"，"处对象"也有"恋爱心经"。如何与上司相处，也是为人处世之道中的一门大学问，需要我们在实践中不断地体会。

(1) 求同存异，主动适应。

适应上级是为了与上级领导步调一致，以便更好地开展工作。因此，在全面认识领导的基础上还要主动适应上级。适应上级与讨好、逢迎、盲从上级有本质区别。下级往往有几个、几十个甚至成百上千个，思维方式、性格爱好、工作方法各不相同，让上级适应下级是不现实的，可行的办法是下级逐步适应上级。

适应上级主要包括两方面。一方面要适应上级的思维方式。由于思维方式由每个人的文化程度、知识结构、个人经历、职业环境、气质类型等多种因素决定，所以形成了风格各异、千姿百态的思维方式。有了相知这个条件，我们便可以找到每个领导者思维的基本规律和模式(或称思维定式)。另一方面，要适应上级的工作方法、工作习惯。上级领导的工作方法、工作习惯是他们在多年的领导生涯中形成的，有的雷厉风行，有的稳中求进；有的善于授权抓大事，有的喜欢事必躬亲。在通常情况下，上级领导总是有意无意地按照自己的习惯、方法去工作，而且可能有意无意地要求下级适应自己。在这种情况下，作为下属就应以大局为重，求大同、存小异，主动适应上级，包括主动适应与自己的工作方法、习惯相异的领导。从这个意义上说，具有较强的适应能力，是每个职场人士应具备的基本能力。

(2) 扬长避短，适时变通。

在与领导的接触中我们常常有这样的感受，即使是有过人之长的领导也难免有缺点。例如，敢作敢为、机智果断的领导者，做事容易急躁和专断；温和而富有民主意识的领导，则可能优柔寡断。面对这些上级，每个职员都应以工作为重，摒弃个人性格上的好恶，扬长避短，适时变通。

面对专断急躁型的上级，当参谋、提建议时要有充分的根据，阐述时应简明扼要，讲究时机和方法，遇到一些尖锐问题或突发的恶性事件时应考虑冷处理的方法，或者是做好前期准备工作，避免上级出面时可能出现的被动或失误；对于优柔寡断型的上级，当处理某些急需解决的问题时，为了不延误时机，可考虑先斩后奏。对于专业性很强的工作，如果上级领导是内行、专家，就一定要请其多指导；对上级的廉政之举，要借势营造一个良好的正气氛围。

总之，下级要扬上级之长、避上级之短，这样做不仅体现了对事业的忠诚，也体现了对上级负责的精神。

(3) 不要与领导疏离。

现实中很多人由于性格原因，往往与上司保持距离，归纳起来不外乎两种情况：一种是认为与上司走近了，会招惹"闲话"，于是故意疏离上司；还有一种是一些人自视清高，表现出与世无争之态，难免流露出轻视上司之意。很明显，这两种做法都不可取。

要克服这样的心理劣势，关键在于正确地看待与上司相处。其实上司之所以能够成为上司，大多是因为他们具备了下属不具备的素质和能力，也承担着更大的压力。不管工作能力有多强，但至少在这一阶段，你的综合实力比上司略逊一筹。那么，你应当看到上司的优势和长处，向他学习，这样才有可能让上司更多地了解你、熟悉你。如果你觉得亲近上司会被人说成"拍马屁"，那有可能是你反应过敏或者待人接物的方法可能不对。同时，自视清高、疏离上司，对自己、对工作和成长都没有好处。

(4) 要对领导忠诚。

每个上司都希望下属对单位忠诚、对领导忠诚，其实这两者是相辅相成、缺一不可的。作为下属，切记千万不要对上司"躲猫猫"，上司已经走过了下属正在走的路，下属切不可自作聪明，在上司面前阳奉阴违以招致厌恶，自毁前途。

(5) 谦虚谨慎，尊重上级。

这是建立良好的上下级关系的基础。尊重上级首先应表现为感情上尊重。作为一名员工，对于能力、水平很高的上级自然应该尊重，但对于那些水平不高，甚至在某些方面低于自己的上级，也应多看他们的长处和优点。谦虚谨慎才能消除心理障碍，也才会找到从感情上尊重的砝码。

其次是行为上的尊重。行为上的尊重主要表现为服从。对上级的决策、指示即使有异议，也应通过正常渠道和恰当的方式，在适宜的场合向上级领导提出。遇事不与上级沟通，不经请示就擅自改变上级的意见，是不尊重上级的表现，而对抗上级指示、越权办事，更是处理与上级关系的大忌。

最后是细节上的尊重。工作细节上的不慎和疏忽，也会使上下级关系上蒙上阴影，甚至导致上下级关系出现裂痕。因此，细节上的尊重同样不可忽视。细节上的尊重表现在诸多方面，如日常工作接触中注意上下级间应有的礼节，能在私下交换的意见尽量不拿到公开的场合上，即使必须在大庭广众之下给上级领导提意见，也应注意方式方法，尽量不让上级领导觉得丢面子。总之，细节上的尊重直接作用于上级领导的情感领域，它甚至可以弥合上下级间因工作分歧而出现的裂痕。

3) 与领导沟通的策略

要和领导好好相处，就必须善于和领导沟通，要做到这一点则必须处理好和领导接触的每个环节。

(1) 对于领导的指示，要认真执行。

第一，要明确向领导请示汇报的程序。

① 仔细聆听领导命令。如果领导明确指示你去完成某项工作，那你一定要用最简洁有效的方式明白领导的意图和工作的重点。弄清楚该命令的时间(when)、地点(where)、执行者(who)、目的(why)、做什么工作(what)、怎样去做(how)、需要多少工作量(how many)。在领导下达完命令之后，再简明扼要地向领导复述一遍，请领导加以确认。

② 与领导探讨目标的可行性。领导在下达命令之后，他希望下属能够对该问题有一个大致

的思路，以便在宏观上把握工作的进展。作为下属，应该积极开动脑筋，对工作有一个初步的认识，告诉领导你的初步解决方案，尤其是对于可能在工作中出现的困难要有充分的认识，对于在自己能力范围之外的困难，应提请领导协调别的部门加以解决。

③ 拟订详细的工作计划。在明确工作目标并和领导就该工作的可行性进行讨论之后，应该尽快拟订一份工作计划，再次交与领导审批。在该工作计划中，你应该详细阐述你的行动方案与步骤，尤其是要对你的工作时间进度给出明确的时间表，以便领导进行监控。

④ 在工作进行之中随时向领导汇报。现在，你已经按照计划开展工作了，那么你应该留意自己的工作进度是否和计划书一致，无论是提前还是延迟工期，你都应该及时向你的领导汇报，让领导知道你现在在干什么、取得了什么成效，并及时听取领导的意见和建议。

⑤ 在工作完成后及时总结汇报。经过你和部门同事的共同努力完成了工作，作为工作负责人的你仍不应该有松懈的理由，应及时将此次工作进行总结汇报，以便在下一次的工作中改进提高。同时，不要忘记在总结报告中提及领导的正确指导和下属的辛勤工作。

第二，要注意请示与汇报的基本态度。

① 尊重而不吹捧。作为下属，一定要充分尊重领导，在各方面维护领导权威，支持领导工作，这也是下属的本分。首先，对领导在工作上要支持、尊重和配合；其次，在生活上要关心；最后，在难题面前要解围。当领导处于矛盾的焦点时，下属要主动出面，勇于接触矛盾，承担责任，为领导排忧解难。但要注意一点，尊重并不是吹捧，一个整天阿谀奉承的人不但不讨同事喜欢，有可能也会让领导感到反感。

② 请示而不依赖。一般来说，部门主管在自己职权范围内大胆负责、创造性工作，是值得倡导的，也是为领导所欢迎的。下属不能事事请示、遇事没有主见、大小事不做主，这样领导也许会觉得你办事不力、顶不了事。

③ 主动而不越权。对工作要积极主动，敢于直言，善于提出自己的意见，不能唯唯诺诺，只求四平八稳。在处理同领导的关系上要克服两种错误认识：一是领导说啥是啥，自己不主动思考，事情的好坏没有自己的责任；二是自恃高明，对领导的工作思路不研究、不落实，甚至另行一套方法，阳奉阴违。

(2) 掌握与各种性格的领导打交道的技巧。

① 控制型领导的特征和与其沟通的技巧。

控制型领导的性格特征：强硬的态度；充满竞争心态；要求下属立即服从；实际、果决，旨在求胜；对琐事不感兴趣。与其沟通的技巧：对这类人而言，与他们相处，重在简明扼要、干脆利索，不拖泥带水、不拐弯抹角。

② 互动型领导的特征和与其沟通的技巧。

互动型领导的性格特征：善于交际，喜欢与他人互动交流；喜欢享受他人对他们的赞美；凡事喜欢参与。与其沟通的技巧：公开赞美，赞美的话语一定要出自真心诚意，言之有物，虚情假意的赞美会被他们认为是阿谀奉承。

③ 实事求是型领导的特征和与其沟通的技巧。

实事求是型领导的性格特征：讲究逻辑而不喜欢感情用事；为人处世自有一套标准；喜欢弄清楚事情的来龙去脉；理性思考而缺乏想象力；是方法论的最佳实践者。与其沟通的技巧：省掉话家常的时间，直接谈他们感兴趣且实质性的东西。

(3) 说服领导，让领导理解自己的主张、同意自己的看法的技巧

① 选择恰当的提议时机。刚上班时，领导会因事情多而繁忙，快下班时，领导又会疲倦，

这都不是提议的好时机，要选择领导时间充分、心情舒畅的时候提出改进方案。

② 用数据增强说服力。对改进工作的建议，如果只凭嘴讲，并没有太大的说服力。但如果事先搜集整理好有关数据和资料，做成书面材料，借助数据分析，则会增强说服力。

③ 设想领导质疑，事先准备答案。领导对你的方案提出疑问，如果你事先毫无准备，吞吞吐吐、自相矛盾，当然不能说服领导。因此，应事先设想领导会提什么问题，自己该如何回答。

④ 说话简明扼要，重点突出。如果我们表达上有缺陷，过于冗长或艰涩，或易于产生误会，则很难引起领导者对我们的兴趣，还有可能引起领导者的反感。因此你在说服领导时，要重点突出、简明扼要地回答领导最关心的问题。

⑤ 面带微笑，充满自信。我们已经知道，在与人交谈的时候，一个人的语言和肢体语言所传达的信息各占50%。一个人若是对自己的计划和建议充满信心，那么无论他面对的是谁，都会表情自然；反之，如果他对自己的提议缺乏必要的信心，便会在言谈举止上有所流露。在与领导交谈时应面带微笑，且充满自信地表达自己的观点。

⑥ 尊敬领导，勿伤领导自尊。最后要注意一点，领导毕竟是领导，因此，无论你的可行性分析和项目计划有多么完美无缺，你也不能强迫领导接受它们。毕竟，领导统管全局，他需要考虑和协调的事情你并不完全明白，你应该在阐述完自己的意见之后礼貌地告辞，给领导一段思考和决策的时间。即使领导不愿采纳你的意见，你也应该感谢领导倾听你的意见和建议，同时让领导感觉到你工作的积极性和主动性。[①]

案例分析

汪洋在跨国公司工作了二十余年，为公司创造了丰富的利益，如今坐的是第二把交椅的位置，公司里的很多人都唯他马首是瞻，反而一把手在大家心中建立不了太高的威信。按理说汪洋应该要风得风，要雨得雨，可是最近他过得不怎么风调雨顺。

以前，汪洋提出的方案总能受到一把手的认可，可现在一把手却总是压着不实施，驳回的理由也挺莫名其妙，说要稳妥起见，这种情况在原来可是从来没有出现过的啊！汪洋思前想后也不明白，最后没办法，只好辞职走人。

从这个案例我们很清楚地看到是汪洋本人没有摆正自己的位置，没有处理好与上司的关系，让领导感受到了威胁。

四、职场中的自我成长

在职场中，我们要独立工作，在自我学习中不断成长。因此，在职场中如何自处就成为了职场人必须研究的课题。

（一）学习

国际21世纪教育委员会曾向联合国教科文组织提交过一份名为《教育——财富蕴藏其中》的报告，报告中关于"终身学习"的意义有如下表述：终身学习是人类解决未来面临的各种矛盾、迎接21世纪挑战的"钥匙"之一，是"社会的脉搏"，是一切重大教育变革的指导原则。

如果我们将这种意义具体到职场当中的话，可以理解为：终身学习可以帮助职场人解决职业化进程中遇到的问题和矛盾，使职场人在不断的改进与提升中完善自身，实现自己的价值。换句话说，职场人只有时刻保持一颗敏而好学之心，才能在职业化道路上不断前进，直至实现自己的

---

① 李启军. 试论与领导相处的艺术[J]. 商品储运与养护，2008(9)：68-69.

终极目标。

1. 向谁学习

在当今这个瞬息万变的时代里，学习对于个人和组织的意义已不言自明。但是没有明确的途径和适合的方法做引导，空有一句"提倡学习"的口号远远不够。孔子云："三人行，必有我师焉。"这句话不仅教育后人要时刻保持谦逊的态度和求知的欲望，还为我们指出了一条明确的学习途径，即向周围人学习。在职场上，值得我们学习的人比比皆是。

(1) 上司。一个人之所以能居于管理者的位置，自然是因为他有过人之处。当你把精力用于挑上司的毛病时，不如更多地注意他们值得人学习的地方。

(2) 同事。这里所说的同事不仅指和自己在同一部门工作的人，还包括其他部门甚至其他公司的人。正所谓"闻道有先后，术业有专攻"，每个人身上都会有值得学习的地方。

(3) 竞争对手。在竞争中对照自己的短处，学习对手的长处，"师夷长技以制夷"，可以帮助职场人在竞争中轻松取胜。

(4) 业界榜样。榜样的力量是巨大的，即便你无法和巨人走同样的路，也可以站在巨人的肩膀上看世界。

(5) 失败者。一段失败的经历就像一个数据库，里面蕴含的价值和道理是书本上不会记载的，学习失败者的经验可以帮助你少走很多弯路。

(6) 除上述这些值得学习的人，理论知识对实践活动的指导意义同样不能忽视。书籍、报纸、杂志、互联网等也同样是职场人学习的重要途径。职场人需要从这些资源中获取信息，掌握世界的变化和发展趋势，并据此进行自我改进，以保持与时俱进，并培养自己预测未来形势的能力。

2. 如何有效学习

在明确了"向谁学""学什么"之后，职场人另一个亟待解决的问题是"怎样学"，即如何学习更有效、如何提升学习效率。

实际上，选择怎样的学习方法，哪种方法可以达到最佳的学习效果，这些问题并没有确定的答案。常言道："不管黑猫白猫，能捉老鼠的就是好猫。"同样，对学习方法的探寻也是这个道理。职场人应依据自身能力、阅历、习惯等特点，发掘适合自己的学习方法，这种方法也许在别人看来不太妥当，但只要能够有助于自身的提高，就不失为一个"好方法"。下面，列举几个当今社会上比较推崇，且实践证明卓有成效的学习方法以供职场人参考，希望大家可以从中获得启发，找到最适合自己的"学习良方"。

(1) 善于提问，勇于提问，从"问题"中学习。

(2) 培养批判精神，以否定的态度看问题，在求证的过程中学习。

(3) 树立一个成功的榜样，在效仿和对照中学习。

(4) 建立学习日志，善于总结。

(5) 为学习划分阶段，确立明确的阶段性任务和目标。

学习是一个积累的过程，是一种持续的行为。它的价值并不仅在于最后的结果——我们学到什么知识、学会何种技能，而且在于"学习"这个过程本身。正所谓"流水不腐，户枢不蠹"，职场人只有保持不断学习、不断革新的作风，才能保证在职场上生存与发展。

(二) 自尊

自尊是指一种个体对自我价值的评价和情感体验。它是个体渴望得到他人和社会认可的愿望，也是个体对自我尊严和价值的一种追求。当自尊得到满足时，人们会产生良好的自信心、价值感，进而形成自我发展的强大动力；反之，自尊遭到损害时，人们会失去自信和尊严，产生自卑感、无能感，进而阻碍个性发展和自我价值的实现。

自尊对一个人的职业生涯发展有着积极的推动作用，是职场人必须具备的职业化心态之一。联合国教科文组织出版的《学会做事》一书中，将人的尊严描述为：所有人都有被尊重的权利，都有满足基本需求的权利，每个人都应该具有发展个人潜能的机会。根据这一描述，我们可以将职场人的自尊心态概括为以下三方面：每个职场人都应当得到职场上其他人或组织的尊重；每个职场人在职场上的基本工作、生活需要都应当得到满足；每个职场人在职场上都应当得到自我发展与提升的机会。

职场人只有首先肯定自己存在的意义，树立起自我尊重的心态，才有可能在职场上获得别人的尊重，个人职业生涯才有可能得到长足发展。

1. 自尊对职场人的意义

屠格涅夫曾说，自尊自爱作为一种力求完善的动力，是一切伟大事业的渊源。自尊作为职场人追求自我提升、实现自我价值的助推器，对于一个人的职业生涯发展有着重要意义。

1) 自尊让职场人前进

有研究表明，高自尊者倾向于自我增强，而低自尊者倾向于自我保护甚至自我贬低。简单来说，一个高度自尊的职场人往往以追求成功和荣誉为目标，相信自己有做到的能力，并会在这种自信的驱使下向积极的方向努力。相反，一个低度自尊的职场人，往往以避免失败和屈辱为目标，且对自身能力持否定和怀疑的态度。

研究表明，低自尊者在面对困难任务时会很快放弃努力，而高自尊者则会坚持得更长久。这一点对于职场人来说尤其重要，要知道职场上的竞争就像一场漫长的马拉松比赛，真正可以跑到终点的人寥寥无几，在这场比赛中先放弃的人就是失败者。

2) 自尊让职场人坚韧

心理学普遍认为，高自尊者比低自尊者更善于应对挫败。这一结论在职场上的表现可以理解为：在遇到失败或挫折时，高度自尊的职场人更善于引入事件属性、环境属性、自身属性等多方面因素理性地判断问题的原因，而低度自尊的职场人则倾向于把问题归咎于自己，产生自责和自暴自弃的情绪；高度自尊的职场人解决问题的愿望更强烈，而低度自尊的职场人逃避问题、撤退的情绪更强烈；高度自尊的职场人在问题发生后的自我修复能力更强，而低度自尊的职场人则缺乏这种修复的欲望和能力。

2. 树立自尊心态八步走

第一步：原谅自己过去的错误。不要让某次事件或某个人影响你对自己的判断，要摆脱过去的愧疚感，停止"本应""本能""本想"的思维模式。

第二步：发现并突出自己的优势。要经常肯定自己，将值得骄傲的事告诉自己。

第三步：仿效成功人士。关注你敬佩的成功人士，实践他们的成功技巧，告诉自己"我也可以成为这样的人"。

第四步：学会与自己交谈。时常询问真实的自己"我到底有多大价值"，并在这种交谈的过程中记录下自己的优势和长处。当你感觉退步、需要鼓励时，就拿出这些写下的内容读一读。

第五步：保持身体健康。疲劳和紧张会诱发灰色情绪，在紧张的工作之余要注意锻炼身体，保持身体健康。强健的体魄和健康的心态是相辅相成、缺一不可的。

第六步：不断提升工作技能。善于学习，不断提升自己的能力和技能。持续前进的步伐会形成一种惯性，使你习惯积极地看待问题。

第七步：善于与人交流。积极地与周围的同事、客户进行交流，客观、坦诚地面对他人对自己的看法，并从这些看法中找到自己需要改进的地方。

第八步：善待自己。买一套新西装，精心打造一个职业妆容，工作任务完成时给自己一颗糖果作为奖励……我们常说在职场上要学会善待他人，但也不要忘了善待自己。职场人要学会发现自己的需要，然后满足自己的需要，让自己时刻保持最佳状态。

3. 维护自尊要有"度"

最后一点要提醒职场人的是，虽然自尊对于职场人意义重大，且维护自尊、树立自尊心态是一种合理化行为，但是在职场上，任何事都要掌握适度原则。要知道，自己的自尊需要维护，他人的自尊也同样需要维护，甚至一个团队、一个公司的尊严都需要维护。

职场是一个由多种要素组成的综合的"场"，只有每个人都树立起自尊自爱的心态，在维护自己尊严的同时不伤害他人，才能创造出一个有益于所有人成长和前进的良好环境。

如果你还在自我怀疑的阴影中惶惶不可终日，不妨平心静气地坐下来，和自己的内心进行一次真诚的对话。别忘了，给自己一份尊重，这是走向成功的第一课。

(三) 自立

有这样一则故事，想必大家都听说过：一对夫妇晚年得子，把儿子视为掌上明珠，捧在手里怕掉了，含在口里怕化了，什么事都不让他做。可儿子长大后，连基本的生活也不能自理。一天，夫妇俩要出远门，担心儿子饿着，就想了一个办法，烙一张大饼，套在儿子的颈上，告诉他饿的时候就咬一口。这对夫妇自以为找到了好法子，于是放心地出门了。但等到二人远行归来回到家里时，发现儿子还是饿死了。原来儿子把颈前的饼吃完后，想吃后面的饼却不会给大饼转圈，最后只得活活饿死。故事本身可能存在演绎的成分，但它阐明的道理却耐人寻味：一个人不能自立，就无法生存。

1. 职场当"自立"

自立是职场人必备的职业化心态之一，它既是一种意识，又是一种能力。自立强调的是依靠自己的力量实现目标、解决问题，是职场人独立人格和进取精神的体现。

(1) "不依赖"的意识。自立的心态首先表现为一种"不依赖"的意识，这种"不依赖"包括：① 对事物有自己独到的理解，不依赖他人的思想；② 对问题能做出独立的决策，不依赖他人的行为；③ 能耐得住寂寞，自己找寻生活的价值，不依赖他人的情感；④ 对自己的能力有客观、准确的判断，不依赖他人的评价。

德国诗人歌德曾说，谁若不能主宰自己，谁就永远是一个奴隶。职场人只有从思想、行为、情感和自我认知上都做到不依赖他人，才有可能在职业生涯发展的道路上走得更远，才有可能成为自己的"主人"。

(2) 主动进取的行为。自立的心态还表现为一种主动进取的行为，这种行为涉及职场生活的方方面面，例如：① 清楚认识自己在公司所处的位置，知晓自己的职责，并勇于承担责任；② 有自己明确的目标和计划，不随波逐流参与别人的活动；③ 主动为自己树立榜样，并自觉学习；④ 善于观察职场上的人、事、物，将从中吸取的经验用于构建和更新自己的价值标准。

在职场上，源于自立心态的进取行为多种多样、无处不在，这些行为的种类会随职场人职位或职业生涯发展阶段的变化而不同。如对于一个初入职场的新人来说，主动进取表现在为快速融入环境所做的努力上，而对于一个颇具经验的管理者来说，进取则可能更侧重于激发自我潜能、提升自身能力的训练。

2. "自立"不等于"孤立"

自立并不是要求职场人拒绝别人的帮助或合作，相反，向榜样学习、接受前辈的指导和帮助对职场人的发展才是大有帮助。独自奋斗是件痛苦的事，没有谁的成功只属于自己一个人。自立应当是一种从思想到行为的独立，它不是形式上的"与世隔绝"，而是发自内心的一种艰难的选择。自立的过程漫长而艰辛，需要时刻鞭策自己、监督自己，甚至要有"一息尚存，奋斗不止"的觉悟。

自立的过程固然辛苦，但它最终带来的收获是不可估量的。一位哲人曾说，没有人可以代替另一个人生活。职业生涯发展的道路也是如此。职场上并不存在预先开好的通往成功的康庄大道，想攀上顶峰的人只能用脚印铺路，而这千万脚印里的每个印记，都必须由你自己亲自落下。

案例分析

豪门千金王雪红在创业期间从没有要过家里一分钱，哪怕是在威盛集团最艰难的时候也始终坚持不向父母伸手。但是王雪红在接受采访时却坦然表示，今天的成功与父母给她的帮助分不开。王雪红说自己当初创立威盛的启动资金正是来自抵押母亲送给她的房产。在威盛集团的成长过程中，家庭给她的"无形资产"也让她受益匪浅。王雪红回忆说："我刚做威盛时，要找一个强而有力的团队，他们凭什么相信我，最好的一点就是'我是我父亲的女儿'……当时有一位在国外工程师，他的太太不让他回来，直到'王永庆的女儿'亲自出马，这位太太才马上放行。"王永庆先生在世时，只要在中国台湾，王雪红都会争取每周去见父亲一次，工作上遇到难题，也会向父亲请教一番。王雪红还笑称每次见父亲前都要好好做一番准备，有时候像要汇报工作一样，还带着自己的最新产品和说明书，生怕说错了。

王雪红的成功经历告诉我们：一个人在前进的过程中不会一帆风顺，在处于逆境时善于利用自己所有的资源、吸取前人的经验才是解决问题的最佳方式。就好像刚步入职场的毕业生需要家庭的帮助、业务不熟悉的新同事需要前辈的指导一样，这些都无可厚非，并不能将其理解为不自立。王雪红虽然在很多方面受到家庭的影响，但她从心理上来说是自立的。我们在判断一个人是否自立时，并不是看他是否接受了别人的帮助，或是接受了多少帮助，而是看他是否有自力更生的意识和自力更生的能力。

第二节 实现职业发展

案例导读

李江的口头表达能力不错，人既朴实又勤快，在业务人员中学历又高，领导对他抱有很大期望。可是他做了销售代表半年多了，业绩总是没有得到提升。到底问题出在哪儿？原来，他是个不爱修边幅的人，喜欢留长指甲，指甲里经常藏着很多"东西"。脖子上的白衣领常常有一圈黑色的痕迹。他喜欢吃大葱、大蒜之类的刺激性食物。请从礼仪角度分析小李的业绩上不去的原因。

近几年，大学毕业生的就业已经成为比较重要的社会问题，也可以说是一个难题。对于很多毕业生来说，不要说找到一份好工作，能找到一份工作就很不错了。高校把毕业生的毕业去向落实情况作为考察学校教育效果的一大指标，毕业生毕业去向落实率的高低直接影响学校的声誉，同时影响学校的招生及培养计划。而从社会的角度来看，很多企业又在叹息"招不到合适的人选"。很多事实表明，这种现象的存在与学生的职业素养难以满足企业的要求有关。"满足社会需要"是高等教育的目的之一。既然社会需要具有较高职业素养的毕业生，那么，高校教育就应该把培养大学生的职业素养作为其重要目标之一。同时，高校也不要关起门来办教育，社会、企业应该尽力与高校合作，共同提高大学生的职业素养。

职业素养是人类在社会活动中需要遵守的行为规范。个体行为的总和构成了自身的职业素养，职业素养是内涵，个体行为是外在表象。职业素养是指职业内在的规范和要求，是在职业过程中表现出来的综合品质，包含职业道德、职业心态和职业意识三方面内容，而职业能力则是其外在表现。

一、提升职业道德

具有良好的职业道德，势必有利于大学生未来的职业发展。职业道德是从事一定职业的人在特定的工作和劳动中所遵循的特定行为规范，是一般社会道德原则和道德规范的特殊形式和重要补充。在范围上，职业道德存在于从事一定职业的人中，是家庭、学校教育影响下所形成的道德观念的进一步发展；在内容上，职业道德具有较大的稳定性和连续性，有助于形成比较稳定的职业心理和职业习惯；在形式上，它具有具体、多样和较大的适用性。良好的职业道德，有利于人们养成良好的道德习惯，有利于促进社会生活的稳定发展，在社会主义条件下，有利于两个文明建设的发展。

(一) 职业道德的特殊性

职业道德相对于其他社会道德而言是特殊的道德，因而有特殊性。这种特殊性从不同角度来看，表现在以下四方面。

1. 范围对象上具有鲜明的专业性

从基础层面看，职业道德调节的范围限于已参加工作的从业人员的行为。未成年人不受职业道德的调节。当然，未成年人有必要学习和了解职业道德，这对于他们在现实生活中监督从业人员的职业行为，以及为今后就业打下基础是有意义的。

从具体层面看，职业道德具有鲜明的专业性，它仅限于调节特定职业或行业的从业人员。这就是一种职业有一种职业道德，不是彼此之间可以随意替代的，是道德的专业化。

2. 内容结构上具有稳定性和连续性

职业道德反映着各种职业的特殊要求及社会对这一职业的要求，这种要求在职业实践中被体现出来。其成功的方面是被作为经验和传统继承下来，并且一般不会随着社会经济关系的变更而轻易消失。这种稳定性和连续性主要表现为某一职业特有的、世代相袭的道德心理、道德习惯和行为特质，通常还体现为不同职业的从业者在道德风貌上的明显差异。如人们所说的"军人风度""商人习气""演员气质""领袖形象"等，而"救死扶伤""公平交易"作为医生和商人的职业行为规范也是不会轻易变更的。职业道德的这一特点对从业者个人的影响可谓习惯成自然。

3. 形式和方法上具有多样性、灵活性、针对性和规范性

为了体现本职业活动的特殊要求，体现社会对本职业活动的要求及其变化，职业道德在其表现形式及方法上必须从实际出发，坚持多样性和灵活性，职业道德在实践中表现出来的上述特点是显而易见的。如规章制度、工作守则、奖惩条例、服务公约、注意事项等，这些形式往往并存使用或交替使用，具有很强的针对性。尤其是这些形式一般来说是通俗易懂、便于领会、朗朗上口和不拘一格的，因而不仅便于操作规范，也便于内外监督、不断调整，以及充实与完善。如

"火警就是命令""捧着一颗心来，不带走半根草走""礼让三先"等规范，已达到人尽皆知的程度。

4. 行为上体现自律和他律的统一

职业道德对从业人员职业行为及其社会关系的调节，归根结底体现为对利益关系的调节。所以，现实中各行各业的职业道德总是同从业人员的利益密切相关，当从业人员不能履行某一道德规范，或存在明显差距时，往往会面临各种类型的惩戒、舆论职责，乃至被淘汰出局。如商业上的"缺一罚十"规范，其作为一种公开的对外承诺，直接体现了自律与他律的统一。

(二) 职业道德的内容

虽然各个行业及职业都有自己独特的职业道德，但仍然有一些共同的职业道德规范需要职业人遵守，如图8-1所示。

1. 文明礼貌

文明礼貌是人们在职业实践中长期修养的结果，是从业人员的基本素质，是塑造企业形象的需要。文明礼貌的基本内容和具体要求主要包括：仪表端庄，举止得体，语言规范，待人热情等。

图8-1 职业道德的构成

2. 爱岗敬业

爱岗就是热爱自己的工作岗位，热爱本职工作；敬业就是用一种恭敬严肃的态度对待自己的工作。爱岗敬业的具体要求主要包括：树立职业理想，强化职业责任，提高职业技能。

3. 诚实守信

诚实守信是为人之本、从业之要。诚实守信的具体要求主要包括：忠诚所属企业，即诚实劳动，关心企业发展，遵守合同和契约；维护企业信誉，即树立产品质量意识，重视服务质量，树立服务意识；保守企业秘密。

4. 办事公道

办事公道是正确处理各种关系的准则。办事公道是指我们在办事情、处理问题时，要站在公正的立场上，对当事双方公平合理、不偏不倚，不论对谁都按照一个标准办事。办事公道的具体要求主要有：坚持真理、公私分明、公平公正、光明磊落。

5. 勤劳节俭

勤劳节俭是中华民族的传统美德，是个人事业成功的催化剂，是企业在市场竞争中常战常胜的秘诀(即勤劳促进效率的提高，节俭降低生产的成本)，是维持社会可持续发展的法宝。一个社会的可持续发展必须重视生产资料的节约，职场人士要从一点一滴做起，保持勤劳节俭的作风。

6. 遵纪守法

遵纪守法指的是每个从业人员都要遵守纪律和法律，尤其要遵守职业纪律和与职业活动相关的法律法规。职业纪律是在特定的职业活动范围内从事某种职业的人们必须共同遵守的行为准则，包括劳动纪律、组织纪律、财经纪律、群众纪律、保密纪律、宣传纪律、外事纪律等基本纪律要求，以及各行各业的特殊纪律要求。遵纪守法的具体要求主要有：学法、知法、守法、用法，遵守企业纪律和规范。

7. 团结互助

团结互助指在人与人之间的关系中，为了实现共同的利益和目标，互相帮助，互相支持，团结协作，共同发展。团结互助的基本要求主要有：平等尊重、顾全大局、互相学习、加强协作。

8. 开拓创新

创新是指人们为了发展的需要，运用已知的信息，不断突破常规，发展或产生某种新颖、独特的有社会价值或个人价值的新事物、新思想的活动。创新的本质是突破，创新活动的核心是"新"，开拓创新要有创造意识和科学思维，要有坚定的信心和意志。

(三) 提升职业道德修养的途径

修养是指人们为了在理论、知识、艺术、思想、道德品质等方面达到一定的水平，从而进行的自我教育、自我改善、自我提高活动。职业道德修养是指从事各种职业活动的人员按照职业道德基本原则和规范，在职业活动中所进行的自我教育、自我锻炼、自我改造和自我完善，使自己形成良好的职业道德品质和达到一定的职业道德境界。从业人员可从以下几方面入手，提升自己的职业道德修养。

1. 树立正确的世界观、人生观和价值观

世界观、人生观和价值观是指导个人行为的最根本准则，确立正确的世界观、人生观和价值观是提升职业道德修养的前提。

世界观也叫宇宙观，是一个人对整个世界的根本看法。世界观建立在一个人对自然、人生、社会和精神的科学的、系统的、丰富的认识基础上，它包括自然观、社会观、人生观、价值观、历史观。

人生观是人们对人生问题的根本看法。其主要内容是对人生目的、意义的认识和对人生的态度，具体包括公私观、义利观、苦乐观、荣辱观、幸福观和生死观等。人生观是人们在人生实践和生活环境中逐步形成的。由于人们的社会实践、生活境遇、文化素养和所受教育的不同，因而形成的人生观也不同。正确的人生观指引人走人生的正道，用自己的劳动去创造人生业绩，成为一个有益于社会、有益于人民的高尚的人。错误的人生观将导致人背离人生的正道，误入邪路，甚至成为危害社会、危害人民的罪人。

价值观是人们对价值问题的根本看法，包括对价值的实质、构成、标准的认识。这些认识的不同，形成了人们不同的价值观。每个人都是在各自价值观的引导下，形成不同的价值取向，追求着各自认为最有价值的东西。价值的内涵非常丰富，一般可以分为物质性和精神性的价值，还有综合性、复杂的价值，如人的价值(或称人生价值)。

能否树立正确的价值观和科学、合理的价值取向，对一个人的发展是至关重要的。一个缺乏正确世界观、人生观和价值观引导的人，是不可能具备正确的职业道德的。大学生要在学习阶段就树立正确的世界观、人生观和价值观，如果把"金钱确定价值"作为自己的人生目标，就会在工作和生活中不自觉地将技术、知识和人格像商品一样进行等价交换，追逐物质利益，最终丧失自我，误入歧途。

2. 学习职业道德规范，掌握职业道德知识

明晰职业道德规范，掌握职业道德知识，是遵守职业道德、提升职业道德修养的基础。首先要掌握职业道德的理论。社会主义职业道德是一门科学。在人类伦理学发展的历史中，只有马克思主义深刻地揭示了职业道德产生的基础和发生变化的规律，阐明了职业道德的社会作用和价值，特别是科学地论述了社会主义职业道德的本质和特征，确立了它在社会主义精神文明建设中的重要地位。弄清这些理论，有助于建立和完善社会主义职业道德和各行各业的职业伦理学，有利于掌握和培养良好的职业道德。

其次，要正确认识和掌握本行业的职业道德，热爱自己的职业，有针对性地提高职业修养。

各行各业都有自身的业务和技术要求，各有其服务的对象、服务的方式和手段等。因此，各行各业除了共同的职业道德要求，还有其特殊的职业道德要求。各个行业的职业人在进行职业道德的学习中要有针对性，紧密联系本行业的实际，结合具体工作内容，在工作中学习、掌握和遵守职业道德。同时，热爱自己的职业、做好本职工作，就是热爱社会主义事业、热爱人民的具体表现，它反映着职业实践者对职业价值的正确认识和对职业的真挚感情，是社会主义道德的集体主义原则在职业道德上的体现。因此，我们要从职业责任心、职业荣誉感抓起，充分认识本职工作的社会目的和意义，弄清本职工作中的各种社会关系，以及正确处理这些关系的行为准则和规范，从而提高自觉性，保证职业实践活动的顺利进行。

3. 树立学习榜样，不断激励自己

榜样的力量是巨大并具有说服力的。各行各业都有自己的先进典型，他们表现出的职业道德体现了理想的人格和良好的职业风貌，值得所有职业人学习。职业人在提升自身职业道德修养时，要为自己树立学习的目标，提供有血有肉、可学可比的榜样。

4. 联系实际，积极参加实践活动

参加职业活动实践，在实践中进行自我教育、自我改造，是职业道德修养的基本方法。要在工作实践中体验、锻炼和提高，并逐步形成自己与岗位职业道德规范要求相一致的职业道德品质和行为习惯。如果不把职业道德品质的培养渗透到平时的实践活动中，或者不注重在职业活动中提高自己的职业道德素质，那么职业道德修养实际上就是一句空话。正是在从事实践活动的工作中，才能认识到哪些行为是道德的、哪些行为是不道德的，哪些行为习惯符合职业道德规范的要求、哪些行为习惯违反了职业道德规范。

5. 开展批评与自我批评

要进行职业道德修养，还必须不断地同社会上各种腐朽道德观念及不道德现象做斗争，同职业特权思想做斗争，同不正之风做斗争。同时，在职业活动中，个人与集体、与领导、与同事常常发生这样那样的矛盾或者纠纷，要处理好这些矛盾和纠纷，调整自己的行为方向。选择道德行为、纠正不道德行为也需要开展批评与自我批评。

在职业道德修养中，要正确对待批评。人非圣贤，孰能无过。但自己在实际工作中的缺点、错误有时不易察觉，即便能察觉也不一定有深刻的认识，有了别人的批评帮助，就可以提高自己的认识。因此，虚心接受别人的批评是个人成长进步不可缺少的条件，也是个人更好从事工作的前提条件。同时，批评别人是帮助别人提高职业道德修养的方式之一，也是自己职业道德修养水平提高的反映和表现。

在职业道德修养中，特别重要的是开展自我批评。这需要在生产服务工作中坚持高标准，严格按照职业道德规范要求约束自己的行为，克服不足之处。一个严于律己的人往往能依据职业道德规范，自己进行反省和检讨，严于剖析自己，勇于自我批评。正确开展自我批评，可以使自己符合职业道德规范的要求，提高自己的职业道德修养水平，也会被同事的职业道德修养所感染。

6. 从日常生活着手，在细微之处下功夫

优良的职业道德品质是经过日积月累逐步培养起来的，是一个积小善、为大善的修养过程。因此，要从具体事情做起，在细微处下功夫。无数事实证明，优良的职业道德品质是由小善积累而成的，是从一件件具体的事开始培养的，不良的职业道德品质是由小恶积累而成的，是从细小的恶行起步的。所以员工应当从我做起、从现在做起，从一件一件具体平凡的小事上加强职业道德修养，对每件小事都要严格要求，追求完美，用社会主义职业道德规范要求自己、约束自己、

磨炼自己，不断提高自己的道德修养。既要从点滴小事入手，培养自己良好的道德行为，又要注意防微杜渐，随时克服和纠正自己不道德的思想和行为。

7. 努力做到慎独

"莫见乎隐，莫显乎微，故君子慎其独也"。职业道德修养的突出特点是个人自觉性，因而职业道德修养也同样讲究"慎独"。也就是说，个人在独处时，有做坏事的条件，并且做后也不会被人们发现，要依然坚守自己的职业道德信念，坚持做好事不做坏事。在职业活动中，能不能做到"慎独"，是职场人需要面对的一个考验。"慎独"是职业道德修养中一种特殊的必不可少的方法。从社会发展来说，分工越来越细，专业化程度也越来越高，许多行业和部门的职业活动相对的独立性就越大，有些职业任务和职业活动甚至完全需要个人独立操作完成。在这种情况下，尤其需要在"慎独"上下功夫。铁人王进喜生前曾提出"四个一样"的"慎独"标准，即"黑夜和白天干工作一个样，坏天气和好天气干工作一个样，领导在场和不在场干工作一个样，没有人检查和有人检查干工作一个样"。在今天的市场经济条件下，就职业道德修养而言，"四个一样"仍然具有现实意义，员工应当将"慎独"作为进行职业道德修养的目标。要实现这一目标，就必须熟知职业道德的原则和规范，并将其转化为自己的内心信念，用这种信念去指导和支配自己的思想和言行。

知识拓展

职业道德的含义

职业道德的含义包括以下八方面。
(1) 职业道德是一种职业规范，受社会普遍认可。
(2) 职业道德是长期以来自然形成的。
(3) 职业道德没有确定形式，通常体现为观念、习惯、信念等。
(4) 职业道德依靠文化、内心信念和习惯，通过员工的自律实现。
(5) 职业道德大多没有实质的约束力和强制力。
(6) 职业道德的主要内容是对员工义务的要求。
(7) 职业道德标准多元化，代表了不同企业可能具有不同的价值观。
(8) 职业道德承载着企业文化和凝聚力，影响深远。

案例分析

摩托罗拉的报账程序

"把自己发生的票据填写好、封好，扔到箱子里(专门的箱子)，不用主管签字，财务核查是真的票据，下个月就会自动把钱划到你的账上。"

你是不是觉得很奇怪，报销难道不需要主管或别的领导审核吗？摩托罗拉公司这样做，没有人会投机取巧吗？其实这是对员工人格的尊重，更是一种对员工道德的考验——实报实销需要高尚的操守来约束。今天假报100，明天偷报200，后天偷报1000，你可以这么做，但是在摩托罗拉一年的两次审计上，一旦发现你存在道德问题，你所面临的只有一条路——辞职。哪怕是多报一分钱，其实虚报账目时你并不是多拿了一分钱，而是损害了公司利益，损害了自己的职业道德。

二、树立职业意识

"今天学习不努力,明天努力找工作",这句话正好可以帮助我们找到进行职业培养教育的最佳突破口。未雨绸缪是一个很好的习惯,在学校期间,我们必须自主地培养自己的职业意识,这样等我们真正进入用人单位的时候,才能体现出训练有素的一面,为自己在职场中赢得一席之地。要多了解一下自己专业所对应的各类职业的要求和特点,以便能寻找到自己喜欢的职业,制定明确的人生目标,从而为自己热爱的职业勤奋学习、早做准备、成就职业理想。职业意识包含的内容是多方面的,下面将从沟通能力、团队合作、自主学习等几个重要的方面进行简单介绍。

(一) 沟通能力的培养

可以说,没有沟通就没有一切。人有时出于一种本能的自我保护意识而不愿意主动和别人交流,没有好的交流沟通根本无从谈起服务与奉献。很多业务的成功都来自主动出击,能和客户很好地交流和沟通,这样的业务关系才能维护得长久。在一个企业当中,不会交流沟通的职员,其职业前景是有限的。所以,我们在没有出学校之前就应该锻炼好自己的口才,掌握必要的沟通技巧。

(二) 团队合作意识的培养

实践证明,一个人的职业活动总是与一定的职业群体相联系,且离不开同行业的支持与协作,特别是在生产力高速发展的今天,职业分工越来越细,劳动过程更趋专业化、社会化,更加需要加强合作。产业间相互依托、相互制约、相互促进的发展趋势,也要求一个单位内部部门之间、员工之间必须团结协作。

在这个快节奏的时代,一个人的能力再好也有力所不及的时候。一项工作的完成往往是很多人共同协作的结果。在平时完成老师布置的分组作业时,应该有意识地极力配合其他同学把作业做得更完善。职业活动中不仅需要竞争,还需要主动合作的精神,竞争与协作相伴而生,相离而失。

(三) 自主学习的意识培养

以我们这种年龄,智力已趋于成熟。经过十多年的学习,我们早已形成自己的一套学习方法,无论这种方法的差异如何,至少我们再也不能等着老师来手把手地教,很多东西应该自主学习。只有具备自主学习的能力,才能不断进行技术的创新,适应时代的要求。学习包括更新自己原有的专业知识,掌握新技能,结合各门学科知识来发展和完善自我;不但要"学会",而且要"会学",掌握正确的学习方法,把有用的知识转化为自身的竞争力,真正成为时代所需要的高素质人才。

(四) 服务与奉献意识的培养

奉献是一种只有付出、不求任何回报、不计个人得失的精神和理念,是一种真诚自愿的付出行为。奉献精神是一种能鼓舞和激励人们奋发向上的巨大力量。每个社会中的个体,通过工作创造的价值一部分用于支付个人的社会需要,一部分用于国家的整体建设。工作也是对社会、对国家的奉献。敬业是奉献的基础,乐业是奉献的前提,勤业是奉献的根本。岗位敬业奉献,就是对于本职岗位要具有高度的责任心和事业心,忠于职守。干一行,爱一行,精一行。在实现个人价值的同时,也创造社会价值,对社会做出贡献。在社会价值与个人价值冲突时,应以法律与道德规范为天平、以社会价值为准绳寻求解决之道。奉献意识的培养不仅在于对理论知识的学习,更应融入对学生人生观、价值观的培养。大处着眼,小处着手,应在社会实践中,从小规模的活动中训练全局观念，塑造集体精神。

(五) 敬业与企业文化意识的培养

素质之于人，犹如水面下的冰山之于整座冰山，原来真正浮于水面的庞然大物只不过是它小小的角尖而已。决定人成功的不仅仅是技能知识，更重要的是价值观、素质等冰山潜伏在水下的部分。企业全体员工素质意识的总和构成企业文化，而企业文化是指导企业生产和经营活动的基本哲理和观念，是企业的共同思想作风、价值观念和行为准则，是企业成败的关键。因此，企业对自己员工的素质要求要比对员工的技能和专业知识要求高且严格得多。品质的成熟铸就事业的成功，任何一个伟大的成功者首先都是一个伟大的"人"，要成功，首先就要学会做人，要不断地修炼自己。这就启示我们不仅要提高自己的技能和知识，更要培养自己的综合素质。

做一行就得爱一行，在校期间要密切关注专业的动向，看看自己适合去哪一类企业工作。敬业意识属于基本的企业文化，是企业在经营活动中形成的经营理念、经营目的、经营方针、价值观念、经营行为、社会责任、经营形象等的总和，是企业个性化的根本体现，是企业生存、竞争、发展的灵魂。要培养企业意识，大学生首先要到企业、社会中经受实践的锻炼，去体验、感悟企业文化。其次要注重职业岗位的操练，要在特定的职业环境中强化专业技术的训练，这样既能了解本专业的知识动态，做到学以致用，提高专业技能，又能在企业文化环境中增强职业意识，培养职业综合素质，从而为成为卓越的员工奠定良好的基础。

(六) 竞争意识的培养

竞争意识是个人或团体间力求压倒或胜过对方的一种心理状态。它能使人精神振奋，努力进取，促进事业的发展，它是现代社会中个人、团体乃至国家发展过程中不可缺少的心态。在社会竞争激烈的今天，谋求一份好的职业必须要有竞争的意识，同时要有过硬的技能，树立不断锐意进取、不轻易言败的意识。在树立竞争意识时，要防止不择手段而产生的消极因素，要用集体主义、社会主义思想做指导，克服竞争中的消极面。

(七) 质量规范与效率意识的培养

质量与效率是企业的生命。质量能为企业赢得客户的认可，增强市场竞争力，扩大市场占有率进而扩大生产规模。效率的提高使产品成本降低，可获得比同行业企业更高的利润。在企业内部推行质量与效率意识，可使企业的生产水平取得长足的进步。在大学生的职业教育中，要树立质量与效率意识，有计划地在教学和实习活动中全面推行质量标准，养成严格遵守生产标准的习惯。在完成同一任务时，要在保证质量的前提下，通过熟练技术、改善生产流程和进行部门合作来提高效率。

(八) 创新意识的培养

创新意识是一个民族进步的灵魂，也是国家兴旺发达的不竭动力。创新能力其实是一种综合能力，它要求具有强烈的创造欲、敏锐的观察力、准确的记忆力和良好的思维能力。要从传统的中庸观念中解脱出来，对新思想持开放态度，积极思考未经检验的假设。创新意识的培养需要深厚的知识积淀，需要用科学的方法进行思考，更需要锲而不舍的毅力。在校期间，大学生应特别注意科学思维的训练，主要是发散性思维方法，即从不同角度、应用不同的方法解决同一问题。要研究新情况、揭示新规律、创立新思想，培养善于运用逆向思维和侧向思维等方法思考问题。

重点关注

第一个到西点军校访问的地方大学历史教授莫顿曾感慨万千地说:"西点人对待自己工作的那种强烈的责任感是无价之宝。"这位教授通过长时间考察发现,同西点人一起工作,使人精神振奋。正是责任,使西点人在困难时能够坚持,永不绝望、永不放弃;责任使西点人对自己的使命忘我地坚守,尽力出色地完成任务。

案例分析

有一位护士专业的毕业生在一家大医院进行护士毕业实习,实习期满,如能让院方满意,她就可留下当正式护士。一天,来了一位生命垂危的伤员,实习护士被安排做主刀医生的助手。手术从清晨一直做到黄昏,眼看患者的伤口即将缝合,这名实习护士突然严肃地盯着主刀医生说:"我们用的是12块纱布,可您只取出来了11块。""我已经全部取出来了,一切顺利,立即缝合!"主刀医生头也不抬,不屑一顾地回答。

"不,不行!"实习护士高声抗议道:"我记得清清楚楚,手术中我们共用了12块纱布!"主刀医生没有理睬她,命令道:"听我的,准备缝合!"这名护士毫不示弱,大声叫了起来:"您是医生,您不能这样做!"直到这时,主刀医生冷漠的脸上才浮起了一副欣慰的笑容,他举起右手心握着的第12块纱布,向在场的人宣布:"这是我最满意的助手!"于是这名实习生成了这家大医院的正式护士。

这名实习护士的举动,绝不仅仅是认真,还体现了她作为一个医务工作者强烈的职业意识,是职业意识使她成为这家大医院的正式护士。从这里我们可以看出,职业意识对一个人的事业、对他人、对社会是多么重要。

三、保持职业心态

一个人的职业心态决定了这个人的工作业绩,调整职业心态,就能够更好地胜任自己的工作。一个人的职业心态,决定了他的能与不能、成与不成。如果你的内心已失败,那成功就已离你远去。好的职业心态是营养品,会滋养我们的人生。积累小自信,成就大雄心;积累小成绩,成就大事业。

(一)职业心态的内涵

职业心态是指职业活动过程中对自己的职业,以及职业能否成功的一种心理反应。职业心态不同于个人心态,个人心态是根据个人的情感变化可以随时表露出来的一种心理反应,是在私人空间、个人生活中可以表露出来的一种心态。而职业心态是在职场中根据职业要求表露出来的心理感情。在工作中应恪守职业道德,根据职业岗位的最高要求去约束自己的情绪。有相当数量的人分不清个人心态和职业心态,凭自己的情绪、用自己的个人心态来对待工作,这样很容易导致工作的失败。

心态就是个体的认知倾向,它与外界互相作用,有着密切的联系。图8-2的四个箭头分别表示行为、个性、习惯和反应,它们是你向外围世界输出的东西,这些都受个体内在心态的影响;同时,外界的评价、刺激、变化和反馈又会影响个人的心态。

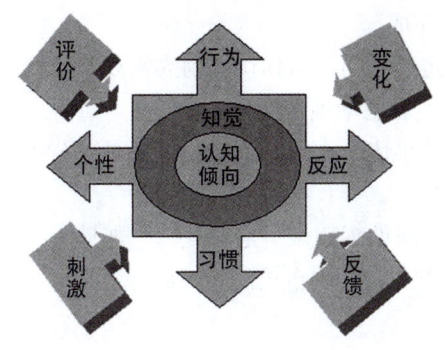

图8-2　心态与外界的相互作用

(二) 职业心态的内容及塑造

1. 积极的心态

积极的人像太阳，走到哪里哪里亮；消极的人像月亮，初一、十五不一样。积极的心态，要求我们不轻言放弃，不怨天尤人，在遇到问题、麻烦时积极应对，相信很多事情坚持下去就能够成功。

塑造积极心态的方法主要如下。

(1) 构筑正确的价值观念评估体系。一个人的是非观念、价值观念决定了是否能够塑造积极的心态。

(2) 开悟的精神。要把生命、生活看透，但不是看破。看透与看破有本质区别，把生活看破的人，成天悲观和失望；把生活看透的人，知道生命中本身就有苦与乐，在遭遇挫折的时候，不是在那里怨天尤人，而是能够积极地应对。

(3) 增强抗挫折的能力。一个人一定要有挫折意识，这样才能在面对危机、面对挫折的时候淡然处之。

(4) 树立正面的思维方式。遇到问题的时候，要善于看到积极的一面，而不是进入消极的误区。

(5) 学会享受过程。很多事情不一定都能成功，但是要学会从中享受快乐。

(6) 学会感恩。要拥有感恩之心，懂得感恩生活、感恩企业。

(7) 学会豁达。当你遇到倒霉的事情、伤心的事情，不要去自责，你要相信，困难和挫折只会使自己更加强大。

(8) 学会压力管理。当压力太大的时候，要学会弯曲。很多人被工作压垮了，就在于不懂得拐弯、不懂得弯曲。

(9) 培养远大的志向，尤其要培养宽广的胸怀。

(10) 培养乐观的生活态度，平淡乐观地看待生活中的得失。

(11) 培养坚定的信念。人生总是充满苦与乐，虽然我们会经历无数的风雨，但要坚信风雨过后总会出现彩虹。

2. 主动的心态

所谓主动，就是在没有人告诉你的时候你正在做恰当的事情。一个有主动精神的人，能够更好地胜任自己的工作，而且其发展空间也更为广阔。一个只知道被动做事的人，哪怕事情做得再好，也不可能取得太大的成功。

(1) 本职工作，一定要主动。你的本职工作一定要主动去做，这是你的分内之事，不需要别人吩咐就应主动、超前地把它完成。

(2) 协助他人的事情，一定要主动。当你认为别人需要帮助的时候，应该主动去帮助他人。你经常主动地帮助别人，别人也会主动地帮助你。

(3) 对公司、对团队有利的事情，一定要主动。只要是对公司、对团队有利的事情，不需要别人吩咐，应主动去做。

(4) 能够提升自己能力和素质的事情，一定要主动。能够提升自己能力和素质的事情，要主动去做，这样才能开拓自己的视野，扩展自己的知识面。

3. 空杯的心态

空杯的心态就是要求我们每个人要有谦虚的心态。在工作之中保持谦逊，认识到自己的不足，才有改进的空间。不要自满，不要盲目乐观，不要自负。职业人要保持一个空杯的心态，时刻准备接受外来的"养料"。

4. 双赢的心态

作为职场人，有一点必须要明白：企业做好了，员工就能受益；员工成功了，企业就能更加成功。因此，要把企业的事情当成自己的事情，将企业的荣誉看作自己的荣誉，这样就能在工作中充满干劲和动力，取得双赢的效果。

5. 包容的心态

在企业中，不同的员工有不同的个性、不同的爱好和不同的做事方法，这就要求每个员工都要有包容的心态，每个人都要学会严于律己、宽以待人，用包容之心去容忍同事之间的差异。在与同事相处时多一些包容、多一些理解、多一些相互尊重，有利于为自己的工作环境创造一种和谐的氛围。

6. 自信的心态

自信是一切成功的原动力，由此能给自己树立奋斗目标，从而更好地完成任务。自信的人认为别人能够做好的事情，自己也能够做好，喜欢向成功者学习，能够不断地提升自我，相信自己能够创造更好的业绩。培养自信心要做到以下几点。

(1) 破除自卑。每个人来到这个世界都是强者，每个人都还有很多潜力没有挖掘出来，要破除自卑心态，相信自己。

(2) 从现在开始抬头挺胸。长时间如此，你就会充满快乐，一切事情在你面前都是美好的。

(3) 在生活中要面带微笑。没有痛苦就没有快乐，生活不可能那么单调，不管面对什么样的挫折，都要微笑地应对，做生活中真正的强者。

(4) 积极进行自信心的自我暗示。要相信自己，相信自己能够做得更好，相信自己就是最棒的，相信自己能够更加成功。

(5) 从行动开始。很多事情看似很困难，可是当你立即着手去做它时，你会发现，事情并没有想象中的那么困难。从行动开始，自信心就会自然而然地增强。

(6) 当众发言，学会大声讲话。丘吉尔曾说，一个人能够面对多少人讲话，就能够获得多大的成就。因此，要善于表达自己的观点。

(7) 下定决心做一个自信心强烈的人，你就能够从自卑的阴影中走出来。

(8) 要学会正确地、全面地用发展的眼光看待自己。既要看到自己的缺点，也要看到自己的优点。

(9) 要避免自负、自以为是。自信心太强容易走向自负，缺乏自信心又会走向自卑。成功的心态是在充分认识自我基础上的自信。

7. 舍得的心态

有舍有得，舍——付出，得——收获，舍在前，得在后。一分辛勤，一分收获，有舍才有得，大舍大得，小舍小得，不舍不得。要想在职场中获得更大的成功，就要从付出开始，投入更多，收获也就更多。舍是前提，得是目标。当你全身心地投入工作，懂得更好地创造业绩时，你的薪水才能水到渠成地上涨，并且收获的不只是薪水。

8. 反省的心态

成功要从改变自己开始，反省是成功的加速器。一个人要想更加成功，就要随时随地地学会反省自己。所谓反省，就是检点自己的得失，反省自己今天有哪些收获和不足。经常性地进行反省，可以更好地提升自我，加速成功。

9. 服务的心态

服务包括外部服务和内部服务。外部服务指的是对外部的顾客、客户提供优质服务。内部服务指的是员工之间最基本的关系就是一种服务的关系。在21世纪，企业的长足发展必须塑造服务性的文化、服务的心态，这要求我们每个人都要有服务意识。每个人都渴望得到别人的服务，尤其是优质服务，因此要先给别人提供优质服务。

10. 专注的心态

专注才能汇聚力量。现在社会上有的人越来越浮躁，可是要想成功，那就要拒绝浮躁。因为浮躁、三心二意的人是永远不可能成功的。一个人只有专注，才能够抵御诱惑，才能够全身心地投入，也只有专注，才能够真正地化腐朽为神奇，才能够精于自己的工作。一个人的能力、时间、资源都是有限的，若要达到个人价值的最大化，就要学会专注：专注于自己的岗位、专注于自己的领域、专注于自己的专业，这样你才能成为这个行业、这个领域的强者。

11. 感恩的心态

凡事感恩，我们就能够更加快乐地工作，享受工作、享受生活，也更能够得到别人的赞扬和欣赏。一个感恩的人是快乐的人，能够受到别人的尊重，这也是做人的基本要求。要学会感恩我们的社会、国家，因为社会和国家培养了我们；要感恩企业，因为企业给我们提供了岗位和工作平台，给我们提供了培训与发展空间，给我们提供了薪酬与福利待遇。不要认为自己和企业之间只是工资薪酬方面的交易，有感恩之心的人才能够在企业得到长足的发展。

作为员工当然不能只把感恩挂在嘴上，更应该表现在具体的行动上。例如，我们要珍惜当前的工作，提高自己的工作能力，为企业创造更多的价值。我们要懂得换位思考，在工作中不能只考虑自己的利益，也应该站在公司的角度想一想。多与公司领导沟通，让领导知道还有员工能够理解他，做他坚强的后盾。我们要努力工作，回报企业最好的办法就是创造出色的业绩；还要有宽容之心，因为每个公司都有自己的优势和弊端；面对一些不足，我们要有包容之心。此外，我们还应永怀感恩之心，当我们懂得感恩，并且怀着感恩的心态去工作时，我们才能全力以赴地完成任务，发挥自己的最大价值，并感受工作给我们带来的快乐。

12. 服从的心态

世界500强企业的中高级经理人中，来自西点军校的比重更大，而不是哈佛大学等，其最重要的原因就是西点军校的法则、校训。西点法则是指导西点军人成长的基本要求，其中最重要的一条就是服从，即要求西点军校人有高度服从的意识，下级服从上级，无条件地服从，没有任何借口地去执行命令。

服从领导的最根本理由有两条：一是虽然领导也有犯错误的时候，但领导站得高、看得远，其做出的决策是站在统筹全局的高度的；二是领导的职务更高，承担的责任更大，因此他能够承担因决策导致的责任。

绝对服从上级、服从领导的前提条件有两个：一是一定要以不违法为前提；二是在服从上级之前你可以据理力争，可以阐述自己的观点，但如果决策不变，你就得无条件地服从。

13. 奉献的心态

奉献不仅仅是一种精神要求，更是一种道德要求。在企业当中，斤斤计较、没有奉献精神的人是不可能得到长足发展的。要学会为企业做出一些牺牲，当个人利益和集体利益发生冲突的时候，我们一定要学会舍弃个人利益，因为集体利益代表大家的利益，大家的利益受损失，你也会跟着受损失。

案例分析

把信送给加西亚

这是一个简单、平凡的故事。美西战争爆发后，美国需要立即与西班牙的反抗军首领加西亚取得联系，以获得他的支持。加西亚在古巴丛林的山里——没有人知道确切的地点，所以无法带信给他，而美国总统必须尽快获得他的支持。

有人对总统说："有一个名叫罗文的人有办法找到加西亚，也只有他才找得到。"他们把罗文找来，交给他一封写给加西亚的信。罗文拿了信，把它装进一个油纸袋里，封好，吊在胸口。三个星期之后，他徒步走过危机四伏的国家，把那封信交给了加西亚。

讲到这里，要强调的重点是，美国总统把一封写给加西亚的信交给罗文，而罗文接过信之后，并没有问："他在什么地方？"是的，罗文没有提问，其实他也不知道加西亚在什么地方。但是在他接过这封信的时候，他就以一个军人的高度责任感接过了一项神圣的任务，也许他会因为这项任务付出生命，但他什么也没有说，他所想到的只有如何把信送给加西亚。

当企业员工对工作的难易程度、待遇的高低、工作环境的好坏等斤斤计较、怨声载道时，他们有没有经常自我反省：与社会提供给我的回报相比，我是否付出了足够的努力？我足够敬业吗？如果让我把信带给加西亚，我能吗？像罗文这样的人，我们的确应该为他塑造一座不朽的精神雕像，永远存放在心中。想要取得成功的员工所需要的不仅仅是书本上的知识和他人的种种教导，更需要一种孜孜不倦的敬业精神，而这种敬业精神源自一个人对工作忠诚的信念。

四、提升职业能力

一项调查显示，形象直接影响收入水平，更有形象魅力的人的收入通常比一般同事高14%。美国心理学家奥伯特·麦拉比安调查发现，人的印象是这样分配的：55%取决于你的外表，包括服饰、个人面貌、体形、发色等；38%取决于如何自我表现，包括你的语气、语调、手势、站姿、动作、坐姿等；只有7%取决于你所讲的真正内容。我们生活在一个被称为"30秒文化"的世界中，不论我们自己愿意与否，别人都会根据我们的衣着、举止、说话方式、环境布置及对同事的影响来判断我们。

职业礼仪受历史传统、各种场合、风俗习惯、宗教信仰、时代潮流等因素影响而形成，既为人们所认同，又为人们所遵守，是以建立和谐关系为目的的各种符合交往要求的行为准则和规范的总和。讲究职业礼仪、遵从礼仪素养，可以有效地展现一个人的教养、风度与魅力，更好地体现一个人对他人和社会的认知水平与尊重程度，从而使个人的学识、修养和价值得到社会的认可和尊重。适度、恰当的职业礼仪不仅能给公众以可亲可敬、可合作、可交往的信任和欲望，而且会使与他人的合作过程充满和谐与成功。一个优秀的职业人，不仅应当有高水平的专业知识，还必须有良好的道德品质修养和礼仪修养。

具备良好的礼仪素养是学生将来求职、人际交往，以及提高综合职业能力的前提条件。职业礼仪包括职业仪表礼仪和职业行为礼仪，本节重点介绍职业仪表礼仪。

(一) 注重仪表的意义

(1) 注重仪表不仅是个人所好的问题，而且体现出个人的自尊自爱，表现出个人的精神状态、文明程度、文化修养等良好的内在和外在素质。

(2) 注重仪表体现了个人对他人、对社会的尊重。

(3) 注重仪表体现了员工对工作的热爱和对宾客的礼貌。

(4) 员工的仪表直接反映一个企业的管理水平和服务水平，直接关系到社会公众对员工所代表企业的评价和取舍。

(5) 社会成员的仪表还反映了一个国家或民族的道德水准、文明程度、文化修养和生活水平等。

(二) 着装的TPO原则

职业着装这个无声的符号在商务交往中的影响力越来越大，它可以传达出你所在的职业、行业信息，以及职业化程度和受教育程度等信息。

职业化着装是个人审美与品位的外在表现，每位员工作为公司不可或缺的一分子，是公司文化最直观的表现，代表公司的企业形象。优良的着装风范，可以营造良好的工作氛围。着装要规范、得体，就要牢记并严守TPO原则，即着装要考虑到时间time、地点place、场合occasion。也有的说法把"O"解释为目的object。无论哪种说法，其含义都是要求人们在选择服装、考虑具体款式时，首先应当兼顾时间、地点、着装的场合及目的，并应力求使自己的着装及具体款式与周围的环境协调一致，与之和谐匹配。

1. 时间

从时间上讲，一年有春、夏、秋、冬四季的交替，一天有24小时的变化，显而易见，在不同的时间里，着装的类别、式样、造型应因时间的不同而有所变化。例如，冬天要穿保暖、御寒的冬装，夏天要穿通气、吸汗、凉爽的夏装。员工在工作时间要规范着装。

2. 地点

从地点上讲，置身在室内或室外，身处单位或家中，着装的款式理当有所不同，切不可"以不变应万变"。例如，外出时要顾及当地的传统和风俗习惯，如去教堂或寺庙等场所，不能穿过露或过短的服装。

3. 目的、场合

人们的着装往往体现其一定的意愿，即自己对着装留给他人的印象如何，是有一定预期的。着装应适应自己扮演的社会角色，必须考虑目的地和场合。在工作、娱乐、社交的不同场合应选择不同的着装，如娱乐场合可着休闲装，办公室可根据实际情况穿着略微休闲的工作装，社交场合则必须穿正装或礼服。另外，还要考虑你的目的性。例如，为了表达自己悲伤的心情，可以穿着深颜色的衣服等。一个人身着款式庄重的服装前去应聘新职、洽谈生意，说明他郑重其事、渴望成功。而在这类场合，若选择款式过于随意的服装，则表示其对事务不够重视；而选择过于出位的服装，则表示其自视甚高，对工作的重视不及对自我的重视，这些都是不职业的表现。

(三) 着装的具体要求

1. 男士穿衣法则：随性不随便

男性在穿着上，常因为懒惰或一味追求舒服，最后让轻松变成随便。而领导者习惯做主，在穿衣选择上不愿受约束。以上两点正好符合了John·T. Molloy(《时代》杂志封之为美国首位衣柜工程师)所提的"失败穿着的八大原因"中的两项：穿得太随意，自认成功而无须遵守任何规则。

1) 西服

选择西服的第一原则是合肩、合身，标准是衣长刚好到臀部下缘，或到手自然下垂后的大拇指尖端。袖长则要到手掌虎口处，这样举起手臂时才不会显得袖子过短。一般西装外套可敞开，唯有上台发言或遇见女士时才需要扣上。穿西装时，长袖衬衫是唯一的选择，短袖衬衫是不正式的。衬衫的袖长是双手垂下后需比西装袖子约长1厘米，而衬衫领约高出西装外套1厘米为美观。

2) 衬衫

衬衫的颜色一般以素雅的颜色为基本款，白色、淡蓝色的衬衫是首选。条纹、格子衬衫给人的感觉较轻松，圆胖脸型的人应避免再选购圆领的衬衫，可挑选V字形尖领的衬衫来有效修饰脸型；而瘦长脸型则相反。脖子较短的人可选择低领小领片的衬衫款式；脖子较长者可选择高领大领片的衬衫款式，以此改变视觉效果。

3) 领带

领带是男性穿着中最亮眼的部位。一条好的领带以纯丝最为高级，其次纱、混纺、针织、羊毛等材质也是不错的选择。在正式场合，领带以有规则性图案如格子、条纹等为宜；在非正式场合，不规则图案如花卉、几何图形等也可佩戴。领带的标准长度为不超过皮带扣环下1厘米为原则，但可由领带长短的些微调整来修饰身高比例。标准的领带宽度为8～10厘米，领带的宽度也会随着流行而缩窄或放宽。身材较矮瘦的男性，不适合戴宽版的领带；身材较高胖的男性，则不适合窄版的领带。

4) 袜子

男士的袜子要注意颜色与质感必须与裤子搭配，搭配西装裤时，可选择深色的丝质袜子，冬天可穿深色的棉袜或毛袜，长度要到小腿肚。最忌讳黑裤白袜的突兀搭配，这种白色运动型棉袜是配浅色休闲裤、运动鞋的袜子，不适合配西装裤。

5) 鞋子

鞋子是一个男人品位的象征。鞋子挑选造型简单、皮质佳的即可。较常见也较易搭配的皮鞋是黑色和棕色。至于浅色系，如土黄色的皮鞋，则属于休闲皮鞋。有鞋带的皮鞋通常在最正式的社交场合穿着。

2. 女士穿衣法则："三点不露"

女性装扮得体是助力，大方得体的外表确实比一般人更容易脱颖而出，但有时过度追求流行、过度艳丽反倒让人误以为粗俗肤浅，这也正好切合了John·T. Molloy所提的"失败穿着的八大原因"中的两项：掉入流行的圈套，误把性感当成功。女性正式场合的服装，要记得肩膀、膝盖、脚指头"三点不露"的原则。

1) 耳环

耳环大小以自己眼睛的大小为标准，最能衬托韵味。耳环也有修饰脸型的功效，圆脸的人可以选戴长形、垂坠式、流苏形的耳环；长脸的人可以选戴圆形或固定式的耳环；方脸的人可以选戴圆形、水滴形的耳环；倒三角形脸的人可以选戴复古造型、圆圈形、星星形、爱心形等造型较大的耳环，使两颊看起来较丰腴。首饰具有画龙点睛的效果，上班族的首饰应以不超过三件为原则，首饰包含我们平常认知中的戒指、项链、手链、脚链、胸针等，但在上班场合，眼镜、手表等每天必戴的物品也应算在其中。所以，上班时的装扮以简单实用、不夸张为主。

2) 眼镜

选择眼镜时首先要挑选形状，选形状则必须考虑脸型。圆形脸的人适合长方框的眼镜；长形脸的人适合圆形框的眼镜；方形脸的人适合椭圆形框的眼镜；倒三角形脸的人适合长方框或大椭圆形框的眼镜。其次挑选眼镜的颜色，这时需要考虑肤色。平常的眼镜框常是金属材质，分金、银两色，肤色白属于冷色调的人可以选择金色框的眼镜；肤色黑黄属于暖色调的人可以选择银色框的眼镜。

3) 鞋子

女性上班时应穿中低跟(高度1～2厘米)的包鞋，并选择易搭配服装的色彩，如黑色、咖啡色。露脚趾、露脚跟的凉鞋、拖鞋式皮鞋都不算上班的正式穿着，布鞋、球鞋则更加不适宜，会显得过于随便、不庄重。

知识拓展

职业着装六禁忌

1. 忌过分杂乱

生活中存在这样一些人，他们虽然穿了一身很高档的套装或套裙，看上去的确是正式的职业装，可是给人的感觉却非常别扭。主要原因就在于他们的穿着过分杂乱，不够协调。例如，男士穿西装配布鞋、运动鞋，也有个别女士穿很高档的套裙，却光脚穿露脚趾的凉鞋，这些都不符合职业场合着装规范。

2. 忌过分鲜艳

制服也好，套装也好，需要遵守三色原则，即全身颜色不多于三种，不能过分鲜艳。图案也要注意，在重要场合，套装或制服要尽量没有图案，或者是规范的几何图案。如领带，条纹的、格子的、波点的都可以，但是不能过分花哨，过分花哨会显得不够稳重。

3. 过分暴露

无论男士或女士，在职业场合着装都要注意不能过分暴露——不暴露胸部，不暴露肩部，不暴露腰部，不暴露背部，不暴露脚趾，不暴露脚跟。

4. 忌过分透视

重要场合要注意，内衣不能让人透过外衣看到颜色、款式、长短、图案，这都是非常不礼貌的。

5. 忌过分怪异

商务人员不是时装模特，不能过分追求时髦，新奇古怪的着装最好不要在公司穿着。

6. 忌过分紧身

衣服过于紧身，甚至显现出内衣、内裤的轮廓既不雅观，也不庄重。

总之，基层人员的衣着，应该注重实用及规范；中阶管理人的衣着，要能注重专业性，要有权威感；而高阶领袖，则要注重品位。

知识拓展

TPO职场穿衣指数

政府官员穿衣指数：百姓以食为天，官员以衣为尊，得民心者得天下，得体着装者得信任。得体着装并不意味着穿顶级名牌，而是根据你的经济及场合需要穿衣。官员穿衣要内外有别，国内穿衣有亲和力，平民化；出访穿衣要精致优雅，国际化。

律师、金融业经理人穿衣指数：严谨，诚信。当你穿着得体时，你会感到别人对你职业的尊重。你的穿着每天都在向人们显露你的能力和价值，因为在这一领域里，穿着的第一印象决定着沟通能否成功。

教师穿衣指数：为人师表，以"衣"先表。黑色、中性色——令人肃然起敬；黑白条纹——有条不紊；西装——以身作则。

销售代表穿衣指数：通过让别人记住你的衣服而记住你的产品，再也没有比这更好的销售办法了。世界上没有销售不出去的产品，只有不知先包装自己的销售人员。

医护人员穿衣指数：多彩的天使。医护人员一向以白衣天使的形象示人，其实，时尚与健康可以连接在一起，医护人员不应只是单纯的白，还可以是多彩的。可以在白大褂里面加一件多彩的针织衫，以此面对每天需要你关爱的病人，还可以给自己的心情添点色彩。

公关咨询服务业穿衣指数：时间就是你的金钱，雷厉风行，立竿见影，成就了你的职业风格；裁剪简洁，工艺精良，细节别致，造就了你的穿衣风格。

知识拓展

职场新女性着装的4C原则

最新的女性职场着装培训课程中，4C原则被誉为当今女性职场穿着的必备新秘籍。那4C分别代表了什么呢？cup、color、cm、chic，看似简单的4个英文单词中蕴含了打造职场新形象的秘密武器。

(1) cup，提倡女性在硬朗干练的西装下凸显特有的胸腰曲线。
(2) 色彩学、明艳度，颜色对撞是color的精髓。
(3) 身体比例的黄金分割讲求精确的cm长度。
(4) 抓住chic热点让陈旧的职场形象成功翻身。

掌握好4C原则，汲取精华秘籍，打造属于你的个性职场新形象。

(四) 职场沟通与行为礼仪

中国是礼仪之邦，对沟通和礼仪的研究具有悠久和辉煌的历史，沟通和礼仪是人们在人际交往中所必须具备的基本素质，是衡量一个人社交能力、办事水平的重要标志之一，在当今开放的社会、多元化的生活中显得尤为重要。而职场礼仪和沟通技巧，从个人的角度看，有助于提高个人的自身修养和品牌价值，有助于改善人际关系；从企业的角度而言，可以美化企业形象，增强企业的美誉度和竞争力。

1. 职业礼仪的基本特征

1) 系统性

职业礼仪主要包括办公礼仪规范、服务礼仪规范、接待礼仪规范、外事礼仪规范、交际礼仪规范、形象礼仪规范等内容，是一套具备系统性的礼仪体系，具体体现在行业公约及单位的员工行为规范中。

2) 差异性

职业礼仪不但具有一定的共性，而且针对不同职业的性质展现出不同的特性，以具体行业或单位的员工为具体适用对象。换言之，职业人在对其进行具体运用时，只允许以它严格要求自己，规范自身的所作所为，但绝对不可以无条件地在跨行业、跨单位的工作规范中强求一律，不分对象地以之苛求别人。

3) 操作性

在规范职业礼仪时，要注意它的实际操作性。在职业人日常工作与生活的每处重要环节中，职业礼仪都明确规范了其待人接物应当如何"有所为"与"有所不为"。此项特征有助于各行各业的员工轻松学习并运用职业礼仪。

2. 职业礼仪具体要求

1) 握手

握手是大多数国家相互见面和离别的礼节。此外，它还含有感谢、慰问、祝贺或相互鼓励的意思。

握手的标准方式是行至距握手对象1米处，双腿立正，上身略向前倾，伸出右手，四指并拢，拇指张开与对方相握，握手时用力适度，上下稍晃动三四次，随即松开手，恢复原状。与人握手，神态要专注、热情、友好、自然，面带笑容，目视对方双眼，同时向对方问候。

握手作为一种礼节，还应掌握以下四个要素。

一是握手力度。握手时为了表示热情友好，应当稍许用力，但以不握痛对方的手为限度。在一般情况下，握手不必用力，握一下即可。男子与女子握手不能握得太紧，西方人往往只握一下女士的手指部分，但老朋友可以例外。

二是先后顺序。握手的先后顺序为：男女之间，男方要等女方伸手后才能握手，如女方不伸手，无握手之意，可用点头或鞠躬致意；宾主之间，主人应向客人先伸手，以示欢迎；长幼之间，年幼的要等年长的先伸手；上下级之间，下级要等上级先伸手，以示尊重。多人同时握手切忌交叉，要等别人握完后再伸手。握手时精神要集中，双目注视对方，微笑致意，握手时不要看其他人，更不能东张西望，这都是不尊重对方的表现。军人戴军帽与对方握手时，应先行举手礼，然后握手。

三是握手时间。握手时间的长短可根据握手双方亲密程度灵活掌握。初次见面者，一般应控制在3秒钟以内，切忌握住异性的手久久不松开。即使握同性的手，时间也不宜过长，以免对方尴尬。但握手时间过短，会被人认为傲慢冷淡，敷衍了事。

四是握手禁忌。不要在握手时戴手套或戴墨镜，另一只手也不能放在口袋里。只有女士在社交场合可以戴着薄纱手套与人握手。握手时不宜发表长篇大论，或点头哈腰、过分客套，这只会让对方不自在、不舒服。与基督教徒交往时，要避免交叉握手，因为这种形状类似十字架，在基督教信徒眼中，被视为不吉利。与阿拉伯人、印度人打交道，切忌用左手与他人握手，因为他们认为左手是不洁的。除长者或女士外，坐着与人握手是不礼貌的，除特殊情况外都要起身站立。

2) 介绍他人

为他人介绍是第三者为彼此不相识的双方进行引见的介绍方式。在一般情况下，为他人介绍是双向的，即第三者对被介绍的双方都做一番介绍。有些情况下，也可只将被介绍者中的一方向另一方介绍，但前提是前者已知道、了解后者的身份，而后者不了解前者。

为他人做介绍的介绍者，通常是社交活动中的东道主，家庭聚会中的主人，公务交往中的礼仪专职人员，正式活动中地位、身份较高者。如熟悉被介绍的双方，又应一方或双方的要求，也可充当介绍人。

为他人做介绍，要先了解双方是否有结识的愿望，做法要慎重自然，不要贸然行事。最好先征求一下双方的意见，以免为原来就相识者或关系不好者做介绍。介绍时，根据实际需要的不同，介绍内容也有所不同，一般只介绍双方的姓名、单位、职务。有时为了推荐一方给另一方，介绍时可以说明被推荐方与自己的关系，或强调其才能、成果，便于新结识的人相互了解与信任。介绍具体的人时，要用敬辞，如"张小姐，请允许我向您介绍一下，这是金小姐"。同时，应该礼貌地用手示意，而不要用手指去指。

为他人介绍时，要注意顺序。应把男子介绍给女子，把年轻的介绍给年长的，把地位低的介绍给地位高的，把未婚的女子介绍给已婚的女士，把儿童介绍给成人。

作为被介绍者，应当表现出结识对方的热情，目视对方，除女士和年长者外，被介绍时一般应起立，但在宴会桌上和会谈桌上，只需微笑点头有所表示即可。

3. 交谈礼仪

语言是一门艺术，语言无时无处不体现着它的美。言谈和所有的艺术一样，需要在实践中学习，在实践中总结、提高。美国哈佛大学前校长伊立特曾说，在造就一个有修养的人的教育中，有一种训练必不可少，那就是优美、高雅的谈吐。

1) 创造良好的交谈氛围

(1) 积极创造谈话的环境，营造谈话的氛围，平等互敬。

(2) 态度要诚恳，言为心声，热情大方，文明文雅，实事求是。

(3) 内容适合双方，避免以自我为话题中心或沉默寡言，谈论对方感兴趣的内容。

(4) 距离应适中，态势得体。

(5) 仔细聆听，应认真耐心、专注有礼、有所呼应、表示理解。

2) 交谈时的注意事项

主人或宾客在发言时应立即安静下来以示尊重，待发言完毕后再继续未完的话题。有不同国家人士在场时应尽量使用英语，因为在场所有人都有听与说的权利，不可将谁排除在外。应避谈政治、宗教等敏感话题，避谈生病、死亡、离异等不愉快的事情，谈话内容一般以天气、各地的风俗民情、体育运动及有趣的事情为佳。注意不要以"我"为中心，尽量少用"我"字，应让其他人也有发言与参与的机会。另外，风趣幽默的谈吐一向为众人所欢迎。

避免询问他人的衣物、饰物等的价格。可以对他人的打扮加以赞美，但应适可而止，不可太夸张。不可询问他人尤其是女士的年龄、婚否，即使女士之间也不宜问其年龄。与女士谈话，不要说"胖或瘦""保养得好"等话语。不可窃窃私语，此种行为是一种不礼貌的举动，若有私事要交谈，可以找一个人较少之处私下交谈，切勿形成小圈子，社交的目的就是让大家彼此认识、彼此熟悉。千万别做"消息灵通人士"，传小道消息、揭人短、谈人隐私、背后议论别人，这些看似不起眼的小事，反映了一个人的道德品质。

交谈时忌：轻易表态，随意打断，手舞足蹈，滔滔不绝，唾沫飞溅，漫不经心(不停地看表，不耐烦，伸懒腰)，旁若无人，心不在焉，左顾右盼，沉默不语，装腔作势。

4. 倾听礼仪

在交谈中，不仅要善于表达自己的意思，而且要善于聆听对方的谈话，这样才能使双方进行有效的交流。应在倾听的过程中了解、理解对方，在倾听的过程中争取对方的信任。

倾听时要注意以下事项。
(1) 积极努力地去听，去关怀、了解和接受对方。
(2) 要让对方把话说完，不要随意打断对方。
(3) 要体察对方的感觉。要注意反馈、应答，反应要冷静。
(4) 要全神贯注地聆听，不要做无关的动作，不要总想占主导地位。
(5) 不必介意对方谈话时的语言和动作特点，要注意语言以外的表达手段。
(6) 要抓住主要意思，不被个别枝节所吸引。
(7) 要使思考的速度与谈话相适应。

知识拓展

递(接)名片的礼仪

名片是一个人身份的象征，当前已成为人们社交活动的重要工具。因此，名片的递送、接受、存放也要讲究社交礼仪。

1. 名片的递送

在社交场合，名片是自我介绍的简便工具。交换名片的顺序一般是：先客后主，先低后高。当与多人交换名片时，应依照职位高低的顺序，或是由近及远，依次进行，切勿跳跃式地进行，以免对方误认为有厚此薄彼之感。递送时应将名片正面面向对方，双手奉上。眼睛应注视对方，面带微笑，并大方地说："这是我的名片，请多多关照。"名片的递送应在介绍之后，在尚未弄清对方身份时不应急于递送名片，更不要把名片视同传单随便散发。

2. 名片的接受

接受名片时应起身，面带微笑注视对方。接过名片时应说"谢谢"，随后有一个微笑阅读名片的过程，阅读时可将对方的姓名、职衔念出声来，并抬头看看对方的脸，使对方产生一种受重视的满足感。然后，回敬一张本人的名片，如身上未带名片，应向对方表示歉意。

3. 名片的存放

接过别人的名片切不可随意摆弄或扔在桌子上，也不要随便地塞在口袋里或丢在包里，应放在西服左胸的内衣袋或名片夹里，以示尊重。

接打电话的礼仪

1. 打电话

在现代社会，电话已成为必不可少的通信工具。掌握使用电话的技巧，讲究必要的礼仪，会使对方感受到你的亲切、热情和礼貌，从而对你的组织和个人产生好感。

向外打电话时，应事先厘清思路，把握要点，以保证通话时条理清晰，重点突出，做到不遗漏、不重复。

电话接通后，应先进行自我介绍。若与对方熟识，则简单介绍即可；初次通话或互相不熟悉，介绍可以详尽一些，以使对方对自己有所了解。不进行自我介绍，直截了当地发问"喂，你是谁"是很不礼貌的。

如果需要让对方转接或传呼某人，应"请"字当头，注意措辞，并适时道谢。对方帮忙去找人时，听筒一般不应离开耳边，更不应与别人高声谈笑，以防受话人前来应答时却不知晓。若拨错了电话号码，也应客气地致歉，绝不可一挂了之。

与人通话时，应口齿清楚，注意停顿。重要的地方或难以理解的词语要放慢速度，适当强调或重复，直到对方明白为止。通话结束时，应道声"再见"，然后轻轻放下话筒。

通话长度以短为佳，宁短勿长。发话人应当自觉地将每次通话的长度控制在三分钟之内。

2. 接电话

听到电话铃声后，应尽快接听，以免让对方等候的时间过长。拿起听筒后，一般应先说一句问候语，然后自报家门或自我介绍，如"您好！这里是××公司"或"您好！我是×××"，也可直接说"您好！请说"。如果对方询问姓名，应礼貌告知。

在倾听对方讲话时，不要随意打断。通话中碰到有的情况需要查询作答时，要告诉对方，并请他等待片刻。如果需要的时间较长，则可问明对方的电话号码，请他挂断，待自己查明后再答复对方。如果对方愿意等待，也应不时告知对方还在查找，并表示抱歉，如"请您再稍等片刻"，切忌让对方在久等中产生被遗忘的感觉。

如果对方要找的是他人，受话人可以说一声"请稍等"，并尽快帮忙传呼。如果对方要找的人不在，应礼貌地告诉对方，并可适当询问："请问您有什么事要转告吗？"如果对方要求传话，则应记下对方的姓名、电话号码、事情和接话时间，记下的留言应尽可能重复一遍，并尽快交给当事人。

代接电话，不要向发话人过分详细地询问其背景，以免别人为难、不悦。如发话人要求转达某事给某人，切勿随意扩散，辜负别人的信任。

接到打错了的电话，态度要友好，应礼貌地告诉对方，这里不是您要找的单位和号码，请他重拨，不应不加解释地将电话挂断。通话完毕后，应道声"再见"，不可在对方话音未落时就挂断电话。与尊长者通电话，应待对方挂机后再挂。

案例分析

一句称呼换来一份工作

王露是太平洋盈科电脑城的一个小职员，去年刚刚毕业。说起职场称呼，她满脸兴奋道："我应聘时就是因为一句称呼转危为安的。"去年应聘时，她由于在考官面前太过紧张，有些发挥失常，就在她从考官眼里看出拒绝的意思而心灰意冷时，一位中年男士走进了办公室和考官耳语了几句。在他离开时，她听到人事主管小声说了句"经理慢走"。那位男士离开时从王露身边经过，给了她一个善意鼓励的眼神，王露说自己当时也不知道哪来的灵光一现，忙起身，毕恭毕敬地对他说："经理您好，您慢走！"她看到经理眼中些许的诧异，然后，他笑着对自己点了点头。等她再坐下时，她从人事主管的眼中看到了笑意……

后来，她顺利地得到了这份工作。人事主管后来告诉她，本来根据她那天的表现，是打算刷掉她的。但是她的那句礼貌称呼，让人事部觉得她对行政客服工作还是能够胜任的，所以对她的印象有所改观，给了她这份工作。

思考与实践

1. 小组讨论及经验分享

对于即将走上工作岗位的大学生来说，每个人都有关于职场的看法，你对职场的看法是什么？说出来与大家分享。

2. 职场人物访谈

结合自己的兴趣、技能、工作价值观、教育背景和已掌握的职业知识，列出未来可能从事的3~5个职业(可参考锦程职业发展教育平台中的"职业解读"模块)，然后在每个职业领域寻找3位以上的在职人士进行一次访谈，访谈内容可以包括行业环境、薪资待遇、工作压力、发展前途等。访谈人物可以是自己的亲人、老师和朋友，也可以是他们推荐的其他人，还可以借助行业协会、大型同学录或某个具体组织的网页寻找职场人士。

3. 思考

假如你在工作中因意见不合与一位同事有了矛盾，你将如何化解彼此之间的矛盾？并说明你这么做的理由。

参考文献

[1] 就业与创业指导课题组. 大学生就业与创业指导[M]. 北京：中国传媒大学出版社，2015.

[2] 钱国安. 职业道德修养教程[M]. 北京：北京工业大学出版社，2003.

[3] 张建宏，傅琴琴. 公司同事间相处之道[J]. 办公室业务，2011(12)：35-36.

[4] 江彬，周艺红. 什么是企业文化[J]. 产权导刊，2010(11)：25-27.

[5] 任叔一. 与上级领导相处的学问[J]. 领导科学，1999(4)：16-17.

[6] 李启军. 试论与领导相处的艺术[J]. 商品储运与养护，2008(9)：68-69.

[7] 王昆来，尹玉斌. 大学生职业发展与就业指导[M]. 北京：科学出版社，2011.

[8] 于志英. 浅论当代大学生沟通能力的培养[J]. 新西部，2010(22)：158，180.

[9] 刘学年，朱虹. 当代大学生的心理压力与心理应对[J]. 辽宁教育研究，2002(2)：77-78.